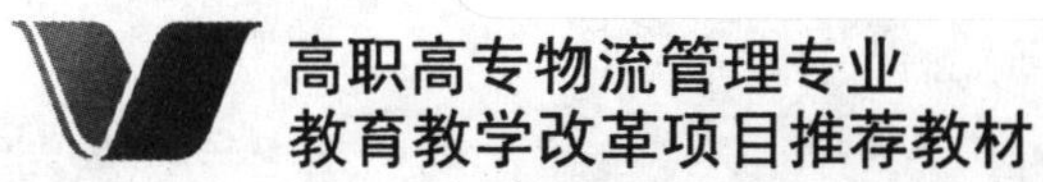

物流信息管理

主　编　李於洪　郑立梅
副主编　张　艳　李春颖　刘云霞
主　审　李荷华

人民交通出版社

内 容 提 要

依托**教育部高职高专物流管理专业教育教学改革研究项目**，由项目负责人上海第二工业大学黄中鼎教授牵头，组织多所院校的专家编写了本套推荐教材。本书为其中之一。

本书系统地介绍了物流信息管理涉及的内容，重点介绍了物流信息的开发与利用、物流信息技术、库存信息管理、货运信息管理、配送中心信息管理、电子商务与物流信息管理。本书的撰写注重实践性、应用性和可操作性，运用了较多的图、表来分析和阐释问题；同时，每一章都附有案例分析，文中还穿插有“小知识”模块，以帮助读者对问题的理解；各章不同程度地配有思考题、实训练习题和综合性练习题，有助于学生在理解基本作业原理的基础上，尝试进行岗位操作的模拟。

本书可作为物流管理类、物流工程类、交通运输类等专业高职高专的教学用书，也可作为电子商务、信息管理与信息系统、工商企业从业人员及相关专业的本科生的参考用书。

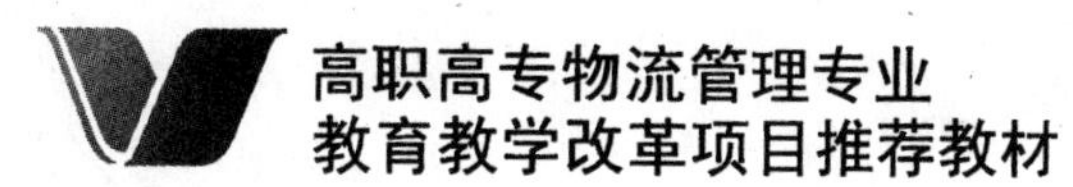
高职高专物流管理专业
教育教学改革项目推荐教材

前言 QIAN YAN

依托教育部高职高专物流管理专业教育教学改革研究项目，由项目负责人上海第二工业大学黄中鼎教授牵头，组织多所院校的专家编写了本套推荐教材。本书为其中之一。

任何一个经济发达的国家和地区都离不开物流体系的支持，任何一个高效管理的企业都离不开科学的物流管理。2001年3月，国家经贸委等6部委联合发布了《关于加快中国现代物流发展的若干意见》，对我国物流业的发展起到了积极的推进和指导作用。就现代物流业来说，高效的物流管理有赖于信息技术和信息系统的支撑，目的在于通过对先于物流产生的信息流和对伴随物流产生的信息流的控制和掌握，来提高物流作业的效率、准确性和及时性，同时，达到降低物流成本的目的。这样，物流信息管理就显得尤为重要。

本书对包括物流信息的开发与利用、物流信息技术、库存信息管理、货运信息管理、配送中心信息管理、电子商务与物流信息管理等涉及物流信息管理的内容进行了阐述和分析，为了便于理解和掌握"物流"与"信息流"之间的关系，以及信息在物流作业中的作用，本书的撰写较多地运用了各类图和表进行描述，同时，运用了业务管理模板来使读者熟悉岗位操作流程和具体业务。所以，注重实践性、应用性和可操作性是本书的一个特点。另一个特点是运用了较多的案例为读者提供了物流信息管理的全貌，或者说能够较完整地理解和体会物流信息管理在现实中的应用和价值。第三个特点是增加了"小知识"模块，以帮助读者理解物流信息管理的概念、专业术语、作业方法等，在学习的过程中不失趣味性。

本书由浙江科技学院经管学院的李於洪和沈阳农业大学高职学院管理系的郑立梅担任主编；由大连职业技术学院管理工程系的张艳和浙江科技学院经管学院的李春颖、刘云霞担任副主编；沈阳农业大学高职学院管理系的尹涛和广东松山职业技术学院经济管理系的苑毅参编。第一章、第二章、第五章由李於洪编写；第三章、第八章由李春颖编写；第四章前4节由尹涛编写；第四章后4节由苑毅编写；第六章前3节由刘云霞编写；第六章后3节由郑立梅编写；第七章由张艳编写；第九章由郑立梅编写。全书统稿由李於洪负责，上海第二工业大学李荷华老师担任主审。

由于编撰者的水平和经验有限，书中不免会出现不妥或错误之处，恳请读者和广大同行批评指正。

编　者

2007年4月30日

高职高专物流管理专业教育教学改革项目推荐教材出版计划

序号	教 材 名 称	主编	出版时间	ISBN	教材配套材料	定(估)价
1	现代物流管理	黄中鼎,周旻	2007.08	978-7-114-06606-1	课件	28.00
2	配送管理实务	于宗水,赵继兴	2007.09	978-7-114-06804-1	课件	30.00
3	物流服务营销	王进	2007.09	978-7-114-06675-7	课件	27.00
4	物流法律法规知识	高慧云	2007.09	978-7-114-06676-4	课件,相关光盘资料,实训案例指导书	28.00
5	企业物流管理	姜志遥,曹玉华	2007.09	978-7-114-06674-0	课件	26.00
6	商品学	徐沁	2007.09	978-7-114-06677-1	课件	27.00
7	国际贸易理论与实务	吴东泰,董忠敏	2007.09	978-7-114-06678-8	课件	29.00
8	国际货运代理实务	何柳	2007.09	978-7-114-06803-4	课件	35.00
9	国际物流地理	林治泽	2007.09	978-7-114-06679-5	精品多媒体课件	29.00
10	物流信息管理	李於洪,郑立梅	2007.09	978-7-114-06680-1	课件	34.00
11	运输管理实务	韩海燕,徐沁	2007.12		课件	31.00
12	集装箱运输实物	杨茅甄	2007.12		课件,集装箱运输实物实训手册	30.00
13	物流技术与装备	黄照伟,江思定	2007.12		课件	26.00
14	仓储管理实务	刘艳良,肖绍萍	2007.12		课件	26.00

高职高专物流管理专业教育教学改革项目推荐教材

根据教育部高等教育司[2005]202 号文件要求，由上海第二工业大学黄中鼎教授主持高职高专教育教学改革项目——技能型紧缺人才培养培训、工程高职物流专业教学指导方案研究、课程开发和师资培训项目。

人民交通出版社依托此教学改革项目，并委托上海第二工业大学黄中鼎教授牵头，组织了二十余所物流院校的 30 多位具有丰富教学经验的教师进行了物流管理专业教材的编写工作，这套教材第一批共开发了 14 种，相关出版计划见本页背面表格。

我们热诚欢迎广大教师使用本套教材，也欢迎您在使用过程中提出宝贵意见！

我们的联系方式：

陈志敏　电话：010-85285928；Email：czm@ccpress. com. cn

高　培　电话：010-85285929；Email：gp@ccpress. com. cn

人民交通出版社 土木与建筑图书出版中心

目录 MU LU

第一章 概　述

能力目标、知识目标与学习要求

"现代物流的高效运作是基于信息得以管理和控制的",这一点要通过对物流定义的理解,以及对伴随物流产生的信息流和先于物流产生的信息流的理解来加以认识。这是本章的第一个重点。第二个重点是对狭义物流信息平台及其功能有所了解,可结合所举例子再到网上去搜索其他物流信息平台,这类物流中介服务企业目前在中国发展很快。第三个重点是了解几种货运托运单的信息内容,并试填这些托运单,分析哪些信息属必填内容,以便初识物流信息的管理问题,对物流中货运信息的管理有一个感性认识。

第一节　物流信息概述

一、物流与信息流

2001 年 4 月颁布的中华人民共和国国家标准《物流术语》将物流定义为:物品从供应地向接收地的实体流动过程。根据实际需要,将运输、储存、装卸、搬运、包装、流通加工、配送、信息处理等基本功能实现有机结合。

美国物流管理协会对物流的定义是:物流是为满足消费者需求而进行的对原材料、中间库存、最终产品及相关信息从起始地到消费地的有效流动及存储的计划、实施与控制的过程。它特别强调了"有效流动及存储",强调信息及管理在物流中的作用。

现代物流是指利用高科技手段,通过计算机联网对物流信息进行科学管理,从而实现加快物流速度,提高准确率,减少库存,降低成本,为客户提供高效优质服务的目的。事实上,对世界级别水平的物流实践的有关研究,已将物流信息系统引证为竞争力的一个关键要素。

从上述中美国家标准中对物流的定义以及现代物流的手段和目的,可以看到,现代物流不仅是指物质实体在空间和时间上的"流动"或称为"位移",还包含了"位移"以外的信息流的科学管理问题。这里的信息流是伴随物质实体的"位移"而产生的。例如,当你寄出一份快件(EMS),假设该快件将在3天内送达收件人,那么寄出的第二天你若给发出地的EMS服务商打电话查问,他可能会通过电脑查询后告诉你:该快件已送达机场(第二天早些时候查问的结果)或该快件已抵达对方机场(第二天晚些时候查问的结果),这就是利用高科技手段通过计算机联网,在物质实体"位移"的同时,伴随物质实体产生的信息也在发生"位移",从而产生信息的流动,这是与物流同步产生的信息流。另一类信息流主要是各种决策、计划、用户的配送加工要求等先于物质实体的"位移"产生,这类信息控制着物流产生的时间、流动的大小和速度,引发、控制、调整物流的运作。所以,物流活动中的信息流作为物流的重要组成要素,为物流作业的正常运转、管理、决策以及制定战略提供不可缺少的依据。

二、物流信息

从上面的分析可以看到,物流信息的产生缘于物质实体的"位移",与整个物流活动密切相关,涉及到原材料供应商、企业生产制造商、中间环节的批发商和零售商,以及最终消费者市场(客户)流通的全过程(图1-1),因此,物流信息量之巨,种类之多,显而易见,也为物流信息的管理提出了要求。

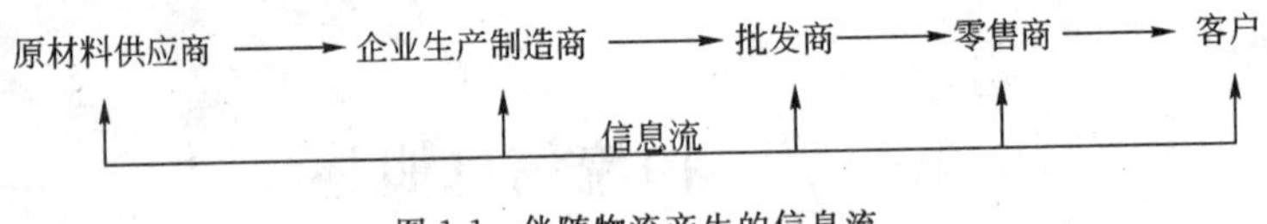

图1-1 伴随物流产生的信息流

例如,原材料供应商和企业生产制造商必须根据客户需求的变化情况及时调整自己的进货和生产计划,客户需求信息的反馈应该通过相应的管理信息系统快速提供给原材料供应商和企业生产制造商;再如,企业为了制订一个生产计划,需要获得有关客户需求的预测、当前库存量的多少、企业自身的生产能力、订货的运输能力等信息,这些信息需要分别从不同的企业数据库中获得,信息调用的工作量是很大的。

从图1-1可看出,物流是单向的,而伴随物流产生的信息流是双向的,这就是上面例子中所表明的信息流需要反馈,从而为企业进一步物流活动的决策提供依据和参考。那么,在一个企业中,物流和信息流相伴产生的实际情况是怎样的呢?下面以一个制造业企业的物流和信息流为例来说明(图1-2)。

按照图1-2所示,一个制造业企业的物流是从原材料的购进(供应商与供应科)到产品的生产(生产部门),再到把产品推向市场(销售科与客户),这是一个物质实体"位移"的过程,是单向的。伴随物流产生了众多的信息流,而其中许多信息流发生于不与物流直接相关的部门,例如,财务科和管理部门。信息流反映的是物流的状态,要求有反馈,即信息流是双向的,用来控制和调节物流。例如,外部"供应商"通过企

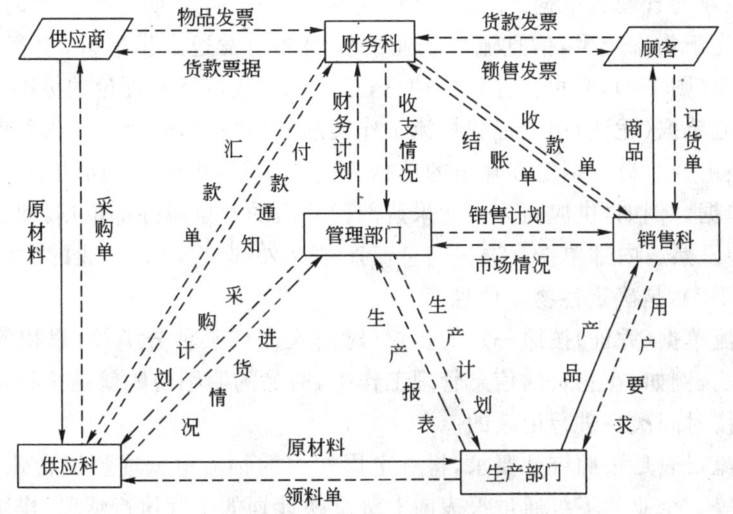

图 1-2 制造企业中的物流与信息流

业的“供应科”向该企业供应“原材料”(物流),伴随物质实体这一“位移”产生的信息流是“供应科”向“供应商”提供“采购单”;再如,“生产部门”要根据“管理部门”的“生产计划”(信息)向“供应科”提交“领料单”(信息)以得到“供应科”提供的“原材料”(物质实体),并生产出“产品”(物质实体)交付“销售科”,而“销售科”通过市场销售了解客户的需求变化,并将客户的“订货单”(信息)和“用户要求”(信息)反馈至“生产部门”,“生产部门”再将“生产报表”提供“管理部门”审核,“管理部门”再下达“生产计划”(信息),信息流如此伴随物流而对物流的数量、方向、速度进行控制和调节,使之按一定的目的和规则运动。

我国实施的国家标准“物流术语”中,对物流信息进行了如下定义:“反映物流各种活动内容的知识、资料、图像、数据、文件的总称”。

三、物流信息的分类、特征与作用

(一)物流信息的分类

物流企业中的信息种类多、跨地域、涉及面广、动态强,尤其是运作过程中受自然的、社会的影响很大,而物流信息是物流系统的基础,因此在开发物流信息系统时,必须对物流信息有一个清晰的了解。不同的分类方法给出了对同一问题不同侧面的认识。以下从不同的侧面对物流信息进行分析。

1.按信息载体的类型分类

物流信息载体可分为计划、单据(凭证)、台账、报表、文件等多种类型。

(1)物流计划是企业物流管理非常重要的信息,反映了企业物流管理的决策内容。根据企业各类物流管理职能,常见的有需求计划、采购计划、项目预算计划、财务计划等。企业的管理者依据计划向下传达企业下一个计划期生产经营的目标。“计划”类信息先于物流产生，信息流由企业的管理部门发送到供应科、生产部门、销售科、财务科等(图 1-2)，是可变性物流信息，是实现过程控制和评价的标准之一。

(2)物流单据(凭证)用于记载物流工作实际发生情况，分为企业内部单据和外部单据。凡是由企业自身拟定和开出的单据为内部单据，由企业外部拟定和开出的单据属外部单据。例如，供应商为企业采购部门开出的发票属外部单据，而企业为客户开出的销售发票属内部单据。这一信息流产生在外部供应商、企业的供应科和财务科之间(图 1-2)，是确定性物流信息。

(3)物流单据(凭证)按照一定的要求(时间次序或某种分类等)累积就形成企业的物流台账。例如，在物资的信息管理工作中，商品的明细台账就是按物资类别将其入库、出库按时间次序进行记载的。

(4)物流报表是按照统计要求，将一定周期内的物流单据或物流台账进行分类、汇总、排序等。企业的下级通过报表向上级反映计划的实际执行情况，作用在于检查生产经营情况，发现存在的问题，为制订相关决策提供信息。销售科、供应科、生产部门等要向管理部门提供报表(图 1-2)。

2. 按作用分类

在物流日常业务工作中，收集的是语法信息，管理层、决策层需要的是语义信息和语用信息。例如，在物流管理中，日常工作收集的信息主要包括物资代码、客户订货数量、订货日期、运输方式等，这些属于物流管理的语法信息，是日常工作顺利进行所必需的；配送中心的库存量、采购部门的采购量、销售部门的销售量等是提供给企业的管理层进行决策的，属于物流管理的语义信息；市场份额、客户需求、物流成本等也是提供给企业的管理层进行战略规划的，属于物流管理的语用信息。依据这些信息，企业管理决策者就可以确定相应的物流战略。

3. 按管理层次分类

根据管理层次的划分，物流信息分为操作管理信息、知识管理信息、战术管理信息、战略管理信息。

(1)操作管理信息来自于物流企业的基层。例如，每天的产品质量指标、客户订货合同、供应商原材料信息等，这类信息具有量大、且发生频率高的特点。

(2)知识管理信息。如专家决策知识、工人的技术和经验形成的知识、物流企业相关的业务知识等，一般隐藏在物流企业内部，需要知识管理部门挖掘和提炼来获取。

(3)战术管理信息如月销售计划完成情况、库存费用、单位产品的制造成本、市场商情信息等，一般来自于本单位所属各部门，是物流企业的部门负责人进行中期决策涉及的信息。

(4)战略管理信息一部分来自物流企业内部，例如，企业全年经营业绩综合报表；

另一部分来自企业外部，例如，消费者收入变化和市场动向、竞争对手的情况、与物流技术相关的最新科技成果、国家的政策法规、国际国内资本市场运营情况等。这类信息为物流企业的高层管理者制订企业经营目标和企业发展战略提供了必要的依据。来自企业外部的战略管理信息数据量一般较少、不确定性程度高。

4.按信息来源分类

按信息来源的不同，物流信息分为内部信息和外部信息。

内部信息来自企业内部运作、财务等部门与物流有关的信息，例如，企业全年生产经营指标完成情况、生产计划完成情况等为企业内部信息。外部信息是在物流活动以外发生，但提供给物流活动使用的信息，包括物流知识层、物流战术层信息和物流战略层信息等。具体表现为供货人信息、顾客信息、订货合同信息、交通运输信息、市场信息、政策信息等，例如，消费者收入动向和市场动态、国家有关政策法规、国家各种统计资料等均为企业外部信息。与内部信息相比，一般外部信息不确定程度高、信息收集困难，不可控制。物流企业经常遇到不确定的信息，导致物流企业的经营成本上升，计划赶不上变化，无法很好地安排采购、运输。在市场竞争日渐激烈的今天，谁能更快更及时更全面地掌握用户信息，谁就能更好地占有市场。

企业外部信息的收集、加工和利用是实现危机管理、风险管理的基础和保证。对企业来说，重要的外部信息有许多，例如，市场情况的监测信息、竞争对手的情况、与本企业涉及相关领域的最新科技成果信息、国家的政策法规等宏观信息、国际国内资本市场信息等。这些信息又是企业制订战略决策的基础和保证。

5.按稳定程度分类

按信息的稳定程度，物流信息分为静态信息和动态信息。例如，国家的政策法规、物流运送周期、供应商信息等是静态信息；国际国内市场物流报价信息、物资配送、销售情况等为动态信息。大多数企业外部信息的稳定程度较低。静态信息是相对的，随着企业生产经营的变化、管理水平和职工技能的提高、技术的进步等，也会发生变化，例如，企业要定期地修改物流运送周期，增加供应商信息等，只是其更新频率较低而已。因此对于静态信息的数据处理，关键是信息的利用，动态信息的处理关键是信息的收集、存储、加工等。

(二)物流信息的特征

与其他类型的信息相比，物流信息还有其特殊性，主要表现如下。

1.物流信息量大

物流信息量大、分布广，信息的产生、加工、传播和应用在时间、空间上不一致，方式也不同。

2.物流信息动态性强，实时性高

物流信息动态性强，实时性高，信息价值衰减速度快，时效性强，因而对信息管理的及时性和灵活性提出了很高的要求。

3. 物流信息种类多

物流信息种类多，不仅本系统内部各个环节有不同种类的信息，而且由于物流系统与其他系统（例如，生产系统、供应系统）密切相关，因而还必须收集这些物流系统外的有关信息，使得物流信息的收集、分类、筛选、统计、研究等工作的难度增加。

4. 物流信息趋于标准化

企业间的物流信息目前一般采用 EDI 标准，企业内部物流信息也拥有各自的数据标准。随着 XML 技术的成熟，企业物流信息系统内外部信息标准可以统一起来，企业物流信息系统的开发简化，功能也更强大。

【小知识】 XML(Extensible Markup Language，可扩展标记语言)

XML 是 Web 上表示结构化信息的一种标准文本格式，是一个用来定义其他语言的源语言，它没有复杂的语法和包罗万象的数据定义。虽然目前 HTML 语言仍然是建立网页最常用的程序语言，但是它储存信息的能力却有很大的限制。比较而言，XML 就具有比较大的弹性，它允许程序员使用任何虚拟形态的信息，从简单的单笔数据直到复杂的数据库。

（三）物流信息的作用

一般人们认为信息流是伴随物流的产生而产生的，但是随着信息技术的发展和应用，信息以及信息流的作用由过去单一的、被动的作用转变为多方的、主动的作用。一类信息流先于物流的产生，它控制着物流产生的时间、流动的大小和方向，引发、控制、调整物流，主要是各种决策、计划、用户的配送加工和分拣及配货要求等；另一类信息流则与物流同步产生，例如，运输信息、库存信息、加工信息、货源信息、设备信息等，它们反映物流的状态。前者是计划信息流或协调信息，后者为作业信息流。

四、物流信息系统

（一）概念与意义

用计算机和信息技术来支持物流已有多年历史，现代企业将物流作为一种竞争武器，是以企业是否具备实时评估和调整实际物流绩效的能力来衡量的。也就是说，一旦有客户需要、生产需求和库存水平产生，就能对此进行实时监控，使企业及时掌握发生的变化，防止产品断货，并维持与客户的及时沟通。这就需要有一体化的物流信息系统，这种信息系统不仅必须在企业内部集成，考虑到对消费市场的客户营销，以及与外部供应商的联系，还必须与整个供应链上的其他成员相集成，以便能够提供从最早的供应商直至最终客户（如图 1-1 和图 1-2 所示）的准确信息。例如，沃尔玛的信息系统就通过 EDI（电子数据交换）技术与供应商沟通，沃尔玛从供应商那里接收有关发运状况、送货时间表、数量，以及账单、发票等信息。同时，沃尔玛还在零售商店的付款通道使用条形码技术来捕获实时销售的信息，并随即下载给厂商，厂商则使用此信息决定应该给沃尔玛发运什么货物。在该信息系统中，订单会自动生成。

该信息系统还将销售情况迅速反馈给厂商，厂商由此能够依据准确、及时的销售数据来预测生产需求。他们还能更早地收到付款，这对厂商现金流的有效运作很有帮助。在该信息系统的成功运作下，沃尔玛得到的好处是，它再也不用向众多的厂商直接下订单，并且可以将库存保持在最低水平。这两项策略降低了沃尔玛的成本，也提高了客户服务水平。

【小知识】 供应链管理

企业从原材料和零部件采购、运输、加工制造、分销直至最终送到顾客手中的这一过程被看成是一个环环相扣的链条，这就是供应链。

因此，供应链管理就是指对整个供应链系统进行计划、协调、操作、控制和优化的各种活动和过程，目标是要将顾客需要的正确的产品(Right Product)能够在正确的时间(Right Time)、按照正确的数量(Right Quantity)、正确的质量(Right Quality)和正确的状态(Right Status)送到正确的地点(Right Place)——即“6R”，并使总成本最小。

供应链对上游的供应者(供应活动)、中间的生产者(制造活动)和运输商(储存运输活动)，以及下游的消费者(分销活动)同样重视。

【小知识】 关于 EDI

EDI 是英文 Electronic Data Interchange 的缩写，中文可译为“电子数据交换”，简单地说就是企业的内部应用系统之间，通过计算机和公共信息网络，以电子化的方式传递商业文件的过程。现实中，供应商、零售商、制造商和客户等在其各自的应用系统之间利用 EDI 技术，通过公共 EDI 网络，自动交换和处理商业单证。EDI 是按照国际统一的语法规则进行处理，使其符合国际标准格式，并通过通信网络来进行数据交换，是一种用计算机进行商务处理的新业务。

综上所述，物流信息系统是利用计算机软硬件、网络通信设备及机械化、自动化设备，进行物流信息的收集、存储、传输、加工、更新和维护，以支持物流管理人员、行业中的领导者控制物流运作的人机系统。

启动物流运作的信息是客户订货，而订单处理系统又是物流信息系统的神经中枢，因为从订单的准备与传输、接收订单并录入系统、订单处理、拣货/生产与包装、运输，直到向客户交付订货和货物进入客户仓库，这需要一个订货的周期。例如，实际的订货周期假设在 5 天到 20 天这一范围内变化，也就是说，最快 5 天，最慢 20 天，而实际订货周期在 12 天的概率是最大的。那么，订货周期的这种变动就对客户产生了极大的影响。客户必须持有额外库存来预防可能的误工或缺货造成的损失，这其中，信息流的速度和质量对总成本和效率产生了直接影响。因而，通信的缓慢和失误必将导致运输、库存和仓储成本的加大，甚至丧失客户，同时，由此引起的生产线的频繁变动也可能导致生产的低效。所以说，现代物流企业都大量应用计算机信息系统进行订单录入、订单处理、产成品库存控制、绩效衡量、货物审核/付款和仓储管理以支持基于时间的竞争，物流企业越来越多地运用信息技术，并把信息技术作为竞争优势的来源。一项世界性物流运作的研究已将物流信息系统视为竞争力的关键因素。

物流信息系统在现代物流中已占有极其重要的地位。

(二)物流管理信息系统分类

1.运输管理信息系统

运输管理信息系统可以细分为国际航空货物运输、集装箱货物运输、特快专递、远洋运输、国际货物运输、零担货物运输、国际多式联运、大陆桥运输等运输管理信息系统，分别针对客户不同的货运要求为客户提供物流运输服务。各运输管理信息系统可用来实现运输方式的选择(例如，国际航空货物运输管理信息系统中是选择班机运输、包机运输、集中托运，或是航空快递)、路径的设计(制订和规划适宜的运输路径对企业获得满意的利润水平以及提高客户的服务水平都非常重要)、货物的整合与优化(例如，零担货物运输管理信息系统要针对货物流量、货物数量、货物流向具有一定不确定性的特点进行货物运输的控制管理)，以及运输工具(汽车、火车、船舶、飞机、管道)、线路与时间的选择等。运输信息系统主要用于追踪管理货物和运输工具的运行。

2.库存管理信息系统

有效的库存信息管理能通过降低成本或增加销售来提高赢利性。库存管理信息系统从库存水平、缺货条件、订货数量、补货计划等方面对库存进行管理，同时应提供库存绩效衡量、库存投资和持有成本分析、库存周转和日持有量分析、库存配置优化等管理控制手段。库存信息管理与物流信息技术的应用密切相连，大多通过各类自动识别技术，例如，条形码及扫描仪、无线射频、磁卡和磁条等技术来获得货物信息并进行管理。管理、控制、分析的结果用于库存管理决策，使企业在满足客户需求的前提下达到库存成本最小化。

3.物流与供应链管理信息系统

为了进行物流控制，需要建立客户反应系统、存货管理系统、供应管理系统、运输管理系统和库存管理系统，我们称之这些协同工作的模块为物流信息系统或物流执行系统，而其中的运输管理系统和库存管理系统通常被认为是供应链实施系统。无论是执行系统还是实施系统，控制和管理都是通过建立与现代信息技术相联系的管理信息系统来完成的，获取的信息提供对每一件产品从生产地到最终零售商整个过程(发运、到站、进库、出库、包装等)的跟踪。如，对于一个具体的服装行业来说，供应链的四个层次：纤维供应商、布料制造商、服装制造商和零售商，将利用销售点反馈回来的信息来使制造与物流作业同步进行，这将通过供应链管理信息系统实时获取反馈的信息来完成。

4.电子商务物流管理信息系统

电子商务正通过连接供应商和客户的信息网络来提供价值，例如，IBM已经从电子商务物流管理信息系统与供应链的集成中实现了巨大的收益：将库存贬值减少了80 000万美元，将准时交付水平从90%提高到了98%，将商品和服务的采购成本降低了42亿美元，并通过电子商务将订单执行时间从两周缩短到实时。电子商务物流管理信息系统能够与其他物流技术相结合，帮助企业降低库存、精益生产(Lean Production，简称LP)、需求合作和按订单生产产品，从而使企业的成本更低，而对客户需求变化的反应能力更高。

【小知识】 精益生产(Lean Production，简称LP)

精益生产方式源于日本丰田准时化生产JIT(Just In Time)生产方式，是由美国麻省理工学院组织世界上14个国家的专家、学者，花费5年时间，耗资500万美元，以汽车工业这一开创大批量生产方式和精益生产方式的典型工业为例，经理论化后总结出来的。精，即少而精，不投入多余的生产要素，只是在适当的时间生产必要数量的市场急需产品(或下道工序急需的产品)；益，即所有经营活动都要有益有效，具有经济效益。它是当前工业界最佳的一种生产组织体系和方式。

5. 企业内部物流管理信息系统

指以各种资源计划系统(MRP，DRP，ERP等)为典型代表的企业内部物流管理信息系统。以ERP系统为例，它是一个包含了应收、应付和分类账等核心会计功能及物流功能的系统。建立ERP系统的目的是管理企业的销售和制造功能，也就是说，集成的库存处理产品、原材料和采购，所有这些企业内部供应链活动都是通过一个需求系统得到支持的。该系统来自物料需求计划和销售预测，等等，ERP成了企业内部供应链物流管理的加速器，将数据从一个部门传递到另一个部门，并对其进行集中管理。例如，一家位于北卡罗莱纳州的可口可乐软饮料联合瓶装公司，将其ERP系统与供应链管理系统软件结合起来，达到了集中和理顺公司各分支机构的计划活动的目的。

【小知识】 关于MRP、DRP、ERP

MRP(Material Requirements Planning，物料需求计划)，因为库存物料随时间推移会被使用和消耗，为了满足生产需求，往往造成库存积压，从而导致库存占用的资金大量增加，产品成本也就随之较高。MRP的管理思想用于实现“在需要的时候提供需要的物料数量”。

DRP(Distribution Requirement Planning，分销需求计划)是流通领域中的一种物流技术，是MRP思想在流通领域应用的体现。它主要解决分销物资的供应计划和调度问题，达到既保证有效地满足市场需要又使得配置费用最省的目的。

ERP(Enterprise Resource Planning，企业资源计划)是当今国际上先进的企业管理模式和系统化的管理软件，该软件对企业所拥有的人、财、物、信息、时间和空间等资源进行综合平衡和优化管理。

6. 零售商物流管理信息系统

零售商物流管理信息系统通过分散在各店铺中的POS系统实行商品的单品管理,获取每个商品的需求动向信息。同时,通过EOS系统将信息与订单和发货作业连接在一起,这样,就能使零售商物流作业协同运作,从而实现实时备货、降低库存成本。

【小知识】 POS系统、EOS系统

POS(Point of Sales,销售点终端)通过网络与银行主机系统连接,工作时,将信用卡在POS机上"刷卡"并输入有关业务信息(交易种类、交易金额、密码等),经由POS机将获得的信息通过网络送给银行主机进行相应处理后,向POS机返回处理结果,从而完成一笔交易。超市大卖场付款处就使用POS机。

EOS(Electronic Ordering System,电子订货系统)主要用于超市的订货管理和盘点管理。

五、物流信息平台

(一)物流信息平台的含义及功能

1. 物流信息平台的含义

物流信息平台是现代物流业的重要组成部分,对物流供应链上基于信息交换与共享的企业间协作运营起着基础性的支撑作用。物流信息平台的含义可分为广义和狭义。广义的物流信息平台是指全球定位系统(GPS,Global Positioning System)、地理信息系统(GIS, Geographical Information System)、电子商务等多种技术在仓储、货运代理、联运、集装箱运输以及政府管理等物流相关领域的集成应用。例如,2004年9月浙江杭州中药饮片物流信息平台通过了省经贸厅组织的专家鉴定。目前已有多家产品供应厂家进入系统,20余家医疗机构接入系统。该平台推动了现代化的物流配送和定量小包装的中药饮片,减少了医院的中药库存,增加了中药饮片的新鲜度。狭义的物流信息平台是指具体提供各类物流信息的特定软硬件基础设施,软硬件基础设施的建设、管理和维护,以及信息的发布是由专业组织,如,物流服务中介组织、物流企业等运营的,这类组织为广大的客户提供物流信息。从目前来看,提供货运信息的物流平台是典型应用之一,如表1-1和表1-2所示。在这个意义上,物流信息平台就是依托区域综合物流信息服务中心的一种重要基础系统。

物流信息平台发布的车源信息 表1-1

	具体发布的信息	发布日期	有效期至
车源	[武汉—广州]普通车9.6m,载重20t	2007-04-8	2007-04-17
车源	[武汉—长沙]普通车9.6m,载重20t	2007-04-10	2007-04-19
车源	[聊城—烟台]箱式车8m,载重20t	2007-04-11	2007-04-18

续上表

	具体发布的信息	发布日期	有效期至
车源	[广州—天津]普通车 10m,载重 10t	2007-04-11	2007-04-20
车源	[青岛—杭州]半挂车 13m,载重 30t	2007-04-10	2007-04-20
车源	[杭州—临沂]半挂车 13m,载重 30t	2007-04-8	2007-04-18
车源	[武汉—南宁]普通车 9.6m,载重 20t	2007-04-10	2007-04-20
车源	……		

物流信息平台发布的货源信息　　表 1-2

	具体发布的信息	发布日期	有效期至
货源	[邯郸—太原]邯郸 1t 铸件,不占地方,急发,门市装发	2007-04-8	2007-04-17
货源	[邯郸—天津]天津静海 27t 重货,用 8m 以上车	2007-04-10	2007-04-19
货源	[邯郸—天津]天津东利区 2.8t,不占地方	2007-04-11	2007-04-19
货源	[邯郸—龙岩]龙岩 12t 重货,运费面议	2007-04-11	2007-04-20
货源	[济宁—聊城]聊城有零担 120kg	2007-04-10	2007-04-20
货源	……	……	……

2. 物流信息平台的功能

物流信息平台的功能包括基本功能和扩展功能两大部分。基本功能对应于狭义物流信息平台的业务处理;扩展功能涵盖了广义物流信息平台在先进的信息技术与设备支撑下的业务领域,如图 1-3 所示。

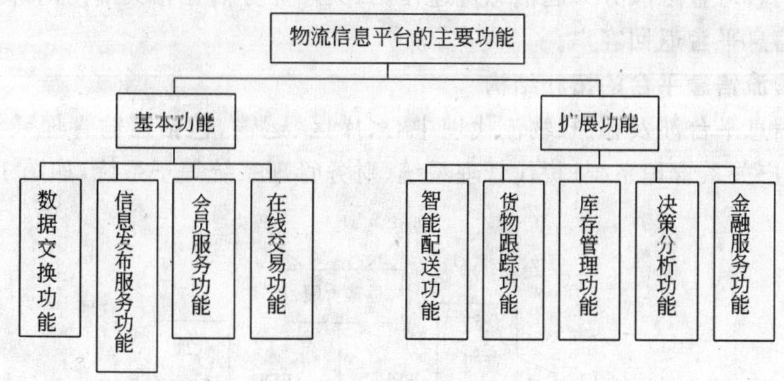

图 1-3　物流信息平台的功能

1)基本功能

(1)数据交换功能。主要指电子单证的翻译、转换和通信,例如,网上报关、报检、结算、缴(退)税、许可证申请、客户与商家的业务往来等与信息平台连接的用户交换信息。这是信息平台的核心功能。

(2)信息发布功能。企业通过 Internet 连接到 Web 货运信息网上,例如中国货运信息网、传化物流网等，就可获得站点提供的物流信息。这些物流信息包括专业物流信息平台提供的水、陆运价格、新闻和公告、政务指南、航班船期、货源和运力、空车配载、铁路车次、适箱货源、联盟会员、政策法规、职业培训等信息。

(3)会员服务功能。主要包括会员单证管理、会员的货物状态和位置跟踪、交易统计、交易跟踪、会员资信评估等。该功能可为注册会员提供个性化服务。

(4)在线交易功能。物流信息平台的交易系统为供需双方提供一个虚拟交易市场，供方和需方均可发布和查询信息，对自己感兴趣的信息可与发布者进行洽谈，交易系统可为双方提供交易撮合。

2)扩展功能

(1)智能配送功能。即利用物流中心的运输资源、消费者的购物信息和商家的供货信息，寻求最优化的配送方案，尽可能地降低配送成本。信息平台提供的信息用以有效解决路线的选择、配送的车辆类型、配送的发送顺序、客户限制的发送时间等问题。

(2)货物跟踪功能。指采用全球定位系统(GPS)、地理信息系统(GIS)跟踪货物的状态和位置。用户可通过呼叫中心或Web站点获得跟踪信息。

(3)库存管理功能。充分利用物流信息平台提供的信息，对整个供应链进行有效的整合，使库存量在满足客户需求的条件下达到最低。

(4)决策分析功能。通过对已有数据的分析，例如，设施选址、客户服务分析等，协助企业管理层鉴别、评估和比较在物流战略层面制订的可选方案。

(5)金融服务功能。利用物流信息平台实现，银行、保险、税务、外汇等金融服务。物流信息平台对金融服务只起信息传递作用，具体业务需在相关部门内部处理，处理结果通过信息平台返回客户。

(二)物流信息平台的拓朴结构

物流信息平台涉及客户、物流代理中心、库区、运输，包括运输管理系统、仓储管理系统、客户关系管理系统、货代管理系统、财务管理系统等子系统，如图1-4所示。

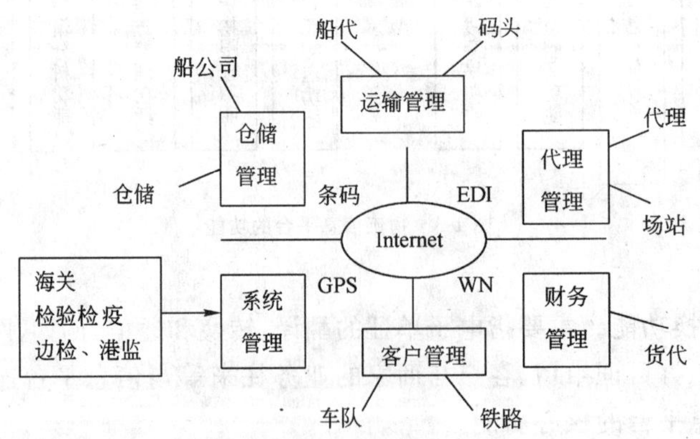

图1-4　物流信息平台拓朴结构

第二节　物流信息管理概述

一、物流信息管理的内容

物流信息管理与物流活动密不可分，伴随物流活动产生的信息与先于物流活动产生的各种用于管理和控制物流活动的决策、计划、用户的配送加工要求等信息，共同构成了物流信息管理的内容。而物流信息管理的实施主要是通过建立管理信息系统来实现的。根据企业物流活动在供应链不同结点的功能需要，建立物流管理信息系统，通过对信息的管理实现对物流活动的控制。

物流信息管理按其实现的功能可分为：订单处理系统、采购管理系统、库存管理系统、配送管理系统等；按照货运的基本模式又可分为：公路、铁路、航空、船舶、管道五种不同的货运管理信息系统；另外还有一些更为新颖的或与最新信息技术结合的物流管理信息系统问世并投入使用，例如，货物配载系统、智能化道路交通系统、地理信息系统等。这些管理信息系统构成了物流信息管理的内容。

(一)按企业物流信息管理的功能划分

1. 订单处理系统

客户订单是引发物流过程运转的信息，订单处理系统是物流系统的中枢。信息流的速度与质量直接影响整个运作过程的成本与效率。低速、缺乏稳定性的信息传输不但会导致失去客户，而且还会增加运输、库存和仓储成本。订单处理系统能够为提高物流绩效水平提供巨大潜力。

2. 采购管理系统

在物流供应链中，采购过程本身已经从单纯的交易导向过渡到依靠良好的管理信息系统实现与更少的供应商保持更加密切的关系，目的在于能够通过管理信息系统，具体包括采购计划管理、采购订单管理、采购收货管理等，从全球供应商中选择原材料供应源。

3. 库存管理系统

库存管理系统以物的管理为基础，重点管理实际物品的入库、出库、库存以及所产生的信息。

4. 配送管理系统

配送中心管理最低存货水平的高需求物品，主要在接收和运输两个环节处理产品。因而配送中心收集和控制的数据信息是实时的，配送中心建立的目标是在达到客户交货要求时，实现利润最大化。其管理系统对信息的管理主要在配车计划和单据作业两个方面。

(二)按货运的基本模式划分

1. 公路货运管理信息系统

公路货运管理信息系统主要管理的内容包括货运基础档案、货运业务处理和货运跟踪查询。货运基础档案包括车辆基础档案、驾驶员基础档案、配送中心(仓库)的基础档案,以及企业对码头、火车站、机场等信息建立的档案的管理。货运业务处理包括接收托运人订单、送货单确认、车辆预定、车辆配载、货运线路优化、发车管理、途中监控、到站管理、货运异常信息处理、货运签收单维护等。货运跟踪查询是将托运人信息、承运人信息和客户信息都通过管理信息系统进行管理,对货运作业、可用车辆、车辆行驶路线、货物移动情况和运费等进行查询和跟踪。以公路汽车零担货物托运为例,信息系统管理的主要内容如表 1-3 所示。

公路汽车零担货物托运单 表 1-3

托运日期　　年　月　日

起运站＿＿＿＿＿＿＿＿到达站＿＿＿＿＿＿＿＿

托运单位(人)＿＿＿＿＿＿＿＿详细地址＿＿＿＿＿＿＿＿

收货单位(人)＿＿＿＿＿＿＿＿详细地址＿＿＿＿＿＿＿＿

进货仓位＿＿＿＿＿＿仓库管理验收员＿＿＿＿＿＿发运日期＿＿＿＿＿＿

到站交付日＿＿＿＿＿＿＿＿托运人签章＿＿＿＿＿＿＿＿

货物名称	包装	件数	实际重量	计费重量	托运人注意事项
					1. 托运单填写一式两份; 2. 托运货物必须完好,捆扎牢固; 3. 不得虚报货物名,否则在运输过程中发生的一切损失,均由托运人负责赔偿; 4. 托运货物不得夹带易燃危险等物品

2. 铁路货运管理信息系统

铁路货运按照一批货物的重量、体积、性质、形状,可以分为整车运输、零担运输和集装箱运输三种。以整车运输为例说明铁路货运管理的信息内容。如果一批货物的重量、体积、性质或形状需要一辆或一辆以上铁路货车装运(除集装箱货运),就属于整车运输。表 1-4 显示了整车货运管理的基本内容。

铁路货物运输服务订单(整车)

表 1-4

＿＿＿＿年＿＿＿＿月

<table>
<tr><td colspan="7" rowspan="2">填表时间：　年　月　日
要求运输时间：　日至　日
受理号码：</td><td colspan="3">发站</td><td colspan="7">名称　　　略号</td></tr>
<tr><td colspan="3">发货单
位盖章</td><td colspan="7">省/部名称＿＿＿＿　代号＿＿＿＿
发货单位名称＿＿＿＿　代号＿＿＿＿
地　址＿＿＿＿　电话＿＿＿＿</td></tr>
<tr><td rowspan="3">序号</td><td colspan="3">到局：代号</td><td colspan="4">收货单位</td><td colspan="3">货物</td><td rowspan="3">车种代号</td><td rowspan="3">车数</td><td rowspan="3">特征代号</td><td rowspan="3">换装港</td><td rowspan="3">终到港</td><td rowspan="3">报价</td><td rowspan="3">备注</td></tr>
<tr><td rowspan="2">到站</td><td rowspan="2">到站电报略号</td><td rowspan="2">专用线名称</td><td colspan="2">省/部</td><td rowspan="2">名称</td><td rowspan="2">代号</td><td colspan="2">品名</td><td rowspan="2">吨数</td></tr>
<tr><td>名称</td><td>代号</td><td>名称</td><td>代码</td></tr>
<tr><td>1</td><td></td><td></td><td></td><td></td><td></td><td></td><td></td><td></td><td></td><td></td><td></td><td></td><td></td><td></td><td></td><td></td><td></td></tr>
<tr><td>2</td><td></td><td></td><td></td><td></td><td></td><td></td><td></td><td></td><td></td><td></td><td></td><td></td><td></td><td></td><td></td><td></td><td></td></tr>
<tr><td>3</td><td></td><td></td><td></td><td></td><td></td><td></td><td></td><td></td><td></td><td></td><td></td><td></td><td></td><td></td><td></td><td></td><td></td></tr>
<tr><td colspan="11">供托运人自愿选择的服务项目(由托运人填写,需要的项目打√)
□1. 发送综合服务　□5. 清运、消纳垃圾
□2. 实施货物运输　□6. 代购、代加工装载加固材料
□3. 仓储保管　□7. 代对货物进行包装
□4. 篷布服务　□8. 代办一关三检手续</td><td colspan="3">说明或其他
要求事项：

□保价运输</td><td colspan="4">承运人签章

年　月　日</td></tr>
</table>

3. 航空货运管理信息系统

航空货运的基本作业包括发送作业、途中作业和到达作业。其管理的主要内容是航空货运单上需要填写的内容,包括托运人名称和地址、托运人账号、收货人名称和地址、收货人账号、始发站、路线和目的站、运费、托运人向承运人声明的货物价值、目的站、保险金额、件数、毛重、货物品名及体积等。以“宅急送”航空货运为例,管理信息系统主要管理的内容如表 1-5 所示。

宅急送快运详情单

表 1-5

<table>
<tr><td>委托人：＿＿＿＿＿＿
委托单位：＿＿＿＿＿＿
地址：＿＿＿＿＿＿
电话：＿＿＿＿＿＿
手机：＿＿＿＿＿＿
传真：＿＿＿＿＿＿</td><td>邮编：
到达地：＿＿＿＿＿＿
收货人：＿＿＿＿＿＿
单位：＿＿＿＿＿＿
地址：＿＿＿＿＿＿
电话：＿＿＿＿＿＿
手机：＿＿＿＿＿＿</td></tr>
</table>

续上表

<table>
<tr><td rowspan="2">重要提示：

体积：________</td><td colspan="3">货物品名：________ 实际件数：________件
实际重量：________kg 计费重量：________
保险金额：________元 保险费：________元
希望到达时间：</td></tr>
<tr><td>取货人：

年 月 日 时 分</td><td>委托人签字：</td><td>服务费用：

________元</td></tr>
</table>

4. 船舶货运管理信息系统

以内河货运业务为例，托运人需要提出货物运单、提交货物、支付费用。信息管理的基本内容是提出货物运单上的各项目，见表1-6。

船舶货运单票样 表1-6

<table>
<tr><td>船名</td><td colspan="2"></td><td colspan="2">起运港</td><td></td><td colspan="2">到达港</td><td colspan="2"></td><td colspan="2" rowspan="4">到达日期
承运人章</td><td colspan="2" rowspan="4">收货人章</td></tr>
<tr><td rowspan="3">托运人</td><td colspan="2">全称</td><td colspan="2"></td><td rowspan="3">收货人</td><td colspan="2">全称</td><td colspan="2"></td></tr>
<tr><td colspan="2">地址 电话</td><td colspan="2"></td><td colspan="2">地址 电话</td><td colspan="2"></td></tr>
<tr><td colspan="2">银行账号</td><td colspan="2"></td><td colspan="2">银行账号</td><td colspan="2"></td></tr>
<tr><td rowspan="3">发货符号</td><td rowspan="3">货号</td><td rowspan="3">件数</td><td rowspan="3">包装</td><td rowspan="3">价值</td><td colspan="2">托运人确定</td><td colspan="2">计费质量</td><td rowspan="3">等级</td><td rowspan="3">费率</td><td rowspan="3">金额</td><td colspan="3">应收费用</td></tr>
<tr><td rowspan="2">质量
(t)</td><td rowspan="2">体积(m³)
长：
宽：
高：</td><td rowspan="2">质量
(t)</td><td rowspan="2">体积
(m³)</td><td>项目</td><td>费率</td><td>金额</td></tr>
<tr><td>运费</td><td></td><td></td></tr>
<tr><td></td><td></td><td></td><td></td><td></td><td></td><td></td><td></td><td></td><td></td><td></td><td></td><td></td><td></td><td></td></tr>
<tr><td></td><td></td><td></td><td></td><td></td><td></td><td></td><td></td><td></td><td></td><td></td><td></td><td></td><td></td><td></td></tr>
<tr><td></td><td></td><td></td><td></td><td></td><td></td><td></td><td></td><td></td><td></td><td></td><td></td><td></td><td></td><td></td></tr>
<tr><td>合计</td><td></td><td></td><td></td><td></td><td></td><td></td><td></td><td></td><td></td><td></td><td></td><td></td><td></td><td></td></tr>
<tr><td colspan="8">运到期限或约定</td><td colspan="4">托运人
公章日期</td><td>总计</td><td colspan="2"></td></tr>
<tr><td colspan="2">特约事项</td><td colspan="6"></td><td colspan="4">承运日期
起运港承运人章</td><td colspan="2">核算员
复核员</td><td></td></tr>
</table>

可以把上述货运信息总结如下：

管理信息系统除提供上述日常业务操作数据外，利用收集的客户信息还可提供重要的决策之用。也就是说，将数据资料转化成有用的信息，供决策者参考。承运人所做的决策有战术层的，也有战略层的。例如，承运人的一个战术层的运输决策可能是如何分配驾驶员和运输工具，从而使空载路程最短、收入最多；承运人的一个战略层的运输决策可能是根据对未来 5 年内货运流量的预测来决定运输车队的规模大小。战术决策受到战略决策的影响,反之亦然。托运人和收货人也做这样的决策。关键在于信息系统的集成,这是连接所有供应链伙伴所必须的。

有些类型的信息对于托运人和收货人之间的运输过程是非常必要的。运输过程所需信息可以分为交易前、交易中、交易后三种。交易前的信息包括计划运输所需的信息,交易中的信息包括货物到达承运人处时所需的信息,交易后的信息包括交货后所需的信息。表 1-7 说明了托运人、承运人和收货人对 3 种信息的需求,以及三方之间的信息流必须合成以确保货物如期如约到达。在交易前,托运人需要采购订单信息、进行可能的预测,以便他们选择有能力的承运人并做出决策,托运人还需要从承运人处获知可用设备情况和计划提货时间这样的信息。从战略上,承运人需要从托运人处获知预测的数量,以便适当地计划运载量。从战术上,承运人需要从托运人处获知他所期望的提单(BOL)信息以及期望交货和取货的时间。收货人需要从托运人处获知提前装船通知(ASN)以及从承运人处(或在 ASN 上的托运人处)获知计划交货时间。

【小知识】 提单(BOL)

提单(BOL,Bill of Lading)是承运人或其代理人收到货物后签发给托运人的一种单证,就是提货单,代表物权,在国际贸易中处于核心,谁有了他就可以把货提走了。

【小知识】 提前装船通知(ASN)

提前装船通知(ASN,Advanced Shipment Notice)里面包含着:船名、航次、提单号等内容,就是发送给客户的一个货物相关信息通知文件。

管理运输过程所需信息 表 1-7

运输活动	信息使用者		
	托运人	承运人	收货人
交易前	采购订单信息 预测 可用设备	提单信息 预测 取货/交货时间	提前装船通知 交货时间
交易中	货物情况	货物情况	货物情况
交易后	运费清单 承运人业绩 交货证明 索赔信息	付款 索赔信息	承运人业绩 交货证明 索赔信息

在交易中,三方都需要得知货物情况,例如,是否按计划到达?许多承运人都通过信息技术,例如,卫星跟踪、车上电脑、条形码来监控货物情况。一般来说,货物信息是由承运人掌握和提供的。通常,这些信息都是另外处理的,只有在交货时间或货

物需求发生变化时才通知托运人和(或)收货人。

交易后,如果货物是船上交货,即按离岸价格(FOB)交货的话,需要从承运人处取得运费清单以及交货证明(POD)和承运人业绩的其他证明,例如,货损或索赔信息。承运人需要从托运人处获知承运人业绩情况,例如,是否按时、无货损等,以及从托运人或承运人处得到交货证明(POD),以便开始对托运人就产品进行付款。这些不同类型的信息以及它们的流动如图1-5所示。

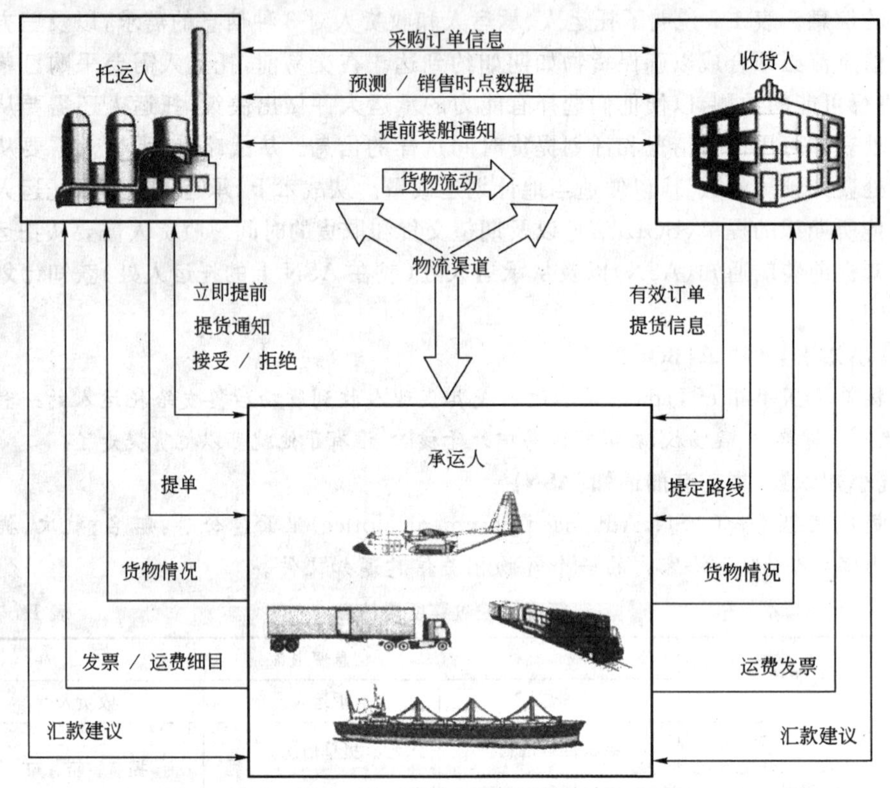

图1-5 运输活动交易前、交易中、交易后信息流示例

所以,运输过程中一个严密操作的环节是承运人、托运人和收货人之间信息流的合成。

【小知识1】 离岸价格(FOB)

离岸价格(FOB,Free on Board)涉及到装船的问题,装船是FOB合同划分风险的界线,国际上不同惯例对装船的解释不尽一致。按国际商会《INCOTERMS》规定:卖方负担货物在装运港越过船舷为止的一切风险,即当货物在装运港越过船舷时,卖方即履行了交货任务。卖方的交货点(Point of delivery)是船舷(Ship's Rail),买方自该交货点起,负担货物灭失或损坏风险。但《1990年通则》规定是可以被买卖合同的具体规定或买卖双方确立的习惯做法所超越或改变的。因此，在实际业务中，FOB 合同的卖方，往往根据合同规定或双方确立的习惯做法，负责将货物在装运港实际装到船上，并提供给卖方已装船收据或提单。

二、物流信息管理的功能

主要从两个方面来看物流信息管理的功能。首先了解物流信息的功能有哪些，而物流信息的管理又是通过物流管理信息系统来实现的，所以再了解物流管理信息系统的功能。

(一)物流信息的功能

由各种物流活动产生的信息和先于物流活动产生的信息共同构成了物流信息。物流信息从三个层面控制、管理并影响着物流企业的运作：最高层是战略决策支持层，中间层为管理决策控制层，最低层为基层作业操作层，如图 1-6 所示。

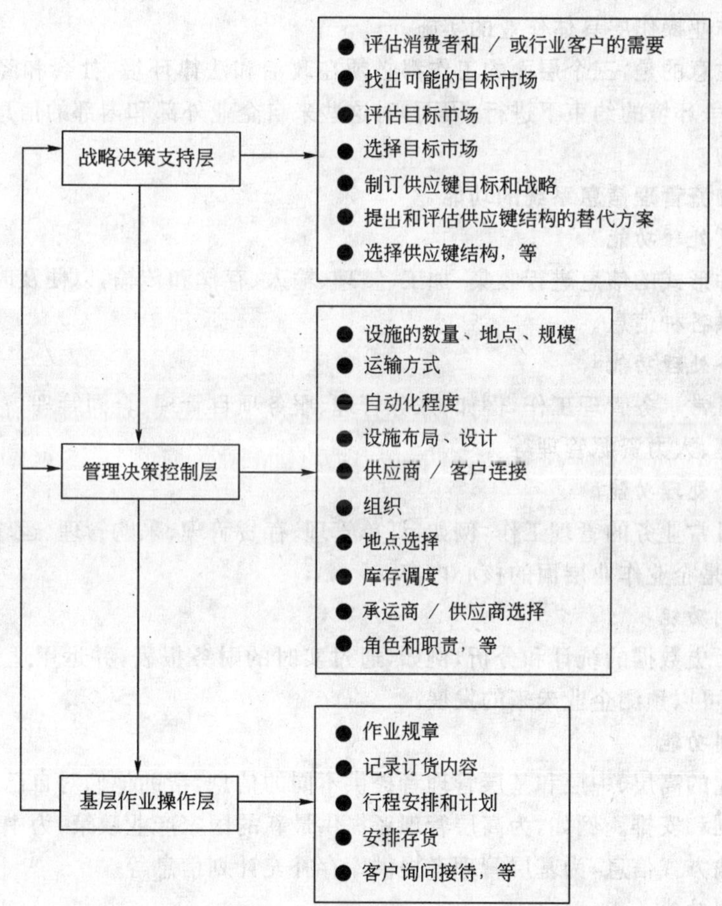

图 1-6 物流信息在决策、管理、作业三个层面的功能

1. 战略决策支持层

战略决策支持层的信息，主要来自先于物流活动产生的信息，例如，国家经济和法律政策、对竞争对手的分析、来自市场的信息等，也包括来自基层作业操作层的有关客户反馈的信息和对本企业整体实力分析的信息等。这些信息告诉企业的高层管理者可以做什么，不可以做什么。

2. 管理决策控制层

管理决策控制层的信息主要来自对战略决策支持层目标战略的分析和对本企业技术能力分析的信息，也包括来自基层作业操作层各作业环节的反馈信息。这些信息告诉企业中层管理者如何将企业的战略目标分解为部门目标和岗位目标，从而实现企业的战略目标。

3. 基层作业操作层

基层作业操作层的信息来自管理决策控制层，以及客户反馈的信息。这些信息告诉基层作业操作层具体作业的实施。

值得注意的是，三个层面的工作都必须在政治和法律环境、社会和经济环境、技术环境、竞争环境的约束下进行，因而，对这些来自企业外部和内部的信息进行分析，是第一位的。

(二)物流管理信息系统的功能

1. 信息处理功能

对各种形式的信息进行收集、加工、整理、输入、存储和传输，以便及时、准确地为管理者提供各种信息。

2. 事务处理功能

从事日常事务管理工作，例如，账务管理、服务项目管理、合同管理、营销管理、客户关系管理、人力资源管理等。

3. 业务处理功能

进行日常业务的管理工作，例如，订单管理、存货管理、采购管理、运输管理、配送管理等，这是企业作业层面的核心内容。

4. 预测功能

通过历史数据的统计和分析，例如，通过实时的财务报表，并运用适当的数学方法和模型，可以预测企业未来的发展。

5. 计划功能

为企业的高层、中层和基层管理者提供不同的信息，帮助他们对自己的工作进行合理的计划和安排。例如，为高层管理者提供最新的国家产业政策，为中层管理者提供新的运输方式信息，为基层管理者提供库存补充计划信息等。

6. 控制功能

对物流供应链各环节运行状况进行监测和检查，这通常需要借助于GPS/GIS来实现，通过管理信息系统提供的实时信息进行物流运作的控制，有助于及时发现与原始计划有无差异，总结原因，调整计划或采用适当的方法纠正偏差，保证计划目标的实现。

三、物流信息管理的原则

物流信息管理是通过信息系统来实现的，信息系统是现代物流供应链的核心。物流信息管理应遵循以下原则。

1. 制度化原则

这是从管理角度而言的。就信息系统来说，对人员、设备、工作程序均应建立起一套完备的管理制度，对信息的收集、加工、整理、传输、查询等应有一套科学的制度和方法，做到信息人员专业化、信息管理科学化、信息收集统一化。

2. 标准化原则

运用标准化管理办法对物流各类信息进行分类编码，例如，产品与服务分类代码标准[包括“全国主要产品分类与代码”标准、“货物类型、包装类型和包装材料类型代码”标准、“全球产品分类(GPC)”标准等]、贸易单元编码标准(包括“商品条码”标准、“贸易项目的编码与符号表示导则”标准等)；对物流信息系统建设中需要协调统一的技术事项运用技术标准；对工作的责任、权利、范围、质量要求、程序、效果、检查方法、考核办法实施工作标准，工作标准一般包括部门工作标准和岗位(个人)工作标准。

3. 高效化原则

建立物流信息系统的最重要的目标，就是在有效时间里为供应链上的协作企业获取必要的信息提供平台，以提高企业经营决策的正确性及管理水平。

S 本章小结

本章通过实例介绍了物流与信息流的概念，从中美对物流的定义可以看出：美国特别强调了“有效流动及存储”、强调信息及管理在物流中的作用。现代物流不仅是指物质实体在空间和时间上的“流动”或称为“位移”，还包含了“位移”以外的信息流的科学管理问题。信息流有两类，一类是伴随物质实体的“位移”而产生的，另一类是先于物质实体的“位移”而产生的。由于在物流管理中，信息流的速度和质量对总成本和效率产生着直接影响，因而，现代物流企业都大量应用计算机信息系统进行订单录入、订单处理、产成品库存控制、绩效衡量、货物审核/付款和仓储管理以支持基于时间的竞争，物流企业越来越多的运用信息技术，并把信息技术作为竞争优势的来源。本章介绍了几种货运单据，对这些货运单据上信息的分析有助于理解现实物流作业中运用信息技术管理信息的含义和重要性。

E 思考题

1-1 理解并分析“物流是单向的，而伴随物流产生的信息流是双向的”。
1-2 分析物流信息的作用。
1-3 以运输过程产生的信息为例，理解并分析交易前、交易中、交易后所需信息。

实训性练习题

1-1 试填“公路汽车零担货物托运单”，分析哪些信息为必不可少。
1-2 试填“铁路货物运输服务订单(整车)”，分析哪些信息必不可少。
1-3 试填“宅急送快运详情单”，分析哪些信息必不可少。
1-4 试填“船舶货运单票样”，分析哪些信息必不可少。

C 案例分析

案例 1-1 沃尔玛如何使用电子信息

管理信息系统可以连接各种信息技术。例如，沃尔玛使用 EDI(电子数据交换)技术与供应商沟通，从供应商那里接收有关发运状况、送货时间表、数量甚至账单/发票等信息。沃尔玛还在零售商店的付款通道使用条形码读码器来捕获实时销售信息，并随即下载给厂商。厂商使用此信息决定要发运什么产品给沃尔玛，订单会自动生成。该系统将销售情况迅速反馈给厂商，厂商因此能够依据准确、及时的销售数据预测生产需求。他们也能更早地收到付款，这对其现金流很有帮助。沃尔玛得到的好处是它再也不用向众多的厂商直接下订单，并且可以将库存水平保持在最低水平。这两项策略都降低了沃尔玛的成本，并提高了客户服务水平。

背景

沃尔玛(Wal-Mart Stores, Inc.)来自美国，以营业额计算是全球最大的公司，属世界性的连锁企业。沃尔玛主要涉足零售业。业务类型主要有沃尔玛购物广场、山姆会员商店、沃尔玛商店、沃尔玛社区店四种形式。

沃尔玛百货有限公司由美国零售业的传奇人物山姆·沃尔顿先生于 1962 年在阿肯色州成立。经过 40 余年的发展，沃尔玛百货有限公司已经成为美国最大的私人雇主和世界上最大的连锁零售商。目前沃尔玛在全球 10 个国家开设了超过 5 000 家商场。2004 年沃尔玛全球的销售额达到 2 852 亿美元，连续多年荣登《财富》杂志世界 500 强企业和“最受尊敬企业”排行榜。

案例 1-2　厦门物流公共信息平台

厦门市高度重视物流信息平台的建设，于 2002 年出台了《厦门市物流信息平台建设规划》，成立了“物流信息平台建设协调小组”，市领导任组长，口岸办领导及海关领导任副组长。成员有：口岸办、信息产业局、贸发局、财政局、物流办、海关、国检局、海事局等，另安排一名人员负责日常联络工作。

在已有的“海港电子订舱一期工程”、“空运无纸化出口工程”等基础之上，通过整合现有网络资源，搭建口岸物流信息平台主体框架，重点建设了“一个平台，三个系统”，就是将港航 EDI 中心、空港 EDI 中心、电子商务中心 EDI 平台统一整合构建为一个物流信息平台（电子商务中心 EDI 平台和港航 EDI 平台已完成整合），并在该平台上建设运行“运输作业数据交换联动系统”、“通关数据支持系统”、“物流公共信息服务系统”三大应用系统。其中，“运输作业数据，交换联动系统”主要实现船代、货代、码头、堆场等运输单位和中介单位的作业数据例如托运单、码头作业动态电子数据交换，进行联动作业；“通关数据支持系统”构架海关、检验检疫等口岸监管单位外围数据处理中心，为口岸监管单位收集处理通关所需的例如舱单、货物进出场信息参考数据，以提高通关效率；“物流公共信息服务系统”为企业提供物流公共信息发布、作业动态查询、企业黄页等信息增值服务。过去，一家航空港货运站与海关的信息只是单向的传输，货物通关速度慢。而现在，通过物流信息平台，把海关、国检、办检等口岸部门“串联”起来，实现信息共享和联网电子化作业，使得物流企业的通关速度大大加快。

厦门物流信息平台在科技部主办的“2003 北京国际现代物流技术大会及展览会”上荣获“现代物流优秀典型模式奖”。

（资料来源：申金升. 现代物流信息化及其实施. 北京：电子工业出版社，2006：76～77）

第二章 物流管理信息系统

能力目标、知识目标与学习要求

无论将来服务于哪一类企业的物流岗位，物流管理都将通过现代信息技术对物流信息来实现监控。因此，本章首先介绍了三个典型的物流管理信息系统：生产制造企业物流管理信息系统、流通企业物流管理信息系统、物流企业物流管理信息系统。要求学生从物流实际的流程、物流管理的内容、物流的结构、直至所产生的信息流，这样一个思路理解企业如何利用信息流对物流进行有效管理和监控。学生可将自己置于图示的那些流程中，实际体会的运作过程，从而对“利用信息流监控和管理物流”有一个感性的认识。这是本章的重点之一。重点之二是通过第二节的学习，正确认识物流信息化的实质内涵是非常丰富的，懂得在现实中，信息化投入与成本效益永远是企业信息化建设最受关注的焦点。第三个重点是对目前市场上的主流物流软件平台及其应用领域有一个大致的了解，这些在今后的物流岗位上都有可能遇到。

第一节 三个典型的物流管理信息系统

一、生产制造企业物流管理信息系统

（一）生产制造企业物流管理概述

在生产制造领域中，物流管理主要对原材料的采购、在制品的流动、产品的销售等有重要的作用。也就是说，生产制造企业物流管理的任务更多地是同原材料及零部件的接收、储存、保管、供应，制订零部件的供应路线，运输车辆的配置及管理，计划变更与执行，协调与生产有关的各部门之间的关系等生产联系在一起。然而，随着市场竞争的激化，企业不得不改变原有的经营方式，物流管理的任务包含了更多的内容，可分为战略管理和作业管理两个层面，如图 2-1 所示。企业物流战略管理就是站

在生产制造企业长远发展的立场上，就企业物流的发展目标、物流在企业经营中的战略定位以及物流服务水平、服务内容等问题作出整体规划。作业管理是在企业战略指导下，优化作业程序，加快物流速度，减少和消除一切不产生效益的环节，提高整体效率。

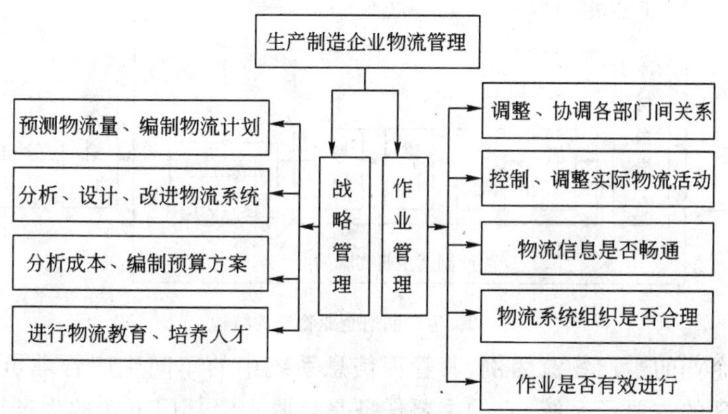

图 2-1 生产制造企业物流管理的内容

(二)生产制造企业物流的结构

生产制造企业生产系统中的物流的边界起于原材料的投入，止于成品仓库。物料投入生产后即形成物流，并随着时间进程不断改变自己的实物形态，例如，加工、装配、搬运、等待状态等，同时也改变着自己的场所位置，例如，各车间、工段、仓库等。对于产、供、销一体化的生产制造企业来说，物流的边界则始于原材料的投入，止于批发或零售商。

生产制造企业的生产制造活动在物流中的作用是双重的。首先，生产制造活动决定了生产什么产品和生产多少，进而决定提供给客户产品的时间和方式。其次，生产制造活动直接决定了企业对生产制造过程所需原材料、零部件的需求。因而，生产制造活动和物流共同决定了生产制造企业的生产控制整个过程。据此，生产制造企业物流应包括生产制造活动所需要的原材料、零部件等采购活动的供应物流，生产制造过程中的生产物流，以及将生产出的产品传递给批发商或零售商的销售物流 3 种形式。

图 2-2 描述了生产制造企业物流的结构。

(三)生产制造企业物流信息系统结构

相应地，生产制造企业物流管理信息系统应能从供应物流、生产物流、销售物流三个阶段为生产制造企业提供信息来管理和控制整个的过程。

以供应物流为例，生产制造企业依赖于物料管理，即供应物流充分管理各种功能的能力，包括交通运输、仓储和 MIS(管理信息系统)控制等。为了合适的管理物料，生产经理需要具有对公司的管理信息系统的直接访问权限，需要的管理信息类型包括：生产需求预测、供应商名称与特征、价格信息、库存水平、生产安排、运输线路和计划数据及各种财务和市场信息。此外，物料经理也向企业的管理信息系统提供输入数据，例如，物料的库存水平、交货计划、定价情况、预购和供应商信息等。

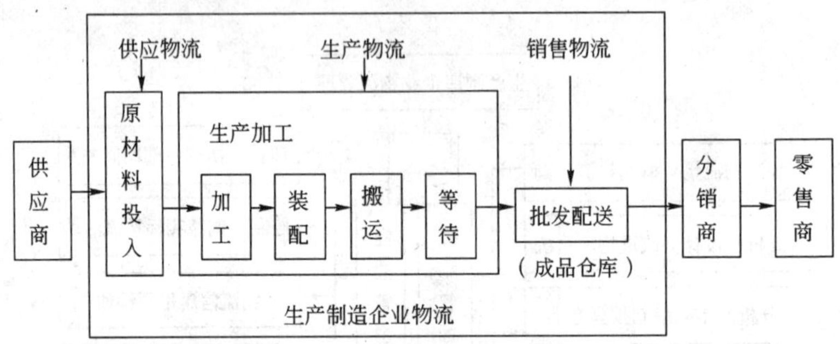

图 2-2　生产制造企业物流的结构

以中小企业的生产物流为例，其管理信息系统中的车间生产管理子系统是实现生产物流管理的主要子系统，它的主要任务是接收上级部门下达的生产计划，生产调度人员根据生产计划制订一系列的生产任务，决定各生产任务的顺序，由此安排设备和领料，并将生产任务下达给车间的班组执行。系统将车间的在制品情况、生产完成情况、入库情况、物料领用情况、工时利用情况、设备状况、车间领用物料的库存和短缺情况等统计信息及时收集并准确反馈给调度员和上级各主管部门，以便根据车间实际生产情况及时调整生产任务和生产计划。

再以销售物流为例，对于产、供、销一体化的生产制造企业来说，销售物流信息管理也是其整个物流管理信息系统的一个组成部分。销售物流是指在销售过程中，产品经过一系列计划、预测、储存、运输和签收的流转服务活动，同时，又将客户对相关产品存量信息反馈给企业的循环过程，需要的管理信息类型包括：订单管理、库存控制、需求预测、客户服务、文件票据流转管理、包装、退货处理、仓库配送中心管理、销售计划、零部件服务支持等。

生产制造企业物流信息系统结构如图 2-3 所示。

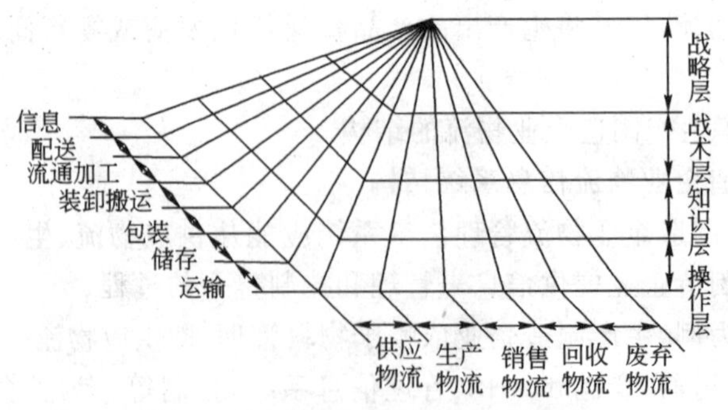

图 2-3　生产制造企业物流信息系统结构

1. 操作层

操作层的事务处理和交易系统及时地处理每天的物品订货管理、计划管理、运输管理、采购管理、库存管理、设备管理和财务管理等，包括车辆运输路线选择、仓库作业计划等，涉及当前运行的短期决策，反馈企业基层的日常生产和经营工作的信息。

2. 知识层

知识层建立的知识工作系统和办公自动化系统对企业自身的知识进行收集、分类、存储和查询；并运用知识，根据战术层、战略层的需要，按照一定的方式，对操作层产生的数据进行加工、分析，产生相关的分析报告，进而加快知识在企业内部的流动和传播，促进知识创新，提高企业核心竞争力；建立各种物流系统分析模型，辅助高层管理人员制订物流战略计划。

【小知识】 知识管理

管理大师彼得·德鲁克指出：知识是核心资本，是成本中心，是关键的经济资源。那么，是什么驱动了现代企业实施知识管理的呢？知识管理的驱动因素主要包括：

(1)知识创造财富。企业/公司的价值可以从其无形资产、知识资产、知识产权等方面体现出来。

(2)知识之间的相互联系。跨企业/组织的知识：例如，有关客户的知识，有关供应商的知识，有关合作伙伴的知识相互依存。

(3)技术。技术信息系统和信息管理的局限性；互联网和知识技术的发展潜力。

(4)人力资源。人能拥有知识，能创造价值，保留企业/组织记忆，还有可能离职。

(5)组织学习。环境的变化要求组织的知识库不断更新。

(6)创新。企业/公司要想具有竞争优势，就必须进行创新，创造知识，分享知识并且应用知识。

3. 战术层

战术层为部门负责人提供用于关系局部的战术管理信息，以及中期决策所涉及的战术管理信息，一般包括合同管理、客户关系管理、质量管理、计划管理、市场商情信息等的管理；根据供应、生产、销售三个不同阶段运行产生的信息，监测物流系统的运行状况；建立物流系统的特征值体系，制订评价标准；建立控制与评价模型。

4. 战略层

战略层为企业高层管理决策者提供制订企业战略决策、企业年度经营目标所需要的战略管理信息。

生产制造企业的战略管理是企业管理的重要组成部分。企业的物流信息系统可以帮助高层管理者制订物流战略，决定自身的发展方向。不同层次的信息系统有不同的功能，但彼此又相互依赖，因而，按这种层次来建立的信息系统，要注意它们之间向上、向下信息流的流畅。

二、流通企业物流管理信息系统

(一)流通企业物流管理概述

流通企业需要及时跟踪货物的运输过程,了解库存的准确信息,合理调配和使用车辆、库房、人员等各种资源,为客户提供优良的服务。流通企业对物流进行有效的管理,使其系统化、合理化,通过物流管理信息系统开展物流的管理和服务,提供对货物的统计与查询,方便仓库管理者,也为客户服务奠定了基础。

在当代的流通领域中,商业企业连锁经营已成为其中一种重要形式,其特殊的组织形式对流通企业物流管理的分析有一定的代表意义,因此,下面以连锁型商业流通企业为代表来分析物流信息的管理问题。

连锁经营就是指通过组织形式的联合化和标准化,将传统流通体制中相互独立的各种商业职能有机地组合在一个统一的经营体系中,从物流的角度来看,连锁总部负责集中进货和配送,各分店负责销售。通过这种专业化分工,实现了采购、配送、批发、零售的一体化,这种一体化经营和专业化分工大大提高了流通领域的组织化程度,从而有效解决了传统经营中追求规模效益与消费分散性之间的矛盾。

连锁流通企业物流的整个过程包括实物流、信息流和资金能源等的流动,如图2-4所示。

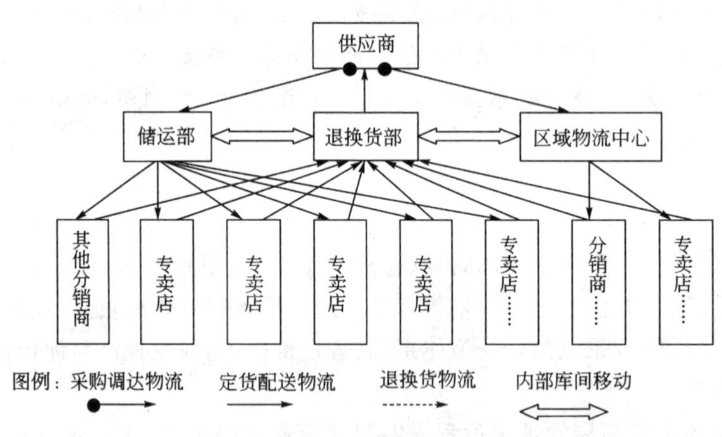

图 2-4　连锁流通企业物流流程

(二)流通企业物流信息流程分析

通过对连锁企业业务流程的分析可知:连锁企业信息流程就是由总部的集中管理信息流程、配送中心的物流管理信息流程及各分店的销售管理信息流程等构成的。连锁企业信息的流通和交换过程是复杂的,信息流是全方位的,如图2-5所示。

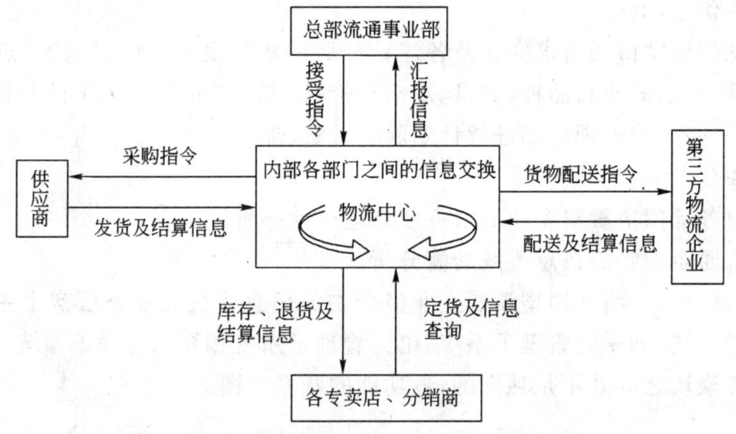

图 2-5 连锁流通企业信息流程

【小知识】 第三方物流企业

第三方物流是指生产经营企业为集中精力搞好主业，把原来属于自己处理的物流活动，以合同方式委托给专业物流服务企业，同时通过信息系统与物流服务企业保持密切联系，以达到对物流全程的管理和控制的一种物流运作与管理方式。因此第三方物流又叫合同制物流。

由于提供现代物流服务的专业物流服务企业是游离于生产商和客户的第三方企业，所以又常称为第三方物流企业。

1. 物流信息流程

配送中心根据连锁总部的进货计划，从供应商处进货，经过检验、入库、加工、分装等，按照总部配送计划配送到各连锁分店。同时，总部将商品的编号、品种、价格等有关商品的数据信息下达给各连锁分店，分店按照要求将商品出售给客户，完成了商品的交易过程。

2. 总部管理信息流程

连锁总部通过分析销售汇总情况，将需要调整的商品的编号、品种、数量、价格等数据信息下达给各连锁分店。各连锁分店根据总部的要求，向总部上报本连锁分店的补充商品清单，总部审核后向配送中心发出配送商品计划，配送中心根据总部配送计划向各连锁分店补充配货，各连锁分店每日将销售情况，包括畅销商品、滞销商品、客户反馈信息等送回总部，由总部汇总分析后及时调整商品结构和价格，制订统一的策略。

3. 分店销售信息流程

各连锁分店按照总部的要求，每日将商品销售情况报送总部；总部对各分店的销售信息进行统计分析，掌握各分店的销售数据，确定商品的销售和库存，制订补充进货计划。

4. 采购信息流程

连锁总部根据市场需求变化及各连锁分店的销售反馈及库存情况，进行综合分析，确定需要采购的商品品种、数量、规格和价格，交由总部的采购部门与供应商洽谈订货，配送中心按照连锁总部进货计划验收进货、加工分装等。

5. 财务信息流程

总部财务部门负责对企业的财务活动进行动态管理。

(三)流通企业物流信息系统功能分析

根据系统分析，将连锁型流通企业整个物流信息系统在业务层次上主要划分成三个职能子系统，即采购管理子系统、销售管理子系统和仓储管理子系统。系统业务操作层的各模块之间并不是独立的，各功能的联系如图 2-6 所示。

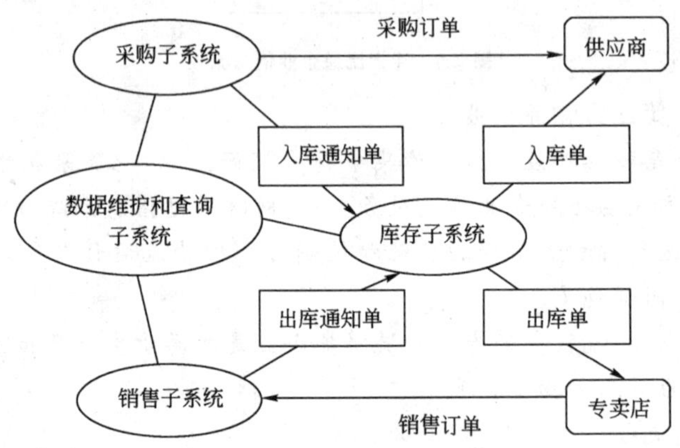

图 2-6 流通企业物流信息系统功能

连锁型流通企业物流信息系统各子系统的主要功能如下。

1. 采购子系统

为了控制库存总量和库存风险，任何与供应商有关的产品出入库，必须有采购的出入库通知单下达库存子系统才能执行。采购子系统执行产品的采购结算和应付款管理，所有的采购结算必须经由采购子系统处理。采购子系统的功能有：

(1)采购计划管理，汇总连锁分店的要货计划，并以此制订向供应商的采购计划；

(2)市场价格信息管理；

(3)供应商信息管理；

(4)购货合同管理；

(5)到货管理。

2. 库存子系统

连锁总部统一采购的商品集中统一储存，要对采购的商品进行严格的检验和核对，保证商品在品种、质量、数量、规格、品牌、包装等方面符合要求。同时，根据分店的需要，配送中心要把商品分散发送到各分店去。因此，库存子系统的功能包括：

(1)到货登记、查询修改;

(2)商品实物保管及存放地点管理;

(3)商品移库、提货、盘存、损溢管理;

(4)库存结构,例如,保本、保质、保利等管理;

(5)调配管理,例如,登记向分店调配商品的品种和数量;

(6)库存查询与统计。

库存只执行入库、出库和库存管理方面的事务型业务,不关心产品入库和出库的性质和目的。仓库本身没有入库和出库的决定权,只能执行采购管理和销售管理下达的出入库指令。没有入库和出库的指令,仓库不得进行任何产品的入库和出库的作业。

3.销售子系统

(1)收款机管理功能。随机查询每台收款机的工作状态、收款机工作的操作人员、收款金额、各时间段收款累计金额等。

(2)补货管理功能。补货申请有两种方式:一是人工填写补货单、提出补货申请;二是系统自动根据商品库中该商品的在架量与在架下限进行比较,如果低于在架下限,就以在架上限为标准自动填写该商品的补货单,提出补货申请。此外,还包括对补货单的内容进行查询、确认等功能。

(3)到货管理功能。验收入库,把到货信息写入商品库中,增加相应商品的在架数;对已到货进行确认操作;进行商品查询。

(4)在架管理功能。对在架单一商品的数量、金额进行统计;对在架商品按商品分类进行数量、金额统计;在架商品上/下限报警提示;对价格变动商品进行管理。

(5)盘点管理功能。生成盘点清单;输入盘点数量;统计盘点商品损溢等。

(6)返库管理功能。返库输入、确认、查询等。

(7)数据统计功能。对某一时间段内销售收款情况进行统计,例如,收款总额、收银员收款统计、收款机收款统计、交易次数等。对销售商品进行明细统计,例如,单品、商品分类销售情况及排名等。

(8)会员管理功能。会员卡的销售、修改、查询、挂失、恢复、退卡、统计等。

(9)系统管理功能。系统初始化、商品信息变更、系统维护、数据传递与维护等。

(10)货位管理功能。为每一在架商品分配货位号和所对应的理货员;对每一货位的商品进行统计等。

三、物流企业物流管理信息系统

(一)物流企业的概念及其分类

1.物流企业的概念

物流企业是独立于生产领域之外,专门从事商品交换活动的经济实体。也就是说，物流企业以物流为主体功能。从全社会来看，其基本职能是以商品的买者和卖者的双重身份交替出现在市场中，按照供求状况来完成物质的交换，解决社会生产与消费之间在时间与空间、数量、质量上的矛盾，实现生产和消费的供求结合，保证社会再生产的良性循环。

物流企业主要包括仓储业、运输业和综合服务型物流企业。企业的运作伴随有商流、资金流和信息流。

2. 物流企业的分类

2005 年 5 月 1 日颁布实施的国家标准《物流企业分类与评估指标》(GB/T 19680—2005)中对物流企业进行如下分类。

1)仓储型物流企业

仓储型物流企业应同时符合以下要求：

(1)从事仓储业务为主，为客户提供货物储存、保管、中转等仓储服务，具备一定规模；

(2)企业能为客户提供配送服务以及商品经销、流通加工等其他服务；

(3)企业自有一定规模的仓储设施、设备，自有或租用必要的货运车辆；

(4)具备网络化信息服务功能，应用信息系统可对货物进行状态查询、监控。

2)运输型物流企业

运输型物流企业应同时符合以下要求：

(1)从事货物运输业务为主，包括货物快递服务或运输代理服务，具备一定规模；

(2)可以提供门到门运输、门到站运输、站到门运输、站到站运输服务和其他物流服务；

(3)企业自有一定数量的运输设备；

(4)具备网络化信息服务功能，应用信息系统可对运输货物进行状态查询、监控。

3)综合服务型物流企业

综合服务型物流企业应同时符合以下要求：

(1)从事多种物流服务业务，可以为客户提供运输、货运代理、仓储、配送等多种物流服务，具备一定规模；

(2)根据客户的需求，为客户制订整合物流资源的运作方案，为客户提供契约性的综合物流服务；

(3)按照业务要求，企业自有或租用必要的运输设备、仓储设施及其他设备；

(4)企业具有一定运营范围的货物集散、分拨网络；

(5)企业配置专门的机构和人员，建立完备的客户服务体系，能及时、有效地提供客户服务；

(6)具备网络化信息服务功能，应用信息系统可对物流服务全过程进行状态查询、监控。

(二)物流企业物流系统的构成

现代物流企业的物流系统可以划分为物流作业子系统和物流信息子系统。前者主要包括运输、储存、包装、装卸、流通、加工等机能,其目的是力求物流作业的效率化;后者主要包括客户服务、订货、发货、在库、出货管理等机能,其目的是实现物流全过程的高度信息化。

按行业和业态的不同,各物流企业所需构筑的物流系统也不同。虽是同行同业的竞争对手,如果在供应链中扮演的角色、经营规模及市场分布不尽相同,那么所需物流系统也不相同。有的物流企业可以提供综合物流服务,而有的物流企业只提供运输、仓储、包装、信息咨询、报关中的一项或几项单项服务。因此,各企业首先必须了解自己所扮演的角色、经营规模以及市场定位,然后再去设计相应的物流系统。比如:货运仓储企业须注意据点的布局、车队、运输、转运、配送等系统功能;书刊销售企业则须注重门市经营、新书即时配送以及退货、收付管理等;而服饰、药品经营者则须注重商品时效管理以及及时的补货等功能。但是,尽管不同类型的物流企业其物流系统的具体内容存在差异,但它们的物流系统的流程是相似的,都是从接到服务请求订单到企业协调运作处理订单再到满足订单的一个过程,物流系统的基本结构也是相似的,都包含控制中心、物流中心、仓储设施和客户几大部分,图 2-7 即为典型的物流企业物流系统的系统构成。

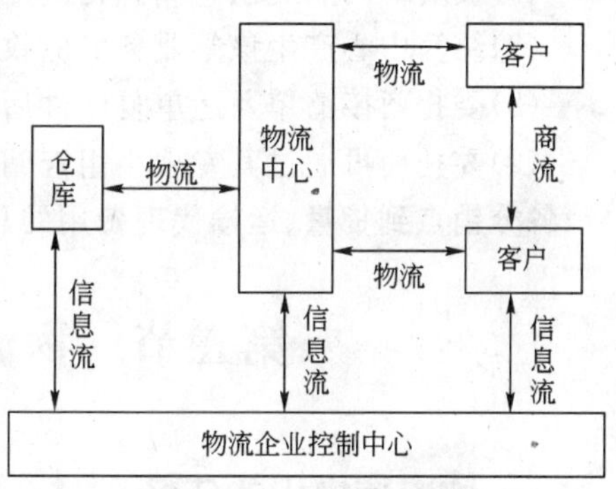

图 2-7　物流企业物流系统构成

(三)物流企业物流信息流程分析

根据物流企业现有的业务范围和经营模式,其信息流程如图 2-8 所示。作业流程可细分为以下 9 个方面:

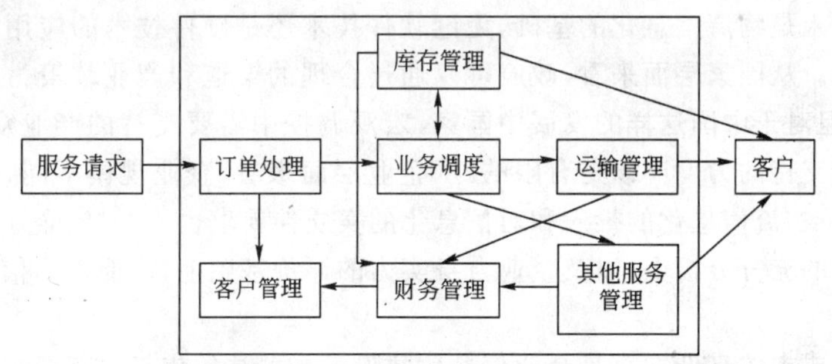

图 2-8　物流企业物流系统信息流程

(1)委托商依据合同规定的形式向物流中心发出委托指令,中心接单并确认应收款项后,委托商向结算中心支付合同约定比例的预付款、代理运输保险事宜,并支付约定比例的保险金。

(2)结算中心向物流中心确认收款后,中心由专人将指令录入系统,系统产生全程接运单,并由中心向提货地网点公司的终端打印机提交打印全程运单。

(3)提货地网点接到全程运单,派出车队,执单前往指定仓库提货,指定仓库负责按单装卸出货,完成后签单。

(4)采取铁路或水运完成中间运输过程的,由车队运往最近的铁路、水运集运网点、分销商仓库,并办理相关发运手续。

(5)接货人收货并查收后,在运单上签字确认,到货地网点将完成的运单传真回物流中心,中心予以录入。

(6)接货地网点提供仓储和物流配送服务。

(7)结算中心产生该笔业务的应收款清单,传递清单及运单复印件。

(8)委托商接清单及运单复印件后,核实并按期向结算中心支付应付款余额。

(9)委托商可通过其专项小组查阅部分系统运作资料,包括一段时期内的货运总量、各分销点到货量、运输代理费用的总额及明细等数据。

第二节　物流信息化及其发展

一、物流信息化的任务

物流的信息化是指商品代码和数据库的建立、物流中心管理电子化、运输网络合理化、销售网络合理化、库存控制与管理自动化,以及电子商务、条码技术、射频技术、GPS/GIS等技术的应用。这里涉及硬件技术和软件技术在何种程度上协同运用于物流控制、管理和作业的问题。也就是说,物流信息化有以下几个问题是必须考虑的。

(一)经济实力问题

资金投入是物流信息化的基础,无论软件技术还是硬件技术的应用都需要大量资金的支持。从国家层面来看,政府可以通过合理的渠道和产业政策为物流信息化予以支持,但对于中国这样的发展中国家,宏观调控中需要支持的产业众多,有轻重缓急,所以,支持的力度应该是有限的;从企业层面来看,企业规模不同,经济实力不同,所能用于物流信息化的投入和对信息化的实质性要求也不一样,企业一定会在投入产出效益的充分分析上,以及企业自身实力的评价基础上,才能做出信息化投入的决策。

信息化成本的高低一直是企业信息化建设最受关注的焦点。高成本必然带来高风险,却不一定带来高收益,这一点已经在业内达成了基本共识。

(二)合理信息化问题

所谓合理信息化可以从两个方面来讨论,一是对企业的效益与信息化的投入应该有一个合理的评估,再决定信息化的程度。例如,仓储管理的自动化问题对中国和日本两个国情不同的国家来说,实施的力度是不一样的。中国劳动力便宜,大容量的仓库也容易获得,对于建立自动仓库需要投入的资金较紧缺,因而,从信息化角度考虑自动仓库建设时应慎重;日本劳动力昂贵,小岛国的土地面积很金贵,而日本在自动化控制领域的技术又在世界领先,即自动化控制是日本的优势,所以,从现实物流运作的信息化技术实施来看,日本首先考虑的是立体仓库节约地盘和通过自动控制的高效管理实现零库存的问题。合理信息化的另一个方面是对物流信息化应该有一个正确的认识,买几台电脑赶时髦并不代表信息化。

(三)信息化需要逐步实现

物流信息化是一个目标,这个目标需要在物流运作中不断完善、逐步实现。因为物流信息化的内涵丰富,有软件技术,又有硬件技术,而且这些技术大多是跨领域的,例如,计算机领域的软件技术是信息化和自动监控的核心,机械设计与制造领域完成的自动化设备又应用于自动仓库等物流的硬设备环节,GIS/GPS 又涉及地理方面的知识,等等,要想一次采用全方位的解决方案来实现所有的技术应用是不现实的。

二、我国物流信息化的现状

从外部环境来看,首先是国家对信息化的推动加大了力度。以 9 部委《关于促进我国现代物流业发展的意见》为代表,各级政府已把物流信息化作为一项基础建设纳入规划。在国家的中长期科技规划研究中,信息化已列为物流科技最主要的关键技术之一。发改委、科技部、信息产业部等都加大了物流信息化的投资。与此同时,国家信息化基础设施建设和电子商务的市场发展也取得了新的进展。例如,2004 年 5 月 1 日,天津海关取消进出口天津港国际航行船舶纸制单证申报,改由 EDI 方式接受船舶申报数据,在全国率先对进出港口的国际船舶实施无纸化通关。其次,是世界范围内信息技术的发展很快,例如,RFID 技术的发展和应用,对物流业的发展带来了巨大的影响,也带来了发展机遇。特别是沃尔玛和麦德龙等强势企业要求其供应商从 2005 年开始使用 RFID,使得此项技术的应用前景备受关注;我国铁道部车辆调度系统是 RFID 最早的成功应用;此外,海尔的物流在数据的采集、传输、共享等环节也已建立在无线接入的库存管理网络基础之上,提高了信息处理能力和管理水平。

【小知识】 RFID 技术

RFID(Radio Frequency Identification, 无线射频识别技术)是利用无线电波对记录媒体进行读写。射频识别的距离可达几十厘米至几米,同时具有极高的保密性。该技术主要用于物料跟踪、运载工具识别等领域,是目前物流领域最热门和先进的技术之一。

从内部环境来看，企业在物流管理上的发展进入了“整合、创新”的时代。物流企业的客户——制造企业和商贸流通企业对外包的需求扩大，以及对一体化供应链的追求，是物流企业加快信息技术的采用、提升服务水平的重要动力之一。例如，亮成物流科技等公司自主研制的物流信息平台，将互联网技术、无线通信技术、全球定位跟踪技术、地理信息技术等融为一体，以货运为主线，覆盖物流供应链管理各环节，满足供应商、制造商、货运业主、分销商和最终客户的综合信息需求。

三、物流信息技术的新发展

(一)各种新型物流技术的应用

1.条形码与识别技术的应用

条形码技术属于自动识别范畴。它是随着电子技术的进步，尤其是计算机技术在现代化生产和管理领域中的广泛应用而发展起来的一门实用的数据输入技术。

(1)订货应用。无论是总部向供货商订货，还是连锁店向总部或配送中心订货，可根据订货簿或货架牌进行。这种条形码包含了商品名称、产地、品牌、规模等详细信息(详见第四章的分析)。然后通过网络将货品的详细信息通知供货商或配送中心。这种订货方式比传统的手工订货效率高出数倍。

(2)收货应用。当配送中心收到从供货商处发来的商品时，接货员就要在商品包装箱上贴一个条形码，作为该种商品对应仓库内相应货架的记录标志。同时，对商品外包装上的条形码进行扫描，将信息传到后台管理信息系统中，并使包装箱条形码与商品条形码形成一一对应。

(3)入库应用。应用条形码进行入库管理。商品到货后，通过条形码输入设计将商品基本信息输入计算机，计算机系统根据预先确定的入库原则、商品库存数量，确定该种商品的存放位置。然后根据商品的数量发出条形码卷标，这种条形码卷标包含该种商品的存放位置信息。然后在货箱上贴上标签，并将其放到输送机上，输送机通过识别箱上的条形码，将货箱放在指定的库位区。

(4)摆货应用。人工摆货时，搬运工要把收到的货品摆放到仓库的货架上。在搬运商品之前，先要扫描包装箱上的条形码，计算机就会提示工人将商品放到事先分配的货位，搬运工将商品运到指定的货位后，再扫描货位条形码，以确认所找到的货位是否正确。商品以托盘为单位入库时，把到货清单输入计算机，就会得到按照托盘数发出的条形码标签。将条形码贴于托盘面向叉车的一侧，叉车前面安装有激光扫描仪，叉车将托盘提起，并将其放置于计算机所指引的位置上。在各个托盘货位上装有传感器、发射显示装置、红外线发光装置和表明货区的发光图形牌。叉车驾驶员将托盘放置好后，通过叉车上装有的终端装置，将作业完成的信息传送到主计算机。这样商品的货址就存入计算机中了。

(5)配货应用。在配货过程中也都采用了条形码管理。在分拣、配货中应用条形码，能使拣货迅速、正确，并提高生产率。总部或配送中心在接受客户的订单后，将订货单汇总，并分批发出印有条形码的拣货标签。这种条形码含有该商品要发送到哪一连锁店的信息。分拣人员根据计算机打印出的拣货单，在仓库中进行拣货，并在商品上贴上拣货标签（在商品上已有包含商品基本信息的条形码标示）。将拣出的商品运到自动分类机，放置于感应输送机上，激光扫描仪对商品上的两个条形码自动识别，检验拣货有无差错。如无差错，商品即分岔流向按分店分类的滑槽中。然后将不同分店的商品装入不同的货箱中，并在货箱上贴上印有条形码的送货地址卡，这种条形码含有商品到达区域的信息。再将货箱送至自动分类机，在自动分类机的感应分类机上，激光扫描仪对货箱口贴有的条形码进行扫描，然后将货箱输送到不同的发货区。当发现拣货有错时，商品流入特定的滑槽内。条形码配合计算机应用于物流管理中，大大提高了物流作业自动化水平，提高了劳动生产率，提高了劳动质量。

(6)补货应用。查找商品的库存，确定是否需要进货或者货品是否占用太多库存，同样需要利用条形码来实现管理。另外，由于商品条形码和货架是一一对应的，也可通过检查货架达到补货的目的。通过计算机对条形码的管理以及对商品运营、库存数据的采集，可及时了解货架上商品的存量，从而进行合理的库存控制，将商品的库存量降到最低点；也可以做到及时补货，减少由于缺货造成的分店补货不及时而发生销售损失。条形码同样可用来作配送中心配货分析。通过统计分店要货情况，可按不同的时间段，合理分配商品的库存数量，合理分配货品摆放空间，减少库存占用，更好地管理商品。

2. 全球定位系统的应用

全球定位系统(GPS, Global Positioning System)具有在海、陆、空进行全方位实时三维导航与定位能力。

(1)用于物流配送。GPS 在物流配送领域主要用于运输设备自定位和跟踪调度。据丰田汽车公司的统计和预测，日本车载导航系统的市场在 1995 年至 2000 年间平均每年增长 35%以上，全世界在车辆导航上的投资平均每年增长 60.8%。因此，车辆导航将成为未来 GPS 应用的主要领域之一，我国也已有多家公司在开发和销售车载导航系统。有了 GPS，配送中心对配送过程的控制大大加强，保证了工作的顺利完成。

(2)用于铁路运输管理。我国铁路开发的基于 GPS 的计算机管理信息系统可以通过 GPS 和计算机网络实时收集全路列车、机车、车辆、集装箱及所运货物的动态信息，可实现列车、货物追踪管理。只要知道货车的车种、车型、车号，就可以立即从近十万公里的铁路网上流动着的几十万辆货车中找到该货车，还能得知这辆货车现在何处运行或停在何处，以及所有的车载货物发货信息。铁路部门运用这项技术可大大提高路网运营的透明度，为货主提供更高质量的服务。

(3)用于军事物流。GPS首先是因为军事目的而建立的,在军事物流中,如后勤装备的保障等方面,应用相当普遍。尤其是美国,其在世界各地驻扎的大量军队无论是在战时还是在平时都对后勤补给提出了很高的需求,在战争中,如果不依赖GPS,美军的后勤补给就会变得一团糟。美军在20世纪末的地区冲突中依靠GPS和其他顶尖技术,以强有力的、可见的后勤保障,为"保卫美国的利益"做出了贡献。我国军事部门,也在运用GPS。

3.地理信息系统的应用

地理信息系统(GIS,Geographical Information System)以地理空间数据为基础,采用地理模型分析方法,适时地提供多种空间的和动态的地理信息,是一种为地理研究和地理决策服务的计算机技术系统。其基本功能是将表格型数据(无论它来自数据库、电子表格文件或直接在程序中输入)转换为地理图形显示,然后对显示结果浏览、操作和分析。其显示范围可以从洲际地图到非常详细的街区地图,显示对象包括人口、销售情况、运输线路以及其他内容。

GIS应用于物流分析主要是指利用GIS强大的地理数据功能来完善物流分析技术。国外公司已经开发出利用GIS为物流分析提供专门分析的工具软件。完整的GIS物流分析软件集成了车辆路线模型、最短路径模型、网络物流模型、分配集合模型和设施定位模型等,为配送中心的配送规划提供技术支持。

(二)电子商务

基于网络的电子商务平台使广大的贸易伙伴跨越时空进行快速、低成本地交换信息成为可能。网络环境下的信息和通讯技术优势正在迫使管理者重新确定他们的业务战略,重新思考他们在技术方面的应用,以检查自己与供应商和客户之间的关系。Internet使许多不能利用EDI进行信息交换的公司实现了电子化的信息共享。

可以看出,电子商务正以连接供应商和客户的信息网络的优势来提供价值,在电子商务平台上,信息共享使得供需拍卖、合作型产品设计、跨企业的工作流程、需求管理合作等供应链活动得以优化。其中,订单的履行过程对于公司的成功极为关键。例如,美国的电子化零售商(e-tailer)和其他零售商就曾在圣诞节期间遇到了缺货问题。

像戴尔、思科和IBM这样的一些大公司已经发现降低库存、精益生产、需求合作和按订单生产能带来更低的成本和对客户需求变化的更高的反应能力。例如,在1999年,IBM在互联网上购买了价值约120亿美元的商品,已经从供应链集成和电子商务中实现了巨大的收益。

图2-9提供了一个来自美国服装行业的例子。该例子说明电子商务平台下供应链的四个层次(纤维供应商、布料生产商、服装制造商、零售商)如何利用销售点数据来使制造与物流作业同步进行,从而为客户提供更高水平的服务,同时降低成本。互

联网提供的工具将促进供应链的其他活动，例如设计、延迟、寻找供应源、合作计划、预测与补货等。

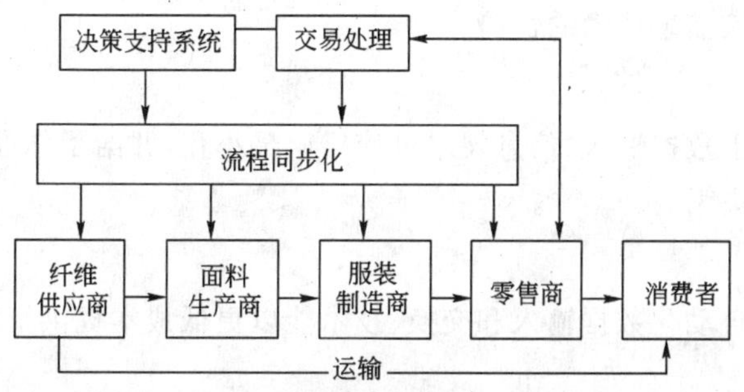

图 2-9 利用电子商务信息促使供应链集成

互联网将供应链连成贸易网络，供应链上的所有成员都可通过电子商务平台获得有用的信息。

实例分析：

实例 1：汽车网络交易市场(ANX)是由美国汽车制造商及其供应商共同发起的一项行动，计划开发一个安全、高性能和高度可靠的外部商务网络平台，成员企业可以利用该商务网络平台交换计算机辅助设计和制造系统产生的大量设计数据。他们认为，汽车及其零部件的合作设计将会减少汽车供应链中的时间和成本。

实例 2：罗塞塔网络(Rosett anet)是美国高技术和电子行业的一项行动，该行动的重点在于建立业务流程集成的标准和工具，通过标准化的界面流程，使供应链成员企业之间实现更加复杂的知识交换。其中一项功能是自动更新分销商的在线目录中的制造商的产品信息。这一自动化更新过程，提高了速度和准确性，使整个行业都有所获益。

实例 3：Transora 是美国消费品行业的一项行动。Transora 建立了一个企业之间的全球化电子市场，该电子市场使制造商能够利用互联网商务平台来简化与其全球的供应商、客户和分销商之间的业务交易过程。Transora 是一家独立的公司，由行业内的公司所有并进行投资。在 2000 年 6 月，49 家消费品公司已经投入了将近 25 000 万美元的资金来资助 Transora。Transora 支持跨越公司的普遍的合作，提供一批基于互联网的服务和交换的连接，从而达到提高效率、改进与客户和消费者之间交互作用的目的。电子化市场有望引导整个消费品行业的改革，它在许多方面为整个供应链提供了突破性的收益，最终将收益传递到消费者，所涉及的方面包括：消费者促销、合作型计划、预测和补货、供应商管理库存、行业能力管理、端点到端点的物流等。

在未来，供应链将采用网络化的技术和业务流程来对消费者和客户需求作出反应，在更高的效率和反应能力的水平上优化结构和绩效。在供应链成员企业之间、供应商网络中以及整个行业市场上,新的电子商务信息交换方法正在不断地被开发出来。公司的成功需要对组织未来电子商务角色进行规划。

(三)现代物流信息技术的优势

1.更精确

通过消除手工数据输入,信息技术可使错误最小化,并给予你准确信息。这又可带来更好的管理决策。

2.更节约

通过简化和自动化数据输入和交换、技术能以更低成本提供精确信息。

3.更快

条形码扫描、EDI系统、卫星跟踪系统和类似的即时信息传递要比信件、传真、电话快得多。

4.更高的可视性

现代物流技术能够提供运营的全面实时监控。例如,软件系统可让您迅速看到仓库、零售网点和销售地点的库存情况。

5.迅捷可得性

技术使物流专家可迅速获得有关分销中心管理、跟踪货物、运输车队、审核运费账单等所需信息。

6.更重视客户

精确、及时的信息交流是客户满意的关键。信息技术是这一关键活动的使能器。

7.更高的生产率

信息技术将员工从重复性的手工操作中解放出来,使其成为更具创造性、客户服务意识和高效的人。

四、物流信息系统的发展趋势

(一)物流信息系统软硬件平台的发展趋势

物流信息化必然涉及供应链中的多个企业,而且要求这些企业在统一的业务执行标准下协同运作,这就决定了必然要有物流信息化所必需的软硬件平台作为支撑。即跨行业、跨企业主体共同使用的基础设施,既包括软件平台,也包括硬件平台。平台使得供应链上的企业在一个共同的应用系统上建设商务协同的信息交互成为可能。

1.物流信息系统软件平台的发展趋势

1)物流信息系统软件平台的重点应用领域的产品构成格局已基本形成,并且开始出现集成的物流信息系统综合软件平台,如表2-1所示。

主流物流软件平台一览表　　表 2-1

应用领域	主流软件平台	应用领域	主流软件平台
电子采购	Ariba Oracle Commerce One	综合集成平台	IBM,i2 Technologies，Ariba Oracle ASP,Oracle,Commerce One
客户关系管理	Siebel Vantive Oracle		

主流软件平台以美国产品为主，随着各类产品和标准化的快速推进，物流信息系统软件平台发展迅速，尤其在客户关系管理、电子采购等重点应用领域平台产品的功能和质量进一步完善。目前，这些重点的应用领域都已基本形成多个主流软件平台。这些主流软件平台一般在应用软件市场上占有 70%左右的市场份额，拥有电信、烟草、金融等大客户。大多软件开发商都便将自己的集成和连通工作集中于市场上领先的软件上。同时，主要的系统集成商也会在领先的软件包之间建立接口和适配器，这就逐渐形成了物流信息系统软件综合集成平台。物流信息系统综合软件平台的集成，对于物流软件开发企业非常重要。因为他们要么考虑与这些主流的集成软件包相兼容，要么考虑在不同的软件包之间建立关联接口，从而节省出大量的时间。

2)物流信息系统软件平台的兼容性越来越强

目前，大部分物流信息系统软件平台的开发都力图能够与 UNIX、Windows NT 和 Windows 2000 这些主流的基础平台相兼容，同时还设计出了与 ERP 及其他软件包，例如 Siebel 和 Technologies 软件包产品相连的接口。

3)物流信息系统软件平台的可扩展性不断增强

因为支持软件包的产品越多，软件包成功占领市场的可能性就越大，因此，SUN 和 CISCO 及其主要的系统集成公司能够直接影响单个软件包开发的成败。要想成为行业内的成功者，软件开发企业不仅要根据自己建立的技术架构和商务模式进行本企业的软件开发与集成，而且要积极寻求合作，以利用技术领先者的专长和同行业竞争者的最优解决方案。例如 SUN 公司的 iForce 计划可以为从初创到成熟的各类企业提供服务、产品、解决方案、路线图，以及成功的计划、实施软件开发战略所需的伙伴关系，iForce 可向用户提供一个架构，以帮助用户组织和创建复杂的软件开发流程，同时，又在每一步上开发 SUN 公司的专门技术。为定制出同行业中最优的应用软件，他们的解决方案具备确定性、可扩展性和简单性等特点，并遵从公开的标准，这样，就把通过验证的软硬件、网络、金融和咨询服务融合成单一的、可管理的关系。

【小知识】 SUN 和 CISCO 公司

1982 年，Sun Microsystems 公司诞生于美国斯坦福大学校园。Sun 公司 1986 年上市，在 NASDAQ 的标识为 SUNW。创立伊始，Sun 的创立者就以与众不同的洞察力率先提出“网络就是计算机”的独特理念。如今，这一理念已驱使 Sun 成为向为全球用户提供最具实力的硬件、软件与服务的领先供应商。

(NASDAQ：它是美国最主要的支持高新技术公司发展壮大和支持创业资本“撤出”的市场。到 1997 年，美国高新技术上市公司中，96%的互联网公司，92%的计算机公司，82%的计算机制造公司和 81%的电子通讯和生物技术公司在 NASDAQ 上市。)

CISCO 公司是全球领先的互联网设备供应商。它的网络设备和应用方案将世界各地的人、计算设备以及网络连接起来，使人们能够随时随地利用各种设备传送信息。CISCO 公司向客户提供端到端的网络方案，使客户能够建立起自己的统一信息基础设施或者与其他网络相连。

4)ERP 软件包和数据库仍然是企业信息技术基础结构的基石

一个企业最好只应用一个 ERP 系统。这样，企业才能在互联的商务世界中更有效地运作。由于种种原因，很多企业会同时使用多个软件包或多个 ERP 系统，这对系统的复杂性管理是不利的。

对数据采集的手段和质量的要求，会随着企业之间连通性和合作性的增强而提高。因为，在供应链管理背景下，一个企业的信息正确与否，往往会影响到整个供应链的稳定性。因此，功能强大而稳定的数据库系统，对整个供应链的管理流程有着举足轻重的作用。

所以，物流软件平台的发展，应首先考虑与单一 ERP 系统接口的设计以及数据库的标准化。通常情况下，这往往需要企业领导层的直接参与。

2. 物流信息系统硬件平台的发展趋势

物流信息系统目前主要有三大硬件平台：(1)Oracle 与 SUN 领导的基于 UNIX/Java 的解决方案；(2)微软的 NT 和 Windows 2000 解决方案；(3)IBM 的定制化解决方案。

一般的软件开发商都会将其产品的开发建立在某一硬件平台上，但具体的选择标准则会因为其对硬件平台的要求和行业发展趋势的不同而不同。相比之下，SUN 和 IBM 的解决方案更多地用于对交易处理、安全性、可靠性方面要求均比较高的系统。而更多涉及设计和技术的行业或企业，一般选用微软的硬件平台作为解决方案。

选择硬件和基础技术平台时，应考虑成本、可扩展性和便于使用行业内的解决方案等因素。选择硬件平台时，不应同时选用多个解决方案，最终选用的平台要具有适度的前瞻性，平台的搭建可以适度超前，因为相对于软件平台而言，这算是一笔固定资产。如果系统的可扩展性较差，一旦系统面临升级，企业将不得不再投入一笔资金，成本必然提高，其结果通常会将这部分成本转嫁给消费者，或者企业自身承担起这部分费用，两种选择对企业自身的发展都很不利。面对不同地区的众多客户，可通过设立多个网络终端，并采用数据共享的方式实现企业信息的实时可视，降低企业的生产成本，提高企业的整体作业效率。

(二)物流信息系统集成化发展趋势

物流信息系统集成化发展趋势主要表现在信息系统软硬件平台在物流领域的进一步集成，具体体现在各国、各地区的物流公共信息平台的建立与完善。通过对各区域与物流相关信息的采集，为生产、销售及各类物流企业的信息系统提供基础物流信息，满足企业信息系统对物流公用信息的需求，支撑企业信息系统各种功能的实现；同时，通过物流信息共享，为政府部门间的行业管理与市场规范化管理的协同工作机制的建立提供有用信息。

物流公共信息平台的建设，主要是连接区域内的政府资源(例如，连接电子政务系统中的海关、税务、商检等各政府部门)、公共服务设施(例如，区域内银行、保险、通信等基础设施)、物流基础服务设施(例如，区域内机场、港口和码头、铁路以及各种运输系统等)，主要为区域内物流企业(例如，货代、运输、仓储和第三方物流企业，以及生产制造企业、流通销售企业等)提供公共的、社会性物流基础信息服务。

【小知识】 电子政务

电子政务(e-Government Affairs)是指政府机构运用现代网络通讯与计算机技术，将政府管理和服务职能通过精简、优化、整合、重组后到网上实现，打破时间、空间以及条块的制约，为社会公众以及自身提供一体化的高效、优质、廉洁的管理和服务。电子政务将实现政务“四化”：办公信息化、政务公开化、管理一体化、决策科学化。

(三)物流信息系统的供应链管理集成

尽管许多管理团队已经在自己的企业范围内成功实施了集成化物流管理理念，但在整个供应链中成功实施的例子相对很少。企业的高层管理者正在逐渐意识到不断出现的基于互联网的竞争模式，懂得跨越供应链成员之间的关键业务流程的成功集成及其管理将决定单个企业最终的成功，而且供应链管理不能任由机会控制。为此，如何管理公司的供应链网络是许多高层管理者进行的决策思考，目的在于有效实现供应链管理的潜能，这是未来发展的一个目标。

供应链管理的实施涉及到识别供应链的成员，要确定与哪些成员实现连接是关键的、需要与这些关键的成员实现哪些流程方面的连接，以及每个流程的连接应用什么类型和水平的集成。目标不仅仅是简单地为公司创造最大的价值，而是为整个供应链网络，包括最终客户创造最大的价值。因此，供应链流程集成和再造活动，应该将目标定位在提高跨越整个供应链成员企业的总流程的效率和效果上。

S 本章小结

本章首先介绍了三个典型的物流管理信息系统：生产制造企业物流管理信息系统、流通企业物流管理信息系统、物流企业物流管理信息系统。通过对物流实际的流程、物流管理的内容、物流的结构，以及所产生的信息流的分析，可以看出企业如何利用信息流对物流进行有效的管理和监控，从而对“利用信息流监控和管理物流”有一个感性的认识。

其次，对物流信息管理的学习会涉及物流企业信息化的问题，应该正确认识物流信息化的实质内涵是非常丰富的，懂得在现实中，信息化投入与成本效益永远是企业信息化建设最受关注的焦点。也就是说，物流企业的信息化需要依据对国情、企业实力和现实需要等外部和内部环境的分析，不可盲目。

第三，本章对目前市场上的主流物流软件平台及其应用领域进行了简单介绍，这些在今后的物流岗位上都有可能遇到，因而，了解它们的功能和应用领域是必要的。

E 思考题

2-1 生产制造企业物流活动涉及哪些环节？

2-2 试分析连锁流通企业信息流程。

实训性练习题

通过网络搜寻有关表 2-1 中列出的“主流软件平台”，注意对比了解这些主流软件平台的应用领域。

C 案例分析

案例 2-1 联想物流：信息化带来高效率

信息流与物流紧密结合，是现代物流的发展趋势。在 IT 业，这一点显得尤为突出。IT 业的显著特征就是，技术更新快，产品生命周期短，价格变化频繁。因此，IT 企业必须不断提高自己的分析预测和快速响应能力：客户需求的多样性与个性化，迫使 IT 企业不但要有较强的敏捷生产与柔性生产能力，更要加强对原材料供应商的有效管理、对产品分销配送物流的合理规划，面对复杂多变的物流状况，IT 企业必须借助信息技术手段加强物流管理，提高物流效率。

在中国 IT 业，联想是当之无愧的龙头企业。自 1996 年以来，联想电脑一直位居国内市场销量第一。2000 年，联想电脑整体销量达到 260 万台，销售额 284 亿元。IT 行业特点及联想的快速发展，促使联想加强与完善信息系统建设，以信息流带动物流。高效的物流系统不仅为联想带来实际效益，更成为同类企业学习效仿的典范。

1. 高效率的供应链管理

提起联想物流的整体架构，联想集团高级副总裁乔松借助联想供应链管理(SCM)系统框图，向我们做了详细介绍。

联想的客户，包括代理商、分销商、专卖店、大客户及散户，通过电子商务网站下订单，联想将订单交由综合计划系统处理。该系统首先把整机拆散成零件，计算出完成此订单所需的零件总数，然后再到 ERP 系统中去查找数据，看使用库存零件能否生产出客户需要的产品。如果能，综合计划系统就向制造系统下单生产，并把交货日期反馈给客户；如果找不到生产所需要的全部原材料，综合计划系统就会生成采购订单，通过采购协同网站向联想的供应商要货。采购协同网站根据供应商反馈回来的送货时间，算出交货时间(可能会比希望交货时间有所延长)，并将该时间通过综合计划系统反馈到电子商务网站。供应商按订单备好货后直接将货送到工厂，此前综合计划系统会向工厂发出通知，哪个供应商将在什么时间送来什么货。工厂接货后，按排单生产出产品，再交由运输供应商完成运输配送任务。运输供应商也有网站与联想的电子商务网站连通，给哪个客户发了什么货、装在哪辆车上、何时出发、何时送达等信息，客户都可以在电子商务网站上查到。客户接到货后，这笔订单业务才算完成。从上述介绍中可以了解到，在原材料采购生产制造产品配送的整个物流过程中，信息流贯穿始终，带动物流运作，物流系统构建在信息系统之上，物流的每个环节都在信息系统的掌控之下。信息流与物流紧密结合是联想物流系统的最大特点，也是物流系统高效运作的前提条件。

经过多年努力，联想企业信息化建设不断趋于完善，目前已用信息技术手段实现了全面企业管理。联想率先实现了办公自动化，之后成功实施了 ERP 系统，使整个公司所有不同地点的产、供、销的财务信息在同一个数据平台上统一和集成。今年5月，联想开始实施 SCM 系统，并与 ERP 系统进行集成。从企业信息化系统结构图中可以看出，基础网络设施将联想所有的办事处，包括海外的发货仓库、配送中心等，都连接在一起，物流系统就构建在这一网络之上。与物流相关的是 ERP 与 SCM 这两部分，而 ERP 与 SCM 系统又与后端的研发系统(PLM)和前端的客户关系管理系统(CRM)连通。例如，研发的每种产品都会生成物料需求清单，物料需求清单是 SCM 与 CRM 系统运行的前提之一：客户订单来了，ERP 系统根据物料需求清单进行拆分备货，SCM 系统同时将信息传递给 CRM 系统，告诉它哪个订户何时订了什么货、数量多少、按什么折扣交货、交货是早了还是晚了等等。系统集成运作的核心是，用科学的手段把企业内部各方面资源和流程集中起来，让其发挥出最高效率。这是联想信息化建设的成功之处。

2. 信息流带动下的物流系统

借助联想的ERP系统与高效率的供应链管理系统，利用自动化仓储设备、柔性自动化生产线等设施，联想在采购、生产、成品配送等环节实现了物流与信息流实时互动与无缝对接。

联想北京生产厂自动化立体库电脑零部件自动入库系统：供应商按联想综合计划系统提出的要货计划备好货后，送到联想生产厂自动化立体库，立体库自动收货、入库、上架。

联想集团北京生产厂生产线管理控制室：控制室的控制系统对联想电脑生产线的流程进行控制，并根据生产情况及时向供货商或生产厂的自动化立体库发布物料需求计划。

联想集团北京生产厂自动化立体库物料出货区：自动化立体库控制系统与联想电脑生产线系统集成并共享信息，当自动化立体库接收到生产计划要货指令后，即发布出货分拣作业指令，立体库按照要求进行分拣出货作业。

（来源：http://www.tc267.org.cn/news/view.aspx? id=136）

案例2-2　天思助艾迪森科技实现信息化

企业对能量的需求使如今的能源供应越来越紧张，其中对运用最广泛的电能的需求量更是越来越大。稳定、持续不断的电源供应是企业发展的基础，只有获得能量的支持，企业才能进行各种生产活动，因此，对电源的保护显得尤为重要。而各种各样的电源保护产品就应运而生，艾迪森科技有限公司也趁此迅速崛起，担当起了电源的保护者。

1. 艾迪森简介

艾迪森科技有限公司成立于1994年，1998年4月与美国LDC Technology公司合作成立艾迪森科技有限公司，是专业的UPS电源公司。LDC Technology提供的全系列电源保护系统，用以满足电脑、电讯、工业、医疗、财经及其他行业对电源不可或缺的需求。

作为美国LDC Technology公司在中国大陆的分支机构，艾迪森凭借领先的UPS技术、卓越的品质及服务，其产品已广泛应用于电力、化工、石油等重要工业系统，并在政府机关、财政、统计、工商等政府部门的公开采购中中标。此外，银行、邮政、电信、国税、电力、移动通讯等行业也是艾迪森的客户。

2. 艾迪森选择了天思ERP

为寻求公司长远发展，增强市场竞争力，必须要有先进的管理来保障。艾迪森要想持续稳定地发展，最重要的是能在激烈的竞争中作出正确的决策，而决策的依据是及时且有价值的信息。对正确及时的信息需求如同对人才的拥有一样同等重要,错误的、延迟的信息会影响企业作出正确的决策,妨碍企业的发展,甚至丧失市场机会。应用企业管理软件成为艾迪森的重要选择。

于是艾迪森开始与国内外的软件公司进行接触。经过一段时间的了解与分析之后,艾迪森选择了天思经理人 ERP。艾迪森了解到天思先进的管理思想、实用灵活的管理流程、还有几千家成功案例的非凡业绩之后,觉得天思经理人 ERP 正是一件实用而且功能强大的信息化武器,因此艾迪森欣然与天思签约,购买了天思 ERP 物流、生产与收付款模块。经过天思专业人员的实施,短短两个月过后,天思 ERP 就正式上线,艾迪森从此正式踏入了先进管理企业的行列。

3. 天思 PDM 助艾迪森信息化

经历了 ERP 的成功,艾迪森对天思有了更大的信心。为了让 ERP 这件武器能发挥出更大的威力,也为了企业的管理水平更上一层楼,2006 年 5 月,艾迪森决定加大技术方面的管理,提高研发效率与产品数据的安全性,于是购买并实施了天思 PDM 系统。项目在天思专业人员的指导与艾迪森的积极配合下进展顺利,数月后天思 PDM 成功上线。天思 PDM 与 ERP 的强强结合,优化了艾迪森的设计和制造过程,使设计和制造部门之间能够快速、精确地传送信息,加速了工作流程,加快了产品从设计领域到制造领域的转化,有效缩短了产品形成周期,提高了企业的竞争力。

目前,艾迪森通过与天思的合作,已成功实现了公司的管理信息化。艾迪森的技术研发、销售、采购、仓储、质量、财务实现了全面的信息集成,避免了管理黑洞,反馈信息及时有效,大大提高了企业的管理水平和生产效率。

(来源:http://www.ccw.com.cn/cio/solution/htm2007/20070401_248441.asp)

案例 2-3 安吉天地零部件物流信息系统成功运作

2003 年成立的安吉天地物流是由上汽集团上海汽车工业销售总公司与世界著名的荷兰 TNT 物流控股公司合资组建的物流公司,是物流领域和汽车服务领域最大的中外合资项目,也是中国首家汽车物流合资企业。其前身是成立于 2000 年的安吉物流,独家经营着上汽集团的上海大众和上海通用的整车物流业务。在上汽独步中国市场的黄金时代,安吉分享着上汽巨大的成功果实,2001 年安吉物流运送整车 33 万台,营业额近 7.6 亿元,占全国市场的 50%,稳居行业老大地位。

但是,分享巨头胜利果实的生活并不能永远维持下去,从汽车行业的发展情况看,随着整车销售利润逐渐摊薄,整车物流的利润空间也越来越小,而由于汽

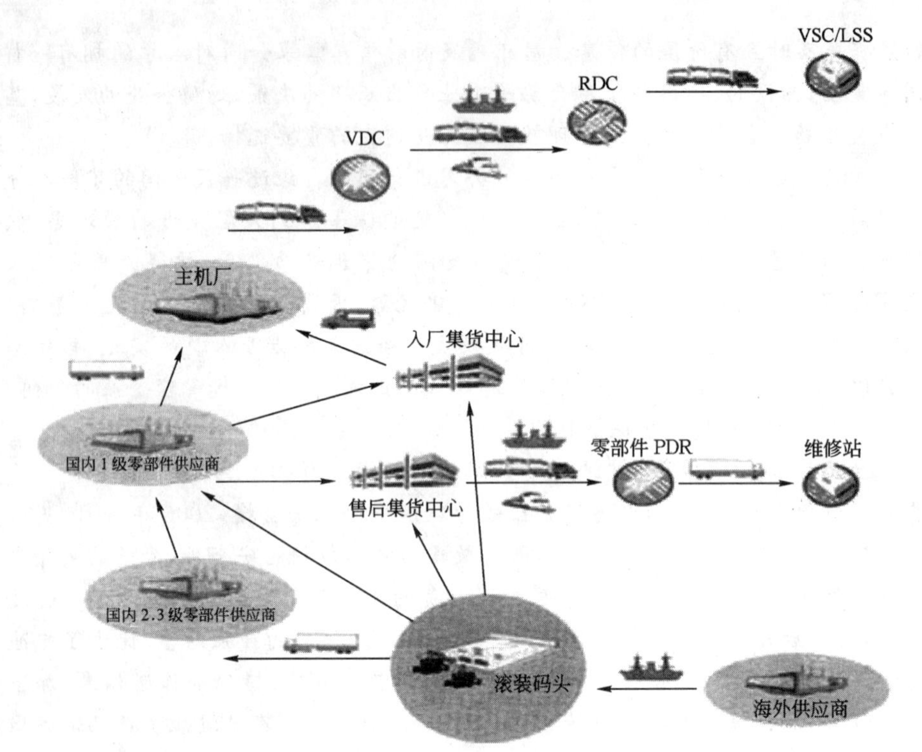

图 2-10　安吉天地零部件物流信息系统

车零部件物流领域几乎没有成气候的竞争对手，其利润空间较大。于是，从2003年下半年开始，安吉天地决定逐渐将业务拓展到汽车零配件物流领域，转型为一体化的汽车物流服务商。

安吉天地物流业务模式

在安吉天地从汽车的整车物流商拓展到包含整车物流、入厂零配件物流、售后零配件物流、生产间接物流等汽车业一体化物流服务商的过程中，安吉天地对IT系统的支持力度的要求更高了。安吉天地物流信息部经理说"零配件物流比整车物流复杂得多，因为它涉及供应链的整合，我们必须为此建设更为精密的IT系统"，在一番缜密的选型和充分的竞争之后，安吉天地将零部件物流信息系统的建设外包给了与安吉天地有着良好合作历史的唯智(vTradEx)信息技术有限公司。vTradEx是专注于供应链优化解决方案的提供商，具有很强的海外背景和长期在国内的运作经验，客户包括安吉天地、长久、中远、中外运、ut斯达康等知名企业。

安吉天地物流信息部经理说"IT系统支撑下的物流服务商，能给客户提供更好的服务，让他们觉得我们确实比只简单提供仓库和车辆资源的物流企业有价值。”可以说，在安吉的整车物流时代IT，就已成为其核心竞争力之一。它之所以敢于挑战汽车零配件物流，强势的IT支撑是让决策层最终下定决心的后盾。

随着零部件管理信息系统的成功上线，如今上海大众通过安吉天地的IT系统可以监控物流运作的全过程，包括某种零配件在哪个仓库以及实时查询到其数量。通过IT系统的数据支持，安吉天地根据实际需要还优化了上海大众的零配件仓库布局，精简了人员。目前，上海大众以前采用的全手工管理零配件的模式逐步被可实时监控所有零配件状态的IT系统所替代。另外，通过物流总包方式，上海大众大大降低了物流运作的成本和风险。因为根据合同，安吉天地接管了上海大众的仓库和仓库工作人员，减少了上海大众在物流上所占用的资本。

在满足客户差异化需求的同时，安吉天地还利用IT系统中的物流信息，给整车厂提供更深层次的数据服务。这一由IT系统产生的“副产品”成为了安吉天地追求差异化竞争的核心竞争力之一。整车厂都非常渴望能获取第一手数据，如未调度订单、在途商品、未结算订单、运输公司负荷情况、运输工具使用情况、质损订单、库存状况等信息。未来，安吉天地还将在这些数据的基础上，做深层次的数据挖掘。目前，已经有五六家整车厂对安吉天地的物流管理模式非常感兴趣，吸引他们的正是安吉天地的供应链信息服务。IT系统不仅支持了公司的业务延展，还能带来直接效益。

（来源：http://www.vtradex.com/visit/newsInfo.html? id=31）

第三章 物流信息的开发与利用

能力目标、知识目标与学习要求

本章主要讲述了物流信息的开发与利用过程。通过本章的学习，对物流信息从采集、加工、传递、利用和反馈的整个过程有一个整体的认识。所有的物流信息的活动都是为了更好地利用物流信息，所以首先要明确物流信息需要的不同层次和不同内容，这是本章的第一个重点。采集物流信息的数量和质量决定了其他物流活动可以加工和使用的内容的多少，明确物流信息的不同采集途径是学习本章内容要掌握的第二个重点。本章要掌握的第三个重点是如何提高物流信息开发与利用的效果，以此来不断提高物流信息开发与利用的效果。

第一节 物流信息开发与利用概述

物流活动中的规划、组织、控制和管理活动，都离不开物流信息的开发、获取和利用。而处理物流活动中内外复杂的关系和业务，更需要物流信息的及时传递和使用。因此，物流信息是物流活动的中枢神经。物流信息的开发与利用活动贯穿社会物流活动和商品流动全过程的所有环节。

一、物流信息开发与利用的含义

物流信息的开发是指人们通过发现、识别、采集、组织、存储、加工、传递等自觉的能动活动过程，充分发现物流信息、通过物流信息掌握物流活动的规律和特点；物流信息的利用是指在企业活动中，充分利用物流信息辅助企业业务的运作、战略的执行和制订，并通过物流信息的反馈，进一步总结企业物流运作状况，及时调整执行方案和策略。物流信息的开发和利用是密不可分的。物流信息的开发是利用的前提和基础，物流信息的利用是开发的进一步深化和升华，开发是为利用服务的。一般地，物流信息的开发和利用包括显性的和隐性的开发及利用，宏观和微观的开发及利用，以及战略和战术层次的开发及利用。

物流信息的显性开发与利用是对物流信息的来源即信息源和信息渠道的挖掘，更多地以获取物流信息为目的，以信息技术手段为工具，通常表现为物流信息的开发；物流信息的隐性开发与利用，则着眼于对已掌握的信息作深度的加工或重组，不断发现物流信息的业务支持和辅助决策功能，开拓物流信息的广泛用途，从而能更好地掌握和利用物流信息的潜在功能，更好地为社会服务，以定性分析和定量分析的方法为工具，通常表现为物流信息的利用。

物流信息的宏观开发与利用通常表现为对整个社会的物流信息的充分挖掘、收集、管理和利用；物流信息的微观开发与利用指对企业具体物流信息的加工、重组和利用。

物流信息的战略开发与利用是指全面考虑信息及相关各种要素，优化配置各种要素，综合应用多种技术、经济、政策手段进行信息管理，是战术物流信息的综合实现；战术层的物流信息开发与利用常面向具体的问题，利用具体的方法和技术形成有效的具体系统和策略来实现物流信息的开发与利用。

物流信息的开发与利用在企业中日益受到重视，并且有不少企业在这方面做得非常成功。日本日通公司是世界上最大的综合物流服务商之一，其服务范围包括空运服务和海运服务。日通海运服务通过其全球服务系统“Arrow Intel”提供的信息为全球客户服务，将其独特的硬件、软件技术和网络功能融为一体，提供大量的客户服务信息，为全球范围小批量海运服务提供门对门服务。为了提高竞争能力，日通公司通过提供每分钟更新的即时信息建立了支持全球战略的战略性分拨信息系统。在美国、欧洲、亚洲和大洋洲的主要经营中心都有高速数字通信线路连接，国内 491 个中心的任务就是促进全球范围内的高速物流信息传播，以促进其全球范围内的物流信息服务。

二、物流信息开发与利用的主要内容

物流信息和企业的商流信息、资金流信息是企业信息的有机构成部分。在信息资源的开发利用过程中，首先明确各不同层次、不同工作性质的人员对信息的需求，更好地开发和利用信息资源；从而，在实践过程中，有针对性和目的性地采集和加工各类信息，更有助于使用者获取和利用各种信息；信息通过在开发者和使用者之间的传递实现其价值，又通过实施结果的反馈来帮着决策者、执行者进一步调整策略、方案，形成一个完整的信息流动过程。物流信息的开发和利用是一项长期的、需要投入大量人力、物力和财力的工程，所以，对该活动过程的评价分析就变得十分必要，以便及时调整物流信息开发利用的策略，提高物流信息开发和利用的效果。

三、物流信息开发与利用的意义

在现代社会，不管是发达国家，还是发展中国家，不管是实力雄厚的大型跨国企业，还是中小企业，都已认识到物流信息的开发利用价值，明确了物流信息的开发和利用活动已成为企业生产经营和社会生活中不可分割的一部分。人们开始主动、自觉地接受物流活动过程中的各种信息，主动、自觉地适应信息环境。人们日益重视对物流信息的开发和利用，自觉地从事物流信息的实践活动，是有其一定原因的。

物流信息是物流活动的反应，为人们认识、协调和控制物流活动提供了依据。物流信息的开发利用有助于提高社会的物流发展水平，而降低物流成本作为企业的第三利润源，物流信息的开发和利用也有助于降低企业的经营成本和社会物流的成本。

第二节　物流信息开发与利用的过程

物流信息的开发与利用是一系列相互联系、有机结合的过程。首先要明确用户的物流信息需求和对物流信息服务的期望，以此，有针对性地进行物流信息的采集和加工，用户可以通过不同的渠道采集所需要的物流信息。正是有了物流信息的传递，才能实现物流信息的价值，而物流信息的反馈又能进一步促进物流信息的利用。

一、物流信息需求与信息服务

研究用户的物流信息需要是物流信息管理的出发点，用户的物流信息需要也是提供信息服务的根本依据。客观地说，每一个具有物流信息需要的人，都是物流信息服务的对象。充分开发企业和社会的物流信息资源，为用户提供有效的信息服务，满足社会的物流信息需要，是物流信息管理的主要任务。

根据马斯洛的需要层次理论，人的基本需要划分为生理需要、安全需要、社交需要、尊重需要和自我实现的需要五类，依次由较低层次到较高层次。马斯洛认为，上述五种需要由低到高依次排列成一个阶梯，当低层次的需要获得相对的满足后，下一个需要就占据了主导地位，称为驱动行为的主要动力。高级需要往往不容易得到满足。随着需要层次的上升，社会性因素逐渐增多，而生物性因素逐渐降低。从这个意义上说，物流信息需要主要是人们为了解决特定的复杂性问题而努力满足自我发展的高级需要。因此，与一般的高级需要一样，人们的物流信息需要永远不会得到完全满足，企业的活动不止，人类的物流信息行为也不会停止。

社会和企业的活动复杂多样，与之有关的物流活动也呈现出多样性，既有活动主体自身因素的影响，也有社会环境因素的制约。而在一定的社会环境和社会活动中，物流信息需要具有一定的社会性，物流信息需要受一定的社会因素的制约，是一种社会性的需要。不同岗位、不同认识层次的人员都需要物流信息及其他信息来进行日常业务的运行和重大决策的制定，人类的实践活动非常广泛，物流信息需要是一种普遍存在的现象，具有相当的广泛性。物流信息需要是在人类的社会实践活动中产生和发展起来的，随着人类社会实践活动的发展，人们遇到的问题越来越多、越来越复杂,在进行物流活动及其他各项活动中就更加需要掌握更多的信息,以便做出有效的决策。物流信息需要也在日益发展。随着社会的发展和进步,一方面促使人们的总体物流信息需要不断扩大并使需要走向更高的层次;另一方面也刺激了物流信息需要的发展,带来了物流信息需要的大量化和高级化。物流信息需要的各种基本状态及其不同表现形式,表明了物流信息需要的复杂性。这种复杂性在纵向上表现为信息需要的层次结构,在横向上表现为物流信息需要的内容结构。

(一)信息需要的层次结构

在企业经营和社会物流活动中遇到问题时,需要获得信息来支持问题的解决,这就具有了信息需要。这是一种完全由客观条件决定的,不以个人意志为转移的物流信息需要状态,即信息需要的客观状态。由于现实问题过于复杂和隐蔽,而个人的认识能力有限或信息意识淡薄,人们可能并未认识到自己的信息需要,因此也不知道自己的物流信息需要到底是什么。人们一旦认识到了自己的物流信息需要,其信息需要也就上升了一级。

有些人认识到了自己的物流信息需要,但却没有表达出来这种需要,可能是由于人们对问题的理解不够深入而压制了需要的强度,或者由于个人的信息能力和信息环境较差,没有足以将信息需要表达出来的条件,致使有的需要无法用信息符号表达出来而处于"意会"状态。这种认识到的信息需要称为信息需求,其中,认识到而未表达出来的信息需要是潜在的物流信息需求,认识到并表达出来的信息需要是现实的物流信息需求。人们通常所说的信息需求是指现实的信息需求,即用户能够以自己方便的形式及时获取解决问题所需要的完整、可靠的物流信息需求。用户可以面向很多信息源(信息服务机构、同事、内部物流信息系统、个人文档等)提出信息要求,其中,用户向信息服务机构提出的书面或口头的具体信息要求称为信息提问。由此,形成了信息需要的层次结构,如图 3-1。

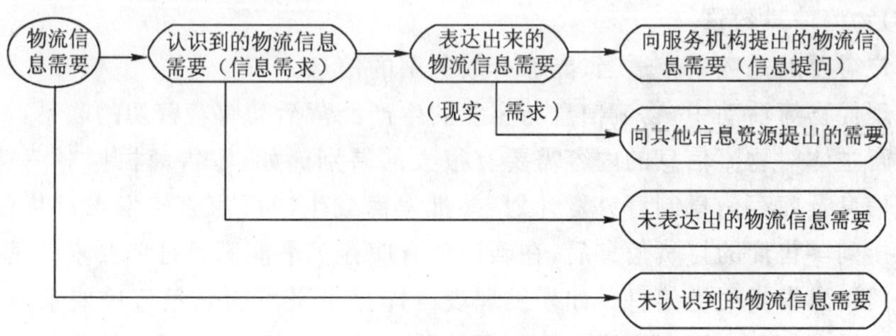

图 3-1 物流信息需要的层次结构

受许多因素的影响,用户的物流信息提问、信息需求和信息需要不可能是完全一致的。一般说来,真正的信息需要比信息提问更加广泛和复杂,因此区分信息需要、认识到的信息需要(信息需求)、表达出来的信息需要(现实信息需求)和向信息服务机构提出的信息需要(信息提问)非常重要。物流信息系统采集和加工各种信息,并通过信息服务向用户提供各种信息产品,但物流信息系统不能相应用户未认识到的客观信息需要,或者已经认识到但并未表达出来的信息需要,而最多只能通过完备的信息服务相应这种需要的表达状态,即信息服务至多只能在用户现实需求的基础上运行。

(二)信息需要的内容结构

从一般意义上来说,用户的信息需要主要表现为对物流信息的需要和对物流信息服务的需求。

1)对物流信息的需要

对物流信息本身(即信息客体)的需要是用户信息需要的最终目标。人们在从事社会物流活动的过程中,为了解决所遇到的问题,就需要了解情况,增长知识,及时做出有效的决策。物流信息需要从本质上说表现为人类对于物流信息、知识的追求。用户对物流信息的需要常涉及以下几个方面。

(1)物流信息内容

无论用户物流信息需要的表现形式如何不同,其本质内容都是要求获得有助于解决问题的特定信息。

(2)物流信息类型

用户可能需要不同类型的物流信息,如口头信息、文字信息、图形图像信息,或图书、期刊等类型的文献。

(3)物流信息质量

用户需要的是准确、可靠、完整、全面的信息,而不是错误、模糊、片面的信息。用户常对物流信息质量表示不满,因为用户实质上需要的是质量高的信息而非数量多的信息。

(4)物流信息数量

用户需要的是数量上适当、能够有效利用的信息。

在现代物流活动中,物流信息与企业的生产经营活动有着密切的联系,市场中不同的经营主体对物流信息的内容需要有很大的差别。如,零售商根据对消费者的需求预测信息及库存信息制订订货计划,向批发商或生产厂家直接发出订货信息。批发商在接到零售商的订货信息后,在确认现有库存水平能满足订单要求的基础上,向物流部门发出发货配送信息。如果发现现有库存水平不能满足订单要求,则马上向生产厂家发出订单。生产厂家在接到订单后,如果发现现有库存不能满足订单要求,则马上组织生产,再按订单信息向物流部门发出发货配送信息。

2)对物流信息服务的需求

在当代社会信息数量急剧上涨、质量不断下降、内容交叉重复的情况下,用户个人满足自己信息需要的能力是十分有限的。所以,用户需要信息服务机构的帮助。

信息服务机构通过开展各种各样的物流信息服务，把用户同特定信息源联系起来，从而有效地满足用户对信息服务的需要。信息服务主要包括以下几个方面。

(1)服务方式

用户需要不同的信息服务方式，如物流信息咨询、翻译服务、报道服务等。

(2)服务设施

用户需要不同的信息服务设施，如检索设备、阅览场所和设施等。

(3)服务质量

用户对物流信息服务质量有多方面的要求，如服务的适时性、针对性、连续性、经济性、易用性、方便性等。

物流信息服务的需求主体是工商企业，随着工商企业自身经营方式的变化和物流意识的增强，其对现代物流信息服务的需求也逐步增加。在计划经济体制下，每个工业企业都有自己的储运系统，有自己的车队和仓库。这种大而全的传统物流运作模式适应计划经济环境下产品生产和销售的需要。进入市场经济后，虽然传统做法依然存在，但已经不能适应企业发展的需要，原材料、产品库存过大会占用大量资金，自身物流方式导致物流设施利用率低，回程运输空载率高等会影响企业经营效率的提高，降低企业的竞争能力。随着市场竞争的加剧，来自价格的压力越来越大，作为价格重要构成部分的流通费用的节约，会对降低产品成本、提高企业的竞争能力产生重要的影响。目前我国工业品出厂经过装卸、储存、运输等环节，到消费者手中的流通费用约占商品价格的50%，而新鲜水果和蔬菜、易腐食品的流通费用占商品价格的70%以上，汽车零部件中90%以上的时间处于库存状态。显然，物流的现状同企业经营的要求有很大差距。差距的存在，对物流企业来说就意味着有巨大的服务市场，有巨大的物流信息的服务市场。

二、物流信息的采集与加工

物流信息采集是按照特定的目的和要求将分散在不同时空的有关物流信息采集和积累的过程。物流信息采集是物流信息有效地开发和利用的基础，是物流信息加工的内容。要做好物流信息采集工作，就有必要对物流信息采集的来源即物流信息源作一些了解。物流信息的加工是对采集到的物流信息作进一步地处理，实现所采集物流信息的价值。

(一)物流信息源

物流信息源是指获取物流信息的来源。从信息采集的角度出发，物流信息源是指在物流信息采集工作中借以获取物流信息的来源，包括个人信息源、实物信息源、文献信息源、数据库信息源和组织机构信息源。

从个人信息源获取物流信息的主要方式是口头交流。对于物流信息管理者来说，应注意到最重要的物流信息源是人，特别是那些处于关键位置的物流专家，他们在工作中积累了大量的经验,占有大量的专业信息。但是,也应当看到,个人信息源具有较强的主观随意性,在从个人了解、获取物流信息时,应当注意分析和提取。

在物流信息采集工作中,常用的实物信息源主要指各种物流产品及物流市场、静止及活动中的各种物流实体等。实物信息源给了人们充分认识物流信息的物质条件。实物信息源中所包含的物流信息往往是潜在的、隐蔽的,不易被完全发现,这就要求物流信息采集人员必须有强烈的物流信息意识和一定的分析研究水平。

文献信息源是指用一定的记录手段将系统化的信息内容储存在纸张、磁带、光盘和磁盘等物质载体上而形成的一类信息源。作为历史资料的客观记录,文献信息源是系统地获取物流信息的有效手段。有关物流运输方式信息的采集就可以通过相关研究文献来获取。如,空运和铁路运输比较,空运速度快、成本高,铁路运输速度慢、成本低。如把从订货到把货物交到手里的时间称为前置时间,那么空运的前置时间与铁路相比是1∶10。因此,当货物的需求发生变化时,企业根据对相关运输方式研究的资料,可以迅速地采取对应的策略解决问题。

数据库是在计算机技术支持下,按照一定的方式和结构组织起来的,具有较小的冗余度和较高独立性的相关数据的集合。随着数据库技术和企业信息化的发展,越来越多的企业采用以数据库系统为基础的管理系统进行基础业务的处理和辅助高层决策,由此,数据库系统也就成为了一种新型的信息源。数据库从整体进行数据组织,内容可靠,存储量大,为用户提供了多视图的检索方式。此外,数据库系统便于扩充和修改,更新速度快,便于统计、备份和分析大量的信息。

作为一个开发的社会子系统,组织机构不断地与外界环境交换信息,也包括了大量的物流信息,其既是物流信息的大规模集散地,又是发布各种专业物流信息的主要源泉,如各种统计机构、规划部门,发布的物流信息相对集中有序,具有一定的权威性。当然,有些组织机构由于保守或竞争的原因,不愿把自身拥有的物流信息对外公布,具有一定的物流信息垄断性。如果没有完备的信息公开制度作保证,很难进行信息采集工作。

不同的信息来自于不同的信息源,物流信息采集过程中,可以从不同的信息源获取物流信息。以企业为例,企业内部系统会产生大量的物流信息,与此同时,企业又必须不断从外部输入物流信息,才能保证自身的有效运行。

从企业内部物流信息的采集来看,主要有生产制造部门、监督管理部门、销售部门和企业内部网等。

美国联合包裹公司UPS通过其先进的信息采集系统提供了富有特色的物流服务,其中UPS公司内部的即时追踪系统是目前世界快递业中最大、最先进的信息跟踪和采集系统。UPS的所有交付货物都能获得一个追踪条码,货物走到哪里,这个系统就跟到哪里。UPS的追踪系统已经进入全球互联网络,每天大约1.4万人次通过网络查询他们的包裹行踪。非电脑网络客户可以用电话询问“客户服务中心”,

UPS的路易斯维尔的服务中心昼夜服务，200多名职员每天用11种语言回答来自世界各地的客户大约2万次电话询问。

从企业外部采集物流信息能够使各自孤立的信息源连接起来，并可以对收集到的信息进行验证。企业外部物流信息的采集主要是从政府机关、大众传播媒体、各种学术机构、企业客户和合作伙伴、互联网等处获取大量丰富的信息。

由于信息劳动的复杂性和信息产品的广泛性，所以在信息采集过程中，要注意衡量物流信息采集的效率和效果。而未经整理的物流信息在社会信息流中是无序的、零散的，不利于人们吸收利用。要想使物流信息真正成为一种有效的资源并发挥出其在企业经营和社会活动中的作用，就必须对采集到的物流信息进行加工，形成符合人们需要的物流信息产品，提高物流信息的价值和使用价值。

（二）物流信息的采集途径

物流信息的采集途径可以划分成很多种，除了可以从不同的信息源、组织内外部的角度来采集信息外，还可以按照企业在运作过程中采集物流信息的方式来划分，常见的有从订单中采集物流信息、从资料文档中采集物流信息和从经验预测中采集物流信息等多种方式。

1. 从订单中采集信息

通常情况下物流活动的第一步就是接受顾客订单，根据订单处理顾客的要求是物流活动的开始。因此，从订单中采集的信息是全部物流活动的基本信息。

要根据订单的要求准备货物，并在规定的时间发货，合理配备物流成本费用、仓库、车辆等物流设施，做出相应的生产计划。当货物库存不足时，还需要将订货信息与现有货物库存信息做比较，结合生产计划安排生产。

大量的物流是在未来的需求之前发生的，不恰当的分析会引起存货短缺或过多，不准确的预测会导致不恰当的存货定位，而有关订单的信息会在具体的顾客需求方面不准确。处理不准确的订单会产生所有的物流成本，而实际上却并没有完成销售。退回存货的费用往往会增加物流成本，即使另外存在着销售机会，设法向其他顾客提供所需的服务，也会再次产生费用。由此可见，订单采集信息中的每一个错误都会给总的物流活动带来隐患。

订单的处理工作涉及处理具体的顾客需求，顾客订货是总的物流活动中的一项主要交易。物流即为外部的顾客服务，也为内部的顾客服务。外部顾客就是那些消费产品或服务的顾客，以及购买产品或服务，然后再出售的任何贸易伙伴；内部顾客指厂商内部需要物流支持以便承担其指定工作的组织单位。订货管理的过程涉及从最初的接收订单到交付、开票以及通常的托收等有关管理顾客需要的方方面面。此外，通过订单还可以了解到许多相关的物流信息，主要包括以下几个方面：

（1）市场需求信息，包括实际需求和潜在需求、近期需求和长远需求以及需求的变化趋势等信息；

(2)市场占有信息,包括主要客户信息及客户特征等;

(3)市场产品及价格信息,包括价格的变化及变化趋势等信息;

(4)销售渠道和销售技术信息,包括中间商和最终销售渠道的信息、广告、宣传、推销的效果及售后服务情况的信息等。

随着信息技术的发展,有许多订单应用信息技术,实现了电子订货。从这些订单中采集物流信息也需要利用现代化的手段,如电子自动订货系统(EOS)。EOS是指企业间利用通讯网络(VAN或Internet)和设备终端,以在线连接方式进行订货作业和订货信息交换的系统。EOS系统能及时、准确地交换订货信息,在企业物流信息管理中具有重要的作用,主要表现为:

(1)相对于传统的订货方式,如上门订货、邮寄订货、电话订货、传真订货等,EOS系统可以缩短从接到订单到发出定货商品的时间,缩短订货商品的交货期,减少商品订单的订错率,节省人工费;

(2)有利于降低企业的库存水平,提高企业的库存管理效率,同时能较好地防止商品,特别是畅销商品的缺货率;

(3)有利于提高企业物流信息系统的效率,使各个业务信息子系统之间的数据交换和集成更加快捷和高效,丰富企业的经营管理信息。

美国波音公司曾有从充分利用紧急订单采集物流信息并获得巨大回报的事例。某天,波音公司的董事长接到意大利航空公司总裁的电话,意大利航空公司的一架飞机在地中海失事,急需一辆新的飞机来保证现有航线的正常运行,希望波音公司能够迅速地提供一架波音飞机。按照一般的惯例,波音公司在接到飞机订单后,最快也要两个月才能交货。考虑到紧急订货的特殊性,波音公司召开了一个专门的会议进行讨论,最后决定在不影响其他订单交货的情况下,调整交货时间,在一个月内为意大利航空公司送去了所定机型的新飞机。

在几个月后,波音公司为这次紧急订货所付出的成本便得到了巨大的回报。意大利航空公司为了回报波音公司临危解难的义举,主动取消了与其他公司的订货合同,而与波音公司达成了9架大型客机的订单合同,成交额高达5.8亿美元。

2.从资料、文档中采集

采集物流信息的另外一个重要途径就是从各种资料、文档中采集,通过图书馆、档案及高速发展的互联网Internet可以查寻采集大量的各种资料、文档。充分挖掘、利用这些文档、资料,可以采集大量有价值的物流信息。

具体地说,常用的文档、资料有如下几种。

1)原始记录

原始记录是通过一定的表格或其他形式,对企业的各项生产经营活动及其效益的记载。企业设置原始记录一般是为了开展各项管理活动,同时也提供了一种物流信息采集的途径。原始记录为了适应不同性质的生产管理的要求,不同企业的原始记录各不相同，包含的范围也是非常广泛，主要有以下几种。

(1)产品生产方面的记录，如各种生产记录单、零件入库单、返修单、材料耗用单等。这种记录用来反映各种产品的生产进度、成本、半成品和完成不同生产工序的在制品产量、产品的质量等，为制订和检查班组作业计划，考核个人、班组和车间的生产业绩及计算各种分析指标提供了资料，是生产物流的重要构成要素。

(2)人力资源方面的记录，如职工调动单、职工工资调整单、考勤记录、请假单、个人工时记录、个人业绩记录等。这种记录反映了职工的基本工作情况和人力资源的利用情况，为企业安排作业计划、核算成本等提供了重要的依据，也是衡量企业内部物流运作效率的一个重要方面。

(3)设备增减、维修和使用方面的记录，如设备的采购单、设备修理报告单、事故登记表、报废申请单等，及原材料、动力消耗方面的记录，如领料单、补料单、配料单等。这种记录用来反映设备的运行情况和原料、能源的耗损情况，属于企业生产物流的一个重要构成部分，为核算成本及安排生产计划提供了资料。

(4)新产品的开发和技术革新方面的记录，如新产品的设计、试制和投产信息、新产品的工业改革信息，为产品的改进和企业的发展提供了重要的凭证和资料，是企业增强竞争力的重要信息。

(5)企业经营管理方面的原始记录，主要包括各种企业生产准备、产品销售和有关财务活动的记录与凭证，还包括与这些原始记录有关的台账和报表。这些记录和报表为总结企业的生产经营状况提供了大量的资料，也是企业物流活动效率的综合衡量。

2)技术档案

企业的技术档案是指具有保存价值的、完成了某些特定任务、经过整理后归档的技术文件材料的总称。技术档案作为已经经过总结汇总的、具有一定综合统计功能的资料文件，是物流信息的重要来源，特别是了解过往物流信息的一个较好的渠道。

技术档案一般包括以下资料：生产技术档案资料、产品设计技术档案材料、仪器设备档案材料、工程设计档案材料、科研技术档案材料、基本建设档案材料、企业管理档案材料等，涵盖了企业生产经营的方方面面，是物流信息在企业不同部门、不同岗位的综合反映。

3)Internet 网络资源

Internet 上存储的信息极为丰富，其内容几乎无所不包，信息的载体几乎涉及所有的媒体，信息分布在世界各地的计算机上，以各种可能的形式存在。

网上的文献资料主要有以下几种方式提供：电子期刊、专利信息和数字图书馆。电子期刊是指以电子形式存储、发行与传送的连续性出版物，作为一种新兴的知识和信息载体，对信息服务业的发展产生了深远的影响，并逐步成为采集物流信息的重要渠道。在 Internet 上存在大量的专利信息资源，特别是大量的专利数据库，这些专利数据库有很多是免费的，任何人都可以利用各种简缩工具免费查询，也为物流信息的采集提供了便利。数字图书馆是传统图书馆在信息时代的发展，它不但包含了传统图书馆的功能，向社会公众提供信息服务，还融合了博物馆、档案馆等信息资源的功能，提供综合的公共信息访问服务。数字图书馆将成为未来社会的公共信息中心和枢纽，在物流信息的采集方面发挥越来越重要的作用。

Internet 上还存在着大量的商业数据库和各种信息服务公司，他们可以根据用户的要求提供大量的物流信息服务，从而使用户采集的物流信息具有更高的附加值。在网络环境下采集这些物流信息和服务无需经过繁琐的手续，信息和服务的采集也很方便，与传统方式相比，费用较低。

用户也可以使用各种搜索引擎和检索工具在互联网上查找各种物流信息，或者访问互联网上的一些专业物流网站，也能在一定程度上满足采集物流信息的需求。现在很多物流公司和专门的物流研究机构等建立了自己的网站，不仅提供了很多在线的物流服务信息，而且也有很多物流发展和研究的最新报道，是采集实时和最新物流信息的较好渠道。

3. 从经验和预测中采集

采集物流信息还有一个重要的来源就是物流从业人员的经验。物流从业人员在多年的实践中积累了丰富的经验，通过这一途径可以了解到专业的物流信息，如生产计划的制订、生产技术信息及人员管理等方面的信息。这些信息一般有比较固定的来源，其主要渠道有技术部门及技术人员、管理部门的业务人员、生产人员以及专家系统和企业决策支持系统等。

当然，从经验采集的信息既是过往经历的总结，同时也带有一定的感性认识的成分，在科学性和系统性方面有时可能会有所欠缺，不能完全满足对物流信息的需求。因此，应对它们进行科学的分析和处理，从而采集更多、更有效的物流信息。其中，预测就是一种比较有效的方法。通过预测采集物流信息是对已经存在的信息的外推，预测中所采集的物流信息为决策和管理工作提供了科学的依据。通过预测，可以认识到将来某一时期的物流状态或某种变化，可以使企业在现阶段更好地做出决策，以采集将来的某种利益或实现某种目标。所以，预测过程中所采集的物流信息对整个物流系统有着重大影响。

（三）物流信息采集的效率指标

物流信息的采集过程，可以采用采全率、采准率、及时率和费用率等四个指标来衡量和评价其效率。效率指标一般通过信息内容与信息需求的相关程度来确定。

1. 采全率

采全率用来衡量切题物流信息采集的完整程度，即指某一物流系统中所包含的全部切题信息在当时系统内外所有切题信息中所占的比例。如果用 P 表示采全率，r 表示该系统中切题的信息，R 表示当时系统内外全部切题的信息，那么采全率可以表示为：

$$P=\frac{r}{R} \tag{3-1}$$

采全率取决于对某一物流系统现有切题信息发展的预测数据、用户信息需求结构、相关信息的分布和流动的特征。系统的经济实力、物质条件、信息管理水平都会影响物流信息的采全率。

2. 采准率

采准率用来衡量物流信息采集的针对性，即指某一物流系统中所含的全部切题信息(对该物流系统的全体用户而言)在当时该系统所有物流信息中所占的比例。如果用 E 表示准采率，r 表示系统中切题的信息，Q 表示系统内所有的信息，那么物流信息的采准率可以表示为

$$E=\frac{r}{Q} \tag{3-2}$$

物流信息的采准率取决于用户的信息能力和知识水平，信息搜集工作者的业务水平，以及物流系统所采集到的信息的质量等。

3. 及时率

及时率用来衡量物流信息采集的速度，即在最短的时间内完成物流信息采集过程的能力。及时率由搜集过程的每个环节所花费的总时间来衡量，可以表示为：

$$T=\sum_{i=1}^{n}t_{i} \tag{3-3}$$

式中：$i=1,2,...,n$——搜集过程的环节数。

为了提高采集过程的及时率，人们不仅设法缩短二次信息的加工时间，而且设法缩短一次信息的时滞。

4. 费用率

费用率用来衡量物流信息采集的资金效率，即用于物流信息库中单位费用的能力，取决于采集过程的组织、各环节的技术装备、信息搜集工作者的效率等多种因素。实际工作中，单位信息很难确定，不同单位的信息不能任意分解，而且价格不同，一般可以用信息的件数大致表示信息的单位。如果用 C 表示单位信息的费用率，F 表示年度或某一课题采集信息的总花费，G 表示年度或某一课题搜集到的信息量(总件数)，那么费用率可以表示为：

$$C=\frac{F}{G} \tag{3-4}$$

在物流信息采集的上述指标中，在及时率、费用率既定的情况下，采全率越高，采准率越低；反之，采准率越高，采全率就会越低。在实际中，采全率和采准率通常不可能达到最大值。采全率和采准率随着及时率、费用率增长到一定程度而增长，随后，增长速度会减慢。

(四)物流信息的加工

物流信息的采集是为利用服务的,从信息采集到信息利用之间还有物流信息的加工这一环节,否则,采集的信息再多也是无用的。

物流信息的加工是在采集的原始物流信息的基础上,生产出价值含量高、方便用户使用的新信息,这一过程将带来物流信息的增值。物流信息的加工就是对采集的物流信息进行去伪存真、去粗取精、由表及里、由此及彼的加工过程。物流信息的加工首先要明确信息加工的目标,明确物流信息需求,掌握要解决的是什么问题。

物流信息的加工没有一个固定的模式,不同的物流信息需求和不同的原始物流信息,加工的方式也有很大差别。一般来说,物流信息加工的主要内容包括:物流信息的筛选和判断,物流信息的分类和排序,物流信息的分析和研究等,如图 3-2 所示。

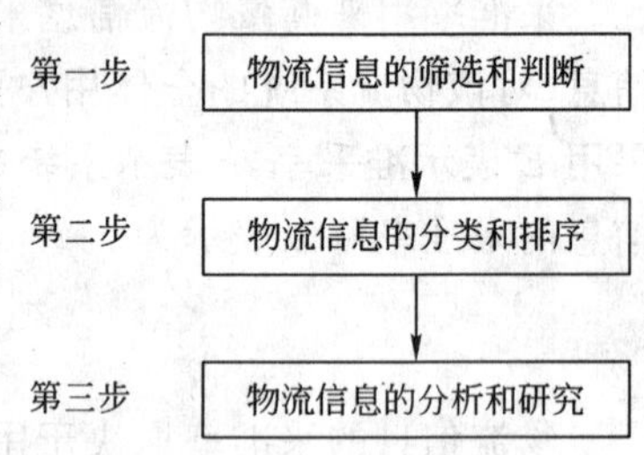

图 3-2 物流信息加工的步骤

三、物流信息的传递与反馈

物流信息经过采集、加工到用户使用,必须经过传递这一过程到需要它的用户手中,否则物流信息的使用价值就会丧失殆尽。所谓物流信息的传递,就是指物流信息由发源地或拥有者,经过传递通道,传递给接收者的过程。接收者使用物流信息,物流信息的作用结果又会反馈给物流信息所有者,以便于所有者对再输出的物流信息作进一步的调整,调整后的物流信息又会对使用者产生影响。物流信息的反馈可以看作是反向的物流信息的传递。这样,经过物流信息的反馈,就形成了物流信息的一个完整的流动过程。

(一)物流信息传递和反馈的基本原则

根据物流信息的特征,物流信息的传递和反馈必须遵守以下基本原则,才能充分、及时、有效地发挥物流信息所具有的价值。

1.真实、准确的原则

科学正确的物流决策只能建立在真实、准确的物流信息之上。所以,在物流信息传递过程中,要避免信息失真、畸变等现象,有针对性地传递给使用者,否则,不但达不到预期物流信息使用的目的,而且还会贻误商机、做出错误决策;同样,反馈决策执行状况的物流信息也要尽量做到真实、准确,不能脱离事实。

2.及时的原则

物流信息具有较强的时效性,所以经过加工的信息要及时传递给接收使用者。只有遵循这一原则,才能最大限度地发挥物流信息具有的价值。物流信息的反馈也要以最快的速度进行,以纠正决策过程中出现的偏差和强化物流信息的决策效果。

3.适量的原则

在现今,信息,包括物流信息,大量充斥在人们的周围,人们在利用物流信息辅助决策时，面对大量的信息常常无从选择，所以在物流信息传递过程中，适量的有针对性的信息才是使用者真正需要的，过多或过少的物流信息都不利于决策的制订。而在物流信息的反馈中，要合理控制正负两方面的信息反馈量。过量的负反馈会助长消极情绪，影响决策的顺利实施，而过量的正反馈会助长盲目乐观，忽视存在的问题和困难，阻碍决策的完善和发展。

4. 保密原则

信息通常具有保密性，如果泄漏，将会给使用者造成损失。因此，在物流信息传递和反馈过程中，要按照物流信息内容的保密程度和保密的有关规定，选择恰当的传递方式，采取必要的保密措施，严格控制传递范围，以确保物流信息传递和反馈的安全。

(二)物流信息传递的基本方式

把物流信息从信息源或所有者传递给接收者，需要选择适当的信息传递方式。常见的物流信息传递方式可以按以下方式划分。

1. 按物流信息的流向划分

按物流信息的流向可以把物流信息的传递方式划分为单向传递、多向传递、相向传递和反馈传递四种方式。单向物流信息传递是指物流信息传递者直接把信息传递给单个的物流信息接收者。相应地，把物流信息传递给多个接收者的方式为多向物流信息传递。物流信息的相向传递是信息传递者和信息接收者相互传递信息的一种方式。而物流信息的反馈传递是根据物流信息接收者的需要而由物流信息的传递者向接收者传递信息的一种方式。

实际中，单向物流信息传递是极少的，最多的是相向的物流信息传递。

2. 按物流信息的传递范围划分

按照传递范围可以将物流信息的传递划分为内部传递、外部传递两种方式。内部传递是一种封闭型的物流信息传递方式，通常是在一个组织机构内部进行，可以在上下级之间、平级之间和部门之间进行。外部传递是一种开放的物流信息传递方式，是一个组织机构和其他组织机构之间、组织机构与社会公众间所进行的信息传递方式。

物流信息的传递还有其他的划分，如按照传递载体可以分为语言传递、文字传递、实物直观传递、光电传递等。

(三)物流信息反馈的主要方式

物流信息反馈始终贯穿于物流信息开发和利用的各环节之中，但它主要还是表现在这些环节之后的再传递上。根据物流信息反馈内容的角度不同，可以把物流信息反馈主要划分为三种方式：正反馈、负反馈和前馈。

1. 物流信息的正反馈

物流信息管理过程中的正反馈主要指将某项物流决策实施后的正面经验、做法和效果反馈给决策机构和个人，经分析研究以后，总结推广成功经验，使决策更完善、更深入地贯彻。

2. 物流信息的负反馈

物流信息管理过程中的负反馈是指将某项物流决策实施过程中出现的问题或者不良后果反馈给决策机构或个人，经分析研究以后，修正或改变决策的内容，使决策更加完善。

3. 物流信息的前馈

物流信息管理过程中的前馈指在某项决策实施前，将预测中得出的将会出现偏差的信息传递给决策机构，使决策机构在出现偏差之前采取措施，从而防止偏差的产生和发展或者降低偏差可能出现的概率和危害。

例如，以丰田汽车公司为例的精益生产方式在生产物流中得到了成功的应用，而要成功实施精益生产方式，事先必须认识到可能出现的问题和风险，如短缺风险，搜集并利用这些前馈信息。一旦出现短缺风险，精益生产方式必然导致大规模的、全面的生产中断。所以，在决策之前必须认识到可能出现物流短缺风险的信息，并进行详细分析，灵活采取有效的应急措施，如车辆的紧急更换、人员的紧急替换、道路的应急选择等，这一切都要求信息传递的准确、及时，整个物流活动处在严密的监控之下。

(四)物流信息反馈的常用方法

在物流决策过程中，要充分利用多种信息反馈方法，常用的物流信息反馈方法如下：

1. 典型反馈法

典型反馈法是指通过某些典型组织机构的情况、某些典型事例、某些代表性人物的观点言行，将其实施决策的情况和对决策的反映反馈给决策者。

2. 综合反馈法

综合反馈法是指将不同地区、不同行业、不同单位对某项决策的反映汇集在一起，通过分析归纳，找出其内在联系，形成一套比较完整的、系统的观点与材料，并加以集中反馈。

3. 跟踪反馈法

跟踪反馈法是指在物流决策实施过程中，对特定主题内容进行全面跟踪，有计划、分步骤地组织连续反馈，形成系统性的反馈系列。跟踪反馈法具有较强的针对性和计划性，能够围绕某一物流决策实施，比较系统地反馈实施的全过程，便于决策机构和个人全面地掌握相关情况，及时发现问题，控制实施效果。

如，要衡量企业物流服务的水平，可以针对物流活动中一些衡量物流服务水平的信息进行反馈，如能否对用户的订货很快地进行配送，在运输过程中交通事故、货物损伤、丢失和发送错误的多少，保管中货物变质、丢失、破坏的现象多少，以及能否提供保障物流活动流畅进行的物流信息系统，以便于客户及时了解物流活动的信息等。

在物流信息的反馈过程中，往往是多种反馈方法结合起来，形成多样化的物流信息反馈方法。如，某企业为了提升物流服务水平，跟踪物流服务水平对企业经营的影响，综合了客户信息的多种反馈方式，得到表 3-1 的统计结果。

客户不满意物流服务的表现行为及程度 表 3-1

客户不满意物流服务的行为表现	程度	客户不满意物流服务的行为表现	程度
减少交易额	占客户数量的 35%	拒绝采购新产品	占客户数量的 16%
增加人员交涉次数	占客户数量的 30%	停止采购某些货物	占客户数量的 9%
终止所有交易	占客户数量的 18%	拒绝支持企业活动	占客户数量的 2%

(五)物流信息传递和反馈的意义

虽然物流信息本身具有潜在价值，但是如果长期存储在信息库中或者信息所有者手中，不及时传递给使用者，物流信息就不能发挥其作用，价值就不能体现出来。所以，物流信息传递是物流信息开发利用过程中必不可少的一个环节。经过传递，物流信息流向各类组织机构的管理者，是他们决策的依据、组织指挥的前提和控制的基础。

如，广东万宝电器有限责任公司的物流人员在计算出第二天的生产任务后，确定第二天各类物流需求数量和种类，并把这些信息传递给物流配送部门。物流配送部门则在前一天晚上(或夜间)把第二天的物料在第二天上班前摆到每个人的工作岗位上。正是通过物流信息的传递和准确应用，才能实现企业生产库存水平的降低和精细化的生产方式。

由于认识的局限性，企业或其他社会组织机构做出的决策或多或少总会存在着一些不妥当之处。有了物流信息的反馈，就可以及时发现决策中的不妥当之处和决策实施过程中可能出现的偏差，从而防止错误决策的实施，进一步完善决策本身及其执行，使逐步完善的决策能够顺利执行下去。因此，物流信息反馈在科学的物流决策过程中具有重要的意义。

第三节　物流信息开发与利用的应用评价与分析

一、物流信息开发的评价

物流信息开发的评价包括对物流信息开发质量和成果的评价。

(一)物流信息开发质量的评价

一般来说，物流信息开发的成果多种多样，如物流信息系统、物流网站、市场调查报告、期刊报纸文章等。为了衡量这些开发成果是否达到最初的开发目标和它的现行价值，必须对其进行质量评价，即物流信息开发成果的质量评价(图 3-3)。

由于物流信息本身多种多样，物流信息开发成果的形式也很丰富，有文本型、数字型、实物型等，评价这些成果的质量也比较困难，到目前为止还没有统一的标准。一般可以从以下几个角度进行适当的评价：开发深度、开发广度、开发丰裕度、用户数量、用户满意度等。

在实际评价中，人们使用最多的、效果最好的、最有效的办法就是专家评价法。所谓专家评价法，是利用在当前的物流信息开发成果的相关领域内著名专家的标准，通过专家独立的打分评价，综合这些分数，得出最终的综合评价结果。实践证明，专家评价法是一种切实可行、效果较好、结果较为准确的评价方法，因此，在实际中这种方法被广泛采用。

在实践中，一般可以分为定性、定量、半定量三种评价方法。

1.定性评价法

凭借专家个人的判断定性地评价产品的一种主观评价方法。这种评价方法一般分为多个等级，如A、B、C、D、E五级或者优秀、良好、合格和不合格四级。这种评价方法的主观性较大，由于各个专家的评判标准和原则很难达成统一，精确度不高。

2.定量与半定量评价法

借助于确定的量化指标，运用模型、曲线、公式等手段，通过客观的数字大小来作为评判的依据和方法。这种方法克服了定性方法易受主观因素干扰、精确程度不高的缺点，但操作起来较为复杂。

在实际中，一般采用定性和定量方法相结合的方式，也就是半定量的方法。典型的半定量方法有综合评分法和层次分析法。

【小知识】 综合评分法

综合评分法就是确定评分类项、评分等级、评分细则，然后交由专家打分，最后统计这些打分结果，如有必要还可以进行加权计算。

【小知识】 层次分析法(AHP法)

层次分析法简称AHP法，是20世纪70年代由美国著名的运筹学家萨蒂提出的。该方法把复杂问题简单化，即分解为若干个层次，形成阶梯形层次结构模型，然后根据对一定客观现实的判断，就每一层的相对重要性给予定量表示，利用数学方法对其每一层次的全部元素的相对重要性排序，并分析和解决问题。

(二)物流信息开发成果的评价

为了揭示物流信息开发成果的价值大小和防止信息开发活动中的浪费，有必要对物流信息开发成果进行经济效益评价，也就是对物流信息开发成果的投资收益进行分析。由于物流信息具有外部性，很多时候物流信息的开发成果不能只通过经济效益反映，而且还需要考虑它的社会效益，所以，评价物流信息开发成果效益的指标至少包括两大类：经济效益指标和社会效益指标(图3-3)。

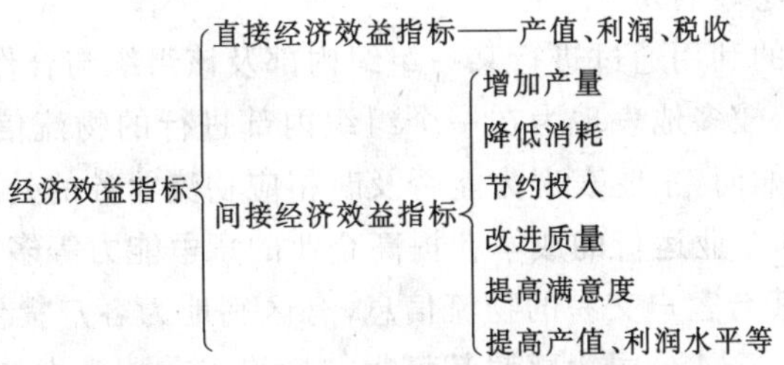

社会效益指标：
- 增加信息、知识的积累
- 提高经营、决策、管理水平
- 促进科学技术进步
- 提高生活质量
- 推动社会发展
- 改善工作效率
- 降低行为和决策的不确定性

图 3-3　物流信息开发成果效益的评价指标

进行物流信息开发成果的评价时，要对各种方案进行比较和评价，权衡各个方案的利弊得失，为物流信息的开发成果的比较评价提供足够的信息，为决策提供完全、准确的信息。

二、物流信息利用的评价

物流信息的利用包括物流信息本体的利用和物流信息系统的利用，即可以是指社会物流信息集合的利用，也可以指具体物流信息的利用。物流信息的利用是人们有目的地、有选择地、能动地利用物流信息以满足个人或组织、社会需要的行为。

根据物流信息在满足人们社会生活中的不同应用层次，可以把物流信息的利用分为三个层次。

1. 社会物流信息的利用

社会物流信息的利用是为了推动社会生产力的变革和发展，促进社会的进步和某一国家、地区和行业的发展。社会物流信息的利用要解决的主要问题是如何进一步推动物流信息的公开和跨部门的物流信息的共享。所以，评价社会物流信息利用的状况主要从社会物流信息利用的水平、带来的地区和行业的整体效益来评价。

发达国家物流产业发展迅速，社会物流信息的利用水平和效率也较高。美国和日本两国的物流领域的操作和物流信息的开发利用均实现了高度的机械化、自动化和计算机化，广泛使用 EDI 系统，提高了信息在企业间和国际间传输的速度和准确性，降低了单据处理成本、人事成本、库存成本和差错成本，改善了物流服务水平，提高了企业的国际竞争能力。

2. 组织物流信息的利用

组织物流信息的利用通过进行某一组织内部及该组织与合作伙伴和客户的物流信息的交换和利用，较多地表现为在一个组织内部进行的物流信息的利用。组织利用物流信息的效果如何，主要表现为能否及时相应物流业务的处理要求、能否提高企业的运作效率、节约企业运行的成本和提高企业的竞争能力等多方面。

3M公司根据其与客户交易的物流信息，有区别地为客户提供不同的物流服务，取得了很好的效果。3M公司为感谢其订货数量和成交数量大的客户或老客户的忠诚，制订制度将其确定为“白金俱乐部”会员。取得“白金客户”的资格就意味着3M公司向他们作出了承诺，即在企业预定提供的服务时间内对他们订购的每一种产品都给予精确的数量保证。

为了实现这种物流承诺，3M公司提出了各种意外事故保障措施，以便在主要的交货地点能够获取所需存货来完成“白金客户”的订货任务。这些保障措施包括从次要的储备地点将存货转移出来，以及在世界范围内寻找3M公司其他仓库中的储备产品等。一旦各紧急措施就位，3M公司就立即用溢价运输服务来安排直接递送。在特殊情况下，3M公司就“借用”早已出售给其他“白金客户”的存货来满足新的订货需要。之所以这样做，就是要决不延迟交付任何一个“白金客户”的产品订货。3M公司充分利用企业内外的物流信息，用自己的实践完成了对“白金客户”提供完美订货的承诺，也充分培养了他们对3M公司的忠诚度，达到了双赢的经营效果。

【小知识1】 溢价运输

为尽可能控制任何破坏物流系统表现的、意想不到的事件(这些事件包括客户收到订货的时间被延迟、运输中发生意想不到的损坏、提高运输速度、货物交付到不正确的地点等)而提高运输支付，即支付较高的运输费用的运输方式即为溢价运输。

如，从甲地到乙地一般的运输成本为一千元，但是必须赶时间或者想使产品在途运输安全性得到更好的保障一点，你愿意付一千二百元，这二百元就是溢价。

3. 个人物流信息的利用

个人的信息需求千差万别，对物流信息的使用也各不相同。个人隶属于组织，个人物流信息的利用受到社会发展水平和组织活动的影响。个人物流信息利用效果受个人的信息能力和信息素养的影响，同时受个人不同行为的影响等。

物流信息在社会组织中的利用，可以根据其信息流动方式和信息需求特点划分成不同的层次，而不同层次的物流信息过程也有自己的特点。根据组织内部结构的不同，物流信息的利用也形成了典型的金字塔式结构，如图3-4。

组织的战略层需要的是战略决策信息，大部分来自系统外部，也有经过综合的内部物流信息。评价战略层利用物流信息的效果，主要是看其是否能提高物流决策的水平和质量，进而提高企业的管理水平，增加企业的利润和提升企业的综合竞争能力。

组织的战术层要把战略层的思想和观点逐步分解为各项具体的管理措施和实现技术，所以在物流活动中，战术层需要的是物流系统运行状态和短期的战术信息，利用物流信息把战略层的物流战略转换为具体的物流管理措施。衡量战术层物流信息利用的效果，主要看战术层能否充分利用物流信息技术，其所掌握的物流系统运行状态信息，战术层所制订的物流措施是否能够实现高层战略的物流部属，以及其所制订的物流战术在业务层贯彻执行的效果等。

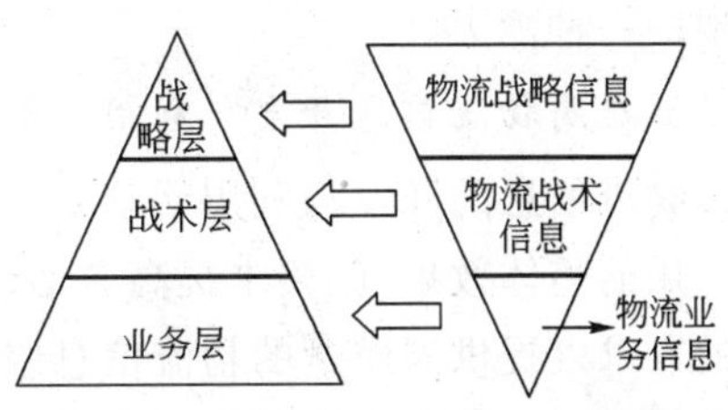

图 3-4　组织结构及对应的信息利用层次图

业务层的物流信息主要包括具体的工作数据、物流信息技术、规章制度和计划，这些信息大部分来自于组织内部。物流信息的利用主要是看能否利用物流信息解决各作业操作中的具体问题，出了问题或偏差能否及时有效解决等。基本业务操作的效率和效果如何是评价业务层物流信息利用效果的重要指标。

三、提高物流信息开发与利用效果的途径

物流信息的开发和利用是相互联系和促进的，所以提高物流信息开发和利用效果的途径也是相互影响的，受到多方面因素的影响。以下从几个方面来讨论。

1.提高信息资源开发和利用的社会水平

物流信息的开发和利用受到社会信息资源开发能力和利用水平的制约。在国家和社会信息资源开发能力低的情况下，信息资源的价值也很难得到挖掘和利用，物流信息的开发和利用当然也很难得到充分的实现。要提高信息资源开发和利用的社会水平，需要从全方位考虑，从技术的发展和推动、法律政策的保护和对物流信息利用的研究等多方面采取应对措施。从技术方面，需要开发更先进的物流信息处理技术，普及技术的广泛应用；在法律和政策方面，需要建立更加全面和详细的知识产权法律，确保物流信息的合法使用，更有效的资源配置等；需要对物流信息的运作规律进行研究，使物流信息的开发和利用有理论的依据和指导。

2.提高物流从业人员的信息素养

物流从业人员的信息素养主要包括高效获取物流信息的能力、正确客观地评价物流信息的能力、有效地吸收提取物流信息的能力、运用多媒体形式表达物流信息和创造性地利用物流信息的能力、自主高效地学习和交流物流信息的能力、开发利用物流信息的强烈的法律意识和社会责任。由此可见，物流从业人员的信息素养对物流信息开发和利用的各个环节都有很大的影响。物流信息素养是知道什么时候需要什

么样的物流信息,并能获取、评价、加工和高效地利用物流信息去满足物流业务处理需要的一种能力。

3.提高物流信息开发与利用各环节效果

物流信息的开发与利用活动是由各活动环节有机构成的,要提高物流信息开发与利用的整体效果,就要求提高各活动环节的效果。简单来讲,就是深刻理解物流信息的需求以提供高质量的物流信息服务,全面准确并且低成本的采集物流信息,按照物流信息需求和物流服务的要求进行物流信息的加工,物流信息的使用者有较好地采集物流信息的渠道,提升物流从业人员利用物流信息的能力,物流信息的利用效果及时反馈给决策者,便于决策的调整和制订更好的物流决策。

物流活动经营较好的企业通常能够把物流信息开发与利用的各个环节有机结合起来。例例如,日本佐川急便每天利用近 400 个物流中心及城市中心的大规模中转站等进行据点间的物流活动,还提供包括店对店、区域对区域等各种方式的物流服务。利用现代物流系统与用户沟通,迅速地在全国范围内进行信息交换。在重要地区设立数据中心,能瞬时变更信息,完全能应对客户的查询。佐川急便的信息网实现了物流活动全程的信息处理,从内部的信息采集到外部的业务数据的采集和处理,使用 EDI、RF、条形码等技术辅助物流业务处理和信息处理,通过各种信息仪器与顾客连接,既为顾客传递了优质的物流活动状态信息,又有助于企业根据用户的反馈及时调整物流服务内容。

S 本章小结

本章通过实例介绍和案例分析,详细介绍了物流信息开发与利用的过程。在明确物流信息需要的基础上,才能有针对性地进行物流信息的采集和加工,而企业可以选择不同的方式从不同的物流信息源采集物流信息;物流信息的有效利用离不开信息的传递,物流信息利用效果的反馈又有助于进一步提高物流信息利用的效果。通过对物流信息利用的评价,有助于引导物流信息利用的方向。本章还介绍了提高物流信息开发与利用效果的途径。

E 思考题

1-1 物流信息开发和利用之间的关系是什么?

1-2 物流信息管理的各个环节是怎样有机协调在一起的?

1-3 物流信息管理实现的主要困难是什么?

C 案例分析

案例 3-1 可口可乐的新配方——物流

在竞争激烈而残酷的饮料市场，可口可乐勇立潮头，靠的已不只是口味和神秘的配方，其独特的商业运作正在不断勾兑出取胜市场的新配方。这也被一些人称为可口可乐为长期把控市场而隐藏的一记重拳。

雪碧与七喜的味道差异几乎为零，但两者全球销量却有着天壤之别，可口可乐战胜对手的法宝究竟在哪里？地处北京东郊定福庄的“家人乐”小店是北京郊区再典型不过的夫妻店了，店内只有可口可乐和雪碧，而没有百事和七喜，对于这一点，老店主觉得很正常，“都是一样的东西，可乐（可口可乐）和雪碧拿货容易。”虽然这只是可口可乐战胜老对手的微微一小角，却折射出中可（中国可口可乐公司）国内市场操作成功的精髓——利用强大的物流销售网络直接触及市场终端。

“哪怕是最小的夫妻零售店都要覆盖到。”虽然可口可乐内部并没有这样的说法，但是可口可乐正在通过国内三大合作伙伴尽力完成这样的任务。

1. 可乐流到夫妻店

可口可乐在中国拥有三大合作伙伴——嘉里、太古和中粮，共 36 家灌装厂分布在全国不同区域，而相应灌装的产品也在各自划分区域内销售，严格禁止串货（跨区销售）。同时三大合作伙伴除了经营各厂生产，还要负责每个分厂所处地区的销售工作。可口可乐会给三大合作伙伴规定产品的最低限价，但是其不参与分配每瓶饮料的利润，只收取“浓缩液”费用，因而对于各合作伙伴分厂来说，卖的越多赚的也越多。

嘉里集团下属山东可口可乐灌装厂，地处青岛，负责整个山东市场。2001 年夏季，百事可乐决定在山东设厂，为了保持在山东市场的绝对优势，可口可乐发起了一场地盘保卫战。在山东济南、青岛两地爆发的可乐大战，至今令当时的两乐员工，以及众多的济南和青岛百姓还难以忘怀。2.25L 的大瓶可口可乐价格一度滑落到两块五，针对这一产品的价格调整不是按照星期或是天进行，而是按照小时浮动。针对饮料销售商的争夺、宣传用品的争夺不断升温。甚至爆发了百事员工围攻可口可乐山东办事处的激烈场面，但这也仅是可口与百事全球多次战争的一个小的插曲。

在消费者津津乐道于抢购时，不为众人所知的是，可口可乐在山东的饮料战法宝，远不止“价格大斧”一种，即使 2002 年百事强力进军济南设厂后，庞大的可口可乐物流营销网络仍使其经受着第二次考验。

可口可乐针对销售终端把控极紧，竞争对手在饮料零售市场稍有动作，立刻可以第一时间察觉，这主要归功于严格的渠道销售管理。可口可乐在全国推行 GDP 管理方式开发合作伙伴，把中间商一层一层地剥离掉，推行直销。虽然销售网络中，仍然存在批发，但批发商不是垄断性的大批发，而是采取肢解措施将批发商控制到很小的规模上，所有的超市全部直接送货。可口可乐对超市、大中型零售商的直销方式，大大提高了其市场感应能力。

营销和物流总是矛盾的，如果在销售环节设立大批发商，生产出的可口可乐全部送到批发商，再由批发商销售，这样做，可乐公司物流成本很低，但是公司无法完全控制市场。为了全面控制市场，可口可乐物流全部由自身灌装厂完成。而且秉承一个理念——决不放弃任何一个小的零售商，哪怕是最小型夫妻店。为此，可口可乐推行了 GKP(金钥匙伙伴)计划，在一定区域内找一家略大的零售商，可口可乐将货直接运送给 GKP，再由 GKP 完成最后对超小型零销商的配送工作，GKP 送货费用由可口可乐及其合作伙伴支付。GKP 负责的全部是规模低于两三人的夫妻式小店，而所有的超市和大一点的零售商全部掌握在可口可乐手中。而且超市的数量，以及名单在公司内部也是限级别掌握的，一些副总裁级的员工甚至不清楚合作商的大体数字。

20 世纪 80、90 年代，可口可乐刚刚进入中国之时，在宣传报道中，不少领域在探索可口可乐神秘配方的高深，其意图在于引导消费者产生对可乐的消费兴趣，但在可口可乐公司内部，其实早已经把对市场的感应能力定格为核心竞争力。这在全球不同地区可乐大战，可口可乐胜多负少中，得到了印证，只不过更多的广告人将大众的目光吸引到漂亮的营销创意之上，使多数人没有意识到可口可乐胜利的主要原因。

2. 物流包袱

一句直销说来容易，但真正能够完成，而且在有效控制成本前提下完成，就相当不易了。能看到直销优势的饮料业国际国内巨头不在少数，敢于染指的屈指可数，目前国内饮料巨头乐百氏、娃哈哈、康师傅、统一等等，基本无人敢于效仿可口可乐的做法。

饮料业的天然特性制约着自办物流，甚至物流成为一些饮料厂急于甩掉的包袱。这是为什么呢？可乐等饮料属于典型的快速消费品。对于快速消费品的特点是生产集中，销售分散。生产集中考虑到规模效应，制造成本减低，但消费人群覆盖面积最为广泛，导致物流成本剧烈加大。

此外在产品特点上，饮料物流成本非常大，体积庞大，单位货值较小，以一辆 8 t的运输卡车为例，拉一车可乐可能只有8000 多元的货值，与彩电、冰箱或者手机相比有着天壤之别。

而且饮料运输损耗更为严重，快速消费品对消费及时程度要求极高。运输过程中对货龄（从生产日期到目前的时间）要求已经发展到近于苛刻的地步。一般在大型超市，如果你的货龄超过1周就不会要了，超过1个月货龄的雪碧会成为滞销品。可口可乐与大的超市销售商有一个约定，超过一定时间的货可以免费更换，这也造成了很大的损失。2001年，可口可乐一家中国灌装厂因为产品货龄超期，一次就销毁了价值80多万元的饮料。外部要求苛刻，内部同样严格，目前可乐使用PET瓶（塑料瓶），根据PET材料的特性，会跑气，里面二氧化碳压力随保存时间增加会逐渐降低，货龄越长品质越低，口感越次。为了保证质量，中可会到市场进行抽检，抽检到不合格的，会对灌装厂提出警告。但是真正做到货龄不过1周，难度相当大。

如此等等一系列因素，造成做水的不愿意运水。但这些同时也为一些做水的，提供了千载难逢的好机会，例如可口可乐。当它解决了全行业的包袱，并且将包袱转变为核心竞争力后，它的行业地位还有谁能撼动呢？

3. 成本经

将物流树立为公司市场竞争力，并非天才空想之举，而是在商务运作中，一步步总结而来。每瓶可乐的成本构成主要有三块：生产成本、销售广告成本和物流成本。三块中，对于嘉里集团这样的合作伙伴，生产成本最高；销售广告成本与中可共同承担，是第二大成本；物流运输成本作为第三大成本存在，但依然不容忽视。根据可口可乐原高层员工估算，物流成本约能占到一瓶可乐成本的20%～30%，如果按照推算，目前每瓶2.25L可乐利润在几毛钱，而销售价格接近6元，粗算物流成本超过1元，成本之高，相当惊人。

学会控制成本，首先是找好压缩成本的空间，第一大成本是可口可乐公司的主要利润来源（可口可乐向合作伙伴销售的浓缩液利润），对于嘉里这样的大合作伙伴，从机器生产设备、检测设备等等，全部从可口可乐制订的全球厂商订购，价格相当昂贵。而且可口可乐对灌装厂生产工艺流程要求非常严格，品质控制超乎普通品牌饮料要求。灌装厂很难在生产环节做“节流”文章，同时随着饮料市场的发展，饮料业在生产环节开始推行柔性化生产，一方面适合市场竞争要求，而另一方面却会在一定程度上，破坏规模化生产带来的成本效益。生产成本的趋势会改变以前追求管理控制稳定的方式，市场要求的敏捷物流，使得单次生产批量越来越小，规模效应优势越来越小，生产成本只能在管理环节去控制。

随着可口可乐生产柔性的增加，生产成本反而会上升，但是最终灌装厂采取了一些新的管理方式抵消了这种成本上升。具体做法：批量小，人员相应减少了。生产规模效应下降，提高生产管理系统的柔性，来牵制成本上升。原来每条生产线配置一班工人，没有生产，人员只能闲置，现在三条线配置两班工人，大大提高员工有效工作率。此外在第一线生产流程中，还采取了大量的生产管理技巧，哪两个产品线在一起做，成本会比较低？哪两个产品先后做，成本低？等等，这些精细化措施有效地控制了生产成本的抬高。

在生产中无法节省，在营销费用上，就更加艰难，而且趋势增高更为严重，因为竞争越来越激烈，导致可口可乐的促销活动越来越频繁，而且售价又不可能提升，相当于隐性降价。大量的品牌都出来，在日益被瓜分的这一市场，要保持市场地位，就要不断增加这部分投资。

算来算去，物流成为唯一可以降低的成本，但相比前两者不能不花的钱，物流的紧缩更为艰难，因为要降物流费用，更要牢靠地控制好销售群体。此时，灌装厂开始寻求信息系统，管理物流。

4. 发现问题

以嘉里集团山东可口可乐灌装厂为例，2000 年开始进行物流管理调整，建立相应信息系统，建设效果极佳。但是这种佳境不仅仅在于提高了诸多运营指标，减低了诸多成本，更为重要的是通过物流规划，审视出原先管理中的诸多问题。

原来没有推行物流管理这样一套体系之前，仓储部管仓库，运输部管车辆运输，采购部只管原材料物料采购，生产部只管生产计划，几大部门都是相互独立的，而且各自部门经理都是平级，没有一个在中间进行协调，包括销售部和市场部都是各做各的。彼此的交流沟通不足，内部信息流不通畅弊病不断暴露。

在饮料行业，淡、旺季差异明显，夏季销量非常大，但是冬天的销量就非常小，由于这样的情况，往往导致在需求旺季供不应求，损失订单。市场部、销售部与生产部彼此不沟通，因为生产能力是有限的，厂里 4 条生产线全部打开也只能供应 7 天货源，如果此时，市场部和销售部要突击销售高峰，再来一个促销政策，涌来大量订单就不一定是好事了，由于生产跟不上，只能丢单，而且所有的可乐客户在下单之前也有自己的商机计划，因可口可乐断货，极大影响客户的赢利计划。此外，除了生产周期，配送能力是否能够跟上，同样会导致市场丢失。几乎对所有的企业都一样，市场、销售、生产、物流配送等等，实际是需要立体整合在一起的，而对于可口可乐表现得更明显一点。

在没有系统透明化公司各项能力时，发生过夏季订货订不到，而销售淡季又向客户压货，造成客户满意度极低的事件，这等于不用百事进攻而自乱阵脚。

市场销售计划要与生产能力相匹配，整个公司供应链要协调在一起。市场有这样的需求，生产和物流都要跟随市场而变化，制订敏捷的应变措施。但是在嘉里做物流之前，每一个部门都是独立运作的，每一个部门只考虑自己的问题。例如：采购部门，如果考虑减少自身工作量，可以增加单次订货数量，供应商也愿意大批货少次数发货。但是PET空瓶在夏季的保质期只有一个月，一旦因为某些原因，例如下一场大雨，这一周的销量就会变少，瓶子用不完，过一个月后就会大批量地报废。还包括包装箱，以前市场部制订的活动变化过快，交流又不及时，初夏用一个明星的版面包装，仲夏用其他形象代言人版面包装，版面是由市场部来订，执行却是采购部。市场部采购部彼此沟通很少，采购部订了一大批包装物，一下子换了，整个就全换了，这样的事件经常发生。

5. 打通信息流

面对暴露出的问题，嘉里集团在各个灌装厂首先推行了一个物流会议，仓储、运输、采购、生产、销售，这几个部门的领导每周开一个会议，在会议上解决各种各样的问题。从组织结构上建立了物流部门，把仓储、运输、综合计划几个部门合并为一个部门，来制订整个营运计划，由物流部门统管。如此一来，解决了信息沟通的问题。

接着逐步入手完善内部管理信息系统。在可口可乐全球所有灌装厂全部使用一套统一的BASIS系统，BASIS是专门为可口可乐公司订制的，但是各个合作伙伴使用后，可以根据自身需求去不断开发，增加功能。可口可乐在推行BASIS之前，充分考虑到不同国家地区的特殊市场环境，对于可口可乐众多的灌装厂，首先财务管理是不一致的，人力资源管理也是不一致的，物流的地区差异性更强，因而BASIS主要是一套以销售为中心的信息系统。

2000年，嘉里集团开始建设物流系统，在原有的BASIS之上，增加了存货管理（后扩展为仓储管理），此外加入了运输和配送系统，里面还包括了一些细节管理，如冷饮设备的管理，冷饮设备配件的管理等等。

通过整个物流信息系统的建立，嘉里下属可乐灌装厂存货规模明显减少；存货覆盖天数、存货周转率大幅度提高；营运周期大幅度降低；市场上的平均货龄大大缩短；运输过程中，车辆的空载率也是大幅度缩小。

而表现在公司的日常生产业务上，变化更大。在新的预测系统中，会将BASIS中所有销量的历史数据取出，分析、制订需求与营运计划。预测系统可以非常详细地关注大量历史数据，包括区域、时间、SKU（可口可乐产品品种单位，即哪一种产品，其中SKU不但要关注是355mL的芬达，甚至还要包括具体是哪种包装的产品）、销量、其他竞争对手活动造成的影响等等，此外在得出结果后，相关人员还会考虑当年温度的因素进行调整，基本可以做到准确预测市场销售。

通过预测的销量数再推算出库存计划，在所有的营业所(灌装厂在本省设立的销售部，山东全省有五到六个营业所覆盖全省)每一天什么样的SKU应该有多少。按照所有的库存计划，去制订配送计划，最后确定生产计划。为什么最后才是生产计划？因为可口可乐实行的是以销定产，核心是在于充分挖掘销售潜力和物流配送系统，生产间断进行，保证物流全速顺畅运转。

针对销售合作伙伴的直销系统建立，使得可口可乐公司不同于其他中小型饮料企业过度受到大渠道分销商制约，同时大大提高市场感应能力。随着国内饮料业逐渐向寡头时代靠拢，出现国内饮料企业染指直销的可能也并不是没有。

(资料来源：外贸精英网 http://www.cnexp.net)

讨论题：

1. 可口可乐公司是如何开发物流信息的？

2. 物流信息管理如何辅助可口可乐公司的经营？

案例3-2 "宅急送"与"宝供"之比较

中国加入WTO后，现代物流业已成为国内经济发展的动脉，涌现出一批现代物流的成功案例，"宅急送"、"宝供"就是中国现代物流发展中的两个杰出代表。"宅急送"于1994年在北京开办，目前在中国提供送货到家的国内速递业中位居老大地位，当前公司已进入了快速发展时期。"宝供"是1992年从广州的铁路货物中转站发展而来的，是全国首家提供"送货到门"的服务公司，摩根士坦利评价宝供是"中国最具价值的第三方物流企业"，目前宝供正专注于提供供应链一体化物流服务。无可争辩，"宝供"、"宅急送"是中国现代物流发展中所涌现出来的重量级新星，是中国现代物流的两大新锐。

本文将中国现代物流的两大新锐"宅急送"、"宝供"放到一起进行一次全面的面对面的比较，可以充分认识各自的优势和特点，寻找不足，总结其成功的共性，从而为其他企业提供借鉴。以下是"宅急送"和"宝供"全面比较的结论。

1. 企业发展战略："转基因型" Vs"进化型"

"宅急送"的企业发展战略——转基因型。这一成立于1994年的公司在当时中国现代物流观念还没有形成的时候，就立志于挑起中国快运追赶世界水平的目标，宅急送的理想是做中国的"宅急便"，公司从成立到战略目标、市场定位、业务模式、网络结构等，都借鉴日本"宅急便"这个原型，甚至连品牌的名字"宅急送"也与原型只有一字之差，难怪有人称"宅急送"是"克隆"出来的产业。"宅急送"在中国的发展，是注入了日本"宅急便"的优良基因，并不断适应中国市场环境的新企业，同时它也不断吸收了像UPS、联邦快递、中外运等先进企业的基因。这一模式的成功要点在于，企业发展战略要有前瞻性，在体制上、机制上确保战略目标的一致性。

宝供的企业发展战略——进化型。宝供物流企业集团的发展战略可以概括为储运—物流—供应链的三变。在宝供发展初期，我国现代物流理念和环境还不成熟，宝供并没有明确的企业发展战略，对物流市场没有明确的定位，其发展是一种摸着石头过河的方法，这种方法，使得宝供不知不觉懂物流，不知不觉搞物流。就是这样一种最普通的方法，造就了我国最成功的第三方物流企业，这种企业发展战略可以概括为进化型，这种模式的要点在于不断发现市场需求，适应市场变化，不断修正战略目标和市场定位，不断改进服务水平，形成竞争优势，达到顾客满意，以获取高额回报。

2. 物流市场战略定位："快速物流"Vs"准时物流"

宅急送选择的市场定位是快速物流服务，即门到门快递服务。宅急送的定位是在公司成立之时确立的，当时中国的国内快递行业还是空白，中国邮政EMS业务只限于信函；其次选择这一定位是日本"宅急便"的实践证明。宅急送的定位体现了市场差异化的战略，这种战略定位为客户提供了与众不同的物流服务，同时由于竞争者少，成熟度低，使得企业以较低的成本进入这一领域，并有可能成为行业规则的制定者。宅急送在发展过程中，对物流服务市场进行了更为精确的定位，一是将客户群由零散客户向大客户转变，这是为了适应中国市场环境和政策、法规的转变，二是放弃国际快递高利润的诱惑，专攻国内快递，使得宅急送在发展初期得以与国际快递大鳄和平共处，共同发展。

如果说宅急送的战略定位是"快"，那么宝供的战略定位则是"准"。宝供的准时物流服务定位的选择是在宝供向现代物流企业转型中逐步确定的。由于宝供服务的企业大多集中在企业的生产、流通环节，其定位于企业供应链物流服务也是顺理成章的事。宝供从给宝洁当学生，到建立信息系统，再到建立物流基地，逐步体会到更准确、更敏捷、更及时、更高效的准时物流服务的精髓，宝供战略定位的变化自始至终都围绕着一个"准"字，从储运—物流—供应链，从货运代理—物流资源整合—物流资源一体化，这种变化源于对"准"字的不断认识，不断理解和不断实践。这样一系列的准确，就使得宝供必须组织所有资源来满足这一要求，而只有建立起一套基于信息系统的物流仓、储、运一体的，集商流、物流、信息流、资金流一体的现代化物流运作网络，才能在战略定位的差异化中取得竞争优势，从而连续保持中国第三方物流的领先地位。

3. 品牌战略："宅急送"Vs"宝供"

“就算亏本我也要做品牌”,宅急送的陈平对品牌的执着源自于他高人一筹的远见,即使是在一辆车6个人的创业之初,宅急送就设计了自己的logo形象,一只绿色的圆形猴子标志,注册了“宅急送”的商标,注册的公司取了个“双臣”的名字,当时宅急送穷得连车都买不起,却花了两万元钱在北京晚报做了一块巴掌大的广告,由此可见,宅急送企业发展战略实施的第一阶段可以看成是品牌战略。“宅急送”已成为国内快递业最知名的品牌,大街小巷中穿流的“宅急送”logo形象,就是企业最好的宣传,由此也验证了品牌战略的威力。如今提起“宅急送”,很多人都耳熟能详,可提起“双臣”几乎都一脸茫然。当9年后的2003年陈平要把公司名称改为“宅急送”时,才被告知“宅急送”已成为行业,不能注册,不知不觉“宅急送”成为快递行业的代名词。最终“宅急送”总公司还是注册下来了。

宝供的品牌是在不知不觉中做出来的,1994年,美国宝洁公司需要物流合作伙伴,刘武成为宝洁的物流供应商,并成立了名为“宝供”的公司。“宝供”的含义是为宝洁提供储运服务。由此可见,宝供并未有意识地将品牌作为企业的发展战略之一。“宝供”一直作为企业名称和符号与企业一同成长,由于宝供在中国第三方物流领域的卓越实践,使“宝供”本身也赢得了中国2002年第三方物流企业认知度榜首的地位。

4. 物流服务:“网络化”Vs“一体化”

“宅急送”的物流服务体系是以网络化为特征的,网络化的物流服务体系就是通过逐步营建覆盖全国的网络,实现向顾客提供国内门到门的物流服务。网络化是宅急送物流服务的基础,宅急送建立了四级网络结构,即子公司、分公司、营业所、营业厅。子公司按中国行政大区设立,分公司设在省级行政城市,营业所和营业厅设在城市繁华地段。在建立业务网络的同时,宅急送综合运用各种交通工具,航空、公路、铁路相结合,在物流重要的中转城市建立物流中心,同时还开通了物流班车,实现地面物流干支线的有效对接。这些措施极大地改善了物流服务的质量。

宝供的物流服务体现在为顾客提供基于供应链的一体化物流服务。如果说宅急送的网络化是地域横向广的话,宝供的一体化则是业务纵向的深,宝供基于供应链一体化物流服务的核心是,综合运用现代物流设施设备,以信息网络系统为纽带,从供应链的优化角度,为客户提供集商品的储存、分拣、配送、加工、包装、订单处理、库存管理、分销覆盖、交叉作业、国际集装箱集散、信息处理等综合一体化服务。宝供目前已规划建设的物流基地达15个,分布在宝供业务的主要地区,这些物流中心或物流基地借鉴国际先进的物流理念及网络信息系统,可以将供应链上、下游企业集于一地,减少中间环节,提高物流效率,使一体化物流服务得以实现,同时,这些软硬件设施也可以打造出宝供发展新的竞争优势。

5.物流信息化:"方进的ERP" Vs"唐友三的EDI"

宅急送的物流信息化是公司刚成立的第二年给逼出来的。因为1995年春节宅急送的业务量呈几何倍数增加,但却没人说得清一天到底送多少货,挣了多少钱,于是陈平到中关村攒了台电脑,又花2 000元钱请朋友编了个电脑开票软件,之后,分别给财务、库房、受理配备了电脑,宅急送的物流信息化之路就这样开始了。1996年底宅急送开发了MIS系统。2001年宅急送与首信合作,开展网上业务委托。通过网络运作,宅急送感到MIS系统扩展性、兼容性和网络功能都不能适应要求,于是ERP进入宅急送的视线,宅急送的信息处长方进就是这个时候加盟宅急送的。方进的加盟使宅急送的ERP进入实施阶段,ERP系统的招标、设计、开发、测试、试运行相继完成,宅急送的物流信息化框架初步形成。

其实宅急送的信息化是可以少走弯路的,作为宅急送原型的日本大和运输公司在世界上最早使用货物追踪系统"猫系统"。第一代"猫系统"始于1974年,特征是公司主机与各营业所终端机专线连接,实现信息处理和共享,第二代"猫系统"始于1980年以POS终端机为特征,简化了资料输入动作,第三代"猫系统"始于1985年,重点开发携带型POS,使每个司机都拥有移动终端机,从而使货物信息可以随时输入信息系统,实现货物的实时追踪。宅急送的ERP系统目前只相当于大和运输的第一代"猫系统"。

无独有偶,宝供的信息化也同样是被逼出来的,为了满足宝洁公司的要求,从1995年开始宝供建立了十几台电脑的"计算机室",进行单据处理。1997年唐友三来到宝供,为宝供带来了第一个合作伙伴——北京英泰奈特科技发展有限公司,它为宝供开发了一套基于Internet的物流信息管理系统。1999年宝供开发了基于互联网的电子数据交换系统(EDI),实现了与客户数据对接。这套系统更侧重与客户之间的信息间沟通,并且采取与客户的特点相适应的系统进行开发,从而形成了宝洁模式、飞利浦模式、红牛模式等。宝供的电子数据交换(EDI)在中国的第三方物流服务企业中处于领先地位,成为宝供第一次腾飞的驱动力。目前宝供的物流系统已暴露出系统模式多、难于统一、不便管理、过度关注企业间的信息系统、忽视了企业内部信息系统等问题,为此宝供开始实施ERP系统,开发仓库管理系统等。

6.企业制度:"股份制"Vs"独资"

在"创业"阶段的"宅急送"和"宝供"还是小型企业,经营者往往也同时是所有者,因此不存在所有权与经营权的分离。在企业进入高速增长时期,如果不及时引入现代企业治理机制，企业的发展将会受到资本的冲击，导致企业过早夭折或偏离企业发展战略目标，所以建立一个运行良好的公司治理机制将会保障企业战略目标的顺利实现。

“宅急送”在这一方面先行一步，从成立第二年的1995年3月，深感资金匮乏的宅急送在日本交通新闻访问团来中国访问时，表达了引进外资的意愿。随后，日本长野县一城株式会社社长小林利夫在五六家意向投资的日本企业中脱颖而出，注入了100多万元资金，双臣公司由民营企业变为中外合资企业，公司名称也更改为“双臣一城快运有限公司”，此后，小林利夫在1998年增加投资200万元，2001年又追加投资300多万元。随着宅急送的发展进入快车道，公司改制成为发展的重大问题，2002年底公司引进了战略投资者，北京物美商业集团成为新股东，增资扩股2 500万，完成了企业向股份制改革的第一步，2003年，宅急送的改制全面展开，并争取在2004年香港创业板上市。

宝供目前已开始企业改制工作，由于宝供以前是一个家族控股企业，要向股份制企业转型难度大，第一步是实施管理层持股计划，目前已完成，第二步是引入战略合作伙伴，第三步实现刘氏控股、合作企业参股、职工持股的股份制公司，并全力谋求上市。

7. 领军人物：“陈平——运筹帷幄”Vs“刘武——步步领先”

一个创业企业的成功，背后必定伴随着一个创业者的故事，而充满传奇色彩的创业者的特质和人格魅力，又会在企业发展中留下创业者的烙印。

“宅急送”的领军人物陈平，出国到日本学习期间，寻找着实现创业的梦想和机会，偶然间，体会到了日本“宅急便”灵活周到的服务，于是便有了中国的“宅急送”。在宅急送正式成立前，陈平已在心中反复筹划着企业发展大计，公司成立后按照预定的战略目标稳步推进，心中的规划正一步步变成现实，截止到目前，在关系到企业发展的重大战略、战术上还没有出现明显的失误，也没有做出大的调整，预计在今后相当长的时期内仍然会按这一轨道前进。宅急送发展战略的成功，证明了陈平的独到眼光和远见卓识，作为装甲兵出身的他，如果用一句话来概况的话，那就是“运筹帷幄，决胜未来”。

宝供的领军人物刘武，从1985年就开始从事传统的储运工作，是一个从运输业实践中摸爬滚打出来的统帅，有着发现商机敏锐的眼光和抓住稍纵即逝机会的能力。从宝供的发展历程可以看出，宝供的经营环境与其他企业并无不同，宝供遇到的业务，别的企业遇到过，究竟是什么让宝供能够脱颖而出呢？刘武就是具有这种化腐朽为神奇的力量，请看，刘武的三次点金之术：第一次，刘武通过在国营企业的工作，深感传统储运中有许多要改进的地方，于是在1992年承包了一个铁路货运站,推出当时绝无仅有的"24 小时服务"吸引了客户,创造了诸多商机。第二次,1995 年刘武为宝洁做储运,通过与宝洁的合作,感受到现代物流的巨大魅力,于是以此为契机,推动企业向现代物流转变,这一转变创造了中国现代物流发展史上的诸多个第一,同时也为企业带来了更大的发展前景。第三次,2002 年现代物流业发展在中国已成燎原之势,几十万家物流企业千帆竞发,刘武深感仅靠整合资源的物流运作方式难以保持竞争优势,于是再次向供应链一体化转变,这一正在实施的转变中,以庞大的物流基地为载体,以先进的物流信息系统为纽带,以供应链一体化服务为核心,构筑起产、供、销一体化的产业基地群,成为竞争对手难以逾越的战略堡垒。刘武这个身经百战的领军人物,深谙用兵之道。"知己知彼,百战不殆"造就了刘武步步领先的传奇。

8. 创新能力:"自主型"Vs"外向型"

宅急送相对于宝供来说,由于其发展的模式早已规划,所以其创新主要是在公司业务层面,并自主完成创新的。在宅急送的发展过程中,采取的是诊断—改进—创新的方法,对工作中出现的问题进行解决,缺乏重大的理论、技术、方法创新。

而宝供由于是在发展中探索,在探索中前进,所以创新对宝供来说尤为重要。宝供在创新上采取了引进来、走出去的方法,一是广泛吸引国内外专家参与探讨,借用外脑为企业出谋划策,宝供从 1997 年起每年出资举办物流技术与管理发展的国际性高级研讨会。二是主动出击,每年出资 100 万元设立宝供物流奖励基金,同时在全国的十几所高校设立了"宝供物流奖学金",宝供还与清华大学珠海科技园合作,共同创办物流管理培训中心,并于 2003 年起招生,目前宝供正在积极申报物流博士后流动站。宝供的创新战略取得了巨大的成功。其表现在,一是宝供通过借用外脑为两次转型提供了理论上的依据;二是筑巢引凤,宝供的物流奖励基金,起到了桥梁作用,各类物流专业人才纷至沓来,增强了企业的创新能力;三是增强了企业在物流界的影响力,使更多的研究者关注宝供,研究宝供,提高了宝供在中国物流领域的美誉度,为宝供的未来发展创造了良好的外部环境。

9. 未来发展潜力:"快递" Vs "供应链"

宅急送市场定位在快递,如果把整个物流市场比作"蛋糕"的话,那快递则是蛋糕上的奶油,快递服务运送的物品体积小、重量轻、科技含量高、附加值高,在物流领域中"傲视群雄"。中国快递业诱人的蛋糕已新鲜出炉。

陈平为避免宅急送在如此激烈的竞争中被淘汰,为宅急送打造了三件法宝,一是"不言实行",意为少说多做,不过早地把自己暴露给竞争对手,埋头把企业做大做强;二是避实就虚,跨国物流企业的强项是国际快递,宅急送就避其锋芒,专攻国内快递；三是合纵连横，为了迅速占领市场，扩大企业规模，宅急送广泛吸收物流企业加盟、合作，三件法宝使宅急送顺利地渡过了创业期，走向高速发展期，目前已成为国内快递领域的巨头。

宝供定位的供应链也同样是极具前景的现代物流服务领域，然而，让所有企业都进入供应链是不可能的，供应链物流的需求在中国将会逐步得到释放，这种需求将可能会按照以下顺序逐步实现：来华的跨国公司→中国的国际化公司，商业流通企业→国内大型制造企业→国内大型原材料生产企业→国内中小型企业。其次，供应链的形成是个渐进的过程，从有供应链需求，到供应链的生长成熟，要经历若干年的过程。由于供应链物流服务的专业性和地域性，使得提供供应链物流服务的企业的业务范围不能随意地扩展，在自己服务不到的地区和业务领域，将不可避免地有竞争者参与，一场供应链物流大战即将爆发。

10.结论

通过对成功企业的案例分析，解读成功的奥秘，回答在向现代物流转型过程中一系列重大问题，即现代物流是炒作的“物流泡沫”还是方兴未艾的朝阳产业？要不要发展现代物流？如何发展现代物流等问题。

通过宅急送和宝供的案例可以看出，在它们快速发展的时期正是我国“物流热”兴起的最近几年，在企业发展潜力的对比中，这两个企业不但尝到了现代物流的蛋糕，并且各自开辟了广阔的市场空间，这充分证明了现代物流业并不是空中楼阁，而是具有巨大市场空间的潜在市场，这一市场是潜在的，需要企业去发现，去挖掘。

在如何发展现代物流企业方面，宅急送和宝供从不同的角度给我们深刻的启示，从企业发展模式来看，宅急送的战略远见和宝供的战略灵活性各具优势，企业在制订发展战略时，作为企业的决策者要有远见卓识，制订一个中长期的物流发展战略，这一战略应体现企业在未来现代物流市场竞争中的地位，发展战略实际上体现了决策者的战略意图与决心。当然如果在有了宅急送式战略远见的前提下，在发展中再运用宝供式的战略灵活性，那将是完美的发展战略模式。

进行市场细分，选择自己的市场定位，这需要决策者独到的眼光，机遇总是降临给那些能够洞悉市场发展趋势的人，善于从表象看到本质，把握市场脉搏，是选择市场定位的秘诀，宅急送和宝供都具有这种能力，并牢固地把握住了。

品牌、物流服务、信息化是现代物流企业战略实施的核心内容，这些内容也是现代物流企业发展中缺一不可的。在品牌战略实施中，宅急送的做法为我们提供了有益的启示，宝供在信息化上的巨大成功，让我们感受到信息化在物流服务中的威力，而在物流服务上，宅急送和宝供各显神通，分别在打造物流服务网络和建立一体化物流服务基地上取得了战略优势。这些做法都值得我们借鉴。

企业制度、创新能力、领军人物都是现代物流企业发展的有力保障，企业能否顺利发展，持续发展能力都与这些方面息息相关。宅急送在引入现代企业制度上进行了有益的探索，而宝供在增强企业创新能力方面，在中国物流业中首屈一指，在今后相当长的时期内，陈平和刘武还将是宅急送和宝供的领航人，这两个中国物流界的顶尖高手，将见证中国现代物流业走向辉煌，续写宅急送和宝供的传奇。

（资料来源：宝供物流企业集团有限公司 http://www.pgl-world.cn）

讨论题：

1. 从物流信息开发和利用的角度出发，请分析宅急送和宝供物流的各自特点？

2. 你认为宅急送和宝供物流信息管理的长处分别是什么？

第四章 物流信息技术

能力目标、知识目标与学习要求

物流信息技术支撑现代物流高效、准确、及时的运作。在现代物流供应链管理中常用的技术包括：条码技术、无线射频技术(RFID)、电子数据交换(EDI)技术、销售时点(POS)技术、电子订货系统(EOS)、全球卫星定位系统(GPS)、地理信息系统(GIS)和遥感技术(RS)。了解这些技术的产生、特点，以及简单工作原理是本章的第一个重点。第二个重点是了解这些技术的功能，并通过案例深入理解在物流供应链管理中这些技术的应用环境和作用。

第一节 条码技术

一、概述

(一)条码的发展历史

条码技术最早产生在风声鹤唳的20世纪20年代，诞生于Westinghouse的实验室里。一位名叫John Kermode性格古怪的发明家“异想天开”地想对邮政单据实现自动分捡，那时候，对电子技术应用方面的每一个设想都使人感到非常新奇。他的想法是在信封上做条码标记，条码中的信息是收信人的地址，就像今天的邮政编码。为此Kermode发明了最早的条码标识，设计方案非常简单，即一个“条”表示数字“1”，二个“条”表示数字“2”，以此类推。然后，他又发明了由基本的元件组成的条码识读设备：一个扫描器(能够发射光并接收反射光)；一个测定反射信号“条”和“空”的方法，即边缘定位线圈；和使用测定结果的方法，即译码器。

Kermode的扫描器利用当时新发明的光电池来收集反射光。“空”反射回来的是强信号，“条”反射回来的是弱信号。与当今高速度的电子元器件应用不同的是，Kermode利用磁性线圈来测定“条”和“空”。就像一个小孩将电线与电池连接再绕在一颗钉子上来夹纸。Kermode用一个带铁芯的线圈在接收到“空”的信号的时候吸引一个开关,在接收到“条”的信号的时候,释放开关并接通电路。因此,最早的条码阅读器噪声很大。开关由一系列的继电器控制,“开”和“关”由打印在信封上“条”的数量决定。通过这种方法,条码符号直接对信件进行分检。

此后不久,Kermode的合作者Douglas Young,在Kermode码的基础上做了些改进。Kermode码所包含的信息量相当的低,并且很难编出10个以上的不同代码。而Young码使用更少的条,但是利用条之间空的尺寸变化,就像今天的UPC条码符号,使用四个不同的条空尺寸。新的条码符号可在同样大小的空间对一百个不同的地区进行编码,而Kermode码只能对10个不同的地区进行编码。

直到1949年的专利文献中才第一次有了Norm Woodland和Bernard Silver发明的全方位条码符号的记载,在这之前的专利文献中始终没有条码技术的记录,也没有投入实际应用的先例。Norm Woodland和Bemard Silver的想法是利用Kermode和Young的垂直的“条”和“空”,并使之弯曲成环状,非常像射箭的靶子。这样扫描器通过扫描图形的中心,能够对条码符号解码,不管条码符号方向的朝向。

在利用这项专利技术对其进行不断改进的过程中,一位科幻小说作家Isaac-Azimov在他的“裸露的太阳”一书中讲述了使用信息编码的新方法实现自动识别的事例。那时人们觉得此书中的条码符号看上去像是一个方格子的棋盘,但是今天的条码专业人士马上会意识到这是一个二维矩阵条码符号。虽然此条码符号没有方向、定位和定时,但很显然它表示的是高信息密度的数字编码。

直到1970年Iterface Mechanisms公司开发出“二维码”之后,才有了价格适于销售的二维矩阵条码的打印和识读设备。那时二维矩阵条码用于报社排版过程的自动化。二维矩阵条码印在纸带上,由今天的一维CCD扫描器扫描识读。CCD发出的光照在纸带上,每个光电池对准纸带的不同区域。每个光电池根据纸带上印刷条码与否输出不同的图案,组合产生一个高密度信息图案。用这种方法可在相同大小的空间打印上一个单一的字符,作为早期Kermodc码之中的一个单一的条。定时信息也包括在内,所以整个过程是合理的。当第一个系统进入市场后,包括打印和识读设备在内的全套设备大约要5 000美元。

此后不久,随着LED(发光二极管)、微处理器和激光二极管的不断发展,迎来了新的标识符号(象征学)和其应用的大爆炸,人们称之为“条码工业”。今天很少能找到没有直接接触过既快又准的条码技术的公司或个人。由于在这一领域的技术进步与发展非常迅速,并且每天都有越来越多的应用领域被开发,用不了多久条码就会像灯泡和半导体收音机一样普及,将会使我们每一个人的生活都变得更加轻松和方便。

(二)条码的概念

条码是由一组规则排列的条、空,以及对应的字符组成的标记,“条”指的是对光线反射率较低的部分,“空”指的是对光线反射率较高的部分,这些条和空组成的数据表达一定的信息,并能够用特定的设备识读,转换成与计算机兼容的二进制和十进制信息。

通常对于每一种物品，它的编码是唯一的，对于普通的一维条码来说，还要通过数据库建立条码与商品信息的对应关系，当条码的数据传到计算机上时，由计算机上的应用程序对数据进行操作和处理。因此，普通的一维条码在使用过程中仅作为识别信息，它的意义是通过在计算机系统的数据库中提取相应的信息而实现的。

(三)条码的基本术语

在条码技术和应用中，经常会接触到一些基本术语，为便于理解和使用，表4-1列出了这些基本术语的名称、定义和其相应的英语表述。

条码的基本术语 表4-1

术语名称	英文表示	定义
条码	Bar code	由一组规则排列的条、空及其对应字符组成的标记，用以表示一定的信息
条码系统	Bar code system	由条码符号设计、制作及扫描阅读组成的自动识别系统
条/空	Bar/space	条码中反射率较低/较高的部分
空白区	Clear area	条码左右两端外侧与空的反射率相同的限定区域
保护框	Bearer bar	围绕条码且与条反射率相同的边或框
起始符	Start character	位于条码起始位置的若干条与空
终止符	Stop character	位于条码终止位置的若干条与空
中间分隔符	Central separating character	位于条码中间位置的若干条与空
条码字符	Bar code character	表示一个字符的若干条与空
条码数据符	Bar code data character	表示特定信息的条码字符
条码校验符	Bar code check character	表示校验码的条码字符
条码填充符	Filler character	不表示特定信息的条码字符
条高	Bar height	构成条码字符的条的二维尺寸中的纵向尺寸
条宽	Bar width	构成条码字符的条的二维尺寸中的横向尺寸
空宽	Space width	构成条码字符的空的二维尺寸中的横向尺寸
条宽比	Bar width ratio	条码中最宽条与最窄条的宽度比
条码长度	Bar code length	从条码起始符前缘到终止符后缘的长度
长高比	Length to height ratio	条码长度与条高的比
条码密度	Bar code density	单位长度的条码所标示的字符个数
模块	Module	组成条码的基本单位
条码字符间隔	Bar code intercharacter gap	相邻条码字符间不表示特定信息处理且与空的反射率相同的区域

续上表

术语名称	英文表示	定义
单元	Element	构成条码字符的条、空
连续型条码	Continues bar code	没有条码字符间隔的条码
非连续型条码	Discrete bar code	有条码字符间隔的条码
双向条码	Bidirectional bar code	左右两端均可作为扫描起点的条码
附加条码	Add-on bar code	表示附加信息的条码
自校验码	Self-checking bar code	条码字符本身具有校验功能的条码
定长条码	Fixed length bar code	条码字符个数固定的条码
非定长条码	Unfixed length bar code	条码字符个数不固定的条码
条码字符集	Bar code character set	某类型条码所能表示的字符集合

(四)条码的优越性

条码技术是在计算机的应用实践中产生和发展起来的一种自动识别技术,是为实现对信息的自动扫描而设计的。它是实现快速、准确而可靠地采集数据的有效手段。

条形码技术的应用,解决了数据录入和数据采集的"瓶颈"问题,为供应链管理提供了有力的技术支持,其特点为:输入速度快、信息量大、准确度高、成本低、可靠性强、灵活实用、自由度大、设备简单、易于制作等。

条码技术,为我们提供了一种对物流中的物品进行标识和描述的方法,借助自动识别技术、POS系统、EDI等现代技术手段,企业可以随时了解有关产品在供应链上的位置,并即时作出反应。

(五)条码技术的特点

条码技术是电子与信息科学领域的高新技术,所涉及的技术领域较广,是多项技术相结合的产物,经过多年的长期研究和应用实践,现已发展成为较成熟的实用技术。

在信息输入技术中,采用的自动识别技术种类很多。条码作为一种图形识别技术,与其他识别技术相比有如下特点:

1. 简单

条码符号制作容易,扫描操作简单易行。

2. 信息采集速度快

普通计算机的键盘录入速度是200字符/min,而利用条码扫描录入信息的速度是键盘录入的20倍。

3. 采集信息量大

利用条码扫描,一次可以采集几十位字符的信息,而且可以通过选择不同码制的条码增加字符密度,使录入的信息量成倍增加。

4. 可靠性高

键盘录入数据,误码率为1/300,利用光学字符识别技术,误码率约为万分之一。

而采用条码扫描录入方式，误码率仅有百万分之一，首读率可达98%以上。

5. 灵活、实用

条码符号作为一种识别手段可以单独使用，也可以和有关设备组成识别系统实现自动化识别，还可和其他控制设备联系起来实现整个系统的自动化管理。同时，在没有自动识别设备时，也可实现手工键盘输入。

6. 自由度大

识别装置与条码标签相对位置的自由度要比OCR(Optical Character Recognition，光学文字识别)大得多。条码通常只在一维方向上表示信息，而同一条码符号上所表示的信息是连续的，这样即使是标签上的条码符号在条的方向上有部分残缺，仍可以从正常部分识读正确的信息。

7. 设备结构简单、成本低

条码符号识别设备的结构简单，操作容易，无需专门训练。与其他自动化识别技术相比较，推广应用条码技术，所需费用较低。

二、条码识读系统组成

(一)条码自动识别硬件技术

自动识别硬件技术主要解决将条码符号所代表的数据转变为计算机可读的数据，以及与计算机之间的数据通信，硬件支持系统可以分解成光电转换系统、译码系统、数据通信系统和计算机系统等。这里主要涉及光电转换技术、译码技术、通信技术以及计算机技术。光电转换系统除传统的光电技术外，目前主要采用电荷耦合器件——CCD图像感应器技术和激光技术。而数据通信则是从软硬件技术的结合来实现的。

可见，条码技术是集光电技术、通信技术、计算机技术为一体的实用技术。

(二)条码自动识别软件技术

在条码自动识别设备的设计中，考虑到其体积和成本，往往以硬件为支持，尽量采取可行的软措施来实现译码及数据通信，尤其是近年来条形码技术逐步渗透到许多技术领域，人们往往把条码自动识别装置作为电子仪器、机电设备和家用电器的重要功能部件，进而减小体积，降低成本更有现实意义。

条码自动识别软件一般包括扫描器输出信号的测量、条码码制及扫描方向的识别、逻辑值的判断以及阅读器与计算机之间的数据通信几部分。

(三)条码识别系统组成

为了识读条码所代表的信息，需要一套条码识别系统，它由条形码读码器、放大整形电路、译码接口电路和计算机系统等部分组成。

条码读码器有以下几种。

1. 光笔条形码扫描器

光笔条码扫描器是一种轻便的条形码读入装置。在光笔内部有扫描光束发生器及反射光接收器。目前，市场上出售的这类扫描器有很多种，它们主要在发光的波长、光学系统结构、电子电路结构、分辨率、操作方式等方面存在不同。光笔类条形码扫描器不论采用何种工作方式，从使用上都存在一个共同点，即阅读条形码信息时，要求扫描器与待识读的条码接触或离开一个极短的距离（一般仅 0.2～1mm 左右）。

2. 手持式条码扫描器

手持式枪形条形码扫描器内一般都装有控制扫描光束的自动扫描装置。阅读条形码时不需与条码符号接触，因此，对条形码标签没有损伤。扫描头与条形码标签的距离短的在 0～20mm 范围内，而长的可达到 500mm 左右。

枪形条形码扫描器具有扫描光点匀速扫描的优点，因此，阅读效果比光笔扫描器要好。扫描速度快，每秒可对同一标签的内容扫描几十次至上百次。

3. 台式条形码自动扫描器

台式条形码自动扫描器适合于不便使用手持式扫描方式阅读条形码信息的场合。如果工作环境不允许操作者一只手处理标附有条形码信息的物体，而另一只手操纵手持条形码扫描器进行操作，就可以选用台式条形码扫描器自动扫描。这种扫描器也可以安装在生产流水线传送带旁的某一固定位置，等待标附有条形码标签的待测物体以平稳、缓慢的速度进入扫描范围，对自动化生产流水线进行控制。

4. 激光自动扫描器

激光自动扫描器的最大优点是扫描光照强，可以远距离扫描且扫描景深长。而且激光扫描器的扫描速度高，有的产品的扫描速度可以达到 1 200 次/s，这种扫描器可以在 1%秒时间内对某一条码标签扫描阅读多次，而且可以做到每一次扫描不重复上一次扫描的轨迹。扫描器内部光学系统可以单束光转变成十字光或米字光，从而保证被测条形码从各个不同角度进入扫描范围时都可以被识读。

5. 卡式条形码阅读器

卡式条形码阅读器可以用于医院病案管理、身份验证、考勤和生产管理等领域。这种阅读器内部的机械结构能保证标有条形代码的卡式证件或文件在插入滑槽后自动沿轨道做直线运动，在卡片前进过程中，扫描光点将条形码信息读入。卡式条形码阅读一般都具有与计算机传送数据的能力，同时具有声光提示以证明识别正确与否。

6. 便携式条形码阅读器

便携式条形码阅读器一般配接光笔式或轻便的枪型条形码扫描器，有的也配接激光扫描器。便携式条形码阅读器本身就是一台专用计算机，有的甚至就是一台通用微型计算机。这种阅读器本身具有对条形码信号的译解能力。条形码译解后，可直接存入机器内存或机内磁带存储器的磁带中。阅读器具有与计算机主机通信的能力。通常，它本身带有显示屏、键盘、条形码识别结果声响指示及用户编程功能。使用时，这种阅读器可以与计算机主机分别安装在两个地点，通过线路连成网络，也可以脱机使用，利用电池供电。这种设备特别适用于流动性数据采集环境。收集到的数据可以定时送到主机内存储。有些场合，标有条形码信息或代号的载体体积大，比较笨重，不适合搬运到同一数据采集中心处理，这种情况下，使用便携式条码阅读处理器十分方便。

(四)条码识别原理

由于不同颜色的物体，其反射的可见光的波长不同，白色物体能反射各种波长的可见光，黑色物体则吸收各种波长的可见光，所以当条码扫描器光源发出的光经光阑及凸透镜 1 后，照射到黑白相间的条码上时，反射光经凸透镜 2 聚焦后，照射到光电转换器上，于是光电转换器接收到与白条和黑条相应的强弱不同的反射光信号，并转换成相应的电信号输出到放大整形电路。白条、黑条的宽度不同，相应的电信号持续时间长短也不同。但是，由光电转换器输出的与条码的"条"和"空"相应的电信号一般仅 10mV 左右，不能直接使用。因而先要将光电转换器输出的电信号送放大器放大，放大后的电信号仍然是一个模拟电信号，为了避免由条码中的疵点和污点导致错误信号，在放大电路后需加一整形电路，把模拟信号转换成数字电信号，以便计算机系统能准确判读。整形电路的脉冲数字信号经译码器译成数字、字符信息。它通过识别起始、终止字符来判别出条码符号的码制及扫描方向；通过测量脉冲数字电信号 0、1 的数目来判别出条和空的数目；通过测量 0、1 信号持续的时间来判别"条"和"空"的宽度。这样便得到了被辨读的条码符号的"条"和"空"的数目及相应的宽度和所用码制，根据码制所对应的编码规则，便可将条形符号换成相应的数字、字符信息，通过接口电路送给计算机系统进行数据处理与管理，便完成了条码辨读的全过程。

三、商品条码

(一)商品条码

是在流通领域中用于标识商品的全球通用的条码。商品条码由一组规则排列的条、空及其对应字符组成，表示一定信息。商品条码的条、空组合部分称为条码符号，对应符号部分由一组阿拉伯数字组成称为条码的代码。条码符号和条码代码相对应，表示的信息一致。条码符号用于条码识读设备扫描识读，条码代码供人识读。国家标准规定了商品条码的编码、结构、尺寸及技术要求。

(二)商品条码的种类

商品条码包括 EAN 条码和 UPC 条码。GB 12904—2003《商品条码》主要依据 EAN 应用规范制定，我国推广应用 EAN 条码。UPC 条码主要用于美国、加拿大等国家。我国出口到美国、加拿大的食品、医疗保健类商品需要申请使用 UPC 条码。

(三)商品条码的代码结构

商品条码有标准版(EAN—13)和缩短版(EAN—8)两种，缩短版商品条码用于面积较小的特殊商品包装。标准版商品条码的数字代码由厂商识别代码、商品项目代码和校验码三部分组成,共13位数字。其中:前三位数字称为前缀码,由EAN统一分配给各国家(地区)的编码组织;厂商识别代码由中国物品编码中心统一分配给各个申请厂商,每一个厂商的厂商识别代码都不同,在世界范围内唯一。

(四)商品条码编码唯一性原则

商品条码的商品项目代码由厂商自行编制,表示商品的类别、规格、包装形式等信息。根据GB 12904—2003中商品项目代码编制唯一性原则规定:不同的商品必须编制不同的商品项目代码,同一商品的不同种类、规格、包装、颜色等也应视为不同的商品,编制不同的代码。

(五)商品条码的左、右侧空白区

商品条码的左(右)侧空白区表示条码识读的开始和结束,GB 12904—2003《商品条码》规定了其最小尺寸。在应用中,商品条码的左(右)侧空白区不得小于标准要求,同时空白区中不能有字符、图形、污损、划痕等,以保证条码能够正确识读。

(六)商品条码的尺寸

商品条码的尺寸用放大系数表示。由于条码扫描器只能扫描一定长度的条码,因此,标准规定放大系数必须在0.8~2.00范围内选择。

(七)商品条码的颜色搭配

商品条码的条、空颜色对比越强烈,条码扫描器就越容易识读条码。GB—12904对条码的颜色搭配作了严格规定。商品条码条、空颜色搭配的概念不同于人眼所见的颜色对比,是指商品条码的条色和空色对扫描光反射率的比值。简单地用两种不同颜色分别作条色和空色,并不一定能够满足标准对条、空颜色搭配的要求。例如:用金色作条码的条色或空色、银色作条码的空色、红色作条码的条色都不符合标准对条码颜色搭配的规定,条码扫描器不能识读。

(八)商品条码的编码原则

商品编码是指用一组阿拉伯数字标识商品的过程,这组数字称为代码。国际通用的商品代码(EAN代码)和北美地区通用的商品代码(UPC代码),在结构上有所不同。对商品编码是为了进一步用条码符号表示商品,以适应国际、国内市场销售方式的变革,提高商品的竞争力,为建立产、供、销信息系统,提高企业的经济效益奠定基础。具体如下。

1.唯一性

所谓唯一性是指商品项目与其标识代码一一对应,即一个商品项目只有一个代码,一个代码只标识同一商品项目。商品项目代码一旦确定,永不改变,即使该商品停止生产,停止供应了,在一段时间内(有些国家规定为3年)也不得将该代码分配给其他商品项目。在商品条码系统中,商品及商品价格的差异,是靠不同的代码识别的。假如把两种不同价格的商品用同一代码标识,自动识别系统就把它们视为同一种商品，这样不是给顾客造成经济损失，就是给销售商带来经济损失。同时，这样做的结果，还会导致销售商和制造商不能准确掌握商品销售信息，使商店自动化系统失去意义。如果同一商品项目有几个代码，自动识别系统将视其为几种不同的商品，这样不仅大大增加数据处理的工作量，而且会造成管理上的混乱。在我国，同一种商品，往往由不同的厂家生产，确保相同商品必须有同一代码就显得格外重要。

为此，中国物品编码中心作出规定，凡是获准使用他人注册商标的商品，必须采用商标注册者拥有的厂商代码和商标注册者统一编定的商品项目代码。例如，很多省、市的粮油食品进出口公司经营的罐头食品，均获准使用中国粮油食品进出口公司注册的“长城”牌商标。这些罐头食品不论是哪个厂生产的，都必须使用中国粮油食品进出口公司的厂商代码(1009)和该公司编制的关于罐头食品的商品项目代码。当然这些厂家生产的使用自己注册商标的产品不在其内。唯一的商品项目代码与厂商代码和国别(地区)代码组配在一起(在UPC系统中，商品项目代码与厂商代码和编码系统字符组配使用)，就可保证商品的代码标识在一个国家(地区)乃至世界范围内都是唯一的。唯一性是商品编码最重要的一条原则。

2. 无含义

无含义代码是指代码数字本身及其位置不表示商品的任何特定信息。平常说的“流水号”就是一种无含义代码。在EAN及UPC系统中，商品编码仅仅是一种识别商品的手段，而不是商品分类的手段。无含义使商品编码具有简单、灵活、可靠、充分利用代码容量、生命力强等优点，这种编码方法尤其适合于较大的商品系统。

与无含义代码相对应的是有含义代码，即代码数字本身及其位置能够表示商品特定信息的代码。由于不同种类商品的数量不均衡，而且很难预测新产品的种类与数量，这就给设计有含义代码带来困难。其结果可能是一些商品的代码容量留多了，造成浪费。另一些商品的代码容量留少了，只好占用给其他商品预留的代码。这样一来，有含义代码最终还是变成无含义代码。特别是当企业没有固定的编码人员时，由于对代码含义(例如商品分类)理解不同等原因，有含义代码很难长期保持下去。

当然，如果一个企业的产品种类不多，有固定的编码人员和严格的编码制度，有含义代码也是可以使用的，但不提倡。

3. 全数字型代码

在EAN及UPC系统中，商品编码全部采用阿拉伯数字。

(九)商品条码的编码规则及标准

任何一种条码，都是按照预先规定的编码规则和条码有关标准，由条和空组合而成的。编码规则主要研究包括条码基本术语在内的一些基本概念和条码符号结构以及编码基本原理。编码规则既是有关条码的入门知识，又是条码技术的基本内容，也是制定码制标准和条码符号进行识别的主要依据。每种条码的码制是由它的起始位和终止位的不同编码方式所决定的，条码阅读器要解译条形码符号，首先需判断此符号码制，才能正确译码。

为了便于物品跨国家和地区的流通，适应物品现代化管理的需要以及增强条码自动识别系统的相容性，各个国家、地区和行业，都必须制定统一的条码标准。所谓条码标准，主要包括条码符号标准、使用标准和印刷质量标准。这类标准由各国的专门编码机构负责制定，也有地区性的标准和行业标准。

中国物品编码中心于1990年制定出我国条码标准，共5个版本：

1. 条码系统通用术语

包括条码通用术语、符号类型术语以及适用范围；

2. 通用商品条码——EAN条形码标准

适用于商品的自动销售系统，也可以用于统计、会计、订货等业务，作为商业系统与生产系统信息交换的基础；

3. 中国标准书号条码标准

适用于在中国注册出版的标准书号(ISBN部分)的条码表示；

4. 39条码标准

运用于运输、包储、工业生产线、图书情报以及医疗卫生等领域的自动识别；

5. 库德巴条码标准

适用于医疗卫生、图书情报以及物资流通等领域的自动识别。

四、二维条码

(一)二维条码技术的起源

人们日常见到的印刷在商品包装上的条码，是普通条码，这种普通的一维条码自20世纪70年代初期问世以来，很快得到了普及并广泛应用到工业、商业、国防、交通运输、金融、医疗卫生、邮电及办公室自动化等领域。

但是由于一维条码的信息容量很小，如商品上的条码仅能容纳13位的阿拉伯数字，更多的描述商品的信息只能依赖数据库的支持，离开了预先建立的数据库，这种条码就变成了无源之水，无本之木，因而条码的应用范围受到了一定的限制。基于这个原因，人们迫切希望发明一种新的条码，除具有普通条码的优点外，同时具有信息容量大、可靠性高、保密防伪性强、易于制作、成本低等优点。正是为了满足人们的这种需求，美国Symbol公司经过几年的努力，于1991年正式推出名为PDF 417的二维条码，简称为PDF 417条码，即“便携式数据文件”。

(二)PDF 417条码技术的特点

PDF 417条码是一种高密度、高信息含量的便携式数据文件，是实现证件及卡片等大容量、高可靠性信息自动存储、携带并可用机器自动识读的理想手段。PDF 417条码具有如下特点：

1. 信息容量大

根据不同的条空比例，每平方英寸可以容纳 250 到 1 100 个字符。在国际标准的证卡有效面积上（相当于信用卡面积的 2/3，约为 76mm×25mm），PDF 417 条码可以容纳 1 848 个字母字符或 2 729 个数字字符，约 500 个汉字信息。这种二维条码比普通条码信息容量高几十倍。

2. 编码范围广

PDF 417 条码可以将照片、指纹、掌纹、签字、声音、文字等凡可数字化的信息进行编码。

3. 保密、防伪性能好

PDF 417 条码具有多重防伪特性，它可以采用密码防伪、软件加密及利用所包含的信息如指纹、照片等进行防伪，因此具有极强的保密防伪性能。

4. 译码可靠性高

普通条码的译码错误率约为百万分之二左右，而 PDF 417 条码的误码率不超过千万分之一，译码可靠性极高。

5. 修正错误能力强

PDF 417 条码采用了世界上最先进的数学纠错理论，如果破损面积不超过 50%，条码由于玷污、破损等所丢失的信息，可以照常破译出丢失的信息。

6. 容易制作且成本很低

利用现有的点阵、激光、喷墨、热敏/热转印、制卡机等打印技术，即可在纸张、卡片、PVC、甚至金属表面上印出 PDF 417 二维条码。由此所增加的费用仅是油墨的成本，因此人们又称 PDF 417 是"零成本"技术。

7. 条码符号的形状可变

同样的信息量，PDF 417 条码的形状可以根据载体面积及美工设计等进行自我调整。

【小知识】 PVC

PVC 材料的中文学名：聚氯乙烯 英文学名：Poly(Vinyl Chloride)，以 PVC 材料制作的卡叫做 PVC 卡。普通的粘贴膜是在常温下直接用胶水贴在板材的表面上，因此经过一两年后，贴膜就容易脱落。而 PVC 膜则是应用专用的真空压膜机在 110℃ 的高温下压附在板材的表面，因此不易脱落。PVC 独特的性能（防雨，耐火，抗静电，易成型）和 PVC 低投入高产量的特点使其风靡于建筑市场。

（三）PDF 417 与 IC 卡及磁卡技术的比较

在证卡技术的应用上，PDF 417 条码卡及 IC 卡、磁卡技术比较如下：

1. 磁卡

优点：可读可写，成本略高于 PDF 417 二维条码卡；

缺点：(1)信息容量小，常依赖于外界的数据库；

(2)保密防伪性差；

(3)可靠性低,易受电磁场干扰而损毁信息;

(4)寿命短(1年)。

2. IC卡

1)优点

信息容量大,可读可写。

2)缺点

(1)成本高,IC卡的成本通常是PDF 417条码卡的3~5倍;

(2)寿命短(2~3年),易于折毁;

(3)可靠性差,易受外界强磁场干扰而损毁信息;

(4)保密防伪性相对较差,信息可改写既是IC卡的优点,同时亦成为IC卡的缺点,为伪造信息留下契机。

3. PDF 417二维条码卡

1)优点

(1)信息容量大、保密防伪性强、可靠性高;

(2)成本低,按照材料的不同选用载体,一张PDF 417条码卡,价格最多几元钱人民币,甚至几角几分即可实现;

(3)寿命长,PDF 417二维条码卡的寿命可达八、九年(PVC卡)。

2)缺点

信息不可改写。这点恰恰增强了二维条码卡的防伪能力。

通过上述分析,可以看出,二维条码卡几乎包容了磁卡和IC卡的所有优点。唯一的缺点是不可改写,而如果为了增强证卡的保密防伪性,对于证照等不需经常改写的应用场合,信息不可改写恰恰增强了证卡的保密防伪性能。

(四)二维条码PDF417在国际上的应用

二维条码PDF 417作为一种新的信息存储和传递技术,从诞生之始就受到了国际社会的广泛关注。经过几年的努力,现已广泛地应用在国防、公共安全、交通运输、医疗保健、工业、商业、金融、海关及政府管理等领域。美国亚利桑那州等十多个州的驾驶证、美国军人证、军人医疗证等几年前就已采用了PDF 417技术。将证件上的个人信息及照片编在二维条码中,不但可以实现身份证件的自动识读,而且可以有效地防止伪冒证件事件的发生。菲律宾、埃及、巴林等许多国家也已在身份证或驾驶证上采用二维条码,据不完全统计,准备在身份证或驾驶证上采用二维条码PDF 417的国家已达40多个,我国对香港地区恢复行使主权后,香港居民新发放的特区护照上采用的就是二维条码PDF 417技术。

除了证件,在工业生产、国防、金融、医药卫生、商业、交通运输等领域,二维条码同样得到了广泛的应用。

(五)二维条码在我国的应用前景

由于二维条码具有成本低，信息可随载体移动，不依赖于数据库和计算机网络、保密防伪性能强等优点，结合我国人口多、底子薄、计算机网络投资资金难度较大，对证件的防伪措施要求较高等特点，可以预见，PDF417 条码在我国极有推广价值。

1. 证件管理

由于二维条码可以把照片或指纹编在二维条码中，有效地解决了证件的可机读及防伪等问题，因此可广泛地应用在护照、身份证、驾驶证、暂住证、行车证、军人证、健康证、保险卡等任何需要唯一识别个人身份的证件上。

2. 执照年检

行车证、驾驶证的年审，各种工商营业执照、税务登记证、卫生检疫证、企事业代码证、统计登记证等各种政府部门登记证件的年检，可以通过采用二维条码，解决年检登记的计算机录入问题，既节约了政府工作人员的时间，同时，为企事业单位提供了良好的服务。采用这种先进的技术，有利于改善政府的服务和公众形象。

3. 报表管理

海关报关单、税务报表、保险登记表等任何需重复录入或禁止伪造、删改的表格，都可以将表中填写的信息编在 PDF 417 条码中，以解决表格的自动录入和防止篡改表中内容。

4. 机电产品的生产和组配线

如汽车总装线、电子产品总装线，皆可采用二维条码并通过二维条码实现数据的自动交换。

5. 银行票据管理

6. 行包、货物的运输和邮递

总之，二维条码在我国有着广阔的应用前景，PDF 417 条码技术在我国的推广应用，必将为我国信息产业的发展和现代化的经济建设带来可观的社会效益和经济效益。

五、供应链物流条码

(一)供应链物流条码概念

在供应链中，随着物流从原材料供应商到最终客户这样一个流动过程(当然也有一个反向物流的过程)，资金流和信息流是伴随其中的。在整个供应链过程中，对商品、服务、供应链各参与方——供应商、制造商、分销商、服务商和各种物理位置，例如，商店和仓库等的准确标识，是下一步信息有效采集的基础，对下一步进行信息处理和利用是非常重要的。

供应链中贸易单元有几个概念，首先分为消费单元、储运单元和货运单元；消费单元和储运单元又分为定量单元和变量单元。供应链物流条码是由 EAN(国际物品编码协会)和UCC(美国统一代码委员会)制定的用于贸易单元标识的条码,包括商品条码(EAN/UPC)、储运单元条码(ITF—14)、贸易单元128条码(UCC/EAN128)、位置码等。供应链物流条码的几个特点是:贸易单元的标识全球唯一;用于供应链管理全过程;可表示的信息多;信息具有可变性;易维护性。

供应链涉及的三项核心信息技术如下。

1. 标识代码(ID代码)

是描述商品信息或作为获得其他数据的关键字。包括对商品、服务、供应链各参与方及有关位置、资产的标识代码。

2. 条码

是对ID代码的符号表示,用于对ID代码和其他数据的非人工识读。

3. 数据通讯

信息在各参与方之间的电子交换过程,即在贸易伙伴间交换数据,就是我们所说的EDI。

其中,标识代码是描述商品信息或者作为获得其他数据库中有关信息的一个关键字,条码是用来表示标识代码的数据载体。标识代码和条码是两回事,条码用来表示标识代码,主要是用来供机器识读的,从后面所述的标识代码结构与其条码符号表示对照图表中,我们可以看到标识代码与其条码符号表示的对照关系。

(二)物流条码标识代码标准体系

这个标准体系主要提供对以下内容的标识:贸易单元、物流单元、位置/参与方(需要永久性标识的物理的、功能的或法律实体,例如一家公司,或某公司的部门、仓库等)、资产、服务关系等。

国际物品编码协会在全球推广的EAN/UCC系统的应用领域在不断地扩大,包括了服务领域,比如在医疗卫生领域,EAN/UCC系统的应用就非常多;包装和运输领域、纺织领域也用得很多;在图书馆服务关系管理中的应用、保险公司对客户的标识,实际上也是在采纳这样一个全球统一的标识系统。以下将详细介绍一下上述5种内容的标识。

1. 贸易单元的标识

1)贸易单元定义

贸易单元是需要找到其有关预置信息、能在供应链中任何一点进行定价、订货或开发票的商品(产品或服务)。包括单个商品及其不同类型的包装组合。

2)贸易单元的分类

实物或非实物(如服务)的;开放环境或有限区域配送;定量单元和变量单元;零售和非零售;图书和期刊;单个商品和商品组合。

3)贸易单元的编码遵循的基本原则

(1)唯一性:每个不同的贸易单元要分配一个唯一的全球贸易单元标识代码

(GTIN)；

(2)无含义：除变量商品外，贸易单元标识代码不包含其所标识单元的任何信息。贸易单元的信息应通知所有贸易伙伴；

(3)持续性：如果所标识的单元没有变化，其标识代码保持不变。

4)贸易单元标识代码的结构

贸易单元代码结构归纳起来有几种结构，详细构成见国家标准 GB/T 12904—1998《商品条码》和 GB/T 12906—91《中国标准书(ISBN)部分条码》，这两个标准也刚刚完成修订。其中 EAN/UCC—8 适用于标识小单元，UCC—12 和 UCC—8 适用于北美地区。

2. 物流单元的标识

1)物流单元定义

为运输和(或)储存而设立的任意一种包装单元，该单元需要通过供应链进行管理，例如：托盘、桶、板条箱、集装箱等。

2)物流单元的标识

为实现对物流单元的有效跟踪和高效运输，每个物流单元都必须有一个唯一标识。通过此标识可用电子方式得到其全部必要信息。

3)系列货运包装箱代码(SSCC)

物流单元是通过系列货运包装箱代码(SSCC)来标识的。供应链各参与方都可用它来访问计算机内有关信息。SSCC 与 EDI 和 XML 的结合使用，把信息流和物品流有机连接起来，可大大提高货物装船、运输和接收效率。SSCC 是无含义、定长的 18 位数字代码，不包含分类信息，整个 18 位代码标识一个物流单元。SSCC 代码结构如下：

(1)SSCC 的符号表示

SSCC 是用 UCC/EAN—128 条码来表示的，必须与应用标识符 AI00 一起使用。

(2)物流标签

国家标准为“物流单元标签”(GB/T 18127—2000)。物流标签的设计分为 3 部分：

①供应商区段

包含供应商对产品包装时所确定的信息，也可包括产品变体、生产和包装日期、批号等信息。

②客户区段

包含供应商处理订单时的信息。可包括货物运抵地点、订单编号、货物的装卸信息。

③承运商区段

包含货物装运时出现的信息，尤其是与货运有关的信息。如：到货地的邮政编码和托运代码等。

供应链物流标签标准是一个开放的全球通用标准，为供应链中有关公司识别物流单元或单元组提供了一个国际解决方案。物流标签上的系统货运包装箱代码(SSCC)部分是强制项,且必须与应用标识符"00"一起使用。物流单元标签实例:

①基础物流单元标签;

②包含供应商与承运商区段的物流单元标签;

③包含链接数据的供应商区段物流单元标签;

④包含供应商、客户与承运商区段的物流单元标签。

4)供应链物流标签的位置

一个物流单元通常需要两个标签标识,两个标签最好固定在相邻的两个侧面上。如果实际情况不允许,每个物流单元最少要有一个标签。

(1)高度低于1m的物流单元

对于高度低于1m的纸板箱与其他形式的物流单元,标签中SSCC的底边应距离物流单元的底部32mm,标签与物流单元垂直边线的距离不小于19mm。如果物流单元已经使用EAN—13、UPC—A、ITF—14或贸易单元128条码符号,标签应贴在上述条码的旁边,不能覆盖原有的条码,并保持一致的水平位置。

(2)高度高于1m的物流单元

托盘和其他高度超过1m的物流单元,标签应位于距离物流单元底部或托盘表面400mm至800mm的位置,标签与物流单元垂直底面的边线的距离应大于50mm。

5)关于物流条码的应用模型

可以根据实际的需要,看是固定数据的还是变化数据的。如果是固定数据的,可以采用EAN/UPC商品单元的编码;如果是储运过程中使用的,可以采用SCC14这样一个储运单元的条码。如果是变化的信息,可以通过SSCC18条码反映是箱包级的变化还是托盘级或是卡车级的变化。应用标识符然后再加有关的信息来构成这些信息,这些信息的传递过程是通过EDI来做的,当然现在也通过基于互联网的电子商务来实现。

条码是承载标识信息的一个载体,其承载的信息是随物品一起流动的,这个信息可以在任何一个点上来采集它,信息采集到以后,还可以在供应链上下流动,这就是供应链中商品单元的标识,如前面所说,如果是一个固定数据的商品,就采用商品条码,例如,EAN—13条码:如果是储运单元的条码,例如,ITF—14条码,就采用储运单元的编码标准。如果要表示其他更多物流信息,可通过应用标识符用UCC/EAN—128条码来实现。

大家可以查阅有关的国家标准。虽然我国的物流中条码用得比较少,但是实际上它确实是一个最广泛应用的领域。大家在从国外来的货物包装上都能见到印有条码标识的物流标签。

3.位置码

位置码是对电子数据交换、自动数据采集等应用中的法律实体、功能实体和物理实体唯一、准确的标识。

全球位置码是访问固定数据的钥匙,这些数据包括:参与方名称,邮政地址,位置类型、地区、电话、传真号码、联系人等等。全球位置码可以在世界范围内唯一标识各参与方,是实现有效 EDI 和条码应用的关键。贸易伙伴间可通过交换 EDI 报文,规定物流单元信息和物理位置标志,实现物流和信息的有效流动。

位置码编码结构采用 EAN/UCC—13 代码结构,符号表示采用 UCC/EAN—128 条码,具体见 GB/T 15425—1994《EAN·UCC 系统 128 条码》。

4. 资产的标识

资产编码采用 EAN/UCC 系统进行资产标识,用于对可回收资产或单个资产的标识和管理。

每个拥有 EAN/UCC 厂商识别代码的企业都可以分配资产标识代码。

1)全球可回收资产的标识

可回收资产是具有一定价值的、可再次使用的包装或运输设备,如啤酒桶、汽缸、塑料托盘或板条箱。EAN/UCC 全球可回收资产标识符的使用,实现了资产的跟踪和全部有关数据的记录。

对于这种资产的管理,因为它在全球范围流动,要对这种资产进行跟踪和管理,如果没有全球性的一个标识是很难做到的。所以说,EAN/UCC 可回收资产标识符的使用实现了可回收资产的全球跟踪和全部有关数据的记录。

全球可回收资产标识的分配:

(1)其中资产标识代码是必备项:一系列同种资产应分配同一个资产标识代码。

(2)系列编号是可选项:是由资产所有人来分配,表示具有某给定资产类型编码的单个资产,该字段是字母—数字型的。

2)全球单个资产的标识

(1)在 EAN/UCC 系统,单个资产被认为是具有任何特性的物理实体。

(2)典型应用是记录飞机零部件的生命周期。可从资产购置直到其退役,对资产进行全过程跟踪。

第二节 无线射频(RFID)技术

一、概述

相对于传统的磁卡及 IC 卡技术,射频(RFID)技术具有非接触、阅读速度快、无磨损等特点,在最近几年里得到了快速发展。本节将详细介绍 RFID 技术的工作原理、分类、标准以及相关应用。

RFID 技术利用无线射频方式在阅读器和射频卡之间进行非接触双向数据传

输,以达到目标识别和数据交换的目的。与传统的条形码、磁卡及IC卡相比,射频卡具有非接触、阅读速度快、无磨损、不受环境影响、寿命长、便于使用的特点和具有防冲突功能,能同时处理多张卡片。在国外,射频识别技术已被广泛应用于工业自动化、商业自动化、交通运输控制管理等众多领域。

二、RFID系统的组成

最基本的RFID系统由三部分组成:

(1)标签(Tag,即射频卡):由耦合元件及芯片组成,标签含有内置天线,用于和射频天线间进行通信。

(2)阅读器:读取(在读写卡中还可以写入)标签信息的设备。

(3)天线:在标签和读取器间传递射频信号。

有些系统还通过阅读器的RS232或RS485接口与外部计算机(上位机主系统)连接,进行数据交换。

三、工作原理

(一)系统的基本工作流程

阅读器通过发射天线发送一定频率的射频信号,当射频卡进入发射天线工作区域时产生感应电流,射频卡获得能量被激活;射频卡将自身编码等信息通过卡内置发送天线发送出去;系统接收天线接收到从射频卡发送来的载波信号,经天线调节器传送到阅读器,阅读器对接收的信号进行解调和解码然后送到后台主系统进行相关处理;主系统根据逻辑运算判断该卡的合法性,针对不同的设定做出相应的处理和控制,发出指令信号控制执行机构动作。

在耦合方式(电感—电磁)、通信流程(FDX、HDX、SEQ)、从射频卡到阅读器的数据传输方法(负载调制、反向散射、高次谐波)以及频率范围等方面,不同的非接触传输方法有根本的区别,但所有的阅读器在功能原理上,以及由此决定的设计构造上都很相似,所有阅读器均可简化为高频接口和控制单元两个基本模块。高频接口包含发送器和接收器,其功能包括:产生高频发射功率以启动射频卡并提供能量;对发射信号进行调制,用于将数据传送给射频卡;接收并解调来自射频卡的高频信号。不同射频识别系统的高频接口设计具有一些差异,电感耦合系统的高频接口原理图如图4-1所示。

(二)阅读器控制单元的功能

与应用系统软件进行通信,并执行应用系统软件发来的命令;控制与射频卡的通信过程(主——从原则);信号的编解码。对一些特殊的系统还有执行反碰撞算法,对射频卡与阅读器间要传送的数据进行加密和解密,以及进行射频卡和阅读器间的身份验证等附加功能。阅读器的功能原理如图4-2。

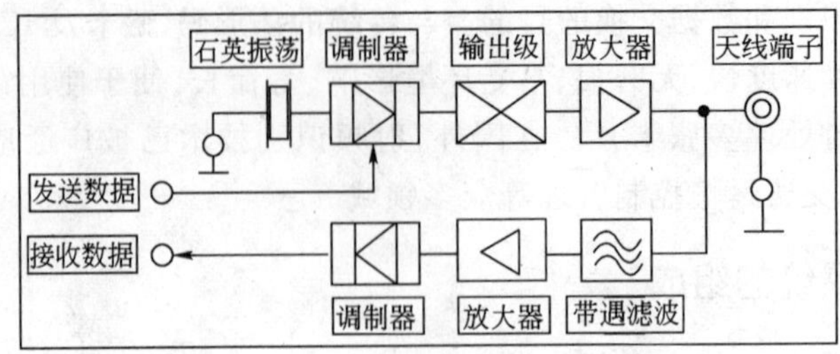

图 4-1　电感耦合系统的高频接口原理

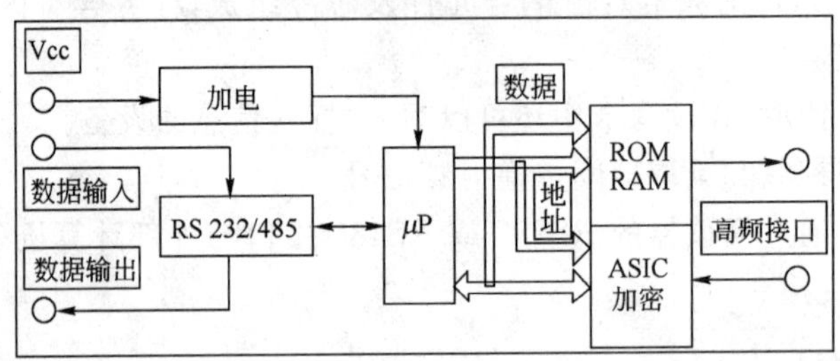

图 4-2　阅读器功能原理图

射频识别系统的读写距离是一个很关键的参数。目前，长距离射频识别系统的价格还很贵，因此寻找提高其读写距离的方法很重要。影响射频卡读写距离的因素包括天线工作频率、阅读器的 RF 输出功率、阅读器的接收灵敏度、射频卡的功耗、天线及谐振电路的 Q 值、天线方向、阅读器和射频卡的耦合度，以及射频卡本身获得的能量及发送信息的能量等。大多数系统的读取距离和写入距离是不同的，写入距离大约是读取距离的 40%～80%。

(三)射频卡的标准及分类

目前生产 RFID 产品的很多公司都采用自己的标准，国际上还没有统一的标准。目前，可供射频卡使用的几种标准有 ISO 10536、ISO 14443、ISO 15693 和 ISO 18000。应用最多的是 ISO 14443 和 ISO 15693，这两个标准都由物理特性、射频功率和信号接口、初始化和反碰撞以及传输协议四部分组成。

按照不同的方式，射频卡有以下几种分类。

1. 按供电方式分

按供电方式可分为有源卡和无源卡。有源是指卡内有电池提供电源，其作用距离较远，但寿命有限、体积较大、成本高，且不适合在恶劣环境下工作；无源卡内无电池，它利用波束供电技术将接收到的射频能量转化为直流电源为卡内电路供电，其作用距离相对有源卡短，但寿命长且对工作环境要求不高。

2. 按载波频率分为低频射频卡、中频射频卡和高频射频卡

按载波频率可分为低频射频卡、中频射频卡和高频射频卡。低频射频卡主要有 125kHz 和 134.2kHz 两种，中频射频卡频率主要为 13.56MHz，高频射频卡主要为

433MHz、915MHz、2.45GHz、5.8GHz 等。低频系统主要用于短距离、低成本的应用中，如多数的门禁控制、校园卡、动物监管、货物跟踪等，中频系统用于门禁控制和需传送大量数据的应用系统；高频系统应用于需要较长的读写距离和高读写速度的场合，其天线波束方向较窄且价格较高，在火车监控、高速公路收费等系统中应用。

3. 按调制方式的不同分

按调制方式的不同可分为主动式和被动式。主动式射频卡用自身的射频能量主动地发送数据给读写器；被动式射频卡使用调制散射方式发射数据，它必须利用读写器的载波来调制自己的信号，该类技术适合用在门禁或交通应用中，因为读写器可以确保只激活一定范围之内的射频卡。在有障碍物的情况下，用调制散射方式，读写器的能量必须来去穿过障碍物两次。而主动方式的射频卡发射的信号仅穿过障碍物一次，因此主动方式工作的射频卡主要用于有障碍物的应用中，距离更远(可达 30m)。

4. 按作用距离分

按作用距离可分为密耦合卡(作用距离小于 1cm)、近耦合卡(作用距离小于 15cm)、疏耦合卡(作用距离约 1m)和远距离卡(作用距离从 1～10m，甚至更远)。

5. 按芯片分

按芯片可分为只读卡、读写卡和 CPU 卡。

四、RFID 的特点

RFID 是一项易于操控，简单实用且特别适合用于自动化控制的灵活性应用技术，识别工作无须人工干预，它既可支持只读工作模式也可支持读写工作模式，且无需接触或瞄准；可自由工作在各种恶劣环境下：短距离射频产品不怕油渍、灰尘污染等恶劣的环境，可以替代条码，例如用在工厂的流水线上跟踪物体，长距射频产品多用于交通上，识别距离可达几十米，如自动收费或识别车辆身份等。其所具备的独特优越性是其他识别技术无法企及的。

RFID 主要有以下几个方面特点。

1. 读取方便快捷

数据的读取无需光源，甚至可以透过外包装来进行。有效识别距离更大，采用自带电池的主动标签时，有效识别距离可达到 30m 以上。

2. 识别速度快

标签一进入磁场，解读器就可以即时读取其中的信息，而且能够同时处理多个标签，实现批量识别。

3. 数据容量大

数据容量最大的二维条形码(PDF 417)，最多也只能存储 2 725 个数字；若包含字母，存储量则会更少；RFID 标签则可以根据用户的需要扩充到数十 K。

4. 使用寿命长，应用范围广

其无线电通信方式，使其可以应用于粉尘、油污等高污染环境和放射性环境，而且其封闭式包装使得其寿命大大超过印刷的条形码。

5. 标签数据可动态更改

利用编程器可以向其写入数据，从而赋予 RFID 标签交互式便携数据文件的功能，而且写入时间相比打印条形码更少。

6. 更好的安全性

不仅可以嵌入或附着在不同形状、类型的产品上，而且可以为标签数据的读写设置密码保护，从而具有更高的安全性。

7. 动态实时通信

标签以每秒 50～100 次的频率与解读器进行通信，所以只要 RFID 标签所附着的物体出现在解读器的有效识别范围内，就可以对其位置进行动态的追踪和监控。

五、RFID 与条码技术比较

1. 成本比较

条码系统：打印机（一般 2 年需更新，一般为 2 台）、耗材、读码设备（2 年更换，多个）。

RFID：读写器（多台，5 年更新）、标签（约 2～4 年更新，多个，如配合原料管理则需要更多，300～1 000）。

2. 实施周期

条码系统：短，1～3 个月。

RFID：较长，数据编码和格式化工作量大。

3. 使用性能

条码系统：速度一般（当然应该算比较快），准确率较高。

RFID：速度快，准确率高。

4. 方便性

条码：部分形式的单体不适合贴。

RFID：小元件也同样不好处理，如果使用喷涂式标签，则不能回收，成本较高

综合各方面因素来看，目前适合用 RFID 的制造现场需具备以下条件：

(1)单体适合挂/粘贴标签；

(2)使用环境无破坏性（如硬器损伤）；

(3)价值较高的单体；

(4)快速流水线（来不及扫描条码）。

RFID 的大规模和平民化应用尚需用具备以下条件：

(1)标签成本继续降低（大规模国产化）；

(2)标签寿命和环境适应性提高；

(3)技术(及相关技术)进一步成熟和完善。

六、RFID 在物流仓储中的应用

仓储是物流中不可缺少的一环，在整个物流过程中发挥着重要作用。仓储是生产中原材料、半成品、成品的缓冲池，为生产的持续稳定进行提供保障，实现生产和运输的经济性。同时，仓储可以克服生产者和消费者之间的时间和空间差异，支持企业的物流策略，提高客户服务水平，并降低物流成本。可以说离开了仓库的支持，就不可能有高效率低成本的物流服务。

现行的仓储物流，大部分采用条形码作为仓储管理智能化的方式，虽然其智能化程度比以前大大提高，但仍需要耗费大量的人力物力投入到仓储物流中。现在如果将 RFID 系统与现行的条码系统相结合，可有效解决与仓库及货物流动有关的信息管理，不但可增加一天内处理货物的件数，还可以查看这些货物的一切流动信息。将条形码与 RFID 技术相结合，也是 RFID 在现阶段应用的一种方式。可以将条形码贴在物品上，射频电子标签贴在存放物品的托盘或叉车上，电子标签存放托盘或叉车上所有物品的信息，阅读器则安置在仓库的进出口。每当物品进库时，阅读器自动识别电子标签上面的物品信息，并将信息存储到与之相连的管理系统中；当物品出库时，同样由阅读器自动识别物品信息，并传送到管理系统，由系统对信息进行出库处理。我国深圳的白沙物流就是将 RFID 技术与条形码相结合的典型。

在我国，率先将 RFID 技术应用于仓储的是深圳的白沙物流。白沙物流是由白沙集团于 1992 年投资成立的，总投资 2.5 亿元，注册资金 6 000 万元。几年之后，白沙物流已经成为远近知名的第三方物流公司。目前白沙物流拥有 4 万 m^2 的现代化仓储大楼一幢、7 000m^2 现代化单层钢结构仓库一幢，另有 1.5 万 m^2 的综合大楼一幢。

白沙物流的某些客户产品更新速度快，经常要求按指定条形码的某些产品进行出库。按照以前的物流管理模式，白沙物流无法确认每件货品存放的精确位置。尽管商品都有条形码，但在几千平方米的仓库里面寻找几个条形码，谈何容易？白沙物流经常要抽调出十多人来找，甚至厂商也派出好几个人，一件件翻找，耗费庞大的人力、物力。并且，为了便于找货，就需要在堆货时就要多留通道，这样下来，仓库利用率只有 30%。客户和白沙物流对此都不满意。在这种情况下，如何解决提高效率和仓库利用率成为白沙物流的难题。RFID 的出现，成为解决白沙物流难题的救命稻草。

在白沙物流的 RFID 系统中，最大的“秘密”在于托盘上的电子标签(Tag)。这个长约 8cm、宽约 2cm 的电子标签就如一个小型存储器，大约可存储 1000 个字节。用户将这个电子标签安装在托盘上，货物在入库前，只需用手持阅读器读取托盘上货物的条形码信息，然后录入到电子标签中，这一托盘上的所有货物信息就会存储到终端电脑里，也就是固定式的阅读器(Reader)内。而凭借手持阅读器，入库前的信息录入工作，就可以在远在千里外的生产厂车间完成了。

在白沙物流的仓库中，货物在出库时，先将需要出库的货品号输入电脑，电脑立即显示出货位图，并将结果以列表的形式传输到手持阅读器(Reader)上。操作人员通过手持机的指示就可以很顺利地找到货物，将装货品的托盘拉起，通过手持阅读器扫描托盘上的电子标签，然后按下"出库"按钮，这个托盘上的货物就可以出库了。如果托盘上的货物与电脑内显示出来的情况不同，设在仓库大门两旁的监控门就会发出警报声。这批货就需要重新按照"出库"流程办理，直到没有出现差错为止。

白沙物流 RFID 系统的应用就是将 RFID 与条形码相结合的托盘+条码管理，也就是说，在近百个托盘上安装了"电子标签"，而每件物品上则还是"条形码"。RFID 系列是用电子标签的动态信息来管理条形码的静态信息，货品移动的每一个过程都由标签与读写器自动记录，自动处理。这样省掉了很大一部分重复性机械劳动，所以现在的仓储管理效率和准确性得到了极大的提高。白沙物流的仓库利用率由 30%提升到了 80%，同时由于托盘是重复使用的，电子标签也相应是重复使用，这样使硬件成本得到了有效控制。

目前，白沙物流的 RFID 系统仍处于试行阶段，就已显露出巨大的发展潜力。而在美国的 Ship2Save 公司则已正式启用其采用 RFID 系统的智能型仓库设施。这是北美最先进的拥有自动化设备的仓库。到达仓库的货物可通过有源的和无源的 RFID 标签记录下来。这些设备不但可以监控存货量，还可以区分各种货物以及探测到货物的移动情况。如果有货物未经记录就被拿走，设施就会发出警报。该公司的高级商业分析 Konrad Konarski 指出，这种智能型仓库设施所使用的技术能保证所有客户货物的安全。使用传统的无源标签时，要在规定的读取点监控货物。而使用有源标签，无论如果有人想要移动货物，还是有人想要弄坏标签或试图撕掉标签，或者有人设法阻止解读器读取标签，设备都会知道。而且当试图干这些勾当的人意识到他们这样做是徒劳时，仓库已自动锁上，仓库管理员同时会收到警报。

无论从美国 Ship2Save 公司还是我国的白沙物流，都可以看出 RFID 带给仓储物流的高效和准确，都不是现行的条形码所能取代的了的，RFID 技术代替现行的条形码技术，也将成为仓储物流中的一种必然趋势。RFID 技术在仓储物流中的应用，势头良好。

不过 RFID 在仓储物流中的发展存在着一些障碍：

对于仓储物流来说，当前制约 RFID 发展的最大障碍是技术标准。目前针对 RFID 在物流的应用存在两种编码体系：一是由日本 UID 中心(Ubiquitous ID——泛指 ID 中心，该中心实际上就是日本有关电子标签的标准化组织)提出的 UID 编码体系，支持这一阵营的有日本电子厂商、信息企业和印刷公司等，总计已达 352 家。另一阵营是由美国的"EPC(电子产品代码)环球协会"提出的 EPC 电子产品编码标准。全球最大的零售商沃尔玛连锁集团、英国 Tesco 等 100 多家美国和欧洲的流通企业都是 EPC 的成员，同时由美国 IBM 公司、微软、Auto—ID Lab 等进行技术研究支持。

由于两种编码体系的不同，严重影响 RFID 技术的应用和发展。因为每个 RFID 标签中都有一个唯一的识别码，如果它的数据格式有很多种且互不兼容，那么使用不同标准的 RFID 产品就不能通用，这对经济全球化下的物品流通是十分不利的。而数据格式的标准这个问题涉及各个国家自身的利益和安全。

如何让这些标准相互兼容，让一个 RFID 产品能顺利地在世界范围中流通，是当前重要而急切需要解决的问题。

另外一个需要解决的问题，便是电子标签的价格问题。这也是影响 RFID 应用的一个重要方面。因为仓储是对大批量的物品进行存储，如果每个物品都贴上电子标签而每个标签都价格不菲，那带来的仓储成本也将大大提高。只有电子标签的价格降下来，才有可能在对 RFID 进行批量定购和使用，否则，电子标签价格高所带来的成本，不是每个厂家都承受得起的。据悉，日本已确立了电子标签的低价策略，由日本经产省主持的名为“回响工程”的国家项目，担负起从 2004 年 8 月 2 日起两年内研制出价格为 5 日元的电子标签的技术开发工作。“回响工程”的目标主要概括为，一是降低价格，二是符合全国标准规则。

其他的方面，比如射频接收距离限制，射频对人身的辐射，以及 RFID 所面临的频率限制等等方面的问题，也是 RFID 发展中的障碍。

第三节 电子数据交换(EDI)技术

一、概述

(一)EDI 的定义

EDI(Electronic Data Interchange)的中文意思是“电子数据交换”，是 20 世纪 80 年代发展起来的、融现代计算机技术和远程通信技术为一体的产物。国际标准化组织(ISO)于 1994 年确认 EDI 的技术定义：根据商定的交易或电子数据的结构标准实施商业或行政交易，从计算机到计算机的电子数据传输。

EDI 用于电子计算机之间商业信息的传递，包括日常咨询、计划、采购、到货通知、询价、付款、财政报告等，还用于安全、行政、贸易伙伴、规格、合同、生产分销等信息交换，目前人们正在开发适用于政府、保险、教育、娱乐、司法、保健和银行抵押业务等领域的 EDI 标准。由此可见，EDI 的应用远不止贸易事务，它可以广泛地应用到各个经济、行政等部门，仅仅把 EDI 认为是“无纸贸易”是一种片面的理解。

近年来，EDI 在物流中被广泛应用，称为物流 EDI。所谓的物流 EDI 是指货主、承运业主以及其他的相关单位之间，通过 EDI 系统进行物流数据交换，并以此为基础实施物流作业活动的方法。物流 EDI 的参与对象有货主（如生产厂家、贸易商、批发商、零售商等）、承运业主（如独立的物流承运企业等）、实际运送货物的交通运输企业、协助单位（政府有关部门、金融企业等）和其他的物流相关单位（如仓库业者、配送中心等）。

从以上概念可知，EDI 是一套报文通信工具，它利用计算机的数据处理和通信功能，将交易双方彼此往来的文档（如询价单或订货单等）转成标准格式，并通过通信网络传输给对方。因此，EDI 只是一个电子平台，无论是物流领域还是其他领域，都只是 EDI 的一个具体的应用对象或应用实例。

（二）EDI 的形成和发展

传统的商业往来是通过印在纸上的文字进行信息交换的，随着经济和科技的迅速发展，交换信息量剧增，许多组织开始寻求更便利的方式来交流和处理商业往来业务。电子计算机的广泛应用和先进通信技术的使用导致了 EDI 的出现和发展。早期的电子信息交换只限于以双方认可的格式进行，编制大量不同的程序以满足不同的客户需求，从而削弱了这种交换方式。20 世纪 60 年代，一些工业集团开始合作，开发用于采购、运输和财务应用的工业 EDI 标准，这些标准仅限于工业界的贸易。

1987 年联合国公布了 EDI 运作标准 UN/EDIFACT（United Nations Rules for Electronic Data Interchange for Administration，Commerce and Transport），并且每年进行修订。1990 年 3 月正式推出了 UN/EDIFACT 标准，并被国际标准化组织正式接受为国际标准 ISO 9735。联合国为此成立了联合国贸易网络组织。1996 年 12 月 18 日，联合国贸易网络组织中国发展中心（CNTPDC）在北京成立，同年 12 月 24 日，北京海关与中国银行北京分行在我国首次开通 EDI 通关电子划款业务，并成为联合国贸易网络组织成员。

标准化的 EDI 已成为全世界电子商务的关键技术，实现了世界范围内电子商务文件的传递。先进的 EDI 技术具有开放性和包容性，在开发 EDI 网络应用中，无需改变现行标准，而只需扩充标准。EDI 技术包括三个部分：硬件系统、翻译系统和传输系统。

EDI 技术现今还在不断发展和完善中，EDI 的推广应用的确大幅度提高了报关、商检、税务运输等的运作效率。20 世纪 90 年代以来，美、日、西欧、澳大利亚及新加坡等许多国家已陆续宣布，对不采用 EDI 进行交易的商户，不予或推迟其贸易文件的处理。这就给非 EDI 商户造成巨大的压力，甚至会造成巨大的贸易损失。

由此可见，在未来的世界贸易格局中，不使用 EDI 者，只能受制于人，甚至可能被排斥在世界市场之外。

我国 EDI 起步较晚，于 20 世纪 90 年代初才开始，但有了借鉴，故起点较高。EDI 的推广应用依托计算机技术和网络通信技术的发展，国内不少大型企业已建立了自己内部的计算机管理信息系统(MIS)。作为信息高速公路的计算机通信网络在我国已初具模型,邮电部的中国互联网(ChinaNet)和电子部的金桥网(ChinaGBN)作为计算机通信网络,已覆盖了全国大部分大中城市,并作为商业网投入了运营,这为我国EDI的推广应用提供了坚实的物质基础。邮电部的EDI增值网络ChinaEDI更给推广EDI应用创造了良好的条件。

20世纪80年代末我国已开始跟踪研究EDI技术的应用和发展。海关总署和中国抽纱山东进口公司、中国化工进口公司率先使用了EDI技术进行管理和贸易。使国内的EDI技术和应用方面有了一定的经验积累。华运EDI系统是具有中国自主知识产权,根据我国本地化的特点,依靠国内自己的技术力量自行设计、开发完成的。华运EDI软件系统是建立在国际通用标准UN/EDIFACT的基础上的,具备通用性和中英文兼容性,可为用户提供从EDI的方案指定、硬件继承、报文开发和单证制作软件及服务,报文翻译及通信等全套EDI技术服务。

二、EDI的结构与业务流程

(一)EDI标准

1. EDI标准概述

EDI一产生,其标准的国际化就成为人们日益关注的焦点之一。早期的EDI使用的大都是各处的行业标准,不能进行跨行业EDI互联,严重影响了EDI的效益,阻碍了全球EDI的发展。例如美国就存在汽车工业的AIAG标准、零售业的UCS标准、货栈和冷冻食品储存业的WINS标准等。日本有连锁店协会的JCQ行业标准、全国银行协会的Aengin标准和电子工业协会的EIAT标准等。

为促进EDI的发展,世界各国都在不遗余力地促进EDI标准的国际化,以求最大限度的发挥EDI的作用。目前,在EDI标准上,国际上最有名的是联合国欧洲经济委员会下属第四工作组于1986年制定的《用于行政管理、商业和运输的电子数据互换》标准——EDIFACT标准。EDIFACT以被国际标准化组织ISO接收为国际标准,编号为ISO 9735。同时还有广泛应用于北美地区的,由美国国家标准化协会X12鉴定委员会于1985年制定的ANSI X 12标准。

目前的情况是,欧洲使用EDIFACT标准。1991年欧洲汽车业、化工业、电子业和石油天然气业已全部采用EDIFACT。此外建筑、保险等行业也宣布将放弃其行业标准,转而采用EDIFACT。北美则使用ANSI X12,X12已遍及北美各行业,已有100多个数据交易集。亚太地区使用EDI标准,主要是EDIFACT。

【小知识】 EDIFACT标准

EDIFACT标准包括一系列涉及电子数据交换的标准、指南和规则,包括以下8个方面的内容:EDIFACT应用级语法规则(ISO 9735),EDIFACT报文设计指南,EDIFACT应用级语法规则实施指南,EDIFACT数据元目录(ISO 7372),EDI-

FACT 代码目录,EDIFACT 复合数据元目录,EDIFACT 段目录,EDIFACT 标准报文目录。

2. EDIFACT 和 ANSI X 12 标准的区别

EDIFACT 和 ANSI X12 标准在语义、语法等多方面都有很大区别。另外,ANSI X 12 标准目前只可用英语。而 EDIFACT 标准则可用英语、法语、西班牙语、俄语,日耳曼语系或拉丁语系均可使用该标准的语义、数据字典等。所谓拉丁语系,是指可用 26 个字母和 10 个数字表示的语言系统。日耳曼语系可以认为是拉丁语系的一个派系。

当然,世界上大部分人不用拉丁语作为母语,如汉语、日语等,他们使用象形文字。如何对这些文字进行翻译处理,从全球性的贸易和贸易文件的交流来看,这是一个十分困难而又必须解决的问题。

EDI 的迅猛发展,其影响已波及全球。但目前存在的 EDIFACT 和 ANSI X12 两大标准在某种程度上制约了 EDI 全球化的发展。例如当一个美国的公司要与它在欧洲或亚洲的子公司或贸易伙伴联系时,因双方采用的 EDI 标准不同,就要进行复杂的技术转换才能达到目的。虽然绝大多数翻译软件的制造厂商都支持这两个标准,但仍会给用户或厂商造成不必要的麻烦。

为了在国际贸易中更快、更省、更好的使用 EDI,世界各国特别是欧、美等工业发达国家,都在强烈要求统一 EDI 国际标准。即“讲一种语言,用一种标准”。

在 EDIFACT 被 ISI 接收为国际标准之后,国际 EDI 标准就逐渐向 EDIFACT 靠拢。ANSI X12 和 EDIFACT 两家已一致同意全力发展 EDIFACT,使之成为全世界范围内能接受的 EDI 标准。1992 年 11 月美国 ANSI X12 鉴定委员会又投票决定,1997 年美国将全部采用 EDIFACT 来代替现有的 X12 标准。ANSI 官员说:“1997 年之后,现在所有的 X12 标准仍将保留,但新上项目将全部采用 EDIFACT 标准”。美国国家标准化协会欧共体事务主席 John Rusell 先生指出:“X12 向 EDIFACT 转变,意味着美国的公司今后可在欧洲的市场上加快资金流动、改善用户服务。同时,从用户的角度来看,今后面对的将是唯一的国际标准”。

总之,EDIFACT 成为统一的 EDI 国际标准已是大势所趋。到 20 世纪 90 年代中期,EDIFACT 正有 1 000 多种信息类别,并覆盖国际贸易的 80%。我国有关部门和专家也一致认为,我国 EDI 标准应积极向国际标准靠拢,采用 EDIFACT 标准。

3. EDI 标准的内容

标准化的工作是实现 EDI 互通和互联的前提和基础。EDI 的标准包括 EDI 网络通信标准,EDI 处理标准、EDI 联系标准和 EDI 语义语法标准等。

EDI 网络通信标准是要解决 EDI 通信网络应该建立在何种通信网络协议之上,

以保证各类 EDI 用户系统的互联。目前国际上主要采用 MHX (X400)作为 EDI 网络通信协议,以解决 EDI 的支撑环境。

EDI 处理标准是要研究那些不同地域不同行业的各种 EDI 报文。相互共有的“公共元素报文”和处理标准。它与数据库、管理信息系统等接口有关。

EDI 联系标准解决 EDI 用户所属的其他信息管理系统或数据库与 EDI 系统之间的接口。

EDI 语义语法标准(又称 EDI 报文标准)是要解决各种报文类型格式、数据元编码、字符集和语法规则以及报表生成应用程序设计语言等。

这里的 EDI 语义语法标准又是 EDI 技术的核心。

(二)EDIFACT 标准

目前国际上流行的 EDI 标准是由联合国欧洲经济委员会制定颁布的《行政、商业和运输用电子数据交换规则》,以及美国国家标准化协会 X12 鉴定委员会制定的 ANSI X12。这两个标准都包括了 EDI 标准的三要素:数据元、数据段和标准报文格式。

EDIFACT 标准包括一系列涉及的电子数据交换的标准、指南和规则。联合国推荐的 EDIFACT 标准由 UN/ECE 印刷为“联合国贸易数据交换指南”,它包括 10 个部分:

(1)EDIFACT 语法规则;

(2)报文设计指南;

(3)语法应用指南;

(4)EDIFACT 数据元目录(EDED);

(5)EDIFACT 代码表(EDCL);

(6)EDIFACT 复合数据元目录(EDCD);

(7)EDIFACT 段目录(EDSD);

(8)EDIFACT 标准报文格式(EDMD);

(9)贸易数据交换格式构成总览(UNCID);

(10)适当的说明解释。

下面我们对 EDIFACR 国际标准作简单介绍。

1. EDIFACT 语法规则(ISO 9735)

EDIFACT 语法规则于 1987 年 3 月制定完成,并于当年 9 月被 ISO 接受成为国际标准,标准代号为 9735,使语法规则又称为 ISO 9735。

ISO 9735 包括 10 个部分和 3 个附录,它以简略形式表述“用户格式化的数据交换的应用实施”的语法规则。其中,第一部分说明了标准的适用范围;第二部分罗列了该标准的相关标准;第三部分说明在此标准中用到的名词的定义;第四部分说明了 EDIFACT 标准报文中用到的字符的集合的级别的划分;第五部分分级列出 EDIFACT 的标准的字符集;第六部分定义了 EDIFACT 标准报文的结构;第七部分涉及把单证转换成 EDIFACT 标准报文过程中对标准报文数据元的压缩；第八部分说明了 EDIFACT 报文时段重复的可能性；第九部分是关于设计 EDIFACT 报文时段的嵌套；第十部分是数字形数据源使用的规定。附录 A 载录了标准中特有名词术语的定义；附录 B 是 EDIFACT 报文中服务段的描述；附录 C 是段的先后顺序的说明。附录 A 与 B 同正文一到构成了 ISO 9735，其中附录 A、附录 B 与正文一样，都具有标准的约束力。

2. 报文设计指南

“报文设计指南”是在 1989 年 12 月被 UN/ECE 接受并认可的。该指南的使用对象是：联合国标准报文（UNSM）草案的设计者；“联合国标准报文”的修改者；区域性国际标准报文的设计者。

“报文设计指南”的制定是为了达到以下四个目的：

(1)介绍 EDIFACT 语法规则；

(2)为开发不同类型的报文提供一种统一的方法；

(3)为开新报文，修订已有的报文提供一种持续性的方法；

(4)推荐使用一种 EDI 报文格式的标准层次结构和表示法。

这一指南分成八个部分，其中前三部分是对指南的说明介绍；第四部分是报文设计的总体规则，并按照报文的使用范围对报文类型进行划分；第五—第七部分从数据元选择入手分层次的阐述了报文设计步骤——数据元分析、段结构设计、报文结构设计；第八部分规定了报文的修改步骤，以及得到最新国际报文格式的办法。

3. 语法应用指南

这一指南的目的是帮助 EDI 用户使用 EDIFACT 语法规则，指南分成十一个部分，前两部分是对指南的总体介绍；第三至第八部分的内容是：交换协议，EDI 专用名词术语，交换字符集的定义，对电子数据交换的元素——数据元、段和报文的要求以及对 UN/EDIFACT 基本语法规则，规定了 EDIFACT 报文的结构、功能段组的结构和功能，第九部分介绍了段的构成，段的结构，并阐明了段压缩和嵌套的规则；第十、第十一部分介绍了其他标准与 EDIFACT 相互转换的必要程序，和 EDIFACT 标准的支持与维护的手段。

4. EDIFACT 数据元目录（EDED）

EDIFACT 数据元目录是联合国贸易数据元目录（UNTDED）的一个子集，收录了近 640 个与设计 EDIFACT 报文相关的数据元，这些数据元通过数据元号与 UNTDED 相联系。这一目录对每个数据元的名称、定义、数据类型和长度都予以具体的描述。

5. EDIFACT 代码表（EDCL）

代码表收录了 103 个数据元的代码，这些数据元选自 EDIFACT 数据元目录，并通过数据元号与数据元目录联系起来。

6. EDIFACT 复合数据元目录(EDCD)

目录聚集了在设计 EDIFACT 报文时涉及的 293 个复合数据元。目录中对每个复合数据元的用途进行了描述,罗列成组成复合数据元的数据元,并在数据元后面注明其类型,注有字母“M”的表示该数据元在此复合数据元中是必写的;注有字母“C”表示该数据元在此复合数据元中的出现与否是根据具体条件而定的。复合数据元通过复合数据元号与段目录相联系,组成复合数据元的数据元通过数据元号与数据元目录、代码表相联系。

7. EDIFACT 段目录(EDSD)

段目录定义了 229 个 EDIFACT 文中用到的段。目录中注明了组成段的简单数据元和复合数据元,并在此数据元后面标明此数据元是“必写的”或是“条件的”。段目录中除有段名外,每个段前均标有段的“标识”,“段标识”一般由三个英文字母组成,它们是段名称的英文字母缩写。每个段通过“段标识”与 EDIFACT 标准报文相联系。简单数据元和复合数据元通过数据元号和复合数据元号与 EDIFACT 数据元目录与复合数据元目录相联系。

8. EDIFACT 标准报文格式(EDMD)

EDIFACT 标准报文格式分成三级:0 级、1 级和 2 级。0 级是草案级,1 级是推荐草案集,2 级是推荐报文标准集。UN/ECE/WP·4 每年对标准报文都进行征订,并通过各大洲的报告人(Reporter)向世界各国散发。每个国家都有权向本地区的报告人索取有关 EDIFACT 标准的材料。亚太地区的报告人是日本的伊东健治。最初定制的标准报文格式是发票的报文格式,目前发票的报文格式是二级报文。该标准分四个部分,前三部分是发票报文格式的总体描述,规定了报文的使用范围和报文中用到的专用名词的定义;第四部分是报文定义部分,规则了报文的结构,报文包含段的功能,段表和分支表。

9. 贸易数据交换格式构成总览(UNCID)

总览介绍了 EDIFACT 国际标准产生的背景,欲达到的目的和对用户的要求。

从以上可以看出,EDIFACT 标准的产生是国际上 EDI 的应用对 EDI 国际标准的迫切需求的结果。在世界变得越来越小的今天,企业实施 EDI 不得不考虑 EDI 的国际化,因此,掌握 EDI 的国际标准——EDIFACT 对实施 EDI 至关重要。

(三)EDI 软件和硬件

EDI 系统的实现需要有软件系统和相应硬件的支撑,下面我们分别介绍。

1. EDI 的软件构成

构成 EDI 软件系统的软件按其所实现的功能可分为:用户接口模块、内部接口模块、报文处理模块、格式转换和通信模块共五个模块。

(1)用户接口模块

EDI 系统能自动处理各种报文,但是和用户界面友好的人机接口仍是必不可少的。由于使用EDI系统的大多是非计算机专业的管理人员，不可能要求他们了解更多的计算机甚至网络技术。这样，从用户的观点来看，操作起来越简单、越直观越好。

(2)内部接口模块

使用EDI系统的用户，在某种程度上都有自己的计算机应用，也就是企业内部MIS。内部接口模块是EDI系统和本单位内部其他信息系统及数据库的接口，一个单位信息系统应用程度越高，内部接口模块就越复杂。一份来自外部的EDI报文，经过EDI系统处理之后，大部分相关内容都需要经过内部接口模块送往其他的信息系统，或查询其他的信息系统才能给对方EDI报文以确定的答复。

例如，一份到货通知下达后，EDI系统可以通过内部接口模块修改财务、库存等MIS系统的记录，使新数据立刻在这些系统中得到反映。

(3)报文生成及处理模块

该模块的作用有两大方面，接受来自用户接口模块和内部接口模块的命令和信息，按照EDI标准生成订单、发票、合同以及其他各种EDI报文和单证，经格式转换模块处理之后，由通信模块经EDI网络技术发给其他EDI用户。在生成EDI单证的过程中，要把用户常见的单证格式转换成有序的、标准的格式数据，以便格式转换模块能够处理。

模块的另一个作用，也是更复杂的工作，就是自动处理由其他EDI系统发来的EDI报文。按照不同的EDI报文类型，应用不同的过程进行处理，例如，订单处理、发票处理等。在处理过程中要与本单位其他信息系统相互作用，一方面从住处系统中取出必要的信息发送给发来单证的EDI系统，同时将单证中的有关信息送给本单位其他信息系统，例如，将顾客加工特殊图形式样传送给CAD、CAM等。

(4)格式转换模块

由于EDI要在不同国家和地区、不同行业内开展，EDI通信双方应用的信息系统、通信手段、操作系统、文件格式等都有可能不同，因此，按照统一的国际标准和行业标准是必不可少的。所以，所有EDI单证都必须转换成标准的交换格式，例如，加UNB、UNE等。同时经过通信模块接收到的来自其他EDI系统的EDI报文也要经过相反过程的处理才能交给其他模块处理。在格式转换过程中要进行语法检查，对于语法出错的EDI应该拒收，通知对方重发，因为语法错误的EDI报文可能会导致语义出错，这在EDI系统是不允许的，也是有风险的。

目前，EDI标准体系还没有完全统一，同时不同的行业EDI，其标准也有所不同，模式转换模块必须能够做到识别不同的EDI标准，做出相应的转换处理，还必须能够将一种标准的EDI报文转换成另一种标准格式，以便和国际上广泛存在的EDI系统互通。

(5)通信模块

该模块是EDI系统与EDI通信网络的接口。根据EDI通信网络的结构不同，该模块功能也有所不同。但是有些基本的通信功能，如执行呼叫、自动重发、合法性和完整性检查、出错报警、自动应答、通信记录、报文拼装和拆卸等都是必备的，有些还需要地址转换等工作。在某种程度上，通信模块与通信网络是一体的，它们的作用就是使 EDI 系统能够在一个安全、可靠、方便的通信平台上顺利地运行起来。如今，越来越多的 EDI 系统使用 Internet 作为通信网络，因此，如何实现 EDI 系统与 Internet 的通信接口，并且保证安全性成为一个重要的课题。

从以上的介绍中可以发现，这五个模块也是一个层次结构，其中用户接口模块离用户最近，通信模块离网络系统最近。从网络上收到的标准和报文是通过层层解析最终到达用户那里，变成用户熟悉的样式。

另外，在上述所有模块中，都应包含安全功能。它们分别执行不同层次的数据安全和加密/解密工作。例如，在用户接口模块中，必须具备用户身份识别功能，防止非授权用户任意操作或使用 EDI 系统，以免受到意外的破坏或损失。在报文生成和处理模块与金融系统交换 EDI 报文时，必须使用电子签名的加密方法保证传送的数据不会被篡改、抵赖或窃取。另外，所有模块都有可以具备身份验证和终端确认等功能。事实上，由于通信技术的发展，利用 EDI 交换商业金融数据，要比用人工传递有形凭证更为安全可靠。

(6)功能模块应用举例

上述五个模块构成了 EDI 的软件支持，它们之间相互协作着共同完成 EDI 的系统功能。下面从一个例子来分析五个功能模块的协作过程。假定一个国家的零售商和另一个国家的生产厂家建立了 EDI 网络，零售商每卖出一件商品，通过条形码阅读器传给商店库存订货信息系统，当商品库存到达下限时，订货系统自动启动本单位 EDI 系统向生产厂家发出订单。这一过程用到了两个模块，内部接口模块和用户接口模块。内部接口模块同本单位的库存订货信息系统连接在一起，以库存数据的下限为触发启动条件，再通过用户接口模块产生订单。生产厂家接到 EDI 订单后，EDI 系统自动处理该订单，检查其合法性和完备性，回复确认订单，通知本单位的生产管理系统或 CIM 系统，以便安排生产，并同时向供应商发出 EDI 订单订购原材料或零件，向交通运输单位发出预订货物运输集装箱 EDI 订单，向海关、商检等有关部门申请出口的 EDI 证书，向收货方(零售商)开出 EDI 交货通知单和发票，通知银行结算等，以上单证都是由报文生成及处理模块完成的。对于不同国家的制造商和零售商，以及不同行业之间 EDI 单证的传递，通信双方所用的通网络及计算机的文件格式不尽相同，需要通过格式转换模块将各自的 EDI 报文转换成统一的标准格式。在报文传递的过程中，自然离不开通信模块与网络系统打交道。在上述例子中，零售商和生产厂家都是计算机应用程度比较高的单位，很多工作都可以自动处理，这更能使用 EDI 的优点。在实际使用中，EDI 系统不一定都是高度的自动化，允许存在不同程度的人工干预。所以，用户接口模块的作用显得尤为重要，它不仅要有一个漂亮的界面，还要有强大和灵活的与用户交互的能力。

2. 构成 EDI 系统所需的硬件设备

构成 EDI 系统所需的硬件设备大致有：计算机、调制解调器（Modem）及电话线。

Modem：由于使用 EDI 来进行电子数据交换，需通过通信网络，目前采用的功能与传输速度，应根据实际需求来决定选择。

通信线路：一般最常用的是电话线路，如果传递时效及资料传输量上有较高要求，可以考虑租用专线（Leased Line）。

计算机：有四种基本类型的计算机平台可以用来实行 EDI，详述如下：

（1）只使用一台主机或中型机

此种方法将所有的 EDI 软件放到主机或中型机上去，使其执行全部的 WSI 功能。这种方法的优点是：首先，它能对大量交易进行迅速处理。其次，因为所有的数据处理活动都在主机或中型机中完成，并不存在处理过程中对数据装载和卸载（Uploading and Downloading）问题，也不需要把数据重新键入，这就提高了数据处理速度，同时又消除了因数据重新键入而可能带来的误差。第三，使用主机或中型机，就可以较容易地在公司内部的各个部门的计算机系统之间搭桥连接，数据可以自由地在各个部门的应用系统之间传输、被使用，从而大大提高公司的计算机管理水平。这种方法的缺点一是成本高，二是在主机或中型机上建立 EDI 系统，由于一般没有现成的软件，故需花费大量的时间来编制，通常要做许多测试和调试工作。

（2）只使用一台 PC 机

也可以将所有的 EDI 软件放到 PC 机上去，使其执行全部的 EDI 功能。这台 PC 机和公司的其他机器一般并没有密切的联系，EDI 活动只是在这台微机里单独地进行。这种方法的优点一是成本低，二是系统的安装调试容易。但这种方法存在某些缺点：首先，数据需要重复输入，容易出错；第二，其处理速度低，处理数据的容量、能力也比较小；最后，这种方法不容易在公司内部各部门的计算机系统之间搭桥连接，不能大幅度地减少办公室工作量。

（3）使用 PC 机作为主机的前端处理器

把 PC 机作为主机的前端处理器，也可以作为实行 EDI 的一种平台。在这种情况下，PC 机与主机相连，存储在主机中的数据可以传输到 PC 机中（即 Downloading，卸载）。同样，存储在 PC 机中的数据也可以传输到主机中（Uploading，装载）。在这种安排下，如果要向外发送一份 EDI 报文，可从主机里取出所需的数据，将这些数据传向 PC 机，在 PC 机上将这些数据翻译成符合 EDI 标准的格式，并生产电子单证。这种方式，可以同时具有某些只使用一台主机和只使用一台 PC 机所具有的优点。比如，把 PC 机作为主机的前端处理器，费用要比只使用一台主机来实行 EDI 少得多，但它与只使用一台 PC 机时相比，却有更大的容量和处理速度。此外，这种方式的 EDI 平台容易买到现成的软件，容易安装。并且由于这种方式的处理过程用不着手工重新输入，因而可以减少误差。这种方式的主要缺点是费用比只使用一台PC机时大，而处理速度又比只使用一台主机的情况下来得慢。

(4)专用的EDI操作系统

这种系统通常采用一种中型机平台，以及专门化的EDI软件。这个EDI软件把EDI活动和公司的计算机应用系统进行一体化。在许多情况下，这种操作系统被用来对组织内部EDI网络的所有的EDI活动和功能进行总管理。例如：某连锁商店系统，有一个总的配货中心，各个商店通过条形码的光笔扫描，对各种货物的存货和销售进行计算机管理。当商店里某些货物的存货水平降到某一事先设定的水平时，计算机就能自动产生一份配货通知送往配货中心，而配货中心的计算机系统又会自动安排这种货物的发送，并和商店进行电子化的结算。

(四)物流EDI系统

物流EDI系统的构成要素是标准、系统和通信。从系统结构上来看，系统基本上是属于存取系统，文件传输管理是将报文实时传输到收件者的邮箱，无需人工干预。物流EDI系统示意如图4-3。

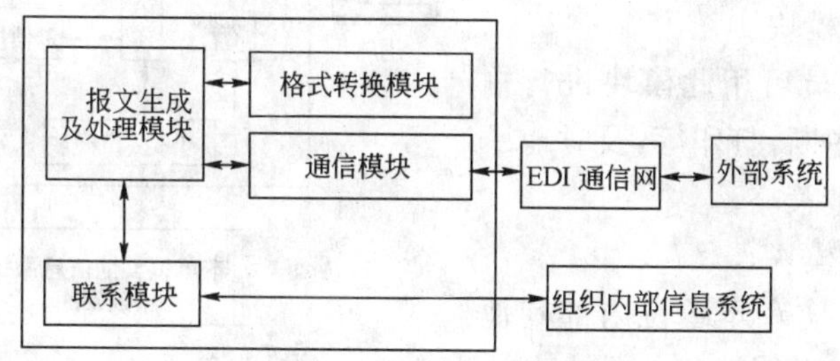

图4-3 EDI系统示意图

1.物流EDI系统的业务功能

物流EDI系统的主要功能是提供报文转换。不同类型的企业，对报文的要求是不一样的。

1)物流公司

(1)生成并将采购进货单传给供应商。

(2)生成并将退货单传给供应商。

(3)生成并将询价单传给供应商。

(4)接受并打印供应商传来的报价单。

2)供应商

(1)接受并使用客户传来的采购进货单。

(2)接受并使用客户传来的退货单。

(3)接受并打印客户传来的询价单。

(4)生成报价并传送给客户。

(5)生成出货单并传送给物流公司。

3)运输商

(1)生成托运单并传送给运输商。

(2)接收并使用运人传来的托运单。

(3)生成出货单并传给物流公司。

(4)接收并使用客户传来的出货单。

2. EDI系统功能模型和工作原理

在EDI中,EDI参与者所交换的信息客体称为邮包。在交换过程中,如果接收者从发送者所得到的全部信息包括在所交换的邮包中,则认为语义完整,并称该邮包为完整语义单元(CSU)。CSU的生产者和消费者统称为EDI的终端用户。

在EDI工作过程中,所交换的报文都是结构化的数据,整个过程都是由EDI系统完成的。EDI系统结构如图4-4所示。

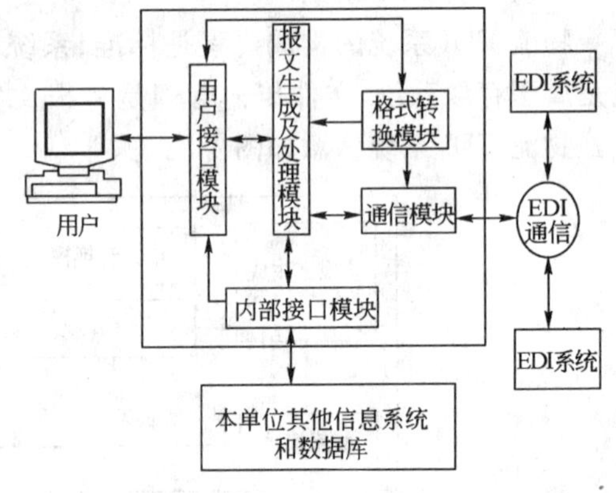

图4-4　EDI系统结构

1)用户接口模块

业务管理人员可用此模块进行输入、查询、统计、中断、打印等,及时地了解市场变化,调整策略。

2)内部接口模块

这是EDI系统和本单位内部其他信息系统及数据库的接口,一份来自外部的EDI报文,经过EDI系统处理之后,大部分相关内容都需要经内部接口模块送往其他信息系统,或查询其他信息系统才能给对方EDI报文以确认的答复。

3)报文生成及处理模块

该模块有两个功能:

(1)接受来自用户接口模块和内部接口模块的命令和信息,按照EDI标准生成订单、发票等各种EDI报文和单证,经格式转换模块处理之后,由通信模块经EDI网络发给其他EDI用户。

(2)自动处理由其他EDI系统发来的报文。在处理过程中要与本单位信息系统相连,获取必要信息并给其他EDI系统答复,同时将有关信息送给本单位其他信息系统。

如因特殊情况不能满足对方的要求,经双方EDI系统多次交涉后不能妥善解决的,则把这一类事件提交用户接口模块,由人工干预决策。

4)格式转换模块

所有的EDI单证都必须转换成标准的交换格式，转换过程包括语法上的压缩、嵌套、代码的替换以及必要的EDI语法控制字符。在格式转换过程中要进行语法检查，对于语法出错的EDI报文应拒收并通知对方重发。

5)通信模块

该模块是EDI系统与EDI通信网络的接口。包括执行呼叫、自动重发、合法性和完整性检查、出错报警、自动应答、通信记录、报文拼装和拆卸等功能。

除以上这些基本模块外，EDI系统还必须具备一些基本功能。

1)命名和寻址功能

EDI的终端用户在共享的名字当中必须是唯一可标识的。命名和寻址功能包括通信和鉴别两个方面。

在通信方面，EDI是利用地址而不是名字进行通信的。因而要提供按名字寻址的方法，这种方法应建立在开放系统目录服务ISO 9594(对应ITU-T X.500)基础上。在鉴别方面，有若干级必要的鉴别，即通信实体鉴别，发送者与接收者之间的相互鉴别等。

2)安全功能

EDI的安全功能应包含在上述所有模块中。它包括以下一些内容：

(1)终端用户以及所有EDI参与方之间的相互验证；

(2)数据完整性；

(3)EDI参与方之间的电子(数字)签名；

(4)否定EDI操作活动的可能性；

(5)密钥管理。

3)语义数据管理功能

完整语义单元(CSU)是由多个信息单元(IU)组成的。其CSU和IU的管理服务功能包括：

(1)IU应该是可标识和可区分的；

(2)IU必须支持可靠的全局参考；

(3)应能够存取指明IU属性的内容，如语法、结构语义、字符集和编码等；

(4)应能够跟踪和对IU定位；

(5)对终端用户提供方便和始终如一的访问方式。

3. EDI的操作过程

当今世界通用的EDI通信网络，是建立在MHS数据通信平台上的信箱系统，其通信机制是信箱间信息的存储和转发。具体实现方法是在数据通信网上加挂大容量信息处理计算机，在计算机上建立信箱系统，通信双方需申请各自的信箱，其通信过程就是把文件传到对方的信箱中。文件交换由计算机自动完成，在发送文件时，用户只需进入自己的信箱系统。

EDI可以看作是MHS通信子平台，图4-5、图4-6、图4-7分别表示了EDI在计算机通信网络七层协议中的地位和作用、EDI信箱系统通信和交换原理以及完整的通信流程。

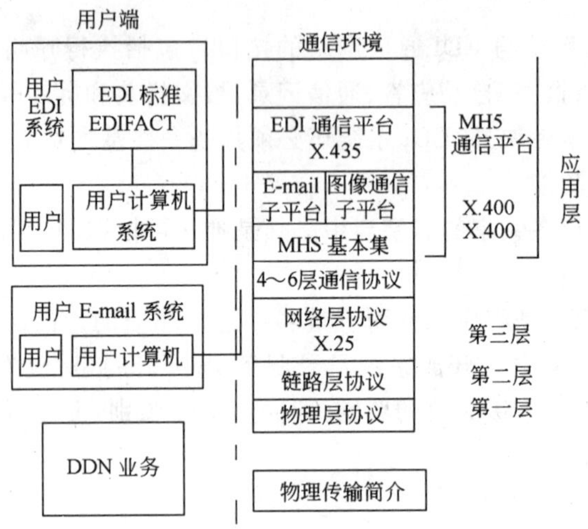

图4-5 EDI在通信网络七层协议中的地位和作用

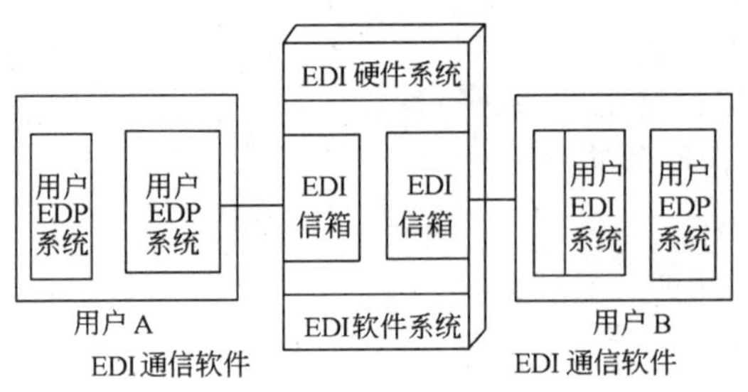

图4-6 EDI信箱系统通信和交换原理

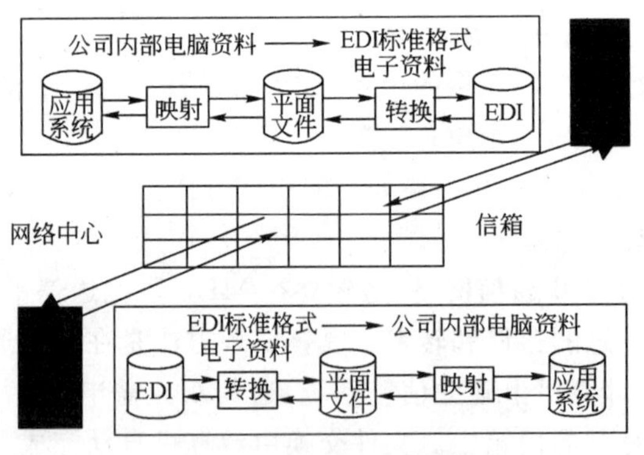

图4-7 完整的EDI通信流程

通信流程中各功能模块说明如下：

(1)映射(Mapping)——生成EDI平面文件

EDI平面文件(Flat File)是通过应用系统将用户的应用文件(如：单证、票据)或数据库中的数据，映射成的一种标准的中间文件。这一过程称为映射(Mapping)。

平面文件是用户通过应用系统直接编辑、修改和操作的单证和票据文件，它可直接阅读、显示和打印输出。

(2)翻译(Translation)——生成EDI标准格式文件

其功能是将平面文件通过翻译软件(Translation Software)生成EDI标准格式文件。

EDI标准格式文件，就是所谓的EDI电子单证，或称电子票据。它是EDI用户之间进行贸易和业务往来的依据。EDI标准格式文件是一种只有计算机才能阅读的ASCII文件。它是按照EDI数据交换标准(即EDI标准)的要求，将单证文件(平面文件)中的目录项，加上特定的分割符、控制符和其他信息，生成的一种包括控制符、代码和单证信息在内的ASCII码文件。

(3)通信

这一步由计算机通信软件完成。用户通过通信网络，接入EDI信箱系统，将EDI电子单证投递到对方的信箱中。

EDI信箱系统则自动完成投递和转接，并按照X. 400(或X. 435)通信协议的要求，为电子单证加上信封、信头、信尾、投送地址、安全要求及其他辅助信息。

(4)EDI文件的接收和处理

接收和处理过程是发送过程的逆过程。首先需要接收用户通过通信网络接入EDI信箱系统，打开自己的信箱，将来函接收到自己的计算机中，经格式校验、翻译、映射还原成应用文件。最后对应用文件进行编辑、处埋和回复。

在实际操作过程中，EDI系统为用户提供的EDI应用软件包，包括了应用系统、映射、翻译、格式校验和通信连接等全部功能。其处理过程，用户可看作是一个“黑匣子”，完全不必关心里面具体的过程。

图4-8是一家贸易公司用EDI通信网络实现报关的工作流程示意图。

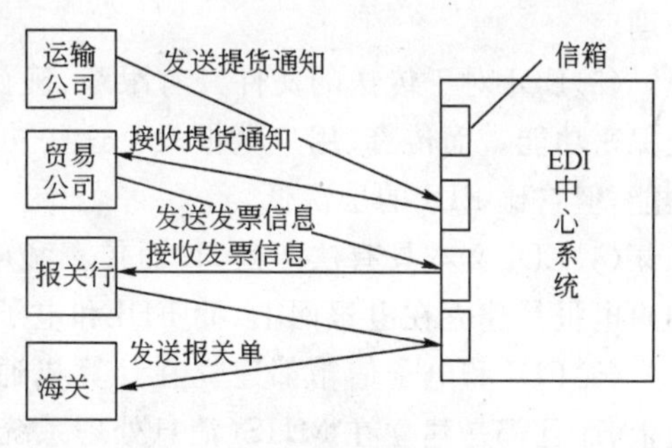

图4-8 EDI报关工作流程

(五)工作EDI的流程

第一步：在EDI系统中预录报关单。

第二步：企业报关单核对。

第三步：报关单发送到EDI公司服务器。

第四步：EDI公司服务器转发到

H2000 平台。

第五步:H2000 平台给出统一编号到 EDI 公司服务器。

第六步:企业下载回执(统一编号)。

第七步:企业根据收到的统一编号,在中国电子口岸数据中心网站审核和确认(申报)报关单。

第八步:中国电子口岸数据中心给出回执到 EDI 公司服务器(代码:3、18 位统一编号回执;7:发往海关;L:成功入海关预录入库;G:接单交单;审单中心确定办理验放手续或 E:退单或入库失败等原因;W:无纸通关审单通过)。

第九步:收到 G 回执后,企业打印正式报关单到现场海关递单。

第十步:收到 E 的回执,所有操作回到第一步开始。

三、EDI 的特点及优势

(一)EDI 特点

EDI 作为一种电子通信方式有以下的特点:

(1)EDI 的使用对象是具有固定格式的业务信息和具有经常性业务联系的单位。

(2)EDI 所传送的资料是一般业务资料,如发票,订单等,而不是指一般性的通知。

(3)采用共同标准化的格式,这也是与一般 E-mail 的区别,例如联合国 EDI-FACT 标准。

(4)尽量避免人工的介入操作,由收送双方的计算机系统直接传送,交换资料。

(5)EDI 与其他通信手段的区别。

EDI 与现有的一些通信手段、如传真、用户电报(Telex)、电子信箱(E-mail)等,有着很大的区别,主要表现在以下几个方面。

(1)EDI 的传输是格式化的标准文件,并且有格式校验功能。而传真、用户电报和电子信箱等传送的是自由格式的文件。

(2)EDI 是实现计算机到计算机的自动传输和自动处理,其对象是计算机系统。而传真、用户电报和电子邮箱等的用户是人,接收到的报文必须人为干预或人工处理。

(3)EDI 对于传送的文件具有跟踪、确认、防篡改、防冒领、电子签名等一系列安全保密功能。而传真、用户电报没有这些功能。虽然电子邮箱具有一系列安全保密功能,但它比 EDI 的层次低。

(4)EDI 文本具有法律效力,而传真和电子信箱则没有。传真是建立在电话上,用户电报是建立在电报网上,而 EDI 和电子信箱都是建立在分组数据通信网上。

(5)EDI 和电子信箱都建立在计算机通信网开放式系统互联模式(SOI)的第七层上,而且都是建立在 MHS(消息处理系统)通信平台之上,但 EDI 比电子信箱要求的层次更高。

(6)传真目前大多为实时通信,EDI 和电子邮箱都是非实时的,具有存储转发功能。因此,不需用户双方联机操作,解决了计算机网络同步处理的困难和低效率。如果利用信箱系统,也可以实现传真的存储和转发。

(二)物流 EDI 的优势

物流信息由有关公司作业的实时数据组成,包括进口物料流程、生产状态、产品库存、顾客装运以及新来的订货等等。从外界的角度看,公司需要与卖主或供应商、金融机构、运输承运人和顾客交流有关订货、装运和开单的信息,而内部功能则可用于交换有关生产计划和控制等数据。

操作人员首先使用打印机将企业 MIS 的数据库中存放的数据打印出来,形成贸易单证。然后通过邮件或传真的方式发给贸易伙伴。贸易伙伴收到单证后,再由录入人员手工录入到数据库中,以便各个部门共享。

数据库中的数据通过一个翻译器转换成字符型的标准贸易单证,然后通过网络传递给贸易伙伴的计算机。该计算机再通过一个数据翻译器将标准贸易单证转化成本企业内部的数据格式,存入数据库。

由此比较,不难看出使用 EDI 的好处。EDI 的直接利益包括:

(1)提高内部生产率。

(2)改善渠道关系。

(3)提高外部生产率。

(4)提高国际竞争力。

(5)降低作业成本。

EDI 通过更快的信息传输及减少信息登录的冗杂工作来改善生产率。通过减少数据登录的次数和个体数来提高精确性。EDI 是通过以下几个方面对物流作业的成本产生影响的:

(1)降低与印刷、邮寄以及处理书面交易有关的劳动和物料成本。

(2)减少电话、传真以及电传的通信费用。

(3)减少抄写成本。

(4)可及时利用运输资源,降低运输成本和减少时间浪费。

四、实现 EDI 的环境和条件

要实现 EDI 的全部功能,需要具备以下四个方面的条件,其中包括 EDI 通信标准和 EDI 语义语法标准。

1. 数据通信网是实现 EDI 的技术基础

为了传递文件,必须有一个覆盖面广、高效安全的数据通信网作为其技术支撑环境。由于 EDI 传输的是具有标准格式的商业或行政有价文件,因此除了要求通信网具有一般的数据传输和交换功能之外,还必须具有格式校验、确认、跟踪、防篡改、防被盗、电子签名、文件归档等一系列安全保密功能，并且在用户间出现法律纠纷时，能够提供法律证据。

消息处理系统(MHS)为实现 EDI 提供了最理想的通信环境。为了在 MHS 中实现 EDI，ITU-T 根据 EDI 国际标准 EDIFACTDE 的要求，于 1990 年提出了 EDI 的通信标准 X.435。使 EDI 成为 MHS 通信平台的一项业务。

2.计算机应用是实现 EDI 的内部条件

EDI 不是简单的通过计算机网络传送标准数据文件，它还要求对接收和发送的文件进行自动识别和处理。因此。EDI 的用户必须具有完善的计算机处理系统。

从 EDI 的角度看，一个用户的计算机系统可以划分两大部分：一部分是与 EDI 密切相关的 EDI 子系统，包括报文处理、通信接口等功能；另一部分则是企业内部的计算机信息处理系统，一般称之为 EDP(Electronic Data Processing)。

3.标准化是实现 EDI 的关键

EDI 是为了实现商业文件、单证的互通和自动处理，这不同于人—机对话方式的交互式处理，而是计算机之间的自动应答和自动处理。因此文件结构、格式、语法规则等方面的标准化是实现 EDI 的关键。

EDI 的国际标准发展情况如前所述，即 UN/EDIFACT 标准已经成为 EDI 标准的主流。但是仅有国际标准是不够的，为了适应国内情况，各国还应制定本国的 EDI 标准。因此实现 EDI 标准化是一项十分繁重和复杂的工作。同时，采用 EDI 之后，一些公章和纸面单证将会被取消，管理方式将从计划管理型向进程型转变。所有这些都将引起一系列社会变革，故人们又把 EDI 称之为“一场结构性的商业革命”。

4.EDI 立法是保障 EDI 顺利运行的社会环境

EDI 的使用必将引起贸易方式和行政方式的变革，也必将产生一系列的法律问题。例如：电子单证和电子签名的法律效力问题，发生纠纷时的法律证据的仲裁问题等等。因此，为了全面推行 EDI，必须制定相关的法律法规。只有如此，才能为 EDI 的全面使用创造良好的社会环境和法律保障。

然而，制定法律常常是一个漫长的过程。在 EDI 法律正式颁布之前如何处理法律纠纷？国外先进发达国家一般的做法是，在使用 EDI 之前，EDI 贸易伙伴各方共同签订一个协议，以保证 EDI 的使用。如美国律师协会的“贸易伙伴 EDI 协议等”。

五、实施 EDI 的效益

企业应用 EDI 有三种不同的目的。目的不同，EDI 的功能、所需人力、时间与成本也不一样。

(一)物流公司的 EDI 应用

物流公司是供应商与客户之间的桥梁，它对调节产品供需、缩短流通渠道、解决不经济的流通规模及降低流通成本有极大的作用。

1. 引进 EDI 是为了数据传输

如果配送中心引进 EDI 是为了传输数据，则可以低成本引入出货单的接收。

2. 引入 EDI 的目的是改善作业流程

如果希望引入 EDI 改善作业流程，可依次引入各单证，并与企业内部信息系统集成，逐步改善提单、配送、催款的作业流程。

(1)引入出货单

对物流公司来说，出货单是客户发出的出货指示。物流公司引入 EDI 出货单后可与自己的拣货系统集成，生成拣货单，这样就可以加快内部作业速度，缩短配货时间，在出货完成后，可将出货结果用 EDI 通知客户，使客户及时知道出货情况，也可尽快处理缺货情况。

(2)引入催款对账单

对于每月的出货配送系统集成来生成对账单，减轻财务部门每月对账工作量，降低对账的错误率，以及业务部门的催款人力。

(3)以 EDI 为工具进行企业再造

除数据传输及改善作业流程外，企业可以以 EDI 为工具进行企业再造。

(二)制造商的 EDI 应用

制造商与其交易伙伴之间的商业行为大致可分为接单、出货、催款及收款作业，其间往来的单据包括采购进货单、出货单、催款账单及付款凭证等。

1. 引入 EDI 的目的是数据传输

企业引入 EDI 是为数据传输时，可选择低成本的方式，引入采购进货单，接收客户传来的 EDI 订购单报文，将其转换成企业内部的订单形式。其优点是：

(1)不需要为配合不同供应商而使用不同的电子订货系统。

(2)不需要重新输入订单数据，节省人力和时间，同时减少人为错误。

2. 引入 EDI 的目的是改善作业流程

如果应用 EDI 的目的是为了改善作业，可以同客户合作，依次引入采购进货单、出货单及催款对账单，并与企业内部的信息系统集成，逐渐改善接单、出货、对账及收款作业。

(1)引入采购进货单

采购进货单是整个交易流程的开始，接到 EDI 订单就不需要重新输入，从而节省订单输入人力，同时保证了数据的正确，开发核查程序，核查收到订单是否与客户的交易条件相符，从而节省核查订单的人力，同时减低核查的错误率，与库存系统、拣货系统集成，自动生成拣货单，加快拣货与出货速度，提高服务质量。

(2)引入出货单

在出货前事先用 EDI 发送出货单，通知客户出货的货品及数量，以便客户事先打印验货单并安排仓位，从而加快验收速度，节省双方交货、收货时间；EDI 出货单也可供客户与内部订购数据进行比较，缩短客户验收后人工确认计算机数据的时间，减少日后对账的困难，客户可用出货单验货，使出货单成为日后双方催款对账的凭证。

(3)引入催款对账单

引入催款对账单，开发对账系统，并与出货系统集成，从而减轻财务部门每月对账的工作量，降低对账错误率以及业务部门催款的人力和时间。

(4)引入转账系统

实现了与客户的对账系统后，可考虑引入与银行的 EDI 转账系统，由银行直接接收 EDI 汇款再转入制造商的账户内，这样可加快收款作业，提高资金运用的效率。转账系统与对账系统、会计系统集成后，除实现自动转账外，还可将后续的会计作业自动化，节省人力。

企业为改善作业流程而引入 EDI 时，必须有相关业务主管积极参与，才可能获得成果。例如，对制造商来说，退化处理非常麻烦，退货原因可能是因商品瑕疵或商品下架。对有瑕疵的商品，退货只会增加处理成本；对下架商品，如果处理及时，还有机会再次销售。因此，引入 EDI 退货单，并与客户重新拟定退货策略，对双方都有好处。

(三)批发商的 EDI 应用

批发商因其交易特性，其相关业务包括向客房提供产品以及向厂商采购商品。

1. 引入 EDI 的目的是数据传输

批发商如果是为了数据传输而引入 EDI，可选择低成本方式。可根据交易对象的性质，决定引入 EDI 采购进货单。

若是厂商，可引入 EDI 采购进货单的传送，将采购进货单转换成 EDI 报文传给供应商，其优点是：

(1)不需要为配合不同厂商而使用不同的电子订货系统。

(2)使厂商提早收到订单及时处理，加快送货速度。

若是客户，可引入 EDI 采购进货单的接收，接收传送过来的 EDI 采购进货单报文，将其转换成企业内部用的订单，其优点是：

(1)需要为配合不同客户而使用不同的电子订货系统。

(2)不需重新输入订单数据，节省人力和时间，同时降低人为错误。

2. 引入 EDI 的目的是改善作业流程

若为改善作业流程而引入 EDI，可逐步引入各项单证，并与企业内部信息系统集成，逐步改善接单、出货、催款的作业流程，或订购、验收、对账、付款的作业流程。

(1)对旨在改善订购、验收、对账、付款流程的企业来说，可依次引入采购进货单、验收单、催款对账单及付款明细表，并与企业内部的订购、验收、对账及转账系统集成。其做法与零售商的做法类似。

(2)对旨在改善接单、出货、催款流程的企业来说，可依次引入采购进货单，出货单及催款对账单，并与企业内部的接单、出货及催款系统集成。其做法与制造商的做法类似。

（四）运输商的EDI作用

运输商以其强大的运输工具和遍布各地的营业点而在流通业中扮演了重要的角色。

1. 引入EDI的目的是数据通信

企业为数据通信而引入EDI，可选择低成本方式。可先引入托运单，接收托运人传来的报文，将其转换成企业内部托运单的格式，其优点是：

(1)事先得知托运货物的详情，包括箱数重量等，以便调配车辆。

(2)不需重新输入托运单据，节省人力和时间，减少人为错误。

2. 引入EDI的目的是改善作业流程

若引入EDI是为改善作业流程，可逐步引入各项单证，且企业内部信息系统集成，逐步改善托运、收货、送货、回报、对账、收款等作业流程。

(1)托运收货作业

事先得知托运货物之详情，可调配车辆前往收货。托运人传来的EDI托运数据可与发送系统集成，自动生成发送明细单。

(2)送货回报作业

托运数据可与送货的回报作业集成，将送货结果及早回报给托运人，提高客户服务质量。此外，对已经完成的送货的交易，也可回报运费，供客户及早核对。

(3)对账作业

可用回报作业通知每笔托运交易的费用，同时运用EDI催款对账单向客户催款。

(4)收款作业

对托运量大且频繁的托运客户，可与其建立EDI转账作业，通过银行进行EDI转账。

（五）EDI与MIS的集成

企业成功引入EDI的关键因素取决于使用EDI的目的，若只为数据传输而引入EDI，所需的软硬件成本较低，需要参与的业务部门的人员也较少，因此对企业内部的影响也较小，所以比较容易成功。随着引入程度的深入，需要改善的作业流程越多，对企业各部门的影响越大，所费的人力与时间越多，取得成功就比较困难。企业分为两类，即有信息部门的企业与无信息部门的企业。

1. 有信息部门的企业

对于有信息部门的企业，引入EDI的关键因素分述如下：

(1)为数据传输而引入

信息部门及相关业务部门人员要沟通协调，达成共识。

(2)为改善作业流程而引入

高层主管必须强有力地支持,除信息部门外,相关员工必须了解作业流程的变化及EDI的效益,以便完全配合。

(3)作为企业再造的工具

企业领导必须强有力并亲自领导,只有亲自参与才能了解问题所在并及时决策,要组成流程改造小组来推动工作,事先的宣传也是必要的。

2.设有信息部门的企业

对于没有信息部门的中小企业来说,引入EDI的关键因素为:

(1)慎重选择信息公司

选择的原则是:是否有EDI实施经验,公司规模及经营管理能力是否满足各项目要求,是否了解企业的状态。在本地是否有服务机构或能否提供及时服务等,如果企业除数据传输外,还希望能改善作业流程或进行企业再造,则需要考察信息厂商的沟通、协调能力及企业管理知识。

(2)高层主管的支持和参与

即使选择了很好的信息公司,如果高层主管不支持,信息公司也很难发挥作用,因为许多跨行业部门的业务及经营管理策略方面的决策无人可取代,必须高层主管亲自参与才能推动EDI的实施。

(3)不断进行管理观念的教育

进行管理观念的教育,使企业上下达成共识,辅之以激励系统,引导员工支持EDI的实施。

(4)以目前的需求为重点,再逐步深入

引入EDI系统的程度越深,需要改变作业的流程越多,因此,引入EDI不能急于求成,要有中长期投资的眼光,且引入策略和实施要前后一致。

六、EDI应用实例

(一)对象系统概况

北京明珠公司是一家国营连锁企业,位于朝阳区界内,现已有16家连锁商店及一个近千平方米的配送中心,经济效益良好。为了使企业能进一步发展,并与国际便利连锁店标准接轨,建立起一种现代化的具有中国特色的连锁经营方式,明珠公司与某校合作,用两年多的时间,逐步开发并完成了其计算机管理信息系统。该系统投入运行以来,运行稳定,效果良好,不仅提高了企业的管理水平,而且为企业带来了巨大的经济效益。

如图4-9所示,明珠公司计算机管理信息系统由商品管理,配送管理,统一结算,门店进销存和总经理决策支持等几部分构成。其中,统一配送和统一结算作为连锁行业的主要特征,是公司实现对各连锁店统筹管理的主要手段,也是整套系统的核心和关键，而门店进销存作为实现销售和利润的最终环节，又成为整个系统的基础。位于各地的各子系统之间通过公用电话网相连，在实现其各自功能的同时又形成了一个整体，从而构成了 MZMIS 的总体框架。

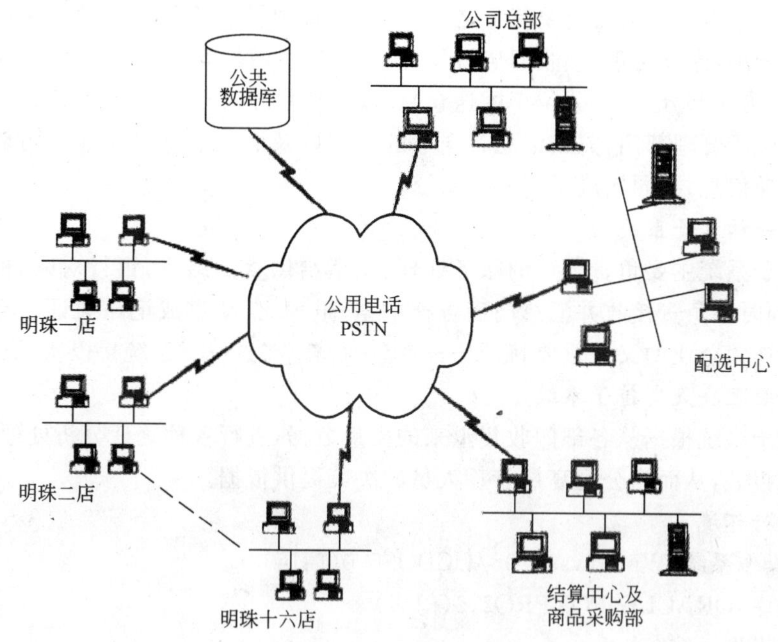

图 4-9 明珠公司计算机管理信息系统示意图

1. 门店进销存子系统

门店系统由前台 POS 销售，后台实时监测，后台数据处理三部分组成。

(1)前台 POS

各店根据超市大小一般配备了 2～6 台 POS 机，每台 POS 机均可独立工作，完成销货，查询，统计，清机等一系列功能。

(2)后台实时监测

使用一台 486 微机通过网络实时监测前台各 POS 机销售情况，并对各 POS 机销售数据进行实时备份，并储存前台售货所需的所有商品信息以供 POS 机查询访问。

(3)后台数据处理

使用一台奔腾微机，完成进货、销售、库存管理的所有数据处理工作，并负责每日通过电子信箱向公司发送该日的进销存数据。它是整个系统的管理中心和数据中心。

2. 商品管理子系统

商品管理子系统主要负责向各分店及配送仓库发布公司统一编制的商品及供货商信息，包括商品和供货商的编码、新增、变更以及价格管理等多项内容，同时，作为反馈，它又可以接收门店发回的商品销售信息，并对商品的销售情况做出各种统计，以帮助管理人员确定适当的商品结构及价格策略。

3. 配送管理子系统

统一配送是连锁店的重要特征之一，而配送管理子系统则实现了这一目标。它包括进货管理、库存管理、接收门店订货、向门店配送商品等功能；由于地理位置的分散，它又分为两部分：一部分位于配送仓库，负责日常的入出库以及库存管理的功能；另一部分位于管理部门，完成汇总各仓库的数据以及账务处理等功能。两部分通过电话网传递信息，共同构成了这一子系统。

4. 统一结算子系统

这一子系统主要负责公司的账务处理，包括给供货商结账、银行对账、税务管理等功能，同时还负责接收并汇总门店各种单据、报表，自动生成记账凭证直至作出财务报表。连锁企业的又一重要特征——“统一结算”在这一子系统得以实现。

5. 总经理决策支持子系统

这一子系统根据从各部门收集上来的大量数据，进行各种统计分析处理，产生多种形式的报表，从而为公司高层管理人员的决策提供依据。

6. 运行环境

PC 操作系统：Windows95/98/UCDOS5.0(门店)

数据库：ORACLE，FOXPRO2.5(门店)

网络操作系统

广域网互联：NETWARE3.12LANSMART3.51(门店)

EDT 公用电子信箱系统

(二)EDI 系统的实现

1. EDI 的切入点

一个企业要使用 EDI 技术从何处入手呢？从业务的高层管理入手。

首先，我们要强调的是：EDI 不是一个技术项目！虽然其中有其技术的成分，但它主要是一种业务活动的推动力。在一个企业中，仅仅在具体业务部门使用还是在整个业务链条中使用 EDI，或者，在企业中层管理部门使用还是企业从上到下使用，才能发挥 EDI 的作用呢？处理具体业务是一个业务的双方信息交换的过程。在这一过程中形成的各个环节，其中任何一个环节的信息受到阻碍都可以使一项业务处理受到影响。采用 EDI 就是要方便信息交换并加快信息的传输速度，仅仅在一个或几个部门使用 EDI 显然没有达到快速传输信息的目的，因而也不可能发挥 EDI 的作用。那么，在中层管理中使用 EDI，而不是在整个企业中使用 EDI，能够实现快速传输的目的吗？从事业务处理人员的一般工作职责是将预先规定量的资源，在一个具体的周期内，完成部门一级的目标。如果有一个新的需求产生，或者一个良好的机会来临时，这个级别的管理人员几乎无权做改变或动用更多的资源，从而丧失了这个需求或机会。因此,为了有效地发挥 EDI 的作用,必须把 EDI 的应用上升到更高的管理阶层,即在高层管理中使用 EDI。另外,如果 EDI 被认为是一种技术上的促进手段,在企业内部仅把它当作一项技术来推广,从而使得高层管理者们对此没有印象或不感兴趣。这可能导致 EDI 的实施得不到高层管理者的支持和 EDI 使用不当。

2. EDI 系统的整体方案

如同前面所提到的那样,每个 EDI 发送方与接收方都必须有一个 EDI 端系统。我们这里所指的方案即是针对 EDI 的这个端系统,而并不包括 EDI 中心系统。EDI 中心在我们的方案中是透明的。

我们先考虑一下以下的几个方案。

1)独立微机方案

这种配置方案可使企业从物理上实现 EDI,但实际上除了不再用传真传输外。

所得到的好处很少。使用该种配置方案中,生成 EDI 报文的唯一方式是通过键盘在计算机屏幕上向预定格式的界面中填入数据,访问有关信息的唯一途径是打印出一份书面文档。此方案并没有与已经存在的计算机应用程序连接。由于用户习惯手工处理商务文档,它不仅没有废除手工操作,又将手工处理组合在一整套相应的计算机处理中。它也没有排除错误,相反给用户提供了犯更多错误的机会。很显然,只有当该公司没有计算机应用程序可连接到 EDI 处理程序上时,这勉强算是一个解决方案。甚至可以这么说,采用这个方案没有多大意义,而且它没有一个应用系统来产生或处理 EDI 数据,所以它只是一个短期方案。另一方面,当一家小公司由于其主要贸易伙伴的要求而不得不在很短的时间内实施 EDI 时,根据其有限的资源和时间上的限制,再加上没有相应的技术人员,独立的微机方案或许是唯一可取的方法。

2)与微机应用程序集成在一起的微机方案

若一家公司的微机上有了商务应用程序,前端系统,我们可以将商务应用程序看作数据关口这个关口,例如,门店系统中进货管理的应用程序。那么就可以在其微机上选择一个 EDI,EDI 数据进出此公司,必须通过统一配送商品进货单据,所需的内容完全可以从公司系统内部的配送单据上获得,即用 EDI 的配送单据作为进货单录入程序的一个入口;而另一方面,在统一配送系统中开出的出库票则可以作为 EDT 配送单的入口。在这种情况下,EDI 系统也可驻留在微机上。在发送方,它能从一个商务信息文件中提取数据,产生 EDI 交易报文,而不是靠键盘输入来生成。在接收方,它将根据 EDI 数据文件,生成有关商务信息文件,而并不打印出商务文档。由于此方案中 EDI 数据被直接融入应用环境中,而并不插入手工步骤,故这个方案应是一个集成方案。

它的优点显而易见。其一,EDI 与系统应用的集成使整个业务流程得到了优化,从真正意义上实现了对业务的推动作用。其二,采用微机作为前端工作站,使之在实施中以低投入,短时间实现支持少数几个 EDI 贸易伙伴,处理少量的 EDI 事务。但是，这种将 EDI 系统驻留在不同的微机上，当 EDI 贸易伙伴的数量增加，或者附加的 EDI 应用程序增加时，就会造成 EDI 事务的大量增加，使得使用这种方案不便于维护和管理。因此，它是一个费用较少，收效快的中期方案。在整个系统开发中，可以作为向高层管理者理解 EDI 系统的展示方案及进一步开发的快速原形方案。

3)应用服务器方案

我们首先声明这只是一个理想的雏形方案。因为其中还有很多问题未能解决。

我们将在以下的章节中就其中一些问题进行讨论，借以希望能给对此感兴趣的同行一些启发，以便最终实现一个较为合理的方案。

我们认为，最有效的长期方案是将应用系统及 EDI 前端系统都驻留在同一计算机上。(这里的计算机指的是类似于在三层系统结构中的应用服务器，Application-Server)。与前几种方案相比，该种配置方案的 EDI 系统将具有优异的性能，不需要任何中间媒介进行安装或卸载。而且，用于应用服务器的中大型机通常可以支持高复杂逻辑和高强度的 EDI 处理，并在处理上提供很大的灵活性。换句话说，用户可以对 EDI 前端系统进行一些规定，在利用诸如"贸易伙伴是谁及在处理什么交易"等类型参数的基础上，就可以更改处理及决策。恰恰是有此种处理能力和灵活性，才允许在系统上无须进行常规编程，就可以根据 EDI 贸易伙伴的需要，做出相应的反应。

这种方案的特点是总体代价较高。它不仅有对主机及通信能力等硬件的要求，还对 EDI 所在的系统结构等有相当需求。另外，系统需要专业技术人员安装和维护。如果一家公司拥有这些软硬件环境，则会由于具有这种额外的处理能力，以及将 EDI 前端系统与应用程序系统集成带来的优越性，可使该公司对 EDI 的投资十分有效。

我们在各个子系统设计之初，就本着将 EDI 系统作为整个系统的一部分来考虑，让系统应用和 EDI 应用达到浑然一体的效果，即第二方案。在当时纯粹 EDI 贸易方面的需求并不多，我们主要从整个系统的角度出发来分析需求和设计。其中有两点在很大程度上影响着我们的方案。根据那时的情况，整个明珠公司子系统的划分和设计体现出：这是一种采用分布式处理并将信息控制在各个职能部门的方案。我们采用了 EDI 技术的主要原因之一，即以 EDI 电子信箱作为广域网通信实现广域网下数据库的分布一致性。

另一方面，分布式的各个子系统使维护工作相当困难，借助 EDI 系统应用使系统级的远程维护成为了可能。要实现这一目标，EDI 系统与应用系统的集成势在必然。为了能够达到相关事务处理自动化，我们的方案中应用程序连接器占到了 90%。正因为这样，方案可以根据应用程序连接器的功能来划分应用集：配送应用集，财务单据集，商品信息集，其他应用集。

(1)配送应用集

配送应用集主要是面向门店与配送中心之间的订货配货业务应用的。这是一类标准的 EDI 贸易应用。业务流程从门店发送 EDI 订货单开始，配送中心接收后，根据订货单开出库票，然后，将出库票以 EDI 单据传回门店，最后，门店将 EDI 出库票接收并转为进货单。EDI 信息流如图 4-10。

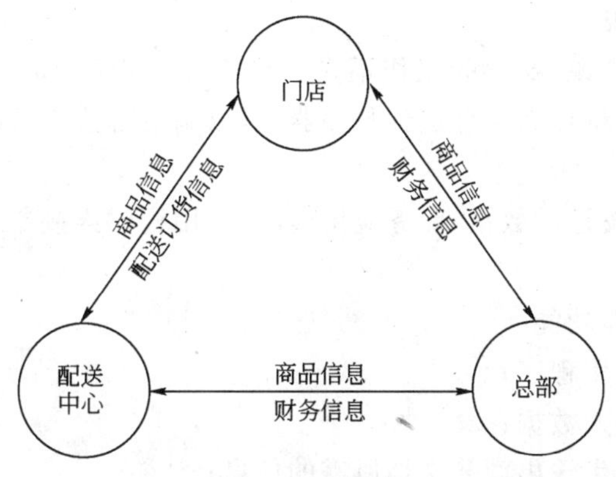

图 4-10　EDI 信息流

(2)财务单据集

财务单据集是指统一结算子系统收集各业务部门(配送部和门店)的财务原始单据，以便进行统一结算管理。

(3)商品信息集

商品信息集实现了商品管理子系统对其他所有业务部门的标准商品信息的统一管理。它和上面的财务单据集一起，可归为数据库的分布一致性的实现。

(4)其他应用集

其他应用集主要是面向我们开发者对各子系统发送控制信息来实现远程系统的维护。

(三)应用程序连接软件

上面已经提过，有两种软件可将存在的商务应用程序同 EDI 数据连接起来：一种是应用程序连接器，另一种则是翻译器。

一个带有普遍性的问题是："对于 EDI 翻译器及应用程序连接器，我们是购买还是自己开发?"答案很简单，那就是买翻译器，开发应用程序连接器，即购买与开发二者之间的折中。翻译器就应该买，原因之一就是这很少需要，甚至不需要用自己的内部资源来开发；原因之二就是购买的翻译器会使公司的业务与复杂多变的 EDI 标准所规定的内容保持一定的距离。再看应用程序连接器。因为连接器的功能是直接作用于自己开发或者内部修改过的已经存在的商务应用程序，最好的选择就是自己开发这个程序。目前，许多使用 EDI 的贸易公司都在开发自己的应用程序连接器，有时还与一个翻译公司建立合作。若一个公司开发应用程序时与翻译公司建立联盟，购买一个具有联盟关系的 EDI 翻译器，既可享受其方便，又容易实现高性能。这种程序允许访问应用程序文件的各个字段,可从这些字段中提取数据,或在其中存储数据;还提供翻译器所需的文件格式,或利用翻译器直接产生的文件格式,而无须在这方面有什么额外的工作。但是,替换手工作业的应用程序连接器部分必须自己开发。

1.发送方的实现

对于应用程序来说,要做的工作不多。只需确定相关EDI标准的数据需求,并决定收集什么信息,将什么信息送到翻译器去,以满足哪些需求即可。这主要是技术工作。

下面列出了对发送的数据,商务应用程序,应用程序连接器及翻译器各自所表现的作用。

1)商务应用程序功能

(1)访问内部应用程序;

(2)接收键盘输入数据;

(3)收集需要产生输出商务文档所需的信息;

(4)处理信息;

(5)产生输出商务文档。

2)应用程序连接器功能

(1)从商务应用程序中收集信息;

(2)将信息以一定的格式存入固定格式的计算机文件中;

(3)记录相应的处理信息;

(4)将此计算机文件传给EDI翻译器。

3)EDI翻译器功能

(1)读出计算机文件;

(2)用此文件信息产生EDI标准交易文件;

(3)产生有效的EDI标准文件;

(4)将此EDI标准文件传给通讯设备;

(5)维护控制信息。

为了使应用程序连接器与系统应用结合得更好,我们充分利用了系统的环境——ORACLE 7.3数据库和PB 6开发平台。数据库用来提供应用程序连接器的存储结构支持,包括应用层处理日志,贸易伙伴信息等。PB 6则不仅为我们提供了数据窗口(DATAWINDOW)这一访问系统数据库信息的便捷的开发工具,而且DATAWINDOW的导出格式也成为文件格式的标准信息元之一。

在发送方设计中有两种调用策略。一是集中自动发送,即在应用系统中用户只由一个入口触发发送方的应用程序连接器,所有的待发的应用信息将自动整理。二是面向各个应用信息有各自的入口,如发送订货单信息。前者的优势是自动化较高,而且若在离线EDI的情况下,它可一次生成所有文件,物理传输连接一次即可。而后者则可通过提供有选项的信息收集程序实现用户更加灵活的需求，如重发某些数据。这两种策略互为优缺，尽管可以使用针对不同应用的混合方案，但这会使系统难于设计而且很复杂。最终我们采用了第二种策略。

由于这种策略使应用程序连接器分散于各个应用之中，我们利用面向对象的方法构造了一个连接器主引擎。它的实质是提供了一个连接器功能的结构父类。其处理逻辑如下：

(1)检验是否为发送机器；

(2)对资源加锁；

(3)生成数据和参数文件；

(4)写发送标志；

(5)写发送文件序号；

(6)写发送日志；

(7)提交；

(8)提示完毕。

祖先类(uosendfile)上定义了一些公用的变量和函数，包括报文生成入口函数、写发送序号函数等。我们将发送过程分解为多个操作，相同的部分写到了该类中，如检测发送机器函数等，自由度大的部分由子类具体编写，如生成文件和参数函数，即对应连接器中“从商务应用程序中收集信息”的功能。单文件发送类由于具体到了单文件的发送过程，因此，又提取了一些公共函数。为了更好地重用，它将生成的文件和参数函数进一步分解为多个操作。订货单发送类具体写出了发送子类不同部分的代码，包括生成数据、写发送标志等。通过两重继承我们实现了订货单的发送类，可以看出，这组类的重用主要是通过对复杂操作的分解来实现的。

2. 接收方的实现

在接收方开发应用程序连接器将是一个很麻烦、费时的工作。如前面所提到的那样，接收应用程序连接器有两个主要作用。第一个作用是将一次收到的贸易文件全部传给接收商务应用程序。对此功能来说，必须首先确定商务应用程序的需求，然后收集相应信息，以满足应用需求。这又是一个技术工作。第二个作用是在信息进入接收商务应用程序之前，将原来在输入商务应用程序上所作的所有手工操作，用自动化处理来代替。对于这个 EDI 软件的讨论，外部人员也许会惊讶地看到，有关应用程序连接器的具体工作是由那些手工工作的业务人员所确定的。实际上，若非这些人员在定义应用程序连接器，所需功能及处理所需的逻辑过程方面的积极作用，单凭技术人员是无法知道应用程序连接器该做什么，怎样去做。我们的经验表明，这是 EDI 实施工程中最费时，费钱的工作。下面列出了有关 EDI 翻译器，应用程序连接器及商务应用程序相应功能的示例。

1)EDI 翻译器功能

(1)读取和解释输入的 EDI 文件；

(2)在坚持 EDI 标准语法规则的基础上，保证正确性及完整性；

(3)用该文件中的信息来产生另一个固定格式的文件；

(4)将此固定文件传给应用程序连接器；

(5)维护控制信息。

2)应用程序连接器功能

(1)读取文件；

(2)在商务报文上检查其正确性并进行处理；

(3)记录相应的处理信息；

(4)将一次产生的全部报文传输给商务应用程序处理为内部数据存储。

3)商务应用程序功能

(1)根据内部数据存储进行随后的商务应用程序；

(2)在需要的地方产生书面文档。

对于接收方应用程序连接器的设计与实现虽然烦琐，却无太多难点。与发送方的连接器不同，它一次性处理所有接收后待处理的文件。关键是设计一个触发机制分析报文的内容，触发相应的处理。而各不相同的处理编写是不可避免的。一个理想的触发机制应对应任意输入文件，不用有所改动，即便是一种新增类型的文件，也能照常处理。这需要一种动态机制。在门店的实现中，FOXPRO 平台有两个重要的特性：支持宏调用和一种类似解释执行的特点。这使我们的问题迎刃而解。前者支持我们在报文头部所加入的接收方连接器处理程序中，实现了动态的调用；后者更提供了对具有控制功能的信息元的处理支持。这实际上实现了一种对信息对象的支持，因为信息中不仅有数据，还有控制信息。而在其他子系统中的 PB6 开发环境中，我们进一步利用了 PB 对面向对象多态机制的支持。通过名称(string 类型)动态调用一个窗口或数据窗口，我们在 PB 中是常用的，再辅以用户对象的动态使用，可以比 FOXPRO 更加漂亮地实现上述"触发机制"。

3. 翻译器及其他

翻译器的功能对发送方和接收方是互逆的。它两端的输入输出接口分别是固定格式的文件(或称平面文件)和 EDI 报文。报文标准是人为制定的，有不同级别，例如国际标准、国家标准、行业标准、企业标准等，我们的报文并没有采用国际标准的 EDI 报文，因此也就没有购买 GE 公司的翻译器。下面格式是我们课题组制定的企业内部的报文格式暂行标准(还应改进)，对它的处理可以看作为我们开发的翻译器。格式如下：

应用文件名

数据段 1

结束符

……

数据段 N

结束符

校验和

另一方面，针对 EDI 信箱传送大文件能力较差的情况；系统在发送底层增加了对传送文件分块重组及自动重试的功能，即发送方对大文件分块发送，而接收方则将文件自动重组，并且这一过程是在发送模块的底层完成，对 EDI 系统应用是透明的。

(四)EDI 应用实现

EDI 系统的应用层是指 EDI 应用程序连接器中与系统相关的程序。它是 EDI 系统的最上层，同时又是系统应用的一部分。这个特殊的位置，使它承担着极其重要的作用。作为 EDI 系统的一部分，它已经站在了我们所设计的应用程序连接器的主引擎之上，信息在发送方和接收方是端到端的传递。因而它直接面对应用系统的需求，主要为应用系统服务，使 EDI 系统发挥它的现实意义。我们所讨论的集成的最终体现亦在于此。

1. 实现方法

1)EDI 相关应用的数据结构支持

EDI 系统必须有凌驾于系统计算机应用程序之上的控制特征。第一，EDI 应用必须能够捕捉需要建立和维护完整 EDI 活动的审计日志信息。除了在系统中建立明确的 EDI 发送接收日志表，在所有的 EDI 应用所管理的数据表中添加记录 EDI 处理的字段，如可记录发送/接收时间的日期类型字段和可记录发送次数的数字字段(根据类型可灵活应用)。第二，对向外发送的数据来说，必须能够产生一个完整的 EDI 标准控制信封集；对接收方收到的数据，必须能够阅读和确认这些控制信息，还要证实收到的文件同定义的语法结构一致。对应我们 EDI 应用程序，发送方生成发送数据的同时还有一个参数文件，即控制信息，它包括文件名，发送目的地等。为了产生这些信息，我们的系统中建立了贸易伙伴的信息表和文件发送序号表。以下是几个表结构的说明：表 4-2(发送日志主表)、表 4-3(发送日志从表)、表 4-4(接收日志表)。

发送日志主表　　表 4-2

列　名	类　型	长　度	说　明
SLOGORDER	NUMBER	6	主键
MIDFNAME	VARCHAR	20	中层文件名
SRCFNAME	VARCHAR	80	源文件名
SEDICODE	VARCHAR	35	发送者信箱号
HOSTCODE	VARCHAR	4	发送机器号

续上表

列　名	类　型	长　度	说　明
BLKSIZE	NUMBER	6	传输块大小
RTYCOUNT	NUMBER	3	发送重试次数
SNDTEXT	VARCHAR	63	发送文本
SLOG2FNO	NUMBER	6	发送日志 2 起始行号
SLOG2RCNT	NUMBER	3	发送日志 2 记录数
SLOGROWNUM	NUMBER	3	发送文件行数
SLOGFSTIME	DATE	8	发送时间

发送日志主表　　表 4-3

列　名	类　型	长　度	说　明
SLOGORDER	NUMBER	6	发送日志序号
MIDFNAME	VARCHAR	6	中层文件名
REDICODE	VARCHAR	35	接收者信箱号
RQLFR	VARCHAR	35	接收者身份
SSFSCODE	VARCHST	6	发送状态返回
XH	NUMBER	2	序号

接收日志表　　表 4-4

列　名	类　型	长　度	说　明
SLOGORDER	NUMBER	8	日志号
MIDORDER	NUMBER	6	中层日志号
MIDFNAME	VARCHAR	80	中层文件名
REDICODE	VARCHAR	35	接收者信箱号
SEDICODE	VARCHAR	35	发送者信箱号
RQLFR	VARCHAR	35	接收者身份
RSFSCODE	VARCHAR	8	接收状态返回
RERRCODE	VARCHAR	1	接收错误码
SNDTEXT	VARCHAR	79	发送文本
RTIME	DATE	8	接收时间
EDITIME	DATE	8	EDI 中心时间
RECCOUNT	NUMBER	6	记录数
FFLAG	VARCHAR	1	失败标志

2)信息的接收处理过程

在通常情况下,信息的数据结构及逻辑内容是由发送方确定的,但具体的数据处理操作是由接收方完成的,二者必须协调一致。通常的做法是采用事先约定的方法,对每一种数据,双方约定一个标志,此标志由发送方给出,接收方根据标志的不同确定数据的类别并进行相应的同步处理。

这种方法让每种数据对应一种接收处理方法,在数据种类很多时使得处理逻辑变得很复杂,特别是每当发送数据在种类或结构上有所变化时,就需要修改接收方应用程序的处理逻辑,这在分布式环境下是非常不方便的,也破坏了发送方对数据副本一致性管理的完整性。我们需要一种统一的结构使得接收方能保持相对稳定的接收处理逻辑,在这方面我们进行了一些尝试。

方法之一是发送时将传送数据转化为统一的数据分子结构,之所以称为分子结构,是因为该结构非常简单,是组成数据信息的最基本单位,只包括关键字、值两项内容。

接收时通过关键字在数据库中定位并填入新值即可。如 MZMIS 中基本档案信息的一致性管理就是采用这种方法。档案信息包括供货商档案、商品档案、价格信息等多种内容,在数据库中涉及多个基表。我们将档案的变更信息分解为分子结构,其关键字包括基表名、主键值、列名等信息,接收方通过此关键字定位于本地数据库某个基表的某行某列,然后写入新值即可,这样使处理逻辑变得简单而且一致。

方法之二是使用面向对象的方法。发送方发送的不再只是数据,而是发送一个对象,包括数据以及对该数据应做的同步操作。这样,接收方的接收处理实际上是由发送方控制完成,从而解决了同步信息与同步操作互相分离的问题,也使得主控结点对数据副本的控制手段更加灵活,同时它还使应用系统的远程维护成为可能。在实际应用中,我们针对不同平台采取了两种实现。在发往 EDI 电子信箱的信件中夹带命令行信息来实现这一功能,接收方接到信件后即执行该命令,完成发送方所规定的同步操作。

3)处理机制

在数据处理机制的选择上,我们采取了事件驱动的方法。具体地说就是将接收过程与数据处理过程分离,接收过程只负责接收并记录更新的内容,而具体的应用操作则由系统事件触发完成。在通常情况下,大部分的应用操作是在接收后立即执行的,也就是由“信息接收完毕”这个系统事件触发来完成,但根据应用的需要,我们也可以选择对某些同步操作进行“延迟处理”,即接收后暂不执行,而是在系统处于某种特定状态下才触发执行。

最为典型的一个例子就是商品价格的修改。连锁店要求各分店价格统一,而总部下达给各店的变价或特卖通知往往要给分店一个准备的时间,即通知中要包括一个执行日期,到该日期系统将自动执行变价。对于这种情况,系统在接到变价通知单后,并不执行变价操作,而只是将其暂存,具体的变更操作是由“系统日期到达执行日期”这一事件触发完成的。

采用事件驱动的方法使接收操作与同步操作分离,不仅层次清晰、便于维护,而且使用灵活,能为不同的应用需求提供更多的支持。这一方式在实际应用中取得了令人满意的效果。

2. 实例跟踪

1)商品信息集

在MZMIS中,商品档案由商品管理子系统负责维护。分店拥有本店所经营的那部分商品档案的副本,即主控副本的一个子集。对于分店来说,分店失去了对商品的任何控制权,其分布一致性的维护也由主控场地统一管理。对于主控场地——商品管理子系统来说,它掌握了对分店商品经营品种的控制权,但它必须建立一个商品与分店的对应关系,并依此将不同的商品同步信息发往不同的分店,从而维护各分店各不相同的副本,并保证其与主控副本的一致性。EDI应用包括发送接收新商品信息,变更信息,变价信息和上述信息的重发信息。这种EDI应用的实质是作为广域网环境下数据库分布一致性的实现。

在新商品信息的发送中,发送数据源所涉及的表均有发送日期及一个发送次数的EDI标志。发送方,商品信息管理程序中的新商品确认功能需要承担部分维护EDI标志的初始状态的任务。所有未发送的信息即可根据发送日期标志来收集,并根据商品信息的逻辑关系(如主从等)和接收方对数据的需求来将数据整和。数据的收集和整合是EDI发送程序的重点。成功的发送事务最后是将EDI标志置成发送完成状态。图4-11为发送处理数据流程图。接收方的数据处理是发送方的逆过程。将新商品信息还原到对应需求的表中,接收事务成功后,EDI标志被置成接收完成状态。图4-12为接收方处理数据流程图。

在此,我们对比变更信息的实现。它所处理的数据是分子结构的数据,这使它在发送方的数据收集和整合变得简化,同样在接收方的处理处理逻辑变得简单而且一致。但是,它实际上将复杂性转移到了商品信息管理中的信息修改变更程序中了。而且,这种分子结构的数据客观上使传输的有效数据降低。事实证明,数据处理过程选用分子结构应根据不同需求。变更信息采用它是有内在特点的:

(1)在数据的收集整和中,数据来源较多,集中管理它的逻辑会很复杂或不可能实现。

(2)客观上事务需求的信息粒度较小。如一个表的一两个字段。

(3)整体数据量较小。只有符合上述特点的信息需求才宜使用分子结构的数据,很显然新商品信息并不适用。

2)远程维护方案

这个方案的实质是实现对象的传送。即以上的商品信息只是构成数据部分,相应的处理捆绑发送。由于传送的数据对象的特点,使变更处理体现出事务的完整性

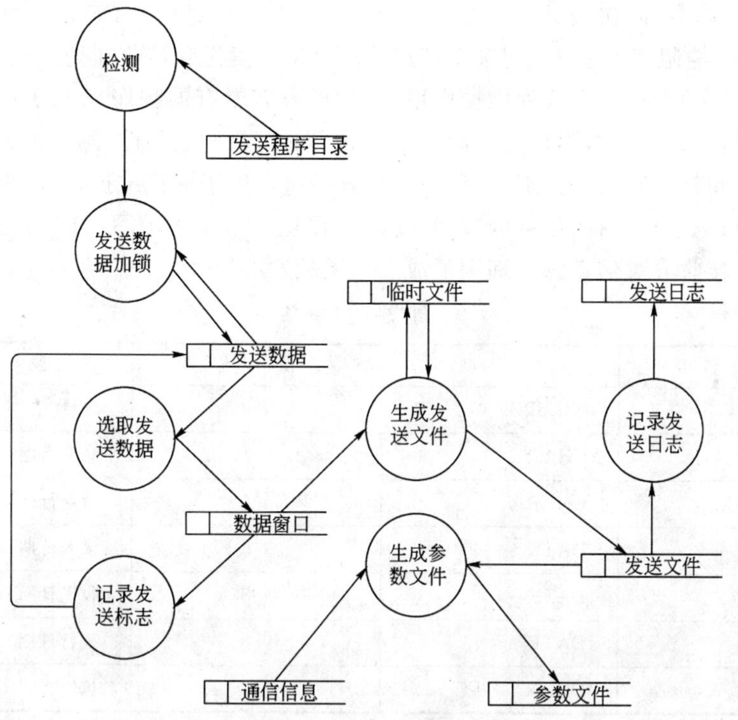

图 4-11　发送处理数据流程图

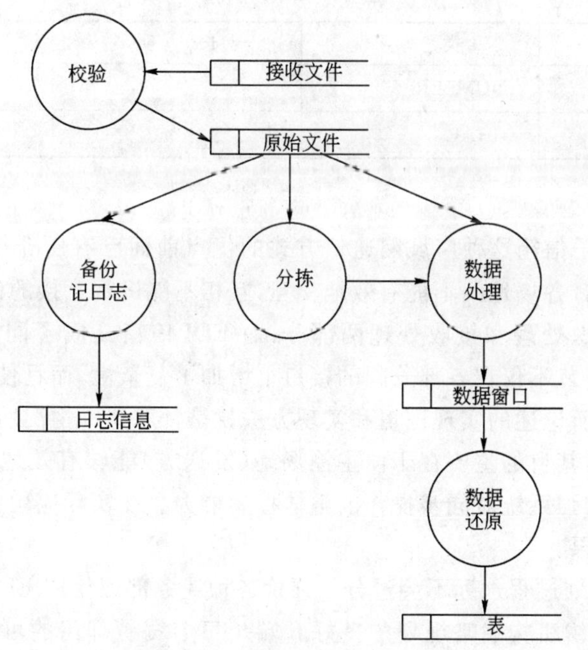

图 4-12　接收方处理数据流程图

且灵活性很高。我们在数据结构支持上又引入了控制信息的表，如表 4-5(控制信息表 1)、表 4-6(控制信息表 2)，用来管理传输的对象。发送和接收在处理的逻辑上，均以控制信息为切入点。在远程维护应用中，发送方有专有的程序来实现对控制信息的录入等管理。接收方，则首先检测控制信息中的对象的完整性，然后根据控制信息中的执行时间触发对象的处理。目前，我们只是将它用于远程维护，但它确实有值得推广的潜力。如上述商品信息的应用，我们可在程序中添入填写相应的控制信息的内容即可。接收方对信息的处理则形成了两层触发的形式。

控制信息表 1 表 4-5

列　名	类　型	长　度	说　明
NO	NUMBER	6	序号
CMDTYPE	CHAR	1	命令类型
ISCMDLINE	CHAR	1	命令行标志
LRRQ	DATE	8	录入日期
SFRQ	DATE	8	收发日期
ZXRQ	DATE	8	执行日期
ZXFS	CHAR	1	执行方式

控制信息表 2 表 4-6

列　名	类　型	长　度	说　明
NO	NUMBER	6	序号
BMH	CHAR	4	部门号

3. 实现特点

EDI 公用电子信箱这种广域网通信方式的优点前面已有所介绍，但离线的访问确实是一个障碍。各场地间不能有效地交互，互相不能进行直接的访问，这使得同步过程被分解为发送处理和接收处理两部分，而 EDI 信箱又成了同步信息的暂存场地，较多的操作环节不仅在各部分间的接口上增加了复杂性，而且使一致性维护更加难于管理。前面所论述的实现逻辑和实现方法就是针对这一情况所采取的一种较为有效的解决方案，其目的主要在于使主控场地(发送方)能够有效地对同步操作的各环节进行控制，增强系统对同步操作的整体控制能力。在实际应用中，这种方法取得了令人满意的效果。

强调 EDI 规划过程永远不会过分。评价各种业务部门使用 EDI 的利益，提供了将 EDI 集成于组织机构战略规划的良好开端。每个贸易部门的可行性研究揭示了产生或接收及时准确信息的机会，这些信息可以提高公司的整体效益和业务部门的工作效率。在EDI实施的过程中，将适当的人员聚集在一起意味着一个计划的良好开端，与松散的处理反复跟踪的工程之间相比，其优点不仅在于如期完成任务，更重要的在于及时发现错误和调整步骤，朝着成功的方向发展。为了制定完整的贸易和技术规范以完成实施任务，业务部门的负责人和用户，系统应用程序专家，通信专家，甚至有关业务的法律专家在实施EDI的过程中聚集在一起，参加各种讨论就成为必须。一个预定义的试实验计划可使工程从试实验阶段发展成为实际运行方式。在EDI实施过程中，试实验计划用来发展新的业务需求。它的测试需要一个非常细致的测试方案。因为它不同于一般应用工程只涉及一个系统，EDI工程包括所有贸易关系的伙伴的系统。EDI系统本身连带EDI系统所在的各贸易方的应用程序都应在测试方案内，应按照一个业务的完整流程来测试。测试基本上可分为通信部分和应用部分。当然，这需要做好充分的协调工作，建立模拟的数据环境等大量的准备工作。

如果EDI的试实验计划处理得当，增加新的EDI贸易伙伴时的零碎工作就可减少。反过来又可用新的成果去实现新目标。

第四节 销售时点(POS)技术

一、概述

销售时点情报系统(Point of Sale)简称POS，在欧洲又简称EPOS，即Electronics at the Point of Sale)是一种广泛应用在零售业界的电子设备，主要功能在于统计商品的销售、库存与顾客购买行为。零售业界可以透过此系统有效提升经营效率，可以说是现代零售业界经营上不可或缺的必要工具。

(一)概念

销售时点信息系统POS(Point of Sale)是指利用光学式自动读取设备搜集销售商品时，按照单品类别读取商品销售、进货、配送等阶段发生的各种信息，通过通信网络送入计算机系统，按照各个部门的使用目的对上述信息进行处理、加工和传送的系统。

POS最早应用于零售业，以后逐渐扩展至金融、旅馆等服务性行业，从企业内部扩展到整个供应链。

它包含前台POS系统和后台MIS系统两大基本部分。

1.前台POS(Point of Sale)系统

指通过自动读取设备(如收银机)在销售商品时直接读取商品销售信息(如商品名、单价、销售数量、销售时间、销售店铺、购买顾客等)，实现前台销售业务的自动化，对商品交易进行实时服务管理，并通过通信网络和计算机系统传送至后台。

2. 后台 MIS(Management Information System)

它负责整个商场进、销、调、存系统的管理以及财务管理、库存管理、考勤管理等。它可根据商品进货信息对厂商进行管理，又可根据前台 POS 提供的销售数据，控制进货数量，合理周转资金，还可以分析统计各种销售报表，快速准确地计算成本与毛利，也可对售货员、收款员业绩进行考核，是职工分配工资、奖金的客观依据。

随着计算机系统的进步，零售业界开始尝试使用计算机来管理店面的商品，在 20 世纪 70 年代商品的条形码规格确立，制造商在商品出厂时直接印制条形码，而店家便可以利用此条形码来管理商品，这便是 POS 系统的主要功能。

POS 系统除了计算机软件外，通常要具备下列的硬设备：收款机、计算机主机、镭射扫描仪、打印机，此外不同的零售业者为了管理的方便也会个别采用许多不同的装置，例如：PDA 或是其他特殊规格的手持式装置，通常也具备网络以随时传输信息至企业总部。

当顾客结账时，商家透过镭射扫描仪阅读条形码，此数据可以提供收款机商品信息，透过此信息收款机可以计算价格，而计算机主机便可统计商品的销售状况，有些业者还会顺便要求职员输入顾客的信息，例如：年龄、性别等，也可以结合信用卡、会员卡等等来管理顾客信息，从而可以了解顾客的行为，提供业者经营上的信息。

POS 系统通常与电子订货系统(EOS 系统，Electronic Ordering System)、电子数据交换系统(EDI)、计算机会计系统相结合，可以给业者带来莫大的效益。

【小知识】 电子订货系统(Electronic Ordering system)

EOS 系统是电子订货系统(Electronic Ordering System)的简称，是指将批发、零售商场所发生的订货数据输入计算机，即通过计算机通信网络连接的方式将资料传送至总公司、批发商、商品供货商或制造商处。因此，EOS 能处理从新商品资料的说明直到会计结算等所有商品交易过程中的作业，可以说 EOS 涵盖了整个物流。在寸土寸金的情况下，零售业已没有许多空间用于存放货物，在要求供货商及时补足售出商品的数量且不能有缺货的前提下，更必须采用 EOS 系统。EOS 因内涵了许多先进的管理手段，因此在国际上使用非常广泛，并且越来越受到商业界的青睐。

二、POS 的运行过程

以零售业为例，POS 的运行有以下 5 个步骤：

第一，适用 POS 商品的包装上印刷有商品标准条形码。

第二，在购买商品时，利用自动读取设备读取商品条形码信息。

第三，读取的商品信息通过通信网络传送给店内的主机，计算机系统瞬时将商品的价格、销售额合计等信息传送给收款台，用以形成缴款单据。

第四，店内搜集的销售信息通过通信网络传送给总部和流通中心。

第五，本部、流通中心、店铺在这些信息的基础上，做出库存调整，补充订货、配送管理等方面的快速而准确的决策。

最早 POS 系统的功能主要是利用条形码提供一种快速结账的方式，减少店员以人工登录商品价钱造成的错误，但也因此 POS 系统可以通过计算机快速地统计商品的销售，再加上与电子订货系统的结合，便可以快速提供业者各种商品的销售状况、库存状况，甚至可以提供不同顾客群的购买行为分析，从而可以让业者更有效率地了解顾客的消费倾向、有效排除滞销的商品，提供作为未来商品开发的参考。

以日本便利商店业者来说，管理者可以轻易通过 POS 系统了解过去各商品每日甚至每小时的销售状况，甚至不用实际清点数量便可以知道店内商品的库存数。POS 系统甚至还与天气预报结合，也一并提供来自公司总部的各种商品最新信息，管理者可以通过手持式的装置或是计算机得到这些数字，分析与预测未来可能的销售状况，从而作为订货的参考。如此可以减轻不必要的库存压力，也可以有效地掌握顾客动向，进而提高销售额。同时 POS 系统所收集的顾客消费信息，可结合顾客关系管理系统(CRM)，进一步达到一对一的销售服务。

由于系统的功能多样化，除了零售商，一般餐饮业甚至旅馆业者也纷纷导入使用。

三、POS 系统的特点

1. 单品管理、职工管理和顾客管理

(1)单品管理——即时准确地反映了单个商品的销售信息，高效率。

(2)职工管理——依据每个职工的出勤状况、销售状况进行考核管理。

(3)顾客管理——读取零售商发行的顾客 ID 卡或顾客信用卡，来把握每个顾客的购买品种和购买额，从而对顾客进行分类管理。

2. 自动读取销售时点的信息

销售商品的同时获得实时(Real Time)的销售信息。

3. 信息的集中管理

在各个 POS 终端机获得的销售时点信息汇总到企业总部，与其他部门信息一起加以集中并进行分析加工。

4. 连接供应链的有力工具

供应链的参与各方可以利用销售时点信息并结合其他的信息来制订企业的经营计划和市场营销计划。

5. 应用 POS 的效果

(1)营业额及利润增长。

(2)节约大量的人力、物力。

(3)有效库存增加，资金流动周期缩短。

(4)提高企业的经营管理水平。

四、POS应用实例

(一)超市连锁经营管理的信息需求

超市连锁经营管理由公司总部、配送中心和若干分店三大部分组成,为完成总部的集中控制、配送中心的物流管理、各分店的商品销售,需保持各环节在物流、商流、资金流和信息流的畅通,其管理信息如图4-13所示。

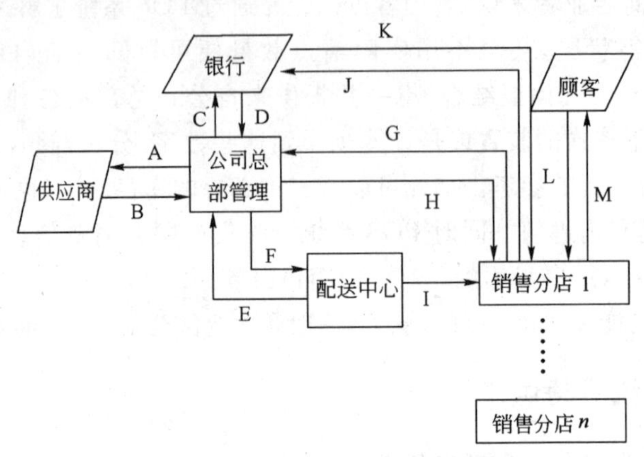

图4-13 超市管理信息流示意图

A-定货信息;B-商品信息;C-银行业务;D-应收应付;E-入出库、盘存、催提、催销;F-出库单、发票;G-补货、到货、销售、调配信息、H-商品变价信息;I-实际调配;J-营业款;K-银行对账;L-商品购买;M-商品销售

(二)POS计算机管理系统结构与实现模式

POS系统是利用商业柜台收款机实现前台销售业务的自动化,对商品交易进行实时服务和实时管理,同时通过后台计算机系统的计算、分析和汇总等功能,掌握商品销售的各项信息,为企业管理者分析经营成果、制订经营方针提供依据。商业POS的开发是一项庞大而复杂的系统工程,涉及计算机、通信网络高新技术产品及商业企业的经营管理信息及策略等多种因素,结合商业企业的特点,商业POS系统的结构可分为以下三类。

1. 单个收款机

这种单独的收款机既能对商品交易进行处理,又能对所需商品信息进行存储、处理与管理。目前市场上较先进的第三代收款机可直接连入网络,将收集的销售数据输入服务器,供网络上的其他客户机共享,或与银行自动服务器系统相连,实现信用卡或IC卡购物。这种方式主要适合于中小个体零售商。

2. 收款机与微机相连构成POS系统

这种结构中收款机负责销售服务和收集销售数据,微机对收款机进行管理和控制，对收款机送来的数据进行统计与处理。它可以与企业内部网络相连，将数据送入服务器，供整个系统共享，适用于大中型企业的各个部门。如图 4-14 所示。

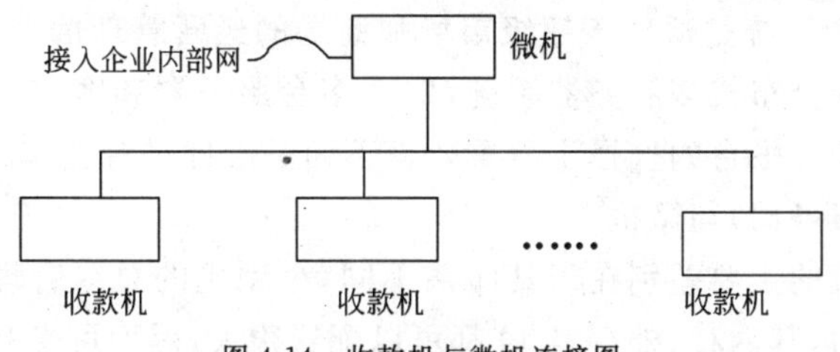

图 4-14　收款机与微机连接图

3. 收款机、微机与网络构成的 POS 网络系统

第三类结构主要适用于超市连锁经营。由微机和收款机构成专用网络，其中收款机主要负责前台销售服务和收集销售数据以及一些较简单的查询功能，微机在后台负责对销售所需要的信息进行处理，完成销售分店的基本信息管理并将一些数据通过网络送入总部和配送中心，并从总部和配送中心接受配货等管理信息。各部分分别采用局域网络，各部分之间采用广域网络，用电话线或其他广域网环境实现异地通讯。超市连锁经营计算机管理系统结构与网络如图 4-15 所示。

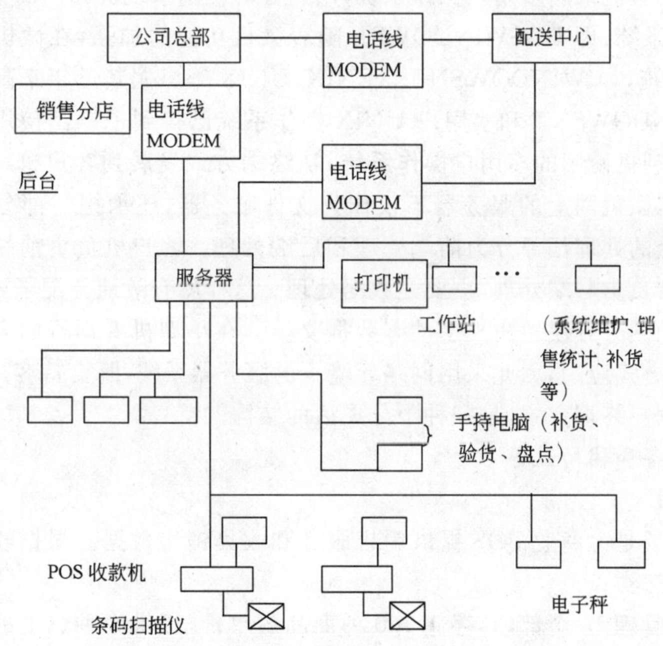

图 4-15　超市连锁经营计算机管理系统结构与网络图

（三）POS 管理系统的硬件设备选择与功能

POS 网络管理系统的设备包含有计算机通用设备、专用设备和辅助设备，它涉及计算机硬件技术、软件技术、网络和通信技术。

1. 计算机通用设备

POS 网络管理系统是适用于超级市场和商场的经营管理信息系统，目前大多采用局域网支持下的分布式多服务器系统，即由多台服务器和客户机、终端、收款机组成的系统。因此硬件平台的选择十分重要。下面是硬件平台选择的依据和方案。

(1)小型机(服务器)与微机

小型机与微机的主要差别在于其体系不同，小型机的总线管理能力远远超过微机的总线处理能力，其内存、外存、I/O 都可以配置很大，因而可带几十甚至几百个用户。而微机主机设计用于单用户使用，其负载能力较弱，尽管 CPU 速度相当高，却带不了很多用户。二者各有所长。

从系统可靠性方面考虑，小型机在可靠性方面通常采取措施较多，例如，HP 公司的小型机的平均运行无故障时间高达四年。另外，在操作系统级、数据库管理系统级，应用于小型机的系统软件也较一般微机系统的相应软件在安全性、可靠性和功能等方面要强一些。

(2)客户机/服务器结构

传统上，小型机采用多用户操作系统，用户分时使用系统资源。而早期的微机都是单用户操作系统，即 DOSWINDOWS。随着微机功能的加强，在微机上也使用了多用户操作系统，如 WINDOWSNT. XENIX. UNIX 等。尤其近年来高档微机服务器的出现，WINDOWSNT 和多用户 UNIX 操作系统已得到了广泛使用。局域网的应用使得在小型机使用的多用户操作系统，从终端方式发展到客户机/服务器方式。在这种方式下，微机网上的服务器不仅作为文件服务器，还承担一部分应用处理功能，客户机提交的处理任务分为前端处理和后端处理。客户机负责前端处理和用户的交互，服务器负责后端处理，主要是数据处理。这样就有效地分配了客户机和服务器的工作负荷，同时方便地实现了动态数据交换。在小型机上运行的多用户操作系统仍支持终端方式应用，因此采用网络环境下的服务器系统，既支持客户机服务器方式，又支持多用户终端方式，是一种十分灵活的结构。

2. 专用设备和辅助设备

(1)收款机

收款机主要是为商业 POS 提供销售服务和收集销售数据。根据收款机的功能和用途可分为三类：

第一类能管理 10 个部门，存储 100 种商品的单价，提供两种以上的结算方式，4 种基本报表，还有税收统计、管理非营业收入和支付等扩展功能，但没有通信功能。适合于单个小型零售店的金额管理。

二类机能管理 30 个部门，存储 3 000 种商品的单价，除一类机的功能外，还具有条码阅读、磁卡/IC 卡、卡片打印机与电子秤等外部接口，收款机之间能联网，并可与微机进行通信。

三类机亦称 PC-BASE 型收款机，它是基于 PC 的收款机，生产时采用国际规范，标准化程度高。如 CPU 采用 Intel 80386/80486/80586，具有标准的显示器和串、并行通信接口等，然后插入专用板，使它具有与收款机几种常用外设如磁卡阅读器、钱箱、条形码阅读器等相连的功能，以实现柜台的业务管理。另外，第三类机具有针对商业环境的专用键盘，按键数目多且每个按键都可重新定义。这类机兼有二类机和微机的双重功能，通信联网能力强，软件开发工具丰富，兼容性和扩展性好，便于用户二次开发。它不仅能完成销售服务和收集销售数据的任务，而且能承担客户机/服务器结构中客户机的任务。

(2)条码扫描器

条码是一组按一定规则排列的、由宽度不同的、平行的矩形条和空及其对应字符组成的标记，用以表示一定信息的编码。条码扫描器用以将这些线条编码读入，并按约定的协议解码。根据不同的用途和需要有各种类型，超级市场大都使用平台式激光全方位扫描器，也可使用手持式 CCD 扫描器或手持式激光扫描器。

(3)电子秤和条码电子秤

一些熟食品或散装销售食品，使用电子秤。电子秤的种类很多，有一种是加工场所使用的可以生成带价格条码标签的电子秤。一般的电子秤应具备双面计价显示、能事先存储单价并具有计价、累计及加法运算、找钱、超载报警等功能。可以生成带价格条码标签的电子秤，可使用电子秤称量重量信息得到相应价格，并以条码形式打印出来，然后在收款台扫描条码，统一结账付款。

此外，还有条码打印设备、磁卡阅读设备、IC 卡阅读设备和网络设备、通信用调制解调器，UPS 不间断电源等。

(四)POS 软件管理系统功能概述

POS 软件管理系统由前端收款和后端管理两人部分组成。前端 POS 收款操作是整个超市的基础，所有销售资料都上传至服务器，由后端做出相关分析报表，若前端收款系统操作不正确，对整个公司的影响相当大。但 POS 的资料来自后台服务器，因此来自后台的资料不正确则会影响前端的收款操作。POS 收款系统与后端管理、维护系统之间以文件传输的方式进行相互通讯。

前台收款系统工作在 DOS 环境(无需汉字操作系统支持)，所用开发语言为 BorlandC＋＋3.1，完成商品的销售、折扣、优惠、退货、查询、汇总及小票打印等功能，可以设定以多种价格(标准售价、会员价、促销价、免税价及批发价)进行销售，可以人工或自动设定折扣和对优惠卡进行处理，并能自动检测网络的联通状态和后台商品信息变化及其他可能影响前台收款操作的变化，并决定是以单机方式运行还是以网络状态运行。

前台收款系统对各种操作提供权限检查，支持商品编码和条码两种输入方式，支持电子秤的自动数据采集，允许单项折扣及总计折扣，允许现金、购物券、支票等多种付款方式，具有交易的更正、取消及商品的退货，屏幕内容暂存、调出，屏幕输入锁定，记录营业员，总查询，明细查询，主动更新本地数据库等功能。借助功能键，前台收款系统可以控制打印机、顾客显示牌及收银箱等外部设备，收银员的营业情况也可在收款机端进行统计打印。

客户端开发工具使用 Power Builder 6.0，运行环境为 Windows 95，服务器端为 SQLServer 6.5 数据库管理系统，运行在 Windows NT 环境。后台管理系统完成基本信息的设定及商品进销存的整个管理过程，主要包括基本资料管理、库存盘点、销售管理、进货管理及简单财务管理和系统维护等模块。

为了科学规范地管理超市，后台系统允许商品按外仓和货架分别存放，进货入库，出库上架，外仓结余量与货架商品数量之和为商品总量，以实现商品级的定量定位管理。

基本资料管理包括所有基本数据，如单品管理（商品编码、商品分类、商品售价、商品成本、商品折扣等），操作员资料管理，优惠卡发放，付款方式设定，结算方式设定，商品编码数据文件生成，商品价格标签生成打印，商品编码打印及 POS 收款系统所需信息的分发管理。库存盘点模块包括商品入库、出库、上架、下架管理，库存货品结余量查询及库存报警，分店接受总店配货，配货远程发送，商品报废输入，商品转移、验收，商品拆装等业务的维护及相关报表生成管理。

商品销售管理完成与前台 POS 收款系统相关业务，如 POS 单品，时段变价促销及新货号/售价变更数据生成及下传，前台 POS 机销售情况的实时监控、实时查询，交班对账，根据 POS 上传的数据对近期和历史销售记录进行时段、柜组、部门的多种销售分析和查询，畅销品排行分析，收银员、营业员以及专柜销售业绩表及相关报表生成，进而辅助决策。

供货管理模块包括进货、退货原始登录处理和综合查询，厂家商品售价变动查询，厂家进货销售、滞销汇总以及单据维护（采购单、进货单、退货单、验收单等），进货验收、退货验收、采购单管理及相关报表生成。系统已将有关厂商和商品等信息建立数据库，所以采购单生成可以直接在电脑上完成。

简单财务管理完成财务收付款登记和应收应付款查询。系统维护模块完成系统数据初始化，重建数据库索引，服务器数据备份，远期销售数据删除，通用日历记事卡及计算器等维护功能。

第五节　电子订货系统(EOS)

一、概述

EOS(Electronic Ordering System)即电子订货系统，是指将批发、零售商场所发生的订货数据输入计算机，即刻通过计算机通讯网络连接的方式将资料传送至总公司、批发商、商品供货商或制造商处。因此，EOS 能处理从新商品资料的说明直到会计结算等所有商品交易过程中的作业，可以说 EOS 涵盖了整个商流。在寸土寸金的情况下，零售业已没有许多空间用于存放货物，在要求供货商及时补足售出商品的数量且不能有缺货的前提下，更必须采用 EOS 系统。EOS 因内涵了许多先进的管理手段，因此在国际上使用非常广泛，并且越来越受到业界的青睐。

二、EOS 工作流程

EOS 系统并非是单个的零售店与单个的批发商组成的系统，而是许多零售店和许多批发商组成的大系统的整体运作方式。EOS 系统基本上是在零售店的终端利用条码阅读器获取准备采购的商品条码，并在终端机上输入订货材料；利用电话线通过调制解调器传到批发商的计算机中；批发商开出提货传票，并根据传票，同时开出拣货单，实施拣货，然后依据送货传票进行商品发货；送货传票上的资料便成为零售商的应付账款资料及批发商的应收账款资料；并接到应收账款的系统中去；零售商对送到货物进行检验后，便可以陈列与销售了。EOS 系统的流程如图 4-16 所示，EOS 系统构成如图 4-17 所示。

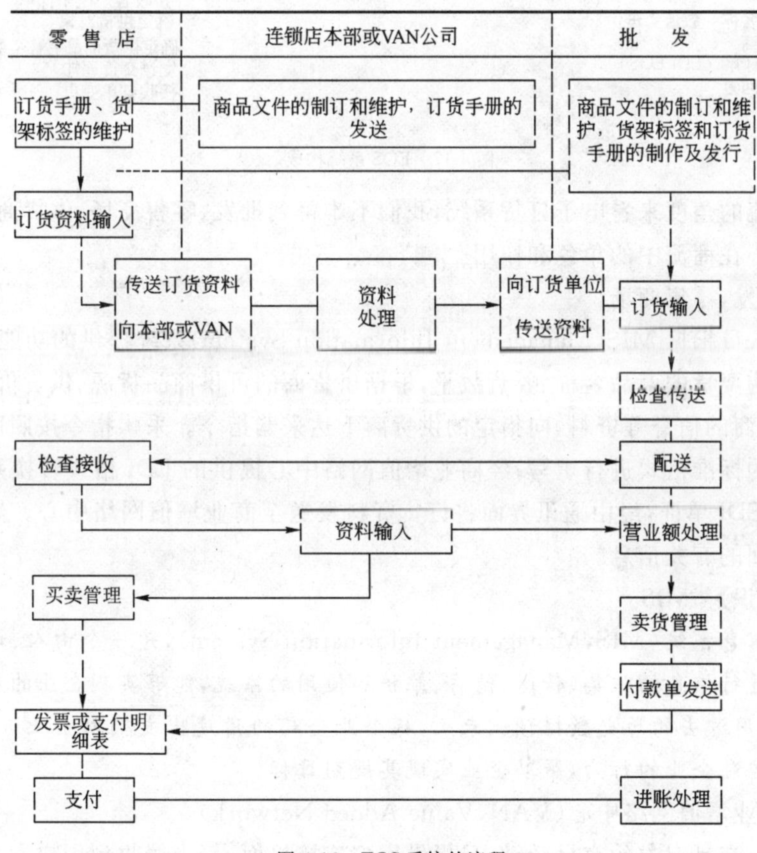

图 4-16 EOS 系统的流程

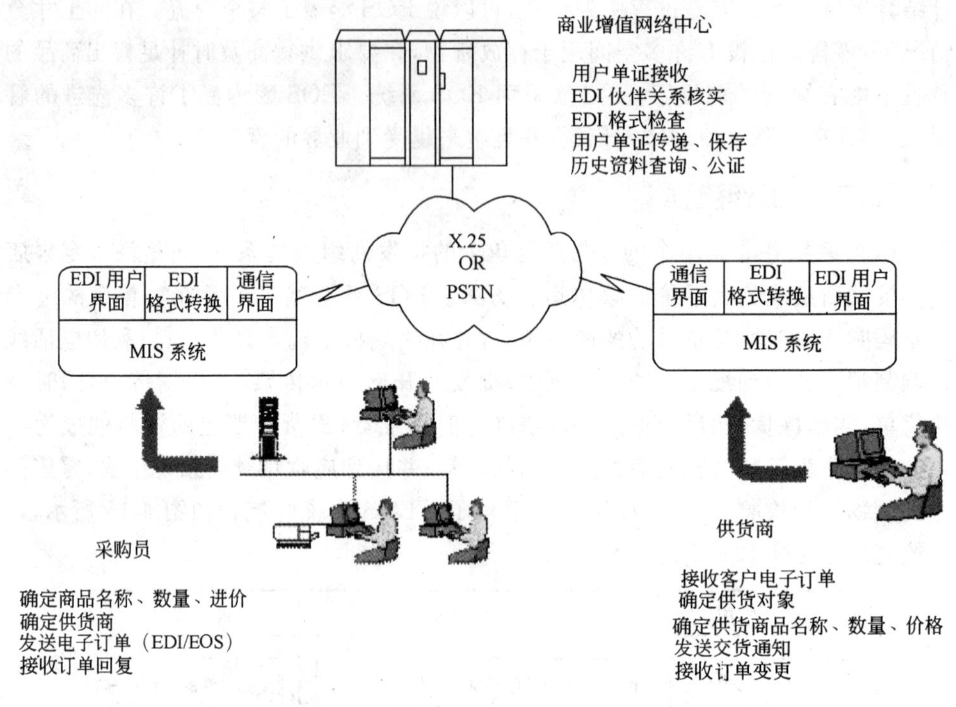

图 4-17　EOS 系统构成

从商流的角度来看电子订货系统，我们不难得到批发、零售商场、供货商、商业增值网络中心在商流中的角色和作用。

(1)批发、零售商场

采购人员根据 MIS(Management Information System)系统提供的功能，收集并汇总各机构要货的商品名称、要货数量，根据供货商的可供商品货源、供货价格、交货期限、供货商的信誉等资料，向指定的供货商下达采购指令。采购指令按照商业增值网络中心的标准格式进行填写，经商业增值网络中心提供的 EDI 格式转换系统而成为标准的 EDI 单证，经由通讯界面将订货资料发送至商业增值网络中心。然后等待供货商发回的有关信息。

【小知识】 MIS

管理信息系统(MIS，Management Information System)，是一个由人、计算机等组成的能进行信息的收集、传送、储存、维护和使用的系统，能够实测企业的各种运行情况，并利用过去的历史数据预测未来，从企业全局的角度出发辅助企业进行决策，利用信息控制企业的行为，帮助企业实现其规划目标。

(2)商业增值网络中心(VAN，Value Added Network)

不参与交易双方的交易活动，只提供用户连接界面，每当接收到用户发来的 EDI

单证时,自动进行 EOS 交易伙伴关系的核查,只有互有伙伴关系的双方才能进行交易,否则视为无效交易;确定有效交易关系后还必须进行 EDI 单证格式检查,只有交易双方均认可的单证格式,才能进行单证传递;并对每一笔交易进行长期保存,供用户今后的查询或在交易双方发生贸易纠纷时,可以根据商业增值网络中心所储存的单证内容作为司法证据。

(3)供货商

根据商业增值网络中心转来的 EDI 单证,经商业增值网络中心提供的通讯界面和 EDI 格式转换系统而成为一张标准的商品订单,根据订单内容和供货商的 MIS 系统提供的相关信息,供货商可及时安排出货,并将出货信息透过 EDI 传递给相应的批发、零售商场。从而完成一次基本的订货作业。当然,交易双方交换的信息不仅仅是订单和交货通知,还包括:订单更改、订单回复、变价通知、提单、对账通知、发票、退换货等许多信息。

商业增值网络中心是共同的情报中心,它是透过通讯网络让不同机种的计算机或各种连线终端相通,促进情报的收发更加便利的一种共同情报中心。实际上在这个流通网络中,VAN 也发挥了莫大的功能。VAN 不单单是负责资料或情报的转换工作,也可与国内外其他地域的 VAN 相连并交换情报,从而扩大客户资料交换的范围。

三、EOS 与物流管理

(一)物流作业过程

物流作业流程(如图 4-18)将供货商发运作业过程中的业务往来划分成以下几个步骤:

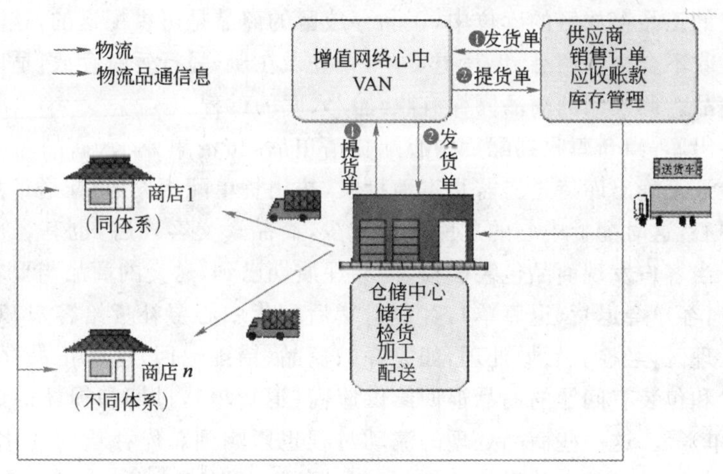

图 4-18 物流作业流程

(1)供货商根据采购合同要求将发货单通过商业增值网络中心发给仓储中心。

(2)仓储中心对接收到商业增值网络中心传来的发货单进行综合处理,或要求供货商送货至仓储中心或发送至各批发、零售商场。

(3)仓储中心将送货要求发送给供货商。

(4)供货商根据接收到的送货要求进行综合处理,然后根据送货要求将货物送至指定地点。

上述四个步骤完成了一个基本的物流作业流程,通过这个流程,将物流与信息流牢牢地结合在了一起。

例如,某店配销中心管理系统可根据实际情况,参照对商流、物流、信息流的流程分析,并掌握资金流,组合成一个完整并强有力的配销管理系统。常说商场如战场,只有牢牢控制住商业四大流之间的关系,才能牢牢地把握住商机,从而在商战中赢得胜利。但是某店若急于一步到位,便可能会因为没有积累正确的经验而终究导致失败,因此必须明确的定出应用目的,分阶段来进行。此外,完全由自己公司的人力和成本来进行也非良策,不如多加利用外面的专门机构,透过商业增值网络进行资料传送、分析、加工,处理成有用的数据资料再回馈到公司,待基础管理扎实之后再全面展开才是明智之举。

(二)仓储作业过程

公司的采购部向供应商发出订购单,供应商接单后按订购单上商品和数量组织货品,并按订购单指定地点送货,可以向多个仓库送货,也可直接送到指定的商店。下面分析供应商把商品送到某一仓库后发生的商品流动全过程。商品送到某仓库(送货单)后,一般卸在指定的进货区,在进货区对新进入的商品进行商品验收手续,验收合格的商品办入库手续,填写收/验/入库单(商品名、数量、存放位置等信息),然后送入指定的正品存放区的库位中,正品存放区的商品是可供配送的,这时总库存量增加。对验收不合格的商品,填写退货单,并登录在册,另行暂时存放,适时退供货商调换合格商品。调换回的商品同样有收/验/入库的过程。

商品的出库:当仓库收到配货中心配货清单后,按清单要求(商品名、数量、库位等)备货,验证正确出库待送。若是本地批发,按销货单配货发送,配送信息要及时反馈给配货中心,这时配货中心的总库存量减少,商品送交客户后,也有客户对商品验收的过程。当客户发现商品包装破损、商品保质期已到、送交的商品与要求的商品不符等情况时,客户会退货(退库单),客户退货后配货中心要补货给客户,对退回的商品暂存待处理区,经检验后做处理,如完好的商品(错配退回)送回正品存放区(移转单),对质量和包装有问题的商品退回给供应商(退货单),过期和损坏的商品作报废处理(报废单)等。这一些商品处理的流动过程也影响到总库存量的变化,掌握和控制这些商品的流转过程也就有效地控制和掌握了总库存量。

在库存的管理中也会发现某些商品因储运、移位而发生损伤,有些商品因周转慢使保质期即将到期等情况,这时应及时对这些商品作转移处理。移至待处理区(移转单),然后作相应的退货、报废、削价等处理。商品在此流动过程中也会使仓库的总库存量发生变化，因此这些流动过程也必须在配货中心的掌握和控制之中。

配货中心掌握了逻辑上的商品总库存量和物理上的分库商品库存量，在配货过程中如果发现因配货的不平衡引起某仓库某商品库存告急，而另一仓库此商品仍有较大库存量时，配货中心可用库间商品调拨的方式(调拨单)来调节各分库的商品库存量，满足各分库对商品的需求，增加各库配货能力，但并不增加总库存量，从而提高仓库空间和资金的利用率。

配货中心通过增值网还可掌握本系统中各主体商场、连锁超市的进销调存的商业动态信息。由于商场架构不同、所处区域不同，面对消费对象也不同，因此各商场销售的商品结构也不同。配货中心的计算机系统会对各商场的商品结构做动态的调整(内部调拨)，从而达到降低销售库存，加速商品的流通，加快资金流转的目的，以较低的投入获得最高的收益。

在某店的配货中心系统中，商品的选配应是自动化和智能化的。这样便可降低配货过程的工作量，提高配货效率，提高正确配货率，合理配货的数量，减少商品库存数和库存资金，达到资源优化配置和资产存量盘活的目的。

四、EOS的效益与发展趋势

EOS系统的效益可以从给零售业和批发业带来的好处中明显看出。

(一)EOS系统给零售业带来的好处

1. 压低库存量

零售业可以通过EOS系统将商店所陈列的商品数量缩小到最小的限度，以便使有限的空间能陈列更多种类的商品，即使是销量较大的商品也无需很大库房存放，可压低库存量，甚至做到无库存。商店工作人员在固定时间去巡视陈列架，将需补足的商品以最小的数量订购，在当天或隔天即可到货，不必一次订购很多。

2. 减少交货失误

EOS系统订货是根据通用商品条码来订货的，可做到准确无误。批发商将详细的订购资料用计算机处理，可以减少交货失误，迅速补充库存，若能避免交错商品或数量不足，那么，把对商品的检验由交货者来完成是十分可取的，零售商店只作抽样检验即可。

3. 改善订货业务

由于实施EOS系统，操作十分方便，无论任何人都可正确迅速地完成订货业务，并根据EOS系统可获得大量的有用信息。例如：订购的控制；批发订购的趋势；紧俏商品的趋势；其他信息等等。若能将订货业务管理规范化，再根据EOS系统就可更加迅速准确地完成订货业务。

4. 建立商店综合管理系统

以EOS系统为中心确立商店的商品文件、商品货架系统管理、商品货架位置管理、进货价格管理等等，便可实施商店综合管理系统。例如：将所订购的商品资料存入计算机，再依据交货传票，修正订购与实际交货的出入部分，进行进货管理分析，可确定应付账款的管理系统；而批发业运用零售商店中商品的货架标签来发行，也可据此提供商品咨询等，大大改善了交货体系。

(二)EOS 系统给批发业带来的好处

1.提高服务质量

EOS 系统满足了顾客对某种商品少量、多次的要求，缩短交货时间，能迅速、准确和廉价的出货、交货。EOS 系统提供准确无误的订货，因此减少了交错商品，减少了退货。计算机的库存管理系统可以正确、及时地将订单输入，并因出货资料的输入而达到正确的管理，从而减少了缺货现象的出现，增加商品品种，为顾客提供商品咨询。共同使用 EOS 系统，使得零售业和批发业建立了良好的关系，做到业务上相互支持。

2.建立高效的物流体系

EOS 系统的责任制避免了退货、缺货现象，缩短了交货时检验时间，可大幅度提高送货派车的效率，降低物流的成本。同时，可使批发业内部的各种管理系统化、规范化，大幅度降低批发业的成本。

3.提高工作效率

实施 EOS 系统可以减轻体力劳动，减少事务性工作，减少以前专门派人去收订购单、登记、汇总等繁杂的手工劳动，以前 3 小时至半天的手工工作量，现在实施 EOS 系统后，10 分钟即可完成。通常退货处理要比一般订货处理多花 5 倍的工时，实施 EOS 系统后，避免了退货，减少了繁杂的事务性工作。

4.销售管理系统化

EOS 系统使得销售管理系统化、一体化，大大提高了企业的经济效益。

(三)EOS 标准化、网络化

要实施 EOS 系统，必须做一系列的标准化准备工作。以日本 EOS 的发展为例，从 20 世纪 70 年代起即开始了包括对代码、传票、通讯及网络传输的标准化研究，例如：商品的统一代码、企业的统一代码、传票的标准格式、通讯程序的标准格式以及网络资料交换的标准格式等。

在日本，许多中小零售商、批发商在各地设立了地区性的 VAN 网络，即成立区域性的 VAN 营运公司和地区性的咨询处理公司，为本地区的零售业服务，支持本地区的 EOS 系统的运行。

在贸易流通中，常常是按商品的性质划分专业的，例如，食品、医药品、玩具、衣料等，因此形成了各个不同的专业。1975 年，日本各专业为了流通行业现代化的目标，分别制定了自己的标准，形成了专业 VAN。目前已提供服务的有食品、日用品、医药品等专业。利用地区网，专业网的 EOS 系统工作形式如图 4-19 所示。

EOS 系统在日本应用已相当普及，目前已有日用杂品、家庭用品、水果、医药品、

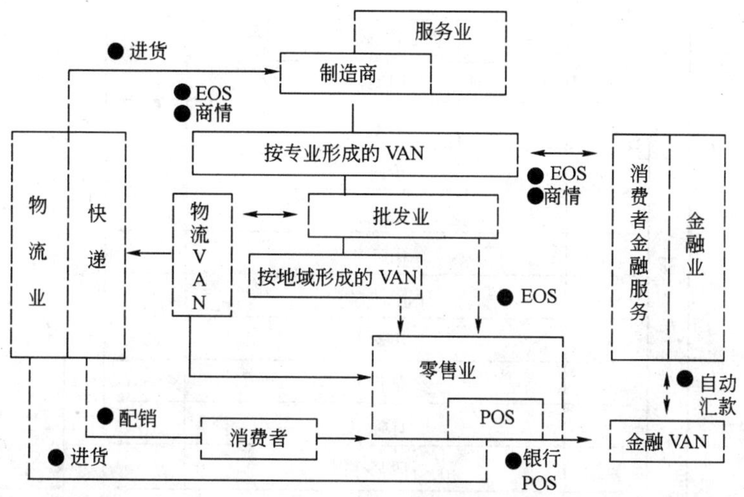

图 4-19　EOS 系统工作图

玩具、运动用品、眼镜钟表、成衣等八个专业网络的用户，可通过自己商店内标准的零售店终端机向网内的批发商订货，订货的依据就是统一的通用商品条码，这个商品条码可以直接从商品上通过条码的扫描而获得，既快速又准确无误。

由于 EOS 系统给贸易伙伴带来了巨大的经济效益和社会效益，专业化的网络和地区网络在逐步扩大和完善，交换的信息内容和服务项目都在不断增加，EOS 系统正趋于系统化、社会化、标准化和国际化（见图 4-20，图 4-21）。由此可知，计算机、网

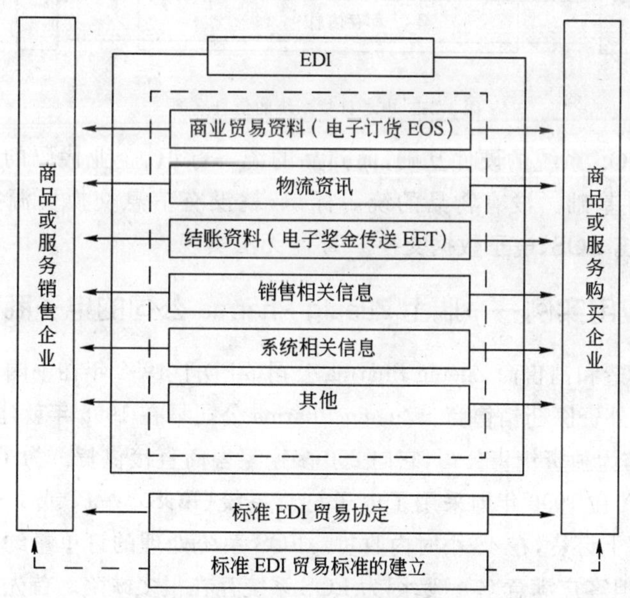

图 4-20　电子订货系统的发展趋势

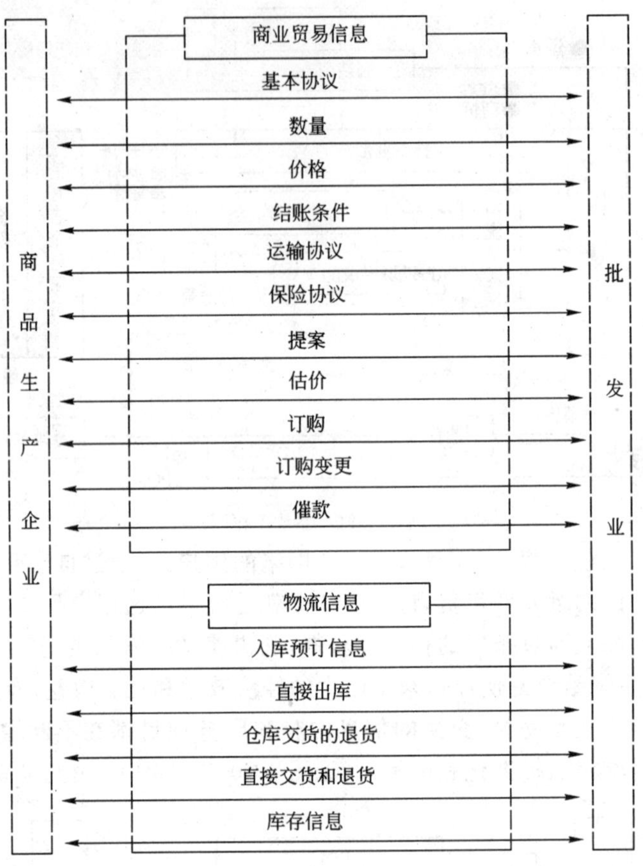

图 4-21　电子订货系统的信息交换

络通讯是支持 EOS 系统的硬件基础，而商品的统一标识、企业代码的统一等是支持 EOS 系统的软件基础。没有物品的统一标识，就没有信息交换资源共享的统一语言，电子订货系统 EOS、电子数据交换 EDI 就无法实现。

五、EOS 应用实例——瑞士 Zueuig Pharma 公司的电子商务物流实践

瑞士医药制造和销售商 Zueuig Pharma 公司(ZPl)于 1998 年在中国台湾建立分厂，成为该地唯一的外资医药销售商。Zueuig Pharma 公司早在 1995 年就建立了子公司战略联盟(PSA)，作为独资销售公司，它向 250 多家零售商直接供货。为了改善对零售商的服务，ZPI/PSA 在 1996 年即采用了电子订货系统(EOS)。ZPI 或 PSA 的客户可用 EOS 系统进行网上订货，在 48 小时内收货。EOS 系统处理的订单量约占 ZPI/PSA 所有订单的 60%，但客户满意率一般，因为 EOS 系统存在很多缺陷。首先是 EOS 不显示产品图标，而产品图标在医药工业中十分重要。此外，为了加速订货进程，产品价格数

据库副本被放在各个客户机上，如果更新服务器的数据库后没有及时向客户机复制，就可能会出现错误。ZPI/PSA 要更新所有客户机、安装任何新的功能部件，都需要相当长的时间，即使对程序进行修改，也需要花费很高的维护费用。

ZPI/PSA 在认识到这些缺陷后，1996 年与中国台湾商界联手，加入了“快速客户反应”（Quick Response，QR）行动，寻找一种能够取代 EOS(I)而且同时可供 ZPI/PSA 和 Zueuig 在亚太地区的其他机构使用的解决方案。IBM 台湾网络计算解决方案中心（NCSC）为此加入到 Zueuig 研究小组中，分析项目要求，开发出了原型。到 1997 年，这套产品成为 EOS（Ⅱ），也是 IBM 大中国地区（中国大陆、台湾、香港）第一个商业部门之间的电子商务解决方案。由于中国台湾 ZPIfPSA Internet 的普及程度和操作水平很高，自然成为该系统的试验区和试验公司。

项目的第一和第二阶段分别于 1997 年第二季度（约 30 家零售商参与）和第三季度（约 300 家零售商参与）结束。从第四季度开始，EOS（Ⅱ）在中国台湾全面推广（包括 500 家零售商），计划将解决方案应用到亚太地区的其他 Zueuig 机构。作为供应网络，EOS（Ⅱ）的配置及平台详细说明如下：零售医药客户终端 PC 仅使用安全嵌入层（SSL）和启用 Java 的浏览器，如 Netscape Navigator 或 Microsoft Internet Explorer，进入有密码保护的 Pharma Internet Express 或 PSA/Web 站点。在每个站点上，客户可以使用订货及开票功能，获取有关公司或行业活动的新闻和信息，或链接到医药术语百科全书上。

网页和 Net. Commerce 应用软件运行在 IBM/PC 服务器上，为运行 IBM′s Internet Connection Secure Server(ICSS) Net. Data、Distributed Data base Connection Services(DDCS)和 DB2 的各个站点服务。客户访问时，ICSS 要求输入客户 ID，确认后便提供相应的目录网页。

接到订单后，自动计算发票总额（一旦可行，Net. Commerce 还将支持按购量定价的政策）。当特定数据库的 Net. Data 程序正在传送、检查主机中的商品条目（例如，销售量或库存量）时，Net. Data 作为从网络浏览器到主机数据库的网关使用。经过计算后，订单通过局域网发往 Zueuig 主机，主机检查其有效性并履行订单。一旦接到主机通知，服务器向客户进行订单确认。

【小知识】 DB2；网关

DB2 就是 IBM 开发的一种大型关系型数据库平台. 它支持多用户或应用程序在同一条 SQL 语句中查询不同 database 甚至不同 DBMS 中的数据。

网关(Gateway)又称网间连接器、协议转换器。网关在传输层上以实现网络互联，是最复杂的网络互联设备，仅用于两个高层协议不同的网络互联。

DDCS 作为 DB2 和 NT 与 AS/400 上的 DB2 之间的网关运行，在处理浏览器产生的查询时，为在服务器与主机之间运行的 Net. Data 提供主机连接。查询与 Net. Commerce 订单关联，或与开发和保持目录的批发工作站关联，执行读入和更新功能。

在该服务器上，DB2 保存了有关客户、当前产品和订单信息、存储目录格式和图示。Net. Commerce 具有动态页面调整缓存功能，以尽可能迅速地提供最新信息。

ZPI/PSA 页面是在 PC 工作站上开发和保存的。服务器根据需要，利用网络浏览器，向工作站提供 Net. Commerce 站点管理应用软件。Zueuig 的目录开发程序，通过服务器上的 Net. Data 请求当前数据，在需要时建立和修改网页。站点管理程序包括了为购物网点指定页眉、页脚和主页细节的工具。开发人员可应用编程接口（APl）功能使客户按照指定路径找到产品，从而控制数据库的更新存取、索引列表产品、定制订货进程。订货后可直接在该工作站上查看，使跟踪和更新更加便捷。

ZPI/WA 的主机 IBM/AS/400 运行 OS/400 和第三方的订单处理应用软件 SDS。DB2 还用于存储有关客户及信用卡、产品说明与库存及已处理的订单等各种信息。通过 SNA 协议，从服务器收到订单后，在此核准和处理，包括付款条件和账户处理。然后，主机再存储订单信息。DDCS 为查询实际选择的路由，到相应的 DB2 数据库，在服务器上，代表正在发送的 Net. Data 程序，提取零售商和工作站客户终端上的网络浏览器所要求的数据。

【小知识】 路由

路由是把信息从源穿过网络传递到目的地的行为，在路上，至少遇到一个中间节点。

该系统采用一种深受欢迎的因特网订货进程，消除了旧系统中存在的主要问题，提供了图形客户接口、最新产品列表、价格、服务器程序和可从一个中央地址升级的数据库。EOS（Ⅱ）不但提高了效率，同时使 ZPI/PSA 客户服务的成本大为降低。这种新系统，接近 QR 的原始目标，将订购产品的供货时间从旧系统希望的 48 小时缩短到 24 小时。

作为销售商，采用 EOS（Ⅱ）已经扩大了 Zueuig 的影响范围，增强了该公司对订货进程的控制。此外，对于零售商，EOS（Ⅱ）也推出了 EOS(I)未能提供的面向客户的一些功能。

新系统得到了普遍欢迎，极大地提高了订货过程的方便性和效率。结果，订货周转时间几乎缩短了一半，同时，公司也改善了其总体过程控制。系统开发和维护所用的相关新闻和信息链接在一起，利用 Net. Commerce 新的计算能力，享受可能实现的特价。

第六节　全球卫星定位系统（GPS）

一、概述

GPS 是 Global Positioning System 的简称，称为全球卫星定位系统。最古老、最简单的导航方法是星历导航，人类通过观察星座的位置变化来确定自己的方位；最早的导航仪是中国人发明的指南针，几个世纪以来它经过不断的改进而变得越来越精密，并一直为人类广泛应用着；最早的航海表是英国人 John Harrison 经过 47 年的艰苦工作于 1761 年发明的，在其随后的两个世纪，人类通过综合地利用星历知识、指南针和航海表来进行导航和定位。

1973 年美国国防部批准其陆海空三军联合研制第二代卫星导航定位系统——授时与测距导航系统/全球定位系统(Navigation System Timing and Ranging/Global Position System—NAVSTAR/GPS)，简称全球定位系统(GPS)。起初的 GPS 方案由 24 颗卫星组成，这些卫星分布在互成 120°的三个轨道平面上，每个轨道平面分布 8 颗卫星，这样的卫星布局可保证在地球上的任何位置都能同时观测到 6～9 颗卫星。为识别不同的卫星信号并提高系统的抗干扰能力和保密能力，采用了直接序列扩频技术(DS—SS)，整个系统相当于一个码分多址系统(CDMA)。为了补偿电离层效应的影响，采用了双频调制。1978 年由于美国政府压缩国防预算，减少了对 GPS 的拨款，GPS 联合办公室就将初始方案修改为第二方案。在第二方案中系统的卫星数由 24 颗减少到 18 颗，并调整了卫星的布局，18 颗卫星分布在互成 60°的 6 个轨道平面上，每个轨道平面分布 3 颗卫星，这样的配置基本能够保证在地球上任何位置均能同时观测到至少 4 颗卫星。但实验发现这样的卫星配置可靠性不高，另外由于在海湾战争中 GPS 发挥了巨大的作用，因此在 1990 年对第二方案进行了修改，最终方案是由 21 颗工作卫星和 3 颗备用卫星组成整个系统，6 个轨道平面的每个平面上分布 4 颗卫星，这样的配置使同时出现在地平线以上的卫星数目随时间和地点而异，最少为 4 颗，最多可达 11 颗。

二、GPS 的组成与特点

(一)GPS 系统的组成

GPS 系统主要有三大组成部分，即空间星座部分、地面监控部分和用户设备部分。GPS 的空间星座部分中，24 颗卫星基本均匀分布在 6 个轨道平面内，轨道平面相对赤道平面的倾角为 55°，各轨道平面之间的交角为 60°，每个轨道平面内的卫星相差 90°，任一轨道平面上的卫星比西边相邻轨道平面上的相应卫星超前 30°。卫星轨道平均高度为 20 200km，卫星运行周期为 11 小时 58 分。每颗卫星每天约有 5 个小时在地平线以上，同时位于地平线以上的卫星数目随时间和地点而不同，可为 4～11 颗。GPS 的地面监控部分目前主要由分布在全球的 5 个地面站组成，其中包括卫星检测站、主控站和信息注入站。GPS 的空间部分和地面监控部分是用户广泛应用该系统进行导航和定位的基础，均为美国所控制；GPS 的用户设备主要由接收机硬件和处理软件组成。用户通过用户设备接收 GPS 卫星信号，经信号处理而获得用户位置、速度等信息，最终实现利用

GPS进行导航和定位的目的。

(二)GPS的特点

GPS系统与其他导航系统相比，主要有以下特点。

1. 全球地面连续覆盖

由于GPS卫星数目较多且分布合理，所以在地球上任何地点均可连续同步地观测到至少4颗卫星，从而保障了全球、全天候连续实时导航与定位的需要。

2. 功能多、精度高

GPS可为各类用户连续地提供高精度的三维位置、三维速度和时间信息。

3. 实时定位速度快

目前GPS接收机的一次定位和测速工作在一秒甚至更少的时间内便可完成，这对高动态用户来讲尤其重要。

4. 抗干扰性能好、保密性强

由于GPS系统采用了伪码扩频技术，因而GPS卫星所发送的信号具有良好的抗干扰性和保密性。

三、GPS的作用

GPS系统的建立给导航和定位技术带来了巨大的变化，它从根本上解决了人类在地球上的导航和定位问题，可以满足不同用户的需要。

1. 对舰船的作用

对舰船而言，它能在海上协同作战，在海洋交通管制、海洋测量、石油勘探、海洋捕鱼、浮标建立、管道铺设、浅滩测量、暗礁定位、海港领航等方面做出贡献。

2. 对飞机的作用

对飞机而言，它可以在飞机进场、着陆、中途导航、飞机会合、空中加油、武器准确投掷及空中交通管制等方面进行服务。

3. 用于陆地时的作用

在陆地上，可用于各种车辆、坦克、陆军部队、炮兵、空降兵和步兵等的定位，还可用于大地测量、摄影测量、野外调查和勘探的定位，甚至可以深入到每个人的生活中去，例如，用于汽车、旅行、探险、狩猎等方面。

4. 用于空间技术时的作用

在空间技术方面，可以用于弹道导弹的引航和定位、空间飞行器的导航和定位等。

总之，GPS技术已发展成多领域(陆地、海洋、航空航天)、多模式(GPS、DGPS、LADGPS、WADGPS)、多用途(在途导航、精密定位、精确定时、卫星定轨、灾害监测、资源调查、工程建设、市政规划、海洋开发、交通管制等)、多机型(测地型、定时型、手持型、集成型、车载式、船载式、机载式、星载式、弹载式等)的高新技术国际性产业。GPS的应用领域上至航空航天器，下至捕鱼、导游和农业生产，已经无所不在了，正如人们所说的“GPS的应用,仅受人类想像力的制约”。

【小知识】 DGPS、WADGPS、LADGPS

DGPS即差分GPS(Differential GPS)就是把高精度的GPS接收机安装在位置准确测定的地点组成基站。

WADGPS即广域差分GPS(Wide Area Differential GPS)不在地面设有基站,而是利用通信卫星,通过多个基站网络才发送生成的位置纠正信号。

LADGPS即局域差分GPS(Local Area Differential GPS)是在局部区域内布设一个GPS差分网,网内由若干个差分GPS基准站组成,通常还包含至少一个监控站

四、典型GPS应用系统介绍

由于GPS的应用非常广泛,下面我们主要介绍几种GPS系统的应用方向。

1.基于GPS技术的车辆监控管理系统

该系统是将GPS技术、地理信息系统(GIS)和现代通讯技术综合在一起的高科技系统。其主要功能是将任何装有GPS接收机的移动目标的动态位置(精度、纬度、高度)、时间、状态等信息,实时地通过无线通信网链传至监控中心,而后在具有强大地理信息处理、查询功能的电子地图上进行移动目标运动轨迹的显示,并能对目标的准确位置、速度、运动方向、车辆状态等用户感兴趣的参数进行监控和查询,以确保车辆的安全,方便调度管理,提高运营效率。此系统应用广泛,特别适合对公安、银行、公交、保安、部队、机场等单位对所属车辆的监控和调度管理,也可应用于对船舶、火车等的监控。

2.基于GPS技术的智能车辆导航仪

该装置是安装在车辆上的一种导航设备。它以电子地图为监控平台,通过GPS接收机实时获得车辆的位置信息,并在电子地图上显示出车辆的运动轨迹。当接近路口、立交桥、隧道等特殊路段时可进行语音提示。作为辅助导航仪,可按照规定的行进路线。使司机无论是在熟悉或不熟悉的地域都可迅速到达目的地;该装置还设有最佳行进路线选择及路线偏离报警等多项辅助功能。

五、GPS在物流运输系统中的应用实例——瀚讯科技构建广东振戎能源GPS系统案例

广东振戎是广东省的一家大型LPG(液化石油气)燃气供应商,拥有4座气运码头,100多个储气仓库,大型槽罐车30多辆,瓶装气运输车辆200多辆,营业网点上千个,遍布珠三角的广州、深圳、东莞、中山、珠海和佛山等城市,每天的运输量十分繁忙。

公司制订了严格的运输作业流程,包括不准超速和不准偏离指定路线等,但司机不严格执行,公司也无法进行有效的监管。超速等违规驾驶时有发生,有的甚至导致了交通事故,存在着极大的安全隐患。

另外,公司的调度完全采用人工方式,效率低下。中心调度人员根本无法对每台

车辆的实时位置做到心里有数。运气车一旦离开气站，其位置和状态无法被部门调度人员所实时监控。每当有多个网点提出安排车辆的要求时，调度人员只能通过呼叫车辆司机的手机的形式，询问司机现在车辆所处的位置，然后根据司机的回答指派任务到较为顺路的车辆上。这样的流程不但较为缓慢，而且不能验证司机回报方位的正确，从而无法确保调度中心进行最佳的车辆任务分派。

瀚讯科技给振戎能源实施了煤气车 GPS 监控系统后，不仅有效地加强了对车辆监控，提高了调度效率，而更多的是体现出一种先进的信息化管理的思想。

1. 高效的车辆监控调度工具

振戎能源在成功实施了 GPS 系统后，改变了车辆在行驶过程中疏散不易集中管理的状况。过去一旦车辆出勤，与公司将处于脱离的状态，公司很难了解到车辆当前的确切位置和行驶数据，也无法将调度信息实时地下达给车辆。而司机也容易在一个陌生的地区迷失方向，遇到意外情况无法及时通知公司获得援助。

GPS 系统成为公司和车辆联系的纽带，公司能够在监控中心的电子地图上清晰地观察到所有车辆的位置、速度、行驶状态是否正常。车辆陷入困境时，系统能够主动或者司机手动向监控中心发送求助信息，司机、车辆以及车载物品的安全具有了充分的保障。同时，无论车辆分布何处，都能够及时接受到来自监控中心的调度命令，真正让公司实现“运筹帷幄，决胜千里”的愿望。

2. 先进的信息化管理方法

GPS 系统还促进了振戎能源管理的信息化程度，使管理的规章制度具有真正的可执行性。过去公司对车辆的管理更多地体现在对司机行为的约束上，却无法通过管理为司机提供更多的服务。拥有 GPS 系统之后，公司的管理将真正体现出服务的功能，司机能够得到来自监控中心的天气、路况、医疗等丰富的信息服务，甚至可以包括车辆保险到期的提示。

车辆行驶的全程都在监控中心的监控之下，如果行驶过程中发生违规或者交通事故纠纷，数据库中的历史数据将能够作为有力的证据，这会促使司机在行驶过程中严格遵守规章制度。公司中关于车辆的所有信息都可以通过信息化的手段进行管理，使管理信息化的同时，还增进了管理的服务功能和管理制度执行的可行性。GPS 系统不但为公司提供了一个监控调度工具，更提供了一个先进的管理方法和理念。

3. 降低运营成本，提高公司效益的途径

GPS 系统强大的监控调度功能和管理功能极大地降低了振戎能源的运营成本，提高了公司的效益。公司需要对需求快速地做出反应，才能够适应市场经济的需要。作为物流企业，一旦某个地区产生运气需求，通过 GPS 系统能够将单据派发到该地区附近的配送中心，同时获得该地区内本公司车辆分布的情况，任务立即就可以下达到这些车辆。这样提高了公司车辆的使用率，降低了空载情况，从而达到降低运营成本、提高效益的目的。

4. 实时获取决策支持数据的手段

振戎能源的决策者经常为无法获得准确的决策支持数据而烦恼。拥有GPS系统能够为决策者提供丰富的公司运营数据，并且数据的准确性有保证。GPS系统将通过可视化的方式将数据呈现给公司的管理者和决策者，为公司做出正确的决策提供有力支持。

第七节　地理信息系统(GIS)

一、概述

GIS(Geographical Information System，地理信息系统)，是20世纪60年代开始迅速发展起来的地理学研究新成果，是多种学科交叉的产物。它以地理空间数据为基础，采用地理模型分析方法，适时地提供多种空间的和动态的地理信息，是一种为地理研究和地理决策服务的计算机技术系统。

GIS的基本功能是将表格型数据(无论它来自数据库、电子表格文件或直接在程序中输入)转换为地理图形显示，然后对显示结果浏览、操作和分析。其显示范围可以从洲际地图到非常详细的街区地图，显示对象包括人口、销售情况、运输线路以及其他内容。

二、GIS的组成

GIS由五个主要的元素所构成：硬件、软件、数据、人员和方法。

1. 硬件

硬件是GIS所操作的计算机。今天，GIS软件可以在很多类型的硬件上运行。从中央计算机服务器到桌面计算机，从单机到网络环境。

2. 软件

GIS软件提供所需的存储、分析和显示地理信息的功能和工具。主要的软件部件有：

(1)输入和处理地理信息的工具；

(2)数据库管理系统(DBMS)；

(3)支持地理查询、分析和视觉化的工具；

(4)容易使用这些工具的图形化界面(GUI)。

3. 数据

一个GIS系统中最重要的部件就是数据了。地理数据和相关的表格数据可以自己采集或者从商业数据提供者处购买。GIS将把空间数据和其他数据源的数据集成在一起，而且可以使用那些被大多数公司用来组织和保存数据的数据库管理系统，来管理空间数据。

4. 人员

人员是 GIS 技术的核心，如果没有人来管理 GIS 系统和制订计划应用于实际问题，GIS 将没有什么价值。GIS 的用户范围包括从设计和维护系统的技术专家，到那些使用该系统并完成他们每天工作的人员。

5. 方法

成功的 GIS 系统，需要具有良好的设计计划和自己的事务规律，这些规范对每一个公司来说具体的操作实践又是独特的。

三、GIS 的功能

GIS 面向用户的应用功能不仅仅表现在它能提供一些静态的查询、检索数据，更有意义的在于用户可以根据需要建立一个应用分析的模式，通过动态的分析，从而为评价、管理和决策服务。这种分析功能可以在系统操作运算功能的支持下建立专门的分析软件来实现，例如：空间信息测量与分析、统计分析、地形分析、网络分析、叠加分析、缓冲分析、决策支持等。系统本身是否具有建立各种应用模型的功能是判别它好坏的重要标志之一，因为这种功能在很大程度上决定了该系统在实际应用中的灵活性和经济效益。

空间查询和空间分析是从 GIS 目标之间的空间关系中获取派生的信息和新的知识，用以回答有关空间关系的查询和应用分析。

1. 拓扑空间查询

在此操作中，用户将地图当作查询工具，而不仅仅是数据载体。空间目标之间的拓扑关系可以有两类：一种是几何元素的结点、弧段和面块之间的关联关系，用以描述和表达几何元素间的拓扑关系；另一种是 GIS 中地物之间的空间拓扑关系，可以通过关联关系和位置关系隐含表达，用户需通过特殊的方法查询。

2. 缓冲区分析

缓冲区用以确定围绕某地要素绘出的定宽地区，以满足一定的分析条件。点的缓冲区是个圆饼，线的缓冲区是个条带状，多边形的缓冲区则是个更大的相似多边形。缓冲区分析是 GIS 中基本的空间分析功能之一，尤其对于建立影响地带是必不可少的。如道路规划中建立缓冲区以确定道路两边若干距离内的土地利用性质。

3. 叠加分析

叠加分析提供根据两幅或两幅以上图层在空间上比较地图要素和属性的能力，通常有合成叠加和统计叠加之分，前者是根据两组多边形边界的交点建立具有多重属性的多边形，后者则进行多边形范围的属性特征统计分析。合成叠加得到一张新的叠加图，产生了许多新多边形，每个多边形都具有两种以上的属性。统计叠加的目的是统计一种要素在另一种要素中的分布特征。

4. 距离分析及相邻相接分析

距离分析提供了在地图上确定距离的功能，相邻分析确定哪些地图要素与其他要素相接触或相邻，而相接分析则结合距离和相邻分析两者的针对性，提供确定地图要素间邻近或邻接的功能。相邻和相接分析广泛应用于环境规划和影响评价的公共部门。大多数 GIS 软件目前不能直接进行相邻相接分析，而是通过先建立一定要求的缓冲区，再与其他图形要素进行叠置分析的间接方法解决。

5. 地形分析功能

通过数字地形模型(DTM，Digital Terrain Model)，以离散分布的平面点来模拟连续分布的地形，再从中内插提取各种地形分析数据。地形分析包括数字高程模型的建立、地形分析。

6. 等高线分析

等高线图是人们传统上观测地形的主要手段，可以从等高线上精确地获得地形的起伏程度，区域内各部分的高程等。

7. 透视图分析

等高线虽然精确，但不够直观，用户往往需要从直观上观察地形的概貌，所以 GIS 通常具有绘制透视图的功能，有些系统还能在三维空间格网上着色，使图形更为逼真。

8. 坡度坡向分析

在 DTM 中计算坡度和坡向，派生出坡度坡向图供地形分析(例如，日照分析、土地适宜性分析等)。

四、GIS 的发展趋势

1. WebGIS

Internet 改变了我们的世界。当前，Internet 已不仅仅是一种单纯的技术手段了，它已演变成为一种经济方式——网络经济。大量的应用正由传统的 Client/Server(客户机/服务器)方式向 Brower/Server(浏览器/服务器)方式转移，GIS 技术也是如此。GIS 技术和 Internet 技术的融合，正逐渐形成一种新的技术，我们称之为 WebGIS。

现在，WebGIS 已得到越来越广泛的应用。概括起来，其应用方向分为两大类，一类为基于 Internet 的公共信息在线服务，为公众提供交通、旅游、餐饮娱乐、房地产、购物等与空间信息有关的信息服务。在国内外的站点上已有了成功的应用，例如，MapQuest (http://www. mapquest. com) 和图行天下 (http://www. go2map. com. cn) 等。这些站点提供大量的与空间位置有关的各种生活类信息服务。WebGIS 的另外一类应用为基于 Intranet 的企业内部业务管理，例如，帮助企业进行设备管理、线路管理以及安全监控管理等等。随着企业 Intranet 应用的深入和发展，基于 Intranet 的 WebGIS 应用会有越来越大的市场，这无疑是未来的发展方向。

2. GIS 协助海量数据管理

GIS 技术的瓶颈之一就是如何解决海量空间数据管理问题，因为对于一个城市级的 GIS 系统，其数据量极其巨大，一般可达到 GB 的数据量级。例如，沈阳市 1∶500的基础地图就有 2.4GB。传统的基于文件的管理方式显然不能处理这些问题，而利用面向对象的大型数据库技术则能够有效地解决这一问题。

3. 高分辨率遥感与 GIS 结合

现在，高分辨率的遥感影像已逐渐应用到商业领域当中，其最高精度可以达到 1m 左右。高分辨率遥感影像意味着什么？它意味着人们在数据采集和数据更新上的一场革命。在传统的地图数据采集过程中，人们是采用手工作业方式，这要耗费大量的人力和物力，而且数据更新的周期很长。但是，利用卫星拍摄的高分辨率的遥感影像，人们可以迅速得到几周前甚至几天前的最新更新数据，使得数据更加真实准确，成本还可以降低十几倍。高分辨率的遥感影像在商业领域有很多应用，例如，国土资源统计、灾害评估、自然环境监测以及城建规划等各个领域。

4. 三维 GIS 与虚拟现实

三维 GIS 是许多应用领域对 GIS 的基本要求。三维 GIS 和二维 GIS 相比，可以帮助人们更加准确真实地认识我们的客观世界。以前的三维显示只能应用在大型的主机和图形工作站上，且只在极少数的部门中得到应用，如军事部门。例如，地震预测、石油勘探、航空视景模拟器等。

5. 无线通讯与 GIS

无线通讯改变了人们的生活和工作方式。随着无线通讯技术的发展，特别是 WAP 技术（Wireless Application Protocol）的应用，使无线通信技术与 GIS 技术以及 Internet 技术的结合成为可能，形成了一种新的技术——无线定位技术（Wireless Location Technology）。因此也衍生出一种新的服务，即无线定位服务（Wireless Location Service）。无线定位技术的应用很广泛。利用这种技术，人们可以利用手机查询到自己所在的位置，再利用 GIS 的空间查询分析功能，查到自己所关心的信息。举个例子，您走在大街上，就可以利用手机查询离您最近的餐馆在哪里、怎么走、有什么特色菜；再比如您来到一个陌生的城市，迷失了方向，就可以利用手机迅速地调出您所在位置附近的地图，标出目标地点，手机就会自动显示出您应该行走的路线，指导您顺利地到达目的地。

五、GIS 在物流中的应用实例

GIS 应用于物流分析，主要是指利用 GIS 强大的地理数据功能来完善物流分析技术。国外公司已经开发出利用 GIS 为物流分析提供专门分析的工具软件。

完整的 GIS 物流分析软件集成了车辆路线模型、网络物流模型、分配集合模型、设施定位模型等。

1. 车辆路线模型

用于解决一个起始点、多个终点的货物运输中,如何降低物流作业费用,并保证服务质量的问题。包括决定使用多少辆车,每辆车的行车路线等。

2. 网络物流模型

用于解决寻求最有效的分配货物路径问题,也就是物流网点布局问题。例如,将货物从 N 个仓库运往到 M 个商店,每个商店都有固定的需求量,因此需要确定由哪个仓库提货送给哪个商店,运输代价最小。

3. 分配集合模型

可以根据各个要素的相似点把同一层上的所有或部分要素分为几个组,用以解决确定服务范围和销售市场范围等问题。例如,某一公司要设立 X 个分销点,要求这些分销点要覆盖某一地区,而且要使每个分销点的顾客数目大致相等。

4. 设施定位模型

用于确定一个或多个设施的位置。在物流系统中,仓库和运输线共同组成了物流网络,仓库处于网络的节点上,节点决定着线路,如何根据供求的实际需要并结合经济效益等原则,在既定区域内设立多少个仓库,每个仓库的位置,每个仓库的规模,以及仓库之间的物流关系等,运用此模型均能很容易地得到解决。

第八节　遥感技术(RS)

一、RS 概述

遥感(Remote Sensing)技术是 20 世纪 60 年代蓬勃发展起来的,随着现代物理学、空间技术、电子技术和计算机技术、信息科学、环境科学等的发展,遥感技术已成为一种影像遥感和数字遥感相结合的先进、实用的综合性探测手段,被广泛应用于农业、林业、地质、地理、海洋、水文、气象、环境监测、地球资源勘探及军事侦察等各个领域。

遥感就是遥远感知事物的意思,也就是不直接接触目标物和现象,在距离地物几公里到几百公里、甚至上千公里的飞机、飞船、卫星上,使用光学或电子光学仪器(称为遥感器)接收地面物体反射或发射的电磁波信号,并以图像胶片或数据磁带形式记录下来,传送到地面,经过信息处理、判读分析和野外实地验证,最终服务于资源勘探、环境动态监测和有关部门的规划决策。通常把这一接收、传输、处理、分析判读和应用接收的遥感信息的全过程称为遥感技术。

例如，大兴安岭森林火灾发生的时候，由于着火的树木温度比没有着火的树木温度高，它们在电磁波的热红外波段会辐射出比没有着火的树木更多的能量，这样，当消防指挥官面对着熊熊烈火担心不已的时候，如果这时候正好有一个载着热红外波段传感器的卫星经过大兴安岭上空，传感器拍摄到大兴安岭周围方圆上万平方公里的影像，因为着火的森林在热红外波段比没着火的森林会辐射更多的电磁能量，在影像着火的森林就会显示出比没有着火的森林更亮的浅色调。当影像经过处理，交到消防指挥官手里时，指挥官一看，图像上发亮的范围这么大，而消防队员只是集中在一个很小的地点上，说明火情逼人，必须马上调遣更多的消防员到不同的地点参加灭火战斗。

二、RS 的特点

遥感是从空中利用遥感器来探测地面物体性质的现代技术。它有许多特点：

1. 探测范围大

航摄飞机高度可达 10km 左右；陆地卫星轨道高度达到 910km 左右。一张陆地卫星图像覆盖的地面范围达到 3 万多平方千米，约相当于我国海南岛的面积。我国只要 600 多张左右的陆地卫星图像就可以全部覆盖。

2. 获取资料的速度快、周期短

实地测绘地图，要几年、十几年甚至几十年才能重复一次；以使用陆地卫星 4,5 个为例，每 16 天可以覆盖地球一遍。

3. 受地面条件限制少

不受高山、冰川、沙漠和恶劣条件的影响。

4. 手段多，获取的信息量大

用不同的波段和不同的遥感仪器，取得所需的信息，不仅能利用可见光波段探测物体，而且能利用人眼看不见的紫外线、红外线和微波波段进行探测；不仅能探测地表的性质，而且可以探测到目标物的一定深度；微波波段还具有全天候工作的能力；遥感技术获取的信息量非常大，以四波段陆地卫星多光谱扫描图像为例，像元点的分辨率为 79m×57m，每一波段含有 7 600 000 个像元，一幅标准图像包括四个波段，共有 3 200 万个像元点。

5. 用途广

遥感技术已广泛应用于农业、林业、地质、地理、海洋、水文、气象、测绘、环境保护和军事侦察等许多领域。

三、遥感的基本知识

1. 遥感图像

就像我们生活中拍摄的照片一样，遥感像片同样可以“提取”出大量有用的信息。

从一个人的相片中,我们可以辨别出人的头、身体及眼、鼻、口、眉毛、头发等信息。遥感像片(图像)一样可以辨别出很多信息,例如,水体(河流、湖泊、水库、盐池、鱼塘等)、植被(森林、果园、草地、农作物、沼泽、水生植物等)、土地(农田、林地、居民地、厂矿、企事业单位、沙漠、海岸、荒原、道路等)、山地(丘陵、高山、雪山)等等;从遥感图像上还能辨别出较小的物体,例如,一棵树、一个人、一条交通标志线、一个足球场内的标志线等。大量信息的提取,无疑决定了遥感技术的应用是十分广阔的,据统计,有近30个领域、行业都能用到遥感技术,例如,陆地水资源调查、土地资源调查、植被资源调查、地质调查、城市遥感调查、海洋资源调查、测绘、考古调查、环境监测和规划管理等。

由于遥感技术是从人们一般不能站到的高度去"拍照",故从宏观视野上,也有着人力所不能及的优势。

2. 遥感技术

遥感技术包括传感器技术,信息传输技术,信息处理、提取和应用技术、目标信息特征的分析与测量技术等。

遥感技术依其遥感仪器所选用的波谱性质可分为:电磁波遥感技术,声呐遥感技术,物理场(例如,重力和磁力场)遥感技术。

3. 常用的遥感数据

常用的遥感数据有:美国陆地卫星(Landsat)TM和MSS遥感数据,法国SPOT卫星遥感数据,加拿大Radarsat雷达遥感数据。

4. 遥感技术系统

遥感技术系统包括:空间信息采集系统(包括遥感平台和传感器),地面接收和预处理系统(包括辐射校正和几何校正),地面实况调查系统(例如,收集环境和气象数据),信息分析应用系统等。

四、RS技术应用实例

——数字地球

"数字地球"是空间时代与信息社会发展历史中的必然产物。在卫星对地观测夜以继日覆盖全球,遥感数据资源极大丰富,计算机、多媒体、虚拟现实技术高度发达,全球定位系统、地理信息系统以及宽带网络通讯日臻成熟的21世纪,完全有条件对多尺度、多分辨率、多时相的海量地球信息资源,其中包括遥感信息、社会经济空间统计信息进行三维描述和数据融合,加快充分利用,为人类造福。

我国目前已经建成1∶400万、1∶100万、1∶25万全国基础地理数据集,七大江河流域重点防范区1∶1万和1∶5万基础地理数据集。并在建设以推动空间信息技术及其产业发展为目标的国家级空间信息共享和服务平台"中国空间信息网"。作为国家地理空间信息基础设施,高精度的全国1∶100万的地形数据模型(DEM)已更新两版，公开发布。1∶25万和1∶5万的地形数字模型正在进行之中，全国1∶50万数字地质图已完成，全国土地覆盖与土地利用数据库和森林、草场、湖泊、冰川、历史地震等科学数据库，也纳入了国际科学数据库的计划（Codata），并得到气象、海洋和资源卫星数据的及时更新。

全国已有17个省、市开始建设“数字省区”，占省区总数的1/2；已有60多个城市开展“数字城市”工作，约占668个城市的1/10；跨省区的“数字流域”，涉及长江、黄河、海河和辽河等大河流域，已提到日程上来了，为跨流域调水工程、水资源分配、防涝救灾服务。

由于我国城市化的快速发展，城市化指数由2000年的26.7%增加到2003年的37%。高分辨率卫星图像和机载遥感系统，为城市规划和“数字城市”的建设提供了丰富的数据源。例如，通过开展北京中关村高科技园区成像飞行，为“数字北京”及“数字中关村”提供了更新数据；进行2008北京奥运规划区的机载对地观测飞行试验，服务于奥运申办及奥运规划设计；为澳门回归进行三维成像仪飞行；为香港、澳门、北海、上海浦东等城市提供了基于对地观测数据的各类图件及数据，并开展了城市应用研究。

我国资源卫星与SPOT、IKONOS等高分辨率的图像数据，在城市建设中的应用，已在北京城市拆迁、香港街区地图更新中发挥了作用。全国80多个城市的城市扩张与占用土地的遥感监测，效益显著。天津市早年城市环境遥感的试验成果，率先采用网格化计算机自动制图，出版了环境资源调查，得到世界银行的高度赞誉，为天津市争取世行巨额贷款提供了科学分析依据。

遥感技术为国家大型工程建设提供了勘察与管理信息支持。包括三峡建设、青藏铁路建设、二滩和龙滩电站水库、三北防护林工程、南水北调西线工程、西气东输等，遥感在选址、勘测、生态环境工程效益评估中，都发挥了应有的作用。在三峡工程研究论证初期，三次遥感估算库区可耕地面积，从而解决了向后搬迁的移民主张，为政府决策外迁提供了依据。已经由中国科学院与三峡指挥部合作，组建长期的资源环境监测中心。

青藏铁路施工以前，有关部门和中科院对高原冻土调查研究与铁路选线，进行了大量遥感和选线比较研究。特别是隧道工程中的喷水含沙等，在南岭、燕山、秦岭大型隧道的勘测工程中，取得了宝贵的经验。

【小知识】 3S技术

3S技术即指GPS、GIS、RS三项技术的结合，现在在物流行业中有着重要的影响和作用。三种技术的结合根据实际需要而定，具体有以下三种结合方式：

1.地理信息系统与全球定位系统的结合。利用地理信息系统中的电子地图和GPS接收机的实时差分定位技术，组成GPS+GIS的各种电子导航系统，用于交通、警车定位，车船自动驾驶等。

2. 地理信息系统和遥感的结合。对于各种地理信息系统，遥感是重要的信息源和数据更新的重要手段，同时地理信息系统可以提供遥感图像处理所需的一些辅助数据，以提高遥感图像的信息量和分辨率，从而提高遥感图像处理和解译的精度。

3. 3S技术的整体结合。集遥感、地理信息系统和全球定位系统技术的功能于一体，构成高度自动化、实时化和智能化的地理信息系统，是空间信息适时采集、处理、更新及动态地理过程的现时性分析与提供决策辅助信息的有力手段。

S 本章小结

本章通过实例介绍了条码技术的概述、无线射频技术(RFID)、信息快速交换技术(EDI)、前台系统(POS)、电子订货系统(EOS)、全球卫星定位系统(GPS)、地理信息系统(GIS)、遥感技术(RS)的概念。条码技术适用范围广，使用方便，是目前商品信息标记的最重要的载体，无线射频技术能够在不影响商品运输的基础上对商品信息进行纪录，流程简单是未来商品信息记录的发展方向，EDI技术已经广泛地用于企业生产，为企业带来了巨大的效益，POS系统使得企业间资金的流动更为快捷。EOS(Electronic Ordering System)即电子订货系统，是指将批发、零售商场所发生的订货数据输入计算机，即刻通过计算机通讯网络连接的方式将资料传送至总公司、批发商、商品供货商或制造商处。EOS系统基本上是在零售店的终端利用条码阅读器获取准备采购的商品条码，并在终端机上输入订货材料；利用电话线通过调制解调器传到批发商的计算机中；批发商开出提货传票，并根据传票，同时开出拣货单，实施拣货，然后依据送货传票进行商品发货；送货传票上的资料便成为零售商的应付账款资料及批发商的应收账款资料；并接到应收账款的系统中区；零售商对送到货物进行检验后，便可以陈列与销售了。EOS系统给零售业带来的好处；EOS系统给批发业带来的好处；EOS标准化、网络化。GPS是Global Positioning System的简称，称为全球卫星定位系统。GPS系统主要有三大组成部分，即空间星座部分、地面监控部分和用户设备部分。GPS的特点，全球地面连续覆盖；功能多、精度高；实时定位速度快；抗干扰性能好、保密性强。GPS系统的建立给导航和定位技术带来了巨大的变化，它从根本上解决了人类在地球上的导航和定位问题，可以满足不同用户的需要。GIS(Geographical Information System，地理信息系统)，是20世纪60年代开始迅速发展起来的地理学研究新成果，是多种学科交叉的产物，它以地理空间数据为基础，采用地理模型分析方法，适时地提供多种空间的和动态的地理信息，是一种为地理研究和地理决策服务的计算机技术系统。GIS由五个主要的元素所构成：硬件、软件、数据、人员和方法。GIS应用于物流分析，主要是指利用GIS强大的地理数据功能来完善物流分析技术。国外公司已经开发出利用GIS为物流分析提供专门分析的工具软件。完整的GIS物流分析软件集成了车辆路线模型、最短路径模型、网络物流模型、分配集合模型和设施定位模型等。遥感(Remote Sensing)就是遥远感知事物的意思,也就是不直接接触目标物和现象,在距离地物几公里到几百公里、甚至上千公里的飞机、飞船、卫星上,使用光学或电子光学仪器(称为遥感器)接受地面物体反射或发射的电磁波信号,并以图像胶片或数据磁带形式记录下来,传送到地面,经过信息处理、判读分析和野外实地验证,最终服务于资源勘探、环境动态监测和有关部门的规划决策。通常把这一接收、传输、处理、分析判读和应用遥感信息的全过程称为遥感技术。RS的特点:探测范围大;获取资料的速度快、周期短;受地面条件限制少;手段多,获取的信息量大;用途广。

E 思考题

4-1 理解并分析条码技术和无线射频技术的区别和联系。

4-2 分析EDI的对企业信息交换的作用。

4-3 以商场的前台系统为例,理解并分析POS系统的运行过程。

4-4 什么是EOS、GPS、GIS、RS?

4-5 EOS的工作流程。

4-6 GPS的特点。

4-7 GIS的组成。

4-8 RS的特点。

实训性练习题

4-1 试分析某种商品二维条码的含义。

4-2 试制做二维条码和无线射频的区别表格。

4-3 试在超市POS机购物一次,分析哪些过程是必不可少的。

4-4 分析GPS、GIS、RS技术结合的实例及对物流行业产生的影响。

4-5 请到超市参加社会实践,体会并总结EOS的工作流程与注意问题。

C 案例分析

案例 全程货运EDI网络信息系统

“全程货运EDI网络信息系统”是基于EDI的货运管理信息系统,可以满足从事国际集装箱运输业务的企业的基本管理和业务操作需求。通过货运管理信息系统和EDI端系统的接口的设计与开发,使基于局域网的货运管理信息系统提升到建立于EDI平台的“全程货运EDI网络信息系统”,从而使国际集装箱运输企业能与相关业务合作单位，如，集装箱公司、储运公司、船舶代理和二程船公司等，进行 EDI 单证的传输与交换。江苏省“九五”重大科技攻关项目计划之一“江苏省跨行业 EDI 应用系统”的子课题“全程货运 EDI 网络信息系统”，重点分析了 EDI 关键技术中的标准化技术和安全保密技术，并跟踪研究了各种 InternetEDI 的实现方式，完成了“全程货运 EDI 网络信息系统”的设计与开发。

第五章　库存信息管理

能力目标、知识目标与学习要求

无论将来服务于哪一类企业的库存管理岗位，库存管理都将在库存信息管理的基础上得以实现。本章的第一个重点是通过对库存的分类、库存的业务种类和相关信息的学习，明确在现实岗位上，库存管理业务在入库、库内和出库管理作业的各个环节是基于对信息流的控制得以完成的，并掌握都有哪些信息流产生，以及如何运用这些信息来合理安排各环节作业。第二个重点是认真领会包括入库、库内和出库业务流程在内的库存管理的细节内容，这些细节内容是依据各细节环节产生的信息来进行处理的，包括入库和出库信息的条形码扫描仪记录、库内盘点运用现货盘点和计算机记录的货物信息的账面盘点进行核对的方法、补货作业涉及的信息等。第三个重点是参照业务处理的岗位操作模板，填写各类单据，包括货物入库验收单、补货单、盘点调整表、盘点盈亏汇总表、货物出库单、退货单、货物报废单、破损报告单。第四个重点是熟悉库存管理信息系统的功能。

高度竞争的市场导致产品种类的激增，而公司又希望满足不同细分市场的需求，所以，对大多数制造商、批发商和零售商而言，库存代表着资产中最大的单项投资。此外，在大多数行业中，客户已经习惯了高水平的产品可供性，那么，对企业来说，结果就必须持有更高的库存水平以满足客户的不同需求。在制造业公司，库存投资一般占总资产的10%，在有些情况下会超过总资产的20%。对批发商和零售商来说，库存投资通常超过总资产的20%，甚至可能接近50%。因此，库存管理是一项重要任务。而能够有效实施库存管理的现代管理手段之一，就是运用库存管理信息系统对库存信息进行实时监控以实现库存的最小化，降低成本，利用计算机对库存信息进行及时管理，以提高出入库作业的效率，准确掌握库内货物状态，同时又达到客户需求的管理目标。

第一节　库存信息

一、库存的分类与相关信息

库存可以依据其积聚的原因分为周期库存、安全库存、在途库存、投机库存、季节性库存、闲置库存;依据物料形态可分为原材料库存、零部件库存、制成品库存、包装材料和在制品库存。

库存信息反映了企业目前库存持有的状态。例如,库存的总需求量、现有库存量、预计入库量、已分配量、净需求量、计划订货量、计划下达量等。

(一)按积聚的原因分类

1. 周期库存

周期库存是指由补货过程导致的库存,周期库存用来满足确定条件下的需求,也就是说,企业能够正确预测需求和补货时间(提前期)。例如,如果某种产品的销售进度是不变的,每天 30 单位,而且提前期总是 15 天,那么,除了周期库存外,就不需要其他库存了。

【小知识】　提前期(lead time)

提前期是指某一工作的工作时间周期,即从工作开始到工作结束的时间。提前期的概念主要是针对“需求”而提出的。例如,要采购部门在某日向生产部门提供某种物料,则采购部门应该在需要的日期之前就下达采购订单,否则,不可能即时提供给生产部门,这个提前的时间段就是提前期。

2. 安全库存

安全库存是为了应付需求、制造与供应的意外情况而设立的一种库存。例如,原材料供应的意外,有时会因为供应商可能发生的生产事故、原材料采购意外等造成原材料供应短缺,因而要对一些原材料设立安全库存;产品销售的不可预测性,也要存储一定量的成品库存;预防本企业生产发生的意外情况,需要设立半成品的安全存储量,等等。

3. 在途库存

在途库存是指处于运输线路中的物品产生的库存量。通常,可将在途库存看作是周期库存的一部分,因为在还没有到达目的地之前,还不能用于销售和/或发货。而在途库存的持有成本可看作是运输出发地的库存,因为在途的物品还不能用于销售、使用、发货。

4. 投机库存

公司持有投机库存的目的不是为了满足目前的需求,而是因为其他一些原因。常见的原因有:

(1)因为预测到价格的上涨或物料的短缺;

(2)在物料采购时,企业为了获得数量折扣会购买大于需求数量的物料;

(3)生产的经济性也会引起在不需要的时候进行产品制造;

(4)商品可能在一年中根据消费情况进行季节性生产,也可能为了维持稳定的工作量和劳动力,在预测季节性需求的条件下,以不变的水平进行生产。

5. 季节性库存

季节性库存是投机库存的一种形式,是为了满足特定季节中出现的特定需要而持有的库存,目的在于维持稳定的劳动力和稳定的生产运转。对农副产品而言,是由于农副产品存在生长季节,从而限制了在整年中获取产品,所以,必须在产品的出产季节大量收购,从而持有的库存。

6. 闲置库存

闲置库存是指在某些具体的时期内不存在需求的这样一组物品。这种库存可能在库存储存的地方已不再使用了,在这种情况下,可将这些物品转运到另外一处,以避免因废弃这些物品造成的损失。也可采用降低价格的办法,在所在地进行销售。

(二)按物料的形态分类

这种分类方法与物料管理相关,物料管理完整的组成部分就包括对原材料、零部件、制成品、包装材料和在制品库存的管理。其中,原材料库存、零部件库存和包装材料库存通常是企业为了生产产品和销售产品而购进的持有库存。制成品库存和在制品库存是企业生产运作而产生的持有库存。

(三)库存相关信息

从上述库存的分类中可以看出,库存信息反映了企业有什么,是对企业持有的原材料、零部件、在制品、制成品等状态的反映。主要信息包括:

(1)总需求量,指原材料或零部件在要求时间内的需求量,总需求量不考虑当前库存持有量;

(2)现有库存量,指企业库存中对可用物料的持有库存量;

(3)预计入库量,指根据采购进货计划,在规定时间内到达的物料数量;

(4)已分配量,指目前企业的持有库存中已按计划分配了的物料数量;

(5)净需求量,指在各具体时间对各类物料的实际需求数量;

(6)计划订货量,指根据需求时间计算出的物料采购数量;

(7)计划下达量,指企业根据订货提前期所发出订单的物料数量。

库存是资本的一个主要占用因素,为此,库存管理的目标在于增加公司的赢利能力,预测公司政策对库存水平的影响,以及使物流活动总成本实现最小化。

公司赢利能力的提高可以通过增加销售量或者削减库存成本来实现。如果高库存水平可以带来在库库存可供量的改善,以及更加稳定的服务水平,那么增加销售量通常可以实现。较低的库存水平会降低客户订单的满足率,导致失去销售机会。然而,较高的库存水平花费的成本往往超过了所能获得的收益。降低与库存有关的成本的方法包括:减少延期交货的数量或者加快运输,从系统中将闲置库存消除,或者提高预测数据的准确度,这需要库存管理信息系统提供准确的信息。

综合考虑总成本是库存计划的目标。也就是说,在给定公司所要求的客户服务目标的条件下,管理者必须确定需要多少库存,来实现最低的物流总成本。库存信息为目标的实现提供决策和管理的依据。

二、库存的业务种类与相关信息

库存业务主要包括入库管理、库内保管和出库管理。

1. 入库管理与相关信息

入库管理的主要内容与相关信息如表 5-1 所示。

入库管理的主要内容与相关信息 表 5-1

内　容	功　能	作业说明与相关信息
入库规划	货位分配	根据到达物资的品种、数量、规格、包装、运输方式、运抵时间等信息,查询库场平面布置图,预先规定物资的存储位置以及停车位,初步建立库场运输的动态信息库
	入库作业计划	根据机械设备使用动态信息库,为仓库人员制订每日工作计划和机械设备使用计划,并根据库场运输动态信息库,制订库场运输计划,完成入库单据
入库验收	接收货物	在指定的时间和地点,按入库单和运单的要求接收货物
	审验货物	现场审验货物的铅封是否与运单副本号一致,审验外包装的完好性
	登记入库	将实际卸车并入账的货物规格、数量和质量作为已接收的货物登记在入库单上
	事故确认	若审验时发现差错,应现场要求承运者查看,按责任范围在入库单上填写普通记录或商务记录。双方无异议,办理交接手续
	事故处理	根据认定事故的性质,提出拒付、部分拒付、承付、索赔等意见,供财务部门和有关管理部门参考
入库执行	逐一入库	对自动仓库而言,首先在入库平台处让货物经过条码扫描,并将扫描信息传送给计算机数据库,库内搬运设备将货物运送至存货区,由堆垛机将货物存放至指定货位

在上述入库管理实施的过程中涉及的主要信息,一是“入库规划”中的入库单信息、库场运输动态信息库的信息和机械设备使用动态信息库的信息,这些信息分别在所接收货物的“货位分配”和“入库作业计划”中要用到。二是在最后的“入库执行”时用条码记录下货物的信息,并通过库场平面布置信息将货物放置在指定的位置(如图 5-1 所示)。

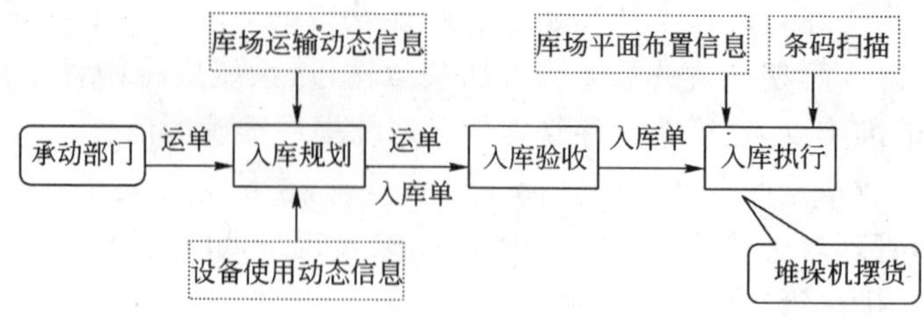

图 5-1　入库执行及涉及的主要信息

入库管理可能由多个其他业务活动引发，例如，采购入库、调拨入库、赠品入库、销售退货入库等(如图 5-2 所示)。不管以何种形式入库，都需要先生成入库单，然后该系统将生成应付款信息，并转入相应财务流程进行处理。

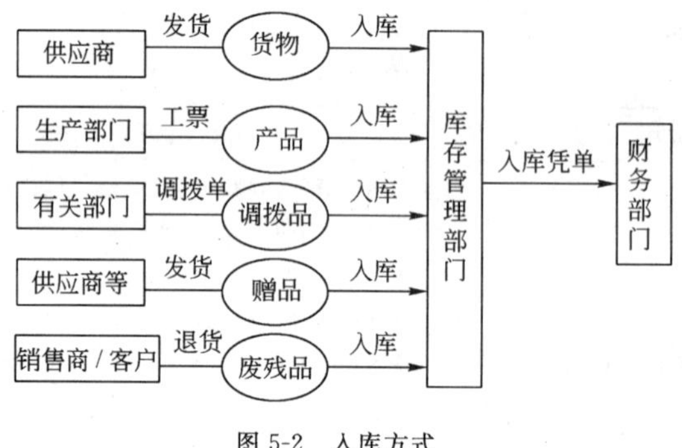

图 5-2　入库方式

2. 库内保管与相关信息

库内保管的主要内容如表 5-2 所示。

库内保管的主要内容　　表 5-2

内　　容	作业说明与相关信息
储存保养	采用商品储存保养的策略和一般原则，将商品安排存放在适当的场所和位置，并为商品提供良好的保管条件和环境
补货	一是接收入库商品，二是在考虑库存量、保管空间、出库计划的基础上，计算补货量并进行补货作业管理
盘点	对库存货物进行清查，清点数量、检查质量，并在盘点表上进行登记

表 5-2 中，补货可以分为定期补货和紧急补货。定期补货是根据安全库存量，对库内储存的货物进行补充。紧急补货是以预订出库的数量为基准，当进行货物的分配时，拣货货区出现不足，由存储库区给予紧急补充。

盘点的目的是为了正确地掌握库存货物。盘点的方法有多种，从财务上看，期末和期初为了确定资产，要进行库存盘点。从管理上看，盘点的做法也有多种选择，例如，进行商品销售的 ABC 分析，对 A 商品正确地掌握计算机系统的库存，为了减少库存错误，盘点的周期应该较短；C 商品库存变动趋于稳定，则盘点的周期应该较长，以减少额外作业负担；考虑到盘点作业的效率，可以对每一个货区在一定时间间隔进行盘点，称为循环盘点法。

为了减轻盘点负担，应灵活借助于库存数据库的信息进行盘点。在计算机系统中，如果用库存数据库对仓库和不同货架存储的货物进行盘点，需要事先输出盘点清单，并交给作业人员。作业人员根据盘点清单登记库存数量，以减少盘点时间。此外，还可采用手持式条码数据终端来提高盘点的效率和准确性，即通过条码表示各个货架的编号，将计算机系统中掌握的每个货架上的货物事先下载到该条码数据终端中，盘点时用该条码数据终端扫描货架的编号，再输入表示该货物的盘点数。

补货管理涉及的较为详细的信息如表 5-3 所示。

补货管理详细信息 表 5-3

补货方案：

补货方案代码	订货期	货物名称	采购数量	采购价格	供货商代码	决策依据	……	备注

库存状况：

货物储存号	仓库号	货区号	货位号	入库单号	入库日期	合同号	货位空间利用率	备注
货物号	货物数量	货物体积	货物重量	货物安全等级	供应商代码	储存有效期		

供货商信息：

供货商代码	供货商名	地址	邮编	电话	传真	E-mail	开户行	账号	备注

货物信息：

货物代码	货物名称	规格	型号	计量单位	质量技术标准	……	备注

3. 出库管理与相关信息

出库管理的主要内容如表 5-4 所示。

出库管理的主要内容　　表 5-4

内　容	功　能	作业说明与相关信息
出库审核	按出库单审核	按照出库单，逐一核对货物，并由库内搬运设备将货物运送至出库台，通过出库台的条码扫描仪扫描出库货物，将条码信息发送给出库管理计算机系统
	出库单与运输任务单核对	按计划要求，在指定的时间和停车位，将出库单货物信息与运输部门持有的运输任务单信息进行核对
货物准备	分拣	根据出库计划和分拣单信息，逐一拣选货物，并存放在配货区分区。一种是播种式拣货，即将一定时期的出库量汇总后，按照不同的商品进行拣货；还有一种是摘取式拣货，即按照订单进行拣货
	配货	按照出库单信息和装车单信息进行出库货物的配货
	包装	根据实际情况，一是以到货地点为单位集中订单，将这些不同商品进行包装；二是以一个商品为单位进行包装

在上述出库管理实施的过程中涉及的主要信息，一是要在“出库审核”和“货物准备”中对分拣单、出库单和运输任务单信息进行审核检验。二是在分拣中要用到设备使用动态信息，并利用库场平面布置信息将货物放置在指定的位置。三是在出库时用条码扫描仪记录下货物信息。最后要将出库货物装车，需要车辆资源信息(如图 5-3 所示)。

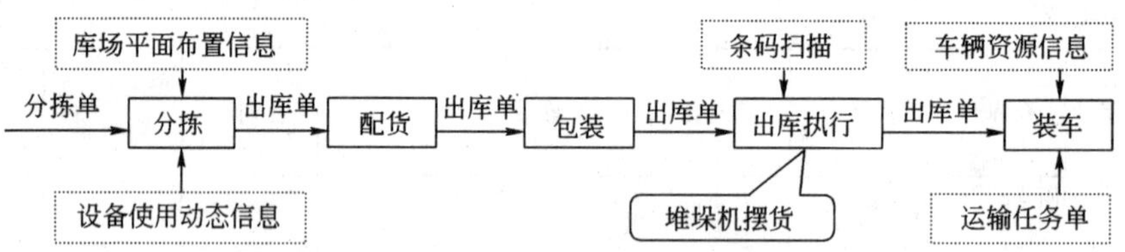

图 5-3　出库执行及涉及的主要信息

引发出库管理的因素主要有销售发货、报损出库、生产发料、调拨出库、采购退货等(如图 5-4 所示)。出库业务发生时，首先需要制订并录入出库单，同时对于调拨出库，还会产生在途信息，例如，从一个库房调拨到另一个库房。出库单最后要转入相应财务流程进行收款处理。

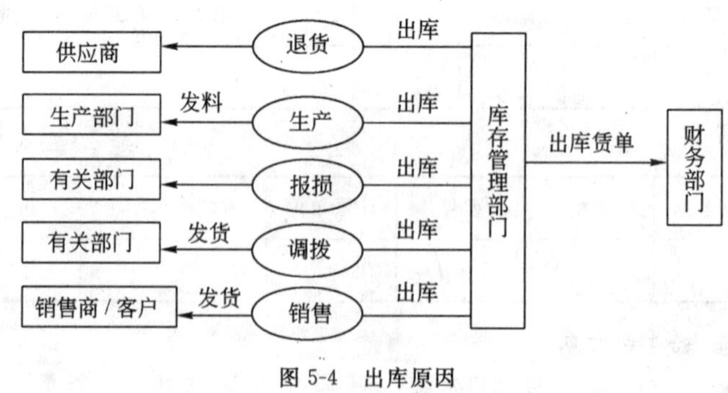

图 5-4　出库原因

出库涉及的更为详细的信息见表 5-5。

出库管理详细信息　　表 5-5

出库单号	物资存储号	合同号	运单号	停车位号	仓库号	货区号	货位号
发票号	送货单位名	车辆类型	车辆数量	配载方案	制单日期	品名	规格
设备信息号	质量技术标准	加工计划	计量单位	包装形式	用户规格	型号	数量
库场运输号	出库加工日期	加工入库日期	出库验收日期	装货时间	交货日期	物资码	……

第二节　库存业务流程

由于库存是每一个物流系统不可缺少的组成部分。库存管理在以可能的最低总成本提供令客户满意的服务方面具有举足轻重的作用。库存是生产者与客户之间一个主要的联系纽带,因而,现代库存已从过去的企业物流系统中一个相对较小的方面发展成为最重要的职能之一。可以这样来认识库存管理及其业务:库存管理是企业物流系统的一部分,在原产地、消费地,或者在这两地之间存储货物(例如,原材料、零部件、在制品、产成品),并且向管理者提供有关存储货物的状态、条件和处理情况等信息。

相应地,库存管理的业务流程中就要包含"以可能的最低总成本提供令客户满意的服务"这样的核心业务,这主要是依赖于库存管理业务中的信息流提供的准确信息来实现的。还要包含对存储货物进行管理的各类作业业务流程。

库存业务流程可按照物流伴随信息流同时交互进行的作业业务顺序分为库存的入库业务流程、库内管理业务流程和出库业务流程;还可按照将伴随物流产生的信息流从作业中分离出来,按照库存业务的作业功能将库存业务流程分为搬运业务流程、储存保养业务和信息传递业务流程。

一、以作业业务顺序划分的库存业务流程

这是一种常见的库存业务流程的划分方法,这种划分方法的特点是:以库存管理的入库、库内、出库三类管理作业顺序来分析其业务流程,包括库存控制信息和作业信息在内的信息流在三类业务流程中一并进行分析。

1. 入库业务流程与相关信息

图 5-5 反映了入库业务流程与相关信息。首先，根据供货商的入库凭单，出/入库管理员开入库单交仓库收货人员，仓库收货人员根据入库单准备收货；第二，收货人员接货、装卸搬运、分唛（分标记）、验收入库、堆码，并做好验收记录；第三，仓库收货人员与送货人员办理交接手续，由收货人员在送货单上签收；第四，根据验收记录，仓库保管员在商品入库单上签收，并将货物储存的库房、储位等信息写在入库单上，多联入库单的一联留在仓库保管员处备查，一联留给出/入库管理员，一联交给供应商；第五，仓库管理员根据入库单登记入库账，并制卡交给仓库保管员挂在货物上。

在这一入库业务流程中，随着入库作业的进行，入库凭单信息是供应商、仓库管理员、送货人员等在交接、验收等过程中进行一系列作业的基础，同时，随着作业的进行又产生了新的入库货物、货物供应商等相关信息。在现代库存作业中，入库作业的许多信息是通过条形码扫描仪扫描来完成的，而不再以手工方式制单（如图 5-5 所示）。

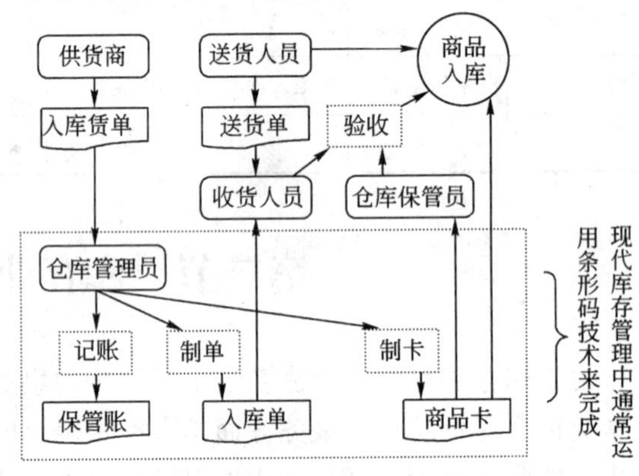

图 5-5 入库业务流程与相关信息

货物验收完毕后，必须对入库信息进行处理，表 5-6 是岗位操作的货物入库验收单模板。

货物入库验收单

表 5-6

<table>
<tr><td>供应商：</td><td colspan="4"></td><td colspan="2">采购订单号：</td><td colspan="2"></td><td>验收员：</td><td></td></tr>
<tr><td>运单号：</td><td colspan="8"></td><td>验收日期：</td><td></td></tr>
<tr><td>运货日期：</td><td colspan="4"></td><td colspan="2">到货日期：</td><td colspan="2"></td><td>复核员（日期）：</td><td></td></tr>
<tr><td>序号</td><td>储位号码</td><td>货物名称</td><td>货物规格型号</td><td>货物编码</td><td>包装单位</td><td>应收数量</td><td>实收数量</td><td colspan="3">备注</td></tr>
<tr><td></td><td></td><td></td><td></td><td></td><td></td><td></td><td></td><td colspan="3"></td></tr>
<tr><td></td><td></td><td></td><td></td><td></td><td></td><td></td><td></td><td colspan="3"></td></tr>
</table>

2. 库内业务流程与相关信息

库内业务主要由三类较为独立的作业组成：储存保养、补货、盘点。其中储存保养主要实现两类作业，一是依据货物储存策略和一般原则，充分利用仓库的储存空间、减少出入库移动的距离、缩短作业时间；二是依据货物保养的策略，遵循储位指派法则存放货物，利用储存技术堆码货物，同时，注意仓库不同货物对温度、湿度、光、尘、卫生、通风等条件和环境的要求。补货作业和盘点作业的业务流程如图 5-6、图 5-7 所示。

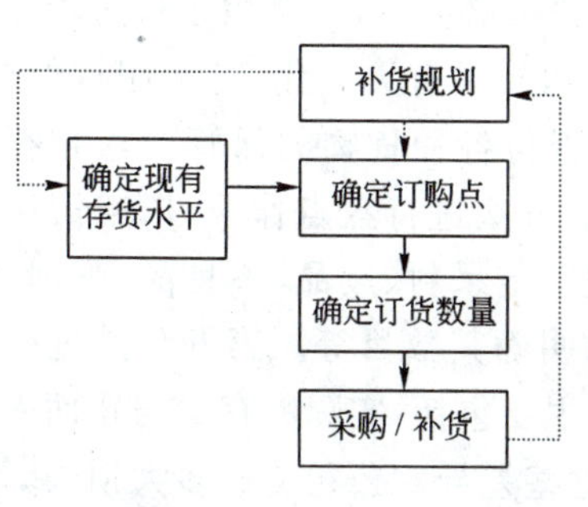

图 5-6　补货业务流程

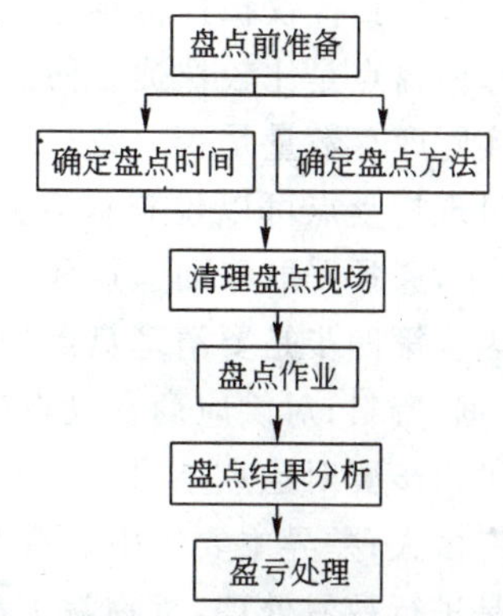

图 5-7　盘点业务流程

补货作业首先要确定现有存货水平，因为只有知道准确的存货水平，才能确定需要补充多少货物。对现有存货水平的检测有定期检测方法和连续检测方法两种。定期检测是按照一定的周期对存货进行检查，周期可以是数天、一周或一个月，依据实际情况而定。连续检测要求对存货的出、入库情况要进行连续的记录，每次存货处理后都要检测各产品的数量。由于入库、出库货物现已广泛采用条形码技术通过条形码扫描仪扫描来获取记录货物的信息，这就为准确获得存货水平提供了极大的便利，也方便进行统计。第二是确定订购点。在订购点补货系统中，只要现有库存水平低于指定的订购点，就立即发出补货指令。第三是确定订货数量，订货数量既可以根据以往的经验来确定，也可以按经济订货批量模型(EOQ)得出。经济订货批量模型的原理是通过数学方法，对各种存货成本进行全面均衡，得出存货总成本最小时的订货批量，并将这个数量作为补货数量。第四是发出采购订单和进行补货作业。

表 5-7 是岗位操作补货单模板。

补　货　单　　　　表 5-7

类别：		补货日期/时间：				本单编号：	
序号	存放储位	货物编号	货物名称	货源储位	单位	需要数量	实发数量

点收：　　　　　　　　　　经办人：

盘点作业首先要做好盘点前的准备，包括确定盘点的程序方法、设计印刷盘点用表单、配合财务会计做好准备、结清库存资料等。第二步是要确定盘点时间，例如，对于 A 类货物，进行每天检查或连续检查库存状况是比较合适的，所以可定为每天或每周盘点一次；B 类货物可以每两周或三周盘点一次；C 类货物则应该得到最少的关注，可定为每月盘点一次。盘点时间可选择在财务决算前和营业淡季进行。第三步是要确定盘点方法，盘点方法有账面盘点和现货盘点两种可以选择，由于现在大多库存管理都采用扫描仪扫描信息存入计算机来记录货物的出/入库数量、金额等信息，所以用账面盘点是比较快捷方便的；现货盘点也是很必要的，一是用于核对库存账面资料与实际库存数量是否一致；二是检查在库货物质量有无变化、有无超过保质期；三是通过现货盘点可以检查保管条件和环境是否与各种货物的保管要求相符。所以，现实中，通常采取账面盘点和现货盘点并行的方法进行盘点作业，以查清误差出现的原因。第四步是要清理盘点现场，包括预先鉴定呆料、废品、不良品；整理、结清账卡、单据、资料；对供应商在盘点前送来的货物明确其数目等。第五步是进行盘点作业。第六步要对盘点结果进行分析，分析内容主要包括：实际库存量与账面库存量的差异有多大；差异主要集中在哪些货物品种；这些差异对公司造成多大损失，等等。第七步是进行盈亏处理，货物除了盘点时产生数量的盈亏外，有些货物在价格上会产生增减，所以在经主管审核后，要用更正表进行更正。

表5-8、表5-9是岗位操作盘点调整表和盘点盈亏汇总表模板。

盘点调整表

表5-8

年　月　日

货物名称	编号	单位	账面结存数	增加数	减少数	调整后结存数	调整原因说明

盘点盈亏汇总表

表5-9

年　月　日

类别	品名及规格	单位	单价	调整后账面数量	盘点数量	盘盈		盘亏		差异原因	
						数量	金额	数量	金额	说明	对策

3. 出库业务流程与相关信息

图5-8反映了出库业务流程与相关信息。首先，仓库管理员根据出库凭单，开出库单交仓库保管员，由仓库保管员根据出库单进行货物准备；第二，仓库管理员通过出库台的条码扫描仪扫描出库货物，将条码信息发送给出库管理计算机系统。第三，将出库单与运输人员的运输任务单进行核对，办理交接手续，由运输人员签收。

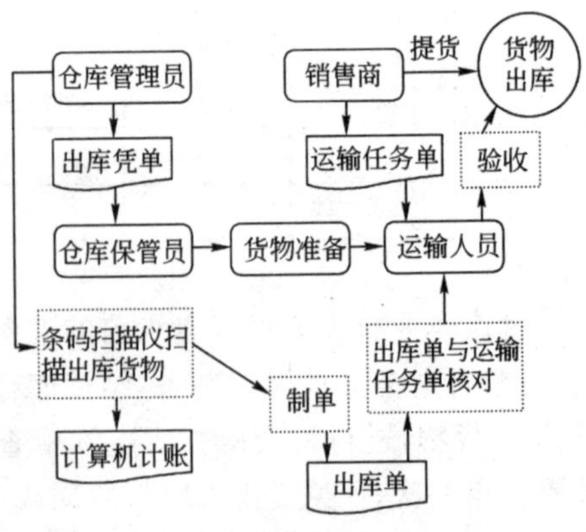

图5-8　出库业务流程与相关信息

在这一出库业务流程中，随着出库作业的进行，出库凭单信息和运输任务单信息是仓库管理员、运输人员等在出库、交接、验收等过程中一系列作业进行的基础，同时，随着作业的进行又产生了新的出库货物、货物销售商等相关信息。在现代库存作业中，出库作业的信息是通过条形码扫描仪扫描来完成的，扫描信息被存入计算机，各类凭单也是通过计算机中存储的信息打印出来的。

出库凭单岗位操作的两种模板如表 5-10、表 5-11 所示。

货 物 出 库 单（一） 表 5-10

买方公司： No.

地　　址： 出库日期：

货物号码	货物名称	规格	数量	单位	单价	总价	备注

仓库： 审核： 填表：

货 物 出 库 单（二） 表 5-11

客户代号：		收货单位名称：				联系人：	
卸货地点：						联系电话：	
承运单位：		运输方式：				出库类别：	
序号	货物名称	单位	数量	金额	实装数量	客户实收数量	备注
	合计						

二、以作业业务功能划分的库存业务流程

从库存业务的基本功能上看，库存的业务流程不外乎搬运、存储管理和信息传递的综合作业（如图 5-9 所示）。

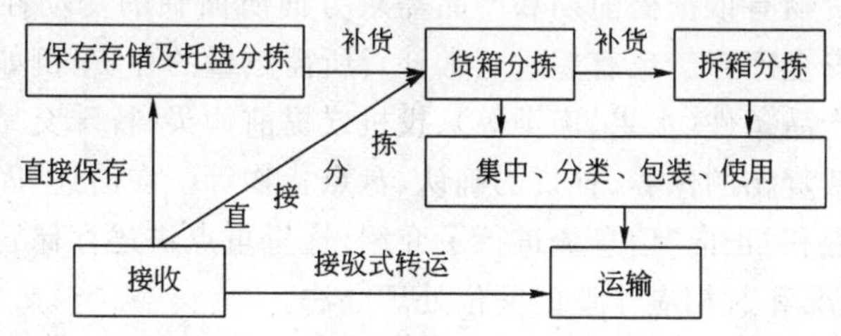

图 5-9 库存的典型功能与业务流程

【小知识】 接驳式转运

指产品大量运入，并马上进行分解，以无误的种类和数量进行混合，再运输给客户。因而，从理论角度来看，产品从未进入过仓库。例如，一家负责处理汉斯牌(Hanes)产品的库存公司，将商品贴上标签，放置在吊架上，并装入箱中运往沃尔玛的各个分店，来补充那些已经卖出去的商品。拖车到达沃尔玛的配送中心后，产品从接驳式站台上用卡车运往各个分店，到了商店打开箱子，再将这些商品摆放在陈列支架上。可以看出，接驳式转运力图缩短产品的存储时间，在这里，库存实际上是一个配送混合中心。

1. 搬运作业

库存管理中的搬运作业已成为关注的焦点，因为企业致力于提高存货的流动性，以及从生产制造地到最终客户订单处理的速度。搬运作业包括接收、转移及存放、按客户订单进行分拣、接驳式转运。

(1)接收

接收活动包括运输承运商的卸货、更新仓库中的存货记录信息、检查是否存在货物的破损，以及根据订单和运输任务单进行货物数量的确认。

(2)转移及存放

将货物移动到仓库进行存储的物理移动，将货物搬运到进行特殊服务(例如合并)的地方的移动，以及出厂运输的搬运。

(3)按客户订单进行分拣

按客户订单进行分拣是搬运的主要活动之一，这要涉及到按照客户的不同需要对货物进行重新分类，并进行包装。

(4)接驳式转运

接驳式转运直接从货物进货站台将货物转移至出货站台。因而，完全的接驳式转运运作避免了存放、存储和订单分拣。由于与要求的运输息息相关，信息的传递在接驳式转运中显得尤为重要。

2. 存储管理作业

存储管理的货物有依据提前期和产品需求方面所面临的变动性而进行的储存，例如，周期库存、安全库存。也有超过正常补货所需数量的存货，例如，由于季节性需求、不稳定需求、产品条件(水果、肉类等)、投机或提前购买、特殊交易(数量折扣等)。存储管理作业包括货物的保养、补货的确认、盘点货物等。在前述“库内业务流程”中对这些业务的流程和“正向”信息流进行了介绍，这里重点讲述存储管理作业产生“逆向”信息流时的情况和对相应作业的岗位处理办法。

在存储管理作业中会碰到退货处理、货物报废处理和破损处理的情况，这时需要在退货单、货物报废单和破损报告单上分别记录下来相关信息，必要时，要说明原因和处置方式，并在计算机库存管理系统中进行货物数量的变更修改。表 5-12、

表 5-13、表 5-14 是相应的岗位操作流程模板。

退　货　单　　表 5-12

编号：　　日期：

货物编号	货物名称	数　量	退货原因	签　章

货 物 报 废 单　　表 5-13

□原材料类　□设备工具类　□产品类　　日期：

报废货物编号：		报废货物名称：		报废数量：		原用途或制造号码：
报废原因及状况：				处置方式：		备注：
成本计算(限产品类货物报废时填)：						评定价值：
材料：	人工：	分摊费用：	合计：	单位成本：	合计：	
经理：	入账：	价值评定：	审核：	填表：	备注：	

破 损 报 告 单　　表 5-14

报废单位：

日　期：年　月　日　　收料日期：年　月　日

制造号码：　　字 No.

报废原因：					原领用途：			
材料类别	货物名称	规格	色纹材质	单位	退回	实收	估计价值	备注

会计：　收料：　主管：　填表：

3. 信息传递

信息在库存管理中是非常重要的。准确和及时的信息能使一个企业实现库存的最小化,改善运输工具和路线和计划,通常还能提高客户服务水平。物流企业为了更好地控制信息流,实现库存设备效率和效益的最大化,已采用了各类自动机械、传送装置、计算机技术、条形码扫描仪、EDI 和互联网、作业成本管理软件、生产率跟踪软件等自动化设备和信息技术。

从订单数据统计、打印报表、出/入库货物各类信息的管理、补货的确认、账面盘点、条形码标签打印、采购订单对账,到报废品的确认、退货的处理、库存更新等,整个库存业务诸环节运作都是通过信息的传递来完成的。库存的管理在不断地实现计算机化,使用计算机系统进行信息的管理。同时,库存管理业务依据的信息和库存管理业务运作产生的信息又与物流供应链中的其他业务环节密切相关,形成了密集的信息流，图 5-10 反映了库存业务及其信息流在一个典型的物流供应链中所处的重要地位。

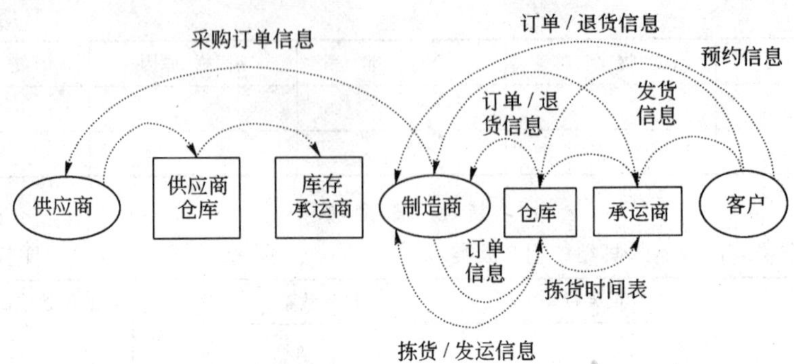

图 5-10　库存业务及其信息流在供应链中的重要地位

第三节　库存管理信息系统结构

库存管理信息系统是物流作业级信息系统之一，是实现对具体库存业务进行处理的子系统。它利用信息技术对库存作业流程中的各种信息进行实时、集中、统一的管理，并及时向财务系统提供库存作业产生的信息，为物流企业、生产企业和客户提供实时的信息服务，也为供应链中其他子系统提供业务运营所需的信息。

在库存作业中，业务数据的存储、业务单据的处理、流程的监控等都离不开信息系统。库存信息的处理是整个物流供应链作业中一项必不可少的组成部分，同时，也是保证供应链中其他物流作业环节高效、可靠执行的前提之一。例如，在自动化的大型配送中心，通过自动化的计算机管理信息系统的指挥，可以高效有序地完成货物的入库信息扫描登记、货位分配、库内自动分拣、出库登记等作业，使配送中心能根据客户的需求实现货物的小批量、多批次频繁的出入库作业管理。

一、库存管理信息系统功能设置

库存管理信息系统实现库存作业的管理功能，主要包括入库、出库、货位管理、不合格品管理、盘点、报废品管理等。

(一)入库系统功能设置

1. 入库系统功能设置要点

(1)有计划地推动入库业务

入库是面对客户的第一步，顺利地处理入库业务是避免后续业务发生错误和混乱的前提，因此，有计划地建立能顺利处理入库业务的系统是最重要的。

也就是说，从供应商发来的货物如果无计划，仓库的入口就会使送货车处于等待状态，也会影响配送业务的效率。如果入库处理事先无计划，所接收的货物向存储货位的搬运过程可能会一片混乱。因而，如果将入库信息进行事先录入，就能在入库时简化系统的处理过程，提高入库的效率。

(2)系统入库处理简单化方法

在库存管理系统中，要简化入库处理的操作，并设置进行下一步作业的提示。例如，入库单据应采用条形码处理，以便减少操作人员按计算机键盘的次数；根据事先录入的入库信息来确认入库处理，能快速、方便、准确地完成相应操作；再通过提示指出下一步作业的存储位置，就能顺利进行下一步作业。

(3)入库处理中考虑出库和保管效率

应该按照仓库形态遵守先进先出的原则，给出在什么位置存放商品的指示。要考虑仓库的存储空间，向仓库内放置货物时，如果在入库环节不考虑这些情况，放置商品后就会花费大量的劳动力提高出库效率、进行保管效率作业。

2.入库系统处理的范围

入库系统处理的范围从接收货物入库、确认存储位置，到更新库存的处理。由于入库处理掌握的是物的移动，所以最好从入库处理的范围中排除到货记录、账目管理等会计系统的内容。此外，事先录入的入库信息，其信息的管理属于订货业务的范围，要在入库处理中充分利用这些信息。再有，订货业务的订货缺货信息可作为预订入库信息，在入库处理时要灵活运用这些信息以提高入库处理的效率。还要注意与购买方进行联网处理，因为尽管考虑了到货信息的传送，但到货信息中作为订货缺货的那些信息被当成了到货预订信息，当然也属于订货业务的范围。

货物入库更新了库存之后，对订单货物的分配处理不属于入库处理的范围。但入库处理使库存数量发生了变化，指示分配处理属于入库处理的范围。

根据以上分析，入库处理功能包括：

(1)接收入库；

(2)存储指示；

(3)存储确认；

(4)更新库存；

(5)入库确认；

(6)生成向会计系统传送的信息。

图 5-11 表示入库处理的系统功能。如果系统支持这些全部功能，便完成了入库处理。在系统的实际运作中，需要考虑每一个功能是在中央计算机系统中实施完成，还是在仓库一侧计算机系统中实施完成。例如，仓库一侧的计算机系统完成不同保管地点的库存管理功能，而中央计算机系统实施全体仓库的库存管理(如图 5-12 所示)。库存更新在仓库一侧计算机系统中完成，然后，向中央计算机系统传送入库数据，并对全部的仓库实施库存更新操作。最后，向会计系统传送数据，当会计系统在

中央计算机系统中运行时，在中央计算机系统中使用前面的入库数据进行处理即可。

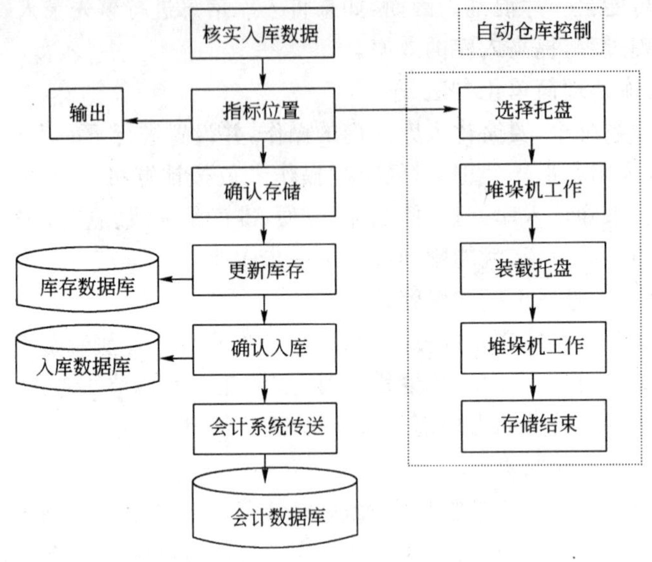

图 5-11　入库处理系统功能

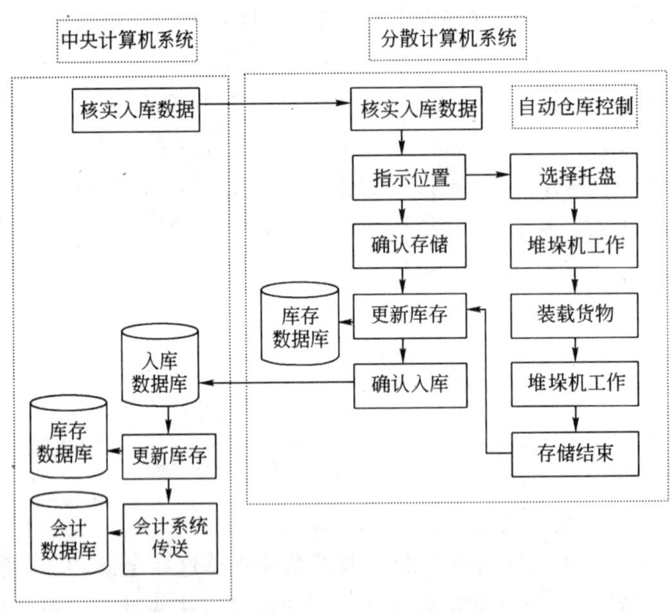

图 5-12　中央计算机系统和分散计算机系统入库处理功能

3.入库系统处理的主要功能

1)接收入库

为了顺利完成接收入库作业，有计划地进行接收处理是必要的。通过前面的分析可知，最好能事先掌握入库的数据，尽量简化入库处理过程，以便快速完成入库作业。例如，从供应商处事先获得货物的预订信息，并存入计算机系统。货物运抵时，用条形码表示到货单的到货编号，通过扫描仪读取该条形码以检索出到货单所对应的该货物信息，经过数量确认就可以完成接收货物的作业。

就具体的系统而言，在接收入库中要考虑在什么时间进行接收入库处理业务，以及如何进行验货处理。如果不进行验货，就不能确定数量，也就不可能进行接收入库处理。除了进行数量验货外，将货物取出检查货物的质量等业务也都会影响接收入库处理。也就是说，如果由于前面作业的质量出现问题，是与供应商是否进行了严格出库验货提高品质是有关的，也会影响到接收入库处理。如果没有货物的质量问题，货车送抵时只需确认到货单和货物的数量，然后送货人得到送货的确认，在现场就完成了接收入库的处理。如果货物的质量不能确保，货车抵达后就要先将货物放到临时保管区进行暂时存放，由于还没有进行接收入库处理，只是作为入库准备处理，验货后数量和质量确保后才作为接收入库处理，而验货没有通过的货物向供应商退货，系统支持这样的处理，则功能较为复杂。假设没有通过验货的货物也进行入库处理，那么会提高入库时的效率，但必须将库存分为合格品和不合格品进行管理，那就要从接收阶段进行区分处理。

入库处理原则上必须包括以下项目：

(1)入库货物；

(2)入库数量；

(3)入库日期；

(4)供货商。

也可以加上金额。这些内容记载在到货单上，内容是否正确是接收入库处理的关键。由于入库货物和供货商的各类信息大都已经代码化，因而对送抵的货物是否正确是容易进行检验的。在处理时间方面，分散计算机系统事先应该对主数据库进行验证。到货日期需要存储在计算机系统中，而且最好能够输入。入库数量需要核实数量的上限，可以成箱接收或以单品接收。

2)存放指示

存放指示是为了遵守先进先出的原则，考虑出库作业的效率，对入库货物进行保管地点指定。因此，需要知道库内不同位置的保管状况，掌握不同货架和托盘的库存。这些细分的库存，在接受订货时进行的分配库存处理中不起作用，但在出库指示作业中会发挥作用，在中央计算机系统和分散计算机系统分工进行协作处理的情况下，存放指示是分散计算机系统中需要掌握的内容。存储的位置由计算机系统自动进行分配，并输出存储位置指示单，向作业人员进行指示。特别是在使用自动仓库的情况下，控制自动仓库的计算机会自动地检索出空的货架和托盘，并指示巷道机作业。这时，需要明确对货架和托盘进行存储的规则，在出库时对每个存储的位置进行指示。尤其在货架量很大的情况下，根据存放指示灯进行存储指示会更方便。有些情况下，人工作业就能管理，也可以省略存放指示。

3)存放确认

在自动仓库环境中，自动仓库系统自动进行存放的确认，就没有必要进行人工确认操作了。在存放指示灯的指示下，存放确认是依据取消指示灯的操作。存放确认是更新库存的前提。如果不进行存放确认，入库数据由于无法更新库存，就无法累计接收的货物，在计算机系统中无法表示，通常，这是实物和账目不一致的主要原因。因此，系统需要掌握入库数据处于什么样的状态，这样的系统管理才能找出在哪里发生了不一致。

4)更新库存

更新库存分为中央计算机和分散计算机两次更新库存。如果更新操作是在入库的货物立即出库的系统中进行，那么，在分散计算机中更新所掌握的不同保管位置的库存，然后联网更新在中央计算机系统中所掌握的不同仓库的库存，便完成了更新操作。如果更新操作是在入库的货物不需要立即出库的情况下，考虑到计算机的负荷，在分散计算机系统中需要立即进行更新处理，但中央计算机系统的库存更新操作可以在夜间以批处理的方式进行。总之，最好根据适合业务运营的形态进行设计。此外，为了使中央计算机和分散计算机两方的库存保持一致，系统需要建立日常能进行两方库存对账的功能。两方联网进行库存更新操作时，要注意出现的错误只有在两方更新库存操作正常完成之后，再继续进行入库的确认。在分散计算机系统的更新正常完成而中央计算机系统的更新出错的情况下，应该考虑中央计算机系统更新处理的方法。如果分散计算机系统不能进行库存更新时，则该入库处理操作无效。这样更新的库存就存在订货缺货的情况，可以灵活地使用中央计算机系统的库存立即进行分配处理，并自动地进行分配处理指示。

5)入库确认

完成库存更新就完成了入库业务的大部分内容，确认从接收入库开始到更新库存期间，是否进行正确的处理或出现了哪些错误就是入库确认。从接收入库开始到存放指示阶段，如果出现错误，在接收入库的屏幕上显示出错误的情况，需要确定下一步的处理。存放确认后到库存更新所发生错误的处理，要回到取消接收入库信息的状态，重新从接收入库开始进行修改。如果全部正常处理，根据入库确认输出实际入库的信息即可。

6)生成会计系统的传送信息

这是入库处理的最后步骤，要生成接收作业中累计的会计信息，用以反映会计系统的接收台账、库存账。

4.入库的种类

从公司外部入库和从公司内部入库在后续的处理中有所不同，尤其是会计处理是不一样的。由于数据是在入口处进行分类的，所以，在接受入库时要明确入库的种类。这里所考虑的入库处理有以下几种：

(1)来自工厂的入库；

(2)来自其他仓库的入库；

(3)来自供应商的入库；

(4)退货入库。

前两个可看作是公司内部的入库，而后两个是来自公司外部的入库。

(1)来自工厂的入库

在生产部门和销售部门分开的情况下，关键问题是如何确认工厂一方的交易额和营业一方的接收。工厂方面为了尽早累计交易额，要求以工厂出库数据为准，营业部门则认为工厂与营业仓库之间有距离的情况下，要求在实际入库发生之后再进行接收确认。为了解决这个问题，需要决定以出库为基准进行累计，还是以接受为基准进行累计。每个公司有每个公司的做法，不能一概而论哪一种做法更好，这是实务作业方面如何进行合理作业的问题。用工厂的出库信息作为营业一方的接收入库，有助于减轻营业仓库一方的入库输入负担。

(2)来自其他仓库的入库

来自其他仓库的入库，有在同一个管辖部门仓库的入库和不同管辖部门仓库的入库，由于在会计处理方面不同需要进行区分。在同一个管辖部门仓库的入库只是单单传送接收到的数据；不同管辖部门仓库的入库，表示部门之间的内部交易信息传送给会计部门。要注意，合理的入库作业，灵活应用出库仓库方的出库信息，在入库仓库作业时能减轻输入的负担。

(3)来自供应商的入库

向会计系统传送的信息包括接收累计信息和交易信息。为了累计交易，要认真核实供应商部门，为支付业务提供正确的信息。如果供应商的订货业务已经使用了计算机系统，就可将供应商的出库数据通过系统进行传送，根据向供应商的订货数据或供应商的出库数据进行入库处理，可以使入库处理更加合理。

(4)退货入库

退货入库可以在入库作业中处理，也可以在出库作业中处理。最好要考虑如何能做到合理处理退货，而不会带来会计上的问题。由于退货使业务操作复杂化，必须特别注意。例如，客户的退货是否全部在仓库进行接收处理，如何决定退货的金额等，大多需要经营部门和仓库部门相互协商决定。如果可能，经营部门与客户最好事先联络开出退货交易单据，以便在退货入库时使用。

入库系统中最重要的是建立入库预订作业系统的目标。通常，要考虑以后的作业处理，事先知道什么时候货物入库，建立有准备应对事态的系统。为了提高入库作业的可操作性，应注重验货作业，强化前期的作业，最好一步完成验货作业。

(二)出库系统功能设置

1.出库系统功能设置要点

出库系统功能设置的第一个要点就是减轻仓库作业的间接作业。现在,客户对出库的要求越来越严格,为了适应客户的需求给出库业务增加了很大负担,需要建立支持出库业务的系统。例如,为了掌握实际的出库,在标签上印刷条形码,通过读取条形码掌握原始资料。为了顺利进行分拣和包装作业,开发的机械化系统要求支持像工厂的流水线作业一样。

第二个要点是开发与仓库的运营形态相符的系统。首先分析出库作业,研究用单据进行拣货,以及集合拣货、分拣和包装作业的出库准备作业过程。当然,这些运营形态不同是因为货物的特性不一样。大的货物可以采用单独拣货的形式,小的货物则采用集合拣货的形式。大的货物可以区分如下的形态。

(1)一个订单,单个包装。对一个订单,每种商品以一件为单位进行包装出库的情况;

(2)一个订单,多种一起包装。对一个订单,将每种货物集中进行包装出库的情况;

(3)多个订单,单个包装。汇总多份订单,每种货物以一件为单位进行包装出库的情况(有订货缺货,一次进行出库的情况);

(4)多个订单,多种一起包装。汇总多份订单,将每种货物集中进行包装出库的情况。

考虑以上的情况,出库系统需要处理以上各种情况。

第三个要点是需要考虑出库附带作业的机械化问题,灵活应用网络进行整体业务效率的提高。从近几年出库业务功能发展的趋势来看,离消费者较近的零售商店等下游企业对制造商等上游企业提出了更加严格的要求。例如,百货店和量贩店要求生成专用单据的附带作业,还有要求生成对商品标贴特有的价签作业等。上游企业为了满足这些要求,引入了仓库附带业务的机械化。在高度信息化社会的今天,发展了跨行业若干企业之间的网络化。在出库业务范围内,向客户企业通过网络传送到货数据。为了对运输承担者进行每笔货物的追踪管理和计算运费等,传送货物信息的业务也大大增加。

可以看出,在分析以上所述的出库系统业务时,要考虑外部环境的需求变化,树立事务相关联的意识,建立相应的出库系统。

2.出库系统处理范围

在设置出库系统功能时,对于接受订货系统从哪里开始处理是主要的问题。由于基本的出库处理是仓库业务处理的一环,是在订单从出库的状态开始进行处理。也就是说,其范围是对订单从准备出库数据开始,到实际的货物出库,再到向会计系统传送已经出库的信息为止。但在实际运营中,也有根据企业形态、销售形式,在仓库出库处理的作业中,将出库定为配送到客户并进行了接收货物的确认为止的情况,这是带有配送业务功能的情况。最后，为了管理仓库的支付货款，向会计系统传送数据。关于累计销售数据，要根据企业的形态对客户在仓库的出库时进行累计，或客户接到货物确认之后进行累计。

出库处理需要具备以下功能。

(1)出库数据的汇总；

(2)拣货处理；

(3)分拣处理；

(4)决定运输企业处理；

(5)配车处理；

(6)生成出库单据；

(7)输出各类单据；

(8)包装单据汇总；

(9)出库确认；

(10)向会计系统传送数据。

系统的构成如图 5-13 所示。根据接受订货系统取得出库数据，进行出库确认，向会计系统传送数据，生成出库单据，与仓库的经营形态相符，有 4 种处理方法。

(1)进行即时的单据处理，即用单据拣货，集中货物并出库。用这种方法，对订单进行货物的分配结束后，如果能到出库的状态，在出库系统中数据传送时即可生成单据。

(2)为了提高仓库的作业效率，到截止时间汇集出库数据，之后成批输出单据，通过单据拣货，集中货物出库。例如，仓库的作业上午以入库业务为中心，下午集中进行出库作业。

(3)处理小件商品的情况，按照不同的商品进行集合拣货，以提高仓库的作业效率。这样，与前面同样的截止时间汇集出库数据，之后应该出库的数据内容按照不同的商品生成汇总的拣货清单，同时按照到货的不同地点进行分拣，并形成作业内容表。

(4)处理大件商品的情况，特别是利用包租的配送手段时，对若干台车辆如何装载货物要进行配车处理。为了明确应该出库的货物并确认数量，在设定的截止时间之前，要对汇集的出库数据按照不同的方向算出物流量，在计算机系统中按照设定的车辆进行装载。也就是说，在决定车辆路单指令的同时进行货物的准备。

从中央计算机系统和分散计算机系统的作用看，出库业务大都是分散计算机系统所承担的。到处理出库数据为止是中央计算机系统的功能，以后的处理是根据分散计算机系统的能力，从汇总出库数据开始到输出各类单据、确认出库都是分散计算机系统的工作。出库确认后，向中央计算机系统传送已经出库的数据，利用更新的已经分配的库存信息生成向会计系统传送的数据。根据上述的功能分工，与分散计算

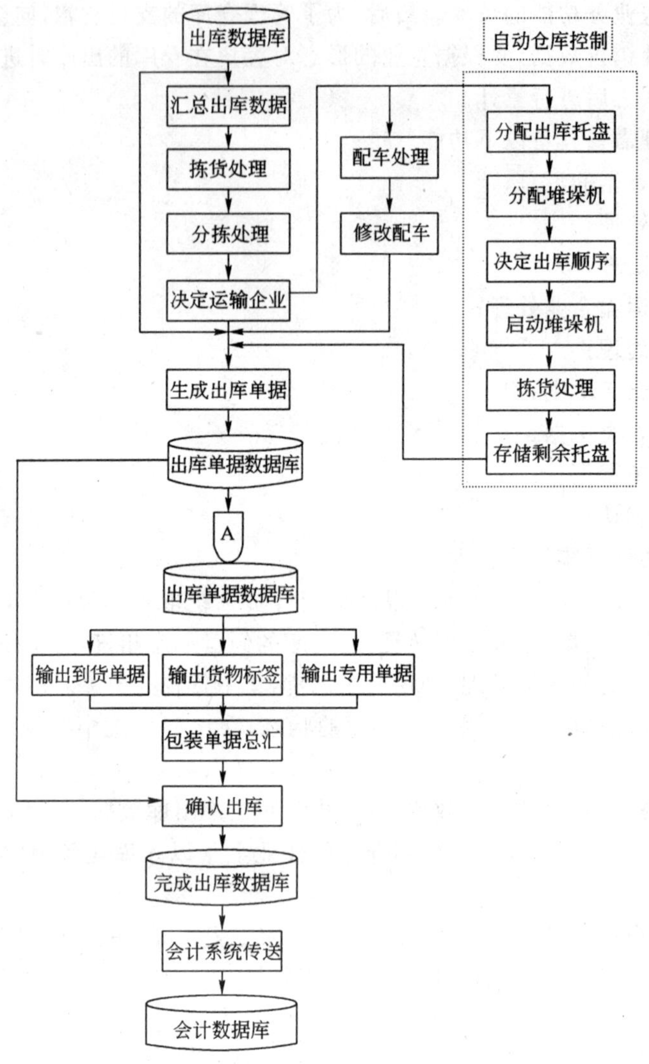

图 5-13　出库处理系统功能

机系统的能力相比，中央计算机系统的作业范围更广。特别是配车处理方面，在处理出现错误时，最好平衡中央计算机系统作业范围的负担。图 5-14 是中央计算机系统和分散计算机系统出库处理功能。

3. 出库系统处理的主要功能

1)汇总出库数据

出库准备结束后，从中央计算机系统得到出库数据，确认数据的内容。为了便于后续的作业处理，按照出库数据的顺序进行排列并编辑有关内容。为进行仓库的单据拣货，生成处理的单据，在进行配车处理的同时对配车处理传送出库数据。使用自

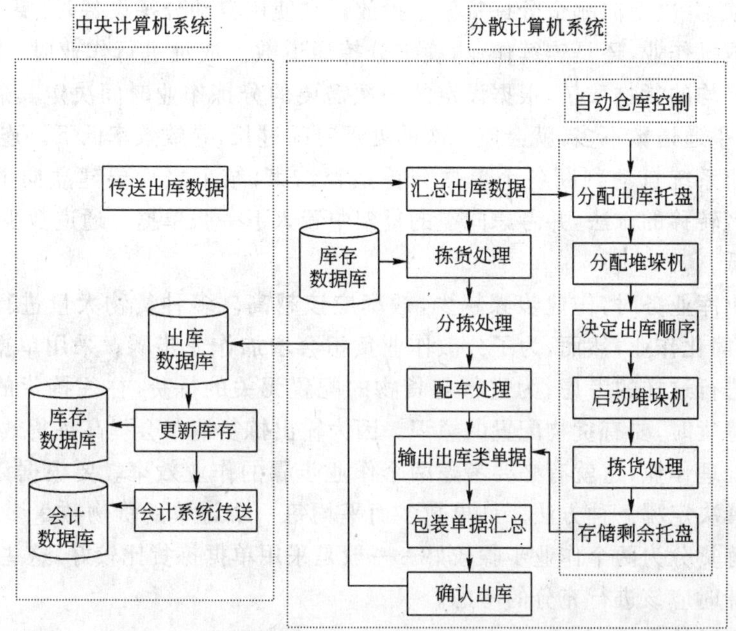

图 5-14　中央计算机系统和分散计算机系统出库处理功能

动仓库时，为了向自动仓库控制器中传送出库数据，需要分解订单并按照不同货物单位的订单生成出库数据。

2)拣货处理

处理小件货物出库作业时，一般为了进行拣货需要输出拣货清单。汇总的拣货清单按照货物单位合计出库数据，与作业人员的作业单位匹配输出货物的分类。根据汇总出库数据的处理，以接收的信息为基础进行不同货架的储位分配，按照管理货架的单位汇总货物。例如，货物的货架是固定位置时，由丁货物位置固定，根据货架的配置，按照货架管理单位对货物分组，并按照货架的顺序输出拣货清单。

单据拣货时，在汇总出库数据之后，要考虑配送业务的实际需要，按照不同的方面排列出库单据，以单据为单位输出拣货清单并进行拣货处理。这种方法是在货物品种数少的情况下省略了分拣处理作业，可以有效地提高作业效率。

3)分拣处理

分拣处理是集合拣货后的处理作业。在以货物总量为单位进行拣货之后，需要再按照不同的订单分配货物。生成分拣货架和订单，以及与这些货物关联的分拣清单，按照拣货的顺序参考分拣清单，向分拣货架分配货物。就像在邮局一样，按照邮政编码的顺序对邮件进行分拣作业。分拣作业是一件非常繁琐的作业，有许多邮局已经实现了机械化的处理。分拣货架自动地处理，就像货物分类使分拣货架和单据关联，向自动分拣设备中投入货物后便进行货物的识别，在计算机系统中检索货物和单据的关联，并决定向哪个分拣货架中投放。在使用自动分拣设备时，要考虑根据分拣作业是成批作业，还是连续作业，确定分拣通道数。成批进行作业时，需要弄清每一个单据平均的货物数量，根据设定的一次需要的分拣作业时间决定其通道数。需要注意，如果通道数不多，就会使一次的处理时间过长，导致效率低下。连续作业时，是由计算机系统自动判断各个单据分拣是否结束，结束之后要建立向下一道作业——包装区转移的方法，并考虑向空的货架中置入下一张单据。通道数少时，分拣货架效率较低。

处理出库业务时，作业步骤越少，效率应该越高。多种货物大量进行出库作业时，要尽量简化作业，然而，为了分散作业负担会增加作业步骤。采用单据拣货时就没有必要进行这样的考虑；为进行与货物的配置无关的拣货，往往拣货的效率会较低。集合拣货时，要有货物配置的意识。因为输出拣货清单会提高拣货效率，但也会增加分拣处理作业，这就有必要考虑两个作业步骤的作业效率。要根据订单数和订单内容选择决定哪一种方法。订单数多而平均每一个订单的货物数量多的情况下，进行集合拣货分为两个作业步骤较好。一般是采用单据拣货比较好，这些问题，在系统分析设计时应该进行充分的考虑。

4)决定运输承担者

利用多家运输承担者的情况很多。专用班次和定点班次都是一样的，大多是按照不同的方向决定运输承担者的管辖区域。也有因为特别的配送周期的原因，客户指定运输承担者的情况，这时需要在接受订货阶段就指定运输承担者。

在定点班次情况下，需要根据运输承担者在货物标签上标示出货物追踪编号。但是，运输承担者所提供的货物标签要事先标贴，用计算机系统输出货物标签时，根据运输承担者的不同而需要替换，那么可操作性就较差。特别是在自动仓库系统中，进行自动输出货物标签的情况，由于不能够替换，则需要区分不同的企业分别打印。尽可能地设计本公司的货物标签，获取每一个运输承担者货物追踪编号的范围，进行自动标贴。有些企业以单据为单位标贴货物追踪编号，还有些企业对每一件货物标贴货物追踪编号，在设计上最好考虑完成每一件货物标贴货物追踪编号的功能。在决定运输承担者中，要标贴货物追踪编号。

5)配车处理

在利用专用班次情况下，即使是定点班次，均要按照不同方向限定车辆台数，这时要根据出库量对各个车辆效率地进行货物分配。

在专用班次情况下，根据车辆的指定期间和出库日的关系，提前预测出库的预订数，进行车辆的安排。在使用本公司车辆班次时，因为事先知道不同方向的出库量，对车辆的准备有很大帮助。

在需要时间进行货物的集货和装载的情况下，根据接受订货截止时间就无法当时进行出库。配车处理就是要掌握出库货物的体积，在计算机系统上假设要使用的车辆,按照不同的方向考虑装载作业的顺序,排列订单并进行装载的模拟安排。其结果是,输出装载的清单或在屏幕上显示,最终通过人为的判断决定输出集货清单。实际的拣货作业按照这些集货清单分别分配给不同的车辆。

在定点班次情况下,基本上是混载进行配车处理,向运输承担者明确告知预订出库量。运输承担者按照这些情况安排配车。

6)生成出库单据

分散计算机系统进行出库作业指示,即对订单拣货、分拣等进行出库作业指示,为生成出库单据做准备。与出库单据的形式相符,加工订单信息,随时输出单据。出库单据的形式有本公司所确定的形式,也有客户所指定的形式。如果采用本公司所设计的单据,因为系统是与本公司的形式相符所设计的,不会存在问题。如果采用由客户所指定的形式,即指定专用单据,因为是适合各个公司的特定需求,应该具有什么样的项目事先不能确定,就比较麻烦。根据行业目前的情况,推动统一单据的应用,进行标准化作业是最理想的,但尚未实现。为了解决这些问题,应该在接受订货系统中,在接受订货阶段输入信息,为了接受订货阶段以后的作业,需要增加加工功能。在生成出库单据处理中,为了简化编辑单据的业务,利用已经存在的信息进行整体规划是可采用的方法。

在单据拣货的情况下,从汇总出库数据开始,为了直接处理,还没有完成商品的拣货,但在出库作业中没有发生什么麻烦时,就应以出库为原则生成单据。

集合拣货也好,单据拣货也好,有拣货单据时,就要考虑与计算机系统生成单据的作业并行进行拣货和分拣作业。

7)输出各类单据

根据生成的出库单据,利用出库单据数据库,根据仓库的作业步骤需要,适时地输出单据。所谓适时地输出是成批地进行输出,即一旦发生了数据就进行输出。例如,在集合拣货时,分拣作业之前成批地输出出库单据,一开始就设置好分拣箱和单据。即使是同样的集合拣货,在分拣作业之后,也可以与包装作业同时一个一个地输出单据。在单据拣货时,可以采用按照订单的输入顺序一个一个地输出订单作业的方法,也可以考虑后续的作业,并列成批输出单据的方式。

关于输出的单据,在设计业务的阶段要明确各个单据的用途,以输出的单据类最少为目的。按照不同的用途需要考虑3种单据,即到货单、运输单和货物标签。

(1)到货单是为了客户能够累计到货并以传送信息为目的。因此,一般要求有货物描述、单价、数量和金额等信息。

由于到货单是作为客户的专用单据,可以用生成出库单据的格式进行设计并输出。不过,也有很多销售使用微机进行专用单据输出的系统,应用这些系统就更加方便。需要注意的是,由于系统不同其便利性也存在差别,有必要进行充分分析比较。例如,在输出之前设置必要的单据张数,就可以通过事先的准备发挥便利作用,既有连续输出单据的系统，也有输出单个单据的系统。

(2)运输单是为了货物搬运所必要的单据，重要的是要知道有多少种情况，带有货物追踪编号的货物在哪里。

应该能在这张运输单中掌握运输费用。因此，没有必要知道货物是什么、有多少金额。一定要注意运输单对每个企业是不同的。运输单和到货单之间的关系，由于是一张运输单，可能会对应多张到货单，最好在运输单中设置到货单。

(3)货物标签是在运输承担者的配送中心进行分拣时，能够立即知道方向以及在客户确认货物时知道包装内包含有哪些货物。现在，货物标签都用条形码表示，通过条形码分拣出不同的方向，包装中的货物代码也应用了条形码，通过读取条形码进行客户到货累计，可以提高服务水平。

如果多种货物在同一个包装中，由于货物标签不能够表示多种货物，就需要标记出有多种货物在包装内，并在包装内放入到货单或包装明细单进行配送。

在包含这些单据的同时，不要试图减少单据的种类，减少成本。务必要明确单据的意义。

8)包装单据汇总

出库的最终作业就是包装。按照单一品种为单位包装存储时，拣货之后标贴货物标签就可以出库了。集合包装时，需要根据拣货和分拣将集中的货物和到货单放入包装箱中，并标贴货物标签出库。在包装的货物中标贴有货物标签，而到货单和运输单按照每一个运输承担者汇总，在最终的出库时间传递给运输承担者。用这种方法，最好要进行最终出库的确认，如果确认困难，可采用包装的货物按照单据为单位进行集中并放置于出库区的方法。这种方法的优点是完成包装之后，就可以认为具备了出库的条件，并输出单据。

9)确认出库

确认出库具有销售累计的重要意义。对企业来说，计算机系统中一旦到达所登录的出库日期，就进行自动的销售累计，取消不能出库订单的销售额，也有根据返回订货缺货代替确认出库的情况。但是确认出库处理的简单化会将以后的处理复杂化，在确认出库时应该与销售进行衔接处理。

确认出库处理，以接受订货单位检索出预订出库的出库数据，对出库单据和货物、数量等是否一致、实物和数量是否一致进行确认。对于集合包装的订单，由于是在包装时确认内容，只确认包装的个数。特别是在使用自动仓库时，在出库区域放置货物时，通过读取货物标签的条形码进行出库确认。

采用以上的方法进行出库确认，存在不能出库销售的情况。这时，要分别处理出库确认和销售确认，为销售确认进行接收录入。从出库到进行接收录入为止的库存作为在途库存进行管理。

10)向会计系统传送数据

在分散计算机系统中处理完成的出库数据要传送到中央计算机系统中，并在中央计算机系统中更新库存。根据分配了的库存减去出库数，可以掌握支付情况。最后，为了向会计系统中传送支付信息，附加销售信息、内部的交易信息等对会计必要的项目生成传送文件。

考虑自动仓库出库处理的实际情况，汇总出库数据以后，直到生成单据为止的期间，使用机械设备进行自动出库。汇总出库数据之后，将各个订单按照不同货物单位的订单转换成出库数据，按照货物顺序排列。以货架(托盘)为单位管理的库存，在分散计算机系统中计算出以货物为单位的总出库数，按照先进先出的原则分配以货架为单位的库存储位。为了从货架进行拣货，需要使用多少台叉车等设备，事先需要在计算机系统中录入货架与叉车等设备的关联，掌握每一台设备所能够出库货物的数量。然后按照叉车等设备最短的路线决定出库货物的优先顺序，启动各个叉车等设备，从最初的货架开始向拣货装置运送货物。在拣货装置中拣出必要的货物数量向包装区域移动。在托盘上如果还剩有货物，在取出的货架上继续存放托盘，再从下一个出库货物顺序地将托盘取出货架进行准备。如果托盘为空时，则搬出托盘存放于空托盘存放货架区。在配送中心货物和货架管理变更的情况下，从下一个货物存放的货架和拣货装置位置的关系分割出路线最短的存放货架进行存储。

4 出库的种类

出库的种类有向公司外出库和对公司内出库两种。

1)向公司外出库

(1)销售出库

销售出库一般是将销售出的商品出库。

(2)借出出库

借出出库是为了促销高价商品等情况出库的商品，与一般的销售出库不同，由于是借出当然需要归还，因为不是销售，与销售的金额不同，采用评价金额的方式。前提是需要返还，需要管理对谁、什么时候借出的有关台账信息，并进行库存的管理。

(3)促销出库

为了促销的出库最终是作为公司内部的经费处理，与商品进行不同的管理，进行出库。为了与销售商品出库相区别，需要标贴非常容易区别的促销商品的标签，商品的代码也应该采用另外的代码。

(4)向供货商退货出库

向供货商退货出库是向公司外部出库，由于与销售不同，需要有一定的区别，特别是生成会计系统数据时，从支出看，大多是用接受负数的处理。

2)对公司内部出库

对公司内部的出库是表示向公司内部其他管辖部门进行商品的移动，应该注意库存管理上的处理。

(1)向其他仓库的出库

在向其他仓库的出库处理中,为了简化进行入库一方仓库的作业,出库的同时需要生成入库信息。根据管辖部门的变化,要注意商品价值是否发生变化,要自动地设定金额。

(2)本公司使用的出库

本公司使用的出库要明确地掌握使用目的,考虑订单录入。其结果是,在出库时按照不同目的进行区分。

(3)向工厂的退货

向工厂的退货与向供货商退货一样,用接受负数处理的方法。在工厂一方为便于入库作业,在出库时生成入库信息。

在出库业务中重要的是,建立适应仓库运营形态的系统,提高物流效率。为此,如何进行订货信息的加工,系统的内容要让操作人员容易理解。根据货物的大小及仓库规模的不同,从仓库业务流程的分析到设计,系统承担人员要充分理解业务流程具体作业的内容。

(三)库存系统的功能设置

1.库存系统功能设置要点

(1)保证库存的正确性

物流系统中正确地掌握物的移动是基本原则,但又是一件非常困难的事情。这是因为在企业活动中存在很多有关物流的例外情况,这在系统中全部包括进去是不可能的,如果进行处理就会使系统更加复杂,对系统的维护需要花费大量的人力。在系统的功能设置阶段,需要慎重地考虑如何总结例外的处理,如何制订应对方案,如何进行系统的限制。重要的是如何正确地掌握所接收到的数据,这与正确地掌握库存有关。

(2)确定掌握库存的单位

单位是货物的单位、地点的单位。计算机系统对于大多数企业,是根据会计的要求开始的,最初大都是按照会计的思路掌握库存。这样做,由于只是粗略地掌握货物和地点,不能适应目前详实物流信息的管理问题。物流管理不是从会计的要素,应该从对每一件货物管理的物流要素开始去考虑。在物流的要素中,完整地进行物的识别,对放置地点进行作业的指示,并管理到货架。汇总物流要素的结果应该满足会计对库存管理的需要。

在考虑库存业务系统时,为了完成库内业务,大多采用分散计算机系统进行处理。也就是使用分散计算机系统管理仓库中的储位,中央计算机系统需要对订单回答到货日期,达到掌握库存的目的,以及达到掌握与会计系统相关联的目的。分散计算机系统与中央计算机系统库存的单位有所不同,作为库存数应该在系统的设计阶段就考虑将分散计算机系统的合计与中央计算机系统的库存保持一致。即使在盘点时，分散计算机系统的库存与中央计算机系统的库存同期处理，只确认分散系统的库存和盘点的库存就可以了。

(3)制订库存量的指标并进行核实

物流业务的结果不仅要掌握库存的实际状况，还要确定有关如何制订库存量的指标，要具有日常能进行核实的功能。有关库存，根据企业的情况，如何在经营政策方面进行控制，是一个较大的问题。最理想的情况是没有库存并且又不会缺货，但在企业活动中为了达到理想的供应物流周期和配送周期为零，在现实中是不可能的。为此，要预测未来的需求，考虑及时配送，如何用最少的库存进行企业活动，要随时掌握控制目标的指标，例如，库存回转率、对需求预测相对应的目标库存等，以及实际业绩，根据所发生的偏离状况，对本公司所能控制的生产计划数建立反馈。

2.库存系统处理的范围

库存系统处理的范围如图 5-15。包括事先设定库存指标、盘点管理等。库存系统处理的主要内容包括：从入库到出库业务流程中各项作业的结果，监视更新的库存是不是合理库存；如果不是合理库存，判断如何进行处理；根据掌握的库内库存判断下次进行预备货架的补货数量；根据盘点的结果是否存在库存的差额，在存在差额时说明原因，进行处理。

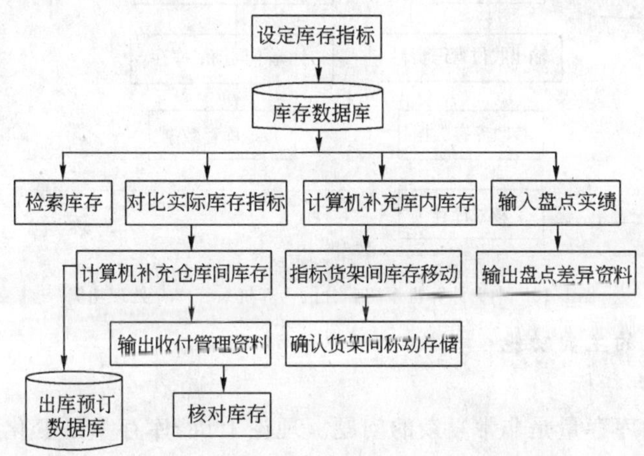

图 5-15　库存处理的功能

库存管理一方面是要考虑以会计的观点为中心，但作为物的管理，重要的是库存的配置是否适应需求。通过库存系统的日常运行进行监视，仓库内最好有多少货物库存数，现在的库存是否合理等。为此，要明确仓库单位的供应区域，确切地掌握在该区域所发生的需求。随着需求的不断变化，根据从生产地的供应量设定合理的库存水平，决定订货点，并计算补货量，以保持合理库存。

对库存系统采用一个计算机系统管理，库存管理就较为简单。如前所述，从库内的作业考虑，需要中央计算机系统和分散计算机系统都具有库存管理功能。在两个计算机系统中都有库存时,就会存在如何保持系统完整性的问题。因此在系统的设计阶段就要考虑使之完整性的方法,例如,可以考虑通常在计算机系统之间传送接收的信息,更新库存,并且在全部作业完成时,也就是向中央计算机系统传送确定库存的状态时,确认是否有差额。

中央计算机系统和分散计算机系统库存处理功能所起的各种作用如图 5-16 所示。

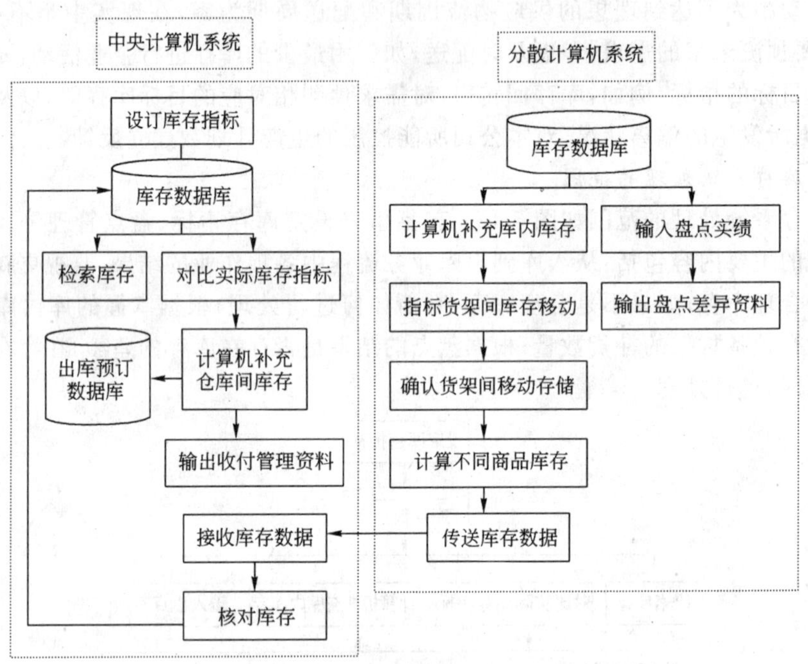

图 5-16　中央计算机系统和分散计算机系统库存处理功能

3. 库存系统的主要功能

(1)设定库存指标

设定合理的库存量是非常复杂的问题。理论上讲,库存量是变化的需求和供应能力的差。需求的变化作为独立的变量,在公司中进行控制是非常困难的。为此,企业需要根据一些方法进行需求预测,在销售计划中有所反映。供应能力方面,如果是制造业,由于生产量和实际销售的差就是库存,能够在后面的生产预订中反映库存量。如果假定生产周期是零,可以原样在生产中反映需求的变动,就能做到零库存。由于生产周期的时间为零几乎是不可能的,因而预测在生产周期时间内的需求,以最少的库存进行周转。决定了需求预测值时,由于准确度欠佳,导致的缺货让企业不安,可以考虑采用预测值的幅度来决定库存量的方法。大多数的仓库在各仓库的供应地区进行需求预测来决定库存量。根据一定幅度的预测值所决定的库存量会有一定的宽余，将最少的库存量定义为安全库存，用预测准确度高的值决定库存量为合理库存是可以采用的方法。

以需求为中心，决定库存量的因素也包括仓库空间的问题。对每一个货物所增加的库存量，需要对仓库的空间进行判断，是否有足够的存储容量。如果存储不下，需要修改特定货物的库存量，使之能够进行存储。

这样所确定的库存量可以作为指标，也可以作为与销售量相关的库存周转率的指标。如何制订有关指标，应该根据企业的实际情况。设定的指标要与库存实际业绩相比较，并录入在计算机系统中。

(2)检索库存

检索库存的功能是指让业务人员能知道正确的库存量，目的是为了判断是否与订单相对应。为了防止库存的不平衡等情况发生，重要的是与目的相符，提供正确的信息。例如，在检索能否对应核实订单中，仅检索库存总数没有意义，必须知道能分配的库存量。另外，用需求预测检索所得到的支付数和库存指标，业务人员用以对库存补货情况做出反应。

应该注意，在接受订货业务中的库存检索中，简单地运用库存检索可能会丧失重要的信息。对经营部门来说，重要的信息之一就是货物的销售趋势。根据订单量和对货物检索的内容，预测在市场中货物所处的位置。根据计算机系统中所掌握的有关货物的查询频度，得到对经营有用的信息。在检索库存中，回答货物库存状况的查询和有关查询频度，还不能掌握详细的信息，按照录入订单、输入客户地点、货物的代码等，就能达到库存检索的目的。

在检索库存中，有单一的检索和复数的检索。单一的检索是检索一种货物的详细内容；复数检索是对多种货物进行一次或者是对单一货物在多数仓库中进行一次的检索。为了提高业务效率，系统应该注意如何提高应答反应速度。为此需要考虑如何进行文件的编制，如何决定文件的关键项目，以及具有什么样的内容，并采取有效的对策。

(3)对比实际库存和指标

为了适应企业的发展，对系统的功能应该进行组合。设定的指标应能监视实际业绩的变化和发展。与企业活动的周期相适应，像核实库存那样，周期地对比实际库存。生产计划的周期如果是以周、旬、月为单位，需要适应这些周期，对仓库定期核实库存的补充。仅仅用以前的数据为对比尺度，还不够完善。由于库存是面向未来的需求，要与未来的数值进行对比。因此，与库存指标对比进行判断，在生产中反映出来，并作为补充库存的手段。

(4)计算库存之间的补充库存

当存在多家地区配送的仓库时，需要从工厂仓库或公司仓库向地区配送仓库补充库存。补充库存的问题实际上是如何计算补货数量的问题。如果通过业务人员的判断决定补充量，进行补充指标确定，业务人员的能力就决定了补货的准确性。在由业务人员设置库存的情况下，地区配送仓库的库存会有增加的趋势，如果全部地区的配送仓库都有冗余，其结果必然导致物流经费增大。我们希望地区配送仓库原则上要保持必要的最低库存，尽可能地集中工厂、公司的库存，降低缺货率，减少物流经费。

为了使地区配送仓库达到最低限度的库存，要根据计算机系统计算补充库存的数量。决定补充数量的因素是配送的周期和在这期间所需要的仓库容量。配送的周期是从发出补货需求开始到货物到货为止，在这个期间根据需求要考虑适时地进行订货。然后在配送周期之后会发生多少需求，按照期间进行需求预测，在达到这个量的时点加上预想库存和安全库存的差作为补充数量。最后，计算面向这个地区各种货物的库存容量，比较是否超出仓库的可用空间。如果没有超出，确定补充数量。如果超出，对各种货物数量进行调整，确定补充量。这种方法是计算补货量的一个例子。

以所确定的补货量为基础，从工厂仓库或公司仓库生成出库预订数据，并传送给出库业务。

(5)输出收付的管理资料

在仓库中，商品入库和出库时要登记实物卡片，用来保持库存的正确性。作业人员登记实物卡片的工作量非常大。在计算机系统中为了正确地管理库存，存储着入出库的记录。为了减轻作业人员的负担，用计算机系统生成收付表单。收付表单的目的在会计中表示管理账簿，但在物流范畴是用于解释库存不足的原因，并用于掌握仓库的业务量。在解释库存不足的原因时，盘点的结果与计算机系统的库存如果存在不一致，需要核实收付单据和收付表单是否有差错。掌握仓库的业务量，并根据收付的实际业绩掌握将来的业务量，也可用于人员的计划等。

(6)核对库存

仓库业务的管理大多采用分散计算机系统进行处理。分散计算机系统的功能是进行仓库内业务的合理化，例如，不同货架库存的详细情况，与中央计算机系统库存管理的目的有所不同。在中央计算机系统中，为了接受订单时进行库存分配，以会计进行库存管理为目的，掌握仓库整体库存状况。要充分注意如果不能很好地整合这两个库存，业务上会出现问题。仓库内的货物在停止移动的状态下确定库存，并向中央计算机系统传送库存信息，在中央计算机系统中进行库存的匹配处理。当双方存在库存差时，原则上是以离货物变动近的分散计算机系统的库存数据为准，对双方计算机系统的收付进行核实。如果存在收付不一致的情况，修改中央计算机系统的收付数据，使库存保持一致。这些作业由于业务量大，使用人工处理比较困难，只有使用计算机系统才能完成。遵从这样的原则，在拣货时要正确地指示货物储位，入库时正确地向指示的货架存储货物。

可在每天夜间进行核对库存的处理，相互确认库存。

(7)补充库存

库存的补充可以分为定期补充和紧急补充。定期补充是按照所确定的安全库存,根据库内储存的货物进行补充的汇总,指示完成补充库存的处理。向货架的补充作业最好在库内作业的空闲时间完成。紧急补充是以出库预订的数据为基础,当进行货物的分配时,拣货货区不足,由存储库区紧急补充。也就是说,限定应该出库的货架,最好不从存储库区直接进行出库。

考虑补充库存时,最大的问题是如何安排存储库区。通过订货的批量与出库量的关系,所有的货物不可能存放在全部的拣货货架上。这时,考虑在拣货货架的附近设置存储库区的补充货架,在设计中要考虑使作业人员步行的距离最短。这样进行库内的配置,灵活使用计算机系统进行模拟,就会更加方便。

(8)盘点

盘点从会计和经营的角度来看,都是为了正确地掌握货物(或资产)。从仓库作业人员来看,如果每天正确地进行业务活动,就没有盘点的必要,由于考虑到作业人员不注意的情况下移动货物,例如被盗,就要掌握实物货物放置在哪里、有哪些。重要的是考虑如何合理地进行盘点。

有多种盘点的方法,需要从财务的角度和管理准确的角度进行选择。期末和期初为了在财务上确定资产,要进行库存的盘点。在期中,根据如何管理一般作业的准确度,其做法也不一样。例如,进行货物销售的 ABC 分析,对 A 类货物正确地掌握计算机系统的库存,为了减少库存的错误,以较短的周期进行盘点。由于 C 类货物库存的变动不是太频繁,可以以较长的周期进行盘点,以减少盘点所带来的负担。考虑作业的效率,可对每一个货区在一定的时间间隔进行盘点,即所谓循环盘点方法。

为了减轻盘点负担,计算机系统要灵活运用库存数据库。计算机系统中,根据库存数据库对仓库、不同货架存储的货物进行盘点,事先要输出有关盘点清单,并交给有关作业人员。作业人员按照盘点清单登记库存数量,可以减少盘点的时间。如果将计算机系统的库存数打印出来,作业人员会受这些数据的影响。为了提高盘点效率和准确性,最好应用手持式条形码数据终端,通过条形码表示各个货架的编号,在计算机系统中所掌握的每一个货架上的货物事先下载到手持式条形码数据终端中,盘点时用手持式条形码数据终端扫描货架的编号,再输入表示该商品的盘点数。

如果能够确认每天收付时货架的库存,就会降低盘点时库存的误差。

二、库存管理信息系统典型结构

上面对库存管理信息系统功能设置及操作时注意的问题和可能发生的情况进行了较为详细的分析,一个库存管理信息系统要实现上述这些功能,需要多个功能模块协同完成,这些模块通常包括:系统维护、需求量管理、订货管理、不合格品管理、库内存储管理、库存计划管理,各模块完成的功能如图 5-17 所示。

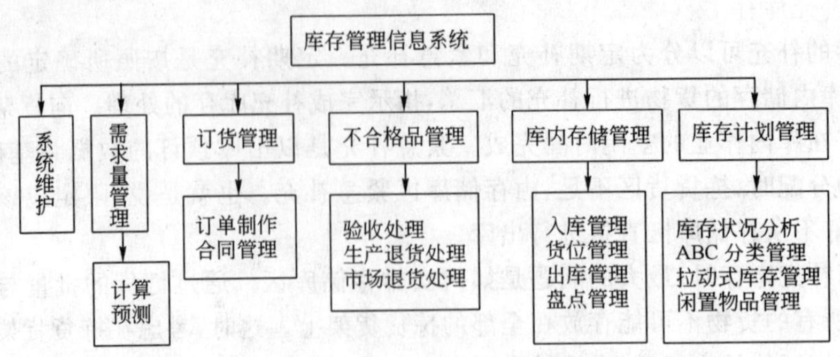

图 5-17 库存管理信息系统典型结构

【小知识】 拉动式库存管理

拉动式是基于需求的库存管理模式，例如，以生产或客户的订单来进行库存计划，是仅在需要时才生产或采购的库存管理模式，JIT（见后面的小知识模块）和看板管理系统就是属于这种方式。这种模式所适用的产品通常有以下的特点：

(1)产品大多数为客户订制，或者说产品的标准化程度较低；

(2)产品的单价较高，这种产品如果储备大量的库存对企业的资金流动会造成巨大的压力；

(3)产品生产或采购的提前期可以满足客户订单的交货要求，这种情况下企业通常没有必要准备库存；

(4)产品的流动性较慢。

1.系统维护

对系统进行初始化，设置各种编码和处理方式，包括出入库方式，批量方式和对日期、数据库、货位编码等的初始化。

2.需求量管理

根据生产计划、销售状况、库存情况、货物清单、日期等信息确定物料及货物需求数量和时间。

3.订货管理

制作订单，录入合同，管理进货日程，统计合同并为管理者提供供货商的信誉、供货能力和生产技术信息等基本档案资料。

4.不合格品管理

管理零件到厂或货物到公司后的各种不合格品，根据从入库验收、生产和销售中返回的不合格品，生成退货单和赔付单，将不合格品从库存中扣除。

5.库内存储管理

提供存储管理中的各种功能，包括货位管理、入库管理、出库管理和盘点管理。货位管理对入库货物分配合理货位，对全库划分内部作业区，确定每种零件或货物的托盘件数。盘点管理按要求对全库进行盘点，根据货位管理提供的信息完成货物或零件的盘点，并记录和维护有关的数据资料。

6. 库存计划管理

负责各种物料的收发存管理，实时处理存储管理系统和订货管理系统提供的数据，随时更新库存信息以反映库存的动态变化。该子系统包括收发存管理、库存状况分析、ABC分类管理和闲置物品管理等子系统。收发存管理提供某段时间内库存物流的信息状况，随机显示和打印当前的库存量等信息；库存状况分析提供库存中现有量、计划收到量、已分配量、可用量等库存信息；ABC分类管理是对库存的货物按需求量高低差异进行分类管理；闲置物品管理是提供库存积压货物的品种、数量及积压金额，便于采用措施进行处理。

【小知识】 ABC管理

以一个小例子来说明ABC管理。根据产品进行的销售数量分析显示：A类物品占物品种类数的5%和销售额的70%，B类物品占物品种类数的10%和销售额的20%，而C类物品占剩余的65%的物品种类和只有10%的销售额。

那么，对于A类物品进行每天检查或连续检查库存状况是比较合适的。B类物品可以每周进行库存检查，而C类物品则应该得到最少的关注。

这里要注意，库存管理信息系统并不是孤立的，在整个物流供应链中还有其他业务与之相关联，所以，库存管理信息系统完成库存管理作业需要的大多信息来源于供应链中的其他业务流程，以及外部信息，同时，库存管理生成的信息又输出给供应链中其他业务流程，帮助完成其他作业，库存管理信息系统在整个供应链信息管理中起到一个非常重要的作用。库存管理信息系统与其他业务系统的关系如图5-18所示。

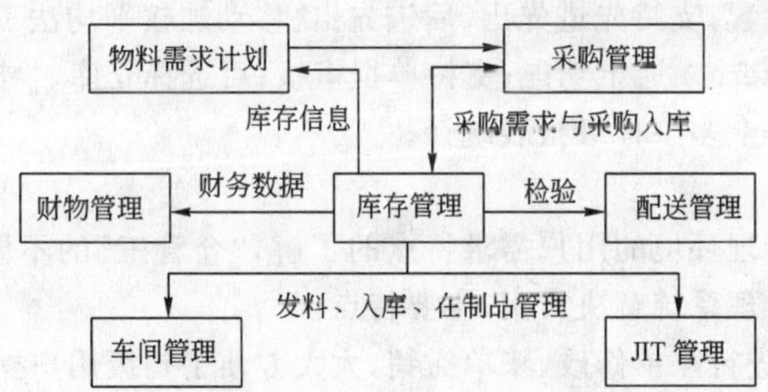

图5-18 库存管理信息系统与供应链其他业务系统的关系

从图5-18可以看出，物料需求计划的制订有赖于库存管理信息系统提供的库存物料信息，再通过采购管理系统为其进行物料的采购，采购的结果信息要传送给库存管理系统，同时物料存放在仓库中。配送管理依赖于库存管理拣货、分拣和包装，然后出库，同时，库存管理信息系统中的相关信息要被更新。在车间管理和准时生产制造(JIT)管理中，库存管理系统要为其发料供应生产之需，同时，剩下的物料、生产出的产品等需要入库保管。库存管理在与供应链中其他业务进行作业产生的各种出入库数据，都要传送至财务管理系统。

【小知识】 JIT

JIT是准时生产制造(Just-In-Time)的缩写。JIT的宗旨是消除制造过程中的一切浪费，它是在重复制造的生产环境下发展起来的一种先进的管理思想、管理方法及管理工具。重复制造是指大批量的生产环境，例如，汽车、电冰箱、电视机及空调机等的生产均属于这种生产类型。

三、典型库存管理信息系统应用评价

从上面的分析可以知道，一个典型的库存管理系统可以通过以下三种方法获得改进：(1)减少直接人工；(2)提高物料搬运设备的效率；(3)提高库存空间的利用率。

下面介绍顺和达公司的"仓管王"系统。

顺和达公司是福建省一家以开发行业管理软件为主的高新技术企业，至今已经推出了仓管王、商务王、ERPe4、CRM、印刷厂管理、中介管理等20个产品，内容涵盖了大中小型企业管理的各个领域，并取得了巨大的市场响应，是2002年中国优秀软件产品的获得者。中国石化、中铁集团、中国电力系统已经使用了"仓管王"，方正电脑、TCL电脑分别捆绑顺和达系列软件，同时，IT巨头EPSON也使用了"仓管王"产品。

该产品适用于行政、事业机构的物资管理及各类大中小型企业仓库管理，同时，系统也适用于大型工程管理需要；自定义数量/单价/小计精确度、库存预警、每月结账日等众多可选设置；支持先进先出、后进先出、移动加权平均法三种计价法；支持多账套、多用户及Internet通讯功能；支持单据审核；可选择仓库、物品、账单日期、联系单位的组合统计等众多工程级报表统计。

1. 产品方案

通过对仓库管理环境的用户需求特点的了解，"仓管王"的不同版本可用于各种规模企业的物资管理系统解决方案，主要特点：

(1)可凭权限进行账单修改、账单撤销，大大方便了初级用户操作。

(2)实现粗细统计、工程项目、材料明细账等统计功能。

(3)系统的多账套设置，可满足工程企业、大型企业的多仓储需要。

(4)掉电或死机不丢失数据，确保数据的稳定性。

2. 产品简介

(1)适用对象：适用于行政、企事业单位等任何记账单位的仓库物资管理，特别适用于大型企业、工程管理单位。

(2)应用目的：减少积压、减少报废。

(3)软件结构:客户端进行管理,服务器端监控系统。

3. 主要功能

(1)系统启用后物品分类、代码、品名等可任意进行修改,使系统使用起来较为方便。

(2)单据修改、单据撤销:账单登记以后,尚可进行修改、撤销,使系统使用起来非常方便。

(3)选项设置:数量、单价、小计的精确度任意定义,完全可满足一般纳税人的记账要求。

(4)上级审批(可选择使用):单据必须经领导、会计、验收人审批,增加系统账单安全性。

(5)明细查询:使统计、查询的任何一级均可明细显示单据登记时的原始状态。

(6)统计功能:可选择仓库、物品、账单日期、联系单位的条件进行组合统计。

(7)实现网络版,可同时多用户进行录入、查询等操作。

(8)实现多账套处理,各账套数据互不影响,并可互相导入物品。

(9)实现数据的移入移出,可减少数据库的负荷,加快使用速度。

(10)对于没有权限的用户,限制其查看单价的权力,避免资料的泄露。

(11)可指定结账日进行结账,具有较强的灵活性。

(12)可将各种单据导出到 Excel,以便于进行修改或者上报,增强了系统的扩展性。

(13)全面支持 Internet 连接。

4. 系统应用后实现的价值

(1)节约了原来用于手写、保管各种单据的人工成本和时间成本;

(2)简化了操作流程,提高了基层员工的工作效率和积极性;

(3)提高了记账正确性,省略了手工核对的工作量,提高了工作效率;

(4)采购人员利用查询和报表,更直接、有效地获得物资情况,了解物资出入库情况;

(5)统计人员根据物资的统计情况进行分析,以进行下一次的采购计划;

(6)管理者把握住物资库存动态,避免造成库存积压,减少了报废。

第四节　库存管理信息系统的应用评价与分析

本节以三家应用库存管理信息系统的企业为例,说明在选择了合适的库存管理信息系统后对企业运作带来的便利和获得的收益。

一、凤凰系统在英国连锁书店的应用

沃特斯通(Waterstone's)是英国最大的连锁书店，也是图书零售市场的第一巨头，据2005年的统计，其市场份额占全国图书零售市场的17%。

沃特斯通集团于2003年4月引进了电子销售终端系统(E-POS)凤凰系统第9版，即PhoenixV9。并成功地将其运用到了旗下的各家书店中。作为一种可以保证最佳品种结构的库存管理工具，凤凰系统以及在此基础上建立的库存管理结构已经给沃特斯通公司带来了巨大的收益。连锁书店的全部经营品种增加了5%～10%，减少了80%的"死亡库存"，实现了高效的备货管理。各书店的经营品种定位更加明确也更好地适应了各地市场。

沃特斯通的库存管理可以分为五个环节。

1.进货管理

图书入店有两种形式：集团集中采购和书店自主采购。

(1)集团集中采购

由集团设立的集中采购队伍选择还未出版的、但可能会产生好的销售业绩的图书，并为每家书店配送一个初始的库存量。由集中采购队伍配送的图书约占全部出书品种的4%，但这4%相当于每家书店经营品种的20%。追加订货的工作由书店在其所在地完成。

(2)书店自主采购

除上述4%的集中配送品种外，剩余96%的图书品种都由书店自主采购(大约占各书店经营品种的80%)。沃特斯通对于各地书店的自主采购行为不加以集中指导，只是将自主采购的图书品种划分为"A"和"B"两个类。对于A类图书，建议书店从图书出版日起就开始进货，B类图书则是根据部分书店的特殊品种定位而建议其可能需要备货。书店对是否采纳建议拥有自主权。根据集团建议采购的A类图书和B类图书，加起来占集团各连锁店全部库存的不足5%。

2.库存结构管理

沃特斯通通过将所有图书划分为248个不同的主题类别，来实现对其连锁店的空间布局和库存结构的管理。其旗下的连锁店被分为6个组别的书店，每一组别之中的各家书店在品种定位方面都存在相似之处。每类图书的最佳展示面积主要取决于每组书店相关类别图书的销售情况，以及只在集团内部公开的每家书店的经营状况。最佳展示面积的大小决定了每类图书在书店中的合理库存数量。

各类图书的库存结构还被进一步划分为核心品种范围、各地自主品种范围和"滞销书与死亡库存"。各个书店有60%的库存是核心品种，核心品种的确定有两种方式。一是根据销售册数。不过，在英国，某个月销量只有3册的图书也有可能被界定为核心品种，因为在2005年英国总人口首次达到6000万，据英国出版商协会发布的数字，2005 年英国出版图书 20.6 万种，总销售量 7.88 亿册。二是根据单品种图书销售情况与书店对特定类别图书的需求情况的匹配程度。根据每种图书的销售情况，书店会将该书划归为相应的销售等级。此外，每家书店还会根据自己特殊的定位需求对各类图书按重要性进行分级。系统可以将某种图书的销售等级与这一类主题图书的重要性等级一一进行匹配，若两种等级相符，则该品种就被列为核心品种。结果是任何两家书店的核心品种都不尽相同。

核心品种的子集之一是“超级畅销书”，包含不超过 750 种的相对销售较快的图书，一般摆放在书店外展示的橱窗中。

各地自主品种大约占书店库存量的 27%，它们不是核心品种或促销品种，由各地书店的销售人员选中后引进书店。从长远角度看，这类图书要么会产生足够的销量并成为核心库存，要么会被退货。

库存销售之后的剩余产品就构成了滞销书或“死亡库存”。这类图书要么是由于销量不足而从核心品种中“跌落”下来，要么就是从来未曾达到核心品种销量水平的自主品种。这类图书可能在书架上呆上几个月，直到系统在处理销售或退货流程时提出是否应该继续保留该库存的问题。滞销书是可能退货的，“死亡库存”就不能再退货了。

3. 促销管理

对于沃特斯通，促销图书就是需要在书店里留出额外的销售空间以吸引读者注意力并提高销售量的图书。用于促销的图书可以由各地书店或集中采购队伍来选择。不过，只有集中采购队伍挑选的促销图书才能在建议零售价的基础上打折销售。由当地图书销售人员选择的促销图书通常要以建议零售价销售，除非这些图书属于主题促销活动范围之内。

集中采购队伍的促销图书通常以折扣或买赠的方式为消费者提供价格上的优惠。

4. 退货管理

凤凰系统提供了高度自动化的退货流程，系统不断地检查每家书店的每种图书的销售情况，生成滞销或没有销量的图书的清单。这种流程产生了可能的退货需求。不过，只有当书店的销售人员同意之后，退货流程才能开始。系统还自动生成向出版商要求获得退货许可的问询邮件。

5. 补货管理

凤凰系统每日自动提供图书的添订清单，如有必要，由书店在当地追加订单。该系统还建议跟踪和修订最畅销图书的订单数量，不过，畅销书的备货补充通常由当地书店自己管理。

[来源：姜晓娟. 英国连锁书店沃特斯通的库存管理系统[J]. 出版发行研究，2006.(8)20-21]

二、自动化仓库管理系统在麦卡逊公司的应用

美国旧金山的医药分销商麦卡逊(McKesson)公司拥有遍布美国的36个仓库，可以存储22亿美国的存货。过去，公司使用人工库存控制系统；如今，公司实施了重组，改变仓储系统，逐渐从手工系统过渡到自动化库存管理。

公司使用了仓库管理系统(WMS)、条形码技术和射频(RF)设备。公司要求员工实现无纸办公，所以大量地使用了扫描仪、天线、计算机等设备。新的设备和系统使麦卡逊公司随时都能了解到“什么货物由谁搬运到什么地方了”。

重组后得到的结果如下：

第一，生产率提高了8%，即节约了800万美元。

第二，缺货率降低了70%，即节约了150万美元。

第三，拣货错误率降低了42%。

第四，存货匹配率提高了26%。

第五，盘赢(比实际存有更多的存货)调整改善了74%。

第六，盘亏(比实际持有较少的存货)调整改善了34%。

第七，供应和维护费用节省了100万美元。

第八，库存成本节省了1 700万美元。

(来源：[美]詹姆士·R·斯托克等著.邵晓峰等译.战略物管理[M].北京：中国财政经济出版社，2003:452)

三、库存管理系统带给高科技企业收益

惠普在华盛顿州卡玛斯(Camas)的工厂中生产喷墨打印机。零部件存放在一个现场的仓库和一个12英里之外的仓库中。为了管理生产车间中零部件的流转，惠普公司使用了一套库存管理系统(WMS)。这套库存管理系统记录下从库存转入生产车间的物料的搬运过程。除了能记录这些物料，这套WMS还能根据工厂的订单来判断要把哪些物料发到车间里去。

惠普的两个库存管理系统独立运行，但又可以互相传递信息。一套系统运行生产现场的库存，另一套系统负责检查生产车间之外的那个工厂。系统能提供准确、最新的库存信息和所有部件的存储位置。结果，现在90%以上的订单在被确认后的10分钟内就能上生产线准备生产了。

再如，德州仪器(TI)在办公用品的订单下达管理中已经将电子数据交换接口(EDI)和条形码连接起来，效果很好。公司的库存占用资金减少了200万美元，所占用的库存面积也减少了40 000平方英尺，重新安置了11名办公用品管理人员，并将整个周期时间减少了1/3。

(来源：[美]詹姆士·R·斯托克等著.邵晓峰等译.战略物管理[M].北京：中国财政经济出版社，2003:452)

S 本章小结

本章从库存的分类和相关信息分析着手，简单介绍了几种常见的库存，以及这些库存产生的原因和对企业的重要作用。正因为在现实中，无论是制造业公司，还是批发商和零售商，库存投资一般都占总资产的10%～20%，甚至更多，以满足客户不断提高的对产品可供性的需求。因此，库存管理是一项重要任务。而能够有效实施库存管理的现代管理手段之一，就是运用库存管理信息系统对库存信息进行实时监控以实现库存的最小化，利用计算机对库存信息进行及时处理，以提高出入库作业的效率和与出入库相关的配送及订货作业的效率，准确掌握库内货物状态，同时又能满足客户的需求。

接下来，详细介绍了库存的业务种类与相关信息，包括入库管理、库内保管、出库管理作业以及伴随这些作业产生的信息，例如入库和出库作业中有关库场运输动态信息、设备使用动态信息、库场平面布置信息、车辆资源信息、条形码记录的出入库相关信息等，这些信息是现代库存管理的基础，是通过计算机、网络、自动化机械设备的协同运作实现的。在中国目前的国情下，库存货物的出入库管理和库内管理业务基本实现了条形码扫描处理，但与物搬运作业有关的作业自动化操作尚不普遍，主要还是依靠人力来完成的。

为了对库存岗位作业有关业务流程和信息处理的进一步理解，通过出入库、补货、盘点、出库作业的流程图详细分析了入库业务、库内补货和盘点业务、出库业务的具体作业过程，并通过货物入库验收单、补货单、盘点调整表、盘点盈亏汇总表、货物出库单、退货单、货物报废单、破损报告单模板来加深对岗位操作流程的理解。

最后，通过对库存管理信息系统功能的详细介绍，说明了在现实库存管理中库存管理信息系统是如何通过对各个环节作业产生的信息进行记录、汇总、传递、控制，从而实现高效、准确库存管理的。其中，对出入库和库内管理的各个环节细节的处理和可能出现的问题进行了分析，尤其是对信息的记录和货物放置状态的对应问题提出了应该注意的事项。在岗位实际应用库存管理信息系统时，这些问题都有可能遇到，因而，这部分内容的理解和掌握有助于提高自身对库存岗位管理信息系统应用的能力。

E 思考题

5-1 分析库存管理信息系统与物流供应链中其他子系统的信息流及其作用。

5-2　分析入库系统和出库系统的功能。

5-3　分析表 5-3(补货管理详细信息)、表 5-5(出库管理详细信息),了解这些信息在相关处理中的作用。

实训性练习题

试填写货物入库验收单、补货单、盘点调整表、盘点盈亏汇总表、货物出库单、退货单、货物报废单、破损报告单。

C 案例分析

案例 5-1　保时捷公司采用 WMS 获取准确信息

保时捷在北美市场中内华达州的利诺有一个部件仓库。这个仓库设施存储价值共计 1 800 万美元的部件存货,大约是 35 000 个存储单元,每天大约平均需要履行 500 个订单。除了标准的维修物品如过滤器和垫圈之外,仓库中还存有发动部件、电器系统、传输器和离合器。

大部分的部件直接从德国通过海运运到西海岸,接着用卡车运输至内华达州的分拣中心。作为一项规则,部件分别在德国包装,再集中装到更大运输集装箱中以便于海洋运输。

当保时捷的管理人员开始寻找可以提高零售商部件服务水平的方法时,他们便快速得出这样的结论:仓库管理系统(WMS)软件不仅可以提供关于分销中心中存储部件的更加精确的信息,而且避免了对书面记录的需求。

除了软件之外,公司还安装了射频数据收集(RFDC)系统,可以实时处理存货控制。当工人在接收地区检验条形码时,信息已经通过电波传给了仓库中负责部件记录的计算机。

WMS 和 RF 系统一起加速了部件接收的流程。过去,保时捷运一批货需要 10 天,现在仅需要 3 天,几乎可以同步获取零件来满足订单。软件的应用不仅是提供存货状态的可视性,它还在部件接收和运输中提高了汽车制造商的准确性。这意味着保时捷可以给销售商提供部件的实时的可得性信息。结果,它减少了运输差错率,减少了销售损失。仓库吞吐量也提高了 17%。

(资料来源:[美]詹姆士·R·斯托克等著.邵晓峰等译.战略物管理[M].北京:中国财政经济出版社,2003:406)

案例5-2 戴尔：用信息代替库存

无论从哪个角度来看，戴尔都与整个IT发展的大潮流相去甚远。一方面，它只进入已经标准化的通用市场，比如PC、服务器以及打印机，而且它从不将制造环节外包到远东市场——戴尔最新投产的工厂位于美国本土。另一方面，财务数据显示它是近10年来投资回报最好的IT公司，超过IBM、微软、思科等明星公司。

一个值得关注的数字是戴尔每年的研发投入不到5亿美元，这只是业界领先水平的1/10，但是戴尔却拥有500多项管理和流程方面的专利。对于生产和流程的精益追求，是戴尔决胜千里的唯一秘诀，而非秘密，因为这个秘诀早已经外化到整个供应链的各个环节。

1. 虚拟车间

事实上，戴尔的运作模式并不神秘。通常情况下，客户通过800电话，也可以通过戴尔的网站下单，"这有点儿像给病人看病，开处方。"戴尔（中国）有限公司副总裁兼中国客户中心总经理李元钧这样解释，"销售人员依据客户的个性需求提供的配置就是配方，这些信息会被存储到戴尔的数据中心。"戴尔在厦门的客户中心永远是一片繁忙的景象，除了1 000多台24小时运转的服务器外，看起来和其他工厂并无太大的区别。每隔1.5个小时生产区的进货门会打开一次，物料进入后被分配到生产笔记本、PC和服务器的生产线上，流水线前端的工人根据配方抓药——通过系统自动生成的配置清单选料，放进一个长方形的塑料盒子里，每一件物料再经过条形码的扫描确认后，传送到装配工人那里。"戴尔并不是流水线生产，而是单元制生产。"戴尔中国的公关总监张飒英介绍说。而在生产区的楼上就是销售中心，销售人员通过800电话不停地接电话，并不断地输入新的信息，这就是戴尔的销售生产流程图。数据中心每隔1.5个小时会运行一次，统计这段时间内的清单，并列出所需零部件的清单，采购部门会根据这张清单进行采购，同时，这张清单会直接转到一个由独立第三方物流公司管理的公共仓库，第三方物流公司会在一个小时之内把货配好，20分钟后，所需的全部零配件将运抵戴尔的工厂。从理论上来说，在客户没有下单之前，戴尔工厂的车间里是没有工料的，而每个能被拉进来的零部件早就已经确定了买主，一旦整机组装完成后，马上可以发货运走。这就解释了戴尔为什么能做到成品零库存之外，零部件几乎也达到了零库存的水平。对于戴尔来说，如果非要找出库存的话，那只能是在公路上高速行驶的大型货车上。

"我们，包括我们的供应商和市场的需求只有一个半小时的差异，而传统的按计划生产的差异是几个星期，甚至是几个月。"从供应零部件的角度来看，供应商的工厂就相当于戴尔的车间，只不过这些车间并不存在于戴尔工厂的高墙之内。"对于这些车间的管理，戴尔有一个交易引擎的概念。"李元钧说，所谓交易引擎其实就是一个戴尔和供应商最大限度共享信息的沟通平台。"这好像一个大的ERP系统,不局限在戴尔内部,而且一直管到供应商,供应商通过一个专属的ID密码,也可以登陆这个信息平台,看到和他相关的所有信息。"而这样做对于戴尔来说还有一个好处,"订单一进入系统就会被自动分解,也就是说任何一台机器的生产其所需的零部件信息都是公开的,我们完全可以跟踪到一台机器的一个零部件是由哪个供应商提供的,甚至是由哪个工人生产出来的,这些信息同时会进入售后服务系统。"张飒英说。

但是戴尔并非完全不做预测,事实上,当戴尔每隔1.5个小时把零配件清单发送给公共仓库的时候,也会发送给供应商的总部,供应商的总部会对公共仓库及时补货,同时也会做出相应的生产调整。而对于大多数供应商来说,他们定期(每个星期)都会收到更新的、下3个月的生产预测,但是对于那些需求变化比较大的零部件,戴尔一天就要更新一次数据。这保证了戴尔在无限接近零库存的同时,也能拥有足够的产能应付突发事件。

2.组合市场最优元素

曾经在通用汽车服务过的李元钧比较了戴尔供应链更加精益的特征。"传统上,汽车行业是肥水不流外人田,汽车工厂围墙内有很长的加工深度,大部分配件都是由自己的子公司提供,形成整车的元素并不是最优的。"但是戴尔的理想却是要让每个环节精益求精。交易引擎作为一个工具,首先帮助戴尔和供应商组合成了一个虚拟的企业。"所以,有时供应商的供应商也会涵盖进来,比如一些关键的元器件,像LCD面板等。戴尔在中国的几十位采购员基于这个交易引擎平台管理各自对口的供应商,从订单、生产、运输直到进入公共仓库。"事实上,戴尔快速反应的供应链中,零库存并不是终极目标,生产出零缺陷的产品才是戴尔和所有供应商的理想所在。而这要求,戴尔与它的供应商彼此忠诚。"戴尔会派出驻厂工程师进驻供应商的工厂,此外戴尔还有一个专门的团队负责全球供应商的质量监督报告,而当戴尔每开始研发一个新产品时,戴尔会要求自己的供应商从实验室阶段就介入相关工作。"李元钧这样解释:"因为无论供应商有任何库存或是不精益的地方,最终影响的是整个供应链。"戴尔管理供应商有一个重要原则,就是"少数及密切配合供应商"。它把整体供应商的数量控制在一定范围内,并且在商品管理、质量和工艺管理等方面为供应商提供培训,帮助他们改善内部流程。戴尔还把品质管理等工具分享给供应商,使其自身采购的管理水平也得到提高。每个季度戴尔会对供应商进行考核,优胜劣汰实现良性循环。这种模式的固化成果很明显,在最近3年中,戴尔遍布全球的400多家供应商中,最大的供应商只变动了两三家。而这样的初衷也可以解释戴尔为什么把链条上的一些环节,例如,物流外包给独立第三方管理。"戴尔通过供应链的管理,组合到最优性价比的元素提供给客户。这里面其实是一个大组装、大集成的概念,软件、硬件还有服务都是被考察的对象。”

3. 是客户中心而不是工厂

“我们围绕客户需求构架企业,而传统电脑公司则是围绕供货商和分销商构建企业。我们叫客户中心而不叫工厂,是因为戴尔从一开始就与传统工厂不一样。传统工厂努力完成工艺,客户中心的最终目的则是把符合客户的配置和质量要求并带有服务的产品及时送到客户那里。我们在全球市场上组织和配置资源,在产品和服务上选择全球最具竞争力的资源,而不在乎是否是戴尔自己做的。”李元钧举例说:“比如客户需要一台主机、一个显示器、一个照相机还有一台打印机。我不生产照相机,但是我可以给客户提供一连串的名单,告诉他怎样和戴尔的产品相互匹配。如果客户在上海,显示器的供应商也在上海附近,我就没必要把显示器调到厦门再一起打包给客户。我会告诉我的物流商客户的订单号,由它负责一起 pickup 后运输给客户。”在这个以认识客户需求为起点,满足客户需求为终点的闭环中,戴尔始终站在市场的最前沿。

(来源:http://info.jctrans.com/zhwl/wlal/2006921304523.shtml)

案例5-3 透视“零库存”:一汽大众汽车有限公司应用物流系统纪实

一汽大众汽车有限公司(以下简称公司)目前仅捷达车就有七八十个品种、十七八种颜色,而每辆车都有 2 000 多种零部件需要外购。从 1997 年到 2000 年年末,公司捷达车销售从 43 947 辆一路跃升至 94 150 辆,市场兑现率已高达 95%~97%。与这些令人心跳的数字形成鲜明对比的是,公司零部件居然基本处于“零库存”状态,而制造这一巨大反差的就是一整套较为完善的物流控制系统。

一个占地 9 万多平方米,可同时生产 3 种不同品牌的、亚洲最大的整车车间却没有仓库,只有入口。公司的零部件的送货形式有 3 种:

第一种是电子看板,即公司每月把生产信息用扫描的方式通过电脑网络传送到各供货厂,对方根据这一信息安排自己的生产。然后公司按照生产情况发出供货信息,对方则马上用自备车辆将零部件送到公司各车间的入口处,再由入口处分配到车间的工位上。

第二种是“准时制”(Just In Time,JIT),即公司按过车顺序把配货单传送到供货厂,对方也按顺序装货直接把零部件送到工位上,从而取消了中间仓库环节。

第三种是批量进货,供货厂每月对于那些不影响大局又没有变化的小零部件分批量地送 1~2 次。

在过去，每个车间有自己的仓库，当时，库里堆放着大量的零部件，货架之间只有供叉车勉强往来的过道，不仅每天上架、下架、维护、倒运需要消耗大量的人力、物力和财力，而且储存、运送过程中总要造成一定的货损货差。而经过物流系统改造后，现在每天平均 2 小时要一次货，零部件放在这里的时间一般不超过 1 天。订货、生产零件、运送、组装等全过程都处于小批量、多批次的有序流动当中。公司原先有一个车队专门在各车间送货，现在车队已经解散了，为企业节省了一大笔资金。

一汽大众用不到 300 万元的人民币改造了原有的物流系统，打造了所谓的“傻子工程”，以上这些就是通过“傻子工程”实现的。

对于实行 JIT 生产的企业来说，在制品是万恶之源，大量库存带来了种种弊端。在生产初期，捷达车的品种比较单一，颜色也只有蓝、白、红 3 种。公司的生产全靠大量的库存来保证。随着市场需求的日益多样化，传统的生产组织方式面临着严峻的挑战。1997 年，“物流”的概念进入了公司决策层。企业决定组织技术人员和外国专家进行物流管理系统的研究开发。1998 年初，公司开发的物流控制系统获得成功，并正式投入使用。目前，这一系统已经受住了十几万辆车的考验。在整车车间，生产线上每辆车的车身上都贴着一张生产指令表，零部件的种类及装配顺序一目了然。计划部门按照装车顺序通过电脑网络向各供货厂下计划，供货厂按照顺序生产、装货，生产线上的工人按顺序组装，一伸手就能拿到所需的零部件。物流管理就这样使原本复杂的生产变成了简单而高效的“傻子工程”。并且整车车间的一条生产线过去只生产一种车型，其生产现场尚且拥挤不堪，而如今在一条生产线上同时组装两三种车型的混流生产方式下，不仅做到了及时、准确，而且生产现场比原先节约了近 10％的人力。此外，零部件的存储量减少了，公司每年因此节约的成本达六七亿元人民币。同时，供货厂也减少了 30％～50％的在制品及成品储备。

先进的管理带来了实实在在的效益，也引发了一场深刻的管理革命。随着物流控制系统的逐步完善，电脑网络由控制实物流、信息流延伸到公司的决策、生产、销售、财务核算等各个领域中，使公司的管理步入了科学化、透明化。现在公司主要部门的管理人员人手一台电脑，每个人以及供货厂方随时可以清楚地了解每一辆车的生产和销售情况。公司早已实现了“无纸化办公”，各部门之间均通过 E—mail 联系。德国大众公司每年的改进项目达 1000 多个，一汽大众依靠电脑网络实现了与德方同步改进，从而彻底改变了过去那种对方图纸没送来就干不了活儿的被动局面。工作方式的改善，不仅使领导层得以集中精力研究企业发展的战略性问题，也营造了一个充满激烈竞争的环境，促使每个员工不断提高自身的业务素质。

（来源：王国华．现代物流工程．北京：国防工业出版社，2005：35-36）

第六章　货运信息管理

能力目标、知识目标与学习要求

“高效的货运方式离不开畅通、全面、准确的信息传递和处理”，因此有效的信息管理把货运方、中间站点、客户连接成一个有机的整体。本章的第一个重点是通过对公路货运业务流程的掌握，分析出公路货运管理信息系统的主要功能模块。第二个重点是掌握船舶代理管理信息系统业务流程，能进行合理的分析，进而有助于在实际岗位上熟悉和快速掌握系统的使用。第三个重点是了解铁路运输的业务流程。第四个重点是通过实例了解航空运输管理信息系统的功能及货运业务流程。第五个重点是了解管道运输管理信息系统的功能及业务流程。

第一节　货 运 信 息

货运信息是指在货运业务中所发生的信息，主要的基础信息是产生并证明货物运输活动发生、完成的各种单据，包括订货通知单、提单、运费清单和货运清单等。

(1)提单是用户购买货物运输服务所使用的基本单证，起着货物收据、运输合同证明和提货凭证的三重作用，也是在货物发生灭失、损坏或延误的情况下，请求损害赔偿最基本的证明。提单上需列明货物唯一真实的受领人、交接方式、运费、货物情况（名称、包装、数量等）信息、具体运输条款、有关承运人与托运人的责任以及索赔与诉讼等问题。

除统一提单外，其他常用的提单类型还有订货通知提单、出口提单和政府提单。

【小知识】　订货通知提单、出口提单和政府提单

订货通知提单（或可转让提单）是一种信用票据，它规定，只有向承运人提交原始提单，才能提取货物。通常的业务程序要求卖方将提单送往第三方，第三方通常是银行或信用机构。该银行或信用机构则应根据顾客的产品支付凭证发放提单。然后，买方向公共承运人员出示该提单，该公共承运人则发放货物。显然，这种提单流程有助于国际运输活动，因为货款的支付是其中一个主要考虑的因素。

出口提单则是允许国内运输使用出口费率，因为它有时候要比国内费率低。当产品为美国政府所拥有时，则有可能使用政府提单。

(2)运费清单是承运人收取其所提供的货物运输服务费用的一种方法，列明运费的款项及金额，现已发展到可以使用提单上所载明的信息。运费清单可以是预付的，也可以是到付的。

(3)货运清单是当单独一辆运输工具上装载多票货物时，用于明确总的货载的具体内容的单独文件，列明每一个停靠站点或收货人地址、提单、重量以及每票货的清点数等，目的是提供一份单独的文件，用于明确总的货载中的具体内容，而无需检查个别的提单。对于一站到底的托运货物来说，货运清单的性质与提单基本相同。

一、货运方式的分类与相关信息

(一)货运方式的分类

货运方式按不同的分类标准，有不同的分类方法，主要有：

1. 按货运设备及货运工具分类

(1)铁路货运方式

铁路货运是利用机车、车辆等技术设备沿铺设轨道运行的货运方式。

与其他货运方式比较，铁路货运具有运输能力大、速度快、成本低、安全可靠的特点。因此，极其适合国土幅员辽阔的大陆国家；适合运送经常的、稳定的大宗货物；适合中长距离的货物运输。

虽然设备和站点等的限制使得铁路营运的固定成本很高，但是变动成本相对较低，这使得铁路货运的总成本通常比公路货运和航空货运要低。高固定成本和低变动成本使得铁路货运的规模经济十分明显。

(2)水陆货运方式

水陆货运是使用船舶等浮运工具，在江、河、湖、海及人工水道上载运货物的一种货运方式。

与其他货运方式相比，水陆货运具有成本低、运送能力大、占地少、投资省等特点，在运输长、大、重件货物时，与铁路、公路相比，更具有突出的优点。对过重、过长的大重件货物，铁路、公路无法承运，而水路货运都可以完成。对大宗货物的长距离运输，水陆货运则是一种最经济的货运方式。

虽然，水陆货运速度通常比铁路货运等工具慢，而且受自然条件的限制较大，但其综合优势较为突出，适宜于运距长、运量大、时间性不太强的各种大宗货物运输。

(3)公路货运方式

主要是使用机动车，也使用其他车辆(如人、畜力车)在公路上进行货物运输的一种方式。

在综合运输体系中，公路货运的灵活性是最强的，具体表现为：实现“门到门”运输；可实现即时运输；启运批量最小；服务范围广；能最大限度地满足货主个性化的服务需求。公路货运还可担负铁路、水路货运达不到的区域内的运输，它是补充和衔接其他货运方式的运输。在短距货运时，汽车速度明显高于铁路，但在长途货运业务方面，有着难以弥补的缺陷：一是耗用燃料多，造成途中费用过高；二是汽车设备磨损大，因此折旧费和维修费用高；三是公路货运所耗用的人力多，如一列火车车组人员只需几个人，若运送同样质量的货物，公路货运则需配备几百名驾驶员，因此道路运费率远高于铁路和水路；此外，公路货运对环境污染较大。

因此，公路货运比较适宜在内陆地区运输短途货物。因而，它可以与铁路、水路联运，为铁路、港口集疏运旅客和物资，可以深入山区及偏僻的农村进行旅客和货物运输，在远离铁路的区域从事干线运输。

(4)航空货运方式

是使用飞机或其他航空器进行货物运输的一种形式。

航空运输是20世纪初出现，第二次世界大战后才逐渐繁荣起来的现代货运方式。随着航空货运技术的不断成熟，航空货运在长距离运输(尤其是跨国货运)中显示出其无可比拟的优势。

与其他货运方式相比，航空货运最大的特点是速度快，并且具有一定的机动性。当今时代，高速性具有无可比拟的特殊价值。航空货运不受地形地貌、山川河流的阻碍，只要有机场并有航路设施保证，即可开辟航线，如果用直升机运输，则机动性更大。其缺点是载运能力小、能源消耗大、货运成本高。

因此，航空货运只适宜长途货物运输和体积小、价值高的物资、鲜活产品、邮件等货物的运输。

(5)管道货运方式

管道货运是利用管道输送气体、液体和粉状固体的一种货运方式，是靠货物在管道内顺着压力方向循序移动实现的货物运输方式的简称。与其他货运方式的重要区别是：管道设备是静止不动的。

管道运输是随着石油工业发展而发展并随着石油、天然气等流体燃料需求的增加而发展，逐渐形成沟通石油、天然气资源与石油加工场地及消费者之间的输送工具。管道不仅修建在一国之内，还连接国与国之间、洲与洲之间，成为国际、洲际能源调剂的大动脉。

管道货运在最近几十年得到了迅速发展。主要的流体能源以石油、天然气、成品油为输送对象，之后发展到输送煤和矿石等固体物质，将其制成浆体，通过管道输往目的地，再经脱水处理转入使用。

管道货运具有输送能力大(管径为1200mm的原油管道年输送量可达1亿吨)、效率高、成本低及能耗小等优点。由于管道埋于地下，除泵站、首末站占用一些土地外，管道货运占用土地少，且不受地形与坡度的限制，易取捷径，可缩短运输里程；埋于地下基本不受气候影响，可以长期稳定运行；沿线不产生噪声且漏失污染少。管道输送流体能源，主要依靠每隔一段距离设置的增压站提供压力能，因此，设备运行比较简单，易于就地自动化和进行集中遥控。由于节能和高度自动化，用人较少，货运费用较低，是一种很有发展前景的现代化货运方式。

当然，管道货运也存在一些缺点，它适于长期定向、定点、定品种输送，合理输量范围较窄，若输量变化幅度过大，则管道的优越性就难以发挥，更不能输送不同品种的货物。

2. 按货运的范畴分类

(1)干线货物运输

这是利用铁路、道路干线、大型船舶的固定航线进行的长距离、大载量的运输，是进行远距离空间位移的重要运输形式。干线运输一般速度较同种运输工具的其他运输方式要快，成本也较低。干线运输是运输的主体。

(2)支线货物运输

这是与运输干线相接的分支线路上的运输。支线运输是干线运输与收、发货地点之间的补充性运输形式，路程较短；运输量相对较小，支线的建设水平往往低于干线，运输工具水平也往往低于干线，因而速度较慢。

(3)二次货物运输

这是一种补充性的运输形式，路程较短，是干线、支线运输到站后，站与仓库或指定接货地点之间的运输。由于是单个单位的需要，所以运量也较小。

(4)厂内货物运输

这是在工业企业范围内，直接为生产过程服务的运输。一般在车间与车间之间、车间与仓库之间进行。一般将小企业中的这种运输以及大企业车间内部、仓库内部的运输称为“搬运”。

3. 按货运的协作程度分类

(1)一般货运方式

孤立地采用不同运输工具或采用同类运输工具但没有形成有机协作关系的即为一般运输。

(2)联合货运方式(联运)

这是使用同一运送凭证，由不同运输方式或不同运输企业进行有机衔接以接运货物，利用每种运输手段的优势以充分发挥不同运输工具效率的一种运输形式。

采用联合运输，对用户来讲，可以简化托运手续，方便用户，同时可以加快运输速度，也有利于节省运费。

4. 按货运途中是否换载分类

(1)直达货运

直达运输是在组织货物运输时，利用一种运输工具从起运站、港一直运送至到达站、港，中途不经过换载、不入库储存的运输形式。

直达运输的作用在于，避免中途换载所出现的运输速度减缓、货损增加、费用增加等一系列弊病,从而能缩短运输时间、加快车船周转、降低运输费用、提高运输质量。

(2)中转货运

在组织货物运输时,在货物运往目的地的过程中,在途中的车站、港口、仓库进行转运换转,包括同种运输工具不同运输线路的转运换装,不同运输工具之间的转运换装,称中转运输。

中转运输的作用在于,通过中转,往往将干线、支线运输有效地衔接,可以化整为零或集零为整,从而方便用户、提高运输效率;可以充分发挥不同运输工具在不同路段上的最优水平,从而获得节约或效益,也有助于加快运输速度。中转运输方式的缺点是,在换载时会出现低速度、高货损、增加费用支出。

中转运输及直达运输的优劣不能笼统言之,两者在一定条件下各有自己的优势。因此,需要具体问题具体分析,并以总体效益为最终判断标准。

(二)货运相关信息

货运信息可分为宏观的货运信息和微观的货运信息。

1. 宏观的货运信息

宏观的货运信息是指运输活动所发生的地理空间和人文环境中的特征、规定等,包括各国、各地的交通法律和规则、路况信息、地理状况和信息(包括陆路、水路和航空)。

2. 微观的货运信息

分为户外货运信息和仓库内货运信息。户外货运信息又分为:

(1)运输品信息

通常包括源地、目的地、厂地、可加工信息、特殊要求等;

(2)货源信息

包括货物名称、重量、运费价格、装卸地点等;

(3)运输载休信息

包括运输工具的专用性信息、空车信息、可用运输工具情况(额定能力、容积、载重);

(4)替代性信息

包括社会可替代的运力、替代物品信息;

(5)其他信息,如相同路线可混装运输的物品信息、在途物品信息、额外费用需求信息等。

仓库内货运信息指货物入库出库时的自动配车和人工配车,出库分拣,在库内的运输路线设计,按照库位优化等物流管理原则自动分配货物储位,自动进行运输线路的优化信息。

二、特殊货运方式与相关信息

经运输的货物,品种繁杂,批量不一,性质及包装形式各异。从影响货运质量的角度来说,货物的性质可归结为:吸湿性、感染性、粘附性、锈蚀性、易腐性、脆弱性、冻结性、自热性、自燃性、爆炸性、毒害性、腐蚀性、放射性等。货物是指经运输部门承运的各种原料、材料、商品以及其他一切物品。

为确保货运质量,便于从积载角度正确选择满足不同货物装载要求的货位,合理确定不同货物之间的隔离要求,按货物的性质可以把货物分为普通货物和特殊货物。

1.普通货物

指在装卸、运输和保管时,不要求配备特殊设备(例如,特殊舱室、特殊防护设备、重型起重设备等),或没有特殊要求的货物。普通货物可以进一步细分为如下三类。

(1)敏感性普通货物

凡具有怕潮、怕异味、怕热、怕掺入杂质、怕被玷污、易碎等性质,对外界某种因素敏感的普通货物,均称为敏感性普通货物。在这类货物中,对潮湿敏感的有:茶叶、谷物、水泥等;对异味敏感的有:茶叶、食糖、烟叶等;对外界热量敏感的有:盐汁肠衣、糖果、松香等;对掺入杂质敏感的有:滑石粉(供制造化妆品用)、焦宝石、镁砂等;对污染敏感的有:生丝、毛线、棉织品等;对外界压力或冲击力敏感的有:玻璃制品、陶制品、石棉瓦等。

【小知识】 焦宝石、镁砂

焦宝石是多种含铝硅酸盐的混合物,主要用于生产高级耐火材料,制造陶瓷,硅酸铝耐火纤维的生产及军工等。主要化学成分是 Al_2O_3 和 SiO_2 两种氧化物,杂质主要为碱、碱土和铁、钛等的氧化物,以及一些有机物。各种氧化物均起助熔作用,会降低原料的耐火度。因此,焦宝石中杂质含量,尤其是 Na_2O+K_2O 含量越低,其耐火度越高。

镁砂高温性能良好,抗腐蚀性能强,主要用于中高频感应电炉、冶炼特殊合金钢的炉衬和坩埚材料。还是一种优良的高温电器绝缘材料。

(2)感染性普通货物

凡具有潮湿、气味、扬尘、污染、自热等性质,对其他货物或货舱易于产生某种感染的普通货物,均称为感染性普通货物。在这类货物中,具有潮湿感染性的有:大米、山芋渣、许多矿石等;具有气味感染性的有:生皮、猪鬃、辣椒干、香料等;具有扬尘感染性的有:水泥、炭黑、颜料等;具有污染感染性的有:沥青、橡胶、五金(内部涂有防锈油,遇热易渗出)等。

(3)一般普通货物

凡性质上对装卸、运输和保管条件无特殊要求的货物,不属于上述敏感性或感染性的其他普通货物,均属于一般普通货物。

2.特殊货物

指因本身性质而对装卸、运输和保管有特殊要求的货物,称为特殊货物。特殊货物可以进一步细分为下列五类。

(1)危险货物

凡具有易燃、爆炸、腐蚀、毒害、放射性等性质,在装卸、运输和保管过程中,容易造成人员伤亡和财产毁损的货物，均称为危险货物。如黄磷、雷管、硝酸、氢化物、钴等均属于危险货物。

(2)重大件货物

按照国际标准规定，凡单件重量超过 4t，或单件长度超过 12m，或单件高度或宽度超过 3m 的货物，分别称为超重、超长、超高或超宽货。

(3)易腐冷藏货物

易于腐败变质，要求在一定温度下装运的货物，称为易腐冷藏货物。如鱼、肉、蛋、水果、蔬菜等均属于这类货物。

(4)贵重货物

指价格昂贵或具有某种特殊使用价值的货物。如精密仪器、高价商品、历史文物、展览品等均属于贵重货物。

(5)活的动植物

指运输过程中仍要不断照料、维持生命和生长机能，不使其发生死亡或枯萎的动物和植物。如鱼苗、家畜、家禽、树苗等均属于此类货物。

因此，对特殊货物应采取特殊货运方式，其货运信息除了包括所有货运方式应包括的货运信息，例如，运输品信息、货源信息、运输载体信息等信息之外，还应标注特殊的相关信息。

对危险货物，在运输过程中，货物的编码信息、包装类型及标志信息、运输的技术要求信息，货物的承运及其装运与积载要求信息应该有详细的信息描述，例如，危险货物的配装要求较高，应有专门的配装表信息；货物之间的隔离应满足货物隔离表的要求信息；货物的放置和固定要求信息等。

对重大件货物，在运输过程中，应根据货物特点选择适当的运载工具，保证运载工具和货物的安全，并能较好地发挥运载工具的载货能力，因此，应特别注明货物的装卸方案信息(包括装卸工具要求信息、装卸操作人员素质要求信息以及操作方法信息)，行驶路线的道路等级信息等。

对易腐冷藏货物，在运输过程中，温度是主要条件，对不同的该类货物，应有不同的温度要求信息，例如“冷却”、“冷冻”、“速冻”等不同的冷处理方法信息要求，代表了不同的温度范围和不一样的降温方式，在运输过程中，要保持温度的稳定，即不能使“冷链”出现断开现象；在承运过程中，要有对该类货物的质量要求、包装要求、热状态要求信息，并及时进行检查，还应有货物的容许运送期限，使运输时间小于该期限，保证货物的质量；在装卸搬运过程中，环境条件要求信息、卫生要求信息、通风要求信息也是十分必要的。

对贵重的货物，应有实时跟踪系统，让客户和承运总部都能实时了解到货物的位置信息，所以应具备 GPS、GIS 信息，能实时对承运车辆定位并实时地显示在电子地图上，还具备自动报警功能。对该类货物的运输要求也较高，例如，应具备行驶平稳要求信息、准时性要求信息、放置方法信息等等。

对活的动植物，在运输过程中，应保持该类货运的生存环境，提供具体的生存环境信息(通风要求、温度要求、水的供应要求等等)，驾驶员要求信息等等。

三、第三方物流货运与相关信息

第三方物流货运可以采用各种货运方式完成货运任务，其运作的主体通常是货物的第三方，既不是货物的供方也不是货物的需要者。其信息系统的数据库涵盖了客户、货物、各种运输方式的货运信息、费用信息、动态信息。现将各主要信息及流程分析如下。

1.货运信息

记录货物出运的相关信息，这一部分数据库的结构为：

(1)货物信息:记录货物主要信息与物流安排，通过货物的业务编号与其他各表关联。

(2)汽车运输:使用汽车运输时，记录货物配载汽车进行运输的信息，通过业务编号、与货物信息表关联，通过汽车代码与汽车表关联。

(3)汽车:记录与汽车有关的固定信息，通过汽车代码与汽车运输关联，可作与汽车公司的接口。

(4)汽车公司接口:汽车运输与货物信息组成装车计划，通知汽车公司。

(5)铁路运输:货物使用铁路运输时，记录货物配载火车进行运输的信息，通过业务编号与货物信息表关联，通过班列代码与列车时刻表关联。

(6)列车时刻表:记录火车运行的时刻，通过班列代码与铁路运输关联，可作与铁路公司的时刻表的接口。

(7)铁路公司接口:货物信息与铁路运输组成装车计划，通知铁路运输。

(8)仓储:记录货物进出仓库的信息，通过业务编号与货物信息关联，通过仓库代码与仓库关联。

(9)仓库:记录仓库的详细资料，并用代码标识，通过仓库代码与仓储关联。

(10)仓储接口:货物信息与仓储组成仓储计划，通知仓储公司。

(11)空运:记录货物配载飞机出运的信息，通过业务编号与货物信息关联。

(12)航班时刻:记录飞机航班信息，通过航班代码与空运关联，可作与航空公司的接口。

(13)航空公司接口:空运与货物信息组成装机计划，通知航空公司。

(14)水运:记录货物配载船出运的信息，通过业务编号与货物信息关联。

(15)船期表:记录船期的信息，通过船名航次代码与水运关联，可作与船公司接口。

(16)船公司接口:水运与货物信息组成装船计划，通知船公司。

(17)客户资料:记录客户的详细资料，通过客户编号与货物信息关联。

(18)客户接口:货物信息与客户资料组成物流计划,通知客户。

图 6-1 包含了物流过程货运信息的库结构和主要属性设置。

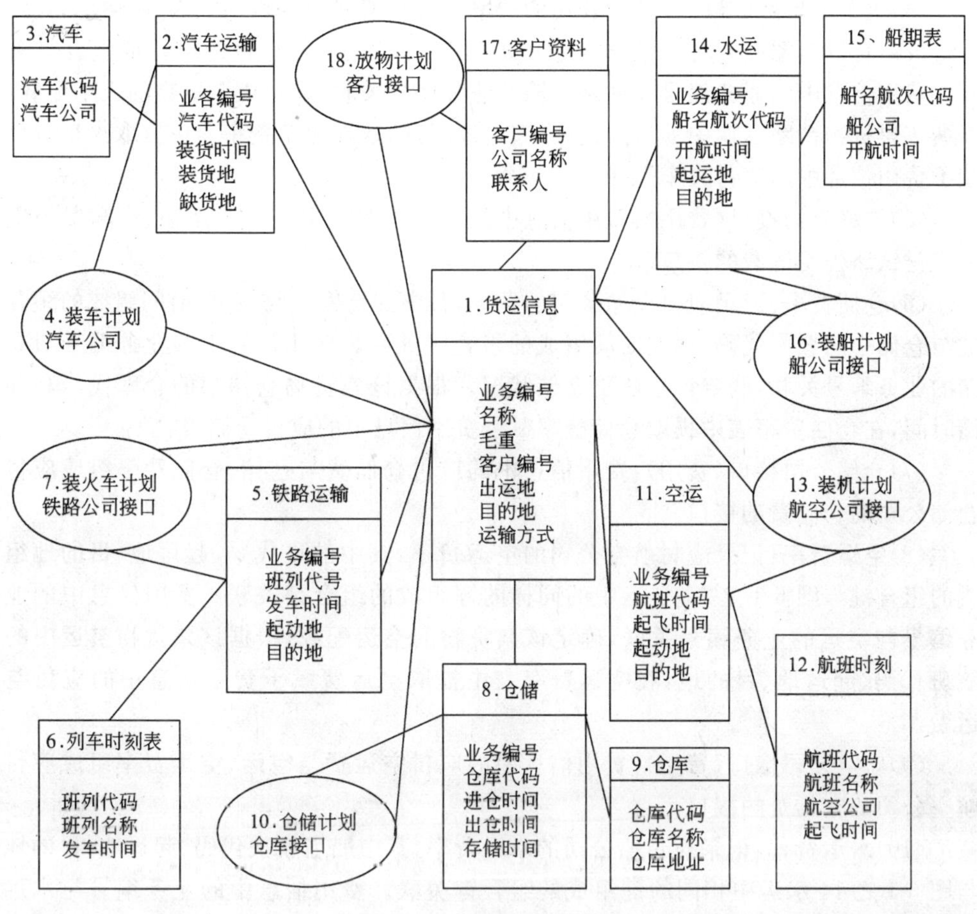

图 6-1　货运信息数据库设计

2. 费用信息

记录物流各环节发生的费用的信息,结构如下。

(1)应收应付费用:记录货物的应收应付费用信息,业务编号与各货运信息的业务编号关联。

(2)汽车费率:记录应付汽车公司的费率。汽车费率中的汽车代码、装货地、卸货地组成组合键与图 6-1 之 2 汽车运输中的汽车代码、装货地、卸货地组成的组合键关联。费用信息中的业务编号与汽车运输的业务编号关联,确定该票货物的汽车配载,根据该票货物汽车运输中的汽车代码、装货地、卸货地,在汽车费率表中提取汽车费率赋予费用信息中的应付汽车运费。

(3)汽车公司接口(费用):费用信息中的应付汽车运费与汽车运输、汽车费率组成应付汽车公司运费的接口。

(4)火车费率:记录应付铁路公司的费率。火车费率中的班列代码、起运地、目的地组成组合键与图 6-1 之 5 铁路运输中的班列代码、起运地、目的地组成组合键关联。费用信息中的业务编号与铁路运输的业务编号关联、确定该票货物的火车配载,根据该票货物铁路运输中的班列代码、起运地、目的地在火车费率表中提取火车费率赋予费用信息中的应付火车运费。

(5)铁路公司接口(费用):费用信息中的应付火车运费与火车运输、火车费率组成应付铁路公司运费的接口。

(6)仓储费率:记录应付仓储公司的费率,其中的仓库代码、存储时间组成的组合键与仓储中的仓库代码、存储时间组成的组合键关联。费用信息中的业务编号与仓储的业务编号关联,确定该票货物仓储状况。根据该票货物仓储中的仓库代码和存储时间,在仓储费率表中提取仓储费率赋予费用信息中的应付仓储费。

(7)仓储公司接口(费用):费用信息中的应付仓储费与仓储、仓储费率组成应付仓储公司的仓储费的接口。

(8)空运费率:记录应付航空公司的空运费率,其中航班代码、起运地、目的地组成的组合键与图 6-1 之 11 空运中的同样的键组成的组合键关联。费用信息中的业务编号与空运的业务编号关联,确定该票货物的空运配载,根据该票货物空运中的航班代码、起运地、目的地,在空运费率表中提取空运费赋予费用信息中的应付空运费。

(9)航空公司接口(费用):费用信息中的应付空运费与空运、空运费率组成应付航空公司的空运费的接口。

(10)水运费率:记录应付船公司的水运费率,其中船名航次代码、起运地、目的地与图 6-1 之 14 水运中相同的键组成的组合键关联。费用信息中的业务编号与水运的业务编号关联,确定该票货物的水运配载,根据该票货物水运中的船名航次代码、起运地、目的地,在水运费率中提取水运费赋予费用信息中的应付水运费。

(11)船公司接口(费用):费用信息中的应付水运费与水运、水运费率组成与船公司的费用接口。

(12)客户接口(费用):费用信息中的应收费用及客户资料组成客户应收费用的接口各环节接口的功能,一方面是各环节将费用作为一种报价传入系统各费率表,另一方面是系统将各应付的费用传出给各环节。

图 6-2 包含了物流过程费用信息的库结构和主要属性设置。

3. 货运动态信息

记录货物在各环节的实时动态信息,结构如下。

(1)货物动态:记录货物的实时动态信息,其业务编号与各货运信息的业务编号关联。

(2)汽车动态:记录货物配载的汽车动态,其中汽车代码与图 6-2 之 2 汽车运输中的汽车代码关联,货运动态的业务编号与汽车运输的业务编号关联。确定该票货物的汽车配载,根据该票货物的汽车运输中的汽车代码在汽车动态中提取汽车动态赋予货物动态中的货物动态。

(3)汽车公司接口(动态):是接收汽车动态报告的接口。

(4)火车动态:记录货物配载的火车动态,其中火车代码与图 6-2 之 5 铁路运输中的班列代码关联,货运动态的业务编号与铁路运输的业务编号关联。确定该票货物的火车配载,根据该票货物铁路运输中的班列代码在火车动态中提取火车动态赋予货运动态中的货物动态。

(5)铁路公司接口(动态):接收列车动态报告的接口。

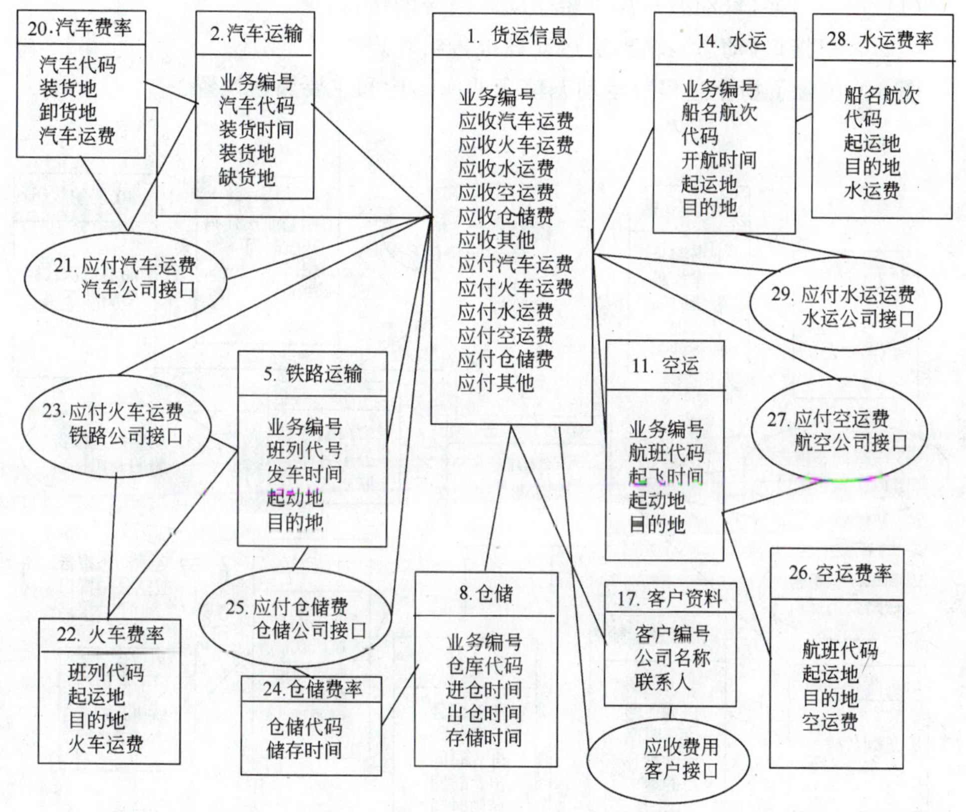

图 6-2 货运信息数据库设计

(6)仓储状态:记录货物在仓库的存储状态,其中仓库代码与图 6-2 之 8 仓储中的仓库代码关联,货运动态的业务编号与仓储的业务编号关联。确定该票货物的仓储情况,根据该票货物仓储中的仓库代码在仓储动态中提取仓储状态赋予货运动态中的货物动态。

(7)仓储公司接口(动态):接收仓储状态报告的接口。

(8)空运动态:记录货物配载的飞机航班的动态,其中航班代码与图 6-2 之 11 空运中的航班代码关联,货运动态的业务编号与空运的业务编号关联。确定该票货物的空运配载,根据该票货物空运中的航班代码在空运动态中提取空运动态赋予货运动态中的货物动态。

(9)航空公司接口(动态):接收空运动态报告的接口。

(10)船舶动态:记录货物配载的船舶动态,其中船名航次代码与图 6-2 之 14 水运中的船名航次代码关联,货运动态的业务编号与水运的业务编号关联。确定该票货物的水运配载,根据该票货物水运中的航班代码在船舶动态中提取船舶动态赋予货运动态中的货物动态。

(11)船公司接口(动态):接收船舶动态报告的接口。

(12)客户接口(动态):输出货运动态报告给客户。

图 6-3 包含了物流过程货运动态信息的库结构和主要属性设置。

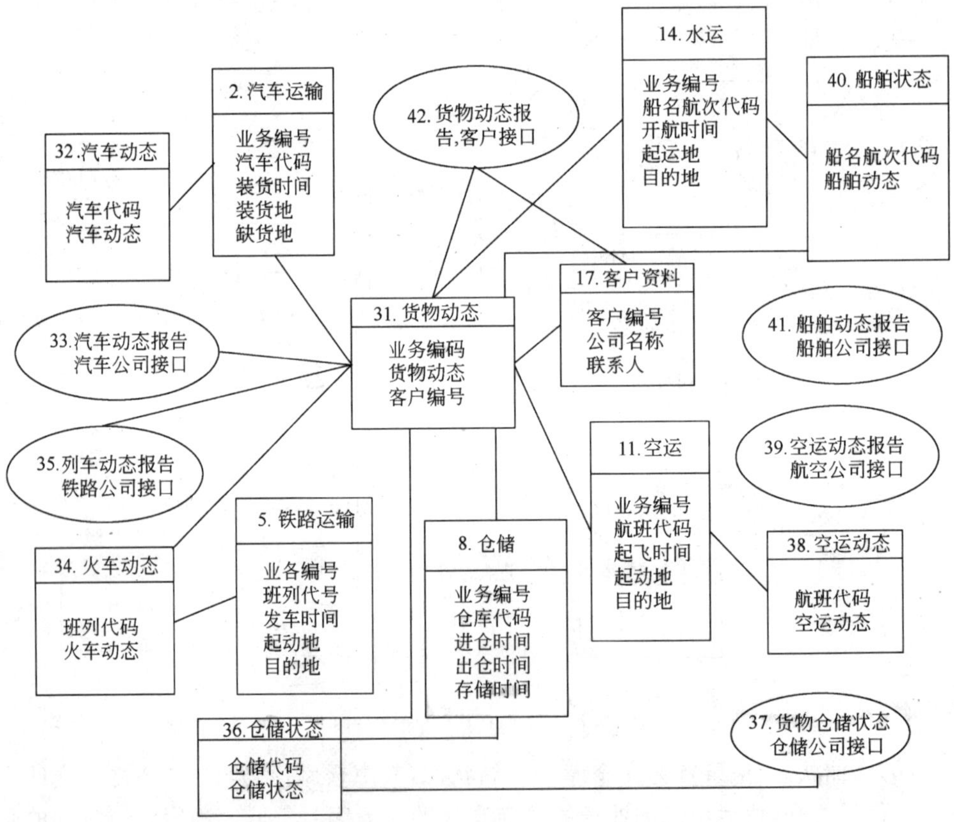

图 6-3 货运动态信息数据库设计

第二节　公路货运信息管理

一、公路货运信息管理概述

公路货运信息管理的内容涉及运输工具、运送人员、货物以及运输过程各业务环节的信息管理，这里主要介绍货物跟踪管理、货运车辆运行管理和现代物流实时跟踪管理。

1. 货物跟踪管理

货物跟踪管理是指物流运输企业利用物流条形码和EDI技术及时获取有关货物运输状态的信息(例如，货物品种、数量、货物在途情况、交货期限、发货地、到达地、货主、送货车辆、送货负责人等)，提高物流运输服务质量的方法。

具体步骤为：首先将货物运输状态的基本信息制成物流条形码，印制或贴在货物包装或发票上，然后在取货、配送和收货时利用扫描仪读出物流条形码中的货物信息，通过公共通信线路、专用通信线路、卫星线路或者互联网，把货物的信息传送到总部的中心计算机进行汇总整理并储存。终端客户可实现对货物状态的实时查询，查询时只需输入货物的发票号码，便可及时准确地知道货物运输状态。同时，通过货物信息可以确认货物是否将在规定的时间内及时交付，或及时发现在规定时间内未完成交付的情况，便于马上查明原因并及时改正，提高运送货物的准确性和及时性，提高物流服务水平。如此丰富了供应链的信息分享源，客户通过货运信息的分享可预先做好接收和后续工作。

货物跟踪管理首先要标准化物流条形码，其次是各种设施的使用，例如，扫描仪、专用通讯网络，因而投资较大，以前大多是有实力或特种运输业务的物流运输企业采用，随着通讯产品的广泛使用以及互联网的普及，货物跟踪系统也开始在中小企业中广泛应用。物流运输企业和用户只需在互联网上各自建立自己的网站，便可以对已开展的运输业务进出货物跟踪管理。

2. 运输车辆运行管理

指针对物流运输作业中运输车辆处于分散状态，而对在途运输车辆进行的管理。通过定位系统，确定车辆在路网中的位置，可及时调配车辆，快速满足用户需求，避免车辆完成运输任务后空返。可分为以下两种。

(1)MCA(Multi-Channel Access)无线技术的车辆运输运行系统

该系统由无线信号发射接收控制部门、运输企业的计划调度室和运输车辆组成，计划调度室与运输车辆之间通过无线信号进行双向通话。物流企业在接到顾客运送货物的请求后，将货物品种、数量、装运时间、地点、顾客的联系电话等信息输入计算机，同时根据运行车辆移动通讯装置发回的有关车辆位置和状态的信息，通过 MCA 系统由计算机确定，自动地向最靠近顾客的车辆发出装货指令，由车辆上装备的接收装置接受装货指令并打印出来。这种系统的采用能提高物流企业的运输效率、服务水平。但受 MCA 无线发射频率的限制，这种系统只能用于同城市的车辆计划调度管理。

(2)应用通讯卫星、GPS 技术、GIS 技术的车辆运行管理系统

在这种系统中，物流运输企业的计划调度中心与车辆之间的双向通话通过卫星通讯进行。物流运输企业的计划调度中心发出的装货指令通过公共通讯线路或专业通讯线路传送到卫星控制中心，由卫星控制中心把信号传送给通讯卫星，再由通讯卫星把信号传送给运输车辆，而运输车辆通过 GIS 系统确定车辆所在的准确位置，找到到达目的地的最佳线路，同时通过车载的通讯卫星接送天线、GPS 天线、通讯联络控制装置和输入输出装置，将车辆所在位置和状况等信息通过卫星传回到企业计划调度中心，以利于调度中心把握全局。这种系统的采用，对于实现企业车辆的最佳配置、提高物流运送业务效率和顾客满意度都具有重大意义。不足之处在于系统建设的投资要求大，通讯费用高，不利于企业成本的降低。

3.现代物流实时跟踪管理

无论是货物追踪管理或车辆运行管理，仅能提供简单的追踪、查询和调配功能，并不能为用户提供更多的增值服务。而现代物流实时跟踪管理不仅综合了上述两种管理的功能，更能提供增值性物流服务，较好地弥补了现有系统的空白。

现代物流实时跟踪管理是对物流作业中各种实时信息的采集、存储、传输、分析和处理。运载工具实时监控以及 WebGIS 物流信息实时查询与发布，是信息技术与物流管理思想的综合集成。通过现代物流实时跟踪管理，可以实时跟踪货物在途情况(货物位置、状态、装卸送达等)和车辆运行情况，提供增值性物流服务，从而满足现代商务对物流的需求。

现代物流实时跟踪管理系统由物流信息实时采集、信息传输、信息处理和信息发布等子系统组成，各子系统的功能分别为，实时采集货物在仓储、运输或流通加工过程中的动态信息，为物流的实时跟踪提供信息和数据来源，将信息采集子系统得到的数据通过无线或有线的通信方式传到物流管理控制中心，以及对相关的物流数据进行存储、分布式处理和发布。

现代物流实时跟踪管理对现代物流的支持包括：

(1)顾客使用物流企业提供的用户查询口令和密码，可方便及时地查询货物信息，大大提高了企业的服务水平；

(2)通过货物信息可确认货物是否在规定时间内交付，对未能及时交付的情况

（未及时送到顾客手中和未送达指定地点）可及时查明原因并纠正，提高了货物运送的及时性和准确性；

(3)可使物流企业的作用过程透明化、可视化，通过实时监控货物状态、作业状况，制订合理运输路线，调配运输车辆，制订装卸车作业计划，提高了运输效率。物流企业获得了以高效运输提供差别化服务为竞争优势的核心竞争力，使企业能够在竞争中处于优势。

二、公路货运业务流程

1.公路货运管理的总体业务流程

公路货运管理系统从客户服务中心接单开始，录入运输单并确认；调度部门针对已确认的运输单进行调度派车，打印派车单；接着，驾驶员上门装货，并确认装车、签订运输合同、打印装车单；确认在途中，系统进行车辆跟踪，随时向客户提供车辆的运行情况；运输完成后，进行回单确认，驾驶员到财务结算运费；同时财务向客户收取运费。公路货运业务流程如图 6-4 所示。

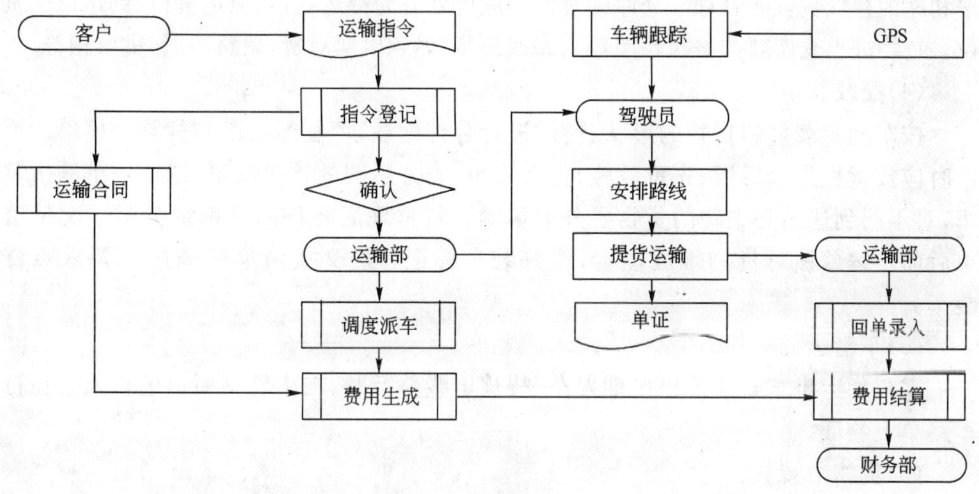

图 6-4　公路货运业务流程图

2.零担运输业务流程

零担运输一般为定线路发运，常分为汽车零担和火车零担，这里主要介绍汽车零担运输。其业务流程如图 6-5 所示。

(1)受理托运

零担货物承运人根据营运范围内的线路、站点、运距、中转车站的装卸能力、货物的性质及受运限制等业务规则和有关规定接受零担货物，办理托运手续。受理托运时，必须由托运人认真填写托运单后，承运人审核无误后方可承运。

(2)过磅起票

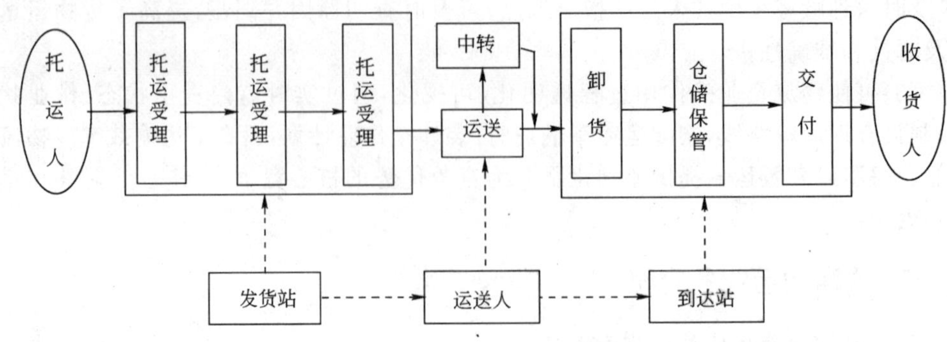

图 6-5　零担货运作业流程

零担货物受理人员在收到托运单后，应及时验货过磅，认真点件交接，做好记录，按托运单编号填写标签及有关标志，填写零担运输货票并收取运杂费。

(3)仓房保管

零担货物在仓库的存放时间较短，维护保养工作较少，主要应控制货物的出入库效率和库内存放货位的管理。仓库的货位一般可划分为待运货位、急运货位、到达待交货位。货物进出仓库要严格执行照单入库或出货，做到以票对货，票票不漏，货票相符。

(4)配载装车

按车辆容载量和货物的形状、性质进行合理配载，填制配装单和货物交接单。填单时应按货物先远后近、先重后轻、先大后小、先方后圆的顺序填写，以便按单顺次装车，对不同到达站和中转的货物要分单填制。将整理后各种随货单证分附于交接清单后面。按单核对货物堆放位置，作好装车标记。按交接清单的顺序和要求点件装车。

(5)车辆运行

零担货运班车必须严格按期发车，按规定线路行驶，在中转站要由值班人员在行车路单上签证。

(6)货物中转

对于需要中转的货物需以中转零担班车或沿途零担班车的形式运到规定的中转站进行中转。中转作业主要是将来自各方向仍需继续运输的零担货物卸车后重新集结待运，继续运至终点站。

(7)到站卸货

到站后，由仓库人员检查货物情况，如无异常在交换单上签字加盖业务章。如有异常情况发生，则应采取相应处理。

(8)货物交付

货物入库后，通知收货人凭提货单提货，或者按指定地点送货上门，并做好交货记录。

3. 集装箱运输业务流程

集装箱运输业务主要包括接受托运申请、提取空箱、装箱、箱货交接、办理交接手续等业务，其基本的运输业务流程如图 6-6 所示。

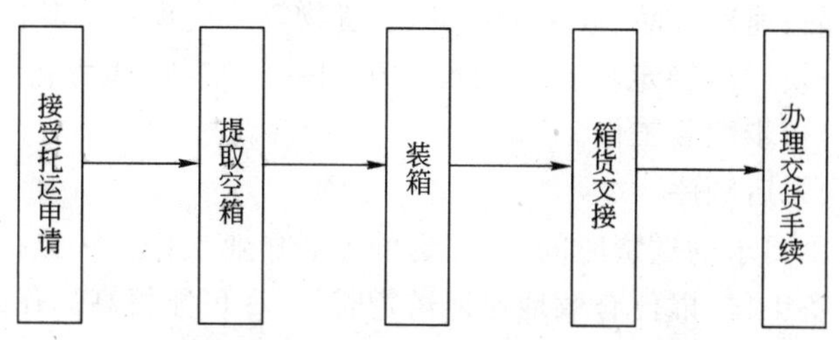

图 6-6 集装箱出口货运流程

4. 配送运输的业务流程

配送运输是指将被订购的货物使用汽车或其他快捷的运输工具从供应点送达顾客手中的活动。配送运输的经济里程一般在 30km 以内。配送运输具有时效性、安全性、沟通性、方便性、经济性等特点。配送运输基本作业流程，如图 6-7 所示。

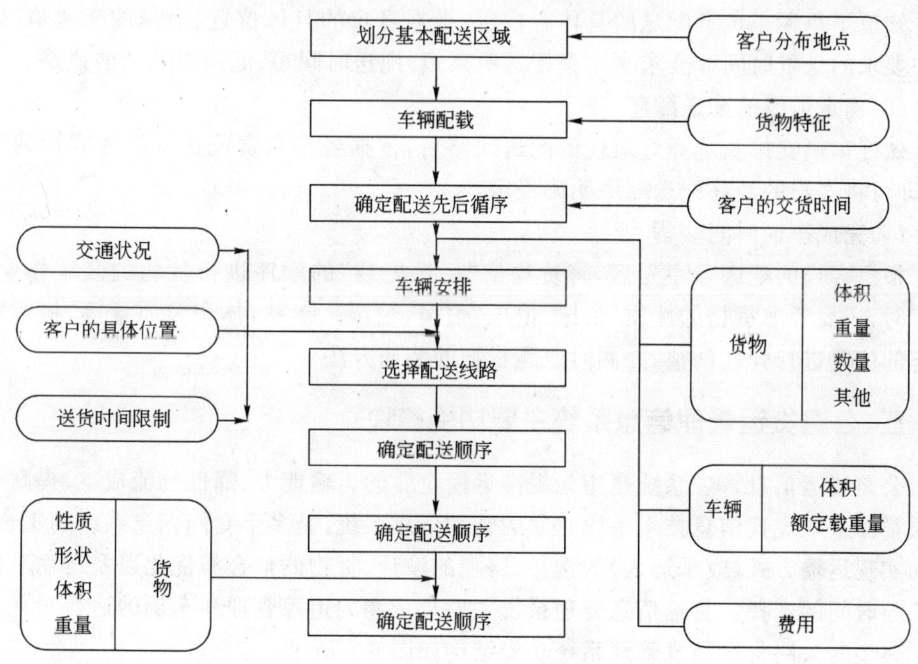

图 6-7 配送运输基本作业流程

(1)划分基本配送区域

根据客户所在地的具体位置或交通条件等，将所有的客户划分为几个配送区域，将每一客户囊括在不同的基本配送区域之中，为下一步决策提供基本参考。

(2)车辆配载

在接到订单后，将货物按特性进行分类，以分别采取不同的配送方式和运输工具。如按冷冻食品、速冻食品、散装货物、箱装货物等分类配载。其次，配送货物也有轻重缓急之分，必须初步确定哪些货物可配于同一辆车，哪些货物不能配于同一辆车，以做好车辆的初步配装工作。

(3)暂定配送先后顺序

先按客广订单要求的送货时间，将配送的先后作业次序作一概括的预计，为后面车辆积载做好准备工作，以便有效地保证送货时间，尽可能提高运作效率。

(4)车辆安排

车辆安排要解决的问题是安排什么类型、吨位的配送车辆进行最后的送货。一般企业拥有的车型有限，车辆数量亦有限，当本公司车辆无法满足要求时，可使用外雇车辆。其次，安排车辆之前，还必须分析订单上货物的信息，如体积、质量、数量等，对于装卸的特别要求等，综合考虑各方面因素的影响，做出最合适的车辆安排。

(5)选择配送线路

知道了每辆车负责配送的具体客户后，根据客户的具体位置、沿途的交通情况、客户要求的送货时间等要求来选择配送距离短、配送时间短、配送成本低的线路。

(6)确定最终的配送顺序

做好车辆安排及选择好最佳的配送线路后，依据各车负责配送的具体客户的先后，即可将客户的最终配送顺序明确确定。

(7)完成车辆时间装货

根据客户的配送顺序先后，将货物依“后送先装”的顺序进行货物的装车作业。装车时，还要考虑货物的性质(怕振、怕压、怕撞、怕湿)、形状、体积及质量等，将货物装车的位置进行弹性调整，并同时兼顾货物的装卸方法。

三、公路货运管理信息系统主要功能模块

公路货运信息管理系统是指为提高运输企业的运输能力、降低物流成本、提高服务质量而采取现代信息技术手段建立的管理信息系统，是多个专门信息系统的集合，从而实现运输方式(或承运人)的选择、路径的设计、货物的整合与优化以及运输车辆线路与时间的选择。货运信息管理系统主要是货物的追踪管理和车辆的运行管理。

典型的公路货运信息管理系统功能结构如图 6-8 所示。

(一)车辆信息维护

对运输车辆的信息，主要包括车辆的一些基本属性，如载重大小、运行年限、随车人员的要求以及是否监管车辆等。进行日常的管理维护，随时了解车辆的运行状况，以确保在运输任务下达时，有车辆可供调配。

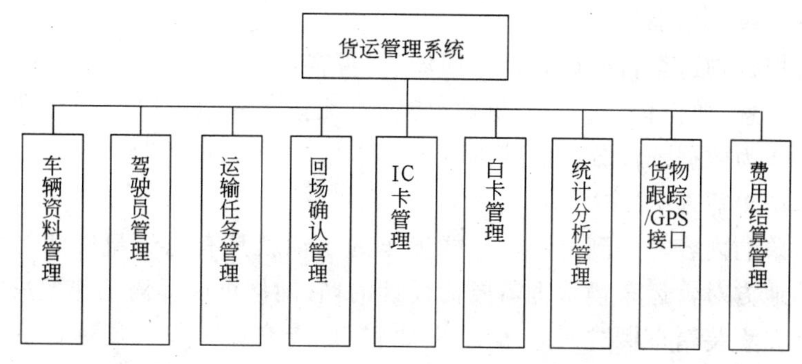

图 6-8 公路货运信息管理系统功能结构图

(二)驾驶员信息维护

对驾驶员的基本信息进行管理,以随时跟踪驾驶员的情况,并对驾驶员的学习情况、违章记录、事故情况、准驾证件以及其他证件进行管理。同时可以考核驾驶员的业务素质,以保证驾驶员队伍的稳定和发展。在驾驶员的管理中,还需要对驾驶员的出勤情况进行管理,以便在任务安排时可以自动判断其在任务当日是否能够正常地出勤,还是有其他情况不能担当此任务。

(三)运输业务登记

登记客户需要进行运输的货物信息,以便合理地安排运输计划。客户的一个委托为一笔业务,这里有 3 种情况,一是这笔业务是由其他操作流程转过来的,比如说可能是客户在报关、国际货运代理时就同时需要提供运输服务的;二是由物流公司自行承接的业务,即由销售人员直接与客户交流的结果;三是由合作伙伴提供的货源信息,如当我们把货物运抵目的地后,正好合作伙伴需要将某些货物带回。由于信息沟通顺畅,可以减少车辆的空载率,进一步降低物流成本,可以更好地吸引客户。

(四)运输计划安排

根据客户的要求安排运输计划,客房的一笔业务可以安排一次运输计划,也可以安排几次运输计划,这就需要根据实际情况做出合理的安排。运输任务的大小、客户时间要求的限制等,这都是安排运输计划所要考虑的因素。

(五)任务表制作

根据运输计划,将运输计划分解成一笔一笔的任务,如将计划分解成一个一个的原子任务,这样在安排车辆时就可以根据地点、时间、车班情况进行优化与组合,同时还将选择最优的运行线路,达到较高的车辆利用率和效益。

当然,对已经由计算机自动制作出来的任务表,还可以对一些不合常理的地方进行修改。

根据已经生成的任务表制作派车单,并及时地将派车单交给当班的驾驶员,实施运输计划。

(六)派车单回场确认

驾驶员把货物送至目的地并驾车回场后，将客户收货确认带回，输入本次执行任务后的一些信息，如行程、油耗、台班数、货物有无损坏和遗失以及是否准点到达等。这些数据将作为数据统计分析的基础。

(七)派车单写入 IC 卡

将派车单的内容写入到 IC 卡，这样出车的车辆就具有电子身份证的功能，这是根据不同的地方对营运车辆管理需要而设计的，它同样可以提高工作效率，减少人为的差错。如在集装箱车辆进入港区后，需要将 IC 卡交付工作人员进行货物确认，否则车辆将不允许进入港区。

(八)白卡管理

白卡是海关对监管车辆的凭证，它不是每辆车都拥有的，而是运输海关监管货物的车辆才有。系统中体现的功能模块有基本资料输入、白卡使用记录，白卡最新流向查询。

(九)查询与报表

各种车辆运营情况，派车情况，任务完成情况以及月度统计报表的处理，这是企业营运分析所必需的功能。

(十)车辆和货物跟踪

智能化调度信息网是为了适应将来大容量、大范围、数字化、网络化的交通车辆调度和综合信息服务而开发的平台系统，它以 GPS 全球卫星定位网、GSM 全球个人通信和 SMS 短消息网、FLEX 高速寻呼网、Internet 互联网为基础，采用数据分析和智能化决策支持、GIS 地理信息系统等技术，具有车辆调度、监控、反劫防盗、报警、移动综合信息服务等功能。

智能化交通车辆调度和综合信息服务的基本原理是，利用 GSM 的短消息功能和数传功能将目标的位置和其他信息传送至主控中心，在主控中心进行地图匹配后显示在 GIS 监视器上。主控中心能够对移动车辆的准确位置、速度和状态等必要的参数进行监控和查询，从而科学地进行车辆调度和管理，实现对车辆的实时动态跟踪，提高交通效率。当移动车辆在紧急情况或其安全受到威胁的情况下，它可以向主控中心发送报警信息，从而及时地得到附近交通管理或保安部门的支援。

1. GPS 系统的构成

智能化调度信息网络平台主要由一级调度信息网络中心、二级调度信息网络中心、车载终端系统和通信网络系统构成。其中，通信网络系统以移动通信网络为主。

2. 自动收货确认系统

此系统在硬件上由便携式电子扫描枪和带无线通讯模块的 PDA 两部分组成。

系统主要针对货物配送人员(驾驶员)，在货物交付时，对交付货物通过电子扫描枪自动读取条码信息，输送到 PDA 存取。客户签收人可直接在 PDA 上进行签收，把交付货物信息与签收信息一起通过无线网络传输到信息管理中心，使调度、客户服务和发货人在第一时间内获取货物送抵信息，结合管理系统完成全过程信息控制和管理。

目前，国际上已有相关的集成产品，但因为通讯网关等因素，在中国大陆地区还没有出现应用案例。而国内现有的便携式电子扫描和 PDA 产品，还没有与之相应的通信模块集成。据有关杂志介绍，已有一些厂家在研发。

(十一)GSM/GPS 车辆监控调度的接口

利用 GSM 公用数字移动通信网作为监控中心与移动目标(如车辆)之间的信息传输媒介，利用全球卫星定位系统(GPS)的定位技术、电子技术、计算机技术、网络技术，结合运用电子地图地理信息系统，实现对移动目标(车辆)的位置、状态的监视并利用 Internet 向外发布信息。通过这套系统可以实现以下功能：

(1)将中心要发送的信息按通信协议处理并向车载设备发送；

(2)接收车载设备根据通信协议发来的信息，得到有效的车载信息，存储记录，可实时(如果工作站在线)将信息发到对应的工作站上；

(3)自动调节通信信息流量，保证通信畅通；

(4)初始化并自动检测 GSM 通讯机的状态，监视并显示出通讯状态；

(5)地理信息电子地图图层分层显示、管理；

(6)矢量电子地图放大、缩小、平移；

(7)矢量电子地图的编辑、修改；

(8)车辆监控、调度、管理；

(9)发送短消息；

(10)显示接收到的短信息；

(11)接收车载设备的紧急报警信息并发出声光提示；

(12)远程遥控功能；

(13)指定车辆允许的行驶路线，当车辆偏离行驶路线时自动报警；

(14)指定车辆允许的行驶区域，若车辆越界，则自动报警；

(15)历史资料检索与历史轨迹回放、打印；

(16)资料统计打印；

(17)地图打印。

(十二)监控中心系统

1. 电子地图功能

(1)分层、多窗口显示电子地图图层，矢量电子地图放大、缩小、平移(直线、折线)，地理信息查询。

(2)复杂地理信息的添加、编辑、删除。

(3)用不同的颜色、图标显示不同种类的车辆。

(4)地图打印输出功能。

(5)将车辆的位置信息以图标的形式显示在电子地图上，并可将偏离的轨迹居中到道路上。

2. 车辆监控调度功能

(1)中心可向一辆或多辆车载发送文字信息(如调度指令)、控制指令(立即回报当前位置信息、定时汇报位置信息、立即监听、电话功能的设置、断油断电、开闭车厢锁)和车载设备被指信息(监控中心的 SIM 卡号码、短信息服务中心号码)。

(2)中心可以直接接收车载发回的位置信息、速度信息、车辆运行状态信息、车载内预定义的文字信息、报警信息(紧急报警信息、超速报警、越界/越线报警信息)。

(3)接到报警信号后,发出声光提示信息。

(4)历史轨迹回放。

(5)设定行驶路线或行驶区域,并指定相应的车辆。

(6)按需要将车辆编组,短讯可在组内进行广播。

3. 通讯管理功能

(1)初始化时或运行当中自动检测 GSM 通讯机的状态,实时监视并显示出系统的通讯状态,发现故障发出声光报警信号,提示值班人员。

(2)设置中心 GSM 通讯机内 SIM 卡的短信息服务中心的号码。

(3)使中心能与 GSM 网接口。

(4)接受车载设备发来信息,根据通讯协议,得到有效的车载信息,存储记录,将信息发给对应的工作站。

(5)将中心要发送的信息按通讯协议处理并向车载设备发送。

(6)自动调接通信信息流量,保证通信畅通。

(十三)费用结算系统

对每一业务所发生的费用进行登出确认,它包括企业财务管理的所有过程,从费用登记确认、发票的制作、实收实付的确认和销账,最终生成企业所需要的统计分析表格,及时判断业务盈亏状况。

四、典型公路货运管理系统应用评价

公路货运信息管理系统能够对公司的所有车辆进行实时的跟踪,并能够合理地安排驾驶员、车辆、任务三者之间的关系,优化企业的内部管理,提高物流企业的服务质量。同时,公路货运信息管理系统与物流环节中的其他相关系统(例如,货代、仓储、配送)衔接,保持信息流、资金流、物质流的畅通,增强公司的竞争能力,为客户提供更加完善的服务。

公路货运信息管理系统以计划调度管理为中心,对客户(合同客户,零担客户)运输委托下单,车辆计划安排,结合跟踪系统进行实时网上车辆调度,客户服务,实现物流成本控制及其各种账务(运费结算、保险、车价等)进行全方位管理,以提高运输企业的经营管理水平,创造更好的效益与利润,体现以“客户”为中心的服务理念。

(1)先进的软件体系结构和强大的后台数据处理,在逻辑上为企业处理大量业务和复杂业务提供了可靠保障。

(2)提供了与仓储、配送、货代软件以及各种著名财务软件的接口，既可以独立使用，又可以整合在整个物流软件体系中。

(3)系统强调了模块间的相对独立性，可根据客户的需要和业务流程进行组合，满足客户个性化的需求，随时扩展系统应用。

(4)系统基于 Web 采用 Java 技术开发，具有良好的可移植性、可扩展性、开放性。

(5)优化了作业流程，明确了岗位责权，为各个岗位角色设立了闭环式的作业流程，为每笔业务的流转提供了清晰的状态管理。

(6)对车辆进行了有效的管理和分析，了解车辆使用状态，掌握和控制了车辆日常成本支出，有利于运输企业的良性运作。

(7)对每一笔业务的应收应付费用审查、核销、账单制作、发票、实际收付一体化结算，能够达到财务结算的准确及时。

(8)系统所有报表均提供自定义功能，用户通过授权可自定义报表格式，并可生成多种格式。报表均提供导出功能，可将报表导出为文本文件、Excel 文件、Word 文件。

第三节　船舶代理信息管理

随着信息技术的发展，管理信息系统在物流的各个领域中发挥的作用越来越大，现今，在从事海运的企业中也得到广泛的运用。对于这样的水运企业来说，先进的信息技术和优良的信息系统也已渐渐成为企业的核心竞争力，成为企业在竞争中制胜的法宝。

随着信息技术的高度发展，信息化产品已经在社会的各个领域得到了充分的应用，船舶代理领域也不例外。由于船舶代理业务的内容非常广泛，作业流程比较复杂，在过去船代公司只应用手工作业时，工作效率非常低下，而且还常常出现操作错误的现象。有时候繁多的单证、报表使得手工操作的错记\漏记无从改正和弥补，这样难免会为船代公司\委托方或是船舶公司带来各种不必要的损失。现在管理信息系统在各企业的广泛应用已不是什么新鲜的事情了，优良的管理系统对于一个企业来说，在某种意义上已成为企业的核心竞争力，尤其在像船舶代理这样的业务环境下，大量的单证\报表以及信息资料需要准确无误的管理。各种业务流程需要清晰的作业方式来完成，因此，在中国物流业初步发展\日益兴盛的今天，拥有一套功能齐全、性能优良的船舶代理系统软件是从事船舶代理业务的企业所期待实现的目标。

包括船舶进出港\货运客运\船舶船员等综合业务的船舶代理管理信息系统就是以信息技术为背景，有效解决船代\委托方船舶公司等多方面的业务来往。本节将以深圳市泛华迅电脑技术有限公司的产品——船舶代理管理信息系统软件为例，详细介绍此类软件的功能及其在实际业务中的应用状况，使读者对上述问题有一个清晰的认识。

一、船舶代理业务流程

船舶代理是指船舶代理机构或代理人接受船舶所有人（船公司）、船舶经营人、承租人或货主的委托，在授权范围内代表委托人（被代理人）办理与在港船舶有关的业务、提供有关的服务或完成与在港船舶有关的其他经济法律行为的代理行为。而接受委托人的授权，代表委托人办理在港船舶有关业务和服务，并进行与在港船舶有关的其他经济法律行为的法人和公民，则是船舶代理人。

船舶代理企业可以接受与船舶营运有关的任何人的委托，业务范围非常广泛。既可以接受船舶公司的委托，代办班轮船舶的营运业务和不定期船舶的营运业务，也可以接受租船人的委托，代办其所委托的有关业务。由于船舶的营运方式不同，而且在不同营运方式下的营运业务中所涉及的当事人又各不相同，各个当事人所委托代办的业务也有所不同，因此，根据委托人和代理业务的不同，船舶代理可分为班轮代理和不定期船代理两大类。

在班轮代理的实务中，代理人办理订舱、收取运费工作，为班轮船舶制作运输单据，代签提单，管理船务和集装箱工作，代理班轮公司就有关费率及班轮公司营运的事宜与政府主管部门和班轮公司进行合作。总之，凡班轮公司自行办理的业务都可通过授权，由船舶代理人代办。班轮公司为使自己所经营的班轮运输船舶能在载重和舱容上得到充分利用，力争做到满舱满载，除了在班轮船舶挂靠的港口设立分支机构或委托代理人外，还会有委托订舱代理人，以便广泛地争取货源。订舱代理人通常与货主和货运代理人有着广泛和良好的业务联系，因而能为班轮公司创造良好的经营效益，同时能为班轮公司建立起一套有效的货运程序。相对于班轮代理商而言，另一种代理方式称为不定期船代理，其业务也很广泛，例如，代表不定期船东来安排货源、支付费用、进行船务管理，选择、指派再代理人并向再代理人发出有关指示等。

无论是班轮代理还是不定期船代理，其代理业务都是一项范围相当广泛的综合性业务。一般可归纳为以下几个方面。

1.船舶进出港口服务

主要工作包括：船舶进出港口和水域的申报手续；安排引水、泊位；办理有关海关、港监、边检对进出港船舶要求的手续；办理有关检疫的手续，主要包括卫生检疫、灭鼠消毒、预防接种、进出口动植物和商检检疫等手续；船舶动态跟踪等。

2.组织货运、客运及相关服务

主要工作包括：代签提单、运输合同、代办接受订舱业务；办理货物的报关手续；承揽货物、组织货载，办理货物、集装箱的托运和中转；联系安排装卸货物；装卸情况跟踪；办理申请理货及货物监装、监卸、衡量、检验；办理申请验舱、薰舱、洗舱、扫舱；洽谈办理货物理赔代收运费，代收代付款项，办理船舶速遣费与滞期费的计算与结算；代售客票、办理乘客上下船舶的手续等。

【小知识】 速遣费、滞期费

如果按约定的装卸时间和装卸率，提前完成装卸任务，使船方节省了船舶在港的费用开支，船方将其获取的利益的一部分给租船人作为奖励，叫速遣费。

如果在约定的允许装卸时间内未能将货物装卸完，致使船舶在港内停泊时间延长，给船方造成经济损失，则延迟期间的损失，应按约定每天若干金额补偿给船方，这项补偿金叫滞期费。

按惯例，速遣费一般为滞期费的一半。滞期费和速遣费通常约定为每天若干金额，不足一天，按比例计算。

3.集装箱管理服务

主要工作包括：集装箱的进出口申报手续；联系安排装卸、堆存、运输、拆箱、装箱、清洗、熏蒸、检疫；集装箱的建造、修理和检验；集装箱的租赁、买卖、交接、转运、收箱、发箱、盘存、签发集装箱交接单证等。

4.船舶及船员综合服务

主要工作包括：船舶检验、修理、烤铲、油漆、熏蒸、洗舱、扫舱以及淡水、饮食、物料等供应船舶备件的转递；办理船员登岸及遣返手续等；洽购船用物资；代办船员护照、领事签证；联系申请海员证书，安排船员就医、调换、遣返、参观旅游、交通车、船接送；申请银行服务；港口运作情况、政府政策规定及当地市场信息等的咨询服务等。

二、船舶代理管理信息系统业务流程分析

船代公司在整个船代业务进行的过程中基本上是与托运人、船东、收货人。3种当事人往来，围绕各个不同的当事人，船代公司主要处理进出口代理以及与进出口代理相关发生的各种业务。船舶代理的业务主要包括：船代进出口单证，箱量管理，船舶配载；管理船代理发生的各项业务费用，提供审核、结算、核销、制作凭证等功能，代理委托方到港船舶各项业务，办理单证；代理委托方到港船舶港使费结算统计，生成各相关的报表和资料；为集装箱主管理各港口、码头、堆场的在场资料及其动态，为集装箱经营人提供准确的资料，支持集装箱调度和配箱。

船舶代理业务的整个流程如图6-9所示。其中每个具体的业务都以船期为主线，共用基础数据，业务之间其他的方面联系较弱。因此，船舶代理管理信息系统可以根据其业务的不同，相应设计出不同业务的各个子系统。各子系统都有自己所要求的输入单据，然后生成自己需要输出的报表，从而完成整个船舶代理的作业过程。

在船代业务的处理过程中，涉及一些专有术语，下面分别给出其解释。

(1)委托单：在该系统中是货主(代)委托船代运输货物的书面单据。

(2)装箱单：是货物的装箱明细表。在该系统中是描述提单、集装箱，货物对应关系的单据。

(3)退关:已申报出口的货物经海关验查后,因故未能装入出境运输工具,出的单据。

(4)转船:由于某种原因,在装运港到卸货港的海运过程中,将货物从一船卸下并再装上另一船的运输方式。

(5)中转:货物当前所在的船不能把货物运到目的地,在中间某一港口转到另一条船上运到目的地。

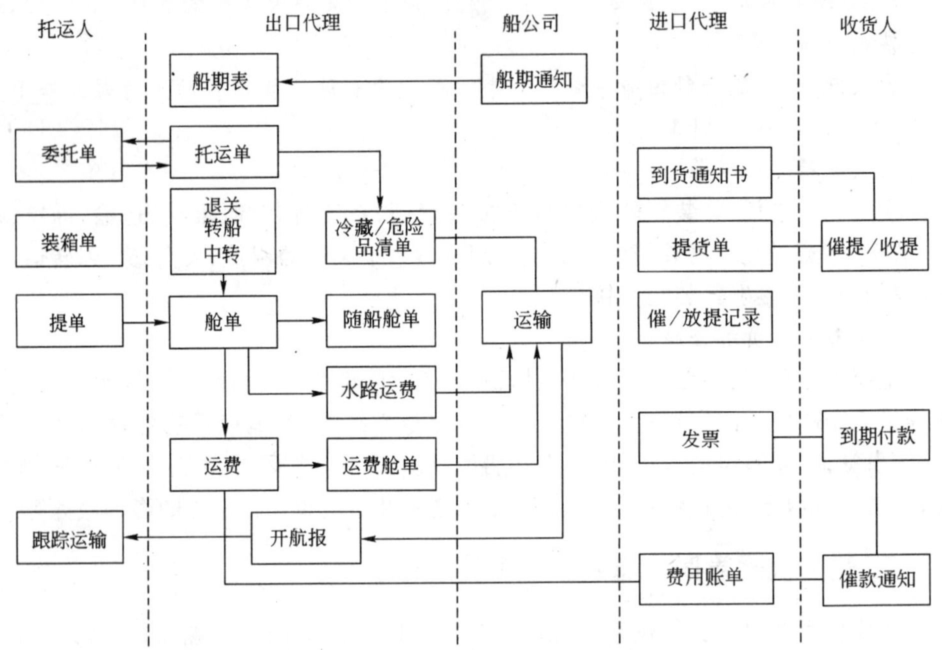

图 6-9 船舶代理业务的整个流程

(6)提单:用以证明海上货物运输合同和货物已经由承运人接收或已装船,以及承运人保证据以交付货物的单证。提单中载明的向记名人交付货物,或者按照指示交付货物,或者向提单持有人交付货物的条款,构成承运人拒以交付货物的保证,提单在业务联系、费用结算、对外索赔等方面都有重要的作用。

(7)承运人:接受委托,从事货运运输或者部分运输的人或是组织,在本系统中指船公司。

(8)收货人:货物的接收者,有权提取货物的人。

(9)托运人:将货物交给与海上货物运输有关的承运人。

(10)到货通知书:通知收获人或被通知人货物已到达的书面单据。

(11)申报单:船舶要停靠某一港口时,向港口所在的管理机关提出的书面申请材料,有进出口申请书、货物申报单、船用物品申报单、船只申报单、船舶检疫申报单、危险品申报单等。

(12)催/放提:催提单和放提单。

(13)电放行为:船东在得到托运人指示后,在收回其已签发的提单情况下,用电话或传真形式指令其在目的港代理人将货物放给提单中所标的收货人的行为。

下面图 6-10,图 6-11,图 6-12 是几种单据的样例。

中国外轮代理公司

CHINA OCEAN SHIPPING AGENCY

留底

COUNTIERFOIL

S/O No

船名 VesselName　　航次 Voy　　目的港 For

托运人 Shipper

受货人 Consignee

通知 Notify

标记及号码 Marks&Nos.	件数 Quantity	货名 Description of Goods	毛重量(公斤) Gross Weight in Kilos	尺码(立方米) Measurement Cu.M.

共计件数(大写)

Total Number of Packages in Writing

委托号		可否转船	
装船期		可否分批	
结汇期		存货地点	
总尺码			

图 6-10　订舱单样例

装箱单

CONTAINER LOAD PLAN

				集装箱号 Container No.		集装箱规格 Type of Container:20　40	
				铅封号 Seal No.		冷藏温度　°F　°C Reefer. Temp. Required	
船名 Ocean Vessel	航次 Voy. No.	收货地点 Place of Receipt □-场 CY □-站 CFS □-门 Door	装货港 Port of Loading	卸货港 Port of Discharging		交货地点 Place of Delivery □-场 CY □-站 CFS □-口 Door	
箱主 Owner	提单号码 B/L No.	1. 发货人 2. 收货人 3. 通知人 Shipper　Consignee　Notify	标志和号码 Marks & Numbers	件数及包装种类 No. & Kind of Plgs.	货名 Description of Goods	重量（公斤） Weight kg.	尺码（立方米） Measurement Cu M.
		底 Front 门 Door					
					总件数 Total Number of Packages 重量及尺码总计 Total Weigh & Measurement		
危险品要注明危险品标志分类及闪点 In case of dangerous goods,please enter the label classification and flash point of the goods.				装箱日期　Date of vanning:...... 装箱地点　at:......			皮重 Tare Weigh
	出口 Export	驾驶员签收 Received by Drayman	堆场签收 Received by CY	装箱人 Packed by: 发货人　货运站 (Shipper/CFS) ...... 签署(signed)			总毛重 Gross Weigh
	进口 Import	驾驶员签收 Received by Drayman	货运站签收 Received by CFS			发货人或货运站留存 1.SHIPPER/CFS (1) 一式十份　此栏每份不同	

图 6-11　装箱单样例

托运人 Shipper	B/L No. **GA** 联运提单 **COMBINED TRANSPORT BILL OF LADING**		
收货人或指示 Consignee or order			
通知地址 Notify address	RECEIVED the goods in apparent good order and condition as specified below unless otherwise stated herein. The Carrier,in accordance with the provisions contained in this document. 1)undertakes to perform or to procure the performance of the entire transport from the place at which the goods are taken in charge to the place designated for delivery in this document,and 2)assumes liability as prescribed in this document for such transport. One of the Bills of Lading must be surredered duly indorsed in exchange for the goods or delivery order.		
前段运输 Pre-carriage by	收货地点 Place of receipt		
海运船只 Ocean vessel	装货港 Place of loading		
卸货港 Port of discharge	交货地点 Place of delivery		

标志和号码 Marks and Nos.	件数和包装种类 Number and kind of package	货名 Deserption of goods	毛重（公斤） Gross weight(kgs.)	尺码（立方米） Measurement(m^3)
		以上细目由托运人提供 ABOVE PARTICULARS FURNISHED BY SHIPPER		

运费和费用 Freight and charges	IN WITNESS where of the number of original Bills of Loding stated above have been signed, one of which being accomplished,the other(s) to be vold.
	签单地点和日期 Place and date of issue
	代表承运人签字 Signed for or on behalf of the Carrier 代理 as Agents

SUBJECT TO THE TERMS AND CONDITIONS ON BACK

图 6-12　提单样例

(一)出口单证作业流程

在海运的过程中，从办理货物托运手续开始，到货物装船，卸载，直至货物交付的整个过程，都需要编制各种单证。这些单证是在货方（包括托运人和收货人）与船方之间办理货物交接的证明，也是货方、港方、船方等有关方面之间从事业务工作的凭证，又是划分货方、港方、船方各自责任的必要依据。

出口单证系统是用于处理船舶代理出口单证业务的软件系统，该子系统具有对船舶代理业务中可能发生的各种出口单证业务进行处理的功能。在实务操作中出口单证业务的作业流程如图 6-13 所示。

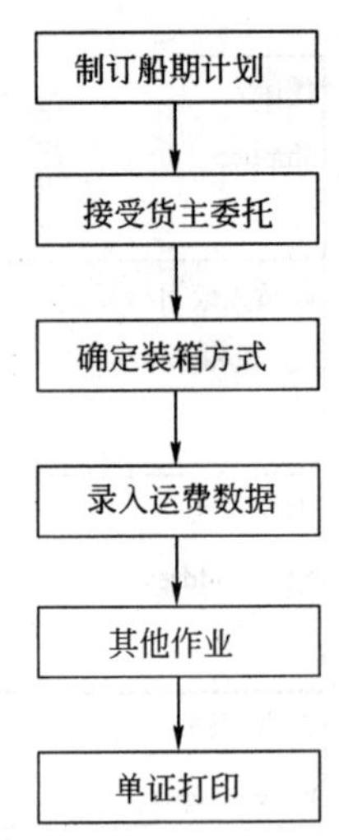

图 6-13　出口单证业务作业流程

1. 制订船期计划

在制订船期计划的过程中，由计划部门制订船期表，管理委托方船公司需靠泊的船名、航次，提供给业务部门，业务部门根据船名、航次完成出口定舱配载、船务管理、港使费结算等业务功能。

2. 接受货主委托

根据货主托运信息，制作委托单。所谓委托单是指由货主根据买卖合同和信用证的有关内容向船公司办理货物运输的书面凭证(在这里是由船舶代理公司为船公司代理办理的)。经船舶代理公司与货主对该单签认后，根据船期表和舱位情况决定是否接受，如果接受，录入委托单，包括船名、航次、提单号、发货方、收货方、托运信息、货物等相关信息。

3. 确定装箱方式

根据实际的业务操作，装箱方式分为整箱装箱和拼箱装箱两种。整箱装箱方式是海运业务中的主要装箱方式。所谓整箱方式是指由货主负责装箱，填写装箱单，并加海关铅封的货物。习惯上整箱货只有一个托运人和一个收货人。也就是说，一票提单号装有一个或多个集装箱货物。该模块还能根据委托单的预配箱量进行自动配箱，当箱型为特种箱时，可输入特种箱信息。拼箱装箱方式是指向集装箱货运站负责装箱，填写装箱单，并加海关铅封的货物。习惯上拼箱货涉及几个托运人和几个收货人。也就是说，一个集装箱内装入多票提单货物。

根据委托方实际定舱情况(整箱或散货)来确定装箱方式。

4. 运费数据录入

提单是用以证明海上货物运输合同和货物已经由船方接受或者装船，以及船方保证据以交付货物的单证。所以，提单具有货物收据、物权凭证和运输合同证明的功能。因此，在运费数据录入的时候，可根据业务提单号按照实际发生的费用录入各种费用名称、金额、币种及付款方式等，然后提交商务部门进行费用审核及结算。

5. 其他作业操作

根据委托方实际业务要求，需要处理其他方面的一些业务操作，例如：

(1)转船重配：将出口货物按照提单号更改船名、航次，输入新的船名、航次；

(2)退关:将不能出口的货物按提单号或集装箱号码登记退关作业,办理货物退关手续。

6. 单证打印

该系统支持用户自定义及打印业务单证,主要包括预配清单、提单、托运单、装箱清单、运费舱单、随船舱单、其他业务单证等。

(二)出口运费作业流程

出口运费系统主要是用于以船代为主的代理业务中出口费用的处理。该系统具有对海运代理业务中可能发生的各种费用情况进行处理的功能。在实务操作中出口运费业务的作业流程如图 6-14 所示。

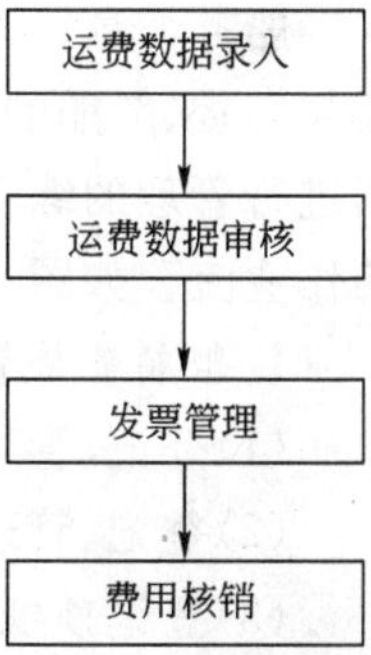

运费数据录入

运费数据审核

发票管理

费用核销

图 6-14 出口运费业务作业流程

1. 运费数据录入

按照船名、航次录入业务单证所发生的应收及应付海运费、包干费等费用。可以按照船公司签订合同的设定佣金率及利润分配方案,支持美(国)加(拿大)线合同操作方式。同时提交给审核人员审核。

2. 运费数据审核

根据商务人员录入的应收应付数据进行费用审核,然后将审核后的运费数据制作费用发票。

3. 发票管理

根据运费数据生成相应运费发票,分为手工生成、向导支持两种操作模式。同时对已生成的发票进行打印、入账、冲销、作废等处理。

4. 费用核销

(1)根据发票数据核销各种应收海运费及其他包干费用,分为单笔核销和批量核销两种操作模式。

(2)核销应付船公司的海运费用,分为单笔核销和批量核销两种操作模式。

(三)航次结算作业流程

航次结算系统主要是用于船舶代理企业对船舶进行船舶往来费用分配、船舶费用输入、船舶代理费和杂费制作、船舶使费结账及账单打印和相关查询,完成航次结算的全部业务流程。在实务操作中航次结算业务的作业流程如图 6-15 所示。

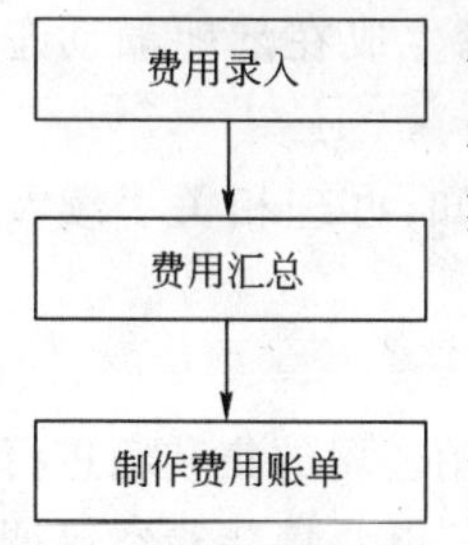

图 6-15 航次结算业务作业流程

1. 费用录入

按照船名、航次录入船舶靠泊所发生的港口费用,分为按收费方录入船名、航次录入两种方式。

2. 费用汇总

将各种港口使费按费用编码及收费方汇总,并将汇总后的数据根据船名、航次生成凭证数据,导入到财务系统中。

3. 制作费用账单

(1)账单制作:按照船名、航次生成代理费账单、杂费账单、航次账单,并提供打印等功能。

(2)备用金管理:可以按照委托方式预收其港口使费备用金,并生成相应的挂账凭证。

(四)船务管理作业流程

船务信息管理系统是对船舶的进出口申报、船舶委托方、船舶装卸货、船舶的各种动态、船舶基础资料及有关船舶的各种数据进行管理的综合信息管理系统。在实务操作中船务管理业务的作业流程如图 6-16 所示。

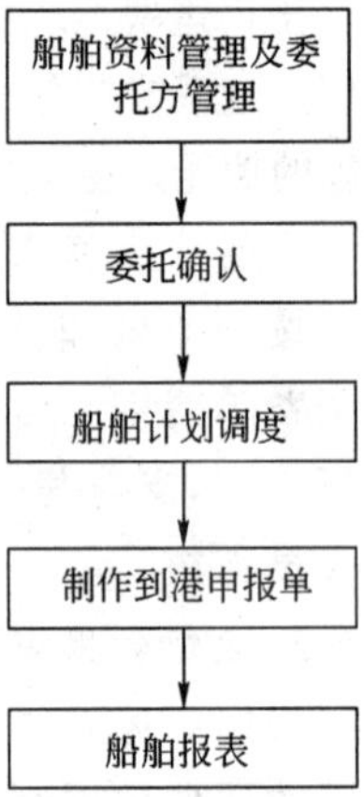

船舶资料管理及委托方管理 → 委托确认 → 船舶计划调度 → 制作到港申报单 → 船舶报表

图 6-16　船务管理业务作业流程

1. 船舶资料管理及委托方管理

(1)登记、管理委托方基本信息、资料;

(2)登记、管理船舶规范、船舶基本资料;

(3)登记预抵船舶的船名、航次、船舶所载货物信息、船舶委托方。

2. 委托确认

对委托单位的船务委托信息进行确认,可采用两种方式:按 E-mail 和按 Fax 方式来做委托确认单。

3. 船舶计划调度

登记需靠泊的船舶资料,如船舶基本航次信息、船员资料、备用金额等,并实时调度其当前船舶状态(预抵、锚地、靠泊、离港)。

4. 制作到港申报单

(1)根据靠泊船舶资料生成各种申报单据,例如,进出口申请书、货物申报单、船员申报单、船用物品申报单、危险品申报单等。

(2)向委托方生成并发送通知单,如到港单、靠泊单、船舶通知书等。

5. 船舶报表

(1)船舶动态表:根据当前船舶状态,按照锚地、靠泊等状态生成在港船舶动态报表。

(2)装卸货通知单:根据船名、航次向委托人发送装卸货通知,办理相关手续及作业。

(五)船代集装箱管理作业流程

船舶代理业务不但包括对集装箱船舶的管理,而且需要对船舶公司的集装箱进行管理。这部分业务主要包括集装箱的发放、提运、检验、装载、交接,以及集装箱空箱调运及其跟踪管理等,以提高集装箱利用率、降低配箱率,从而取得较好的经济效益。

集装箱管理系统是用于处理集装箱动态管理的软件系统。该系统具有对集装箱

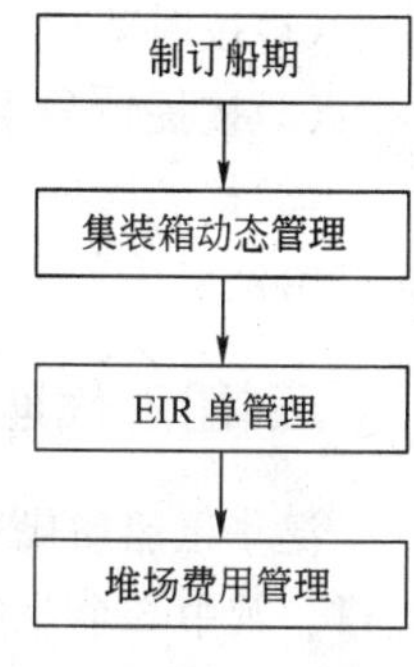

图 6-17　集装箱管理业务作业流程

动态管理中可能发生的各种业务情况进行处理的功能。系统提供了强大的查询和统计报表功能，用户可按各种组合条件对所需数据进行处理。系统基于大型数据库，运行速度快，数据安全性好。在实务操作中集装箱管理业务的作业流程如图 6-17 所示。

1. 制订船期

由计划部门制订船期表，管理委托方船公司将靠泊的船名、航次提供给业务部门，业务部门根据船名、航次完成出口定舱配载、船务管理、港口使费结算等业务功能。

2. 箱动态管理

集装箱空箱调运的解决办法的首要条件是公司对集装箱的动态有着全面及时的了解，而随着全球国际集装箱运输快速发展，需要集装箱的数量也越来越多，集装箱的流动范围也更为广阔，集装箱的跟踪管理也面临了更大的挑战。

【小知识】　港口使费（港使费）

港口使费是指航运公司所经营的船舶在营运期间在装卸港口所发生的各项支出和费用，是航运公司三大营运成本（船期费、燃油费和港口使费）之一，是船公司计算营运成本的重要指数和核算航次利润的主要依据，也可称之为航次费用或可变费用。

港口使费由四大部分组成：(1)船舶费用；(2)货物费用；(3)船员费用；(4)杂费。

(1)船舶费用：包括饮水费，拖轮费，移泊费，吨税，船舶检验费，海事签证费，港务费，衡量监装验舱验货费，物品供应费，船舶检验费，垫舱物料费，扫舱洗舱费，燃料费，船舶代理费，淡水费，修理费，港杂费等。

(2)货物费用：包括装卸费，货物代理费，理货费，货物熏蒸费等。

(3)船员费用：包括船长借支，船员就医遣返费等。

(4)杂费：主要包括通信、邮电费，手续费，杂项费等。

港口使费合计：(1)船舶费用＋(2)货物费用＋(3)船员费用＋(4)杂费。

在集装箱管理系统的操作中，按照船名、航次中的集装箱录入动态信息，可以分两种操作模式：单箱的不同动态录入和批量箱的同一动态录入。而且该系统还可以支持集装箱动态的转换，根据箱号检索箱动态信息，进行动态切换。

3. EIR 单管理（Equipment Interchange Receipt，设备交接单管理）

(1)登记、处理进出口设备交接单，将集装箱基本信息转入系统中；

(2)支持查询、打印各种设备交接单格式。

4. 堆场费用管理

目前，各种系统对集装箱进行管理已由初级阶段的动态控制、“跟踪管理”发展到高级阶段的编目控制、动态业务管理。利用该系统可掌握堆场费用的各种信息，进行如下操作：

(1)按时间段查询统计应收进出口滞期费；

(2)按提单号生成进出口滞期费账单，同时对已付费滞期费可以追踪查询；

(3)按照时间段统计出各经营人在场箱的堆存费，并可保存成 Excel 文件格式，提供给经营人。

三、船舶代理管理信息系统主要功能模块

泛华讯船舶代理管理信息系统主要包括 6 个业务子系统以及必不可少的财务系统接口。其中 6 个业务子系统分别为船务信息管理系统、航次结算系统、出口单证系统、出口运费系统、进口单证系统、集装箱管理系统。其功能结构与组成如图 6-18 所示。

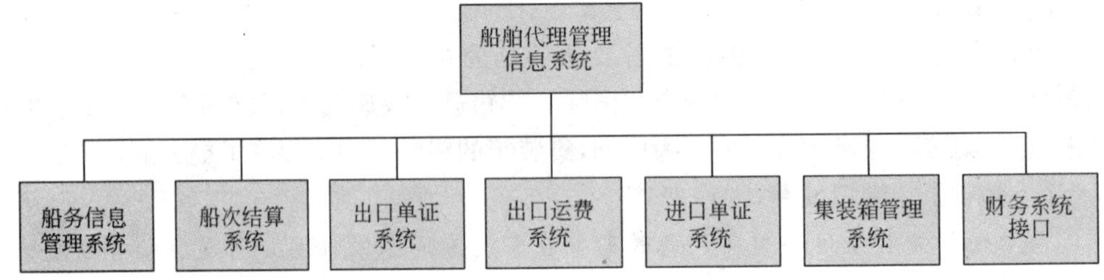

图 6-18　泛华讯船舶代理管理信息系统的功能结构与组成

(一)船务信息管理系统

船务信息管理系统是对船舶的进出口申报、船舶委托方、船舶装卸货、船舶的各种动态、船舶基础资料及有关船舶的各种数据进行管理的综合信息管理系统，其主要功能模块见表 6-1。根据不同的用户级别，可以访问不同层次的菜单项。用户可以查看、删除、修改或添加新记录；对各种不同的数据进行查询、统计；在菜单可打印各种需要的报表；管理菜单为管理信息系统提供了快捷明了的方式。如果在使用过程中遇到问题的话，可以通过系统的“帮助”功能得到恰当的帮助或提示。

船务信息管理系统的主要功能模块　　表 6-1

功能模块	功能特点
文件模块	登录系统后，在文件菜单中通过鼠标进行选取、确认即可进行关闭窗口、打印设置、重新登录、退出等操作
业务处理模块	围绕船务信息管理的各项业务，实现制作委托确认单，委托方管理，登记船舶规范，登记航次/委托方/货物，制作抵港单，制作申报单，制作船舶通知单，制作进口计划报表，制作靠泊单，制作动态单，船舶计划调度，制作离港单等操作
报表模块	针对业务流程，生成各种报表，并进行操作管理，包括船舶动态表、装卸事实记录、装货准备就绪通知单、卸货准备就绪通知单等
查询统计模块	提供各种查询统计的方法，包括船舶基础台账、按委托方查询代理船舶，按时间查询代理船舶、按时间/货类统计代理货量及组合查询等
管理模块	提供用户管理、应用管理机组应用管理、权限管理及基础代码管理等

(二)航次结算系统

航次结算系统是船舶代理企业进行船舶往来费用分配、船舶费用输入、船舶代理费和杂费制作、船舶使用费结账及账单打印和相关查询的管理信息子系统,它主要完成航次结算的全部业务流程,其主要模块功能见表6-2。

航次结算系统的主要模块功能　　表6-2

功能模块	功能特点
文件模块	登录系统后,在文件菜单中通过鼠标进行选取、确认即可进行关闭窗口、打印设置、重新登录、退出等操作
船期模块	将船务系统的有关船名、航次数据引入到本系统,并可以修改相关数据,这些数据是制作各种账单的主要依据
结算模块	针对航次结算的业务,进行各种录入费用、制作账单等操作,包括按船名、航次录费用,按收费方录费用,批费用汇总打印,制作凭证,制作代理账单,制作杂费账单,制作航次账单,航次账单管理,预售船舶备用金录入,港口使用费估算等
查询模块	提供各种查询统计操作。进行往来对账单查询,航次账单查询,代理费账单,港口使用费查询,杂费账单查询,委托方欠费查询;代理费统计;制作船舶使费汇总表,费用支付统计表,航次结船准期率,催款通知单,结船未结船清单等操作
管理模块	提供用户管理、组管理、应用管理及组应用管理、权限管理并对基于代码、港口使用费项目代码进行管理等,还可以进行财务接口方案定义及格式定义

(三)出口单证系统

出口单证系统是用于处理海运代理出口单证的软件系统,对海运代理业务中可能发生的各种出口单证业务情况进行处理。其主要功能模块见表6-3。

出口单证系统的主要模块功能　　表6-3

功能模块	功能特点
文件模块	登录系统后,在文件菜单中通过鼠标进行选取、确认即可进行关闭窗口、打印设置、重新登录、退出等操作
船期模块	用户可以对船期表各项内容进行数据录入、修改、删除、查询和打印等操作。该模块对船代码、离港时间等数据项进行校验,并支持多承运人的海运操作模式
单证模块	用户可以针对业务进行各种单证操作,包括对委托单的操作,浏览订舱数据,进行整箱或拼箱操作,按提单号录入海运费用,按船名、航次将某票提单退关或转储,将两个船名、航次间的提单互转重新配载,录入某船名、般次的中转信息,编辑、打印和管理电放提单信息,导入EDI报文,导入订舱报文,导入装箱报文,处理船图报文等

续上表

功能模块	功能特点
报表模块	对各种报表单据进行处理、打印等操作,包括打印场站数据,对某一航次的预配集装箱信息进行统计,制作开航报表,制作并打印各种单据,包括提单、托运单、水路运单、装箱单、集装箱清单、随船舱单、冷藏品清单、危险品清单、货代委托数据清单、转集装箱清单,通用报表等
查询模块	提供各种查询统计操作。进行组合条件查询,自定义查询。主要查询功能包括:单船箱号、箱量查询,单船分港箱量统计,单船货代、箱量统计,按航线、箱主、航次统计箱量,单船挂靠港查询,按提单号查询。按箱号查询。按时间段查询箱量,按港口查询,按货代查询,特价号执行情况
EDI 导入/输出	为减少录入工作量、避免录入错误、方便各分散系统间交换数据,系统可以采用 EDI 实现数据交换。涉及的格式有:COSCOEDI3.1 报文、交通部报文、OOCI 报文、海关 EDI 报文,涉及的单证有:定舱数据、装箱数据、船图数据、报关数据、COSCO 约定报文、OOCI 约定报文
管理模块	提供用户管理、组管理、应用管理及组应用管理、权限管理及基础代码管理,还可以进行场站收据格式维护、提单格式维护、通用格式维护

另外,该系统提供了“无限制”提单格式报表,即用户可定义、修改、删除和维护提单格式;该系统还提供了强大的查询和统计报表功能,用户可按各种组合条件对所需数据进行处理。

(四)出口运费系统

出口运费系统是针对出口货物运费结算业务而编制的。系统可以实现与账务处理系统平滑接口,同时提供了多种操作方法,如菜单命令、导航工具条、快捷键等。

该系统包括输入船名航次、输入船舶费用、费用审核、发票制作、费用核收、应收账龄分析、生成财务接口数据、信息查询、发票打印等功能,见表 6-4。

出口运费系统的主要模块功能 表 6-4

功能模块	功能特点
文件模块	登录系统后,在文件菜单中通过鼠标进行选取、确认即可进行关闭窗口、打印设置、重新登录、退出等操作
船期模块	用户可以对船期表各项内容进行数据录入、修改、删除、查询和打印等操作。在船期表中可输入船期的基本信息,包括船名、航次、航线、预抵时间、抵港时间、离港时间等,在此可以输入此航次下的多委托方信息
费用模块	用户针对业务可以进行各种费用的录入、审核,并生成发票及进行发票管理和控制,还可进行发票费用核收、应收账龄分析,并根据发票信息生成财务接口数据,而且可以进行手工发票管理

续上表

功能模块	功能特点
报表模块	对各种报表单据进行处理、打印等操作,包括海运费结算表,应收费用明细表,应付费用明细表,费用分类统计表。箱量、货量及收入统计表,发票清单,应收账龄清单,手续费汇总表,月度揽货明细表,集装箱部运费明细表,国内代理出口运费结算清单,国内代理出口运费结算汇总清单,内贸线收运费清单
管理模块	包括权限管理、修改口令、应收账龄初始余额、财务接口方案定义、财务接口格式定义及基础代码管理等系统管理功能。基础代码管理包括货名代码、货类代码、承运人代码、客户代码、港口代码、运费代码、国家代码、船舶规范、装箱方式等

(五)进口单证系统

进口单证系统软件可完成提货单数据(包括托运信息、货物信息、装箱信息、运费信息等)的录入、修改,可记录催提、放提等情况,可打印到货通知书、提货单、提单、舱单等报表,并可按各种条件查询系统信息。该系统设有灵活的报表格式调整功能,无限级的权限设置。其主要模块功能见表6-5。

进口单证系统的主要模块功能 表6-5

功能模块	功能特点
文件模块	登录系统后,在文件菜单中通过鼠标进行选取、确认即可进行关闭窗口、打印设置、重新登录、退出等操作
船期模块	用户可以对船期表各项内容进行数据录入、修改、删除、查询和打印等操作。包括船名、航次、航线、预抵时间、抵港时间、离港时间、承运人等数据
单证模块	用户可以针对业务进行各种单证操作,包括对提货单的操作,对装箱情况、到付运费、催提情况、放提情况的操作,对进口船图电子船图管理,进行校验数据,生成理货船图等操作
报表模块	对各种发票、到货通知单、提单、舱单、进口货物清单,随船舱单,运费舱单,装箱清单,按提单号打印箱号,未放提清单,签单费发票,到付运费发票等各种报表单据进行处理、打印等操作
查询模块	提供各种查询统计的方法,进行按提单号查询,按箱号查询,按货名查询,按唛头查询,签单费查询,到付运费查询等
管理模块	提供用户管理、组管理、应用管理及组应用管理、权限管理及基础代码管理,还可进行站场收据格式维护、提单格式维护、通用格式维护

(六)集装箱管理系统

集装箱管理系统是一个对不同船公司、不同集装箱公司箱体动态进行跟踪的管理系统。从卸船动态开始,对拆空、转移堆场、重新装箱、装船,最后又到卸船,形成一个循环往复的过程。该系统主要对本地的业务管理进行强化处理,提供方便快捷的查询和数据丰富的报表;直接制作和打印设备交接单和滞期费,从进出口单证和堆场报文中直接导入数据,极大地减少用户输入的数据量,同时提高数据准确性,对不同用户实现权限管理,利于多用户分工操作。其主要模块功能如表 6-6。

集装箱管理系统的主要模块功能 表 6-6

功能模块	功能特点
文件模块	登录系统后,在文件菜单中通过鼠标进行选取、确认即可进行关闭窗口、打印设置、重新登录、退出等操作
动态处理模块	在此菜单下,可进行船名航次登记,动态批量输入、动态单箱输入、多箱动态修改删除、当前历史动态转换等处理
EIR 管理模块	管理 EIR(Equipment Interchange Receipt,设备交接单)。用户可对进口设备交接单、出口设备交接单进行修改、查询、打印等操作
费用模块	对滞期费计算以及对滞期费查询
查询报表模块	提供各种查询统计的方法,进行单箱动态查询,综合查询,动态逻辑校验,通用查询,月报,周报,盘存报,盘存校验,超期箱报
通信模块	进口单证数据转入,出口单证数据转入,堆场数据转入
管理模块	提供用户管理、组管理、应用管理及组应用管理、权限管理及基础代码管理,还可进行站场收据格式维护、提单格式维护、通用格式维护

(七)财务接口

财务接口是针对船舶代理业务系统与账务处理系统平滑接口而编制的。该接口包含在业务系统的出口运费系统和航次结算系统中,支持多种账务处理系统(例如用友、金蝶等)。财务接口包括接口方案定义、接口格式定义、制作凭证等功能。

财务接口的模块功能介绍如下。

1. 财务接口方案定义

在接口方案定义中,可进行财务接口方案的增加、删除、修改等操作。

2. 财务接口格式定义

在接口格式定义中,可选择各种输出文件类型和定义输出文件首行记录的具体内容、定义文件各字段的类型和长度。

3. 制作凭证

在业务系统中,可依据业务数据生成接口凭证数据,并按要求保存在指定的目录下。接口文件可以是文本文件或数据库表格文件。

四、典型船舶代理管理信息系统应用评价

(一)应用环境

1.系统体系结构

系统采用C/S模式,运行于典型的局域网环境中,后台数据库采用大型数据库管理系统,能处理更大量的数据,并将进一步提高系统的执行速度,同时支持ODSC数据库接口。该系统可以与互联网进行连接,为企业适应电子商务的发展提供支持。

2.系统应用环境

1)硬件配置

(1)服务器

Pentium以上专用服务器或RS600、AS/400、SUN等小型机。

(2)工作站

Pentium300及以上兼容机,内存64MB以上,硬盘2GB以上。

2)软件配置

(1)服务器操作系统为Windows NT、Unix或Linux;数据库系统采用Sybase、DB2、SQLServer或Oracle等。

(2)工作站

操作系统为Windows98及以上版本。

(3)开发工具采用PowerBuilder、VC、VB或Java等。

(二)应用评价分析

1.系统适用范围

船舶代理管理系统的适用对象非常清楚,主要就是从事船舶代理的企业。在国际贸易日益兴旺的趋势下,海洋运输这个重要环节在贸易过程中的作用也越来越突出,港口间船只来往也越来越频繁。当船舶公司的船只在我国的各个港口停泊时,只能靠船舶业务代理公司帮助它处理各种事务。因此,对于船舶代理公司来说,是否能运用管理信息系统将船舶代理各种业务进行计算机操作管理,替代传统的手工操作方式,是提高工作效率,取得竞争优势的关键。

2.系统应用状况

船舶代理管理系统软件应用非常广泛,无论是国际还是国内,大多数从事船舶代理的公司都在应用此类系统软件进行操作管理。

船舶代理业务是现代航运业的货物供应链上的重要中间环节,在整个供应链(包括从货主、货代公司、运输公司到船舶公司、码头、堆场、收货人等)各个环节上,那种传统手工报表的信息交换方式已经被电子数据交换方式(EDI)所替代。为保证航运物流这条供应链的连续性与完整性,船代公司必须应用管理信息系统软件在电子数据平台上进行其业务操作管理。因此,船舶代理管理信息系统必将更加广泛地应用

于远洋运输这一领域中。

3. 系统特点分析

在船舶代理管理系统的开发中，需要以强大的技术后盾作为支持，运用国内外先进的物流管理理念，将 IT 技术应用于航运业管理模式之中。泛华讯船舶代理管理系统可以满足用户在船代业务处理上的各种复杂的需求，比较有代表性。

总结船代管理信息系统的开发与应用，其特点主要表现在如下几个方面。

(1)采用 C/S 结构

该系统采用 C/S 结构，后台使用大型数据库，具有很强的数据吞吐能力，并可进一步优化和提高系统的执行效率和速度。

(2)采用 EDI 国际标准

该系统采用联合国 UN/EDI 数据标准，满足国际船舶代理业务的需求，以及 Internet 和 EDI 数据交换的需求。

(3)程序组件化，可以根据业务自由组合

该系统实行组件化设计，可以更好地适应业务发展的需要。各业务部门不仅数据共享，而且可使更多的业务应用共享。

(4)操作省力，实用化

管理信息系统的简便实用，已成为业务人员十分关心的问题。即便存在能满足所有业务需要的软件，但如果操作不方便，也将被淘汰出局。该系统进一步规范和提高了易操作性，所有界面均可以用键盘灵活操作，使之更符合业务人员的习惯。

(5)更通用的报表输出方式

为适应复杂的海运业务需要，该系统提供了先进的报表格式维护、管理和更通用的打印例程。同时，为适应当今电子商务的发展，该系统可根据需要将业务数据生成多种电子文档、采用多种输出方式。

(6)提供丰富的综合查询功能

为适应船代企业经营和管理的更高需求，该系统提供更多的单项查询和综合查询功能。

(7)提供报文生成器和解包功能

在海运业务中，各种电子报文繁杂，格式各异，该系统对此提供了一个有效的解决方案。

(8)提供多样化的业务服务

该系统支持海运业务中多承运人船舶代理业务，可以对相关单证、运费和报表做相应的处理。

(9)提供强大的费用计算能力

(10)具有良好的商务和财务的接口功能

(11)具有友好的用户界面

该系统具有人性化的、友好的 Windows 图形用户界面。

第四节　铁路货运信息管理

一、铁路货运业务流程

铁路作为国民经济的大动脉，长期以来为我国经济发展起到了十分重要的作用。但由于铁路运输带有很强的计划经济色彩，特别是铁路货运站作为直接面对客户的前台窗口，这一特点更为明显。因此，改变铁路货运营业站的服务，对其业务流程进行面向客户的再造，提供满意的服务，是提高铁路运输效益及竞争能力的有效手段和迫切要求。

1. 货运受理业务流程

目前，铁路货运营业站的货运受理业务流程为：

(1)客户到货运营业厅领取货运业务受理单，填记后由营业厅加盖“货源核实章”(据说是为防止客户在没有货源情况下虚报计划，造成铁路部门无效调动车辆而采用的。但目前此措施在许多货运站都只是流于形式)。

(2)客户持受理单到车站计划室审批，计划室获取资料后给一个计划受理号。如果是较大货运单位有规律的发货，则可以每月进行一次总的计划审批，得到计划受理号。

(3)计划室将受理单的有关资料传输到铁路分局调度所，货调进行备案。

(4)客户将有计划受理号的受理单交与货运站的外勤室，由外勤室在前一天的18:00 时将计划报予铁路分局调度所，调度所将计划与备案资料核对后根据实际情况决定是否批准装车计划。货运站外勤室待第二天的计划批准后通知客户前来办理有关手续。

(5)货主到货运营业厅缴纳运费、装卸服务费及办理保险等，再到多经代办点缴纳延伸服务费。

(6)费用缴清后将托运货物拉到指定地点交于货运外勤人员。

从上述业务流程可看出，目前的货运受理过程是客户在 6 个部门间多次奔走办理有关手续。由于各部门间缺少相互沟通和信息传递，主要由客户完成信息及相关资料的传送，由于客户对有关受理程序不熟悉及来回奔波花费大量时间，造成了整个流程的不通畅及效率的低下。按目前的受理程序，一次受理过程至少要花费 3 天时间，这显然不适应目前高速快捷的商品流通要求。

现有业务流程基本是串联式的受理过程，需要耗费大量的时间，如能加以改变，会提高整个受理流程的速度和效率。目前铁路分局调度所负责汇总各货运站的装车计划，并根据铁路分局范围内车辆资源及其他有关因素来决定是否批准装车计划。

从目前铁路的实际能力情况，这一总体协调机构还不能缺少，但它目前的审批方式完全是人工操作，若能辅以专家决策支持系统及时进行审批，会使审批效率有一定的提高，而且可以减少人为的失误。

2.运到货物交付业务流程

目前，运到货物交付的业务流程为：货物运到后，由运转室人员通知货运外勤人员取货票。外勤人员凭货票检查运到货物是否符合记载，然后将货票转与货运内勤人员。内勤人员按货票记载的方式通知收货人，收货人接到通知后到车站进行查询，然后凭到货通知和发票到货运营业厅和多经部门办理缴费手续。收货人凭缴费单和领货单到仓库领取货物。

领取货物的程序虽然比较简单，但仍然是以各部门为出发点的串联式交付过程，缺乏从顾客角度考虑，收货人需在各部门间奔走办理各种手续，完成部分信息与资料的传送，增值服务没有融合在一起。由于没有信息查询系统，收货人对于货物的到达时刻无法掌握。

3.货物车辆配送与挂运业务流程

目前，货物车辆配送与挂运的业务流程为：由于铁路货运车辆在全路范围内运行和调配，各装车站只能在有了装车计划后，根据站内现有空车数量由运转部门向铁路分局调度所申请配车。铁路分局调度所根据分局管内车辆分布情况和各站的装车计划，决定是否配车及配车时间。并由运转部门将车辆送到货场，然后由外勤人员安排装车。装车完毕后，外勤人员通知运转部门取车，并根据列车运行图编发列车。到达货物车辆随列车到达，中间站则由铁路分局行车调度安排甩车，再由车站运转部门通知外勤人员。其后过程与配送空车的流程大致相同。

在这一环环相扣的过程中，大量的时间花费在申请和等候之中。据统计，目前我国货车的旅行时间中有70%是在车站停留，其中装卸货物时间仅占约35%。为提高货车车辆的利用率，铁路分局为各站制定了货车一次作业停留时间标准，因而不能通过囤积空车解决货物等车装运的问题。但可以考虑将部分流程改为并联式，在加强信息预报的基础上，保证各作业环节及时衔接。由于计划决策基本上靠人力，造成决策效率低，准确性不强。

4.货运票据信息流程

首先是顾客填写铁路货物运输服务订单，然后车站将订单的数据输入计算机系统传送到分局货调处，分局货调根据货源货流的情况与分局行调协调落实装运货物的车种，再把批准的运输计划下发给车站，车站在接到批准的运输计划后通知客户可以装运货物，货主把货物运送到车站，填写货票，经双方确认后付款，完成货运办理业务。可见整个货运业务办理过程繁复，客户即使已经把货物交付铁路，也无法准确知道何时起运。而为了避免车、票分离和保证货票排列顺序与列车编组顺序完全一致，货运单据通常一式四联并与列车编组计划一起随列车送到下一站。为保证货运信息与运输货物一一对应，需要耗费大量的人力、物力。

当列车到站收到列车编组顺序表的电报后，电报所工作人员按照列车编组计划标记每一去向车辆数，并将其送交调度室、车号室和到达场接车车号员，以便车站调度员据此在技术作业表上安排阶段计划，计划助理站调度据此编制调车作业计划，车号员据此核对现车。列车到达后，接车车号员开始核对现车，然后将核对结果通知车号室，到达车长到车号室办理货运单据及列车编组顺序表的交接手续，车号室车号员按列车编组顺序表核对货运单据，并对本站作业车加盖本站图章。如发现错误，通知调度室计划助理站调修正调车作业计划，并将货运单据交给调度室现在车助理站调，将核对过的列车编组顺序表送交统计室。计划助理站调把根据列车编组顺序表编制的调车作业通知单，分别传送至驼峰指挥楼、执行楼及峰顶供调车之用，并交给现在车助理站调，以便按调车作业计划顺序记载每条调车线上存放车辆的车号和在货运单据分类架上顺序安放票据。空车因无货票，按其在车列中的位置，以空白纸记载车种车号，存放在相应货运单据之间，使记载的每条线路上存放的车辆和货运单据分类架上存放的票据，与实际线路上存放车辆的顺序完全一致。到达本站的重车，其货票应按调车作业计划挑出，移交货运室；由货运室转来的出发重车货票按调车作业计划分类存放于相应货票之间。按照每一调车线上车辆集结的情况，现在车助理站调要及时计算已集结满轴的车列重量，通知车站调度员，并根据车站调度员编制的编组调车计划挑选好货运单据，消去该线相应车辆的记载，并将货运单据交车号室出发车号员，以抄写出发列车编组顺序表。出发列车编组顺序表与货运单据用传送装置送往出发场，由车号员与车长和机车乘务员办理交接。出发列车编组顺序表还要送交统计室和电报所，以便进行统计和发送确报。列车信息和票据的准确无误和及时传递，是保证货运站正常作业的基础。

二、铁路货运管理信息系统业务流程分析

1.铁路货运受理业务流程分析

针对现有货运受理业务流程存在的问题，可对其进行如下改进：取消货运外勤人员、内勤人员和计划受理人员，设货运受理人。使客户由对多部门变为对货运受理人一人。客户与货运受理人签订货运受理合同，填写有关资料并缴纳部分定金。货运受理人将受理情况汇总后，用计算机直接发送到铁路分局调度所。铁路分局调度所将批准计划发到各货运站，货运受理人接到装运计划后，按合同书的条款通知客户将货物运到指定地点，或由货运受理人安排运输工具到客户仓库拉货。货物到位后由客户根据合同条款与货运受理人进行结算，然后补付定金不足部分。

通过业务流程的改进，将由各部门串联完成的流程变为由货运受理人一人完成，使整个流程的效率提高，同时降低了管理费用。由于原计划室只是汇总资料并向铁路分局调度所传递，所以在流程改造中将其取消，由货运受理人自行将资料汇总传

输，减少了工作部门和人员，也可有效减少资料传输产生的误差。为避免客户无货申请计划或在铁路部门做好相应准备的情况下发生变更，可采取签订受理合同的同时缴纳定金的方式，来避免铁路运输企业不必要的损失。由于铁路多经和货运分属两个部门，为给客户提供方便快捷的一条龙服务，可由铁路货运部门与多经部门签订协议，货运受理人在与货主签订受理合约时，可将多经的服务项目包括其中，然后进行部门间的结算。铁路分局调度所应利用计算机及时进行计划的审批和回送。铁路运输企业还可以为货主提供仓储服务，签订受理合同后就可将货物运往所提供的收费仓库，待计划批准后及时装车发运，同时通知客户结算有关费用，并交接受发货凭证。

改进后的货运受理业务流程，减轻了货主的交易附加成本，提高了货主满意度，受理服务的弹性大大增加，企业的竞争能力也会有所增强。

2. 运到交付业务流程分析

针对现有货物交付业务流程存在的问题，对其进行如下改进：货运站在货物到达经外勤人员核对无误后，交与内勤人员用网上公告、电话、邮寄等多种方式通知收货人。收货人到货运站将领货凭证交与货运受理人，提出相关要求，由货运受理人办理有关手续，并一次性结算费用。货运受理人根据收货人的要求，安排收货人提走货物或负责将货物送到收货人处。如是长期合作单位，可以签订协议，货物运到后由车站负责送到收货人处，凭交接手续定期进行结算，以降低交易成本。

业务流程改进后，货运受理人负责办理各项手续，包括增值服务手续，提高收货人的满意度和办理效率。对于货物信息查询系统，则需建立在铁路完善的车辆管理系统平台之上。

3. 货物车辆配送与挂运业务流程分析

针对现有业务流程存在的问题，可考虑进行如下改进：铁路分局货调在批准各站的货物装车计划后，及时将计划通知行车调度部门，使其有大致的总体配车规划。铁路分局行车调度应及时向各站了解站内作业车情况及所需车辆的数目和车型。货运部门还应该尽量利用双重作业以减少车辆停时，提高效率。同时货运部门在装车计划批准后，及时通知运转部门所需车辆的数量及车型。运转部门应将准确的站内车数量及所需车情况告知铁路分局行车调度，以便及时安排配车。行车调度应将较准确的车辆预计到达时间通知运转部门，使运转部门做好送车准备，同时通知货运外勤人员做好装车准备。车辆到达后，由运转部门及时送达指定地点。货运人员负责组织装卸，并将进度向运转部门汇报，使其能在装车完毕后及时组织车辆挂运。

4. 货运票据信息流程分析

首先是简化了信息流程，以更清楚的结构组织生产，突出了车号室在货运票据信息化中的中心地位；其次，改变了传统的作业方式，取消了电报所和车长等中间环节，既提高了效率又减少了定员；引起了作业分工的变化，如现在车助调将不再负责保管、分类运输单据，而由货运室的计算机很方便地完成。

当然,实现货运票据的信息化只是货运站内部物流信息化的基础。对于货运站而言,其最主要的作业场所是货场,实现货场物流的信息化管理才是提高货运作业效率的关键。

三、铁路货运管理信息系统主要功能模块

1. 条形码技术与物流信息化

1)条形码技术简介

为了从电子贸易中获取最大化的利益,除了高效的商业文件运作之外,还有一件十分重要的事情,就是在货物发出之后掌握有关其运送情况的报文。以美国统一编码委员会(EAN)为前身建立的通用产品编码系统(UPC),逐渐发展起来一个包括欧洲 12 国的制造商和经销商的委员会,负责在欧洲建立一个与 UPC 相容的商品编码系统的可行性论证。1977 年,欧洲商品编码系统正式成立。EAN 编码后来在欧洲以外的地区也逐步地得到了应用,慢慢发展成为一个国际化的商品编码系统——国际物品编码协会,仍简称 EAN。开始时,EAN 是为零售业而设计的,到后来 EAN 系统发展到为工业和商业领域的顾客提供编码服务,这些领域包括书籍、纺织品、保健品、汽车部件和许多其他产品、服务、公共设施、运输单位以及位置等。EAN 负责发展和维护所有用户的编码标准,以建立一个全球各行业通用的标准为目的,力图提供一种国际商务的通用语言。

【小知识】 关于 ENA

EAN—13 通用商品条形码一般由前缀部分、制造厂商代码、商品代码和校验码组成。商品条形码中的前缀码是用来标识国家或地区的代码,赋码权在国际物品编码协会,如 00—09 代表美国、加拿大。45-49 代表日本。690-692 代表中国大陆,471 代表我国台湾地区,489 代表香港特区。制造厂商代码的赋权在各个国家或地区的物品编码组织,我国由国家物品编码中心赋予制造厂商代码。商品代码是用来标识商品的代码,赋码权由产品生产企业自己行使,生产企业按照规定条件自己决定在自己的何种商品上使用哪些阿拉伯数字为商品条形码。商品条形码最后用 1 位校验码来校验商品条形码中左起第 1-12 数字代码的正确性。

【小知识】 关于 UPC

UPC 代码〈Universal Product Code〉以美国食品边锁协会于 1970 年作为食品统一商品代码制定的 UPGIP 为基础,在 1973 年以美国、加拿大为对象制定的统一商品代码的原版。A 版由 NS1 位数字、厂商识别代码 5 位数字、商品项目代码 5 位数字、校验码 1 位数字的共计 12 位数字组成。

EAN 系统包括下列内容:

(1)一个负责对项目(可以是产品、服务、运输单位和位置等)编码的系统,此编码可以对项目进行唯一辨识。

(2)一个负责提供补充报文(包括产品梯次、日期和尺寸等的报文)的系统。

(3)生成标准的携带以上报文的条形码,以方便计算机读取。

(4)一套用于 EDI 交换的报文(EANCOM)。

使用条形码商品的物流和使用 EDI 商务文件流可以通过 EAN 标签集成在一起。EAN 标签携带的报文通过 EANCOMEDI 报文传送,EANCOM 是 UN/EDIFACT 报文的一个子集,相当于一个 UN/ED 工 FACT 标准报文使用手册。它清楚明白的定义和解释使得各贸易伙伴之间可以简单、精确的交换商业文件,而且成本低廉。EANCOM 报文变得更加简单和精确,由此交换报文的成本降低,而商业行为效率却提高了。

EANCOM 报文由 EAN 和它的编码组织发展并维护,主要分为以下几类:

(1)主要数据报文:这种报文包含那些不经常变化的数据,包括名字、地址和产品报文等。

(2)商业交易报文:这种报文携带了整个商务循环的过程报文,包括报价、购买订单、运输和后勤等相关报文。从申请报价到汇款通知,整个过程都有这种报文。

(3)报告和计划报文:这种报文包括提供给用户作为制订计划参考用的贸易报告报文,应答报文也属于这类报文的范畴。

(4)一般报文:其中包含在没有专用标准报文时候作为数据传输报文使用。

用于识别产品的 EAN 编码是使用机器能够直接读取的条形码来表示的。

EAN 条形码有如下特点:

(1)唯一性;

(2)无意义性,也就是条形码本身并不包含任何产品报文,但它是通往数据库的钥匙,通过它可以获取数据库中的对应单元的报文;

(3)多行业通用,国际通用;

(4)安全,每个条形码中都有一个校验位,以保证捕捉数据时的安全。在各种条形码符号中,使用 ITF 方法得到的符号特别适合于经常用于贸易项目的大包货物,其质量要求不是很高。在运输业和仓储业中,可以使用固定式的或便携式的双向扫描仪读取 ITF 符号。条形码的 UCC/EAN—128 编码方法使用应用标识(A 工)来定义数据结构。应用标识是一个定义其后数据的意义和格式的前缀。UCC/EAN—128 允许使用 A 工标识符。UCC/EAN—128 条形码在第一个字符的后面总是紧跟一个叫“功能 1”(FNC1)的特殊非数据字符,它使扫描仪和处理软件可以自动区分 UCC/EAN—128 条形码和其他条形码,然后处理相关数据。

UCC/EAN—128 条形码包括如下部分:

(1)浅色的边界;

(2)一个开始字符;

(3)一个 FNC1 字符;

(4)数据(应用标识+数据段);

(5)符号检验字符;

(6)终止字符;

(7)浅色的边界。

用于存储和运输的商品货包〔通常称为辅助单位〕有很多种,例如桶、板条箱、大盒子、集装箱和货架。我们需要对单个的货包进行辨识,于是产生一种名为"集装箱系列编码"(SSCC)的标准 EAN 标识编号。SSCC 本身也是没有意义的,它是固定长度的 18 位编码。其第一位是货包指示位,最后一位是校验位。中间部分是公司前缀和参考系列号。货包指示位的值通常是 3,这代表一种未定义的货包类型。SSCC 也用 UCC/ENA—128 符号和 AI 标志符来表示。

国际 ENA 规定的 ENA 标签是专用辅助单位的编号和条形码定义的标准,ENA 标签将唯一的参考号(SSCC)与条形码符号 UCC/ENA—128 结合起来,这种结合使供应链各部分的参与者都可以使用通用、标准的方法满足自己的跟踪需要。

ENA 标签按规定分为三个部分:

(1)标签的顶部为自由格式报文。

(2)中间部分为包含用户可以理解的关于条形码的说明报文。

(3)标签的底部为条形码和相关的说明报文。

使用条形码的货物流和使用 EDI 的商务文件流通过 EAN 标签集成起来,EAN 标签中的信息可以随时通过 EANCOMEDI 报文进行传送。

2)条形码技术在货运组织中的应用

上文我们曾经提到货票是一式四联的,其中一联由发运站保存、一联由托运人保存、一联由车长携带、一联交给收货人。同时为了保证货、票在运输途中的一致,还将在货物包装上附有货签。实际上货物标签仅仅是货票的简化,其中的内容都可在货票上找到。其作用主要是使仓库货运员根据货票核对货物,方便检查、分类和提货。对于成件包装货物,如果采用计算机信息技术和条形码技术,这一过程将得到大大地简化。在填写货票以后,计算机将自动生成相应的条形码,货运员把条形码粘贴于货物包装上。然后将货票记录的信息连同列车编组顺序表经过计算机网络传送到沿途各中转站及到站,就可省去车长携带货票的麻烦。在中转站或者到站,仓库货运员只需使用条形码读取设备即可获取对应货物的信息并由计算机自动处理,与计算机网络传送过来的货票记录对照,完成检查工作。

作为物流信息技术的一种,条形码技术的应用除了能方便货物的追踪和管理以外,还能促进铁路货运业向国际化、标准化发展。

2. 仓储管理信息化

1)仓储的作用

随着社会生产水平的提高和社会化生产方式的出现,产品空前丰富。商品经济占据了重要地位，相应地出现了为商品流通服务的仓库。铁路货运站的货场和仓库实际就是一种流通型的仓库。仓库作为生产和消费领域中物资集散的中心环节，其功能已不单纯是保管、存储。从现代物流系统观点来看，仓库应具有以下的功能：

(1)储存和保管的功能。这是仓库的最基本的传统功能，因此仓库应具有必要的空间用于容纳物品。库容量是仓库的基本参数之一。保管过程中应保证物品不丢失、不损坏、不变质。要有完善的保管制度，合理使用搬运机具，有正确的操作方法，在搬运和堆放时不能碰坏或压坏物品。

(2)调节供需的功能。在通常情况下，客户把货物运送到货运站与货运站把货物装车；或者是货物到达货场与货主来提货之间存在着时间上的差异。这就要有仓库的存储作为平衡环节加以调控，使两者协调起来，这也体现出物流系统创造物质时间效用的基本职能。

(3)调节用户运输能力的功能。火车运量每节车皮能装60t，列车的运量多达数千吨。而汽车运量一般每车只有4～10t。它们之间进行转运时，运输能力是很不匹配的，这种运力差异需要通过仓库和货场进行调解和衔接。

(4)配送和流通加工的功能。现代仓库除以保管存储为主要任务之外，还向流通仓库的方向发展。这一类仓库不仅具备存储保管货物的设施，而且增加分拣、配送、捆包、流通加工、信息处理等设施，这样既扩大了仓库的经营范围，提高了物资综合利用率，又促进了物流合理化，方便了客户，提高服务质量。

2)仓储管理功能设计

仓储管理是货运业务中不可缺少的一部分，也是供应链中一个重要的环节。现代仓储管理系统需要达到以下目标：

(1)支持从驾驶员到仓库管理员所有的用户；

(2)与高级的计划优化系统集成；

(3)优化货运站物流和信息流；

(4)从出色的客户服务和有效的成本控制中获得竞争优势；

(5)与运输管理系统合成，实现仓库管理功能的扩展。

铁路货场一般根据设备的特点和作业性质划分为若干个货区，目的是要使各货区的工作量大致相同并便于管理。主要包括成件包装货区，危险品货区，鲜活易腐货区，长大笨重货区，集装箱货区，散堆装货区等。而货位的管理是货场和货区管理的主要内容，对货场作业效率有重要的影响。货位管理的基本要求是：有利于提高调车作业效率；有利于组织直达列车成组装车，保证按方案出车；保证装卸作业时人身、货物和设备安全；便于装卸作业和取送车作业；减少装卸作业与进出货物搬运作业的干扰，经济的使用货位等。为此，在实现货场物流信息化时需要设计以下功能模块：

(1)发送货物处理模块。该模块接受从货运办理窗口传来的数据〔主要是货票信息〕，记录货物入库时间，根据货物的性质对货物的存放地点和场所进行分配；分配装车作业任务，在货物装车时，记录车种车号以及装车完成的时间和封号。

(2)到达货物处理模块。该模块通过读取成件包装货物上的条码信息或者从发站传送来的整车和集装箱货物的车号箱号，核对到达货物的信息，分配卸车作业任务，记录货物到达时间以及异常情况，分配到达货物的暂存地点和场所。

(3)中转货物处理模块。需要进行中转货运作业的一般是零担货物。零担货物虽然占铁路的货运量不大，但是占用运输设备多，时间长，车辆装载量低，因此提高零担货物运输的效率将有助于提高铁路货运业的整体物流水平。对于货场来说，物流信息化使货运员能够迅速、全面地掌握零担货物的性质、数量以及流向，从而制订合理的装卸作业计划，能够更好地贯彻“坐过为主，落地为辅”的原则。中转货物处理模块使中转货运员能够根据发站传来的电子运输票据提前做好中转作业计划、安排装卸机具以及暂存货位。在装卸作业完成后自动更新货运票据信息。

(4)货位及装卸机具管理模块。货位及装卸机具是货场管理的基础。铁路货运站的货场一般面积较大;装卸机具种类多样，从小型的电瓶叉车到重型的门式起重机都有，以适应不同种类货物的装卸和搬运。这一切都给管理上带来了很大的难度。应用货位及装卸机具管理模块，能够使货运员实时地、动态地掌握货场内各货位的占用情况，进而了解具体某一个货位存放的货物信息。不仅如此，货运员通过对装卸机具使用情况的掌握，可以更为合理地安排装卸作业，减少因为装卸机具运用的原因而延缓装卸，提高装卸效率。

另一方面，由于有了货位的占用信息，系统可以根据货场平面图给出搬运和装卸作业的走行路线建议，进一步提高物流效率。

(5)信息传输模块。信息传输模块主要负责将本站生成或更新的货运票据信息向车号室发送，并从车号室得到到达或中转货运票据信息。在整个货运信息流程中，车号室相当于一个信息中心。仔细分析可以发现，到达车号室的信息实际上只有四种:货运单据信息、列车编组顺序表、调车通知单和现场核对结果。其中的货运单据信息主要就是来源于本站货运室、上一个中转站或发站。当然，货运室的货运单据信息也是依赖信息传输模块从货运营业窗口获得的。

(6)统计分析模块。

①统计分析模块，主要是通过对各项指标的计算来考核货场的工作完成情况，并为进一步改善货运工作提供依据。

②装卸作业车统计。由于运用了计算机管理，可以非常方便地按车种别、货物去向别甚至按客户等多种方式进行统计。既可以考察分析货源、货流的情况，又可以掌握客户的重要度以及物流业务的规律性，为客户关系管理提供参考依据。

③货物在货场的平均停留时间。该指标主要反映作为货物的临时储存地点——货场的作业效率。在过去货场基本上没有这些相应的统计指标，以至于难以对货场的实际工作效率做出准确的评估。实际上根据物流理论，即使铁路货运组织存在的

问题，例如：某部门工作效率不高，劳动纪律松弛，各部门之间配合不协调等，只要代表货场货物存储量的水平足够高，货运站的问题就不被暴露。但是，如果提高货物周转速度、减少货物在货场停留的时间、降低货场存储量水平，很多物流环节的缺陷就会暴露出来。例如，车辆周转速度过低、批复运输计划时间周期过长等等。找出这些物流瓶颈也就为货运站改善物流工作提供了可靠的依据。

④货场设备利用率指标。该项指标实际是两项指标，包括了有效行程系数和作业时间系数。

a. 有效行程系数，该指标衡量装卸机具在执行装卸任务时的效率。

b. 作业时间系数指标，在均衡、合理地使用设备的基础上尽量提高装卸机具的利用率，既能提高物流作业效率，又有利于设备的保养。

从以上统计指标公式可以看出，这两项指标分别从微观的具体装卸任务和宏观的较长时期的机具运用，综合地考察货场装卸设备的使用情况，能够比较确切地反映货场作业水平。

3. 物流信息子模块

(1)合同管理子模块

客户在选择具体的物流服务后，就需要与货运站订立物流服务合同以获取所需的物流服务。合同管理子模块包括了订单管理、用户资料管理、项目合同管理、合同变更管理、合同完成管理等五项业务功能。合同管理子模块的基本任务是完成数据录入、数据查询、数据统计并提供数据导出与读入功能，同时提供防止电子抵赖的技术保障。

(2)货场管理子模块

货场管理子模块依据来源于货运办理窗口、电子商务网站的合同信息结合自身管理系统组织货运作业，完成货运信息的更新，并及时通知客户。货场管理子模块包括：发送货物管理、到达货物管理、中转货物管理、货位及装卸机具管理等功能。

(3)货物跟踪管理子模块

货物跟踪管理子模块的数据可以从货场管理子模块及合同管理子模块的数据中提取。根据订立的物流服务合同可以确定货物运送的起终点和基本运送路线；根据中转站返回的跟踪信息能够保证用户随时随地掌握货物的状态和位置。货物跟踪管理子模块包括：货物运送路线管理、货物中转反馈、接送货管理等功能。

(4)数据接口子模块

任何一个完整的信息系统都应该包括一个数据接口模块。本系统由于具有多种应用模式，因此系统之间的数据接口就显得格外重要，如果没有一个好的数据接口模块，整个系统的数据就会难以汇总；同时，在系统核心模块 C/S 模块中的各个子模块也存在相互之间数据转换的问题。因此，又将这个数据接口模块划分为三个子模块：数据导出子模块、数据导入子模块、内部数据转换子模块。

数据导入、导出功能一般可以采用网络数据库直接导入和导出，也可以采用文件间接导入导出。本系统采用C/S模式的关系型数据库，有强大的网络数据管理功能，支持网络数据的直接传输。但为了保证数据的安全和系统的故障恢复，同时采用文件型导入导出形式。文件型可以采用多种形式。例如：纯文本型、EXCEL型、文件数据库型等。在本系统中，由于数据导入导出时存在多个表中的数据，因此采用文件数据库型为最佳选择。

内部数据转换接口主要用于不同类型数据文件的转换。例如，C/S模块中货物跟踪库要从合同管理库和货场信息库中读取的相应信息必须经过数据转换才能使用，同时，B/S模块的物流企业注册资料也要经过数据转换才能与本地数据库合并使用。

(5)权限管理子模块

无论对于C/S模块还是B/S模块，甚至包括电话语音查询模块都存在权限的问题，因为任何一个系统，除非是一个完全公开的系统，否则都存在权限问题。本系统权限管理模块根据使用模块的不同，在划分上也有所不同。

CS模块下，系统权限从大的方面可以划分为数据录入和数据查询两大权限，在数据录入和数据查询两个大的权限下又可细划分为货场管理、合同管理、货物跟踪三个方面。B/S模式下，系统权限的划分比较简单，只划分为企业用户和个人用户两个权限。

【小知识】 C/S结构

Client/Server是建立在局域网的基础上的。C/S一般建立在专用的网络上，小范围里的网络环境，局域网之间再通过专门服务器提供连接和数据交换服务，一般面向相对固定的用户群，对信息安全的控制能力很强。

【小知识】 B/S结构

B/S结构，即Browser/Server(浏览器/服务器)结构，是随着Internet技术的兴起，对C/S结构的一种变化或者改进的结构。在这种结构下，用户界面完全通过WWW浏览器实现，一部分事务逻辑在前端实现，但是主要事务逻辑在服务器端实现，形成所谓3—tier结构。B/S结构，主要是利用了不断成熟的WWW浏览器技术，结合浏览器的多种Script语言(VBScript、JavaScript…)和ActiveX技术，用通用浏览器就实现了原来需要复杂专用软件才能实现的强大功能，并节约了开发成本，是一种全新的软件系统构造技术。随着Windows 98/Windows 2000将浏览器技术植入操作系统内部，这种结构更成为当今应用软件的首选体系结构。

(6)通信网络子模块

无论是C/S模式的数据库结构还是B/S模式的数据库结构都必须有计算机网络的支持，否则就不能发挥C/S模式和B/S模式的优势。

通信网络模块可以根据系统应用的不同而灵活采用不同类型的网络模式。在

C/S 模式下，由于 C/S 模式是基于传统的局域网环境下工作的，因此，在 C/S 模块中主要采取了星形网络拓扑结构的计算机局域网，同时结合了拨号的联网方式。

在 B/S 模式下，采用的计算机网络类型为广域网类型，同时结合通过 ISP 接入 Internet 的形式。

在电话语音服务体系中采用通过公用电话网接入电话语音服务器的形式。

(7)电话语音查询子模块

电话语音查询服务形式是作为 Web 发布形式的一种补充而存在的。其工作流程为：用户通过拨打特定的电话服务号码，通过公用电话网接入系统语音服务器获得与系统连接，用户通过按键向系统发出查询请求，电话语音服务器通过相关应用程序与 C/S 数据库发出查询请求，语音卡将 C/S 数据库返回的数据信息转换为声音格式，经过公用电话网返回用户，从而完成电话语音查询的一个过程。

为了全面实施物流控制与管理，应当把内部物流信息化作为改革的契机，通过对作业流程的信息化来优化内部的生产组织，为进一步实施以客户为中心的物流策略打下基础。

4. 客户关系管理模块

总的来说，客户关系管理是一种旨在改善企业与客户之间关系的新型管理机制，它实施于企业的市场营销、销售、服务与技术支持等与客户有关的领域。可以说它是一种概念，一个企业可以获得对其客户的全面观察，从而使客户与企业的关系以及企业从客户身上得到的盈利都得到最优化。客户关系管理的目标是：一方面通过提供更快速和周到的优质服务吸引和保持更多的客户；另一方面通过业务流程的全面管理降低企业的成本。客户关系管理也是一套管理软件和技术。利用客户关系管理系统，企业能够收集、追踪和分析每一个客户的信息，了解客户的姓名、喜好、购买习惯，并在这个基础上实行一对一的个性化服务。客户关系管理还能观察和分析客户行为对企业收益的影响，使企业与客户的关系及企业的盈利都得到最优化。

1)客户关系管理的内容

为赢得客户的高度满意，建立与客户长期良好的合作关系，在客户管理中需要开展多方面的工作，主要包括：

(1)客户分析。该项工作主要分析谁是企业的客户、客户的基本类型、个人购买者、中间商和制造商、客户的不同需求特征和购买行为，并在此基础上分析客户差异对企业利润的影响等问题。

(2)企业对客户的承诺。承诺的目的在于明确企业提供什么样的产品和服务。在购买任何产品和服务时，客户总会面临各种各样的风险，包括经济利益、产品功能和质量以及社会和心理方面的风险，因此，要求企业作出某种承诺，以尽可能降低客户的购物风险，获得最好的购买效果。企业对客户承诺的基本宗旨就是使客户满意。

(3)客户信息交流。它是一种双向信息交流，其主要功能是实现双方的互相联系、互相影响。从实质上说，客户管理过程就是与客户交流信息的过程，实现有效的信息交流是建立和保持企业与客户良好关系的途径。

(4)以良好的关系留住客户。为建立与保持客户的长期稳定关系，首先需要良好的基础，即取得客户的信任；要区别不同类型的客户关系及其特征，并经常进行客户关系分析，评价关系的质量，还可以通过建立客户组织等途径，保持企业与客户的长期友好关系。

(5)客户反馈管理。客户反馈对于衡量企业承诺目标实现的程度、及时发现在为客户服务过程中的问题等方面具有重要作用。投诉是客户反馈的主要途径，如何正确处理客户的意见和投诉，对于消除客户不满，维护客户利益，赢得客户信任都是非常重要的。

从目前铁路运输的情况来看，已经受到长距离航空运输和短距离公路运输的竞争。随着我国加入 WTO，全球排名前 10 位的物流企业都以中国作为利润增长的重点。我国国内的运输业、物流业将面临前所未有的激烈竞争。以目前铁路运输和管理的状况，是不足以与这些世界巨头相抗衡的。在这种新形势下，必须转变经营观念，牢牢把握服务客户的宗旨，才能避免在竞争中被淘汰。

2)货运站实施客户关系管理的意义

(1)应充分发挥货运网站的作用，而不仅仅将其作为一个简单的宣传窗口。客户能够通过网站获取足够的信息和服务，包括用户注册、填报运输计划、更改到站、完成运输合同、查询货物等等。

(2)客户关系管理是电子商务成功的关键环节。现在的客户，包括个人和团体企业都要求企业更多地尊重他们，在服务的及时性、质量等方面都提出了更高要求。货运站在电子商务环境下的竞争优势，很大程度上将取决于对其客户的了解程度以及对客户需求的反应能力，企业应通过管理客户间的互动，改变管理方式和业务流程，减少销售环节，降低销售成本，争取客户、提高客户价值，实现最终经济效益的提高。铁路货运业承担着我国绝大部分大宗货物(例如煤炭、粮食、冶金产品、机械装备等)的运输，许多矿山、大型工业企业都有铁路的专用线，它们构成了铁路运输最为重要的客户。其中相当一部分企业必须依赖铁路货运组织完成原料或产品的运输；也就是说，目前铁路在某些领域处于垄断和缺乏竞争的地位。但这不等于说客户关系管理对于铁路物流组织来说就没有意义了。随着我国加入世界贸易组织和全球经济一体化的进程加快，我国的经济已经越来越受到世界经济的影响，独善其身已经是不可能的了。铁路货运物流组织与它的客户们是一种一荣俱荣，一损俱损的关系。货运站通过加强自身的物流能力，间接地为客户创造经济效益，能够增强客户抵御风险的能力、加快资金周转，创造更大的价值；同时，货运站利用其掌握的物流信息，一方面可以追踪市场的变化情况，另一方面还能为客户提供商机资讯，进一步促进客户乃至整个社会的物流信息交流。而货运站本身也在客户关系管理的过程中获得了物流能力、资金能力的改善。

(3)客户关系管理中,要充分发挥互联网的作用。企业有许多同客户沟通的方法,例如,面对面的接触、电话、普通邮件、Internet、通过合作伙伴进行的间接联系等。其中,发挥最重要作用的是现代互联网络。网络不仅改进了信息的提交方式、加快了信息的提交速度,而且还简化了企业客户服务过程,使企业向客户提交与处理客户服务的过程变得更加方便快捷。基于网络的客户关系管理系统可以使企业逐步实现由传统的企业模式到以电子商务为核心的转变过程。通过互联网和计算机技术,铁路货运站可以把原本分散而凌乱的客户信息实现规范化、条理化的集中存储,便于把握客户的动态,既有利于物流工作的统计分析,又有利于迅速地对客户的要求作出反应。而客户则从互联网中获得了前所未有的方便:既不必亲自到货运站填写运输计划,又可避免电话代填的担心;对于在途货物可以进行跟踪查询,在网上就可提交运输合同、更改到站等要求,所有的意见都可以通过互联网传给货运站,并能在较短的时间内得到答复。在金融体制成熟的情况下,甚至连付款都可以在网上完成。互联网使得客户和货运站都能够把主要的精力、人员、资金、时间等投入到其主要的业务中去,更好地组织生产与服务。

(4)通过客户关系管理提供个性化服务尤其重要。个性化的客户关系管理不仅可以使企业更好地挽留现存的客户,而且还可以使企业找回失去的客户,凭借客户关系管理的智能客户管理,为客户提供想要的个性化服务,从而提高客户满意度和忠诚度,为企业带来忠实而稳定的客户群。对于铁路货运而言,货物运输的品类五花八门,其所服务的企业也多种多样。可以说,没有哪两个客户对于货物运输的要求是一模一样的。例如:有的客户追求的是送达速度,如鲜活易腐货物;有的则要求保险运输,如高价值的货物;还有的要求门到门运输等等。总而言之,在自身条件允许的前提下尽可能地针对每个客户的具体要求,实现量身订做的贴心服务,将赢得客户的满意与忠诚,巩固供应链关系。数据统计表明,留住原有客户的费用要远低于开发一个新客户的费用,而且在客户中树立良好的形象将会有助于吸引更多的客户。

3)铁路货运站客户关系管理模块结构

客户关系管理与铁路内部物流组织系统形成前后台的无缝结合,将会产生很好的效果。客户关系管理在开拓市场、吸引客户、降低销售成本、减少销售环节,提高企业运行效率等方面要比单纯的企业内部物流资源计划的运用带来更大的效益。

【小知识】 CRM

CRM(Customer Relationship Management)就是客户关系管理。从字义上看,是指企业用 CRM 来管理与客户之间的关系。CRM 是选择和管理有价值客户及其关系的一种商业策略,CRM 要求以客户为中心的商业哲学和企业文化来支持有效的市场营销、销售与服务流程。如果企业拥有正确的领导、策略和企业文化,CRM 应用将为企业实现有效的客户关系管理。

CRM是一个获取、保持和增加可获利客户的方法和过程。CRM既是一种崭新的、国际领先的、以客户为中心的企业管理理论、商业理念和商业运作模式,也是一种以信息技术为手段、有效提高企业收益、客户满意度、雇员生产力的具体软件和实现方法。

客户关系管理软件可以通过网络、电话中心、移动设备等多种渠道跟踪和管理与客户交往的一切活动,它对电子商务的实现起了促进作用。因此客户关系管理软件是一个融合多种功能、使用了多种渠道的组合软件。客户关系管理软件的功能包括销售、营销、客户服务与支持三个部分。

(1)销售。销售部分主要是实现销售自动化,通过向销售人员提供计算机网络及各种通讯工具,使销售人员了解日程安排、账户管理、定价、商机、交易建议、费用、信息传送渠道、客户的关键信息,它是面向销售人员的。而客户则可以通过电子商务的网上交易来购买铁路的各种服务。

(2)营销。营销部分主要是实现营销自动化,它是销售自动化的补充。营销自动化是通过营销计划的编制、执行和结果分析,清单的产生和管理,预算和预测,资料管理,建立产品、定价和竞争等信息的知识库,提供营销的百科全书,进行客户跟踪、分销管理,以达到营销活动的设计目的。

(3)客户服务与支持。客户服务与支持是客户关系管理中的重要部分,它是通过呼叫中心互联网来实现的。这样也就便于产生客户的纵向及横向销售业务。客户服务与支持为客户提供产品质量、业务研讨、现场服务、订单跟踪、客户关心、服务请求、服务合同、纠纷解决等功能。

对于现场服务及售后服务部门来说,如何提高服务质量,加快服务速度,保证客户满意是很重要的。要达到以上目的,必须要建立一套完整的服务/支持管理体系。这套管理体系能够进行货物的跟踪、服务合同报价、开出服务费及保险费用的价格单、求助电话的管理安排等。客户服务与支持的功能一般包括:

①货物的跟踪。能够根据货运票据上的信息,自动列出货物从始发站到终点站的沿途经过的大型编组站及货运站,在货物到达需要进行解编作业的车站,自动透过铁路内部网络到外部网络,进而向客户汇报货物的动态,更新有关的运输信息,以及对客户信息进行管理。

②服务合同管理。在客户服务与支持中,预设了各种服务合同的样本,规定了服务条件、服务方式(热线电话,门到门运输等)、服务人员、产品费用及有效范围等各项内容,协助缩短收账周期,并可以与销售管理的开发票作业相联系,开出发票。并将签订的物流服务合同信息保留在内部数据库中,进行综合的管理与传输。

③求助电话管理。求助电话是一种较为常见的服务方式。客户的求助电话,都应按照制订的优先权规则得到及时的处理,并且及时进行服务人员的分派,以确保客

户能尽快地得到回音。

④理赔和投诉管理。如果发生货物损失问题需要理赔,或者因服务不周,令客户不满,一方面需要采取措施消除客户的不信任感和愤怒,另一方面需要从中分析原因,避免类似事件再次发生。

当以上三方面的功能实现之后,将会产生大量的客户和潜在客户在各方面的信息。这些信息是宝贵的资源,利用这些信息可以进行各种分析,以便产生设计客户关系方面的商务智能方案,供决策者及时作出正确的决策。

客户关系管理软件允许客户自由选择面谈、电话、电子邮件和 Web 的方式与企业建立关系,这种多渠道的方式,使企业与客户的交流提高了效率,也加速了交流信息的传递速度,使客户满意度提高。

四、典型铁路货运管理信息系统应用评价

运输是物流的中心环节之一,可以说是物流最重要的一个功能。运输在经济上的作用是扩大了经济作用范围和在一定的经济范围内促进物价的平均化。随着现代化大生产发展,社会分工越来越细,产品种类越来越多,无论是原材料的需求还是产品的数量都大幅上升,区域之间的物质交换更加频繁,这就促使了运输业的发展和运输能力的提高,可以想象,如果没有强有力的运输手段,许多企业都难以生存,甚至连国民经济也难以正常运转。

物流信息在物流活动中起着神经系统的作用。加强对物流信息的研究才能使物流成为一个有机系统,而不是各个孤立的活动。在物流技术发达的国家,都把物流信息工作作为改善物流状况的关键而给予高度的重视。铁路各种作业的信息化过程已经开始了相当长的一段时间,有的已经取得了明显的效益。如客票服务系统,实现了全路的联网售票,在一定程度上方便了旅客,也提高了铁路自身的经济效益。相比起客运系统,铁路货运站信息化有着更为重大的现实意义。

(1)货运业务是铁路运输的核心和利润的主要来源,通过物流信息化提高货运作业水平,有利于铁路经济效益的提高。

(2)货运站物流信息化有利于提高生产效率、减少定员;

(3)货运站物流信息化有利于降低自身的物流成本,实现运输合理化;

(4)货运站物流信息化能够更好地服务客户,协助客户改善物流策略;

(5)货运站物流信息化能够为日后进行的电子交易打下坚实的基础。

成都东货运站物流信息系统的设计开发目的是有效有序的管理众多的物流信息,改善货运站物流信息管理上存在的缺陷,争取物流信息内部管理统一化,扩大物流技术的对外影响力,及时提供客户需要的各种物流信息,给出参考的解决方案。

第五节 航空货运信息管理

一、航空货运业务流程

(一)进口

1.代理预报

在国外发货前,由国外代理公司将运单、航班、件数、重量、品名、实际收货人及其他地址、联系电话等内容发给目的地代理公司。

2.交接单、货

航空货物入境时,与货物相关的单据也随机到达,运输工具及货物处于海关监管之下。货物卸下后,将货物存入航空公司或机场的监管仓库,进行进口货物舱单录入,将舱单上总运单号、收货人、始发站、目的站、件数、重量、货物品名、航班号等信息通过电脑传输给海关留存,供报关用。同时根据运单上的收货人地址寄发取单、提货通知。

交接时做到单、单核对,即交接清单与总运单核对;单、货核对,即交接清单与货物核对。

3.理货与仓储

理货:逐一核对每票件数,再次检查货物破损情况,确有接货时未发现的问题,可向民航提出交涉;按大货、小货、重货、轻货、单票货、混载货、危险品、贵重品、冷冻品、冷藏品、分别堆存、进仓;登记每票货储存区号,并输入电脑。

仓储:注意防雨、防潮;防重压;防变形;防温长变质;防曝晒;独立设危险品仓库。

4.理单与到货通知

理单:集中托运,总运单项下拆单;分类理单、编号;编制种类单证。

到货通知:尽早、尽快、尽妥地通知货主到货情况。

正本运单处理:电脑打制海关监管进口货物入仓清单,一式五份用于商检、卫检、动检各一份,海关二份。

5.制单、报关

制单、报关、运输的形式:货代公司代办制单、报关、运输;货主自行办理制单、报关、运输;货代公司代办制单、报关,货主自办运输;货主自行办理制单、报关后,委托货代公司运输;货主自办制单,委托货代公司报关和办理运输。

进口制单:长期协作的货主单位,有进口批文、证明手册等放于货代处的,货物到达,发出到货通知后,即可制单、报关,通知货主运输或代办运输;部分进口货,因货主单位缺少有关批文、证明,亦可将运单及随机寄来单证、提货单以快递形式寄货主单位,由其备齐有关批文、证明后再决定制单,报关事宜;无需批文和证明的,可即行制单、报关，通知货主提货或代办运输；部分货主要求异地清关时，在符合海关规定的情况上，制作《转关运输申报单》办理转关手续，报送单上需由报关人填报的项目有：进口口岸、收货单位、经营单位、合同号、批准机关及文号、外汇来源、进口日期、提单或运单号、运杂费、件数、毛重、海关统计商品编号、货品规格及货号、数量、成交价格、价格条件、货币名称、申报单位、申报日期等，转关运输申报单、内容少于报关单，亦需按要求详细填列。

进口报关：报关一切大致分为初审、审单、征税、验放四个主要环节。

报关期限与滞报金：进口货物报关期限为：自运输工具进境之日起的14日内，超过这一期限报关的，由海关征收滞报金，征收标准为货物到岸价格的万分之五。

开验工作的实施：客户自行报关的货物，一般由货主到货代监管仓库借出货物，由代理公司派人陪同货主一并协助海关开验。客户委托代理公司报关的，代理公司通知货主，由其派人前来或书面委托代办开验。开验后，代理公司须将已开验的货物封存，运回监管仓库储存。

6. 收费、发货

发货：办完报关、报检等手续后，货主须凭盖有海关放行章、动植物报验章、卫生检疫报验章的进口提货单到所属监管仓库付费提货。

收费：货代公司仓库在发放货物前，一般先将费用收妥。收费内容有：到付运费及垫付佣金；单证、报关费；仓储费；装卸、铲车费；航空公司到港仓储费；海关预录入、动植检、卫检报验等代收代付费；关税及垫付佣金。

7. 送货与转运

送货上门业务：主要指进口清关后货物直接运送至货主单位，运输工具一般为汽车。

转运业务：主要指将进口清关后货物转运至内地的货运代理公司，运输方式主要为飞机、汽车、火车、水运、邮政。

进口货物转关及监管运输：是指货物入境后不在进境地海关办理进口报关手续，而运往另一设关地点办理进口海关手续，在办理进口报关手续前，货物一直处于海关监管之下，转关运输亦称监管运输，意谓此运输过程置于海关监管之中。

(二)出口

1. 接受发货人的委托，预定舱位

从发货人取得必要的出口单据；安排运输工具取货或由发货人送货到指定地点，与单证认真核对。

2. 申报海关

(1)报关单据一般为：商业发票，装箱单，商检证，出口货物报关单，有的商品则需要动植物检疫证书或产地证，出口外汇核销单，外销合同等。

(2)在海关验收完货物，在报关单上盖验收章后，编制航空运单。

(3)将收货人提供的货物随行单据订在运单后面;如果是集中托运的货物,要制作集中托运清单,并将清单,所有分运单及随行单据装入一个信袋,订在运单后面。

(4)将制作好的运单标签贴在每一件货物上。如果是集中托运的货物,还必须有分运单标签。

(5)持编制完的航空运单到海关报关放行。

(6)将盖有海关放行章的运单与货物一齐交与航空公司,航空公司验收单货无误,在交接单上签字。

(7)集中托运的货物。需要电传通知国外代理内容:航班号,运单号,品名,件数,毛重,收货人等。

3. 口岸外运公司与内地公司出口运输工作的衔接

1)内地公司提前将要发运货物的品名、件数、毛重及时间要求通知口岸公司,并制作分运单,与其他单据一起寄出或与货同行交给口岸公司。

2)内地公司将货物按照规定的时间地点运至口岸。

3)口岸公司设专人承接内地公司运交的货物。

4)口岸公司负责向航空公司订舱;通知内地公司航班号、运单号或总运单号,内地公司将航班号,运单号打在分运单上,将分运单交于发货人办理结汇。

(1)托运人(SHIPPER),一般为信用证中的受益人。如果开证人为了贸易上的需要,要求做第三者提单(THIRD PARTYB/L),也可照办。

(2)收货人(CONSIGNEE),如要求记名提单,则可填上具体的收货公司或收货人名称;如属指示提单,则填为"指示"(ORDER)或"凭指示"(TO ORDER);如需在提单上列明指示人,则可根据不同要求,作成"凭托运人指示"。(TO ORDER OF SHIPPER),"凭收货人指示"(TO ORDER OF CONSIGNEE)或"凭银行指示"。

(3)被通知人(NOTIFY PARTY),这是船公司在货物到达目的港时发送到货通知的收件人,有时即为进口人。在信用证项下的提单,如信用证上对提单被通知人有权具体规定时,则必须严格按信用证要求填写。如果是记名提单或收货人指示提单,且收货人又有详细地址的,则此栏可以不填。如果是空白指示提单或托运人指示提单,则此栏必须填列被通知人名称及详细地址,否则船方就无法与收货人联系,收货人也不能及时报关提货,甚至会因超过海关规定申报时间被没收。

(4)提单号码(B/LNO),一般列在提单右上角,以便于工作联系和查核。发货人向收货人发送装船通知(SHIPMENT ADVICE)时,也要列明船名和提单号码。

(5)船名(NAME OF VESSEL),应填列货物所装的船名及航次。

(6)装货港(PORT OF LOADING),应填列实际装船港口的具体名称。

(7)卸货港(PORT OF DISCHARGE),填列货物实际卸下的港口名称。例如属转船,第一程提单上的卸货港填转船港,收货人填二程船公司;第二程提单装货港填上述转船港,卸货港填最后目的港。如由第一程船公司出联运提单(THROUGHB/

L)，则卸货港即可填最后目的港，提单上列明第一和第二程船名。例如，经某港转运，要显示"VIAXX"字样。在运用集装箱运输方式时，目前使用"联合运输提单"(COMBINED TRANSPORTB/L)，提单上除列明装货港，卸货港外，还要列明"收货地"(PLACE OF RECEIPT)，"交货地"(PLACE OF DELIVERY)以及"第一程运输工具"(PRE-CARRIAGEBY)，"海运船名和航次"(OCEANVESSEL，VOYNO)。填写卸货港，还要注意同名港口问题，例如属选择港提单，就要在这栏中注明。

(8)货名(DISCRIPTION OF GOODS)，在信用证项下货名必须与信用证上规定的一致。

(9)件数和包装种类(NUMBER AND KIND OF PACKAGES)，要按箱子实际包装情况填列。

(10)唛头(SHIPPING MARKS)，信用证有规定的，必须按规定填列，否则可按发票上的唛头填列。

(11)毛重，尺码(GROSS WEIGHT，MEASUREMENT)，除信用证另有规定者外，一般以公斤为单位列出货物的毛重，以立方米列出货物体积。

(12)运费和费用(FREIGHT AND CHARGES)，一般为预付(FREIGHT PREPAID)或到付(FREIGHT COLLECT)。如CIF或CFR出口，一般均填上运费预付字样，千万不可漏列，否则收货人会因运费问题提不到货，虽可查清情况，但拖延提货时间，也将造成损失。如果系FOB出口，则运费可制作"运费到付"字样，除非收货人委托发货人垫付运费。

(13)提单的签发，日期和份数：提单必须由承运人或船长或他们的代理签发，并应明确表明签发人身份。一般表示方法有：CARRIER，CAPTAIN，或"AS AGENT FOR THE CARRIER：XXX"等。提单份数一般按信用证要求出具，如"FULL SET OF"一般理解成三份正本若干份副本。等其中一份正本完成提货任务后，其余各份失效。提单还是结汇的必需单据，特别是在跟单信用证结汇时，银行要求所提供的单证必须一致，因此提单上所签的日期必须与信用证或合同上所要求的最后装船期一致或先于装期。如果卖方估计货物无法在信用证装期前装上船，应尽早通知买方，要求修改信用证，而不应利用"倒签提单"、"预借提单"等欺诈行为取得货款。

提单的背面条款及其依据：在全式(LONG TERM)正本提单的背面，列有许多条款，其中主要有：

(1)定义条款(DEFINITION CLAUSE)——主要对"承运人"，"托运人"等关系人加以限定。

(2)管辖权条款(JURISDICTION CLAUSE)——指出当提单发生争执时，按照法律，某法院有审理和解决案件的权利。

(3)责任期限条款(DURATION OF LIABILLITY)——一般海运提单规定承运人的责任期限从货物装上船舶起至卸离船舶为止。集装箱提单则从承运人接受货物至交付指定收货人为止。

(4)包装和标志(PACKAGES AND MARKS)——要求托运人对货物提供妥善包装和正确清晰的标志。例如,因标志不清或包装不良所产生的一切费用由货方负责。

(5)运费和其他费用(FREIGHT AND OTHER CHARGES)——运费规定为预付的,应在装船时一并支付,到付的应在交货时一并支付。当船舶和货物遭受任何灭失或损失时,运费仍应照付,否则,承运人可对货物及单证行使留置权。

(6)自由转船条款(TRANSHIPMENT CLAUSE)——承运人虽签发了直达提单,但由于客观需要仍可自由转船,并不须经托运人的同意。转船费由承运人负担,但风险由托运人承担,而承运人的责任也仅限于其本身经营的船舶所完成的那段运输。

(7)错误申报(INACCURACY INPARTICULARS FURNISHED BY SHIPPER)——承运人有权在装运港和目的港查核托运人申报的货物数量,重量,尺码与内容,如发现与实际不符,承运人可收取运费罚款。

(8)承运人责任限额(LIMIT OF LIABILITY)——规定承运人对货物灭失或损坏所造成的损失所负的赔偿限额,即每一件或每计算单位货物赔偿金额最多不超过若干金额。

(9)共同海损(GENERAL AVERAGE—G. A.)——规定若发生共同海损,按照什么规则理算。国际上一般采用 1974 年越克—安特卫普规则理算。在我国,一些提单常规定按照 1975 年北京理算规则理算。

(10)美国条款(AMERICAN CLAUSE)——规定来往美国港口的货物运输只能适用美国 1936 年海上货运法(CARRIAGE OF GOOD BY SEAACT,1936)运费按联邦海事委员会(FMC)登记的费率本执行,如提单条款与上述法则有抵触时,则以美国法为准。此条款也称"地区条款"(LOCAL CLAUSE)。

(11)舱面货,活动物和植物(ON DECK CARGO,LIVE ANIMALS AND PLANTS)——对这三种货物的接收、搬运、运输、保管和卸货规定,由托运人和托运人承担风险,承运人对其灭失或损坏不负责任。

二、航空货运管理信息系统业务流程分析

物流信息系统建设的必要性与迫切性,已经被广泛认同,但是目前国内物流业中信息系统实施成功的企业并不多,虽然有许多企业采用了物流软件,但大多是局部的应用,离信息的完全集成并满足企业管理和长远发展的要求还相距甚远。以航空物流企业为例,国外一些著名的航空快递公司依靠他们的优势,特别是信息服务方面的优势,将过去分散的仓储、陆运、海运业有机结合起来,除了储存、包装、装卸、运输等环节,还有预测、采购、订单处理、配送、物流方案设计、库存控制、维修等增值服务,为客户提供包括信息流、资金流、商流等全面的系统服务。因此与现代物流相适应,满

足未来航空货运发展的物流信息系统应包括以下六个部分。

1.供应链管理信息系统

供应链管理信息系统是经过总体规划的,多层次、多功能计算机网络系统。它将覆盖航空公司主枢纽、集散基地和国际区域的货运营业点,覆盖货运代理人企业、直接用户企业等,能够与主枢纽内外的业务相关部门进行信息交换,还能够与境外航空业务代理公司、国内其他运输主枢纽和铁路、公路、海运等运输方式的港站和企业进行信息交换,提供完整的供应链管理服务。

供应链管理信息系统必须具备的功能:

(1)利用网络技术手段搭建信息交换平台,将某一区域的各个供应链组合在一起,实现远程查询和信息交换。比如,代理将需要托运的货物的运单号及相关属性录入到本单位的信息管理系统中,接受委托的货运站或航空公司通过信息交换平台,将该运单的信息复制到本单位的信息管理系统中。航空公司可以通过信息交换,及早知道需要运输的货物信息,从而制订出相应的配载计划。

系统通过与 sita 系统的连接,实现本区域内的各个供应链与海外相关单位进行报文信息交换,本区域内的各个供应链无需单独与 sita 系统连接,降低各个供应链的信息系统建设费用。

系统通过互联网络,实现国内各个区域的各个航空货运供应链之间的信息交换。

任意供应链通过系统能够对本供应链之后的货物流动进行全程跟踪,能够及时掌握上游供应链对本段供应链的资源或服务请求,使本供应链能够及早进行必要的准备,制订出相关的作业,如航空货运的航班需求计划、配送需求计划(DRP,Distribution Requirements Planning)、配送资源计划(DRPⅡ,Distribution Resource Planning)、企业资源计划等。

(2)系统应具备各个供应链之间的财务决算功能,能够正确计算并分摊国内外各供应链环节的收取费用,包括航段运费分摊、活动汇率计算、代理服务费用、机场服务费、库存滞留、各种配载耗材费用、代收的运费等,实现网上及时结算,加快企业的流动资金周转速度,并逐步实现电子商务。

(3)系统能够与海关的信息系统连接,实现电子报关及“电子卡口”。各个供应链,特别是各个代理,可通过未来的信息系统与海关进行电子报关,加快报关速度。海关监管仓库可通过系统,实现进出“电子卡口”,提供快速通道电子口岸的功能。

(4)系统能够与本区域内的航空公司(或航空公司代表)信息系统连接,各个供应链(特别是代理)可随时将收集的货物信息传递给航空公司,也可随时获得航空公司对自己的货物是如何安排的信息。航空货运站可随时获得航班配载指令或配载变更信息,也可将预配、装机信息反馈给航空公司。

(5)系统应当与本区域内机场信息系统连接(如:航班信息系统、离港系统等),各个供应链可随时获得动态航班信息,特别是那些对供应链自身作业影响巨大的航班变更信息。

(6)具有呼叫与应答功能,能够随时响应和处理客户的各项服务请求或解答各种问题。

(7)建立公共基础数据,对公共基础数据统一实施管理和维护。公共基础数据包括:世界国家或地区编码、世界城市编码、世界空港编码信息、国内外(客)货运航班信息、国内外空港和货站信息、结算分摊信息、结算汇率信息等,各供应链可直接访问这些公共数据,而无需单独建设。

(8)系统必须具有严密的信息安全保障措施,能够杜绝各种恶意的信息攻击,如:黑客、病毒、机密数据泄露等等。

(9)系统必须具有良好的开放性和与其他系统的互联能力,系统能容纳国际标准和航空货运界所接受的事实上的约定方法。

2. 企业资源计划系统

企业资源计划系统主要是辅助航空货运供应链上各个企业内部生产管理的信息系统,例如航空公司企业生产管理,航空货运站内的业务管理信息系统,代理人企业的生产管理等。

企业资源计划系统的主要职责是根据上游供应链的作业请求进行生产,并使整个物流网络体系畅通无阻,做到准确无误、快速有序。

企业资源计划系统应具备以下功能:

(1)能够与供应链管理信息系统连接,通过供应链管理信息系统,与海关、各航空公司、其他供应链进行信息交换。

(2)对企业内部各种物流作业(Logistics Technology)信息实施管理,包括:收运计重、各种柜台(营业厅)作业、货物存储、组板、进出港文件处理、预配计划、配载、出港出库、临时加拉货处理、退运处理、提货出库等,并能有效地对货物进行跟踪。作业过程中,支持自动读取电子秤重量读数,如果需要,还应当支持无线网络数据传送和读取条形码数据。

(3)能够根据航空货运作业规范,对操作或信息流程进行控制。例如:没有通过安全检查的货物不能被配载。

(4)能够根据各作业信息,产生出港拉下货物信息、出港临时加货信息、进港不正常货物信息、各种报文文本。

(5)根据企业的具体情况,对设备、生产调度等信息实施管理,包括设备维修、更新等信息。

(6)根据企业的具体情况和未来发展,对客户实施"门对门"服务调度和信息管理,例如:货物配送计划、车辆计划与调度等。

(7)具备丰富的查询统计功能,满足生产管理的需求。满足客户对某票货物的全程物流跟踪查询,满足电话语音查询、满足在互联网络上进行查询。能够进行各种生产分析,为企业市场决策提供分析数据。

(8)能够在库区出港出口或提货出口,运行海关的"电子卡口"系统。

(9)系统必须具有严密的信息安全保障措施,能够杜绝各种恶意的信息攻击,例如:黑客、病毒、机密数据泄露等等。

(10)具备收益管理、财务管理、成本管理、计价和运费管理等,具备市场和营销管理、代理人、客户管理等。

(11)具备航班资源调配、设施资源调配、人力资源调配(包括机组管理)等。

(12)由于航空货运企业具有国内外广域分布的特点,系统必须具有良好的通达性、稳定性、连续工作的可操作性。

3.货运站监控和快件自动分拣系统

在年吞吐量15万吨以上的航空货运站或代理仓库,通常需要建立立体仓库。各供应链应根据其立体仓库规模,考虑建立设备自动化监控系统,通过监控系统对立体仓库进行存储作业。

在年处理量达到100万件以上的航空快件处理中心,为了保证货物处理的时效性,通常建立自动化分拣生产线,并将自动化控制系统与信息系统联机后进行快速处理。这样才能充分发挥立体仓库效益。

4.条码标识系统和设备

目前我国在航空货运方面代理制占主导地位,按照专业化分工的原则,货物的物流处理经过了货主、代理、承运人、转运站、代理、最终用户等多层次处理,因此需要进行多次交接、清点、验收、文件记录等手续。航空运输和货运站处理的主要目标是进行规模经营,特点是流动速度快、转运模式多等,通过使用现代信息设备来充分挖掘各种设施的潜力,达到快速、高效、集约经营的高效益。因此,建议在货物流动的整个过程中使用条码系统进行标识,尽量减少手工处理的中间环节。应鼓励或要求航空货运企业和代理使用条码系统,这样不仅方便货物的交接清点,而且也减少错误发生的几率,加快货物交接和流通的速度。

5.接口系统

信息系统的建设必须考虑与外部的连接,否则就会成为信息孤岛。作为货运企业的系统工程,必须设计好信息接口,以便预先获得各地的定期货运信息、变更信息和货物信息乃至客户信息。这些信息对于货运企业提前安排航班和运力,实现航空货运的飞跃,预先制订各种资源计划非常重要。

接口系统的另一个主要部分是电子数据交换(EDI)接口和与外部信息系统(货代或其他合作伙伴的信息系统)的通用接口。由于航空货运业务涉及SITA、海关、联检、机场、客户、代理、航空公司等,各家采用的系统不同、通信协议不同。为保证企业资源管理系统能与供应链整合成完整的系统,必须通过接口将各功能有机联系起来,将不同的信息通过接口转换为本系统可以处理的信息。为此,接口系统的工作是必不可少的环节。

接口系统包含与各货运站、基地所在的机场、无线通信服务商、客户、代理,运输公司等,还有与海关、铁路、空运、银行、税务、民航信息中心、地区空管中心、各地货运枢纽等系统的接口和中间件。货运企业由于主要业务对象为航空运输,因此,需要与各地(各国)的机构、合作伙伴、地区分站、客户、代理,运输公司等系统进行通信,接口可以依据国际航空行业和国家标准制定的接口规范。对于系统隶属不同的行业和地区,需要按照各行业的标准分别确定接口规范。

6. 系统安全性

由于未来的航空货运供应链系统和企业资源管理系统是搭建在各种网络上,按照开放的原则进行构建和互联,尤其是实施电子商务的环境,安全性为首要考虑,这样才能保证客户的利益不受损害。

通过网上交易系统接受客户订单,只有通过技术手段解决网上支付,才能实现真正意义上的网上安全交易,这种技术手段包括通信安全系统的 CA 认证系统。航空货运企业作为一个独立的航空业务法人,电子商务必须采用开放的模式,而电子商务系统必须建立在通信的安全体系上。

三、航空货运管理信息系统主要功能模块

1. 业务操作层功能

国内进港管理、国内出港管理、国内快件管理、邮件管理、国际进港管理、国际出港管理、国际操作管理、包机/包舱/包量管理、国际快件管理、转港业务管理、拉货等异常业务管理。

2. 财务结算层功能

国内普货财务审核/结算、国内快件财务审核/结算、邮件审核/结算、国际进口财务结算、国际出口财务结算、国际快件财务结算、国际操作财务结算、包机/包舱/包量财务结算、催缴款管理、对账管理。

3. 决策支持功能

决策分析、风险分析、波特分析、SWOT 分析。

【小知识】 SWOT 分析

SWOT 分析法是制订企业战略决策、竞争情报分析中常用的方法之一。企业管理者可以运用 SWOT 方法,了解当前企业环境,未来竞争状况,制订一套能适应当前,也能适应未来的企业策略。

所谓 SWOT 分析,也称为态势分析、知己知彼战略。就是将与研究对象密切相关的各种主要内部优势因素(Strengths)、弱点因素(Weaknesses)、机会因素(Opportunities)和威胁因素(Threats),通过调查罗列出来,并依照一段的次序按矩阵形式排列起来,然后运用系统分析的思想,把各种因素相互匹配起来加以分析,从中得出

一系列相应的结论或对策。

4. 派送管理

订车管理、基本信息管理、运行信息管理、维修保养管理、车辆调度管理、固定用车管理、车辆费用核算报表。

5. 仓库管理

仓库基础信息管理、仓库操作、统计报表、仓库优化管理。

6. 企业进销存管理

供应商管理、企业材料管理、企业单证管理、企业发票管理、企业票单打印管理、核销与盘存。

7. 经营管理

业务公告管理、运价管理、货运安全管理。

8. 网上业务处理功能

网上制单、网上制委托书、网上查询货运状态、网上统计货量、网上留言管理、网上公告管理。

9. 系统数据管理

账号管理、航空公司管理、航班信息管理、卡车公司管理、货物代码管理、汇率管理、国家代码管理、城市信息管理、组织机构管理、部门管理、用户管理、角色管理、系统日志管理等。

四、典型航空货运管理信息系统应用评价

捷运通(gooTrans)航空货运管理系统是广州航软科技工作室联合国内著名航空货运企业,针对航空货运公司及代理人开发的货运管理系统。该系统构架于大型数据库MS—SQL Server 2000之上(单机版采用 Microsoft Access 2000),使用 C++,Delphi开发,采用C/S和B/S结构,运行于Lan/Internet之上。适合于中小型的货运公司,更特别适合集团性的货运公司。

1. 系统运行环境

(1)中英文 WINDOWS 95/98/2000/NT 环境网络;

(2)Microsoft Windows NT Server 或 Win2000 Server;

(3)MS—SQL Server 200

2. 系统架构

捷运通系统采用三层/多层架构,见图 6-19,主数据库与网络数据库分离,实行异步更新,保证了良好的安全性和系统伸缩性。

3. 系统模块及功能

捷运通货运管理系统 gooTrans 由7个主要模块组成:

(1)业务操作模块;

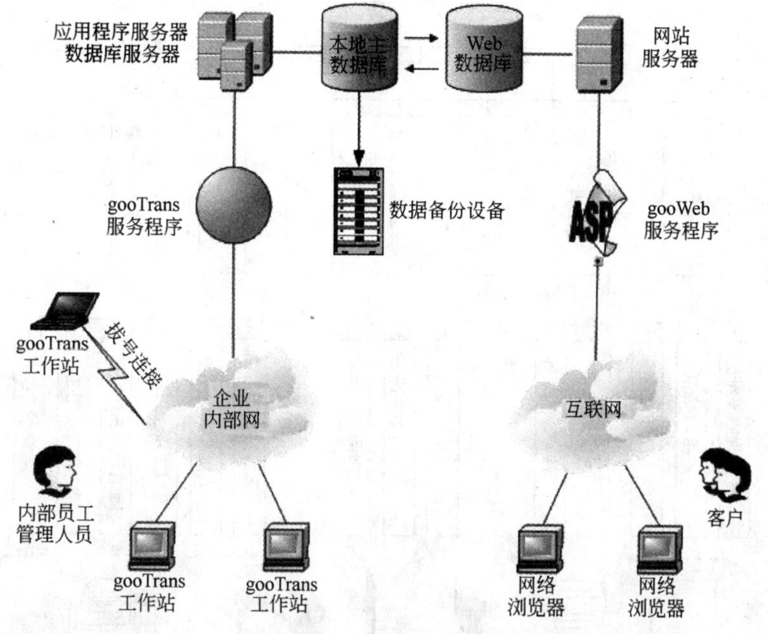

图 6-19　系统架构图

(2)运价管理模块;

(3)航班管理模块;

(4)客户管理模块;

(5)仓库管理模块;

(6)财务管理模块;

(7)底层支持模块。

这 7 个模块通过通用的接口,能进行各种单据、报表的输出。通过将运营及客户数据进行汇总统计,系统可以自动生成各种分析图表以支持领导层的决策。配合 gooWeb 互联网信息服务系统,可为终端客户提供网上货物跟踪、运价查询、航班查询、网上下单等功能。gooTrans 货运管理系统见图 6-20。

另外,电话作为最普及的信息通讯工具,在捷运通系统中亦将得到充分的利用,我们正在开发的 gooVoice 系统,将为终端客户提供自动语音服务,货主只要拨打货运企业的服务热线,输入货单号码,即可得知交运货物最新情况。整个过程完全由电脑自动控制,准确而迅速,在降低人力成本的同时亦能对用户提供 24 小时不间断服务。

4. 典型模块简介

(1)业务操作模块

图片 6-1 所示模块以填开货运单为基础,将日常的接单、拼货、作废、货物跟踪等操作进行整合,并根据实际操作需要提供多种实用功能。

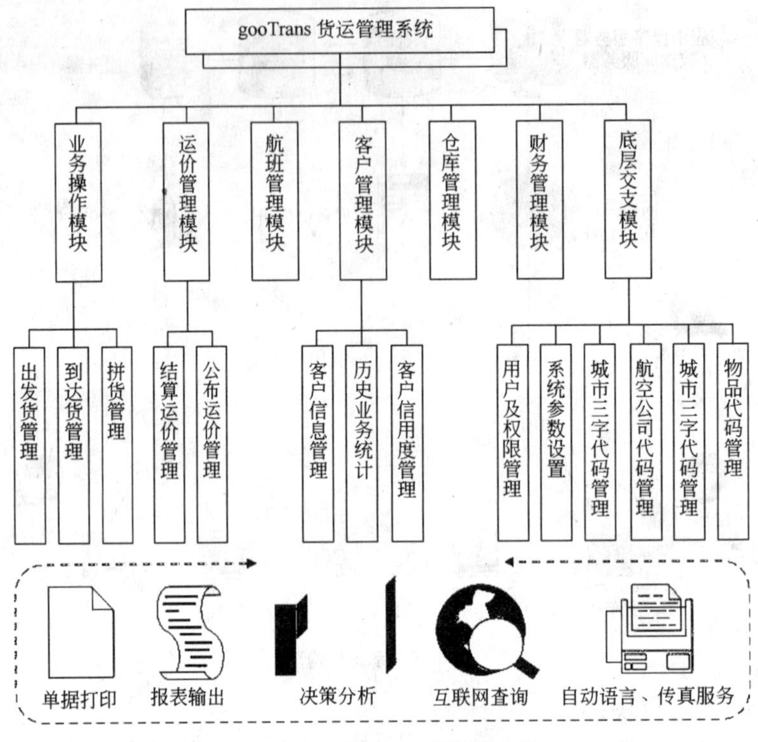

图 6-20　gooTrans 货运管理系统图

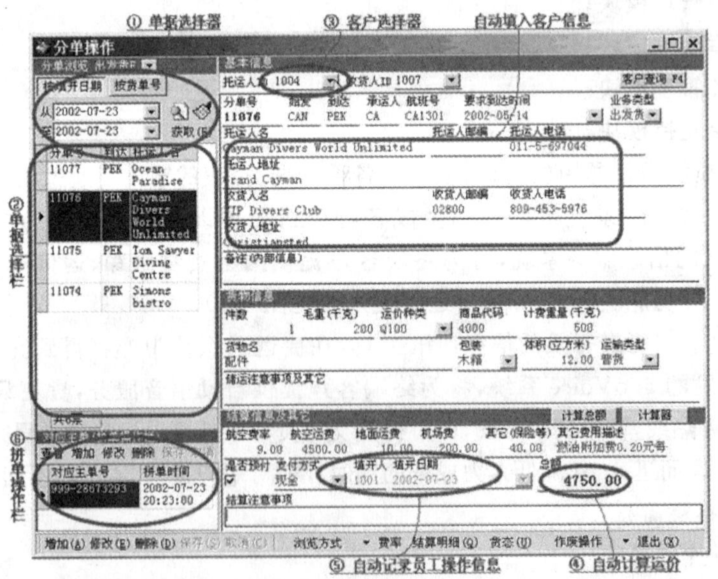

图片 6-1　自动操作模块

①通过单据选择器，可以方便地组合多种条件，快速查询单据。

除了按货单号，填开时间查找外，在获取数据后，点击键即可出现上面的高级查找窗口进行数据过滤，如图片 6-2。

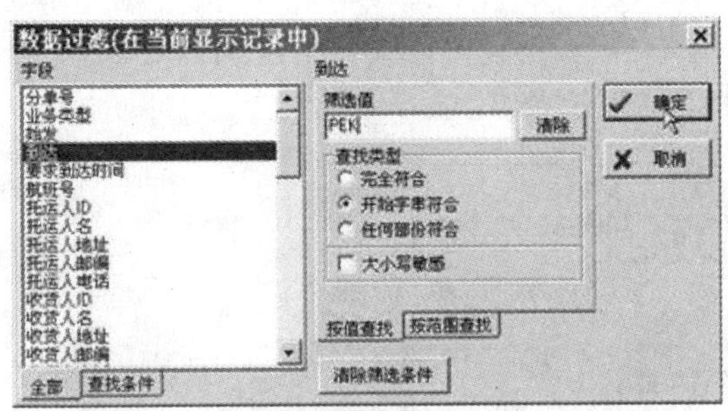

图片 6-2　数据过滤窗口

②为方便操作，单据操作界面设定了三种浏览模式，点击下方浏览方式按键 浏览方式，会自运进行模式切换。通过扩充浏览栏数据，可以快速浏览数据，并对数据分组统计提供了极大的方便。

③在客户信息管理模块的支持下，填开货单时只要通过在客户 ID 选择器上选择相应客户 ID，该客户的名称、地址、电话等信息均会自动填入，大大地加快了前台操作的速度。

④系统会根据计费重量，航线运价，地面费率(可自行设定)等数据自动计算出该票货的运价总额，减少了出错的几率。

⑤系统对操作员及操作权限进行了良好的管理，在员工进入系统后，系统会自动对其进行的一切操作进行记录，方便了管理人员的考核及绩效管理工作。

⑥对货运代理人而言，拼货是十分重要的一环，此举有利于提高舱位的利用率并争取更高的运输利润。gooTrans 对拼货操作进行了良好的管理，主单与分单之间关系十分清晰明确，并能以拼单信息为依据输出信息完备的销售报表。

⑦货态管理：通过此项子功能，工作人员既能有效地跟踪货物状态(入仓、运输途中、已提货等)。同时，通过与 gooWeb 的配合，客户亦能在网上查到货物的状态。

(2)报表输出

针对货运代理人的需要，gooTrans 提供了多种格式的报表，如图片 6-3，包括：

①营业收入表；

②应收账款明细表；

③营业支出表；

④应付账款明细表；

⑤销售日报(分单)；

⑥销售日报(主单)；

⑦同国航结算报表；

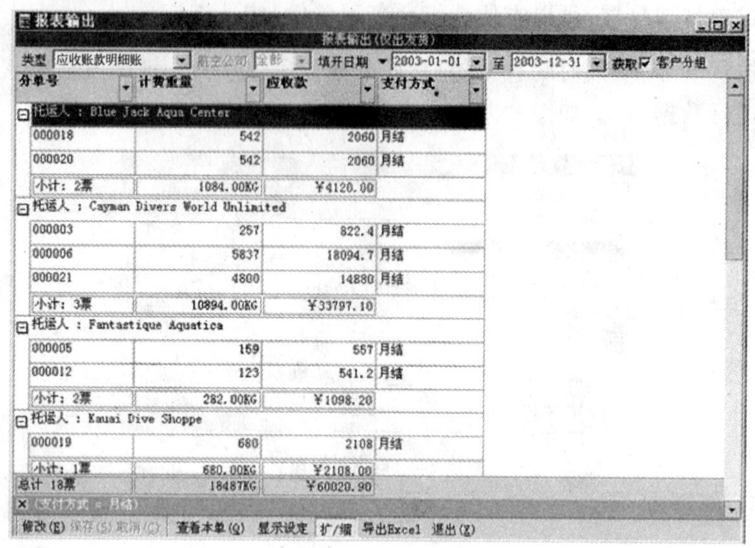

图片 6-3　报表输出

⑧分单业务报表；

⑨主单业务报表；

⑩作废分单报表；

⑪作废主单报表。

以上所有的报表均根据日常业务数据自动生成，大大地方便了统计工作，亦将工作人员从繁琐重复的手工报表工作中解放出来，投入到更有价值的市场开发中去。

同时，为了更好的配合货运企业业务的信息化，我们会根据企业现有单据及报表设计输出格式，将 gooTrans 系统与原有企业运营模式更好的接轨。

(3)决策分析

①时间系列分析

管理者可以以日、周、月、季度、年为分析周期对销售总额，空运费，运单数等运营数据进行分析，通过直观的柱图、曲线图和饼图掌握销售发展趋势和经营状况，见图片 6-4、图片 6-5。

②综合分析

利用综合分析功能，管理者可以以航线、承运人、客户、开单员工等为分析对象，获得相关统计数据。由此可以更好地进行业务开拓，客户关系管理和员工绩效考核。

5. 系统特点

(1)蕴涵先进的物流管理理念和模式

系统源于广州及深圳大型货运物流企业的实践，同时结合了国内的实际情况，蕴含了成功物流企业先进的管理思想和运行模式。

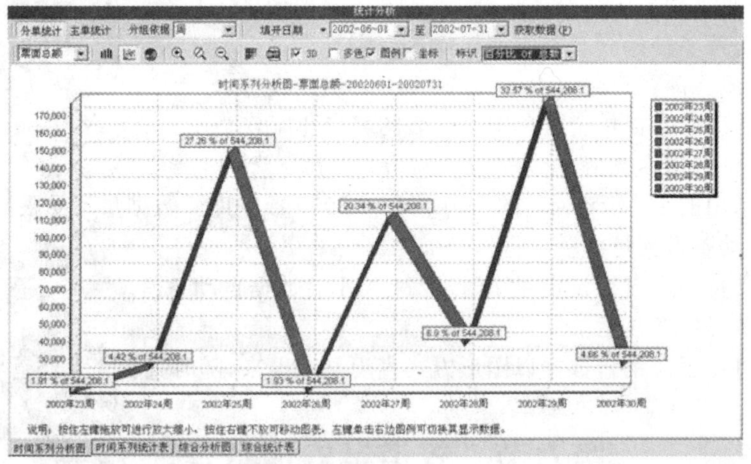

图片 6-4

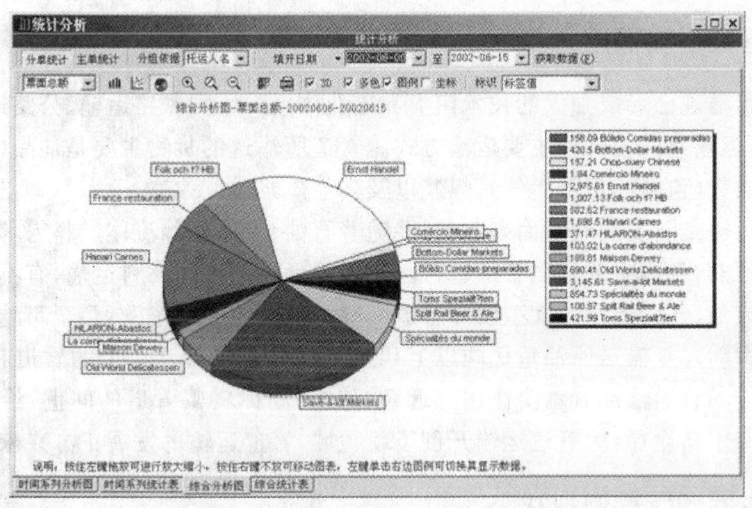

图片 6-5

(2)Web—Based(Via—Internet)：

只要有 Internet 的地方你的客户就可以查看他的货物及流动情况，并查询航班及运价信息。(须配合 gooWeb)

(3)模块化设计

可根据客户不同需求灵活配置各模块。

(4)标准格式数据导出

重要数据都可以导出到 MS—Excel，Html 网页中，亦可导出 XML 交换格式文档。

(5)自动作业

系统支持自动语音查询及提货单直接 EMAIL/FAX 功能。(须配合 gooVoice)

(6)条码支持

系统支持多种条码及条码扫描输入。

(7)报表全部客户化

系统供应商会提供全套单据及报表的客户化工作。

(8)大型数据库支持

由于采用的是 Microsoft 的 SQL Server2000 数据库。数据量不受限制。

(9)自动备份支持

系统支持用户自行设定每小时/或每 X 小时数据自动备份。

(10)图形状态显示

系统将运营及销售数据以图形方式直观显示出来,随时查看企业经营状况。

第六节　管道运输信息管理

一、管道运输概述

管道运输现已形成独立的技术门类和工业体系。它同铁路运输、公路运输、水路运输、航空运输并列为五种主要运输方式。管道所输送的货物主要是油品(原油和成品油)、天然气(包括油田伴生气)、煤浆以及其他矿浆。

管道运输是随石油开发而兴起的,并随着石油、天然气等流体燃料需求量的增长而发展。目前,各国主要利用管道进行国内和国际间的流体燃料运输,有不少国家在国内已建成油、气管道网。大型国际管道已横跨北美、北欧、东欧,乃至跨越地中海连接欧非两大陆。年输送原油量亿吨以上和天然气百亿立方米以上的管道相继建成,对加速流体燃料运输起着重要作用。近 20 年来,固体料浆管道的问世,给大量运输煤炭等开辟了新途径,为管道运输开创了新领域,管道运输的发展正方兴未艾。

二、世界油气管道现状

自 1865 年美国建成世界上第一条输油管道至今,管道运输业已有近 140 年的历史。

管道运输主要用于能源输送,除普遍用于石油、天然气、液化石油气、化工原料等的输送外,还用于煤浆、煤层气、矿石等的运输。在全球已建成的 230 多万公里管道中,输气管道占近 60%,原油管道和成品油管道各占 15%多,化工和其他管道不足 10%。目前,世界管道总长度已超过了世界铁路总里程,成为能源运输的主要方式,世界上 100%的天然气、85%以上的原油的运输是通过管道输送实现的。在发达国家,成品油的远距离运输主要靠管道。欧美发达国家和中东产油区的油品运输现已全部实现了管道化。

目前,世界管道运输网分布很不均匀,主要集中在北美、欧洲、俄罗斯和中东,除中东外的亚洲其他地区、非洲和拉丁美洲的管道运输业相对较为落后。

1. 北美

美国是世界上最大的石油消费国和主要的生产国之一，石油消费的一半以上依赖进口，由于本国石油资源高度集中在墨西哥湾沿岸和阿拉斯加的北冰洋沿岸地区，为了向非产油区供应油气，美国修建了长达 29 万多公里的输油管道和 30 多万公里的输气管道，其各类管道总长度位居世界第一，也是世界上管道技术最为先进的国家。还在第二次世界大战期间的 1943 年，美国就修建了两条当时世界上最长的管道：一条是从得克萨斯州到宾夕法尼亚州的原油管道，全长 2 158km，管径 600mm；另一条是从得克萨斯州到新泽西州的成品油管道，全长 2 745km，管径 500mm。二次大战后，美国的管道运输业继续高速发展，目前其管道运输量已占到了全国货运总量的 20%以上，是世界上管道工业最发达的国家之一。

北美省际输油管道是北美地区最长的原油管道，它北起加拿大的埃德蒙顿，南到美国的布法罗，贯穿了加拿大和美国，全长 2 856km，沿全线分布着众多泵站，管道日输量达 3 000 多万升。

1977 年，美国建成了纵贯阿拉斯加州的输油管道，这是一条在高纬度严寒地区修建的大口径管道，它伸入了北极圈，当时引起了全世界的瞩目。阿拉斯加管道北起北冰洋沿岸的普拉德霍湾（这里的石油占美国石油可开采量的 1/3），南至太平洋沿岸的瓦尔迪兹港，穿越了 3 条山脉、300 多条大小河流和近 650km 的冻土带，全长 1 287km，管径 1 220mm，年输量在 4 000 万吨以上，全线采用计算机控制，是美国最大的现代化输油管道，也是世界上最为先进的管道之一。美国的科洛尼尔成品油管道系统，全长 4 610 多公里，是世界上最长的成品油管道。

除油气管道外，美国还拥有较大的输送煤浆的管道。美国 1970 年建成的里梅萨煤浆管道，南起亚利桑那州卡因塔露天煤矿，北至内华达州莫哈夫电厂，全长 439km，管径为 457mm 和 305mm，年输煤量为 450 万吨，是目前世界上输煤量最大的一条管道。

加拿大的油气管道业也十分发达。加拿大拥有总长超过 3.5 万公里的输油管道，密集的管网把落基山东麓的产油区与消费区（中央诸省和太平洋沿岸）连接起来，并与美国的管道网相连。加拿大还拥有横贯全国的泛加输气管道，管道总长8 500km，管径从 500 到 1 000mm，年输气量达 300 亿立方米，是世界上最长的输气管道。

2. 欧洲和俄罗斯

在欧洲主要发达国家，油气运输已实现管网化。自北海油田发现后，欧洲陆续新建了一批大口径（管径在 1 000mm 以上）的高压力管道，管道长度已超过 1 万公里，目前仍是世界上油气管道建设的热点地区之一。

前苏联的管道建设在 20 世纪发展特别快。20 世纪 50 年代时，前苏联共有管道 7 700km，此后即以每年 6 000～7 000km 的速度递增。20 世纪下半叶，前苏联在极短的时期内建成了输送天然气、原油和成品油的干线管道系统，干线管道的总长度达 21.5 万公里，堪称 20 世纪世界上规模最大的管道工程。其中 6 条超大型输气管道系统，总长合计近 2 万公里，管径在 1 220～1 420mm，是世界上规模最大、最复杂的输气管道网络。

目前，独联体各国管道的总长度约 20 多万公里，其中输油管道 8 万多公里。20 世纪 60～70 年代，前苏联和东欧国家间建设了友谊输油管道。该管道分一、二期工程，一期工程建成于 1964 年，全长 5 500km，管径 1 020mm；二期工程建成于 1972 年，全长 4 410 多 km，管径 1 220mm。友谊输油管道一、二期工程合计近 1 万公里，设计年总输油能力近 1 亿吨，是世界上最长的输油管道。前苏联解体后，由于受多种因素影响，该管线目前的运力和运量都不大。

俄罗斯自己现有的石油管网总长 5 万多公里，由于国土辽阔，横贯俄罗斯大陆的每条输油管道的干线长度一般均在 3 500～4 000km 左右。但由于许多输油管道都已老化或超期服役，目前俄罗斯输油管道系统的运行效率偏低，为了适应本国大规模出口原油的需要，这些管道大都需要进行大修和综合改造。

3. 中东地区

中东是世界上最大的产油区和石油出口区，这里也是油气管道密布的地区。

沙特在 1987 年建成了东起波斯湾沿岸的阿卜凯克，向西横越阿拉伯半岛后到达红海岸边的延布港，全长 1 200km、管径 1 219mm 的大口径长输原油管道，该管道仅在 1988 年输油量即达 1.1 亿吨，至今年输油量仍保持在 9 000 多万吨，是世界上运量最大的石油管道。

伊朗的阿瓦士—阿加贾里—加拉维管道，尽管全长仅 248km，其第一期工程年输量就达到了 7 500 万吨。

中东地区比较重要的管道，还有从伊拉克北方油田基尔库克到土耳其的地中海港口城市杰伊汉的跨国石油管道。伊拉克战争前，该管道每天的输油能力高达 90 万桶，2003 年伊拉克战争爆发后，该管道被迫关闭。2003 年 8 月该管道短暂重启时，曾导致国际油价每桶暴跌 1 美元左右。

4. 世界海底管道

除了陆上管道外，世界海底管道业也十分发达。目前世界上较长的海底管道，多分布在北欧地区，运输从北海油田开发的油气资源。挪威是欧洲仅次于俄罗斯的第二大天然气出口国，也是世界上海底管道最多的国家之一。世界上已建成的最长的海底管道，就是从挪威开发的北海海上油田到比利时泽布鲁格的 Zeepipe 海底天然气管道，该管道全长 814km，管径 1 016mm。

三、中国管道运输的发展与建设

（一）中国管道运输发展与建设状况及主要问题

1. 管道运输发展状况

至 2003 年底，我国油气管道累计长度 45 865km，管道长度居世界第 6 位。其中，原油管道 15 915km，天然气管道 21 299km，成品油管道 6 525km，海底管道2 126km。

原油管道我国目前已形成了东北、华东原油管网和西北区域性原油管网。东北原油管网连接了抚顺、锦州、锦西、大连各炼油厂和大连新港、秦皇岛油港，华东原油管网连接了黄岛油港和仪征油港，东北和华东地区基本形成了以管道运输为主，并与油港联运原油的格局。

20 世纪 90 年代以来，我国天然气管道得到快速发展，天然气消费领域逐步扩大，城市燃气、发电、工业燃料、化工用气大幅度增长。2004 年投产的西气东输工程横贯中国西东，放射形的支线覆盖中国许多大中城市，并将于 2005 年通过冀宁联络线与陕京二线连通，构成我国南北天然气管道环网。忠武输气管道也于 2004 年底全线建成投产。到 2005 年我国初步形成了西气东输、陕京二线、忠武线三条输气干线，川渝、京津冀鲁晋、中部、中南、长江三角洲五个区域管网并存的供气格局。

长期以来我国成品油运输主要依靠铁路、公路和水路转运。20 世纪 80 年代前，成品油运输铁路大约占 70%，公路占 21%，水路占 8%，管道运输只占运量的 1%。成品油管道建设严重滞后于原油加工业发展和油品运输的需要。90 年代后，克乌线、兰成渝的建成投产和茂名—昆明成品油管道的开工建设，标志着国内商业性长距离成品油管道的建设开始起步。

我国海底油气管道建设还不到 20 年时间，管道数量不多，但技术上都达到了国际先进水平。1987 年，引进国外铺管船，可在 40m 深水内铺设管径 114～1 524mm 的海底管道；1994 年中国自行建造了第一艘大型起重铺管船，可在 150m 深水海域铺设管径 114～1 219mm 海底管道；1994 年，中外合作铺设了南海崖 13-1 气田至香港全长 778km 海底管道，水深最大为 140m，其长度为世界第二，亚洲第一。

我国还自行设计建成了山西省尖山矿区—太原钢铁厂铁精粉矿浆管道，管道全长 102km，管径 229.7mm，精矿运量 200×104t/a，矿浆重量浓度 63%～65%，以及长距离、大口径、高压力煤气管道。

2. 建设技术发展状况

经过多年的发展与努力，我国油气长输管道已逐步缩短了与世界发达国家技术水平的差距。陆上管道工程建设，设计与施工接近国际先进水平；海上管道工程，具备了自行设计和施工能力。至今，中国油气管道已经在各种地质地貌复杂地区和各种特殊地理环境中成功地进行了敷设，一些大型管道工程达到了同期世界先进水平。2004 年投产的西气东输工程，干线、支线总长 4 254km，包括计量测试中心在内，平均用人 0.115 人/km；甬沪宁管道平均用人 0.137 人/km。

油气长输管道设计实现了计算机化和管道各种运行工况的预先模拟技术，应用卫星遥感技术、数据成像技术、GIS 系统、GPS 系统结合工程物探进行管道选线和方案比较；管输工艺过程控制广泛采用了 SCADA 系统，对工艺站场、油库区和管道全线进行统一调度、协调、监控和管理；管道运行管理由各线单独控制分散性管理，向集中控制管理方向发展;输油工艺由开式流程发展到密闭输油流程,并根据不同的输量条件结合中国具体情况发展了各种不同的输油方式;施工技术及装备不断更新与现代化,使长输管道的设计与建设能力达到了3000km/a以上;管道防腐技术可满足长输管道在不同地区、不同地质条件下的防腐特性与要求。

3. 主要问题

(1)天然气工业发展缺少战略性研究,没有建立起合理的运价体系

我国已具备加快发展及建立自成系统可持续发展天然气市场的资源基础,天然气在一次性能源消费结构中,目前只占2.7%,市场前景广阔,潜力很大。但是,天然气工程是一个系统工程,建设大型的天然气管网必须同时要考虑资源、气田开发和下游用户,上中下游协调发展。要实现上中下游诸多环节的协调发展,必须要解决天然气能源结构、消费结构,天然气工业布局与输送方案,国内外资源的合理配比,市场价格体系和法规等问题。同时,应从全球战略的角度看待我国天然气工业的发展,引进外国气源,保证我国经济发展能源需求。

我国尚未形成一套反映天然气管输实际的运价体系,国内现行管道运价已与目前的宏观环境不相适应,具体表现在:老线价格长期偏低,价格不能完全反映成本,成本耗费得不到合理补偿;政府计划定价难以灵活反映市场供需关系的变化;运价无法反映管输的多样性;用户价格结构不合理;国家的统一定价在各地方不能完全落实执行。

(2)成品油管道建设严重滞后于油品运输需要

我国大批量成品油运输至今仍以铁路运输为主,管道运输仅占全部运量的2%～3%。目前中国各炼厂所生产的成品油成本远高于发达国家同类产品的成本,这除与炼厂规模、工艺技术水平、管理水平有关外,与运输方式落后有重要关系。各炼厂生产的成品油大部分靠铁路运输,不仅运价高,而且轻质馏分的挥发影响了成品油质量。中国加入WTO后逐步放开了国内成品油的贸易和分销业务,国外大石油公司正加紧进入我国油品市场,在成品油市场竞争上挑战极为严峻。为增强市场竞争力,应尽快改变成品油运输方式的落后局面。

国外成品油管道正向着大口径、大流量、多批次方面发展。国内成品油管道无论从规模数量和顺序输送油品品种数量上差距都很大。

(3)高黏易凝原油管道输送理论不成熟、能耗高

我国是一个盛产高含蜡高黏易凝原油的大国,产量居世界第五位。同时,还有相当规模的重质稠油资源,黏稠油年产量超过1×10^4t。含蜡高黏易凝原油管道输送的一些理论问题至今未搞清,研究成果的应用仍局限于在役管线的工艺改造,设计和运行中的大部分问题仍靠工作经验来解决,低温和常温输送问题目前仍处于实验研究阶段,高能耗仍未从根本上得到改变。

我国东部主力油田现已过开采高峰期,产量逐年递减,致使管输量逐年下降。为保证管道在低输量下输送的安全性,需要增加加热站数量,由此形成管输量不断下

降、管输能耗不断增加的局面。西部和海域地区原油产量稳步上升，所产原油多为高黏易凝原油和重质稠油，渤海已探明 9×10^8t、塔里木探明 5×10^8t 稠油整装油田，而且还将继续加强重质稠油的勘探开发。黏稠原油的低能耗管道输送已是当前的一个重大课题，而我国输送工艺研究若无新的重大突破的话，管输能耗将会继续不断升高。

(4)管道安全保障未形成系统有效的控制能力

油气长输管道具有管径大、运距长、压力高和运量大的特点，上接油气田，下连城市与工矿企业，一旦系统发生事故，不仅给管道系统本身造成严重后果，而且会给社会和环境带来严重后果。

目前，我国长输管线尚未建立地理信息系统，SCADA 系统的泄漏监测功能尚待开发；对管线沿线地质灾害的实时监控、天然气微泄漏监控、管道裂纹缺陷检测技术还是空白；不具备海底管道检测、维护与修复能力；管线抗震设防方面还没有可对穿越活动断层埋地管线进行数值模拟、求得精确变形分析的软件，管线穿越大位移活动断层，尚无具体的构造措施；管线的完整性评价与管理技术，国内成果还缺乏完整的体系结构和深入系统的基础研究，适用标准和条件不统一，还没有形成一个能与国际先进标准相接轨的完整体系；对影响管道储运系统安全的主要因素理论研究、实验研究不系统，缺乏持久连续的研究，还难以做到通过现代方法对管道的安全进行有效控制和预防。

(5)计量仪器仪表精度低

我国除气质分析及标准孔板流量计已形成标准外，其余流量计的制造、方法标准以及计量系统尚未形成行业或国家标准。天然气大多数计量站的实际误差约为2%～3%，与国外大型计量站的准确度相比存在约 2 倍的误差。天然气现场流量计的实流校准和经济合理地控制现场流量测量的误差范围等是亟待解决的问题。

(6)管道气液多相混输技术缺乏理论和方法

海上和沙漠油田受环境条件限制，需要简化集输流程，增加油气混输距离。我国还没有针对我国油气田条件和原油特点的多相流计算理论和方法，没有经过充分验证的多相流计算软件。

(7)天然气储存基础设施和能力落后

我国目前虽然拥有天然气干线管道 21 299km，但为保证管道平稳运行、事故发生时的应急供气能力却很弱，天然气储存基础设施和能力落后。目前，投入运行的储气库主要有：大港油田利用枯竭凝析油藏建造的陕京管道配套的储气库，以及西气东输管道正在江苏金坛利用采空的盐穴建设地下储气库。我国在设计、建设和管理大型地下储气库方面还缺乏经验，缺少系统的研究。应追踪国外大型地下储气库新技术，结合国内储气库库址布局地质条件和未来发展，进行系统理论研究和工程探索，保证天然气管网用气安全。

(8)海底管道设计、施工、检修技术有待发展我国目前只具备百米内水深、常规环境下的海底管线设计能力，管线施工只有两条铺管船，铺设水深百米以内。东海平湖输油管道断裂，国内用一年多时间才完成修复。深海恶劣海况与复杂海底地貌及地质条件下的管道设计与建设施工技术，深海海底管道的检测、维护、抢修技术，需要通过适当引进关键技术与装备，国内配套开发，逐步国产化，满足海上油气田开发需要。

(9)输送煤浆管道有待发展

煤炭是我国一次能源主体，煤炭产量居世界第一位，据预测，2020 年中国煤炭需求量将达到 20.5×10^{8}t～29×10^{8}t。长期以来我国能源基地煤炭外运主要由铁路承担，2002 年，铁路运送的煤炭达 8.19 亿吨，占全国煤炭总运量的 75%。未来煤炭产量的快速增加将对铁路运输的压力会越来越大，铁路煤炭运输在未来相当长的时间内不易缓解。

火力发电厂是我国煤炭的最大用户，今后发电用煤量及其在煤炭消费中的比重都将继续增长和提高。我国能源基地动力煤除供坑口电厂外，主要供应京津唐、山东、华东、华南及中南各火电基地。根据发电用煤的煤源煤流，适时发展煤浆管道，分流铁路的煤炭运输，减轻铁路运输的过重负担，是一条可以考虑的途径。

长距离高浓度煤浆输送管道国外已有成功的应用事例，管道输送的优越性已得到证实。“六五”期间国家科委曾将输煤管道列为国家重点科技攻关项目，建有先进的管道输煤试验中心，进行了系统试验，提出了煤浆管道工程设计所需的煤样物化特性、煤浆粒度级配、流变特性、淤积流速、摩擦损失、安全运行等数据。制造部门对制浆、泵送设备也进行了研制攻关，为主要设备立足国内做了准备。可以说，现在我国已具备发展高浓度煤浆管道的基本条件。

(二)中国管道运输未来发展

1.原油管道

原油管道发展总的方向是：以国内国外两种石油资源为基础，以炼化企业的布局及加工量为导向，进一步改造和完善现有系统，适时新建部分原油管道；充分利用现有管道的管输能力和设施，进行必要调整改造，使其向网络化方向发展，以便多种资源能够通过管网系统联为一体，做到互相补充、灵活调度。

初步规划建设的管道有：舟山大榭岛—扬子石化、册子岛—上海进口原油管道，满洲里—大庆输送俄罗斯进口原油管道，哈萨克斯坦—乌鲁木齐—兰州—洛阳原油管道，中宁—兰州原油管道，以及为满足输送进口原油需要，进行东临复线、中洛线增输改造工程和鲁宁线技术改造工程。

2.成品油管道

发展成品油管道，将是今后输油管道建设的重点，成品油管道发展总的方向是：结合原油资源情况、炼油企业生产情况，铁路、公路、水路运输方式经济性比较，依据市场需求和按照产运销一体化的原则，贯通炼厂、商业油库、转运站，形成网络。从大趋势看，在未来的几十年，高速发展的成品油管道建设是由沿海、沿江各炼厂向内地延伸，并逐步替代火车运输成品油。

预计在2010年前后新建设成品油管道13 000km以上，输送能力达到9 300×10^4t/a以上。在东北—华北、西北—西南、西北—华中、华东—华中、华南—西南、长江三角洲、珠江三角洲、鲁苏皖、浙闽沿海，构建起成品油输送管道骨架，中远期发展中短距离管道，实现点、线连接，点、点连接，逐步成网。

3.天然气管道

天然气管道发展总的方向是：利用国内国外两种资源，建设跨区域天然气管道网络系统，到2020年新建包括进口周边国家天然气资源的跨国管道、陆上管道、海底管道在内的天然气管道2.5×10^4km，完善各输气管线之间联络线建设和天然气输配系统，在京津冀鲁晋、中南、长江三角洲、东北地区建设区域性地下储气库组。至此，我国天然气长输管道总长度将超过4.6×10^4km，形成以西气东输，川气东输，青海、长庆气东输，海气登陆，以及进口天然气为核心的跨越东北、京津冀鲁晋、长江三角洲、中南、中部、西北、西南、东南沿海各省、直辖市、自治区的跨区域管网系统，形成资源多元化、供应网络化、纵横交错、调度灵活的供气格局。

(三)发展中国管道运输应采取的政策措施

我国管道运输现已进入一个大发展时期，由于管道运输具有的独特优势，其在综合运输体系中的作用和地位将会进一步提升，一些发展中的问题需要在国家层面上给予指导和扶持。

(1)各种运输方式的发展须由国家综合交通部门进行统筹规划，使各种运输方式各得其所，促进综合运输体系的建立与协调发展。对管道运输应同铁路、港口、公路干线和主要内河航道的建设一样，纳入整个交通运输的中长期规划和年度计划，进行宏观调控与协调。

(2)对管道建设应实行基础设施建设的政策，如，免交所得税、低息贷款、税前还贷等政策，推动管道运输的发展。

(3)发展天然气工业，改善天然气市场结构，需要由国家制定相关政策，确保天然气的投资和贸易渠道畅通，形成适合天然气市场发展的产气方与消费方的合作形式。进一步放开天然气的利用范围和融资渠道，促进污染领域以气代煤、以气代油，扩大天然气市场应用范围。

(4)制约我国天然气市场发展体制上的重要因素之一，是城市天然气销售公司与天然气生产商的分离。城市天然气销售公司压低城市门站价格，不允许天然气生产商向大用户直供，或收取高额配气费，制约了天然气市场的开发，加大了天然气生产商的投资风险。现阶段政府应当给予三大石油公司天然气专营权，允许直接进入终端消费领域，尤其是对大用户的直供，使天然气生产公司能够统筹考虑上中下游天然气项目的效益分配问题，能够尽快回收发展天然气的投资。同时，政府要加强监管，将天然气供应商的利润控制在合理的范围之内。

(5)确立我国灵活且公正的天然气管输价格机制,实行可中断用户和不可中断用户,不同用户不同价格的定价方式。原油管道运输量是随着油田产量的变化而变化,对原油运输价格的确定,应从其运输特点出发,根据实际成本确定合理的标准。

(6)管道运输应同铁路、水运、航空一样,由货主办理有关保险。

(7)加强天然气利用技术研究和新技术应用,特别是在资源转换、天然气运输以及天然气高效利用等方面的研究和技术开发工作。

(8)油气储运专业是国家一级重点学科,专业领域已涉及石油、化工、海洋、民航、军事后勤保障和国家石油安全。但至今油气储运的科学研究主要分散在院校和企业,基础条件不足以进行高水平创新研究。需要国家引导和支持,建立国家级重点实验室。

四、典型管道运输管理信息系统应用评价

1. 中国石化管道——原油管理信息系统

原油管理信息系统是中国石化管道为运销、调度、管道、工艺等专业岗位及各级管理人员进行生产管理与辅助决策而研制开发的一套计算机管理系统。该系统包括管网综合展示、运销管理、管道管理、设备台账管理、生产动态信息展示、调度

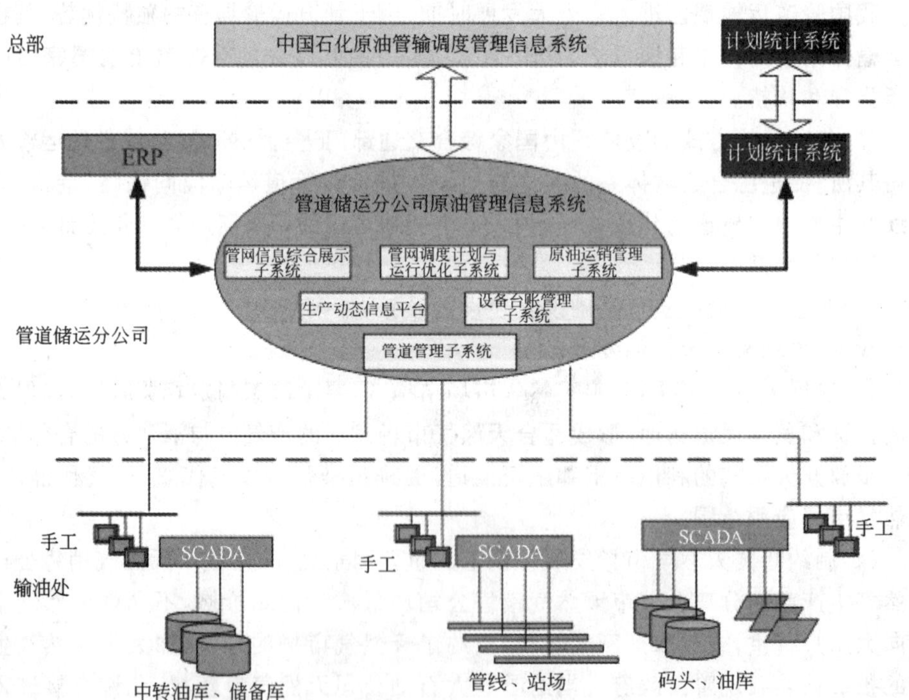

图 6-21　中石化原油管输调度管理信息系统图

优化、基础管理等几个子系统,如图 6-21。该系统应用地理信息技术对管线分布信息进行综合展示、对管道泄漏点进行检测和定位,并能准确提供目标位置周围的详细地理信息。该系统应用实时数据库技术,通过开发相应的 API 接口程序来将不同的 SCADA 系统的数据进行集成,对各条管线的生产信息进行实时存储、分析和动态展示。该系统还采用线性规划(LP)技术、混合整数规划(MIP)技术和专家规则建立数学模型,对管道运输生产计划和输油生产工艺进行优化,为输油生产调度提供辅助决策信息。该系统采用流行的基于 Web 浏览器的 B/S 架构,具有较高的安全性和易用性。

该系统所采用的技术目前在国内处于先进水平,尤其是将这几种技术综合运用在原油长输管道上在国内属于首创。

2. 天然气管道的信息管理系统——Tyumentransgaz(Gazprom)

Gazprom 是世界上最大的天然气生产公司(图 6-22,图 6-23),它生产的天然气大约占世界天然气产品总量的 20%。近 30 万人在 Gazprom 公司及它的各个子公司工作。作为 Gazprom 的子公司,Tyumentransgaz 是一个提供天然气运输的企业,它将天然气从 Obgulf 地区(Urengoy、Yamburg、Zapolyarnoye 等)的油田运输到 Ural 地区。

图 6-22　Gazprom 天然气公司

图 6-23　Gazprom 天然气公司

Tyumentransgaz 的线形管道部分由 15 个平均长度超过 1 400km 的主天然气管道、大约 4 000 个线形插口和 8 000 多个附加插口组成。Tyumentransga 管理 35 个压缩机站,这些压缩机站包括约 240 个压缩机车间和 1 100 多个油泵,其总体可利用的能力达到 4 成。天然气运输系统每小时的运输量达到 6 千万立方米。

为了解决这些实质的问题,Tyumentransgaz 公司采用基于控制和报告系统的 Wonderware 软件,即信息管理系统。

在信息管理系统(IMS)基础上新开发的 Wonderware 软件包含了多个自动控制级别,并向用户提供以下可能性:

(1)实时控制天然气运输系统每天的情况(在不考虑数据源的情况下,变量更新周期为 2～3s);

(2)分析数据档案文件;

(3)管理主天然气管道的线形部分;

(4)综合现有新型自动控制及企业 IT 系统。

IMS 主要功能有:

(1)从不同数据源采集数据过程的自动控制;

(2)为整个系统引入数据并将其转换成统一格式(开发了命名参数和对象的单一系统);

(3)积累数据档案文件,提高数据存储的容错能力和数据传输的纠错能力;

(4)将即时数据绘制成工程图表,将档案文件数据绘制成曲线图,并向用户提供不同接口;

(5)连接外部信息系统(2 小时报告系统、"静态测试记录器"模型设计系统、身份鉴定系统、数据高层传输系统等等)。

最终,控制服务通过实时的方式控制天然气运输网络组件的所有输入参数,并且不受人为因素影响,收集依赖于精确数据的运行结果。

快速发展商业环境需要灵活的报告和控制

鉴于全球天然气消耗的提高和汽油萃取量的增加,更有效且高质量的天然气运输的需求日益增长。自动控制及报告系统要求能够在各个级别的天然气运输网络上处理更多的准确数据,并且对于有效的公司管理的需求在迅速增长。

信息管理系统是基于工业 SQL 服务器的数据源存在于不同的低级别的自动控制系统中:

(1)天然气运输硬件及控制器系统,包括不同的 PLC(Product Life Cycle)系统;

(2)压缩机车间管理系统;

(3)自动测量记录及远程终端系统;

(4)数据自动收集系统,包括相似变量测量系统。

Wonderware 软件是在 IMS 系统基础上开发,集成了数据存储及可视化功能,并从所有控制器和覆盖整个企业的区域数据传送网络(RDTN)中获得信息。Wonderware 软件为主要的数据传输通道提供了存在于企业无线转播通讯系统的 64k 比特流。空闲通道用于卫星通讯。

数据在实时容错数据库服务器内统一格式并归档,该数据库服务器包括两台 HP 服务器及其磁盘阵列、MS SQL 及其中心控制部分的 Wonderware Industrial SQL。集中的事件日志也储存在该服务器中。

Wonderware Industrial SQL 服务器允许大量参数(多达 10 万个)高频(高达每通道 1Hz)的数据积累,同时通过 SQL 服务器可以访问数据文档,从而能够进一步对数据进行综合和分析。

通过 Wonderware 提供的具备计数器和基于 TCP/IP 协议通信的快速协议服务器,来实现数据收集。

用户接口——InTouch 和 SuiteVoyager

考虑到天然气运输网络复杂的整体参数,“静态测试记录器”模型作为附加系统被引入使用,该记录器能够获得有关液压和天然气在多线油管道里分流的动态统计图。为了使用 Wonderware 软件工具来实现上述功能,开发了交互和数据转换为当前系统格式及反变换的特殊模块。

为了提高一个庞大系统内可视化方法的使用性,在中央控制室里安装了集成 Wonderware In Touch 软件的视频墙。该视频墙的上部分显示了汽油运输系统的综合技术图表,而在视频的下部分显示其他附加窗口(缩放图表、事件日志、通信图表等等),这些窗口可以自动显示或通过控制人员的命令显示。

直接与汽油运输相关的操作服务人员,可以使用通过 Wonderware Suite Voyager 的 web 网站创建的 web 接口,去访问 IMS 系统的运行及存储的数据。企业内任何授权访问的计算机都可以使用这个用户接口。

为提高对所有企业的管理效率,Gazprom 拥有它自己的用于收集各个企业数据的控制服务中心。随着在线数据需要转换到一个新信息系统中的情况出现,Gazprom 采用了新的数据传输技术,这项技术允许在每秒或更短的时间内更新数据。为了与 Gazprom 内部通信软件进行交互,开发了安装在 RTDB 服务器内的数据交互和转化模块。

为了跟踪运行系统状态,开发了实现以下功能的工作站专用诊断应用程序:

(1)跟踪实时数据收集和报告服务器状态;

(2)跟踪工作站组件与外部系统的交互;

(3)跟踪各个工作站和自动控制器及他们的连接。

所有的变化数据都记录在事件日志中。

结论

Tyumentransgaz 信息管理系统以 Wonderware 软件为基础,为生产操作实现了在 Gazprom Corportation 级别上的战略准则:

(1)通过成本缩减提高利润;

(2)商业行为的有效管理;

(3)改进企业管理;

(4)实施的透明度;

(5)为运作职责和管理决定建立高效率汇编系统用于管理环境。

目前系统的功能和结构正在进一步完善中,同时 IMS 系统的应用范围也在扩大。

S 本章小结

货运信息管理是物流管理的一个重要环节,全面完善的货运信息能有效提高货运效率、降低货运成本、提高客户满意度。快速的货运信息能为货运在安全、准时方面提供保证。因此，了解货运过程中需要掌握哪些货运信息、特别是一些特殊商品的货运应特别关注哪些信息，对用户和货运实施者都很重要。

货运方式的分类按不同标准有不同的分类，货运信息可分为宏观信息和微观信息，宏观信息要关注人文信息和地理空间信息，微观信息要关注运输品信息、货源信息、货运载体信息等。特殊货运方式主要讨论特殊商品的货运信息，例如，危险货物、重大件货物、易腐冷藏货物、贵重货物、活的动植物等货物的相关信息，以及运输过程中对运输工具的要求、对运输环境的要求方面的信息。

公路货运信息管理涉及货物跟踪管理、货运车辆运行管理和现代物流实时跟踪管理过程中要了解的货运信息，以及由于不同公路货运方式的业务流程有一定的差异，其货运信息的类别和量也有一定的差异。例如，零担运输、集装箱运输、配送运输等。

船舶代理信息管理涉及船务信息、航次结算信息、出口单证信息、出口运费信息、进口单证信息、集装箱信息等方面，这部分内容以泛华讯船舶代理管理系统系列软件为例，详细介绍了此类软件的功能及其在实际业务中的应用状况，有助于对船舶代理运营中的信息管理有一个清晰的认识。

铁路作为国民经济的大动脉，长期以来为我国经济发展起到了十分重要的作用。改变铁路货运营业站的服务，对其业务流程进行面向客户的再造，提供满意的服务，是提高铁路运输效益及竞争力的有效手段和迫切要求。本章中介绍的业务流程的改进，将由各部门串联完成的流程变为由货运受理人一人完成，使整个流程的效率提高，同时降低了管理费用。同时划分系统模块，分别分析和设计各功能模块。最后，对成都铁路货运管理信息系统应用进行了评价，该系统在一定程度上方便了旅客，也提高了铁路自身的经济效益，铁路货运的信息化有着重要的现实意义。

对于航空货运业务流程，按照业务的内容分别介绍各个流程的内容和它们之间的关系，提出了现有业务流程中存在的主要问题；其次根据现有的业务流程的问题进行了分析设计，提供了基于信息管理的航空货运管理信息系统的业务流程，对现有的业务流程进行了再造；再次以航空货运信息管理系统为依据，按照业务内容划分了九个功能模块，并分析了各个模块的功能和作用，阐述了模块之间的联系；最后，以捷运通航空货运管理系统为例展示了航空货运管理信息系统的应用，并对其进行了评价。

E 思考题

6-1 货运信息主要包括哪些内容？

6-2 公路货运管理信息系统的主要功能模块有哪些？

6-3 船舶代理管理信息系统的主要功能模块有哪些？

6-4 分析铁路货运信息系统的作用。

6-5 以成都铁路货运信息系统为例,理解并分析系统模块的需求和功能。

6-6 分析航空货运管理信息系统的作用。

实训性练习题

6-1 根据公路货运的各种单据写出相关的货运信息。

6-2 举例描述船舶代理管理信息系统的业务流程。

6-3 试填"gooTrans 系统的开货运单",分析哪些信息为必不可少。

C 案例分析

案例 6-1 中外运(久凌)汽车运输有限公司

一、背景介绍

1. 主要业务

中外运(久凌)汽车运输有限公司(以下简称久凌公司)是中外运集团内专业的陆上物流企业。经过几年的发展,它主要经营国际物流、国内物流和汽车、零配件及检测仪器的进口及国内销售等其他汽车综合服务业务,同时配合集团海运、空运公司开展多式联运及"门到门"运输。运输方式有内地一般货物运输、集装箱集疏港运输、内陆口岸周边国家过境货物运输、零担快件运输及省市分拨。

2. 规模情况

久凌公司自 20 世纪 50 年代组建以来,逐步形成了遍布全国的公路运输网络。到 1998 年底,共拥有 170 家汽车运输公司,30 家汽车修理公司,各种载货汽车 3 000 台,其中集装箱牵引车 1 500 台,运力结构可适用于各类大、中、小件货物运输,其单车最大载重量达 200t。快运营运线路(整车 TL、零担 LTL)从 1998 年开始建设,1998 年,开通上海至广州、天津的整车干线运输;1999 年 1 月,开通京广线久凌零担快运线路;2000 年 5 月,开通成都、北京、广州整车干线运输;2000 年 6 月,开通成都至自贡、重庆久凌零担快运;2000 年 9 月,开通北京至济南、淄博、潍坊、烟台、威海、青岛的久凌零担快运;2000 年 10 月,开通北京至东北三省的久凌零担快运,基本上建成了久凌公司的车辆运输网络。

3. 采用的信息系统

目前,久凌公司的部分公路营运车辆已经装备了全球卫星定位系统(GPS)和跟踪系统,部分仓库开始使用条形码等技术,并正与国际著名软件公司合作,在全集团推广先进的仓储物流信息系统。系统的建成,从为中国各大外贸公司提供全面运输管理服务,为国家重点工程项目的进出口物资提供国际多式联运,为大型国际展览会、博览会和运动会提供物品运输，到近年来为知名跨国公司提供产品的库存管理、分拨和配送，久凌公司的经营理念自始至终贯穿着物流观念和服务精神。历经50年发展的中国外运依托其完善的网络和种类齐全的服务，正不断致力于为客户提供完善的物流解决方案和全方位的物流服务。

4.电子化物流形成的背景

作为一个物流公司，信息化的道路并不是简单地应用一两个系统，而是要使电子信息渗透入整个行业，渗透到整个物流运作中，为降低商品成本提供巨大的空间。据统计资料表明，美国的物流成本占整个GDP的9%，而中国的物流成本占整个GDP的25%。在中国的劳动力成本、物流资源成本、设备成本均大大低于发达国家的条件下，中国的物流总成本应该比发达国家低得多，而不是高得多。这说明中国的供应链过程中发生了巨大隐含成本(反向物流成本、订单流程成本、批量变化成本、库存成本等)。久凌公司目前做的就是如何把这一成本降低，使用的手段就是信息化。

5.理念的提出

2000年10月，久凌公司总经理在联想公司"东北物流"项目的投标书中提了3点，亦即21世纪的企业要关注的3个问题：一是关注核心产业；二是使用新技术；三是使战略性资源外取。

根据这三点，久凌公司认为，着眼于新世纪的联想物流，应当确定SCB在联想中的地位，确定MOB(Make Or Buy)，关注全球一体化，必须先在国内实现物流一体化，强化联想自身的物流组织和规划能力，以建立相对独立的联想物流系统为目标，选择战略性合作伙伴，与战略性合作伙伴共同实施SCM，将可以降低投入、提高效率，系统可以不断引进先进的物流技术。凭着出色的理念以及对物流的深刻理解，久凌公司拿下了联想公司"东北物流"的项目。他们随时根据市场情况的变化，推出自己的服务，不超前，也不滞后。在未来几年，物流服务可能会集中到几家公司手里，企业产品将通过物流企业送到配送中心，由配送中心再送到零售商店。只有那些有准备的公司，才能成为最后这几家仅存的物流公司。

二、久凌物流信息系统建设

自1997年以来，久凌公司按现代企业制度要求，根据企业实际和市场特点，在全国各地部分汽车运输企业组建了具有综合储运能力的15家久凌储运公司。这些公司采用了现代管理手段，引进了全新的经营机制，发挥了中国外运陆上网络优势。在公司的信息化建设方面，久凌公司主要是建设了中外运陆上物流信息系统。1997年开始制订计划；1998年6月制订方案；1998年11月，引进了美国移动卫星通讯系统；1999年6月，完成物流信息系统方案设计初稿；1999年8

月，开始物流软件开发；2000 年 3 月，完成第一版软件开发测试；2000 年 6 月，完成第二版软件开发测试；2000 年 9 月，第三版软件应用开始，并提供网上查询。

三、电子化物流的实践

电子物流就是利用电子化的手段，尤其是利用互联网技术来完成物流全过程的协调、控制和管理。实现从网络前端到最终客户端的所有中间过程服务，最显著的特点是各种软件技术与物流服务的融合应用。

1. 物流信息系统建设的背景

1998 年，久凌公司引进美国高通公司车辆卫星定位系统后，已经可以随时跟踪车辆的情况，但后来发现光有车辆的跟踪系统是不够的。接着，久凌公司就开始研究和开发物流管理系统，以使得车辆管理和仓储管理能够配合。久凌公司把操作流程分为几块：客户、销售部、结算、销售中心和下面的配送中心。为此，久凌公司专门设计了一个物流管理软件，着手构建物流信息系统。

2. 物流信息系统的内容及功能

久凌公司陆上物流信息系统 Srmis 包括两块内部管理系统。下面我们来具体了解一下。

1)仓库管理系统

这是由国内外成熟的仓库管理软件构成的先进仓库管理信息系统，主要可以实现以下功能：

(1)实行计算机管理。计算机能自动划分序位，实行先进先出。

(2)能和货主实现 EDI 传输，接受货主的指令。

(3)所有出库产品都经过扫描仪扫描，使对产品的管理精确到件、号和买主等信息。能显示料号、序列号和买主等信息。

(4)可以进行数据的实时传输。在和客户有专线连接时，可将数据在 5～10 分钟内传到客户，使客户对产品实现实时管理。

2)中外运久凌车辆管理系统

由中外运久凌快运班车管理软件和中外运久凌全国车辆调度管理软件构成。整个 Srmis 系统的特点为领先的物流管理信息系统，物流管理与物流操作分离的业务模式，全国物流销售与物流调度一体化控制，分区逐级互动协作关系。提供个性化客户指令录入和查询界面。可靠、节省的信息传递方式，系统不断升级。

久凌公司物流业务部经理认为，车队和仓库的管理软件应当是分离的。现在，久凌公司车队正在准备引进美国 TMW 公司的调度软件，和引进的卫星定位系统相结合，就具有了对车队全方位管理的能力。在仓库管理方面，久凌公司引进了美国CA公司的MK 2000,同时,结合自己开发的一个仓库管理系统,在仓储管理方面也具备了一定的能力。这两个方面的完善,构成了久凌公司对整个物流系统管理的一整套解决方案。

四、物流信息系统应用的效果

久凌公司的定位是一家物流企业,既然是物流企业,就包括仓储和运输两个方面,这两个方面最初都是单独管理的,而随着信息技术的应用,两个系统会最终结合在一起。在使用这些系统之后,久凌公司的运输和库存能力得到大幅提升,杜绝了呆货情况的发生,保证了库存产品的生命周期,同时,这也为客户提供了更为优质的服务。客户可以结合其在全国各地不同的销售量,对自己的库存进行有效的管理。可以这样说,一个好的物流公司,等于帮助产品销售公司实现更多的价值。

1.了解车辆运行情况

久凌公司的部分车辆安装了卫星定位系统,可以对车辆的运行情况进行了解。具体操作是在车的前端安装一个卫星定位系统的天线,这个天线不停地从GPS卫星上得到自己的位置信息,然后再把位置信息发送到通信卫星上,通信卫星把位置信息发到网管中心,网管中心是久凌公司用的外面的资源,公司的调度中心通过拨号或是通过专线得到车辆的位置,同样,司机和调度也可以互相发信息。这样的话,每一辆车的运行轨迹和每辆车的情况都可以了如指掌。

2.车辆与调度管理结合

久凌公司实现了车辆和调度相结合。从运输的应用来看,最初的车辆管理是从A点到B点,只是对车辆运行轨迹的管理,之后再进行的是对车辆载货进行管理,最后再将车辆与调度管理结合起来,比如哪几个地方可以装货,哪几个地方可以卸货,这样就可以最大限度地利用车辆。而在仓储的应用上,至少要保证产品能够管理到位。

3.提高产品周转速度

久凌公司的运作提高了产品的周转速度。现代物流客户的需求也在不断增加,要留住客户,就要更好地为客户提供服务,而这离不开信息技术的应用。从久凌公司的客户来看,对产品周转的要求非常高,尤其是电子产品,生命周期非常短,要求能够非常迅速地进入市场,保证厂家先来的产品先出。另外厂家的产品种类越来越多,对仓储管理提出了更高的要求,不能简单到只是管理到件。再有厂家对产品出库的要求也逐渐出现,要求能够提供产品的出库扫描,知道每一件货物去了哪里,这样可以对售后服务有保证。久凌公司在仓储方面的原则就是要与客户需求紧密结合在一起,随时把销售状态、进出货的情况告知客户。对于客户来说，只要有久凌公司这样一个窗口，就可以知道货物在全国的布局情况，可以实现资金周转的最大化、库存管理的最优化，产品的有效管理可以使得企业的经营速度大大提高，物流的价值就在这些方面体现出来。

商流和物流一定是会分开的，做物流的就是要帮助做商流的实现快速反应。对久凌公司来说，其目标客户就是那些对时间要求比较高、对管理要求比较严的公司。以久凌公司的客户明基公司为例，明基公司的产品从产地到全国任何一个销售地点，最长不会超过5天，这些产品在各地的库存最长不会超过两个星期，平均10天，产品就会出库，而一批产品的平均库存周期是多长呢？平均15天，对明基公司来说，15天就可以实现库存周转一遍，每年库存可以周转将近20次，库存周转率提高，对企业的资金周转率也会提高，可以有效地改善企业的财务状况。

4.全程货物查询

久凌公司实现了全程的货物查询。久凌公司目前以全国15个有储运能力的公司为中心，把中国大陆分成了8个区域：东北区域物流中心覆盖的区域包括辽宁、吉林、黑龙江以及内蒙古的部分地区；华东南区区域物流中心覆盖的区域包括上海和浙江；华东北区区域物流中心覆盖的区域包括安徽和江苏；华北区域物流中心覆盖的区域包括北京、天津、山东、山西、河北以及河南、内蒙古的部分地区；华中区域物流中心覆盖的区域包括江西、湖北、湖南以及河南的部分地区；华南区域物流中心包括广东、福建、云南及贵州部分地区；西南区域物流中心覆盖的区域包括四川、重庆和贵州的部分地区；西北区域物流中心覆盖的区域包括陕西、甘肃、宁夏、新疆、青海和西藏。久凌公司能够提供全程货物查询服务，而在北京久凌、河北久凌、河南久凌、湖北久凌、湖南久凌、广东久凌，可按客户要求，提供门到门取送货服务。

5、让调度和车辆不见面

久凌公司通过电子物流实现了调度和车辆不见面。久凌公司电子物流的功能十分强大，它能够实现系统之间、企业之间以及资金流、物流、信息流之间的无缝链接，帮助企业最大限度地控制和管理库存。今后的电子化物流将由于全面应用了客户关系管理、商业智能、计算机电话集成、地理信息系统、全球定位系统、互联网、无线互联技术等先进的信息技术手段，以及配送优化调度、动态监控、智能交通、仓储优化配置等物流管理技术和物流模式，从而为企业建立敏捷的供应链系统提供了强大的技术支持。

五、久凌公司取得成功的原因

久凌公司能做到这些，是因为久凌公司拥有高素质的人才、科学的管理规范、正确的操作流程，再加上从国外引进的MK管理软件，所有这些都是久凌公司能够提供优质服务的保证。久凌公司能够在划分的8个区内实现限时管理，只要在这些区域里面(新疆、云南、贵州的部分地区除外)，久凌公司可以保证在48小时之内将货物送达目的地。

因为目前市场上的客户，主要的需求还是在地、市级城市，因而久凌公司的区域也分得比较大。随着久凌公司自有装备的提高，随着客户要求的再度提高，久凌公司会对区域再进行细化，那样就能够提供时间更短的配送服务。具体来说，久凌公司的服务优势表现在以下几个方面：

1.多元的运输服务形式

久凌公司的物流服务项目包括：

(1)国内集装箱、散货的汽车运输；

(2)国内零担快运；

(3)仓储及相关服务；

(4)货物分拨、派送；

(5)过境运输；

(6)国内国际货运代理；

(7)进出口货物内陆转运；

(8)CY、CF服务；

(9)代理客户报关、报验、保险；

(10)国内综合物流服务；

(11)电子商务配送业务(BtoC/BtoB)；

(12)客户物流解决方案设计；

(13)紧急、高值货物汽车运输全程跟踪查询；

(14)仓库条码信息采集及EDI；

(15)代收汇票服务(部分地区)。

2.具有竞争优势的服务能力

久凌公司的服务能力具有竞争优势。从物流配送的时间上来看，目前在中国做得比较好的美国直销公司，约7天就可以把产品送到消费者手中。据称，这些直销公司最终想在物流方面，做到库存1年达到63个周期，也就是说，每5天产品周转一次。而按久凌公司目前的状态，1年可以达到20个周期，这在国内来说已是相当不错了。目前在国内，有这样合理的仓储布局，有这样优秀的陆上运输能力的物流企业，还是屈指可数的。

六、久凌公司的发展目标

虽然目前国内还没有公司能对久凌公司产生压力，但久凌公司看得很远，认识到随着发展，国外优秀的物流公司将会给久凌公司造成威胁。在美国，物流公司里面没有一辆车，只有调度和电脑。通过卫星定位系统，调度发出一个请求，司机给调度一个确认，表示可以来运这批货，司机每到一个地方，都会发一个信息给调度，有时候会加货，有时候会卸货，有时候会加油，调度都可以从电脑上了解这个情况。最后，到达目的地，就又变成一辆空车，在整个循环中，调度和车辆都不会见面。在美国，物流公司还提供另外一种物流服务，叫限时专送。美国的这些模式都是以客户为中心，依托信息技术来提供的，而这也正是久凌公司一直在关注的，久凌公司的目标就是要成为一个世界一流的物流公司。

案例问题：

(1)久凌公司的货运信息化发展的背景和过程是什么？

(2)久凌公司物流信息系统的功能和内容是什么？

(3)在进行信息化改造以后，久凌公司取得了什么样的成绩？

案例 6-2 保定运输集团案例讨论

一、保运集团存在的问题分析

1. 业务组织形式单一、流程传统

保运集团的货物运输组织形式一般是采用直线职能式，主要分为两种方式：

(1)零担运输组织形式

零担运输组织形式是指根据零担货物的特点，相应采取的车辆运行组织方式。根据零担运输的特点，汽车零担货运是按照流水线作业的一种生产方式。它的作业内容主要包括：受理托运、验货司磅、起票收费、吊签入库、配货装车、货物运送、到站卸货和货物交付等。

(2)整车货运商务作业

汽车整车货运商务作业的内容包括：货物托运与承运、装卸、起票、发车、运送与到达交付、运杂费结算、货运事故处理等。目前对于零担运输而言，从承运到核对装车的时间平均为 5 天，对于整车货运而言。从承运到发车的时间平均为 4 天，这样大部分的时间都浪费在运输公司的货场中。就整车货运的业务组织上看，承运业务的发生需要 0.5 天，验货需要 1 天，配运及调车需要 1.5 天(有时因车辆的回程时间不能控制，车辆不能及时到位，使得调车时间更长一些)，装车及起票发车需要 1 天。而货车在运行中的时间表就更不能够被及时地监控，使得公路运输的准确到达率很难控制。

2.物流作业信息化程度低

经调研,保运集团长期以来从事专业物流的人员缺乏系统的专业培训。物流作业信息化程度低,信息交流速度慢,计算机应用水平低。公司运营主要沿用以大量消耗资源和粗放经营为特征的传统发展战略,重视发展的速度和数量,忽视发展的效益和质量;重视外延扩大再生产,轻视内涵扩大再生产。

二、对保运集团的转型建议

根据保运集团存在的问题,我们对症下药,对其做出以下转型建议:

1.建议增加货运交易信息中心

针对保运集团目前的货运业务组织状况,实现信息沟通和中介服务功能,及时向社会通报自己对车辆、货物的需求,加快货物运输的效率。针对保运集团目前的计算机应用水平低、各部门互动性差的特点,建议加快实现计算机联网,成立交易信息中心,使客户不仅可以充分获取信息,直接进行组货或配载;同时还可以获得运管部门签发的路单,代办结算、保险、处理运输纠纷等服务。针对过去业务组织方面的缺陷,建议对其进行业务流程重组。

2.成立信息核算中心

成立信息核算中心,将涉及各种信息核算业务机构和岗位统一纳入到该系统中,统揽企业内所涉及的各种信息。对这些信息进行专业化处理,不仅提高原来涉及信息处理各部门的工作效率;而且这些信息经过整合后,对原来使用信息的各部门而言,得到的信息更加全面、完整和真实。

3.成立运输经营中心,负责指挥公司运输生产的各方面事宜

就整车货运的业务流程重组后看,承运业务和调车同时发生,验货的业务和派车同时发生,验货的同时所需车辆可以到位,这样原来的直链式业务就变成了两条并行的业务形式,可以使货物在货场所停的时间减少到2天。而成立的信息处理中心成为货运各部门的联络中心,它使以前相对独立的各部门计算机形成一个网络,加快了各部门的信息交流,使信息中心及时掌握公司的运行现状,从而保证了货物的按时装载和发送。而货车在运行的时间表可以采用GPS智能定位系统,能够被及时地监控,使得公路运输的准确到达率和返回时间得以控制。

4.运输业除要有服务意识外,还要有服务技术手段的支持

运输业要提高服务意识,同服务对象结成战略伙伴协作关系,也就是在面对客户需求而自身资源有限时,是否能够积极地在市场上寻找合适的合作伙伴,延伸本企业的供应链,整合市场资源来为客户服务;是否能够主动地去了解供应商和客户的活动过程与运作要求,在物流服务的渠道结构发生变化的时候,为客户设计新的物流解决方案,建立新的市场竞争共同体。显然,电子商务条件为传统运输业向现代物流业的转变提供了有效的技术支持。

要向客户提供以运输为主的多元服务。要从运输本业出发，争取能够提供部分或全部的物流服务；要与用户建立长期合作关系，参与供应链的管理；要建立实时信息系统、GPS系统、存货管理、电子数据交换等，为用户提供物流信息反馈。

要实施技术创新，利用高新技术提高企业竞争力，调整发展战略。传统公路运输业应当通过信息和专业物流知识，以最低的成本提供客户需要的物流服务。从保运集团目前的情况看，无论是物流服务的硬件还是软件，都与提供高效率低成本的物流服务要求还有较大的差距，信息的收集、加工、处理、运用能力，物流业的专门知识，物流的统筹策划和精细化组织，管理等能力都显不足。

5. 实现物流信息化

保运集团现在急需要的是注入高科技和现代化管理、日新月异的信息技术，来为汽车运输业的现代化提供保证。保运集团的信息化建设可从以下方面着手：建立公路运输货物计算机辅助管理系统，包括决策支持、车辆调度、人力资源管理、财务管理、内部结算等系统，可以大大减少管理人员，提高管理精度和管理效率。开发应用GPS车辆跟踪定位系统、GIS车辆运行线路安排系统等技术，促进运输生产的自动化。积极引进先进技术，包括建立GPS卫星定位系统，利用地理信息系统技术、卫星定位技术、电子数据交换技术，优化车辆运行调度，提高车辆效率。利用现有的集团内部网络系统与全国统一的货运电子商务系统联网，提供全国的货源信息，统一调度，统一配载，传输和自动处理公路运输相关的信息和单证票据，建立智能运输系统，提高运输效率。

问题讨论：

现代运输系统是一个复杂的工程，它将多种信息技术融合在一起，从而提高了运输系统的效率。你认为，从技术实现的角度来看，在我国应该如何去建立和实现现代运输系统？

案例6-3　集装箱中心站如何使用信息系统

集装箱运输是当前世界发达国家铁路快速货运的主要形式，并且已形成世界范围的集装箱运输标准化、专门化和通用化的发展趋势。随着计算机技术的迅速发展，各国铁路把建设集装箱信息系统作为发展集装箱运输的重要内容和提高运输效益的重要手段。在国内，交通部、远洋公司等都已建立集装箱信息系统和EDI中心，对国际集装箱运输的信息化开展了研究及应用。随着社会主义经济的飞速发展和铁路的跨越式发展，集装箱运输以其众多优越性，已成为我国铁路运输的主要形式和新的经济增长点，成为世界上集装箱运输发展最快的国家之一。为此，铁道部决定“十五”期间规划集装箱运输系统建设，将陆续在北京、上海、广州、天津、哈尔滨、沈阳、大连、青岛、郑州、武汉、深圳、宁波、成都、重庆、昆明、西安、兰州、乌鲁木齐18个城市建设集装箱中心站，将逐步形成以集装箱中心站为铁路集装箱集疏运中心，连接全国各大经济区域的货物集散中心和主要港口的铁路集装箱运输体系。

案例6-4　南航研发成功国内最先进货运信息系统

南航自主研发的唐翼系统在全球正式投产运行。该系统是目前国内最大、最先进，也是国内首个完全由航空公司自主设计开发、拥有完全知识产权的货运计算机系统。它的研发成功，标志着南航在航空公司营运中最重要的两大生产系统(旅客订座系统和货运计算机系统)之一的货运计算机系统研发与应用中已处于国内领先地位。系统正式投产后，将会为南航货运开展网络运输、物流配送和承诺服务提供强大的信息技术支持，促进南航货运实现发展战略，实现客货两翼齐飞的战略目标。

在技术应用方面，唐翼系统使用Microsoft公司的SQL2000数据库开发平台进行设计和开发，设计数据量大，速度快，效率高，拥有订舱、收运、仓库管理、出港、进港、集装设备管理、统计分析、动态航班数据模块、静态数据模块、语音查询、电子数据交换、公告栏管理和网上货运等13个功能模块。与国内其他同类产品相比较，唐翼具有全天候网上货运、全球化网络覆盖、可视化货运监控、便捷性操作界面、多端口信息传递等五大突出特点。其中，唐翼系统的网上货运功能，为国内首创。唐翼采用Internet技术将系统与南航各分支机构、代理、客户连接，系统终端可直达用户PC机。用户通过国际互联网可24小时访问唐翼系统，随时随地在网上进行网上制单、网上订舱、网上查询等业务处理。同时，唐翼系统通过技术手段将南航货运的两大品牌——货运5 000、货运中转资源充分整合，可以为货主提供从上门收货、联程中转、送货上门等一条龙服务。货主安坐家中，轻点鼠标，货物就可通过南航发达的空中、地面运输网络发往全球各地。

南航在全球正式启动唐翼系统后，将会利用其全球通行的网络技术优势，以网络信息技术为纽带，进一步整合南航集团在世界各地的货运资源，实现新的货运市场定位——“网络运输、物流配送和承诺服务”，并最终实现“以货机航班为龙头，客机腹舱为支持，建设覆盖国内、辐射全世界的国内最大的货运网络”的南航货运战略目标。

据业内专家分析，此次南航在国内航空公司中率先推出有“网上货运”功能的货运计算机系统，将会使南航货运在竞争日益激烈的航空货运业务发展中“e”

路领跑，抢得先机。据悉，三大航空集团重组后，都不约而同地加大了货运业务的投入，将航空货运作为一个新的经济增长点。南航近年的营销思路也在悄悄地发生转变——从“以客为主，兼顾货运”转为“客货齐飞”。战略调整后，近年来南航货运猛然发力：整合营销机构、确立发展战略、引进超大货机、建立大型航空货站、构建货运中枢，一系列“大手笔”使南航货运的发展大大提速。如今，唐翼系统的研发成功，更是为南航货运的腾飞安装了一个马力强大的“助推器”。

第七章 配送中心信息管理

能力目标、知识目标与学习要求

本章的第一个重点是了解配送中心的作业流程及其信息流特征。第二个重点是了解配送中心信息系统各模块内部的具体信息内容和信息流向，以及各模块信息之间关联构成的庞大的配送中心信息系统整体架构。第三个重点是掌握信息技术的应用、信息系统的数据输入与输出，明白各岗位内部以及岗位间信息流转的过程，维护好本岗位的信息源，这也是物流职业岗位培训中所要求的内容。第四个重点是通过案例的学习，进一步认识配送中心信息系统的应用对配送中心经济效益提高的重要意义，并了解配送中心信息系统的结构、功能和具体操作流程。

第一节 配送中心信息

一、配送中心分类与相关信息

1. 配送中心的基本概念

中华人民共和国国家标准《物流术语》给物流中心(logistics center)下的定义是：从事物流活动的场所或组织，应基本符合下列要求：主要面向社会服务；物流功能健全；完善的信息网络；辐射范围大；少品种、大批量；存储、吞吐能力强；物流业务统一经营、管理。

中华人民共和国国家标准《物流术语》给配送中心(distribution center)下的定义是：从事物流活动的场所或组织，应基本符合下列要求：主要为特定用户服务；配送功能健全；完善的信息网络；辐射范围小；多品种、小批量；以配送为主、储存为辅。

物流中心是综合性、地域性、大批量的物资集散地，它把商流、物流、信息流、资金流融为一体，成为产销企业间重要的中间环节。配送中心则是以组织配送性销售或供应，执行实物配送为主要职能的流通型结点。配送中心采取批量进货、零星集货等多种方式；同时实现对货物的分拣、配装等工作；为了提供更高水平的服务，配送中心往往还有较强的流通加工能力；此外，配送中心还必须高效地实现货物送达客户的职能。可见，配送中心实际上是集货中心、分货中心、加工中心功能的综合，并实现“配”与“送”的有机结合。

综上所述，配送中心的主要功能是大规模地集结、吞吐货物，因此必须具备运输、储存、保管、分拣、装卸、搬运、配载、包装、加工、单证处理、信息传递、结算等主要功能，以及产品展示、贸易、货运代理、报关报检、物流方案设计等一系列延伸功能。

2. 物流配送中心的功能

一般地，物流配送中心的功能主要包括以下几个方面：

(1)集发货功能

配送中心将分散的、小批量的货物集中起来，进行拣选、组配、发货，这是配送中心的根本职能。生产型物流配送中心从各地采购原材料、零部件，在进入生产线之前，总要集货，以便按生产的节拍投入物料。同时，生产企业的产成品和零部件也需要集中保管、分拣、发运。商业配送中心需要采购几万种商品，进行集中保管，按店铺销售情况进行分拣、包装、配货、补货，以满足市场的消费需求。

(2)储存功能

为了满足市场需求，应对需求的不确定性，提高供货及时性，任何配送中心都需具备一定规模的库存，这就相应带来了配送中心的储存功能。

(3)分拣功能

根据客户对多种货物的需求和运输配载的需求，将所需的货物从储存货物中拣选出来，进行集中配货。

(4)流通加工功能

配送中心根据客户的需要，将材料进行简单的加工，或者改变包装，以方便运输和客户的销售活动。

(5)配送功能

物流配送中心的核心职能是根据客户的需求，将货物按时送达。根据不同的配送方式，可以将配送分为专业配送、综合配送、共同配送、供应配送、经销配送等。

(6)商品展示与贸易功能

配送中心向更高级的阶段发展，要具备商品展示和贸易的功能，因为货物只有卖出去才能有价值，这是一个必然的趋势。

(7)信息功能

由于功能的多样性，配送中心必然会成为信息中心，货物到达、分发、装卸搬运、储存保管、销售、客户管理、价格策略、运输工具以及运行时间等各种信息都在这里交汇、收集、整理和发布。

3. 配送中心的分类

对于不同种类与行业形态的配送中心，其作业内容、设备类型、营运范围可能完全不同。目前,配送中心的发展已逐渐由以仓库为主体向信息化、自动化的整合型配送中心发展。企业的背景不同,其配送中心的功能、构成和运营方式有很大区别。随着经济的发展和流通规模的不断扩大,配送中心不仅数量增加,也由于服务功能和组织形式的不同演绎出许多新的类型。根据不同的标准,配送中心可以分为以下几种类型。

(1)专业配送中心

专业配送中心大体上有两个含义。一是配送对象、配送技术属于某一专业范畴,综合这一专业的多种物资进行配送,如多数制造业的销售配送中心,我国目前在石家庄、上海等地建成的配送中心大多采用这一形式。专业配送中心的第二个含义是,以配送为专业化职能,基本不从事经营。

(2)柔性配送中心

这种配送中心不向固定化、专业化方向发展,能够随时变化,对用户要求有很强的适应性,不固定供需关系,不断发展配送用户和改变配送用户。

(3)供应配送中心

这种配送中心是专门为某个或某些用户供应的配送中心,如为大型连锁超级市场组织供应的配送中心、代替零件加工厂送货的零件配送中心。

(4)销售配送中心

这是以销售经营为目的、以配送为手段的配送中心。销售配送中心大体上有三种类型:第一种是生产企业将本身产品直接销售给消费者,这种类型的配送中心在国外有很多;第二种是流通企业作为本身经营的一种方式,建立配送中心以扩大销售,我国目前拟建立的配送中心大多属于这种类型;第三种是流通企业和生产企业联合的协作性配送中心。从目前国内外的发展趋势来看,都以销售配送中心为主要的发展方向。

(5)城市配送中心

这是以城市范围为配送范围的配送中心。城市范围一般处于汽车运输的经济里程,可以实现到门运输。由于运输距离短、反应能力强,这种配送中心往往和零售经营相结合,在从事多品种、少批量、多用户的配送上占有优势。

(6)大区域型配送中心

这是以较强的辐射能力和库存准备,向相当广大的一个区域进行配送的配送中心。这种配送中心规模较大,用户和配送批量也较大,配送目的地既包括下一级的城市配送中心,也包括营业所、商店、批发商和企业用户,虽然也从事零星配送,但不是主体形式。

(7)储存型配送中心

这是有很强储存功能的配送中心。一般来讲,买方市场下,企业成品销售需要有较大的库存支持。卖方市场下,企业的原材料、零部件供应需要有较大的库存支持。

大范围配送也需要较大的库存支持。我国目前拟建的配送中心都采用集中库存形式,库存量较大,多为储存型。

(8)流通型配送中心

这是基本上没有长期储存功能,仅以暂存或随进随出方式进行配货、送货的配送中心。这种配送中心的典型方式是,大量货物整进并按一定批量零出,采用大型分货机,进货时直接进入分货机传送带,分送到各用户货位或直接分送到配送汽车上,货物在配送中心只做少许停滞。

(9)加工配送中心

从提高原材料利用率、提高运输效率、方便用户等多种目的出发,很多材料都需要配送中心的流通加工职能。

4.配送中心的基本信息

(1)基础类信息

不同企业不同类型的配送中心,其经营方式会有差异,业务模式与作业流程更会千差万别,但其基本信息是相似的。作为独立法人资格的实体,物流配送中心的基本信息主要包括工商注册信息、印鉴信息、联系信息以及企业从业人员状况、作业区域情况、设备设施状况、运输线路状况等信息。

工商注册信息应包括:企业名称、企业代码、上级主管部门、经济性质、注册资金、注册地址、营业地址、法人代表、经营方式、经营范围、营业执照号、全国统一标识代码、国税号、地税号、开户行、银行账号等。

印鉴信息主要是配送中心的印章图形信息。

联系信息包括联系人姓名、身份证号、电话号码、传真号、电子邮件地址等。

企业从业人员状况包括:员工总人数、基于文化程度、年龄、性别等指标的人员构成。

作业区域情况包括:仓储区占地面积、使用面积、库房面积、货场面积等。

运输线路状况包括铁路专用线名称、到站、专用线长度、站台面积等;还包括公路运输的路线,运营时间等信息。

(2)作业库区基本信息

作业库区基本信息主要包括仓储作业区代码、仓储作业区名称、建筑类型、仓储作业区类型、仓储作业区面积、仓储作业区高度、地面负荷、储位个数和仓储作业区状态。

对于仓储作业区域,应按照区、排、位和层、行、列设计编码。

仓储作业区类型用于标明仓储作业区是库房、货场还是料棚,或者基于其他分类方式。

仓储作业区状态应标明仓储作业区是否可以使用。当仓储作业区在已满、装修和检修的时候,仓储作业区状态应标明该仓储区当前不可使用。

(3)储位基本信息

储位基本信息主要包括储位代码、储位名称、储位类型、储位面积、储位高度、储位长度、储位宽度、地面负荷、储位数、储位状态(是否冻结)。

(4)设备基本信息

设备基本信息主要包括设备代码、设备型号、生产厂家、出厂编号、起重/运输吨位、出厂日期、购买日期、启用日期、报废期限、设备状态(是否可用)。

(5)作业人员基本信息

主要包括人员代码、姓名、性别、身份证、岗位、所属班组以及在管理中用到的其他信息。

(6)客户基本信息

客户包括两种类型,一部分是指在物流配送中心中存放货物的企业法人,他们是物流配送中心服务的对象。另一部分主要是针对流通型配送中心而言,是配送中心的供货对象,其可能是经营性的法人,也可能是个体消费者。

客户信息主要包括客户的工商注册信息、联系信息、客户资信情况等。

工商注册信息包括客户代码、客户级别、客户地址、登记时间、法人代表、法人身份证号、全国组织机构代码、注册资金、国家税务局登记号码、地方税务局登记号码、开户行账号、经济类型、经营范围、主要产品、印鉴等。

联系信息包括联系人姓名、身份证号、联系电话、传真号、手机号码、电子邮件地址等。

资信情况包括信用等级、欠费情况、结存费用。结存费用是对预付款的客户而言的,欠费情况是对后计算费用的客户而言的。

(7)货物/商品信息

货物信息应包括货物序号、货物代码、货物性质、货物品名、规格型号、产地、生产厂家、生产日期、批号、有效期、码放要求、检验标准、保管标准、货物体积、单件重量、计量单位、厂家条码、仓储管理条码等。

(8)车辆基础信息

车辆信息应包括车辆编号、车牌号、所属城市、车辆类型、发动机号、车架号、车型、车厢类型(一般/密封/保温/冷冻等)、车辆品牌、购车时间、油箱容积(升)、核定载重、最大载重、最大容积、车厢净宽、车厢净长、全封闭高度、半封闭高度、自带附件、营运证号码、养路费号、保险卡号码、保险卡电话、车辆所属(自有/其他)、车辆状态(正常/年审/修理/报废等)。

(9)城市道路信息

道路信息包括道路序号、道路名称、长途/市内标志、起始城市、终点城市、运输方式、道路等级、总距离(公里)、总天数(天)、总小时(小时)、停靠点个数/节点数、加油站个数、收费关卡数、关卡收费总额、道路综合情况等。

(10)发/到站站点信息

站点信息包括站点编号、站点名称、所属城市、所属省份、所属地区、邮政编码、电话区号、道路概况等。

二、配送中心的基本活动与相关信息

(一)配送中心的基本活动

配送作业流程是按照用户的要求,将货物分拣、组配,并按时按量发送到指定地点的过程。此外,一项重要的基础工作是货物的筹集和保管。因此,从总体上看,配送中心的基本活动包括备货、理货和送货三个环节,其中每个环节又包括若干项具体的、枝节性的活动。

1. 备货

备货是指准备货物的一系列活动,它是配送的基础环节。严格来说,备货应当包括两项具体的活动:筹集货物和储存货物。

(1)筹集货物

筹集货物即组织货源。在不同的经营模式下,筹集货物是由不同的行业主体去完成的。若配送中心是生产企业自营的,产品由生产企业直接配送,那么筹集货物的工作自然是由企业自己去组织完成;第二种情况,是订货、购货等筹集货物的工作由接受配送服务的需求者自己去做,货物所有权属于该货主,配送中心只负责完成集货、分货等物理性位移的功能;第三种情况,以销售经营为目的、以配送为手段的配送中心,从订货、购货,到进货、集货、验货、结算等一系列活动,完全由配送中心独立完成。

(2)储存货物

储存货物是购货、进货活动的延续。在配送活动中,货物储存有两种表现形式:一种是暂存形态,另一种是储备形态(包括保险储备和周转储备)。暂存形态的储存是指:按照分拣、配货工序的要求,在理货场地储存少量货物,这种形态的货物储存是为了适应"日配"、"及时配送"的需要而设置的,其数量多少对下一个环节的工作方便与否产生的影响很大,但不会影响储存活动的整体效益。储备形态的储存是按照一定时期配送活动的要求和根据货源的到货情况有计划地确定的,它是使配送持续运作的资源保证。如上所述,用于支持配送的货物的两种储备,不管是哪一种形态的,相对来说,数量都比较多。货物储备合理与否,会直接影响配送的整体效益。

2. 理货

理货是配送的一项重要内容,也是配送区别于一般送货的重要标志。理货包括货物的分拣、配货和包装等项作业。

货物分拣是指采用适当的方式和手段,从储存的货物中分拣出用户所需要的货物。分拣货物一般采取两种方式来操作:摘取式和播种式。

3. 送货

送货是配送活动的核心，也是备货和理货工序的延伸。在物流活动中，送货的形态实际上就是货物的末端运输。由于配送中的货物需面对众多的客户，并且要多方向运动，因此，在送货的过程中，常常进行运输方式、运输路线和运输工具的选择。按照配送合理化的要求，必须在全面计划的基础上，制订科学的、距离较短的货运路线，选择经济、迅速、安全的运输方式和适宜的运输工具。

(二)配送活动的相关信息

根据配送中心的基本活动内容，我们大体上可以归纳出三类与配送活动相关的信息。分别是合约信息、单据信息、统计报表和其他信息。

1. 合约信息

配送中心在开展业务活动之前和之中，与各方业务伙伴会产生各种类型的合同，这些合同中包含着业务模式、工作流程、费用和结算等一系列的基本信息，是开展日常配送作业的基础依据。

(1)仓储合同

仓储合同中应包括的基本信息有：存货人名称、存货人代表的联系方式；仓储物的品种、数量、质量、包装、计量单位；仓储物的损耗标准；仓储合同的起止期、合同截止期；货物代码、规格型号、保管要求；仓储的费用类型、收费方式、货物类别、收费标准、收费单价、合同所约定若干种货物保管要求、收费标准，预付款情况。

(2)中转合同

中转合同的基本信息应包括：委托中转经办人的姓名、联系方式；中转货物的品种、数量、收货人、收货人地址、收货人邮编、到站(港)、联系人、联系人电话号码、传真号码、电子邮件地址、运输方式、中转期限、中转方式；中转货物的损耗标准；中转合同的起止期；中转费用，收费方式，计算方式，超期收费，预付款情况；是否有折扣、折扣率，违约责任、滞纳金；货物已办理保险的类型、保险公司、保险金额、保险期间等。

(3)租赁合同

租赁合同基本信息应包括：承租代表人的姓名、联系方式；租赁地名称和位置；租赁合同有效期；租赁收费标准、租赁合同号、租用内容、租用数量、计算方式、租金单价、收费方式、超期收费、预付款情况；租赁管理方式、管理费计量单位、管理费单价；违约责任、滞纳金、签订日期、配送中心人员代表。

(4)代运合同

代运合同基本信息应包括：委托代运经办人的名称、联系方式；代运货物的品种、数量、收货人、收货人地址、邮编、到站(港)、专用线等；代运合同有效期；代运收费方式、计算方式、代理费、运费单价、其他费用单价、预付款情况；货物已办理保险的保险类型、保险公司、保险起时期、保险金额、保险期间以及保险人的名称；违约责任等。

(5)抵押合同

抵押合同的基本信息应包括：存货人、存货人代表名称或姓名、联系方式；抵押货物的品种、计量单位、数量、存量下限、抵押货物范围、联系人、联系人电话号码、传真号码、电子邮件地址等；抵押合同有效期；抵押收费计费方式、收费方式、预付款情况；货物已办理保险的保险类型、保险公司、保险期间、保险金额，以及保险人的名称、违约责任等。

(6)保险合同

保险合同基本信息应包括：保险公司名称、保险公司联系人、联系方式；投保货物的品种、数量、保险类型、最低保险费、免赔额、保险费折扣；保险合同有效期；保险费用、费率、计费方式、结算方式、预付款情况等。

2.单据信息

作为货物集散场所的配送中心，要求提供高效率的配送服务，其环节复杂，作业节拍快，单据管理是重要的作业流程控制手段。

(1)收货单

收货单的基本信息应包括：存货人的名称、代码、对应的仓储合同号；发货人的名称、联系人、发货站、到货方式；承运人的名称、联系人；预计到货时间、交接人和交接时间；货物的泊边、验收技术标准、计量单位、应到货数量；收货单编号、填表日期、到货日期、到货记事、验收记事、代垫费用、车船号、运单号、货物代码、数量、计量单位、外观质量、卸车位；配送中心接运员以及印鉴；收货单编号、收货单备注信息。

(2)发货单

发货单的基本信息应包括：提货凭证的信息，包括发货单编号、货物名称、规格型号、批号、存放储位、计量方式、计量单位、应发数量、码单号；提货人的名称、提货经办人姓名、经办人证件名称、证件号码、地址、电话。存货人名称、仓储合同号；收货人的名称、地址、电话、邮政编码、到站、到货目的地；发生的各种费用，如出库费、装卸费、包装费、运杂费、中转费、其他费用、费用合计、结算方式等；发运的详细情况，如备货位、备货日期、预计发运日期、备货完成日期、发货日期、出库方式、车船号、联系人、到站、专用线名称；配送中心作业人员信息，包括业务受理员签名信息、理货员签名信息、结算员签名信息、复核人员签名信息；保险公司、保险起始期、保险截止期、保险金额；其他信息，如发货项目备注、制单时间、合计数、发货单备注等。

(3)验收通知单

验收通知单主要描述验收对象和验收标准。验收通知单中的基本信息应包括：合同信息，如仓储合同编号、存货人、货物类别、计量方式、计量单位、包装方式、保管要求、结算方式等；货物信息，包括货物名称、规格型号、生产日期、批号/批次、外观质量、数量、计量单位、到货日期、产地、生产厂家、车船号、运单号；应收数量合计、计量单位；实收数量合计、计量单位；配送中心业务受理员签名、理货员签名、结算员签名、复核人员签名；其他信息，包括验收通知单号、收货单号、保管人、仓储区代码、验收人、制单人、制单日期等。

(4)码单

码单的基本信息应包括:货物信息、包括货物名称、规格型号、批号、等级、保质期;当前码放信息,包括储位号、货牌号、序号、垛号、层号、列号、顺向、数量、计量单位等;待发货物信息,包括已发未出库数量、计量单位、预计车船号、发货形式、发货状态、发货单号、发货人等;配送中心作业人员信息,包括业务受理员签名、理货员签名、结算员签名、复核人员签名;已发货物信息,包括发货单号、发货时间;码单号、验收通知单号等。

(5)仓单

仓单信息应包括:存货人名称、业务联系人、联系方式、仓储合同号;货物的名称、规格型号、批号、等级、保质期、保管特殊要求、结算方式等;到货信息,包括收货单编号、到货方式、到货日期;验收信息,包括验收通知单号、验收标准、损耗标准、计量方式、数量、计量单位;码放信息包括码单号、验收通知单号;保管人(仓库)的名称、地址、联系电话、传真号码;配送中心业务受理员签名、理货员签名、复核人员签名;货物是否危险品、危险级别;仓单号、仓单有效期限、仓单密码、配送中心印鉴、制单日期等。

(6)货物盘点清单

货物盘点清单的基本信息应包括:盘点范围信息,如存货人、货物储位、货物大类、货物名称;货物盘点信息,如货物名称、实际储位、账面件数、账面数量、账面重量、实际件数、实盘数量、盘点日期、复核日期;配送中心制单员签名、理货员签名、复核人员签名;其他信息,如存货人代表提供的件数、数量、重量及核实日期。

(7)包装单

包装单的基本信息包括:包装汇总信息,如包装单编号、被打包货物种类、重量、体积、总包装数;包装明细信息,包括包装序号、货物名称、数量、重量、体积;配送中心制单员签名、打包员签名、复核人员签名;费用信息,例如打包费、切割费、材料消耗费等;其他信息如发货单、加工单、备料日期、包装日期等。

(8)配送或运单

配送货运单的基本信息应包括:存货人信息,如名称、业务联系人、联系方式、代运合同号、发站地;收货人信息,如名称,业务联系人,联系方式、地址、到站地;货物信息,如货物名称、数量、重量、体积等;费用信息,包括包干费用、非包干费用、预收费用、实收费用等;其他信息,如接单时间、货运方式、结算方式等。

(9)车辆调度单

车辆调度单的基本信息应包括:货运公司信息,如公司名称、业务联系人、联系方式、车辆、驾驶员;收货人信息,如名称、业务联系人、联系方式、地址、到站地等;调度信息,如配送业务员、调度日期、要求起运日期、要求到达日期、要求行驶路线等;货物信息，如货物名称、数量、重量、体积等；费用信息，包括包干费用、非包干费用、预付费用、实付费用等；其他信息，包括运输投保相关信息、投保费用等。

(10)签收单

签收单的基本信息应包括：收货人信息，包括名称、业务联系人、联系方式、地址、到站地；签收信息，包括收货签收人、收货时间、正点运到无破损确认结果等；货物信息，包括货物名称、实收数量、实收重量、实收体积、破损数量、破损重量、破损体积、赔偿数量、赔偿重量、赔偿体积等；费用信息，包括收货人实付运输费用、货运公司破损赔偿金额等；其他信息，如运到延期原因、收货人拒收原因等。

(11)提货凭证

提货凭证的基本信息应包括：保管人(仓库)信息，包括名称、地址、联系电话、传真号码；存货人信息，包括存货人名称、业务联系人、联系方式、存货人印鉴；提货人信息，包括提货人名称、经办人姓名、电话、证件名称、证件号码、提货时间、提货车船号、结算方式等；提取货物信息，包括货物名称、规格型号、提取数量、计量单位等；配送中心作业人员信息，包括业务受理员签名、理货员签名、复核人员签名；其他信息，包括提货凭证编号、配送中心印鉴、验收通知单号、码单号、备注信息、开单日期、有效期等。

(12)费用结算单

费用结算单是物流配送中心对外收费的凭证。费用结算单的信息应包括：费用类别；计费标准、仓储合同号；结算时间；费用支付人；费用明细，包括仓储费、装卸费、分拣费、加工费、管理费、包装费、出库费、进库费、代理费、代垫费、劳务费、运杂费、费用合计、实收费用、预收费、欠费；收费人以及收费员代码。

3.统计报表和其他信息

(1)统计报表

统计报表由各物流配送中心根据其管理的需要而制订。通常有如下几种类型的统计报表：收货统计报表、发货统计报表、库存统计报表、配送业务统计报表、作业工作量统计报表等。

(2)市场信息

物流配送中心的经营管理活动，离不开市场信息。其经营过程，实际上是一个信息处理过程。21世纪，买方市场的特征更加明显，市场竞争日益激烈，为了在市场竞争中获胜，物流配送中心对市场信息的依存性日益加强。与此同时，信息量激增，经营管理对市场信息的识别、收集、加工和应用的要求日益加大。

一般地讲，物流配送中心所涉及的市场信息主要包括市场环境信息、消费者及其行为信息、顾客或用户信息、消费需求信息、商品生产信息、商品供应信息、供求关系信息、竞争信息、产品信息、价格信息、销售渠道信息、促销信息、国际营销环境信息等。

(3)政策信息

在搞好企业经营管理时,单单掌握物流信息是不够的,商流信息如销售状况、合同签约、批发与零售等信息,同行业企业商流、物流信息,乃至一个国家的政治、经济、文化信息,包括政治事件、经济政策、重大项目计划,股市、金融、保险、国民经济重要指标、失业率等信息,都是企业经营所不可缺少的。

第二节 配送中心业务流程与相关信息

配送作业流程是按照用户的要求,将货物分拣出来,按时按量发送到指定地点的过程。配送作业是配送中心运作的核心内容,因而配送作业流程的合理性,以及配送作业效率的高低都会直接影响整个物流系统的正常运行。

具体来说,配送作业一般包括以下几项作业:进货、装卸搬运、存储、盘点、订单处理、分拣、流通加工、补货、出货以及配送。其基本作业管理流程如图 7-1 所示。

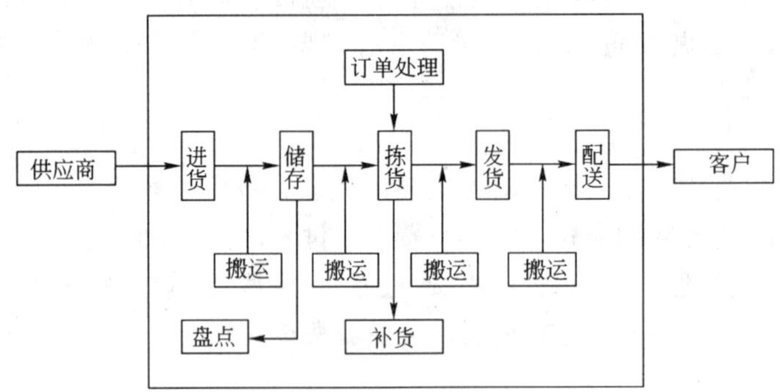

图 7-1 配送中心的基本作业管理流程

除了供应商的选择和客户关系管理外,物流配送中心管理中最具体、最重要的是作业管理。作业管理的具体内容包括以下一些方面:进货作业管理;搬运作业管理;存储作业管理;盘点作业管理;订单处理作业管理;拣选作业管理;加工作业管理;补货作业管理;发货作业管理;运输配送作业管理等。

一、订单处理作业

订单处理作业,是配送中心作业活动的开端,订单拉动其他所有的作业环节,配送中心的货物也才开始流动。订单处理的效率,直接影响着客户服务水平,同时,牵动着配送中心内部作业的合理性和有效性。

所谓订单处理是指从接到客户订单开始一直到着手准备拣选货品之间的工作,通常包括有关用户和订单的资料、单据处理等内容。

订单处理有人工处理和计算机处理两种形式,目前主要采用计算机处理。虽然人工处理弹性较大，但只适合少量的订单处理，一旦订单的数量较多，处理将变得缓慢且容易出错。而计算机处理则速度快、效率高，且成本较低，适合大量的订单处理。

（一）订单处理的内容和步骤

在现代化的配送中心里，订单处理作业都是通过计算机网络来实现的。在订单处理作业中，最重要的是通过网络将企业本部与物流配送中心和各个客户连接起来，从而使订货信息通过信息系统传输到物流中心，在准备发货的同时同期进行自动制作发货票、账单等业务。一般的订单处理流程见图 7-2。

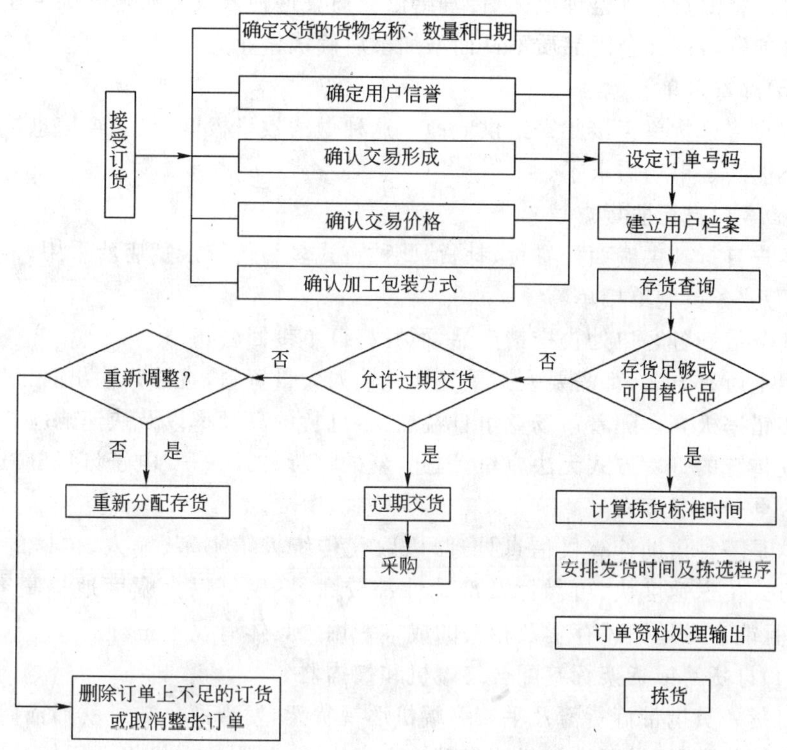

图 7-2　订单处理的内容和步骤

（二）接受订货

接受订货的方式，由传统的人工下单、接单，已经演变为计算机直接或间接接送订货资料的电子订货方式。

1. 传统订货方式

（1）厂商补货

供应商直接将商品装车，依次给各个订货方送货，缺多少补多少。这种方法适合周转快的商品，或新上市的商品。

(2)厂商巡货、隔天送货

供应商派巡货人员前一天先到各客户处查询需要补充的商品，次日再补货。供应商采用这种方式可利用巡货人员为商店整理货架、贴标签或提供经营管理意见、市场信息等，也可利用机会促销产品。

(3)电话或口头订货

订货人员确定好商品名称和数量，以电话方式向厂商订货。订货种类和数量往往都很多，因此花费时间长，且出错率较高。

(4)传真订货

客户将缺货信息整理成文，传真给供应商。这种方式可快速准确传递订货资料，但传真的资料或许会因品质不良而增加事后确认作业。

(5)邮寄订单

客户将订货单直接邮寄给供应商。这种做法效率极低，在当今信息社会，基本上已经不能满足市场需求了。

(6)客户自行取货

客户自行到供应商处看货、补货，此种方式多为传统杂货店所采用。

(7)业务员跑单接单

业务员到各客户处去推销产品，而后将订单带回公司。

以上所有方式，都需要人工重复性地输入大量资料，在输入输出时工作效率低下而且出错率极高。随着市场竞争日益加剧，订货的高频率以及快速响应的供应需求，已经使传统的订货方式无法应付，因此，新的订货方式——“电子订货”应运而生。

2.电子订货方式

这是一种借助计算机信息处理，以取代传统人工书写、输入、传送的订货方式。这种方式传送速度快、可靠性及准确性都较高，不仅可以大幅度地提高客户服务水平，而且能有效地缩减存货及相关的成本费用。具体有以下三种。

(1)订货簿或货架标签配合终端机和扫描器

订货人员携带订货簿及手持终端机巡视货架，发现商品缺货就扫描商品条形码，再输入订货数量，在所有订货资料都输入完毕后，利用数据机将订货信息传给供应商或总公司。

(2)POS(销售时点管理系统)

客户若有POS收银机可以在商品库存档内设定安全库存量。每销售一笔商品，电脑会自动扣除该商品库存。当库存低于安全库存量时，便自动生成订单，经确认后便通过通信网络传给总公司或供应商。

(3)订货应用系统

客户的计算机信息系统里若有订单处理系统，就可将应用系统产生的订货信息转化成与供应商约定的共同格式，在约定的时间里将订货信息传送出去。

(三)订单处理

配送中心在接受客户订单时,需要在短时间内处理大量的信息,主要包括两方面:一是对客户订单进行确认;二是进行配送中心内部的能力核查。所涉及具体内容如下。

1.货物数量及日期的确认

这是对订货资料项目的基本检查,包括品名、数量、送货日期等是否正确,并准确核实运送时间。

2.客户信用的确认

是否接受该客户的订单,首要应检查该客户的财务状况,以及其信用状况和信用额度,以确定该客户是否有能力支付此订单的账款。

3.订单价格确认

不同客户由于订购批量不同,可能对应有不同的售价,因而输入价格时系统应进行检查。

4.加工包装确认

客户订购的商品若有特殊包装、分装或贴标签等要求时,系统都应加以专门的确认。

5.设定订单号码

通常,通过电子订货方式接受订单,信息系统会自动生成流水号订单号码。如果是传统人工订货方式,一定要做好订单号码的设定工作,保证后续作业以及日后的统计查询工作的顺利完成。

6.建立客户档案

将客户的详细资料备案,不仅有益于此次交易的顺利进行,更为日后合作增加机会。档案内容一般包括:客户名称、代号、等级等;客户信用额度;客户销售付款及折扣率的条件;开发或负责此客户的业务员资料;客户配送区域;客户收账地址;客户配送点与配送路径;客户点适合的送货车辆形态、卸货特性;客户配送要求等。

7.存货查询和存货分配

(1)存货查询的主要目的是确认库存是否能满足客户的需求。存货资料包括货物的品项名称、货物编码、产品描述、库存量、已分配存货、有效存货和期望进货时间等。

(2)存货分配是在订单确认无误后,将大量的订货资料做最有效的分类和调拨。存货分配有两种模式:第一种是采用摘果法按单一订单分配存货:第二种是采用播种法按订单、按批次处理分配存货。在进行批次分配的时候,由于订单数量多、客户等级多,所以在优先权问题上,应按客户等级取舍,对重要性程度高的客户做优先分配;或者按订单交易量或交易金额来取舍,将对公司贡献大的订单优先处理;或者依据客户信用状况,将信用较好的客户订单优先处理。

8. 订单资料处理输出

订货信息经处理后即可输出或打印出货单据，以展开后续的物流作业。

(1)拣货单

拣货单为商品储库提供指示资料，是拣货的依据。拣货单的输出应考虑商品的储存位置，依据储位前后相关顺序排列，以减少拣货人员重复往返取货，时间或数量、单位都需要详细准确地标明。

(2)送货单

物品交货配送时，通常附上送货单据以供客户清点签收。由于送货单要给客户签收、确认出货资料，故应该准确、清晰。

(3)缺货信息

配货完毕后，对于缺货的商品或缺货的订单资料，系统应提供查询界面或报表，以便采购人员紧急采购。

(四)订单处理作业信息流

订单处理过程中，一方面产生一系列作业信息，另一方面，也需要调用配送中心中的相关信息。

1. 订单处理作业中需要的信息

(1)客户信息，包括客户基本信息、客户信用信息。

(2)货物储量信息，包括在库货物，进货在途货物，待出库货物等。

(3)作业能力信息，包括分拣能力，运输能力。

2. 订单处理作业中产生的信息

(1)客户及订货信息；

(2)订单处理结果信息；

(3)分拣作业计划信息；

(4)送货作业计划信息。

在不同类型和不同规模的配送中心，订单处理作业的工作人员往往有些差异。在较大规模的配送中心，一般有专门的计划调度员负责进行订单处理工作；而更多的小型配送中心，是由客户服务部门，或者业务部门来完成订单的接收、审核以及订单的处理工作。但是，不论何种企业，订单处理过程中所需的信息以及所产生的信息流特征都是一样的。

当客户发出订单，配送中心在收到时，首先对订单进行审查。审查包括两方面，一是对客户的审查，对新客户，要进行客户资料的登记，对老客户，则对客户信用进行核查；二是对订单内容的审查，订货的种类、数量，要求交货期、交货地点，付款结算方式等，确保订单信息清晰准确。接着，订单接收人员要对配送中心的内部能力进行核查，也包括两方面，一是对客户所订货品的库存量进行核查，若库存不足，要与客户商议延期交货或者其他解决办法；二是对配送中心的作业能力进行核查，包括分拣能力、装卸搬运能力、所需的流通加工能力、送货能力等。在配送中心作业高峰期，生产能力不足的时候，也要与客户说明，协商交货时间。

当与客户协商确定交货种类、数量、时间等信息后，订单处理中心需要做的就是进行后续作业的初步规划，包括制订分拣作业计划、送货作业计划。这个环节需要应用优化技术方法，合理有效，低成本高服务水平地对后续作业进行一个合理的规划，这样就产生了分拣作业计划信息和送货作业计划信息。

分拣作业虽然在时间上先于送货作业，但是在制订计划的时候，要先根据订单要求制订送货计划，根据送货计划的时间节拍、送货量、送货路线返回来安排库内的分拣作业节拍。二者必须很好地协调，以保证后续作业的顺利流转。

二、进货管理作业

进货作业是实现商品配送的前置工作，包括采购订货、卸货作业、商品检验、进货信息处理等。为使后续作业顺利进行，对入库品资料的掌握至关重要。如进货日期、进货单号码、卖方、送货车名称及型号，货到时间，卸货时间，包装容器的型号、尺寸和数量，每个容器中的货品数量，总重量，目的地的进货检查和储存，以及损坏数量和应补货的数量等。信息系统在到货时核对订单和到货单的一致性，能够及时对不符情况进行处理。采用条码技术进行接货验货可大大提高验货的效率和准确度，并能够自动指示商品的保管位置。

(一)进货作业安排

1.进货作业考虑的因素

进货作业作为配送中心的一项基础工作，对整个配送中心的作业产生根本影响，因此，在安排进货作业前应该考虑所有相关的影响因素，以便统筹规划。

(1)供应商的数量，地理分布，交通运输情况。

(2)商品的种类和数量。

(3)商品的形状和特征。

(4)进货车辆的类型和台数。

(5)每车进货及装卸货所需时间。

(6)进货所需的工作人员数。

(7)配合储存作业的处理方式。

2.确定进货目标

在进货作业中，要掌握货物的到达日期、品种和数量。确定进货目标的内容一般包括：

(1)尽量准确地掌握送货车的到达日程。

(2)配合月台管理部门协调货车的进出交通。

(3)计划好货车的停车位，以方便装卸搬运和储存。

(4)预先计划存储位置或临时存放位置。

3.安排进货流程

为了安全有效地卸货和按期正确地收货，安排进货流程主要需注意以下几个方面：

(1)为节省空间，力求在一个工作站内进行多品种卸货作业。

(2)平衡月台的调配能够使用，尽量避开进货高峰。

(3)将月台到存储区的活动尽量设计为直线流动，并使运输距离最小。

(4)保证在进货高峰时也能使货品能够维持正常速率移动。

(5)尽量使用同样的容器，节省更换容器的时间。

(6)详细记录进货资料，以备后续存取和查询工作的需要。

(7)尽量减少或避免不必要的搬运及存储。

(二)货物编码与辨识

为保证配送中心的物流作业准确迅速地进行，在进货作业中必须对货物进行清楚有效的编号。编号是对货物按分类内容，进行有序安排，用简明的文字和符号或数字等代替货物的"名称"、"类别"。

1.货物编码的原则

(1)简易性。编码结构应尽量简单，长度尽量短。

(2)安全性。每一种货物都有一种代码表示。

(3)唯一性。每一个编码只对应一种货物。

(4)一贯性。编码要统一，有连贯性。

(5)充足性。采用的文字、符号、数字应足够用来编码。

(6)扩充弹性。为未来货物及不同产品规格的扩展留有扩充余地。

(7)组织性。编码应有组织，以便存档查找。

(8)计算机的易处理性。编码应与计算机配合，以提高处理效率。

2.进货标识

为了便于识别货物，在容器、零件、产品或储位上应有一定的编号标签。例如：托盘标签的内容应包括：

(1)托盘辨识码。包括年月日时间信息，以及当日系列号码，存储区。

(2)数量信息。包括托盘层数、每一层堆积的个数、总个数。

(3)存储地址。包括拣选位置、商品码、商品名、店码、送货日期、销售价格和分类用条码等。

在进货信息输入计算的同时，打印出多联标签，其中一联由工作人员将存区和货架号码信息输入计算机后存档，其他联贴在货物上随货物移动。

(三)货物分类

货物分类是将多品种货物按性质或其他条件分别归入不同的货物类别，并进行有系统的排列，以提高作业效率。分类原则如下：

(1)按统一标准，统一原则，由大类到小类进行。

(2)分类形式应满足本企业需要。

(3)系统展开，层次分明。

(4)分类不能相互交叉。一种商品仅属于一个类别下。

(5)分类应有实用性，根据实际需要来进行分类。

(6)分类应具有伸缩性，以适应新产品或新货物的增加。

(7)分类具有不变性，以免货物混乱。

货物分类方式主要根据货物的特点来进行。有以下几种方式：

(1)按货物特性分类。如普通货物还是危险品货物等。

(2)按使用目的、方法、程序分类。如直接性原料、间接性原料、需流通加工货品等。

(3)按交易行业分类。

(4)按会计科目分类。

(5)按货物形态分类。如货物的尺寸、形状、颜色、内容等。

(6)按货物处理信息分类。如货物送往的目的地、客户类别等。

(四)收货检验

货物的验收是指对产品质量和数量进行检查。验收工作通常包括两项内容：数量点验、质量验收。

所谓质量验收是指在商品入库前，查明商品的质量状况，对商品进行物理、化学和外形等方面的检查，以便及时发现问题，分清责任，确保到库货物符合订货要求。质量验收通常采用感官检查和仪器检查等方法。

相应地，数量验收时指对入库商品按不同供应商或不同类别经初步整理查点大数后，必须根据送货单、订货合同和有关订货资料，按商品品名、规格、等级、场地等进行核对，以确保入库货物准确无误。数量验收是进货作业中非常重要的内容，通常采用计件和计量两种方法。

在工作程序上一般分为两种：第一种是先点收货物，再通知检验部门对货品进行抽检；另一种是先由检验部门检验货品品质，合格后，再通知仓储部门办理收货手续。

验收货物，首先必须明确验收标准。通常，我们依据以下标准验收货物：

(1)合同和订单所规定的具体要求与条件。

(2)定制合同时的合格样品。

(3)各类产品的国家品质标准或国际标准。

(五)进货作业信息流

进货作业信息流包括所需的信息和产生的信息两种类型。

1.进货作业所需信息

进货作业所需信息包括内部信息和外部信息两个方面。内部信息指的是配送中心的进货需求;外部信息指的是供应商的信息。

(1)内部信息

进货作业,除了计划内的进货活动,基本上都是由订单拉动,库存需求决定的。因此,进货作业所需的来自内部的信息,一方面是配送中心增加货品种类或增加某种货品的计划储量而产生的进货需求,这类信息往往来源于专门的采购部门或者直接来自于上层主管部门;另一方面,配送中心在日常经营中,不断接受订单,分拣出货,各种货品的存储量以不同的速度减少,当货品存量降低到库存警戒线以下,就会生成采购单,随之带来进货作业活动。

(2)外部信息

进货作业所需的外部信息,主要是供应源信息,包括供应商的资金规模、产品种类、产品质量、供应商信用,以及配送中心与供应商之间的合同信息。

2.进货作业产生的信息

(1)进货作业产生的信息

包括订货信息、运输信息、到货信息、装卸搬运信息、收货检验信息、货品入库信息、储位信息等。

(2)进货作业产生的单据

进货作业会产生的单据有订购单、运输单据、检验单、收货单、入库单等。

产生订货需求时,首先由采购工作人员选择供应商、制订采购计划,经主管领导批准后,向供应商订货。订货形式,有的是签署正式合同,也有的是向长期供应商发出补货通知即可。

供应商备货发运后,通知配送中心到货时间,配送中心预先做好接货计划,这里涉及月台使用的计划准备,装卸搬运设备以及收货作业人员的统筹安排,还涉及暂存场地和存储位置的事先规划。

货物到达后,按照计划,同时根据实际情况进行现场调整,做好接运卸货工作,保证货物安全卸离运输工具,卸货时,月台的选择、暂存场地的安排以及储位的规划都要相互适应,以避免或减少无效物流作业。

卸货后,对货品进行数量和质量检验,质量检验可能产生合格和不合格两种结果,若合格,商品可以入库;若质量检验结果为不合格,则该批货物不能入库,须及时与供应商联系解决。数量检验可能会产生到货数量与订货单不符的情况,需详细记录,与供应商送货人员共同确认,以便日后补足数量或结算时调整。

经检验合格的货品,就可以安排入库上架了。入库货品首先要在配送中心信息系统中录入种类和数量信息。同时要录入货品所在容器,如包装箱、托盘等的信息、还要录入容器所在储位信息等空间管理的信息,以便分拣作业调用。

三、储存管理作业

储存作业的主要任务在于妥善保存货物，并对在库品进行检核，善用空间，对存货进行科学管理。配送中心的储存与传统仓库的储存是有区别的，配送中心更重视有效利用空间和对商品存量的有效控制。

（一）存储作业的策略

(1)根据货物的批量选择存储区。大批量选大存储区，小批量选小的存储区。

(2)根据货物的特性选择存储区。相同或相似货物可以靠近存储，笨重货物尽量低放并接近发货区，轻小货物可放在上层货架。

(3)根据货物的周转率选择存储区。周转率低的货物可以放在较高的地方或远离发货区，周转率高的货物应放低储位并接近发货区。

（二）存储作业的方法

良好的储存策略可以减少出入库移动距离，缩短作业时间，充分利用储存空间。一般常见的储存方法有：

1.定位储存

依货物特性来定存储区域，如根据温度要求、根据化学特性等进行区位的划分。

2.随机储存

货物储位是不固定的，这种存储方式是在计算机信息系统的管理下进行储位的分配，这类作业多由自动存取的立体仓库设备所支持，依靠人工进行作业，货物出库分拣的时候是难以作业的。这种存储方式能够最大限度地利用仓库储位，提高空间利用率，适合于仓库空间小，而存储的货品种类少、体积小的情况。

3.分类储存

根据产品的相关性、流动性、尺寸和重量以及产品特性来进行分类储存。

4.分类随机储存

每一类货物有固定的存放区域，但在各自的区域中，每个储位的使用是随机的。这种储存方法，既吸收了分类储存的部分优点，又可以节省储位数量，提高存储区的利用率。

5.共同储存

当确切知道各种货物的进出仓库时间时，不同的货物可以共用相同的储位。这种方法适合于某些特殊营运方式，在管理上增加一定难度，但可以提高空间利用率，减少装卸搬运作业，缩短移动时间，具有一定的经济性。

（三）存储作业的管理工作

配送中心的存储作业管理工作主要体现在两个方面：一是提高库存保证程度，快速供应；二是尽可能降低库存费用。在实际操作中，采用各种技术手段和管理手段来控制库存的数量和存储的时间，以节省费用。要达到上述两个方面的目标，必须对库存管理的储位做妥善的规划与管理，并在此基础上加强库存管理。一般来说，以上目的都是通过应用信息技术来实现的。

1. 储位管理

(1)分区分类、合理存放

根据库存物品的不同品种、规格、特点、要求和周转率，合理划分保管区，要固定仓位、统一编号，把库存商品按存储区域、地点、排列位置，采用统一标记、顺序编号，并绘制仓位布置平面图，以利于配送中心作业。

(2)要研究和组织合理的储存

确定合理储存量、商品的合理库存结构、合理储存时间和合理的储存网络，以减少储存环节的资金积压，缩短商品在流通领域的停滞时间，降低保管费等网络费用，减少不必要的中转环节。

(3)做好商品的养护工作

除了各种不同特性商品的日常养护以外，要特别注意食品的日期管理。

(4)要做好库存商品的动销情况分析

对各种商品的流转情况进行细致全面的监测和分析，对于周转快的商品，加强储位的合理管理，以减少配送中心内部的搬运费用；对于久存未动的商品，或出货量小而库存量大的商品，或入库后从未出库的商品，要及时做出对策，避免损失。

2. 库存管理

(1)货物的有效期管理

在配送中心的商品库存管理作业中，特别是食品的保质期尤为重要，它由入库商品的有效期管理、商品保管期间的有效期管理和商品出库时的有效期管理三部分组成。例如，接受供应商送货时，若送来的商品，从生产之日算起已达到保质期的三分之一，则配送中心拒绝入库；当商品出货时，发现商品自生产之日起已达到保质期的三分之二，则配送中心对此产品封仓，不允许出库到门店。信息系统会生成通知单通知采购业务人员与供货商联系，设法处理这样的库存商品。

(2)货品的周转期管理

库存周转率对配送中心的库存管理具有非常重要的意义，周转越快，同额资金下的利润率就越高。因此，信息系统对每种货品的周转率分析是非常重要的决策依据。

(四)储存作业信息流

储存作业也分为所需信息和产生的信息两部分。在所需信息中，包括货品入库信息、货品出库信息、储位指定和储位调整信息三种类型；产生的信息主要包括货品存量信息、存储位置信息、保质期情况信息、货品积压信息、各种统计信息以及货品周转率信息等。

储存作业的信息流具有被动的特征，例如：货品入库信息和货品出库信息自动生成货品存量信息；储位指定和储位调整信息自动生成存储位置信息。而保质期情况信息、货品积压信息、统计信息、货品周转率信息也是在入库、出库等输入信息的基础上经过系统自动计算得到的。

四、盘点作业

在配送中心的营运过程中，货物不断地进库和出库。在长期积累下理论库存数和实际库存数是不相符的，有些货品因长期存放，品质下降，不能满足用户需要，要计入报废库存。为了有效地掌握货品数量和质量，必须定期对各储存场所进行货品的清点，这就是盘点作业。

1.盘点作业的程序

盘点可根据需要采取不同的方法，可以针对货物和重点保管工作进行重点检查；可以按商品分类排队或按入库先后顺序在一定时期内轮流清查一次；也可以定期对全部库存货物进行一次盘点；还可以随时对发生进出动态的货物进行盘点。

对盘点结果，应分别根据不同情况予以处理。当发现货物有盈亏时，应报有关领导审批后，及时调整账面数字，同时变动料卡。有变质迹象的货物，要及时采取维护措施，并查明原因，做好记录；发现长期积压或超过保质期的货物，要及时处理；对易损坏或应淘汰的货物，可上报审批核销；若发现规格不一、材质混装、账货不符等情况，要及时进行调整。

(1)准备

盘点作业正式开始前，首先确定各盘点区域的责任人员；做好商品整理、盘点工具与用品的准备、单据整理；其次，确定盘点的程序和方法；配合会计决算进行盘点，培训盘点、重盘和监盘人员；盘点人员要熟悉盘点表格；备好盘点用的表格以及清楚库存资料。

(2)确定盘点时间

从理论上说，为了使货账相符，盘点次数越多越好，但每盘点一次，都要投入相应的人力、财力、物力，因此，应按实际情况确定盘点次数。通常，造成盘点误差的原因在于货物在出入库作业时传票的输入和查点数目的错误，或者出入库搬运造成了货物损失。可见，出入库频率越高误差越大，所以，就一般生产工厂而言，因货物流动速度不快，可以半年至一年进行一次货物盘点。但对于货物流动速度很快的物流配送中心，既要防止长期不盘点造成重大经济损失，又要防止盘点频繁造成耗费。因此，应根据货品的性质来确定盘点周期。例如：对货物进行 A、B、C 分类，A 类为重要货品，每天或每周盘点一次；B 类货品每 2～3 周盘点一次；C 类为一般货品，每月盘点一次即可。盘点时间应尽量选择在财务决算前或在销售淡季。

(3)盘点种类和方法

盘点分账面盘点和现货盘点两种。账面盘点是每天把入库的货品数量及单价，记录在电脑或账本上，以后不断累积，从而算出账面上的库存量和库存金额。现货盘点，就是实际查点货品存量，再根据货品单价计算出实际库存金额的方法。

(4)培训盘点人员

由于盘点时需要大量人手，必须由其他部门派人支援，所以盘点人员或外来支援人员必须经过简单培训才能上岗。例如要了解盘点程序，会填写表格，了解货品属性知识等。

(5)清理储存场所

盘点之前，对已入库货品应有基本了解，在关闭储存场所之前应通知有关需货部门预领货品，预先确定呆料、废料，不良品的标准以及账卡、单据及资料都应整理清楚。

(6)盘点作业

盘点作业的关键就是点数的准确性，一方面要加强领导和监督，另一方面也要劳逸结合，盘点工作强度大，且手工点数差错率较高。通常，可使用手持终端机进行盘点，以提高盘点的速度和准确性。

(7)差异因素分析

主要的差异因素有：记账员记录和账务处理有误，盘点差错导致货账不符，可能有漏盘、重盘和错盘。

(8)盘点的盈亏处理

货物在盘点后，根据差异的主要原因，制订解决办法。对呆废品、不良品应视为盘亏。除此之外，有些货品在价格上也会发生增减情况，这种价格变化经主管部门批准后，可以利用盘点盈亏和价格增减表格来更正。

2. 盘点结果

在配送中心信息系统中，通常按仓位标号进行盘点，打印出《盘点清单》，供盘点人员使用；保管员将盘点结果输入电脑，并对盘点中产生差异的商品进行复核；对库存商品进行报损溢，并对所报损溢的商品进行复核，打印出《配送损溢单》；最后生成损溢结算的财务凭证。

通过盘点落实货品出入库及保管情况。具体应落实的问题有：各品种的实际存量与账面存量相差多少；这些差异造成的损失由多大；有几个参数可以利用等。

盘点数量误差＝实际库存数－账面库存数

盘点数量误差率＝盘点数量误差/实际库存数

盘点品项误差率＝盘点误差品项数/盘点实际品项数

盘点次数比例＝盘点误差次数/盘点执行次数

3. 盘点作业信息流

盘点作业也有所需信息和产生的信息两种类型。

所需信息主要是各种货品储存量信息、储位信息、各类表格信息、盘点人员工作分配信息等；产生的信息即是各种货品实际存量以及保质期、存储状况的信息，这些基本信息进一步生成盘点分析信息，统计信息，各类报表等。

五、分拣作业

分拣作业是根据客户的订货要求或配送中心的作业计划，尽可能迅速、准确地将商品从其储位或其他区域拣取出来的作业过程。

分拣作业在配送作业整个环节中，不仅工作量大，工艺复杂，而且要求作业时间短、准确度高，服务质量好。所以在物流配送中心内部所涵盖的作业范围中，分拣作业是最重要的一环。实践证明，分拣成本大约是其他堆叠、装卸和运输等成本综合的9倍，占物流搬运成本的绝大部分。因此，采取科学的分拣方式，提高拣货作业效率是降低物流成本的关键。分拣作业流程如图7-3所示。

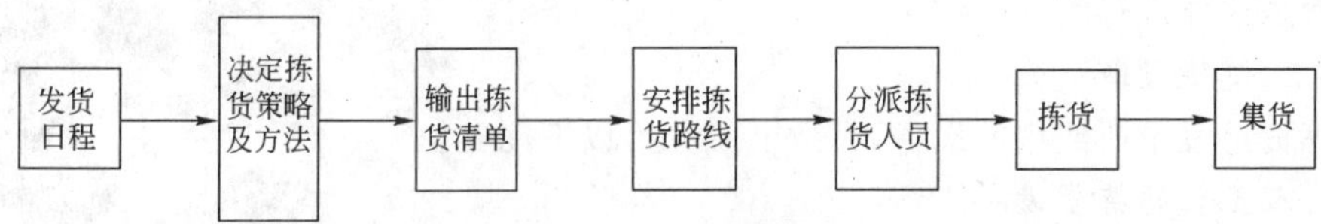

图7-3　分拣作业流程图

(一)分拣信息

分拣作业开始前，指示分拣作业的单据或信息必须先进行处理完成。分拣信息是分拣工作的命令。分拣系统的信息传递方式主要有：传票、条形码、射频技术、计算机辅助拣货系统、自动分拣系统等。

1. 传票

这是直接利用订单或公司的交货单，作为拣选指示的根据。

2. 拣货单

把原始的用户订单输入到计算机进行拣选信息处理后打印出拣货单的方式。这种方式的优点是避免传票在拣货过程中受污损，产品储位编号可显示在拣货单上。

3. 条形码

条形码取代商品货号的号码和数字，被贴在商品或货箱表面上，经过扫描器自动识读，不但能快速掌握商品信息，而且能提高库存管理精度，是一种实现商品管理现代化和效率化的有效方法。例如，通过条形码扫描器读取表示货架位置号码的条形码后，什么货物放在何处保管的信息就可以立即得到。

4. 射频识别

把射频识别器安装在移动的搬运设备上，同时把接收和发射电波的射频标签安装在货品或储位上，当无线电识别器接近货品时，立即读取货品或储位上的信息，通过识别电路传给计算机，进行相应的作业处理。

5. 计算机辅助拣货

在堆垛机或台车等搬运设备上安装计算机辅助拣货系统的终端，在拣货前把拣货信息输入计算机，拣货人员根据搬运设备上显示的拣货路线和拣货种类与数量，能迅速而正确地拣取货品。

6. 自动分拣系统

当配送中心的信息系统，接受订单并进行处理，下达分拣任务和出货任务后，自动分拣系统能够自动完成货物的存取、分拣工作。这类系统的工作程序可划分为几个阶段，全自动分拣系统，从储位取货开始就是由自动堆垛机来完成的，自动堆垛机根据分拣指令，根据货物储存的空间位置数据，自动从货位上取出货品，放入分拣传送带入口，在传送带上，通过条码识读，将货品按分拣指令分拨入不同的通道，在通道出口进行自动码垛，准备发运。也有不完全自动的分拣系统，仅从分拣道口到分拨通道出口一段，由自动分拣机器通过条码识读进行自动分拣，邮政物流配送中心的信件分拣就是这样进行的。

(二)拣货设备

拣货过程中所使用的设备，大致上可分为以下几类。

1. 人至物的拣货设备

这是指物品固定、接货人到物品位置处把物品拣选出来。这类设备有：各种货架等储存设备，以及各种动力的搬运设备。

2. 物至人的拣货设备

这种方式是拣货人员位置固定，等待设备把货品运到拣货工作人员面前，这类拣货设备自动化水平较高，设备本身附有动力，所以能够移动货品储位或把货品取出。这类拣货设备包括的储存设备有轻型自动仓库、水平旋转仓库、垂直旋转仓库等。搬运设备有堆垛机、动力输送带、无人搬运车等。

3. 自动拣货系统

这是没有人工干预的自动拣货系统，分为箱装自动拣货系统和单品自动拣货系统。

(三)拣货方式

1. 按订单分拣分类

(1)单一分拣

即把客户的每张订单先进行分拣再进行汇总。此种拣取方式适合于订单大小差异较大，订单数量变化频繁，季节性强的商品。此外，在商品外形体积变化较大和商品差异较大的情况下，也适宜采用这种方式。

(2)批量分拣

即汇总多个客户的订货进行分拣，之后按不同客户进行分货。这种方式适合订单变化较小，订单数量稳定的配送中心和外形较规则、固定的商品。此外，需要进行流通加工的商品也可以采用批量拣取，然后再进行批量加工，分类配送，这样有利于拣货和加工效率的提高。

(3)复合分拣

这是将按单一分拣和批量分拣组合起来的拣货方式。也就是根据订单的品种、数量和出库频率,决定哪些订单适合按订单拣取,哪些适合批量拣取,然后分别采取不同的拣货方式。

2.按作业程序分类

(1)单一分拣法

一个人配货,按照一张订货单的货物进行分拣。

(2)分程传递法

数人分拣,首先决定各人所分担的货物种类和货架的范围,选取货单中仅是自己所承担的货物品种进行货物分拣,分程传递或转交给下一个分拣人员的做法。

(3)区间分拣法

和分程传递法相似,一个人或数个人分拣,首先决定各人所分担的货物种类和货架范围,将各区间分拣的货物汇总起来的方法。

(4)分类分拣法

将各种各样的形状、外形尺寸、重量的货物进行分类,在配送中心内进行保管,按每一个产品类别进行分拣的方法。

3.按作业方法分类

(1)摘果式分拣法

摘果式分拣就像在果园中摘果子那样去拣选货物。作业人员推着手推车在排列整齐的仓库货架间巡回走动,按照配送单上所列的品种、规格和数量等将客户所需要的货物拣选出来装入车内。一般情况下,每次拣选只能为一个客户配装,在特殊情况下,也可以为两个以上客户配装,但出错的几率会增大。日前,很多人型配送中心应用了自动化分拣技术,大大提高了分拣作业的劳动率。

(2)播种式分拣法

播种式分拣货物类似于田园中的播种操作。先将数量较多的货物集中在货场,然后,根据每个用户货物的发送量分别取出货物,并分别投放到每个代表用户的货位上,直到配货完毕。为了完好无损地运送货物和便于识别配备好的货物,有些经过分拣、配备好的货物还需重新包装,并且要在货箱上贴上标签,记载物品的品种、数量、收货人姓名、地址以及运抵时间等。

(3)总量分拣方法

将一天(或一段时间,如半天、6 小时)的多份订单由作业者汇总起来进行分拣,然后将不同订单的货物分开作业的方法。品种数量多,分拣时由多个作业人员进行。这种方式也称为批量分拣。

(四)分拣作业的优化

分拣作业的优化,就是采用先进的作业方法使分拣作业机械化、现代化,完美地结合人工分拣和手工分拣，实现高分拣效率。

1.分拣作业所消耗的时间主要包括以下几个部分

(1)订单或送货单经过信息处理，形成拣货指示的时间；

(2)行走或搬运货物的时间；

(3)准确找到货物的存储位置并确认所拣选货物及其数量的时间；

(4)拣取完毕，将货物分类集中的时间。

因此，要提高拣货作业的效率，主要就是要缩短以上四个作业时间来提高作业速度与作业能力。

2.影响分拣作业效率的主要因素

(1)分拣作业人员专业化水平低，每人时平均拣取能力差；

(2)拣货设备过于陈旧，自动化水平低；

(3)分拣方案制订不当，影响拣货效率；

(4)电子化水平不高，信息处理速度过慢。

3.分拣优化的做法

(1)改进分拣配货单

在分拣配货单上除了说明货物名称和需要分拣的数量外，再多输入货架编码，说明货物所在的具体位置。这样，每个分拣人员拿到拣选单就能知道货物的具体位置，提高分拣员分拣的工作效率。

(2)采用数字化分拣

所谓数字化分拣，就是尽量充分利用信息技术，减少人工干预，提高自动化分拣的水平。采用数字化分拣，可以提高库内作业的机械化水平，减少差错率，缩短分拣时间，提高分拣效率，使成本降低。

(3)重视分拣信息的利用

利用信息设备作为分拣的支持系统，不仅是计算机，还有各种各样的通信设备和方法都可以利用，如射频技术，无线网络等。在分拣作业的同时，为使信息处理及时，更加适应订单需求的变化，必须关注信息的变化和整理工作。

(五)分拣作业信息流

分拣作业活动，根据配送中心的规模，经营方式，特别是分拣策略以及分拣作业方式的不同，信息流转的过程也有很大差异。但是，分拣作业信息流也基本上具备流入信息和流出信息两部分的特征。

分拣流入信息主要来源于订单处理作业下达的分拣指令，若配送中心信息化水平较高，则拣货信息和货品储位信息一般是同时下达的拣货指令中的，对信息化水平低的配送中心，可能的情况是从订单处理中心处接收分拣指令，还要到仓储系统中查询货品储位。另外，分拣流入信息，还包括分拣作业所需的各种设备的调派信息。

分拣流出信息，应是货品被从货架上拣选出来后，自动生成的客户订单分拣作业完成信息,以及被分拣货品的待出库信息,和各种货品的库存量信息。

应用各种自动化分拣设备时,分拣信息流的处理就至关重要了。不同的自动化分拣设备,其应用和处理信息的方式以及流程各不相同,但共同的特征是通过对商品条形码的扫描识读,相应地采取不同的作业方式。

六、补货作业

补货作业是从保管区把货品搬运到另一拣货区的工作。补货作业的目的是确保商品能保质保量按时送到指定的拣货区。补货流程见图 7-4。

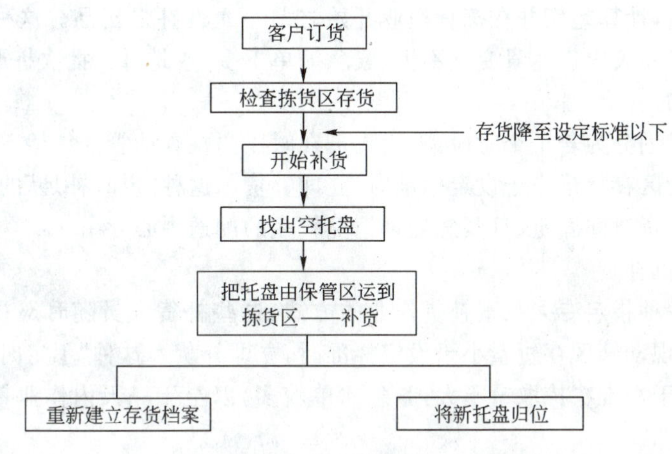

图 7-4 补货作业流程

1.补货方式

补货作业的目的是确保商品能保质保量按时送到指定的拣货区,所以补货作业的筹划必须满足两个前提,一是确保有货可配;二是将待配商品放置在存取都方便的位置。一般,配送中心主要采取三种补货方式。

(1)整箱补货

由货架保管区补货到流动货架的动管区。这种补货方式的保管区为货架存储,动管拣货区为两面开放的流动货架拣货区,拣货员拣货后把货物放入输送机并运到发货区。当动管区存货低于设定标准时,进行补货作业。这种方式适用于体积小且少量多样出货的货品。

(2)托盘补货

以托盘为单位进行补货,当存货量低于设定标准时,立即补货。用堆垛机把托盘由保管区运到拣货动管区,也可以把托盘运到货架动管区进行补货。这种方式适用于体积大或出货量大的货品。

(3)货架上层——货架下层补货

将货架的上层作为保管区,下层作为动管区,商品由上层货架向下层货架补货的系统。当动管区的存货低于设定标准时,利用堆垛机将上层保管区的货物搬移至下层动管区。这种方式适用于体积不大,存货量不高,多为中小量出库的货品。

2.补货时机

补货作业发生与否主要看动管区的货物存量是否符合要求,因此究竟何时补货要看动管区的存量,以避免出现在拣货中途才发现动管区货量不足需要补货而造成影响整个拣货作业的情况。通常,补货时机有以下三种情况。

(1)批次补货

在每天或每一批次拣取之前,经电脑计算所需货品的总拣取数量,再查看动管区的货品存量,计算差额并在拣货作业开始之前一次性补足货品。这种"一次补足"的原则适合于一天内作业量变化不大、紧急插单不多,或是每一批次拣取量大的情况。

(2)定时补货

将每天划分为若干个时段,补货人员在时段内检查动管区货架上的货品存量,如果发现动管区存货量小于设定标准时,立即补货。这种"定时补足"的补货原则,较适合于分批拣货时间固定、且紧急处理情况较多的配送中心。

(3)随机补货

这是一种指定专人从事补货作业的方式,这些补货人员随时巡视动管区的货品存量,当发现动管区存货量小于设定标准时,立即补货。这种"不定时补足"的补货原则,较适合于每批次拣取量不大,紧急插单较多,以至于一天内作业量不易事前掌握的情况。

3.补货作业信息流

补货作业信息流是在仓库内各种货品库存量信息的小范围内进行流转的。为了保证动管区随时有货可拣,除了要详细及时地掌握各种货品的库存量信息外,还需要知道动管区的库存情况,以便随时向动管区补货。补货后,信息系统只需更新保管区和动管区新的库存数量就可以了。

七、出货作业

出货作业就是将拣取、分类好的货品做好发货检查,装入妥当的容器,做好标示,根据车辆调度安排的车次等,将物品搬运到发货准备区,最后装车配送。出货作业又可以分为以下几个阶段。

1.出库作业

处理完商品分拣及流通加工作业后,就可以进行商品出货作业了。出货作业包括根据客户订单为客户打印出货单据,制订出货调度,打印出货批次报表、出货商品上所需地址标签及出货核对表。由调度人员决定集货方式、选用集货工具、调派集货作业人员,并决定运输车辆大小与数量。由仓库管理人员销售统计数据或出货管理人员决定出货区域的规划布置及出货商品的摆放方式。具体步骤如下:

(1)分货

所谓分货就是把拣货完毕的货品,按用户或配送路线进行分类的工作。分货一般在理货场地进行,它的任务是将发给客户的各种物品汇集在一处,以待发运。

(2)发货检查

发货检查是根据用户信息和车次对拣选物品进行商品号码和数量的核实,以及对物品状态、品质的检查。

(3)包装、捆包

包装可以起到保护商品,便于搬运、储存,提高用户购买欲望和易于辨认的作用。包装分个装、内装和外装三种形式。

2. 车辆调度

调度员根据订单的货物信息(类型、重量和体积)、要求到达时间(紧急程度),以及到达的目的地,对可调度车辆统筹安排,将一个派车单作为一个独立的运输任务,交给运输人执行,并结合地理信息设置运输过程的监控点。车辆调度管理包括运输方案的选择、派车单生成、监控计划拟订等。

(1)运输方案选择

根据客户订单的运输要求和所运货物的基本信息,结合系统提供的不同类型车辆的所需数量,以及目前可以调度的各种车辆的数量和所处状态等信息,选择合理的运输方案。

(2)派车单生成

客户的订单在最终确认后,承运人就要按照客户的要求进行派车。派车单管理的主要功能有派车单录入、修改、查询。派车单是由用户订单的相关信息、运送货物信息以及车辆信息经过匹配加工组合而成的。一个订单可能对应多个派车单,一个派车单也可以完成多个订单的运输任务。派车单由调度员下达给签有运输合同的运输人。

派车单或货运合同约定了每笔业务的总运费及预付运费,是运输人最后结算运费的凭证。

(3)监控计划拟订

在配送业务中,为了能使货物及时、完好地运抵目的地,除了在派车环节进行合理的车辆调度外,货物在途的监控也必不可少。能否实施有效的监控也是客户评价物流服务提供商服务质量的一个重要指标。因此,拟订一个合理有效的监控计划是整个监控环节的首要任务。目前,一些先进的科技手段应用到配送业务中,使得实时的监控成为可能。

根据派车单上的信息,如起始城市、终点城市、运输方式,结合地理信息系统提供的路线建议,拟订监控计划(即预计什么时间到达什么地点)。调度员可以在系统推荐的监控计划基础上拟订最终的监控计划,监控计划的拟订方式主要有两种:按地点进行监控和按时间点进行监控。按地点监控这种方式是根据运输线路的规划，将一些重要的途经城市设定为监控计划的监控点，在运输车辆途径或到达这些预定的监控点时，驾驶员需要反馈到达时间以及当时的运输情况和货物状况，配送中心信息系统将记录反馈的情况，比较监控计划的预定到达时间以及任务完成情况，并结合实际情况帮助管理人员做出进一步的安排或调整。按时间点监控方式，是以设定时间间隔的方式来定时监控货物在途情况，这些定时监控的时间点也就是监控计划的监控点，当到预定时间点时司机反馈到达的地点信息以及当时的车况和货物状况，以此实现按计划的在途监控。

3. 货物装车

根据存货仓库的出库单，生成货物装车明细清单，并进行货物运输保险。装车管理主要包括货物装车和运输投保两大部分。

(1)货物装车

派车单和拟订的监控计划下达后，承运人根据派车单的要求，到指定的一个或多个仓库进行货物装车，在出库单上记录货物装车的明细信息。同时，记录实际装货数量，作为到达卸货点交割的依据；记录提送费、装卸费、盘倒费、运输费、保险费及其他费用，作为与客户结算的依据。

(2)运输投保

根据实际装货数量和单价填写投保单明细，为客户货物代投保。对于运输人所投的保险，如果由运输人支付保险费，在系统中只做备注。

投保单的内容主要包括投保人、保险人、投保项目、投保货物信息、投保金额、保险费率、保单状态、经办人、投保日期、回复日期等信息。

4. 中途运输

中途运输管理环节主要包括在途监控、事故处理、在途货物装卸三部分内容。

(1)在途监控

根据监控计划中设定的沿途监控点，对一个车次进行全方位跟踪，记录每个路段的具体信息，包括计划到达时间、实际到达时间、实际行驶里程、路段费用情况。在系统中，可以根据需要增加新的监控点(重大事件记录点)，记录运输过程的各种情况。

(2)事故处理

在运输过程中，如果发生意外、需要拖运或者换车，驾驶员应及时向总部调度反馈情况以决定下一路段是否能继续运输。中途发生意外时，该系统记录发生的时间、地点，并记录货物破损的明细。中途需要拖运时，该系统记录拖运工具的车牌号、开始时间、结束时间、起点、终点、费用、里程。中途需要换车时，后续运输主要有两种方式，其一是本车次的运输人自己组织替换车辆、支付替换车辆的运费，将货物运达卸货点后，记录换车后的车号、驾驶员姓名及各车货物的明细，到货交接仍是原运输人；其二是向承运人求援，由承运人重新组织车辆，完成剩余的运输任务。第二种方式要结束原运输人的运输车次,记录扣款金额;承运人重新组织的车辆,按新派车单的要求,到中途接管全部出库单,清点货物,运输到约定卸货点;如果新组织的车辆是多台,则要在派车单中分割原来装在一台车上的货物,但出库单号不变,出库单的实发数量是实际从故障车上分装的数量。

(3)在途货物装卸

沿途有货物装卸时,只需要记录装卸起止时间,以及装卸货物内容。

5.到货交接

运输车辆按派车单要求,将货物运至目的地,收货人核查实际到货数量,确认并签收。签收单是收货人对所到货物的实际情况进行验收记录的单据,同时也是运输人向承运人出示的货物运抵凭据。

签收单记录卸车货物名称、数量以及时间、卸货场所等,如果少于出库单的实发数,一般由运输人赔偿,能确认在下一次运输时补齐的,可以在货物补齐后,再更新相关单据的完成标志;如果收货数量大于出库单的数量,要将多余货物退回给客户,或由客户补开出库单,也可以用于补齐以往的拖欠数量。

进行联运时,货物只是交割给下一个运输人,由下一运输人或其后的运输人根据承运人新派车单的要求交给收货人。

6.出货作业信息流

出货作业信息流包括出库作业信息和输配送作业信息两大部分。

出库作业需要客户订单信息,以及分拣处理信息,在此基础上经过作业规划,生成各类出货报表、集货作业人员及作业工具规划信息、集货方式信息。同时要注意的是,集货方式必须考虑后面的配送路线安排和货物装载规划,以最合理的方式安排集货,方便出库货物的装载、运送。

输配送作业的信息流比较复杂,为了合理高效地配送,需要根据客户的订单信息进行分析。信息系统内应有完备的配送路线优化程序、各种运载工具的信息、道路信息、运输监控系统的信息。综合各种信息对配送路线进行规划后,即下达送货任务,生成派车单。运送途中,需要对车辆进行跟踪监控,主要应用的技术手段有:地理信息系统、全球卫星定位系统、短信平台、移动通信等。最后,在到货交接时,需进行确认签收,签收信息随司机或押运员返回配送中心进行相应的处理。整个配送活动到此基本结束。

八、费用结算业务

费用结算功能主要完成承运人的对外结算业务,包括与客户结算、与运输人结算以及与保险人结算等。配送中心提供灵活多样的结算方式,分包干与非包干两种模式,支持按业务单据、按日、按周、按月的不同结算功能,并能对结算的费用明细和合计同时进行免收、打折、预交、补交等操作。

1. 与客户结算

在与客户结算时，系统根据业务单据的货物明细及各种货物的运费标准计算运输费，再根据相应的出库单中记录的盘倒费、装卸费、保险费、提送费，与运输费相加得到本次结算的应收款。

与本次结算有关的所有费用都要加入与客户的结算单明细中一起进行结算，包括订单加急费、中途加急费和运杂费；如果本次的结算单据是订单，且该订单是以包干方式下达的，则不必统计与本订单相关的费用，直接按订单的"货物总运输费"收款即可。

2. 与运输人结算

与运输人主要进行运输费用的结算，可以进行单笔结算，也可以批量结算，可以指定时间段结算，也可以是所有未结算的业务进行结算。根据每笔业务单据的总费用和预付款，计算差额，得到本笔业务单据的应付款。

与本次结算有关的其他费用也要加入运输人的结算单明细中结算，包括运输过程中发生的、承运人同意增付的费用。

3. 与保险公司结算

对已完成相关运输的投保单，系统自动统计应付保险金额，记录本次保险的实际付款金额。如果与投保单相关的货物发生破损、丢失，要向保险公司索取赔偿金，赔偿结束后，再与客户进行结算。

4. 费用结算信息流

配送中心的费用结算信息，始于配送中心与各方客户的合同、合约以及订单，信息系统应支持自动将合同、合约和订单中的结算方式、费用信息等导入结算模块中，所发生的各项服务数量，在各作业环节中均有记录，最终也导入结算模块，这样，系统在最后自动生成服务及费用明细。这种结算方式快捷、准确，最主要的是公平合理，一切按实际发生收取费用，既利于配送中心内部管理，又利于与客户建立一种透明良好的业务关系。

第三节　配送中心信息系统

一、配送中心商流、物流、资金流与信息流

配送中心作为物流终端配送，最关键的是要实现商流、物流、资金流、信息流的统一。

从客户服务的角度来说，物流就是要保证货物流动的准确性，要在正确的时间内将正确的商品配送到正确的客户手中；信息流是要求配送中心要向合作客户提供货物追踪、订单状态的服务，使合作客户能随时掌握货物的情况；资金流是要解决货到

付款的问题，保证合作客户的货款及时、准确地回笼。

从配送中心的地位与作用看，其首要的集散功能决定了配送中心必须具备协调统一地处理商流活动中所涉及的商流、物流、资金流和信息流，才能发挥其在流通领域中的重要作用。其中，经配送中心的信息流是配送中心信息系统的处理对象，配送中心信息系统在物流配送中具有统帅和指导地位，是现代化配送中心的神经系统。

(一)配送中心信息流的种类

1.根据信息流的来源分类

(1)内部信息流

内部信息流是配送中心内部不同功能和组织层次间的信息流，主要包括订单信息、订单处理信息、库存信息、补货退货信息、采购销售信息、理货信息、配送信息、行政管理信息、预测决策信息等。

(2)外部信息流

外部信息流是配送中心与外部组织进行交互作用的信息流，主要包括客户订单、竞争对手信息、合资方信息、技术进步信息、法规变化、市场条件、就业状况等。

2.配送中心的信息流根据信息的性质的分类

(1)基本物流信息

包括仓库信息、货物信息、供应商和客户信息等，属于静态信息。

(2)目标物的流动信息

包括订单信息、入库出库信息、位置信息等，属于动态信息。

(3)决策信息

是供管理层规划物流系统用的信息，它来自于前两种信息，是前两种信息的总结和归纳，包括各种统计信息和预测信息等。

(二)配送中心信息流的特点

1.配送中心信息流量大、种类多、涉及面广

由于配送中心介于供应商与用户之间，一方面要为供应商和用户提供物流服务，同时也担任着用户与供应商之间的信息传递中心的角色；另一方面，配送中心每天要面对大量的供应商和用户，处理的产品品种众多、数量不一。因此，配送中心信息流具有量大、种类多、涉及面广的特点，这使得配送中心信息系统的设计具有很大的难度。

2.配送中心信息流动态性强、更新速度快

多品种、少量化生产以及多频次、小批量配送的发展，对配送中心信息流更新的速度提出了很高的要求。近年来配送中心通过采取一系列信息技术，如EDI、POS、条码技术等，大大加快了信息更新与处理的速度。

3.配送中心的信息流、物流、商流、资金流紧密相连

配送中心不仅汇集了信息流，通常还涉及物流、商流、资金流，而且四流交织在一起，关系极为密切。在这四流中，信息流起着沟通和传递物流、商流、资金流的作用，因此在进行配送中心信息系统设计时要考虑其他流的特点，以便提高配送中心信息系统的融合与管理效率。

二、配送中心管理信息系统的主要功能结构

在上一节中我们已经介绍了配送中心的各项业务活动及基本的信息流，知道配送中心应具备的基本作业内容有：订单处理作业、采购作业、进货入库作业、库存管理作业、补货及拣货作业、流通加工作业、出货作业、配送作业、结算业务等。除上述作业外，还需要高层管理人员通过考核评估来实现配送中心的效率管理，并制订经营决策及方针，这就是经营管理及绩效管理业务。

（一）销售出库管理子系统

销售出库管理子系统涉及的作业主要包括自客户处取得订单、进行订单处理、出货准备到实际将商品运送到客户手中为止，均以对客户服务为主。对内的作业内容则是进行订单需求分析，传送到库存管理子系统，作为补货的参考，并从库存管理子系统处取得库存数据；在商品发货后将应收账款账单转入财务子系统做转账用；最后将各项内部数据提供给经营绩效管理子系统作为考核参考，并从经营绩效管理子系统取得各项经营指示。

销售出库管理子系统包括订单处理、销售分析与销售预测、拣货规划、流通加工及包装规划、配送规划、出货处理作业等模块。

1. 订单处理

订单的处理包括自动报价和接收订单，自动报价系统需要输入的数据包括客户名称、商品名称、商品详细规格、商品等级等，然后系统根据这些数据调用产品明细数据库、客户交易此商品的历史数据库、对此客户报价的历史数据库、客户数据库、生产厂商采购报价等，以取得此项商品的报价历史资料、数量折扣、客户以往交易记录及客户折扣、商品供应价等数据，再由配送中心按其所需净利润与配送成本、保管成本等来制订估价，并计算销售价格。接着由报价单制作系统打印出报价单，经销售主管核准后即可送予客户，报价单经客户签回后即可成为正式订单。

因订单传送有多种方法，故订单的接受需要考虑订购数据的识别及法律效力等问题。若订单是由报价单确认而来，则可由系统将报价数据转换为订购数据；若订单由计算机网络传送，则需根据电子数据交换标准格式将数据转换成内部订单文件格式。输入转换后的订购资料需由销售人员核查在客户指定出货日期是否能如期出货，所有的核查可访问库存控制数据库、拣货产能数据库、包装产能数据库、运送设备产能数据库、人力资源数据库等查核其资源能力，数据确认后即可转入待出货订单数据库中，并减少上述各数据库中的数量。当销售部门无法如期配送时，可由销售人员跟客户协调，是否分批交货或延迟交货，然后按协调结果修改订单数据文件。销售人

员还需检查客户付款状况及应收账款数是否超出公司所定的信用额度，超出额度时则需要由销售主管核准后再输入订购数据。

当商品退回时，可按订单号找出原始订购数据及配送数据，修改其内容并标示退货记号，以备退货数据处理。

2. 销售分析与销售预测

销售分析与销售预测系统包括销售分析、销售预测、商品管理。

销售分析主要是为了让销售主管及高层主管对现有销售状况有全面的了解。管理人员可输入销售日期、月份、年度、商品类别、商品名称、客户名称、作业员名称、仓库等查询各个销售资料或销售统计资料；销售分析与销售预测系统只读取文件内容，访问的文件包括订单数据库、出货配送控制数据库、商品目录数据库、商品明细数据库、预测工具数据库、客户对商品反映数据库、入库数据库等。此系统则提供商品销售量统计表、年度商品数量统计表、年度及月份商品数量统计比较分析报表、商品成本利润百分比分析报表，并可查询作业员销售业绩及各仓库经营业绩等数据。

销售预测是协助高层主管根据现有销售资料预估配送中心的发展方向，准备未来库存需求量、产能需求及投资成本需求。基于计算机的预测可提高时效性，销售预测一般可根据作业模式或统计方法实现，包括最小二乘法、移动平均法、时间序列分析、指数平滑法、多元回归分析等。销售预测系统还须将影响销售预测结果的外界数据转换成模型内的参数；并按特定需求查询及打印商品销售报表、工具设备需求报表、库存需求报表、人力资源需求报表、成本需求分析报表等。

商品管理系统是协助销售主管了解消费者对商品的偏好趋势。一般只需按需求输入查询即可。常用的商品管理报表包括商品销售排行、畅销品及滞销品分析、商品周转率分析、商品获利率分析等。

3. 拣货规划系统与包装、流通加工规划系统

这两个模块都是根据客户的订单内容做出货前的准备工作，通常由仓库管理员或生产工作规划人员来处理。管理人员在一定时间调用此模块，输入配送日期或包装流通加工日期后由计算机自动检索订单数据库、库存控制数据库、设备调用数据库、工具调用数据库、人力资源调用数据库、自动拣货机数据控制对照数据库、拣货产能调用数据库、自动包装机数据控制对照数据库、包装材料数据库、包装标准数据库、流通加工标准数据库、包装产能调用数据库等，来计算工作需求、人力需求和库存量需求等，以便制作拣货规划报表、包装流通加工规划报表、批次拣货调度报表、批次拣货单、订单式拣货单、客户地址标签，包装流通加工批次规划报告、包装流通加工批次调度报表、批次包装流通加工单、订单式包装流通加工单、机器设备调度报表、人力规划调度报表、补货调度规划报表、补货批次调度报表、库存取用统计表、自动拣取设备拣货报表、拣货差异分析、自动包装设备包装流通加工报表、包装流通加工差异分析报表等，作为分派工作根据及工程进度的管理与控制。

拣货人员或包装流通人员领取分派工作单或拣货单时，即根据分派工作单或拣货单进行作业，完毕后将实际作业进度及其他修正数据输入各数据库，作为拣货流通加工数据库。包装流通加工数据库及订单数据库中拣货、包装流通加工需求、库存量的减项，并打印各类实际工作报表。

4.配送计划

该模块根据客户的订单内容，即由管理人员调用订单数据库，将当日预定出货订单汇总，查询车辆数据库、车辆调用数据库、客户数据库、地图数据库等，先将客户按其配送地址划分区域，然后统计该区域出货商品的体积与重量，以体积最大者或重量最重者为首选配送条件来分配配送车辆的种类及数量。随后访问外车调用数据库、公司自有车调用数据库、设备调用数据库、工具调用数据库、人力资源调用数据库来制订出车批次、装车及配送调度，并打印配送批次规划报告、批次配送调度报表等。批次调度报表包括月台、机具设备、车辆、装车搬运人力、配送司机及随车人员的分配报表。自动规划的配送计划可人工修改，修改后的数据即转入出货配送数据库并作为车辆、月台、机具设备、人力调派等分派工作单打印的基础数据，以及设备调用数据库、工具调用数据库、人力资源调用数据库、车辆调用数据库的加项。

5.出库处理

确定配送装车批次后由配送计划模块打印客户出货单，集货人员持出货单及批次调度报表将商品由拣取区取出并核定商品内容，然后集中于出货月台前准备装车。

当商品配送出库后，订购数据即由订单数据库转入应收账款数据库，财务人员于结账日将应收账款按客户进行统计并打印催款单及发票。发票的打印可比较灵活，将统计账款总数开成一张发票或以订单为基础开立多张发票。收到的账款可由会计人员确认并登录，作为应收账款的销项并转为收支会计系统的进项。系统还可打印应收账款统计表、应收账款收入状况一览表等。

(二)采购入库管理子系统

采购入库管理系统是处理与供货厂商的相关作业，包括商品实际入库、根据入库商品内容做库存管理、根据需求商品向供货厂商下订单。

1.采购管理模块

采购管理模块式为采购人员提供一套快速而准确地为供货厂商适时适量地开立采购单的系统，使商品能在出货前准时入库，并无库存不足及积压货太多等情况发生。此模块包括四个子模块：采购预警系统、供应商管理系统、采购单据打印系统、采购跟催系统。

当库存控制系统建立采购批量及采购时间文件后，仓库管理人员即可随时调用采购预警系统来核对需要采购商品。仓库管理人员输入日期，系统访问库存数据库、采购批量及采购时间数据库对比现有库存数是否低于采购点，如果库存数低于采购点就将此商品的情况打印出来，打印报表内容包括商品名称、建议采购量、现有库存量、已订购待入库商品数量等数据。当采购预警系统打印出建议采购商品报表后，仓库管理人员即可根据报表内容查询供应厂商数据，输入商品名称后从供应商数据库中检索供应商报价数据，以往交货记录、交货质量等数据作为采购参考。

系统所提供的报表有商品供货厂商报价分析报表、各供货厂商交货报表。根据这些报表，仓库管理人员可按采购商品需求向供应商下达采购单，此时仓库管理人员需输入商品数据、供应商名称、采购数量、商品等级等数据，并由系统自动获取日期来建立采购数据库。系统可打印出采购单作为配送中心对外采购使用。当配送中心与供应商通过电子订货系统采购商品时，系统还需具备计算机网络数据接收、转换与传递功能。

采购单发出后，仓库管理人员可用采购跟催系统打印预定入库报表及已采购未入库报表，作为商品入库跟催货商品入库日期核准等作业。系统不需输入特殊数据，只需选择欲打印报表名称由系统根据当日日期与采购数据库进行比较，打印未入库数据。采购系统最好具备材料结构数据，在组合产品采购时可据此计算各商品需求量。采购单可由单笔或多笔商品组成，且允许有不同进货日期。

2. 入库作业处理模块

入库作业处理系统包括预定入库数据处理和实际入库作业。

预定入库数据处理为入库月台调度、入库人力资源及机具设备资源分配提供参考。其数据来自采购单上的预定入库日期、入库商品、入库数量等，可将供应商预先通告的进货日期、商品及入库数量，定期打印出入库数据报表。

实际入库作业发生在生产厂商交货之时，输入数据包括采购单号、厂商名称、商品名称、商品数量等，可输入采购单号来查询商品名称、内容及数量是否符合采购内容并用以确定入库月台，然后由仓库管理人员指定卸货地点及摆放方式并将商品叠于托盘上，仓库管理人员检验后将修正入库数据输入，包括修正采购单一并转入库存入库数据库并调整库存数据库。退货入库的商品也需要检验，可用品方可入库，这种入库数据是订单数据库、出货配送数据库、应收账款数据库的减项，也是入库数据库及库存数据库的加项。

商品入库后有两种处理方式：立即出库或上架出库。如果采用立即出库方式，入库系统需具备待出库数据查询，并连接配送出货系统，当入库数据输入后即访问订单数据库取出该商品待出库数据，将此数据转入出货配送数据库，并修正库存可调用量。如果采用上架入库再出库方式，入库系统需具备货位指定功能或货位管理功能。货位指定功能是指当入库数据输入时即可启动货位指定系统，由货位数据库、产品明细数据库来计算入库商品所需货位大小，根据商品特性及货位储存现状来指定最佳货位，货位的判断可根据诸如最短搬运距离、最佳储运分类等原则来选用。货位管理系统则主要完成商品货位登记、商品跟踪，并提供现行使用货位报表、空货位报表等作为货位分配的参考。也可以不使用货位指示系统，由人工先行将商品入库，然后将储存位置登入货位数据库，以便商品出库及商品跟踪。货位跟踪时可将商品编码或入库编码输入货位数据库来查询商品所在货位，输出的报表包括货位指示单、商品货位报表、可用货位报表、各时间段入库一览表、入库统计数据等。货位管理系统还需具备人工操作的功能，以方便仓库管理人员调整货位。还能根据多个特性查询入库数据。

采购商品入库后，采购数据即由采购数据库转入应付账款数据库，财务管理人员以此为供货厂商开立发票及付款，做应付账款统计表作为金额核准之用。账款支付后，可由会计人员将付款数据登录，更改应付账款文件内容。高层主管人员可由此查询应付账款一览表、应付账款已付款统计表等。

（三）库存管理子系统

库存管理系统主要完成库存数量控制和库存量规划，以减少因库存积压过多造成的利润损失，它包括商品分类分级、订购批量及订购时点确定、库存跟踪管理以及库存盘点作业。前三者只需读取现有的数据文件，如库存数据库、货位数据库、厂商报价数据库、采购批量计算公式数据库等来作内部运算。商品分类分级就是按商品类别统计其库存量并按库存量排序和分类，作为仓库区与规划布置、商品采购、人力资源、工具设备选用的参考。商品分类分级还可按商品单价或实际库存金额进行排序。此系统主要是以商品为主体生成各种排序报表。

由于采购时间和采购数量会影响资金的调度及库存成本，因此采购前就需要制订商品经济采购批量及采购时间。这就需要系统访问产品数据库、厂商报价数据库、库存数据库、采购数据库等来获得商品名称、商品单价、商品现有库存量；采购提前期及配送成本等数据来计算经济订购批量及订购时点；也可通过诸如安全库存量、经济采购量等其他方法来完成。系统要输入的数据为商品名称，并需要其他文件，如生产厂商报价数据库、库存数据库、采购数据库和配送成本数据库等，主要输出报表包括商品安全库存报表、商品经济批量报表、定期采购点核查报表、定期库存量统计报表等；还需根据情况建立采购量及采购时间数据库。库存跟踪管理主要是延续入库作业处理中货位的管理，这里不需输入太多的数据，主要是从现有的数据库中调用现有库存的储存位置、储存区及分布状况，或由库存数据库中调用现有库存数据核查库存量等，系统主要生成的报表包括商品库存量查询报表、商品货位查询报表、积压货存量和货位报表等。

库存数量的管理与控制及货位的管理等作业依赖于库存数据和货位数据的正确性，因此需要盘点作业。盘点作业一般有两种盘点方式：定期盘点及循环盘点。盘点作业系统主要包括定期打印各类商品报表，待实际盘点后输入实际库存数据并打印盘赢盘亏报表、库存顺势率分析报表等。定期盘点以季度、半年或年度为盘点时段，而循环盘点则在普通工作日针对某些商品进行盘点。仓库管理人员在盘点前调用盘存清单打印系统，输入某类产品或某仓库名称、仓库某区域名称，此时系统调用库存数据库或货位数据库来检索该商品储放位置及数量或该区域所有商品的库存数及货位数据,并打印盘点清单。然后仓库管理人员持此清单会同会计人员进行实际盘点,将盘点误差修正在盘点清单上,盘点后将此数据由盘点数据库维护系统输入,修改库存数据库与货位数据库。此外盘点还可由仓库管理人员会同会计人员持手持式数据收集设备现场收集库存数据,当某一区域盘点完毕或数据收集完成后回办公室将数据输入计算机中,以批量方式修正库存数据库。或采用射频数据收集设备,在盘点的同时将数据同步传回计算机加以处理。若采用这些设备,系统需具备数据接收、传送、转换等功能。最后可由盘点报表打印系统打印盘亏报表、库存损失率报表、呆废料盘存报表等。

库存控制系统须具备按商品名称、货位、仓库、批号等数据分类查询的功能,并设有定期盘点或循环盘点时点设定功能,使系统在设定时间自动启动盘点系统,打印各种表单协助盘点作业。当同一种商品有不同储存单位时,系统应具备储存单位自动转换功能。在移库整顿或库存调整作业时,系统应具备大量货位及库存数据批量处理功能。

(四)财务管理子系统

财务会计部门对外主要用采购部门传来的商品入库数据核查供货厂商送来的催款数据,并据此给厂商付款;或由销售部门取得出货单来制作应收账款催款单并收取账款。财务子系统还制作各种财务报表提供给经营绩效管理子系统参考。

1. 账务处理

账务处理功能可将销售管理子系统、采购管理子系统的数据转入,并制作成会计总账、分类账、各种财务报表等。

2. 人事工资管理

人事工资管理包括人事数据库的建立与维护、工资统计报表生成、工资单打印机与银行计算机联网的工资数据转换等。

(五)经营绩效管理子系统

经营绩效管理子系统从各子系统取得数据,制订各种经营政策,然后将政策内容及执行方针告知各部门,并向社会提供配送中心的有关数据。

经营绩效管理子系统包括:配送资源计划、经营管理、绩效管理等。

1. 配送资源计划

该模块包含如下功能:仓库选址及数量规划、多仓库存控制、多仓设备规划控制、多仓人力资源计划、多仓商品线性规划、多仓商品分配计划、多仓商品配送计划等。

配送资源计划是在配送中心有多个运作单位时规划各种资源及经营方向、经营内容。配送中心有多座仓库、多个储运中心或多个转运站时,应设置多少仓储据点、仓库的位置如何才能满足市场开发需求,而哪座仓库应存放哪些商品、商品存放数量多少才足以供应该区域的商品需求,所需仓库空间又需多大才足以存放该商品数量,而适应这些配送活动，各据点又需具备什么机械机具及人力资源，这些资源如何分配、彼此间又如何协调，是建立配送计划系统的目的。

仓库设置地点及数量规划需从外界收集数据来进行规划，所收集的数据包括区域人口数、年龄分布状况、区域销售商店分布状况、区域商品销售总金额、每一年龄层的消费品种等数据。根据这些数据来估计该区域的市场潜力、可销售的商品种类、销售金额与数量及设置仓库数、仓库设立的地点等。

决定了设立仓库的数量及位置后，即可根据市场分析所得的数据来划分每个仓库所进销的商品种类，即多库商品分配计划。然后则应针对各仓库所需库存数量、机器设备、人力资源进行规划，并且协调、调度及控制，即为多库库存控制系统、多库机器设备规划控制系统、多库人力资源计划系统及多库商品配送调派计划系统。

2. 经营管理系统

经营管理系统是供配送中心高层管理人员使用，用来制订各类管理政策，如车辆租用采购计划、销售策略计划、配送成本分析系统、运费制订及外车管理系统等，偏向于投资分析与预算决策。

配送中心可通过自有车辆或雇用外来车辆来配送，该系统利用现有系统数据，如配送需求统计、车辆的调派现状、人力资源的利用率等作为车辆采购或雇用外车的分析基础；决定采用外车后还可进行多种外车管理方案的选用分析，如采用租车公司专车配送或雇用货运公司仅作单程单批货的配送，要进行是否雇用个人货车、运费计算、各车行或个人之间如何协调与管理的考虑；若决定自购货车，则可用各种成本回收方法来选择最有效益的资金投资与回收方法。

销售策略计划主要是根据销售额、作业员销售实绩、商品销售能力、销售区域分配状况等数据来制订配送中心的销售规划政策，它包括进销商品内容、客户分布区域规划、作业员销售额及区域划分、市场营销对策制订和促销计划等。

配送成本分析系统是以会计数据为基础分析配送中心各项费用，来反映盈利或资金投资与回收的状况，同时也可作为运费制订系统中运费制订的基准。配送成本分析与运费制订系统是非常重要的系统，配送中心需要确定运费是否赢得客户并合理地覆盖成本。

外车管理系统是管理外雇车辆的系统，包括外车雇用数据的维护、管理方法的选用分析、配送车辆的调度及调度计划等。

3. 绩效管理系统

配送中心的盈利状况，除各项经营策略的正确制订与实际计划及执行外，还需要有良好的信息反馈作为政策、管理及实施方法修正的依据，这就需要绩效管理系统。它包括：作业人员管理系统、客户管理系统、订单处理绩效报表、库存周转率评估、缺货金额损失管理报表、拣货绩效管理报表、包装绩效管理报表、入库作业绩效管理报表、装车作业绩效管理报表、车辆使用率评估报表、月台使用率评估报表、人力使用绩效报表、机器设备使用率评估报表、仓库使用率评估报表、商品保管率评估报表等。

(1)作业人员管理系统包括作业销售区域划分、销售总金额管理、呆账率分析、票据期限分析等。

(2)客户管理系统包括客户销售金额管理、客户信用管理、客户抱怨管理等。

(3)订单处理绩效报表是指订单处理失误率分析、订单处理时效分析、订单处理量统计分析等。

(4)库存周转率评估包括资金周转率分析与计算、单品周转率分析、某类商品平均周转率分析比较。

(5)缺货金额损失管理报表是库存盘点时比较盘盈盘亏并计算报废商品的金额及数量。

(6)拣货绩效管理报表、包装绩效管理报表、入库作业绩效管理报表、装车作业绩效管理报表等均属仓库内部作业的管理考核报表,主要进行作业处理量统计、作业失误率分析等。

(7)车辆使用率评估报表、月台使用率评估报表、人力使用绩效报表、机器设备使用率评估报表、仓库使用率评估报表、商品保管率评估报表等为仓库内部机具设备及人力资源的使用时间统计、效率评估及成本回收状况的显示,可用于机器设备使用政策制订的参考,或机具租用、采购的评估基础。

(六)运输管理子系统

商品装车后即由送货司机持出货单予以配送,出货单通常有多联,用来作客户及配送驾驶员的签收核定。商品送达客户处后,出货单由送货驾驶员缴回并输入数据,作为订单数据库、出货配送数据库的减项并转入会计系统作为应收账款的加项。出货单还可通过计算机网络直接传送至客户计算机系统中,由对方在收到商品后传回确认收货凭证。这就要求系统具备对外的数据传输、接收和转换功能。配送系统还应具备配送途中数据传输及控制的功能,来跟踪商品动向、控制车辆及车上设备;在配送途中有意外情况发生时,还可通过通信系统重新设定配送模式所需的参数,重新取得新的配送途径并告知配送人员,使配送工作顺利完成。系统主要的输入报表包括出货配送表、出货配送差错分析报表、客户反应报表等。

配送中心由于配送的客户数量较多,而每家客户配送商品的数量少、项目多,位置分布范围又广,故需具备较大数据处理能力的信息系统。

1. 配载调度

根据运力资源的实际情况,对运输作业任务进行调度处理,生成相应的运输作业指令和任务,具体根据货物的重量、体积、到达地、车辆情况、驾驶员情况及线路情况得出最优的车辆、货物和路径组合进行运输的过程,实现完美的配车与凑货等功能。

(1)线路选择

对配送区域的线路进行划分和搭配,设定各种参数后来求得最短配送路径、最短配送时间或最低配送成本等最佳解，以决定配送顺序，从而合理地使用车辆和减少行车杂费。

(2)装载规划

装载规划是把某种或某些货物分配到车辆中去。根据出货单不同，可分为一单多车，一单多货，一车多单，一单多点等方式。根据分配功能的不同，可分为人工分配和自动分配两种。

(3)车辆调度

该功能主要对车辆分配情况及各种汇总信息的处理，是运输管理子系统中最主要的功能模块之一，反映了一个月或一段时间中所有车辆的预定、完成及修理情况，人员情况，货单的明细表及汇总表。

2. 运输过程控制管理

该模块是记录车辆的载货情况、行车情况，是考核车辆的重要因素。包括行车单打印、车辆在途标志、行车单的撤销、出车情况分析表等。

3. 运输资源管理

运输资源管理主要是对配送中心的所有运输资源进行管理，包括中心自有运输车辆以及业务外包运输车辆的管理，作业责任人、组的管理等模块。

1)人员管理

可以统一对运输中心的工作人员进行管理，包括基本信息的记录，人员权限的设置，员工考勤等。用户管理主要是对系统用户进行新增、修改及删除处理。按用户级别来分，可分为超级用户和普通用户两种。超级用户对系统负责全面管理，权限不受限制。普通用户对系统负责部分管理，所以可分为各种不同的类别，其权限受用户级别的限制。该功能还可以对驾驶员的出勤情况进行登记，以便进行车辆安排及驾驶员的考勤考核。

2)车辆管理

对自有车和外车，根据车辆种类或车辆所属部，依不同目的进行查询和统计分析。

(1)生产量查询

主要有生产汇总表、运费明细表、燃料消耗明细表、轮胎消耗明细表、材料及配件消耗明细表以及行车杂费明细表等。

(2)车辆业绩统计

车辆业绩统计主要有车辆台账、车辆阅读统计、车辆生产年度表、车辆收支平衡表、车辆经费汇总表、车辆经费明细表等。

(3)车辆档案管理

对车辆的技术档案进行维护。

(4)车辆保养

根据车辆的码表数及时间对车辆进行大修、一保、二保等预警提示。对保养过的车辆进行保养登记及相关数据处理。

(5)车辆消耗

对在保养作业中的消耗费用、材料费用、人工费用进行核算。

(6)路线管理

根据固定路线,设定路桥费的限额。

(7)车辆修理

记录车辆大修、保养或事故处理等情况的传票,输入车辆的修理材料、修理费用及人工费等信息。

4.货物跟踪子系统

货物跟踪系统是指物流配送中心利用现代信息技术及时获取有关货物运输状态的信息(如货物品种、数量、货物在途情况、交货期间、发货地和到达地、货物的货主、送货责任车辆和人员等),提高物流运输服务的方法。具体说就是物流运输企业的工作人员在进行物流作业时,利用扫描仪自动读取货物包装或者货物发票上的物流条形码等货物信息,通过计算机通讯网络把货物的信息传送到总部的中心计算机进行汇总整理,这样所有被运送的货物的物流全过程的各种信息都集中在中心计算机里,可以随时查询货物的位置及状态。

货物跟踪系统提高了物流企业的服务水平,其具体作用表现在以下四个方面:

(1)当顾客需要对货物的状态进行查询时,只要输入货物的发票号码,马上就可以知道有关货物的状态信息。查询作业简便迅速、信息及时准确。

(2)通过货物信息可以确认货物是否将在规定的时间内送到顾客手中,能及时发现没有在规定的时间内把货物交付给顾客的情况,便于马上查明原因并及时改正,从而提高运送货物的准确性和及时性,提高顾客服务水平。

(3)作为获得竞争优势的手段,提高物流运输效率,提供差别化物流服务。

(4)通过货物跟踪系统所得到的有关货物运送状态的信息丰富了供应链的信息分享源,有关货物运送状态信息的分享有利于顾客预告做好接货以及后续工作的准备。

建立货物跟踪系统需要较大的投资,如购买设备、标准化工作、系统运行费用等。因此只有有实力的大型物流运输企业才能够应用货物跟踪系统。但随着信息产品和通讯费用的价格降低,以及互联网的普及,许多中小物流运输企业也开始应用货物跟踪系统。

三、典型配送中心管理信息系统应用评价

1.系统适用范围

配送中心信息系统适用于运输企业、第三方物流企业、仓储企业、大型生产企业和大型流通企业等。

(1)运输企业

单一的运输企业同样存在业务单一、管理落后、信息不畅的问题。配送信息系统的建设可以为运输企业实现业务信息化,投入小,无风险,有利于与其他物流企业的信息交流,形成业务合作伙伴,共同开拓市场,充分享受配送信息系统的服务,提高车辆的使用效率,拓展新业务,实现向现代物流企业的转型。

(2)第三方物流企业

第三方物流企业急需在全国范围内迅速建立起物流信息网络。配送信息系统的应用,可以使其低成本、无风险地搭建起遍布全国的物流信息网络,借助接入服务,减少了对专业技术人才的投入,实现了业务信息化,有利于与其他物流企业进行信息交流,形成业务合作伙伴,共同开拓市场,并为客户提供全程的物流和全面的信息服务。

(3)向现代物流企业转型的仓储企业

我国传统仓储企业的特点是业务单一,随着市场竞争的压力增大,企业的经营范围也在不断扩大,不少企业从传统的仓储企业逐渐转变为现代物流企业,给企业带来了新的活力。配送中心信息系统可以与仓储管理信息系统无缝对接,在提高传统仓储企业的管理水平和提供实时的物流信息的同时,能够帮助企业拓展其物流业务、开展配送业务、承接第三方物流的业务,为客户提供门到门的服务,有助于实现传统仓储企业向现代物流企业的转变。

(4)大型生产企业

大型生产企业一般在全国各地拥有成品库,需要对全国库存信息、产品在途信息、产品分销信息进行实时监控。目前普遍采用传真、邮件对账方式,达不到实时监控的目的。配送中心信息系统结合仓储管理信息系统,为企业提供了低成本的信息化解决方案。大型生产企业可以将其原材料、半成品、在途货物或分销货物纳入仓储管理信息系统和配送中心信息系统的管理体系,以此快速形成覆盖全国的原材料、半成品、成品库存网络,达到实时监控全国库存信息和产品在途信息的目的,从而能够统筹生产和销售,做出科学合理的生产预测,降低生产、库存和销售成本,最终实现提高企业效益的目的。

(5)大型流通企业

中国经济的高速发展离不开现代化的大流通,只有现代化的大流通才能带动现代化的大生产。在众多的分销体系内,实现实时监控已经成为分销管理的主要内容之一。配送中心信息系统以扁平化的信息流通方式,为企业提供了面向分销渠道管理的实时监控信息服务,可以避免因“信息孤岛”给企业带来的失控危险。

2. 系统特点分析

配送中心信息系统的特点主要表现在以下几个方面:

(1)有利于资源整合

配送中心信息系统面向物流配送企业实现了跨地域、跨企业的管理,有利于各种资源的整合、规范和优化业务流程，全面提升物流配送企业的信息化管理水平。

(2)实现了在途车辆的实时监控

在配送中心信息系统中，既可以按途经城市，也可以按时间段对运输车辆进行监控；同时支持电话、手机短信、GPS等多种监控手段。

(3)提供网上远程信息服务

承运人、客户、收货人、保险人都能通过互联网查询车辆、货物信息，及时了解当前车辆到达地点、道路状况、货物情况，极大地降低了各参与方的运作成本。

(4)提供全方位的业务支持

在配送中心信息系统中，实现了多种业务功能，包括返程配货、中途备货和到货后的配送、灵活的费用结算、订单的及时中止或变更等，对于物流企业拓展业务创造了有利的条件。

(5)具有严密的费用管理体系

配送中心信息系统严格区分保证金、管理费用、运输收支、运输成本，既可以单独核算，也支持整体效益汇总。

(6)支持流程定制

根据不同企业的实际情况和业务需求，该系统的流程可以实现灵活的定制，以满足不同应用层次的要求。

(7)应用方式灵活多样

对于大型企业，既可以采取接入方式，也可以单独建设，构建其综合物流服务信息平台。对于中小型企业，从时间和费用成本的角度考虑，可以采取接入方式，在大数据中心开辟独立的虚拟专用空间，迅速实现其物流服务的信息化管理。

(8)系统开放性强

配送中心信息系统具有统一的符合国家标准要求的数据格式和数据接口，便于企业间的数据交换以及与其他的应用系统的数据交换。

(9)有利于实现一站式的综合物流管理平台

配送中心信息系统可以为物流企业提供完善的综合物流管理解决方案。通过综合物流平台，可以极大地帮助应用企业提高服务水平，增强客户满意度，最终提升其核心竞争力。

S 本章小结

配送中心信息系统的应用水平是现代化物流配送中心的重要标志，应用与否以及应用的水平高低，直接影响着物流配送中心在市场中的竞争地位。以上我们学习了配送中心的各种类型，以及其内部作业环节和信息流特征；重点学习了配送中心信息系统的结构、模块间的信息关联关系。通过两个案例我们分别了解了配送中心信息系统应用的重大意义，以及在企业实际中，建立一个配送中心的信息系统所具备的基本业务内容。最后，通过简单介绍一个教学版配送系统中的实验分组与流程，可以初步了解配送中心的岗位群，并基本了解每个岗位的作业流程和信息处理要求。

物流配送中心管理信息系统有网络化、智能化、柔性化的发展趋势。所谓网络化，是指物流配送管理信息系统建构在计算机通信网络上，包括物流配送中心与供应商或制造商的联系通过计算机网络完成，另外与下游顾客之间的联系也通过计算机网络实现。所谓智能化，是指物流配送系统自动化、信息化的一种高层次应用，物流作业过程大量的运筹和决策都需要借助于大量的知识才能解决。所谓柔性化，是指真正地根据消费者需求的变化来灵活调节生产工艺，没有配套的柔性化的物流配送系统是不可能达到目的的。

E 思考题

7-1 配送中心有哪些基本信息？

7-2 配送中心有哪些业务流程？描述其相关信息流。

7-3 配送中心信息系统有哪些功能模块？

7-4 在配送中心里，商流、物流、资金流、信息流是怎样的关系？

C 案例分析

案列 7-1 联华超市配送中心条码解决方案

联华超市股份有限公司是当前国内连锁零售业的领军企业，总部设在上海，连锁门店已经扩张到全国各个区域。联华超市现有便利、标准门店、大卖场三种业态的门店 1 000 多家，多种资产结构（自营、加盟、合资合作）并存。建有 2 个常温配送中心和 1 个生鲜配送中心。

近几年来，面对国际连锁商业巨头大举进入中国抢滩，联华超市面向全国"跳跃式"地布点，规模扩张明显提速。目前，这家公司已发展至 1 900 家门店，2002 年平均每天开出 2.5 家网点，2002 年 1～11 月份，销售额同比增长 27.84%，利润总额同比增长 55.7%。

1999 年 9 月 26 日，江泽民总书记在上海考察期间来到联华超市田林店，详细了解商品的种类、价格、品质，并与消费者亲切交谈。总书记对联华超市坚持"为民、便民、利民"的服务宗旨，不断推进商业现代化表示赞赏。

在总书记的鼓励下，联华超市奋力向商业现代化的目标挺进。如今，在外资商业、民营商业日益崛起，各种商业业态竞争更加激烈的情况下，国有控股的联华超市力克群雄，1999 年、2000 年，销售额连续两年位列中国零售业榜首；2001 年，销售规模再次刷新，突破 140 亿元。按照计划，到 2005 年，联华的网点规模将达到 6 000 家，销售规模达 800 亿元。一艘巨大的本土商品零售业航母隐约浮出水面。

入世后，联华超市在新的国际国内环境下，积极与国际实业开展合作，巧借外力运作资本，先后吸纳上实资产经营有限公司、日本三菱商事株式会社等公司入股，将国有独资公司改制为“内外联”控股的上海联华超市有限公司，引进资金 8 000 多万元；以合资方式开拓市郊及外省市市场，吸收跨地区、跨所有制的社会资本 5 500 多万元。资本“瓶颈”一旦打开，联华超市如虎添翼。联华超市相继收购百家便利、东方超值、南京长江超市、苏州百汇、杭州金龙万家福等众多连锁企业，参与药品零售、食品加工等相关业态，又吸纳社会资本 1.2 亿元，联华超市有了突飞猛进的发展。

一、企业对信息化的需求

随着企业资本“瓶颈”的打开，联华超市的扩张速度日益加快。1996 年后，联华以平均每两天新开 1 家门店的速度发展，到 2001 年底，门店规模已达 1 225 家，为全国之最，网络覆盖面上升到 10 个省 80 多个城市，整体效益可观。但是联华规模扩张的提速，在传统管理模式上很快暴露出不少深层次的矛盾和问题，首当其冲的就是——传统的物流已经不能适应公司庞大的便利店销售网络中商品的顺畅流通。建立现代化物流系统，降低物流成本成为联华便利店在竞争中掌握先机的关键。

联华超市成立之初，就拥有了统一采购、统一配送等现代连锁商业的特征。但是与国际商业巨头相比，形似而神不似。比如：从门店订货到总部配送完全靠手工操作，手续相当繁复，效率低下。有位门店店长说，下大雨时雨伞卖得断档，当你及时发出订货单后，雨伞根本不会在半天内送到，伞到了，雨早停了。放眼世界，沃尔玛等世界商业巨头已开始用卫星传输信息，跨国商品的调配就像在本地一样迅捷。面对如此巨大的差异，联华超市的企业决策层决定将信息化项目推上去，融入现代商业新的革命浪潮。

联华超市结合国际的先进实施经验，充分考虑集团的实际情况，因地制宜，为便利店“量体裁衣”，设计了一套完整的解决方案，即利用现有的建筑物改建成物流中心，采用仓库管理系统（Warehouse Management System，简称 WMS）实现整个配送中心的全计算机控制和管理，而在具体操作中实现半自动化，以货架形式来保管，以上海先达条码技术有限公司提供的无线数据终端进行实时物流操作，以自动化流水线来输送，以数字拣选系统（DatakSystem）来拣选。

另外,在设备的选择方面也采取进口货与国产货合理搭配。这个方案既导入了先进的物流理念,提升了物流管理水平,又兼顾了联华便利店配送商品价值低、物流中心投资额有限的实际情况。在整个方案设计里,不求一步到位,不求设备的先进性,而是力求使合理的投入得到较高的回报。

二、配送中心应用信息化项目的作业流程

1.进货入库

进货后,立即由WMS进行登记处理,生成入库指示单,同时发出是否能入库的指示。如果仓库容量已满,无法入库时,系统将发出向附近仓库入库的指示。接到系统发出的入库指示后,工作人员将货物堆放在空托盘上,并用手持终端对该托盘的号码及进货品种、数量、保质期等数据进行进货登记输入。

在入库登记处理后,工作人员用手动叉车将货物搬运至入库品运载装置处。按下入库开始按钮,入库运载装置开始上升,将货物送上入库输送带。在货物传输过程中系统将对货物进行称重和检测,如不符合要求(例如超重、超长、超宽等),系统将指示其退出;符合要求的货物,方可输送至运载升降机。

根据输送带侧面安装的条码阅读器,对托盘条码确认,计算机将对托盘货物的保管和输送目的地发出指示。当接到向第一层搬送指示的托盘在经过升降机平台时,不再需要上下搬运,将直接从当前位置经过一层的入库输送带自动分配到一层入库区等待入库。接到向二层至四层搬送指示的托盘,将由托盘升降机自动传输到所需楼层。当升降机到达指定楼层后,由各层的入库输送带自动搬运货物到入库区。

货物在下平台前,根据入库输送带侧面设置的条码阅读器,将托盘号码输入计算机,并根据该托盘情况,对照货位情况,发出入库指示,然后由叉车从输送带上取下托盘。叉车作业者根据手持终端指示的货位号将托盘入库,经确认后,在库货位数将进行更新。

2.商品拣选

当根据订单进行配货时,仓库管理系统(WMS)会发出出库指示,各层平台上设置的激光打印机根据指示打印出货单。在出库单上,货物根据拣选路径依次打印。这时,系统中的商店号码显示器显示出需要配送的商店号码,数据显示器显示出需要拣选的数量,同时工作人员在空笼车上的塑料袋里插好出库单,在黑板上写上楼层号和商店号,并将空笼车送到仓库。做好以上准备后,方可进行商品拣选工作。

工作人员在确认笼车在黑板上记载的商店号码与商店号码显示器显示的一致后,开始进行拣选工作。根据货位上数码显示器显示拣选的数量,依次进行拣选。数码显示器配备的指示灯可以显示三种不同颜色，分别对应箱、包、件三种不同的拣选单位，以满足各种拣选需求。当拣选作业结束后，按"完了"按钮。各平台仓库分成17个拣选区域，区域内拣选结束后，区域拣选"完了"指示灯会自动闪亮，工作人员再按下区域拣选"完了"按钮，便可继续进行下一个区域的拣选工作。当各个区域内所有拣选处理结束后，系统将自动显示出下一个商店的拣选数据。

3.笼车出库

当全部区域拣选结束后，装有商品的笼车由笼车升降机送至一层。工作人员将不同商店分散在多台笼车上的商品归总分类，附上交货单，依照送货平台上显示器显示的商店号码将笼车送到等待中对应的运输车辆上。计算机配车系统将根据门店远近，合理安排配车路线。

4.托盘回收

出货完成后，工作人员将空托盘堆放在各层的空托盘平台返回输送带上，然后由垂直升降机将空托盘传送至第一层，并由第一层进货区域的空托盘自动收集机收集起来，随后送到进货区域的平台上堆放整齐。

三、信息化项目的实施为企业带来了很大的生产效率和经济效益

联华超市充分运用信息化技术上在上海建成了第一个大型智能化物流配送中心，第一个现代化生鲜加工配送中心，一上就是两个，总面积达56 713m^2，条码、扫描仪、铲车、计算机房、门店的计算机……组成了现代化信息物流系统，在具体的实际运作中收到了良好的经济效益和社会效益。例如，百货类配送，从门店发出要货指令到配货作业完毕，以前要4小时以上，现在只要40分钟。生鲜类配送更加讲究效率，门店从网上发出要货指令后，配送中心会根据每个门店的要货时间和地点远近，自动安排生产次序，自动加工，自动包装。以一盒肉糜为例，从原料投入到包装完毕，整个过程不超过20分钟。据了解，联华超市目前的配送费率比沃尔还低2.5个百分点。

原来为集团便利门店配送的配送中心，场地狭小，科技含量低，人力资源浪费。每天的拆零商品在一万箱左右，单店商品拆零配置时间约需4分钟，人工分拣的拆零差错率达0.6%，而且每天只能配送200多家门店。

集团便利配送中心建成后，以其高效率、低差错率和人性化设计受到各界的好评。物流中心所有操作均由计算机中心的WPS管理，将在库存信息与公司ERP系统连接，使采购、发货有据可依。新物流中心库存商品可达10万箱，每天拆零商品可达成3万箱，商品周转期从原来的14天缩短到3.5天，库存积压资金大为降低；采用DPS方式取代人工拣选，使差错率减少到万分之一，配送

时间从4分钟/店压缩到1.5分钟/店，每天可配送400多家门店，配送准确率、门店满意度等有了大幅提升，同时降低了物流成本在整个销售额中所占的比例，从而为集团的便利店业态的良好稳定发展奠定了坚实的基础。

四、总结经验，进一步提高信息化建设

通过对信息化技术的初步实施，联华超市在应用信息化管理的进程中上了一个新的台阶。硬件设施的更新，应用软件的完善，使企业的日常工作信息化程度有了较大发展，极大提高了工作效率和经济效益。在企业进行信息化工程建设的过程中，认识到信息化建设必须得到各方面的支持，首先是上级部门领导的指导和扶持，这样才能保证信息代建设目标的准确性，其次是加强本企业各部门领导对信息化建设的认识，通过实际应用，使各级部门认识到通过信息化改造，对提高企业的创新能力，推动企业的技术与经济发展起着巨大的作用。

通过企业信息化工程的实施，使企业的管理工作更上了一个档次，提高了商品入库、商品配送和销售的效率，拓展了产品的销售渠道，锻炼了各级管理人员。联华超市通过信息化工作初步实施，促进了企业规模和工作效率的大力提高。联华超市在初步应用信息化技术的基础上，将进一步加强信息化工程建设。

联华超市在物流配送信息化管理的实施运作已进入成熟阶段后，又进一步顺势引进供应链管理信息化。在供应链管理系统中，总部可以通过网络即时了解各门店的销售情况；供应商可以通过联华网络轻松地看到自己商品的销售、库存与周转，以便及时组织货源；门店实现了网上要货，所有账目自动生成，减轻了手工记账等劳动强度。实施供应链管理，使联华超市的总成本下降了10%；供应链上的接点企业生产效率提高10%以上。此外，联华还推出了电子商务——联华OK网，将实体商业网络与虚拟商业网络结合起来。目前，网上注册会员达24 193人，电话注册会员29 998人，去年的营业收入达8 689.2万元，已进入盈利阶段。

商业竞争靠的是实力。信息化建设使联华超市拥有了与网络时代相匹配的“新式武器”，它提高了企业的工作效率和商品流通速度，降低了人为造成的诸多差错，促使企业的日常管理更为科学化、规范化、准确化，锻造了企业的核心竞争力，在市场竞争中的联华因此显得格外“精神”。

联华超市将借鉴过去在信息化建设中的成功经验，在现有基础上继续加大科技投入，进一步加强企业的信息化科学管理规范，使公司在新的国际化市场竞争中不断做大、做强，力争跻身于国际零售业强林之中。

（来源：中国物流产品网）

案列 7-2 JC 仓储配送信息系统

JC 仓储配送信息系统是一套完全采用模块化的开发方式，是主要面向综合第三方物流企业信息化应用的软件系统平台，该平台包括基础数据、计划调度、客服中心、作业中心、统计查询、库存结转、客户关系管理子系统、人力资源管理子系统、系统设置等九个功能模块，主要用来具体承担整个仓储配送业务流程中的各项操作。该系统不但会提供大量分析数据为决策者提供决策的依据，而且，侧重当前第三方物流企业对仓储管理及优化方面的迫切需求，用流程化设计、嵌套式管理真正意义上将仓储方面的优化管理融入到系统操作中。当然，界面友好，操作方便也一直是我们秉承的开发原则，而让客户真正通过这套软件达到管理上及工作效率上的最大优化是我们一直以来奋斗的动力。下面我们就通过各个模块的介绍让大家在整个阅读的过程中，了解到仓储配送行业的管理思想及行业特征。

仓储配送教学系统则完全是基于企业应用级的《JC 仓储配送管理信息系统》延伸发展而来的。《JC 仓储配送管理信息系统》融合了当代先进的计划资源管理思想和现代物流管理思想，是一套建立在企业资源管理平台基础上的（客户资源、人力资源、仓储资源、车辆设备资源等），以客户服务为目标、以计划调度为中心，集集货管理、库存理货管理、出入库管理、分拣配送、流通加工、交叉理货、运输配送管理业务为一体的反映流程化管理思想的大型物流企业管理信息系统。

该系统蕴涵了全新的现代的物流管理理论和思想体系，可以模拟大型仓储配送企业业务活动的全部过程及现代物流企业的组织体系和管理方式，为不同层次的专业教学提供模拟环境。

一、JC 仓储配送系统作业流程

JC 仓储配送信息系统主流程图见图 7-5，其主要包括以下几种作业流程有：

(1)入库作业流程；

(2)出库作业流程；

(3)交叉理货作业流程；

(4)运输配送作业流程；

(5)越库作业流程；

(6)退货出库作业流程；

(7)客户退货作业流程；

(8)检验作业流程。

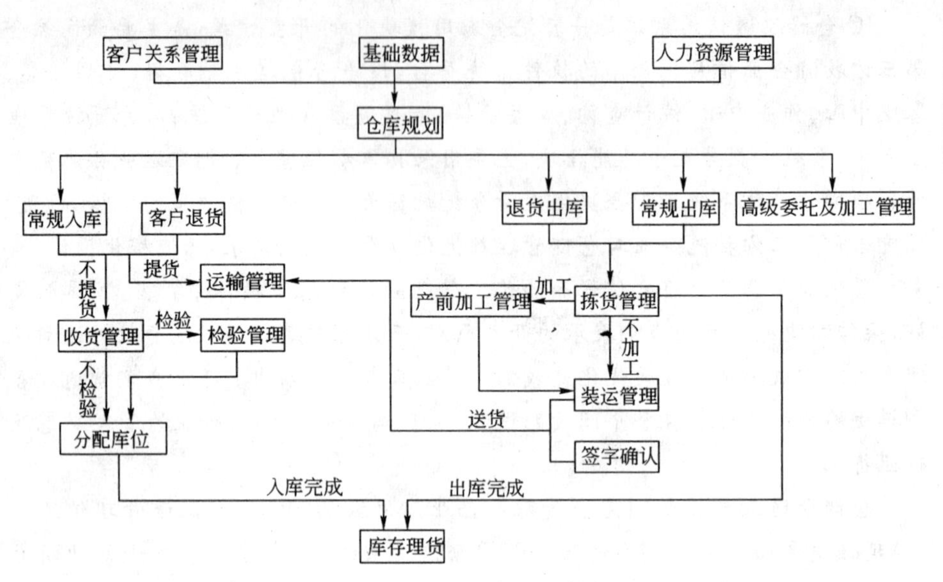

图 7-5　锦程仓储配送系统主流程图

二、业务流程说明

1. 客户关系管理子系统

包括客户资料维护、供应商资料维护、信用等级管理等。

2. 基础数据

(1)仓储基础数据

包括退货原因、加工类型、货损代码、设备类型、设备维护、存储模式、空间属性、货物类型等。

(2)运输基础数据

包括运输方式、运输设备类型、承运商维护等。

(3)人力资源基础数据

包括证件类型、民族维护、政治面貌、学历维护等。

3. 人力资源管理

包括组织定义、角色管理、人事管理。其中人事管理中还包括建立组织、职位和人员。

4. 仓库规划

包括仓库维护、仓间维护、完成区域设置、库位维护、客户图号、供应商图号、仓库图号、SKU 设置、SKU 分配区域、查看库位等。

5.入库作业

包括常规入库、客户退货、收货管理、分配库位、二次分配、分配确认、检验管理等。

6.出库作业

包括常规出库、退货出库、拣货管理、补货管理、产前加工管理、装运管理、签字确认等。

7.交叉理货作业

包括交叉理货委托、交叉理货操作等。

8.运输规划

包括送货地点、提货地点、运输线路、车辆维护等。

9.运输配送作业

包括提货调度、送货调度、配送管理、车辆监控等。

10.高级委托及加工管理

包括直运委托、越库委托、修复加工、改型加工等。

11.库存理货

包括TU管理、库位管理、盘点管理、库存调整等。

12.系统管理

包括组织管理、角色管理、用户管理等。

三、实验说明及工作流

1.分组说明

在整体实验过程中,学生将以分组形式进行实验,以交叉互换角色的方式完成整体实验过程,以实现实验目的。

一个实验由六个小组组成,每个小组由2名学生组成,小组成员在每个实验中分别扮演不同角色,共同完成实验,每个学生仅完成自己角色的功能操作。实验时,实验者应该清楚自己所扮角色在流程中的位置和作用。在进行实验前,要按六个小组,每个小组2名学生组成一组事先分组,每组分配12台联网的计算机或利用现有物流实验室设备,分流程及角色分配并使用现有计算机设备。

每组在每个实验前分配好角色,实验过程中每个成员承担不同的角色并按照实验要求来完成实验,每次实验或下次实验组内人员要互换实验角色。这样,就要求实验者应该清楚自己所扮角色在流程中的位置和作用。实验者不仅要清晰整个业务流程,还要具有协同商务管理的能力。

2. 角色分配与扮演

根据第三方物流企业仓储配送环节营运管理的组织架构和业务模式，模拟实验系统中小组分配及角色分配如下：

(1)决策组：由2名同学组成，分别充当总经理及财务经理角色，两人互相协助，互换角色，共同为实验起决策作用。决策组成员同时要承担仓库规划这一职责，可协同全部实验组成员，共同研究如何规划，更优化仓库，提高作业效率。

(2)客服部：由2名同学组成，分别充当客服部经理及作业人员，由作业人员实际操作，由客服部经理指导及审批。

(3)仓储部：由2名同学组成，分别充当仓储部经理及作业人员，由作业人员实际操作，由客服部经理指导及审批。

(4)分装部：由2名同学组成，分别充当分装部经理及作业人员，由作业人员实际操作，由分装部经理指导及审批。

(5)质检部：由2名同学组成，分别充当质检部经理及作业人员，由作业人员实际操作，由质检部经理指导及审批。

(6)运输部：由2名同学组成，分别充当运输部经理及作业人员，由作业人员实际操作，由运输部经理指导及审批。

3. 实验模拟环境

虚拟环境介绍：公司设立客服部、仓储部、分装部、质检部、运输部、财务部、决策部门等多个职能部门。各部门都设有部门经理和作业人员。作业人员主要对具体作业进行操作，而部门经理需要对本部门的作业进行确认审核。

4. 工作流

(1)客服部：在系统里负责提供业务流转过程的起始工作。客服部作业人员从供应商和客户那里接受委托，到客服中心模块，将相应的委托建立相关信息(常规入库、常规出库、退货出库、客户退货等)。由客服部经理确认审核后，流入下一个工作流程。

(2)仓储部：在系统里负责具体货物收货、储存、拣货、出库等货物在仓库间流转的相关操作。

在接到上一流程流转的任务后，按照相关作业标准及流程由相关的操作人员进行作业并由作业人员及部门经理进行确认。流转入下一个流程。

(3)分装部：只有接到产前加工指令，才进行其职能操作。进行完相关操作后，相关作业人员及部门经理确认后，流转入下一个流程。

(4)质检部：只有接到检验指令后，才进行其职能操作。相关作业人员及质检部经理确认后，流转入下一个流程。

(5)运输部：接到运输指令，由操作人员进行派车作业，货物送达(提货、送货)后，接到回执单，派车人员及运输部经理确认后，派车流程结束，转入下一个流程。

(6)财务部：查询相关的单据交易及统计数据，提供财务用数据(应收、应付账款等)。

(7)决策部门：查询相关库存信息、货物信息、货物流转信息、仓位利用率等相关数据，为决策管理提供依据。

第八章 电子商务与物流信息管理

能力目标、知识目标与学习要求

通过本章的学习，首先要理解物流与电子商务的关系，电子商务对物流各功能环节产生的影响。在电子商务环境下，物流的运作模式发生了很大的变化，掌握物流运作模式的变化是本章的一个重点和难点。电子商务下物流活动仍然借助于物流信息管理的手段和方法来实现，所以，掌握电子商务物流信息管理的实施是本章的第二个重点。

第一节 电子商务与物流

过去，人们对电子商务过程的认识往往局限于信息流和资金流的电子化、网络化，而忽视了物流的电子化过程，认为对于大多数商品和服务来说，物流仍然是由传统的经销渠道流动。但随着电子商务的进一步推广与应用，物流的重要性对电子商务活动的影响日益明显。试想，如果在电子商务过程中，消费者网上浏览后，通过点击、选择就完成了网上购物，但所购货物却迟迟不能送到手中，甚至出现买手机送茶叶的情况，其结果可想而知，消费者就只好放弃电子商务而选择更为安全可靠的传统购物方式。

曾有一则IBM公司的电视广告，说的是一家商店的袜子没有了，需要再补充进货。但由于信息的误传，导致订购信息到原材料供应商处已经变成了需要兔子。最后，零售商只能无奈地说："我需要的不是裤子，也不是兔子，我要的是袜子！"从实际情况看，它反应的是电子商务活动中物流信息不畅和信息封闭所带来的问题，以及由此给各合作伙伴带来的尴尬局面和潜在的经济损失。

一、电子商务的概念和交易流程

任何一笔商业行为，买方和卖方交换的是他们的需求，而任何一次商业交换活动必然包括了物流、资金流和信息流的活动。人类最早是采用"以物易物"的商品交换方式，此时，没有资金流，商品所有权的转移是紧紧伴随着物流的转换而发生的。

Internet 为人类创造了一个全新的信息空间，在这一空间里，人们可以从事各种活动。商业行为是整个人类联系行为的最主要、最基本的内容之一，自然也会渗透到这一空间中，人们用数字信号在网上开展商务活动。电子商务是人类经济、科技、文化发展的必然产物。

电子商务的概念最初在美国出现。事实上，今天还没有一个较为全面、具有权威性的电子商务的定义。有人将电子商务定义为商务活动的电子化。在这类定义中，电子化工具主要指计算机和网络通信技术，电子化主要针对信息流和资金流，并没有提及物流。值得注意的是，美国的物流管理技术自 1915 年发展至今已有 90 多年的历史，通过利用各种机械化、自动化工具及计算机和网络通信设备，早已日臻完整。同时，美国作为一个发达国家，其技术创新的本源是需求，即所谓的需求拉动技术创新。作为电子商务前身的电子数据交换(Electronic Data Interchange，简称 EDI)的产生是为了简化繁琐、耗时的订单等的处理过程，以加快物流的速度，提高物资的利用率。即电子商务的提出，最终是为了解决信息流和资金流在处理上的繁琐对现代化的物流过程的延缓，进一步提高现代化的物流速度。由此可见，美国在定义电子商务概念之初，就有强大的现代物流作为支持，只需将电子商务与其对接即可，而并非电子商务的过程不需要物流的电子化。我国作为一个发展中国家，物流业起步晚、水平低，在引进电子商务时，并不具备能够支持电子商务活动的现代化物流水平，所以，在引入时，一定要注意配备相应的支持技术和现代化的物流模式，否则，电子商务活动就难以推广。

对现实世界电子商务活动的一般抽象就形成了电子商务的概念模型，它是由电子商务实体、电子市场、交易事务和信息流、资金流、物流等基本要素构成，如图 8-1。

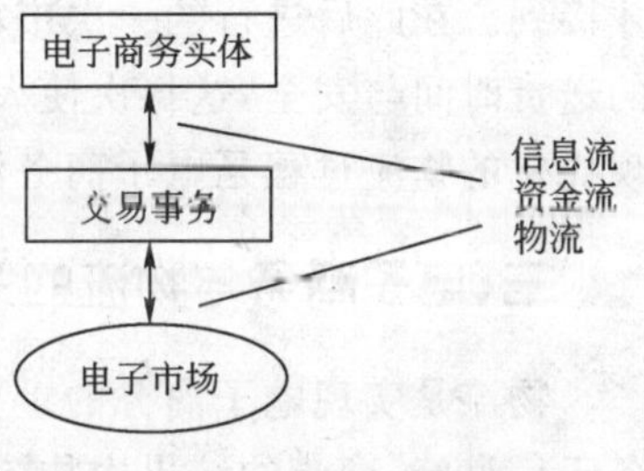

图 8-1　电子商务的概念模型

在电子商务的概念模型中，电子商务实体是指从事电子商务的客观对象，如企业、银行、个人等；电子市场指电子商务实体从事商品和服务交换的场所，由各商务活动的参与者，利用各种通信装置，通过网络连接成一个统一的整体；交易事务指电子商务实体间从事的具体的商务活动的内容，如产品询价、广告宣传等。

从根本上说，物流电子化应是电子商务概念的组成部分。对于电子商务来说，电子化的对象是整个的交易过程，不仅包括信息流、资金流，而且还包括物流。缺少了现代化的物流过程，电子商务过程就不完整。

不论是哪一种模式的电子商务交易的流程都可以归纳为如下 6 个步骤：

(1)在网上寻找产品或服务的信息，发现需要的信息。

(2)对找到的各种信息进行各方面的比较。

(3)交易双方就交易的商品价格、交货方式和时间等进行洽谈。

(4)买方下定单、付款并得到卖方的确认信息。

(5)买卖双方完成商品的发货、仓储、运输、加工、配送、收货等活动。

(6)卖方对客户的售后服务和技术支持。

在上述步骤中,"商品的发货、仓储、运输、加工、配送、收货"实际上是电子商务中物流的过程,这一过程在整个流程中是实现电子商务的重要环节和基本保证。

目前,我国已出现了为电子商务服务的以高科技信息技术为基础的第三方物流企业。它们充分利用互联网、无线通信、条形码等现代信息技术,以代理的形式,对物流系列活动实行统一管理,建立了覆盖全国的、快速相应的、以信息技术为基础的专门服务于电子商务的物流服务系统,为客户提供便捷的网上物流交易服务平台。

二、电子商务中的物流活动

一个完整的电子商务的交易过程一般都包含四种基本流:商流、资金流、信息流和物流。在电子商务环境下,信息流、商流和资金流均可借助网络在瞬间完成,而对于物流,Internet 的实现能力就十分有限。除了软件产品、音像制品、信息产品等可以通过网络直接传输外,其他商品和服务都必须通过物理方式来传输。

1999 年 9 月,我国的一些媒体为了测试当时国内网上购物的环境,组织了一次"72 小时的网上生存体验",但试验的结果并不理想,出现了不少的问题,而物流配送是最大的问题之一。有些参试者在试验期间的网上订货在过后的 2 个月甚至半年后才接到。在此后进行的一次市场调查证实,人们最关注的热点问题恰恰是网上交易的送货时间与安全,这再次使人们认识到物流在电子商务活动中的重要地位,认识到现代化的物流过程是电子商务活动不可缺少的部分。

三、电子商务与物流的关系

物流是实现电子商务的重要环节和基本保证,下面分别从物流保障生产、物流服务于信息流、商流的结果由物流来实现,以及物流是实现"以客户为中心"的理念的重要保证等方面进行电子商务与物流的关系分析。

1. 物流保障生产

无论是在传统的贸易方式下,还是在电子商务环境中,生产都是商品流通之本,而生产的顺利进行需要各类物流活动的支持,生产的全过程就是物流活动的过程,主要包括供应物流、生产物流、销售物流、回收和废弃物物流。从原材料的采购开始,便有相应的供应物流活动,将所采购的材料运送到位,否则,生产就难以进行;生产物流发生在生产的各工艺流程之间,实现原材料、半成品的物流过程,以实现生产的流动性;产品经由销售物流传送到消费者手中。部分余料、可重复利用物资的回收,就需要回收物流;而废弃物的处理则需要废弃物物流。由此可见,整个生产过程实际上就是系列化的物流活动。

在生产活动中,合理化、现代化的物流,可以通过降低费用而降低成本、优化库存结构、减少资金占用、缩短生产周期,保障现代化生产的高效进行。反之,缺少了现代化的物流,生产活动将难以顺利进行,那么,无论电子商务是多么便捷的贸易形式,仍将是先天不足,优势难以实现。

2. 物流服务于信息流

在商务活动中,商品所有权在购销合同签订的那一刻起,便由供方转移到需方,而商品实体并没有因此而移动。在传统的交易过程中,除了非实物交割的期货交易,一般的商品流动都必须伴随着相应的物流活动,即按照需方(购方)的要求,将商品实体由供方(卖方)以适当的形式、途径向需方(购方)转移。而在电子商务交易中,消费者通过网上点击购物,完成了商品所有权的交割过程,即信息流过程。但电子商务活动并未结束,只有商品和服务真正转移到消费者手中,商务活动才告终结。

在整个电子商务的交易过程中,物流实际上是信息流的后继者和服务者。没有现代化的物流,在网络经济中的社会中信息流活动将变成一纸空文。

3. 商流的结果由物流实现

商流活动的最终结果是将商品所有权由供方转移到需方,实际上,交易合同签订后,商品实体并没有立即移动。在传统贸易环境下,商流的结果必须由相应的物流活动来完成,即卖方根据买方的需求将商品实体以适当的方式和途径来转移。而在电子商务的环境下,网络消费者虽然通过上网订购完成了商品所有权的交割过程,但必须通过物流过程将商品或服务真正转移到消费者手中,电子商务的交易活动才算完成。因此,物流在电子商务交易的商流中起到了后续者和服务者的作用。没有现代化物流的支持,电子商务的商流活动将是纸上谈兵,无从实现。

据波士顿咨询集团(BCG)的看法,网上购物者对购物过程和产品递送有很高的要求和期望。他们要求一笔交易不到10分钟就办妥;交易以后对于后继的服务他们不想等过3分钟;并且他们希望商品在一个星期内送达。这从一个方面说明了商流交易的最终结构是由物流来实现的,物流服务的好坏将直接影响电子商务的发展。

4. 物流是实现"以顾客为中心"理念的重要保证

电子商务的出现在很大程度上方便了最终消费者,他们不必再跑到拥挤的商业街,一家接一家地挑选自己所需的商品,而主要坐在家里,在互联网上搜索、查看、挑选,就可以完成整个购物过程。但是,网上购物的不安全性和不确定性一直是电子商务难以推广的最重要原因之一。

物流是电子商务中实现以"顾客为中心"理念的最终保证,缺少了现代化的物流技术,电子商务给消费者带来的最终便捷将不可能实现,消费者必然会转向他们认为安全的传统购物方式。

从以上的分析可见,物流是电子商务重要的组成部分。

从 1999 年开始，美国的物流产业发生了三个显著的变化：电子商务应用、供应链软件集成和作为中间市场的第三方物流产业的发展。变化的根本原因在于电子商务的大行其道。

在电子商务环境下，顾客的购买行为与传统的购买行为有所不同，传统物流系统与电子商务物流系统相比较，也有较大的区别，见表 8-1。

传统物流系统与电子商务物流系统的区别 表 8-1

比较分析点	传统物流	电子商务物流
业务推动力	物质财富	IT 技术
服务范围	单项物流服务（运输、存储、包装、装卸、配送等）	综合性物流服务
通信手段	电话、传真	大量使用互联网、EDI 进行数据交换
仓储	集中分布	分散分布
包装	批量包装	个别包装、小包装
运输频率	低	高
交付速度	慢	快
IT 技术应用	少	多
订单	少	多

四、电子商务物流的特点

电子商务的出现，给全球物流带来了新的发展，使现代物流具备了一系列新特点。

1. 物流信息化

电子商务时代，物流信息化是电子商务的必然要求。物流信息化表现为物流信息的商品化、物流信息搜集的数据库化和代码化、物流信息处理的电子化和计算机化、物流信息传递的标准化和实时化、物流信息存储的数字化等。因此，条形码技术、数据库技术、电子订货系统、电子数据交换、企业资源计划等技术与观念在我国的物流中将会得到普遍的应用。信息化是一切的基础，没有物流的信息化，任何先进的技术装备都不可能应用于物流领域，信息技术及计算机技术在物流中的应用将会彻底改变世界物流的面貌。

2. 物流网络化

物流信息化的高层次应用首先表现在网络化。这里的网络化有两层含义：一是物流配送体系的计算机网络，包括物流配送中心与供应商或制造商的联系要通过计算机网络，另外与下游顾客之间的联系也要通过计算机网络通信，比如物流配送中心向供应商下订单的过程，就可以使用计算机通信方式，借助于增值网上的电子订货系统和电子数据交换来自动完成，物流配送中心通过计算机网络收集下游客户的订单也可以自动完成;二是组织的网络化,即所谓的企业内部网(Intranet)。比如,台湾的电脑业在20世纪90年代创造了"全球运筹式产销模式",按照客户订单组织生产,生产采取分散形式,即将全世界的电脑资源都利用起来,采取外包的形式将一台电脑的所有零部件、元器件、芯片外包给世界各地的制造商去生产,然后通过全球的物流网络将这些零部件、元器件和芯片发往同一个物流配送中心进行组装,由该物流配送中心将组装的电脑迅速发给客户。这一过程的实现需要有高效的物流网络支持,当然,这里的物流网络指的是信息、计算机网络。

3.物流智能化

物流信息化的高层次应用表现为智能化。物流作业过程中大量的运筹和决策,如库存水平的确定、运输路径的选择、物流配送中心经营管理的决策支持等问题都需要大量的知识才能解决。在物流自动化过程中,物流智能化是发展的一个方向和不可回避的技术难题。专家系统、机器人等相关技术在国际上已经有了比较成熟的研究成果,这些技术在物流智能化中都可以得到较好的利用。为了提高物流现代化水平,物流的智能化已经成为电子商务下物流发展的一个新趋势。

4.物流交易成本低

企业电子商务下的物流业务以客户需求为中心,采用拉动式的经营方式,以消费需求刺激、促进和拉动商品供给。电子商务活动中,由于供、产、销直接联系,大大减少了商品流通的中间环节,提高了商品流转速度,因此大大降低了整个交易过程的成本,从而提高了企业物流活动的经济效益。

第二节　电子商务物流管理

一、电子商务物流活动的过程

电子商务作为数字化生存方式,代表未来的贸易方式、消费方式和服务方式,因此要求整体生态环境要完善,要求打破原有物流行业的传统格局,建设和发展以商品代理和配送为主要特征,物流、商流、信息流有机结合的社会化物流配送中心,建立电子商务物流体系,使各种流畅通无阻,才是最佳的电子商务境界。

物流活动是在商品生产与消费过程中,有计划地组织对原材料、半成品及成品由生产地到消费地的流通过程,从而创造时间价值、位移价值的经济活动。物流与商流、交通流、信息流统一于流通过程,它们相互联系、互为补充。物流活动包含了包装、发货、保管、库存、运输、装卸等环节,这些环节密切联系,既相互制约,又相互配合,既各成体系,又有机协调,形成了复杂的物流系统。在物流系统中,根据物流活动的特征,可把物流活动的场所分为:物流路径(如:运输线路、配送线路等)和物流中心(如:货运站点、港口码头、航空港、仓库、配送中心、包装加工中心等等)。物流中心就其作业性质而言,是从供应者处接受大量的物资,进行倒装、分类、保管、包装加工、信息处理等作业，然后按各需求用户的订货要求，以优良的服务，进行配送的设施。物流中心在一定条件下也被称为配送中心、仓储中心、储运中心等。

在现代物流活动中，物流中心的作用是十分明显的。可以归纳为：

1. 使供货适应市场需求变化

各种商品的市场需求在时间、季节、需求量上都存在大量随机性，而现代化生产、加工无法完全在工厂、车间来满足和适应这种情况，必须依靠物流中心来调节。适应生产与消费之间的矛盾与变化。

2. 经济高效的组织储运

从工厂企业到销售市场之间需要复杂的储运环节，要依靠多种交通。运输、库存手段才能满足。传统的以产品或部门为单位的储运体系明显存在不经济和低效率的问题。故建立区域、城市的物流中心能进行批量进发货物，能组织成组成批成列直达运输、集中储运，有利于降低物流系统成本，提高物流系统效率。

3. 提供优质的保管、包装加工、配送、信息服务

现代物流活动中由于物资物理、化学性质的复杂多样化、交通运输的多方式、长距离长时间、多起终点、地理与气候的多样性，对保管、包装加工、配送、信息提出了很高的要求，只有集中建立物流中心，才有可能提供更加专业化、更加优质的服务。

4. 促进地区经济的快速增长

物流中心同交通运输设施一样，是经济发展的保障，是吸引投资的环境条件之一，也是拉动经济增长的内部因素，物流中心的建设可以从多方面带动经济的健康发展。

二、电子商务下物流的运作模式

企业物流活动要求以正确的质量水平，在正确的时间将正确的产品交付到正确的地点。利用电子商务进行物流活动的目标是实现产、供、销一体化，通过电子商务有关技术使得商品的生产商、零售商、用户通过 Internet 联系在一起，使企业及时了解产品信息，并按照信息组织对产品生产和对零售商、用户供货，从而提高服务水平，降低物流活动的成本，并使库存水平降到最低，提高企业的经济效益。在电子商务环境中，企业物流的运作模式也将发生很大的变化，主要表现在物流系统结构、物流服务、物流采购和物流存货等方面。

1. 电子商务的物流系统结构

(1)区域销售代理地位加强

由于网上客户可以直接面对制造商并可获得个性化服务，所以传统物流渠道中的批发商和零售商等中介机构将逐步淡出，但是区域销售代理将受制造商委托并逐步加强其在渠道和销售地区市场中的地位，作为制造商产品营销和服务功能的直接延伸。

(2)物流设施的布局、结构和任务将面临较大调整由于网上交易的特点，客户对产品的可得性心理预期加大，对企业交货的能力和速度要求会更高。因此，物流系统中的仓库、配送中心、运输线路等设施的布局、结构和任务都将面临巨大的考验和调整。如，尤尼西斯公司采用 EDI 系统后，其在欧洲的 5 个配送中心和 14 个辅助仓库缩减为一个配送中心。在企业保留若干地区性仓库后，更多的仓库被改造为配送中心。由于库存的控制能力增强，物流系统中仓库的总数将减少。

(3)数字化产品的物流系统隐形化

随着网络技术和多媒体技术、计算机存储技术的发展，将使那些能够在网上直接传输的有形产品的物流系统隐形化，这类产品主要包括图书、报刊、音乐作品、影视作品及软件等。已经数字化的产品的物流系统逐步与网络重合、同步，并最终被网络系统取代，实现全面的电子商务交易和物流系统的数字化、电子化。

2. 电子商务的物流服务

(1)企业与客户间的即时互动

电子商务企业网站设计的内容不仅要宣传企业和介绍产品，而且能够与客户一起就销售产品、在线交易、支付、售后服务等进行一对一的交流，帮助客户拟定产品的可行性方案，帮助客户下订单，这也要求得到物流系统中每一个功能环节的即时的信息支持。

(2)物流客户服务的个性化

当企业对客户需求的响应实现了某种程度的个性化时，企业才能获得更多的商机。可以从多个方面实现服务的个性化，第一，企业网站内容的个性化、主页的结构设计是针对特定顾客群的，便于他们获取信息；第二，企业经营产品或服务的个性化，根据顾客需求的变化进行不同的服务；第三，针对客户追踪服务的个性化，针对客户资料的收集、统计、分析和追踪，及时发现个性化服务需求的信息，满足客户个性化的服务需要。

3. 电子商务的物流采购

企业在网上寻找合适的供应商，理论上具有无限的选择性。这种无限选择的可能性，将可能导致市场竞争的加剧，并带来供货价格降低的采购好处。但是，所有的企业都知道，频繁地更换供应商将增加资质认证的成本支出，并面临加大的采购风险。所以，从供应商的角度看，企业应对竞争的必然政策就是积极地寻求与制造商建立稳定的渠道关系，并在技术或管理、服务等方面与制造商结成更深的战略联盟。同样，制造商也会从物流的概念出发来寻求与合适的供应商建立一体化供应链的合作，供应商和制造商之间将在更大范围内和更深的层次上实现资源共享。

电子商务对物流采购成本的影响主要体现在诸如缩短订货周期、减少单证和文案、减少差错和降低价格等方面。近年来，国际上一些大公司已经在使用电子数据交换 EDI 系统进行采购，以降低采购过程的劳务、印刷和邮寄费用，公司可以节约

5%～10%的成本。普遍基于 Internet 的电子商务物流采购，可以进一步降低成本，吸引更多的企业参与。

4. 电子商务的物流存货

电子商务增加了物流系统各环节对市场变化反应的灵敏度，可以减少库存、节约成本，相应的技术手段也由看板管理、物流需求计划转向配送需求计划、自动补货计划等基于对需求信息做出快速反应的决策系统。

从物流的观点看，这实际是借助于信息分配对存货在供应链中进行了重新安排。存货在供应链中总量是减少的，但结构上将沿供应链向下游企业移动，即经销商的库存向制造商转移，制造商的库存向供应商转移，成品的库存变成零部件的库存，而零部件的库存将变成原材料的库存等。因为存货的价值沿供应链向下游是逐步递减的，所以引发了一个新问题，即上游企业如何与下游企业分享由于减少库存而带来的相对较大的经济利益。物流服务的一体化，不仅是要共享信息，也要分享利益。

三、电子商务对物流各功能环节的影响

(一)物流网络的变化

电子商务对物流网络的影响主要表现在两个方面，一个方面是与物流信息直接相关的网络，另一方面是实际的物流网络。

1. 物流网络信息化

物流网络的信息化是物流信息化的必然，也是在电子商务下物流活动的主要特征之一。当今世界 Internet 等全球网络资源的可用性及网络技术的普及为物流网络的信息化提供了良好的外部环境。

物流网络的信息化主要表现为以下两种情况：第一是物流配送系统的计算机通信网络，包括物流配送中心与供应商或制造商及与下游顾客之间的联系都要通过计算机网络；第二是指组织内部的网络，即企业内部网 Intranet。如，台湾的电脑业曾经在 20 世纪 90 年代创造了“全球运筹式产销模式”，该模式的基本特点是按照客户订单组织生产，生产采取分散形式，即将全世界的电脑资源都利用起来，以外包的方式将一台电脑的所有零部件、元器件、芯片全部外包给世界各地的制造商，由他们去生产，然后通过全球物流网络将这些零部件、元器件和芯片发往同一个物流配送中心进行组装，由该物流配送中心将组装的电脑迅速发给客户。这一过程需要高效的物流网络的支持，当然物流网络的基础是计算机网络和表现物流内容的信息网络。

2. 实体物流网络的变化

实体物流网络可划分成线路和结点两部分，它们相互交织连接，就成了物流网络。我们知道了物流结点设施的设置，将需要确定如何融合进运输能力进行存货、交付。在电子商务环境下，物流网络会产生哪些变化呢?

首先表现为仓库数目减少，库存集中化。配送体系与 JIT 的运用已使某些企业

能够实现零库存生产，而将来由于物流经营企业会成为制造业的仓库与用户的实物供应者，工厂、商场等都可能会实现零库存，自然也不会再设仓库了。配送中心的库存将取代社会上千家万户企业、商场的零散库存。

其次，未来物流结点的主要形式将会是配送中心。目前专业的仓库可分为两种类型，一类是“保管仓库”，以长期储藏为主要功能；另一类是“流通仓库”，以货物的流转为主要功能。在电子商务环境下，物流管理更加强调充分利用有限的时间创造更大的价值，货物流转更快，制造业都实现“零库存”，仓库又为第三方物流企业所经营，这些都决定了“保管仓库”将进一步减少，而“流通仓库”将发展为配送中心。

第三，综合物流中心、物流园区将与大型配送中心统一起来。物流中心、物流园区是各种不同运输方式的货站、货场、仓库、转运站等演变和进化而成的一种物流结点，其主要功能是衔接不同的运输方式。综合物流中心和物流园区一般设于大中城市，数目少，主要衔接铁路与公路运输。配送中心具有集集货、分货、集散和流通加工等功能为一体的物流结点的特点。物流结点的设置与运输有密切关系。目前，一些欧洲国家的货运划分为“一次运输”和“二次运输”。“一次运输”是由中央仓库到配送中心的运输，“二次运输”是从配送中心到用户的末端运输。这也是物流运输的一个发展趋势。

结合物流运输来考虑，物流中心、物流园区与配送中心都处于一次运输与二次运输的衔接点(物流中心衔接了不同运输方式，同时也衔接了一次运输与二次运输)，都具有强大的货物集散功能，因此，将来综合物流中心、物流园区与大型配送中心很可能统一起来，合而为一地经营。

在实践中，目前很多城市综合物流中心、物流园区的筹建已经开始，即为上述变化的一个具体体现。城市综合物流中心、物流园区将铁路货运站、铁路编组站和公路货运站、配送、仓储、信息设施集中在一起，可以减少必须经过大规模编组站进行编组的铁道运输方式，可以实现各城市综合物流中心之间的直达货物列车运行，使“一次运输”顺畅化；又可以利用公路运输实行货物的集散，完成“二次运输”；同时，又能够实现配送中心的公用化、社会化，并使库存集中化。物流中心、物流园区已成为城市运作功能的有机组成部分。一般来说，物流中心、物流园区的选址应处于市区边缘和交通枢纽结点。

如，江西省南昌市2007年出台的《关于加快发展南昌现代区域物流中心城市的意见》要求，按照2010年南昌城市面积300km^2、人口300万的总体规划和“城内大商场、城中特色街、城郊大市场、城外大物流”的商贸规划，结合目前交通状况和物流需求，南昌将在城南、城北、城东、城西各规划建成4个大型物流园区。

(1)城南物流园区：包括昌南工业园区、小蓝工业园区、向塘工业园区铁路货站和国道，打造铁路—公路货运枢纽物流园区，为各工业园区内企业及周边商品市场提供服务。

(2)城北物流园区(含口岸物流):依托昌北机场、南昌港、铁路专用线、国道,连接国内国际两个大市场,建成集储存、运输、装卸、搬运、包装、配送、流通加工、信息处理等功能为一体的航空—铁路—水运—公路货运枢纽型物流园区,使其成为全省进出口贸易、转口贸易服务及为经济开发区内企业提供服务。

(3)城东物流园区:依托该地区的新兴产业,形成以高科技产品为主导的公路枢纽型、高科技信息服务型物流园区,主要为高新技术开发区、民营科技园内企业提供服务。

(4)城西物流园区:依托高速公路、国道和即将建设的昌西客站新铁路支线,待规划占地为 $40km^2$ 的大型城西工业园区建成后,即建设一个工业品及其原材料的铁路—公路货运枢纽型物流园区。

另外,南昌还将在规划的外环线内建设若干个物流中心,如在青云谱区、高新区、经开区等处附近各规划建设1个综合性物流中心,建设服务半径为"半小时经济圈"的专业性物流中心。

(二)物流运输的变化

在电子商务环境下,传统的运输原理并没有改变,但运输组织形式受电子商务的影响,将会发生较大的变化。

1.运输分为一次运输与二次运输

物流网络由物流结点和运输线路共同构成,结点决定线路。在传统经济模式下,各仓库位置分散,物流的集中程度较低,这使得运输也很分散。像铁路这种运量较大、较集中的运输方式,为集中运量,不得不采取编组而非直达方式(只有煤炭等少数大宗货物才可以采用直达方式)。

在电子商务环境下,库存集中起来,而库存集中的结果必然导致运输集中。随着城市综合物流中心和物流园区的建成,公路货站、铁路货站、铁路编组站都将被集约在一起。物流中心和物流园区的物流量达到足够大时,可以实现大规模的城市之间的铁路直达运输,运输也就被划分成一次运输与二次运输。一次运输是指综合物流中心和物流园区之间的运输,二次运输是指物流中心和物流园区辐射范围内的运输。一次运输主要应运用铁路运输,因为运输费率低,直达方式又大大提高了运输速度。二次运输用来完成配送任务,由当地运输组织(即运输组织人员、运输范围,服务对象都在当地区域范围内)来完成。

2.多式联运将得到很大发展

电子商务环境下,多式联运将得到大发展。主要由以下几个原因:

(1)电子商务技术,特别是 Extranet 技术,使企业联盟更加容易实现。运输企业之间通过联盟,可以扩大多式联运经营。

(2)多式联运方式为托运人提供了一票到底、门到门的服务方式,而电子商务的本质特征之一就是简化交易过程,提高交易效率。在未来电子商务环境下,多式联运与其说是一种运输方式,更不如说是一种组织方式或服务方式。它很可能成为电子商务物流运输所提供的首选服务方式。

(三)物流信息的变化

物流信息在电子商务环境下将变得更加重要,物流信息管理将成为物流管理的重要内容。

1.信息流由闭环变为开环

原来的企业物流信息管理主要以物流企业的运输、保管、装卸、包装等功能环节为对象,以自身企业的物流管理为中心,与外界信息交换较少,是一种闭环的管理模式。

现在和未来的物流企业更注重供应链管理的整合和实现,强调以顾客服务为中心。通过加强企业间合作,把产品生产、采购、库存、运输配送、产品销售等环节有效地集成起来,将生产企业、配送中心(物流中心)、分销商(零售点)网络等经营过程的各方面、各环节纳入到一个紧密合作的供应链中。此时,信息就不只是在某个物流企业内闭环流动,信息的快速流动、交换和共享将成为物流信息管理的新特征。

2.物流信息管理各环节功能的变化

电子商务环境下的现代物流技术的应用,使得传统物流管理信息系统的某些模块的功能发生了变化。例如:

(1)采购。在电子商务的环境下,采购的范围可以扩大到全世界,可以利用网上产品目录和供应商供货清单来生成需求和购货需求文档。

(2)运输。运用地理信息系统 GIS、全球定位系统 GPS 和射频技术 RF 等,运输将更加合理,路线更短,载货更多,而且运输过程由不可见变为可见。

(3)仓储。条形码技术的使用方便企业快速、准确而可靠的采集物流信息,这将极大地提高商品流通的效率,而且会提高库存管理的及时性和准确性。

(4)发货。原先一个公司的各仓库管理系统互不联系,容易造成大量的产品交叉运输、脱销及积压的现象。而在电子商务环境下,各个仓库管理系统实现了信息共享,发货由公司中央仓库统筹规划,可以消除上述不足。发货的同时发送相关运输文件,收货人可以随时查询发货情况。

(5)交易过程无纸化。电子商务环境下,交易过程的很多文件和单据可以通过网络进行传输和共享,减少了很多纸质文件的使用,可以逐步做到交易过程的无纸化,即可以节省大量的费用,又可以减少因纸质文件中的信息多次输入而造成的差错。

四、现阶段我国电子商务下的物流

(一)我国电子商务下物流发展的现状及问题

1.我国物流业的发展现状

目前,我国物流业的发展现状是:物流的各个环节运输、仓储、配送成本很低,包括我国的劳动力成本、物流资源成本、设备成本都远远低于发达国家，但是将整个物流过程综合起来，其成本却大大超过了发达国家，同时，我国的物流服务能力包括运力大于运量、仓储能力闲置，这些都意味着我国在物流活动的过程发生了巨大的隐形成本，这些隐形成本构成了物流成本的虚增泡沫。加快发展现代物流，就是要利用现代物流的组织、管理方式，挤掉这些泡沫，从而实现物流的速度、安全、可靠、低成本的运行。

目前以物流电子化为特征的现代物流发展主要有两种类型：

1)定位在电子物流信息市场，以因特网为媒体建立的新型信息系统

它将企业或货主要运输的物流信息及运输公司可调动的车辆信息上网确认后，双方签订运输合同。即货主将要运输的货物的种类，数量及目的地等上网，运输公司将其现有车辆的位置及可承接运输任务的车辆信息通过互联网提供给货主，依据这些信息，双方签订运输合同。其主要功能有三个，即：信息查询、发布、竞标，附属功能有行业信息、货物保险、物流跟踪、路状信息、GPS等。这类电子物流理论和实践包括我国的华夏交通在线、56NET、迪辰系统等。

国外物流业的重要性越来越被人们所认识，各国都在为发展物流业投入更多的技术力量。

(1)日本构筑电子物流信息市场，日本的三大综合商事住友、三井和三菱，2001年正式就共同合作构筑电子物流信息市场达成了合作协议。这一系统的构思思路是将商品电子贸易与物流运输两大项业务同时在互联网上完成，日本凭借本国的先进电子信息技术，捷足先登构筑电子物流信息市场，将对国际物流业产生重大影响，从而在日本国内构筑起第一座最大的电子物流信息市场，以求在日本国内的物流业中发挥主导作用，使日本的物流业电子信息化走在世界前列。

(2)美国国家运输交易场(NET)www. Net. net。美国国家运输交易场是一个电子化的运输市场，它利用 Internet 技术，为货主、第三方物流公司、运输商提供一个可委托交易的网络。

2)定位在为专业物流企业提供供应链管理的电子物流系统

它的特点是利用电子化的手段，尤其是利用互联网技术来完成物流全过程的协调、控制和管理，实现从网络前端到最终客户端的所有中间过程服务，最显著的特点是各种软件技术与物流服务的融合应用。它能够实现系统之间、企业之间以及资金流、物流、信息流之间的无缝链接，而且这种链接同时还具备预见功能，可以在上下游企业间提供一种透明的可见性功能，帮助企业最大限度地控制和管理库存。同时，由于全面应用了客户关系管理、商业智能、计算机电话集成、地理信息系统、全球定位系统、Internet、无线互联技术等先进的信息技术手段，以及配送优化调度、动态监控、智能交通、仓储优化配置等物流管理技术和物流模式，电子物流提供了一套先进的、集成化的物流管理系统，从而为企业建立敏捷的供应链系统提供了强大的技术支持。

可以想象,每小时处理数万件来自数百个供应商和流向数百个零售商货物信息的基础,使供应链各方之间必须建立电子化的沟通手段。

目前国际上许多著名的专业物流企业都不同程度地应用了这类电子物流系统,如美国联邦快递(UPS)。电子物流服务提供商应根据客户规模的大小提供不同的个性化解决方案,这种方式将有利于服务的多样性以及加强市场的伸缩性。例如,FedEx公司于2000年7月开展了为中小企业客户提供网站建设解决方案的业务,这些网上商店由FedEx进行管理,同时这种前端服务同FedEx的后端服务相连接,提供集成的电子物流服务。

2.我国物流业存在的问题

1)物流观念落后

管理体制滞后。物流20世纪80年代才传入我国,我国电子商务只有两三年的发展。这客观上决定了中国电子商务物流与西方国家的差距,表现在物流观念和管理体制两方面。观念落后导致我国不论是国民经济或企业管理均不重视物流,缺乏规划,投资严重不足,现有的储运被看着是物流的全部内容,更谈不上电子商务物流。体制上,中国物流业仍然是分散的或者称多元的管理方式,涉及铁道部、交通部、民航局、国内贸易局、外经贸局、能源部、农业部等专业部和国家计委、经贸委等综合部门。由于体制没有理顺,各部门之间分工又有交叉,造成了物流行业管理中存在的条块分割、部门分割、重复建设等种种问题。

2)物流设施陈旧

利用率不高。在物流硬件上,物流设施如:物流站、场,物流中心、仓库,物流线路,建筑、公路、铁路、港口等;物流装备如:仓库货架、进出库设备、加工设备、运输设备、装卸机械、包装工具、维护保养工具等都是20世纪50、60年代的陈旧建筑,功能单一,无法实现机械化、自动化,且工作效率低下。通讯设备及线路、传真设备、计算机及网络设备等信息技术硬件设施缺乏,跟不上电子商务物流的要求。此外,由于物流管理跟不上,造成使用效率低下,使原本陈旧的物流设施更不能满足电子商务的需要,如我国仓库的利用率只有50%。

3)物流与电子商务脱节,重电子商务轻物流

电子商务时代的来临将使传统的物流与商流、信息流、资金流重新整合,但我国实际却呈现出重商流、轻物流,重硬件、轻软件,重电子、轻商务的倾向。运作的相对独立性,导致传统物流、商流和信息流的运作效率较低,成本居高不下,无法满足现代社会人们对快速、准确、及时的物流服务要求。

4)物流专业化程度低,技术单一

(1)目前许多企业继续搞“大而全”、“小而全”,产供销一体化,仓储、运输一条龙,有的工厂有自己的大型车队,甚至远洋船队,物流专业化程度低;

(2)现有物流企业是过去的仓储、运输的简单转行,物流技术单一,专业化的物流

企业尚未建立；

(3)由于物流专业化程度低，很难为中外合资或外商独资企业的产品在中国提供综合性物流服务，也很难使社会物流与物流一体化。

5)物流业经营管理低效，缺乏规模效应

我国企业物流经营分散，组织化程度低，横向联合薄弱，物流管理手段落后，没有充分发挥城市的规模效应和整体协同效应。物流时间、物流速度就是例证。

(1)物流时间。工业生产中物流所占用时间几乎为整个生产过程的90%。

(2)物流速度。全国铁路货运列车的平均技术速度仅为45km/h；因散装、集装箱运输技术尚未普及，装卸效率低，铁路货车中转停留时间约5h。公路运输营运货车平均车日行程仅200km左右，车辆工作率约60%。城市内运输由于道路面积增长与车辆增长不适应，车辆运输速度不断下降。在一些大城市，平均车速已下降到每小时15km，严重影响了城市物流效率。

(二)我国电子商务下物流发展的对策

1.提高对发展电子商务物流的重要性、迫切性的认识

物流是经济发展中基础设施建设的重要组成部分，要把物流业发展水平作为衡量经济和社会发展水平以及城市综合服务功能的重要指标之一。要提高对发展物流的认识，需要解决好这样几个问题：一是要认识到新经济中物流对经济的推动作用，物流是第三利润源泉；二是要把物流产业纳入国家及城市发展总体规划；三是要重视物流及相关科学尤其是物流技术的基础研究，为电子商务物流发展奠定良好的理论和社会基础；四是要树立物流系统化和社会化分工相结合的思想，走电子商务的发展模式。

2.建立新型的物流经营管理体系

我国物流的发展目标是走社会化、专业化、一体化的道路，这需要改革过去的低效、小规模经营管理的体系。建立新型物流经营管理体系，一是大力发展社会化物流服务体系，支持第三方物流(TPL，Third Party Logistics)、城市与区域物流的发展，提高物流的规模化成效；二是充分利用全社会物流设施，鼓励兼并、重组、联合、优先进行技术改造，尽量避免物流设施的重复建设和资源的浪费；三是要发挥物流体系的中介环节作用和基础先导作用，需要根据现代企业制度，组建跨地区、跨部门、跨行业的物流经营公司或集团，发挥规模效益，形成规模优势；四是吸引外资投资物流产业，通过竞争降低经营成本，同时带来先进的技术和经营管理水平，加快产业发展。

3.在物流技术上实现网络化、信息化

物流经营和管理的科技含量是电子商务物流的立足之本，这主要体现在物流技术的信息化、自动化、网络化上。例如，为了千方百计地满足用户方便、快捷、门到门直达运输需要，运输技术涉及：标准化的条码技术(Bar Code)以解决数据录入和数据采集的瓶颈问题；电子数据交换技术(EDI)是一种有效的信息管理和处理的手段，它是对供应链上的信息进行运作的有效方法；全球卫星定位系统(GPS)可以全天候、连续地为无限多用户提供任何覆盖区域内目标的高精度的三维速度、位置和时间信息；地理信息系统(GIS)能完成车辆路线模型、最短路径模型、网络物流模型、分配集合模型和设施定位模型等功能；射频技术(RF)适用于物料跟踪、运载工具和货架识别等要求接触数据采集和交换的场合。Internet 网上每天大约有 3 万多人在发布信息，有多达 100 万人在阅读信息，数据流量达数百兆。网络新闻有多达 2 万种分类信息。如何充分利用 Internet 获取物流信息是一个现实问题，也为物流发展提供了无限商机。

4. 多渠道筹集资金，加大物流基础设施投入

物流基础设施建设，投资额大，投资回收期长。据估算，要构筑预期的运输规模至少需要 6 500 亿元投资，因此应采取多渠道筹集发展资金的措施：一是以政府资金为主导，引导外资、民间资金形成多元化的物流投融资体系；二是借鉴国外的经验，改革物流设施投资的纯现金回报制度，让物流企业低成本运作；三是发行物流建设债券，或者放宽科技含量高的物流公司发行股票并上市的条件，为物流建设筹资；四是要注意充分利用现有的基础设备和其他物质条件，通过更新改造让其在一段时间内发挥作用，做到新旧兼容。

5. 建立完善的法规及配套政策，促进物流持续健康发展

1999 年国家经贸委、信息产业部、科技部及与物流有关的相关部委加大了支持和发展物流的力度，这又从政策面反映了中国物流发展的远景及其对电子商务的支持，配套政策主要应包括：

(1)加强物流业法制建设，当前可先颁布《物流管理条例》，再过渡到《物流法》，努力实现物流法制化、规范化。

(2)物流必须纳入全国、地区、城市发展规划之中，统筹规划，合理布局，有计划有步骤地实施。

(3)限制企业(不论是生产或是流通企业)自建物流服务系统。

(4)加大政策扶持力度，制订车辆通行、土地使用、税收、融资等方面的优惠政策，鼓励、支持规模化经营的物流企业发展，对未达到一定规模的单个企业(包括连锁公司)采取不鼓励或限制的政策，例如，对载运量低、空驶率高的车辆采取多收费等措施加以限制。

6. 加强物流专门人才培养和培训

第一，高校应增设物流专业，已有物流专业的要进一步加强并扩大招生名额。第二，条件成熟的高校应招收研究生、博士生。第三，对商贸、运输、仓储、物流配送中心、大型企业等物流企业的近期人才需求，可进行短期强化培训。第四，把引进国外高层次物流专门人才与优秀国内人才送出去培训相结合。培养一大批物流管理和技术人才，吸收、消化国际上先进的物流管理思想和物流实用技术。

第三节　电子商务物流信息管理

一、物流信息在电子商务中的作用

1.物流信息有助于电子商务各活动环节之间的相互衔接

物流信息包含了运输、仓储、配送、流通加工、包装、装卸搬运等多个作业环节的信息，而物流各环节都是电子商务整个活动中所必不可少的、前后联系的部分。要保证电子商务各环节有计划、精确的衔接，物流信息就是衔接电子商务各个环节的“链条”，是电子商务活动高效运作的重要保证。

2.物流信息有助于促进电子商务物流活动的协调和控制

企业要合理地组织电子商务的物流活动，必须依赖物流信息的沟通，只有通过高效地物流信息传递、使用和反馈，才能实现整个物流系统高效合理的运作。

3.物流信息有助于提高企业电子商务运作的管理和决策水平

物流信息，特别是像客户的需求信息等对企业的库存量有着直接的影响，而库存水平的高低对于企业电子商务运作能否节省库存成本并且满足客户服务有着关键的影响。物流信息中像跟产品配送有关的信息，是客户直接评判企业服务水准的依据，并且配送环节也会对产品质量、完整性等产生很大的影响。企业可以充分地利用物流信息来了解客户需求，客户对企业产品的偏好程度及客户对企业服务的认识，有助于认识企业经营电子商务过程中的问题和不足，更好地提高服务水平和开发出客户满意的产品，辅助企业做出更好的决策。

二、电子商务物流信息的特点

电子商务环环境下的物流信息具有一般物流信息的特点，又由于电子商务活动的特殊性，使得电子商务物流信息具有与一般物流信息所不同的特点。

1.物流信息分布范围广、信息量大

伴随着多品种、小批量、多批次和个性化服务的电子商务活动，物流各活动环节产生了大量的库存、运输、分拣、包装、加工和配送信息，并且分布在制造商、仓库、物流中心、配送中心、运输线路中、中间商和用户等处。并且，电子商务活动是全球化的活动，经济全球化要求物流全球化，伴随着电子商务物流活动的物流信息具有全球分布的特点，这对物流信息的管理提出了更高的要求。

2.时效性更强

由于电子商务活动中，各作业环节活动频繁，市场状况和客户需求变化多端，物流信息随时随地都在变化，如仓库的存货、在途货物的存放地点等，因此，物流信息具有极强的时效性。为了适应企业电子商务发展的要求，物流信息必须高效地运作，对物流信息处理的及时性有了更高的要求。

3. 物流信息更加复杂

电子商务活动中，企业物流活动不仅包括了企业内部的各种管理和作业信息，也包括了大量的企业之间的物流信息和与物流活动有关的各种基础设施、法律法规、技术标准等多方面的信息。并且，物流的作业环节多，涉及的行业多，作业对象也多，因此物流信息的复杂程度也高，这就使得物流信息的采集、加工、研究和管理等工作的难度增加。

4. 物流信息标准化程度高

电子商务环境中，物流活动和其他职能活动，特别是其他企业和部门间的活动需要进行大量的信息交换。为了实现电子商务交易过程中系统间信息的高效交换和共享，必须采纳国际或国家对信息标准化的要求，采用统一的商品编码。

5. 物流信息的安全性要求更高

电子商务独特的运作方式对商务活动及物流和配送活动的安全性提出了更高的要求和挑战。物流信息的安全会对买家和卖家都产生很大的影响。如何保证企业在电子商务活动中，确保其交易信息及物流信息等各种数据的可靠性、完整性和可用性，已经成为一个日益突出和亟待解决的问题。

电子商务物流信息的安全性应该满足以下条件：

(1)数据保密，防止非授权用户获得并使用该数据；

(2)数据完整性，确保网络中传输的数据没有被篡改；

(3)身份验证，对信息的发送者和接收者进行确认；

(4)授权，确保被授权者能够访问网络上的信息和进行操作；

(5)不可否认和不可抵赖，用户不能否认曾经接到的信息，也不能抵赖自己曾经的行为；

(6)用户资源免受病毒侵害。

三、电子商务物流信息管理技术

电子商务的发展对物流活动，特别是物流配送产生了强烈的市场需求，使企业越来越重视物流信息的开发和管理、应用技术。而计算机技术、通信技术和网络技术的快速发展和商业化的投入使用为电子商务环境下的物流信息管理的发展和应用提供了强大的技术支持。物流信息技术在电子商务物流信息管理中得到了大量的使用，如条码技术、无线射频 RFID 技术、电子信息交换 EDI 技术、全球卫星定位系统 GPS、地理信息技术 GIS 等。快速、精确和全面的物流信息技术开拓了以时间和空间为基础的物流作业，为物流信息技术管理提供了从物流信息采集、加工、传递和反馈的全过程的技术支持。

电子商务环境下的物流信息管理的很多环节都是基于计算机网络进行的，而根据调查，限制电子商务发展的一个主要障碍就是电子商务的安全问题，所以，这也是基于电子商务的物流信息管理所面临的主要问题。电子商务物流信息管理的各环节都可能面临一些安全隐患，如客户订单信息可能会被恶意修改、消费者的支付信息可能会被伪造，导致付款后可能不能收到商品等。无论是电子商务的买家还是卖家，都有多方面的物流信息的安全管理和控制需求。

电子商务物流信息管理对安全性有着较高的要求，主要表现为物流信息的真实性，能对物流信息的真实性进行鉴别；物流信息的机密性，保证物流信息在互联网中传输时不泄露给非授权者，物流信息在存取和传输过程中不会被非法窃取；物流信息的可用性，保证合法用户对物流信息的正常使用不会被不正当地拒绝；物流信息的不可否认要求，建立有效的物流信息管理机制，防止物流活动者否认其行为。

电子商务的物流信息管理常用的安全技术主要有采用基于虚拟专用网的专用网络进行交易，用加密技术防止合法接收者之外的人获取电子商务交易中的物流信息，采用数字签名技术对物流信息进行验证，用户的身份识别技术，认证机构对物流信息进行认证，采用网景公司(Netscape)开发推出的安全套接层(SSL)协议，保证物流信息的完整性等。

四、电子商务物流信息管理的实施

电子商务的物流信息管理起始于电子商务的交易开始之时，包括企业通过网络发布信息、设计订货系统、接受网上订货信息、客户支付信息的管理、物流各功能环节信息的管理、售后服务信息的管理等。以下以网上物流订货信息管理为例，说明电子商务物流信息管理是如何实现的。

1. 订单信息

客户通过电子商务网站向企业下订单时，订单信息通常包括采购客户信息、采购商品信息、运送商品的方式信息和支付信息。订单信息常用于市场分析、促销活动的制订、客户关系管理、库存控制等，也可以用来研究和分析生产情况、制订生产计划、确认所提供的产品品种及促销活动的效果等，也可以通过订单信息进一步明确客户需求、更好地与客户进行业务合作等。

企业除了需要对与订单直接相关及订单所必要的信息进行搜集和管理外，还可以要求客户有选择地填写一些附加信息。如，可以询问客户的年龄、性别、收入、职业、对网上购物的认识、兴趣及网上购物不满意的地方。这些信息有助于企业进行市场分析，更好地了解客户的需求，通过更好地满足客户的需求和偏好来提供顾客满意程度更高的产品和服务，客户也就会更多地使用企业的产品和服务，从而提高企业的经济效益。

2. 订货信息的处理

企业从网站上可以直接接受顾客订单，利用信息技术对订单信息进行分析，提运货、库存控制、结算和销售等所需的信息和决策的依据可以从中获得。如果采用联机信息处理,还可以直接通过网络站点向后台数据库传输各种信息。

为了保障网上订单的有效性和合法性,以及为了避免日后的纠纷,很多企业做过一些不错的尝试。如,联想电脑公司目前的网上订单仍需要代理商发送传真订单进行确认,即代理商网上提交订单后,联想公司将会针对代理商的订货信息进行货物配备,但同时也需要代理商将此订单传真给联想公司。这样虽然会对效率有所影响,但仍然比传统模式快捷,而且交易的安全性也得到了很好的保证。

3. 订单跟踪信息管理

电子商务交易过程中,特别是在货物运送中,尽管很多企业尽力防范,但还可能出现客户订购的产品由于种种原因未能按照要求到达的情况,这对于公司的信誉和信用会造成极坏的影响。企业经营规模越大,接受的订单越多,出现这种问题的情况也会越多。出现未能按照客户要求送达产品的原因是多方面的,可能是由于企业的库存准备不足或者是产品尚未到货、供应商在产品发送中出现了疏忽或错误、客户订单被丢失或者忽略、商品运送过程中出现了丢失或者错送的情况等。为了确保客户订单能够按时兑现、出现了问题能够及时妥善解决,企业有必要对物流订货系统中的订单信息进行跟踪和管理。企业可以在客户订货系统中创建追踪客户订单信息的数据库,快速及时地提供有关订单及其状态的信息。

客户订单追踪信息可以针对已收到的新订单、延期订单和已实现的订单分别进行管理,允许客户查询订单、处理订单的最新状态和询问有关订单的任何问题,企业要能够及时响应和处理客户对订单的疑问。在物流订货系统中,还要注意客户资料的安全管理问题。企业要尊重客户的资料,只有得到允许才能发布客户的非财务信息,企业有为客户保护资料的义务。

4. 淘宝网订单信息管理的实施

淘宝网(www.taobao.com)是国内领先的个人交易网上平台,由全球最佳B2B公司——阿里巴巴公司投资4.5亿创办,致力于成就全球最大的个人交易网站,截至2006年12月,淘宝网注册会员超3 000万人,2006年全年成交额突破169亿元。淘宝网有一套运行良好的订单信息及时跟踪的机制,买家和卖价都可以轻松地获得有关订单的各种信息。

淘宝网规定首先要注册成为会员才可以在淘宝购物,选择淘宝最新最时尚的商品,买家可以查看卖家信用度,历史信用评价,轻松辨别好卖家。

买家在淘宝网上找到喜欢的宝贝,点击"立即购买",输入购买的数量、选择运送方式、校验代码、选择收货地址;确认无误后点击"确认无误,购买"。核对拍下的宝贝信息;确认无误后,选择付款方式。还可以选用"购物车"程序进行购买。

买家拍下后,卖家可以在已卖出的商品中看到交易状态为"等待买家付款"。

在买家付款前,双方可以用淘宝旺旺、站内信件、Email等各种实时及非实时的交流工具进行交易管理。卖家还可以进入支付宝交易管理中,重新调整物流的承运商和调整给买家的折扣。找到需要修改价格的商品,点击"修改交易价格"。可选择修改物流承运商和调整给买家的折扣。修改成功,系统会发送一封包含本次交易信息修改内容的邮件给买家确认。

当买家付款到支付宝后,系统会通知卖家发货。卖家可以自己找物流承运商发货,核对交易信息无误后,输入承运公司名称和承运单号码,点击"确认发货"。

卖家也可以选择支付宝推荐的物流承运商发货,核对交易信息无误后,输入物流来上门取货的时间及取货地址,点击"通知物流公司上门取货",系统会根据物流公司的反馈自动确认已发货,买家看到的交易状态会变为"卖家已发货,等待买家确认"。如果系统没有自动确认已发货,卖家可以在"交易管理"中查询本次交易,填入承运单号码,点击"确认发货"。

完成发货,系统会发送一封包含发货相关物流信息的邮件给买家。

买家确认收到货后,交易状态会显示为"交易成功",支付宝会将钱打入卖家的"支付宝账户"。

如果交易双方相当信任,可以发起"即时到账交易",在买家完成付款后直接到达卖家的"支付宝账户"中。此交易过程不受"支付宝交易"保护,交易风险自担。

淘宝支付宝作为电子交易中的第三人先收取货款,以促买卖合同生效履行,起到鉴证人和担保人的作用,避免了大部分交钱拿不到货,发货收不到钱的情况,提高了交易成功率。超时规则是为了避免货款不确定的状态。

淘宝认为,网络交易必须是能够促进交易效率的提高,这是一个基本的命题。为了促进网络交易的高效进行,淘宝网制订了一系列的交易过程的信息处理规则,如自创建交易时起或卖家最后修改时间后7天买家逾期不付款,默认关闭交易;自支付宝收到买家付款一天后卖家逾期不发货,允许买家申请退款;自卖家发货之日3(虚拟物品)/10(快递)/30(平邮)天后买家逾期不确认收货,也没有申请退款,默认完成交易,付款给卖家,如用快递发货10天后,买家仍未确认收到货,也未申请退款,支付宝将自动打款给卖家。此规则适用于支付宝推荐物流之外的所有快递。邮寄方式根据卖家在网上所登记的为准;自买家签收3天后(卖家使用支付宝推荐物流时)买家逾期不确认收货,也没有申请退款,默认完成交易,付款给卖家。

S 本章小结

本章从介绍电子商务的概念开始,讲述了电子商务的交易流程,而电子商务的成功实施离不开物流活动的支持,所以电子商务与物流有密切的关系。电子商务物流有不同于一般物流活动的特点,这也是本章的一部分重要的内容。在电子商务环境中,企业物流的运作模式也将发生很大的变化,主要表现在物流系统结构、物流服务、物流采购和物流存货等方面，这也是本章需要重点理解的内容。电子商务也会对物流网络、物流运输和物流信息管理等各环节产生影响。物流信息在电子商务中具有重要的作用，电子商务物流信息管理贯穿电子商务的整个活动过程，本章主要从电子商务网上物流订货信息管理为例，说明电子商务物流信息管理是如何实现的。

E 思考题

8-1 物流活动对电子商务的开展有哪些影响？

8-2 电子商务物流信息管理要解决的关键问题是什么？应该如何解决？

8-3 电子商务环境下的物流信息管理和一般的物流信息管理有哪些方面的不同？

C 案例分析

案例 8-1 "戴尔"的物流电子商务化

戴尔公司是全球商用桌面 PC 市场的第二大供应商，其销售额以每年 40% 的增长率递增，是行业平均增长率的两倍。年营业收入达 100 亿美元的业绩，使它继惠普、IBM、苹果和 NEC 之后位居全球第五位。戴尔公司每天通过网络售出的电脑系统价值超过 1 200 万美元，面对骄人的业绩，总裁迈克尔·戴尔简单地说，这一切归因于物流电子商务化的巧妙运用。

1. 戴尔公司电子商务化物流取得的效果

戴尔公司的日销量超过 1 200 万美元，但其销售全是通过互联网和企业内部网进行的。在日常的经营中，戴尔公司仅保持两个星期的库存(行业的标准是超过 60 天)，存货一年周转达到 30 次以上。基于这些数字，戴尔公司的毛利率和资本回报率分别是 21%和 106%。戴尔公司实施电子商务化物流后取得的物流效果是 1:①1998 年的成品库存为零；②零部件仅有 2.5 亿美元的库存量(其盈利为 168 亿美元)；③年库存周转次数为 50 次；④库存期平均时间为 7 天；⑤增长速度 4 倍于市场成长速度；⑥增长速度两倍于竞争对手。

在现实企业的经营中，电子商务的实现的确可使销售过程的中间环节除去，并可以构造一条最简短的流通渠道，可以由专业的流通企业经营，也可由专业的制造企业经营，还可以由信息网络服务商来经营。实际中，制造商从事电子商务的情况比较普遍。

2. 戴尔公司电子商务化物流的八个步骤

在戴尔的直销网站(http://www.de11.com)上，提供了一个跟踪和查询客户订货状况的接口，客户可以查询已订购的商品从发出订单到送到客户手中全过程的情况。戴尔对待任何客户(个人、公司或单位)都是采用定制的方式进行销售,其物流服务也配合这一销售政策而制订实施。戴尔公司的电子商务销售分八个步骤实施。

(1)订单处理

戴尔公司首先接收客户的订单,客户可以拨打800免费电话接通戴尔的网上商店进行网上订货,也可以通过浏览戴尔的网上商店进行初步检查,首先检查各项目是否填写齐全,然后检查订单的付款条件,并按付款条件将订单分类。采用信用卡支付方式的订单将被优先满足,其他付款方式则要更长时间得到付款确认,只有确认支付完款项的订单才会立即自动发出零部件的订货并转入生产数据库中,订单也才会立即转到生产部门进行下一步作业。客户订货后,可以对产品的生产过程、发货日期甚至运输公司的发货状况等进行跟踪,根据发出订单的数量,客户需要填写单一订单或多重订单状况查询表格,表格中各有两项数据需要填写,一项是戴尔的订单号,二是校验数据,提交后,戴尔公司将通过互联网将查询结果传送给客户。

(2)预生产

从接受订单到正式开始生产之前,有一段等待零部件到货的时间,这段时间称为预生产。预生产的时间因客户所订的系统不同而不同,主要取决于供应商的仓库中是否有现成的零部件。一般来说,戴尔公司要确定一个订货的前置时间,即需要等待零部件并且将订货送到客户手中的时间,该前置时间在戴尔向客户确认订货有效时会告诉客户。订货确认一般有两种方式,即电话或电子邮件。

(3)配件准备

当订单转到生产部门时,所需的零部件清单也将自动产生,相关人员将零部件备齐传送到装配线上。

(4)配置

组装人员将装配线上传来的零部件组装成计算机,然后进入测试过程。

(5)测试

检测部门对组装好的计算机用特制的测试软件进行测试,通过测试的机器被送到包装间。

(6)装箱

测试完后的计算机被放到包装箱中,同时要将鼠标、键盘、电源线、说明书及其他文档一同装入相应的卡车运送给客户。

(7)配送准备

一般在生产过程结束的次日完成送货准备,但大订单及需要特殊装运作业的订单可能要花长些的时间。

(8)发运

将客户所订货物发出,并按订单上的日期送到指定的地点。戴尔公司设置了几种不同的送货方式,由客户订货时进行选择。一般情况下,订货将在2～5个工作日送到订单上的指定地点,即送货上门,同时提供免费安装和测试服务。

戴尔公司的物流从确认订货开始。确认订货以收到货款为标志,在收到客户的货款之前,物流过程并没有开始,收到货款之后需要2天时间进行生产准备、生产、测试、包装、发运准备等。戴尔在我国的福建厦门设厂,其产品的销售物流委托国内的一家货运公司承担。由于用户分布面广,戴尔向货运公司发出的发货通知可能十分零星和分散,但戴尔承诺在款到后2～5天送货上门,同时,在中国对某些偏远地区的客户每台计算机还加收200～300元的运费。

3. 电子商务化物流对戴尔公司的好处及隐患

电子商务化物流使戴尔公司既可以先拿到客户的预付款,待货运到后货运公司再结算运费,(运费由客户自己支付)。戴尔公司既占压着客户的流动资金,又占压着物流公司的流动资金,按单生产又没有库存风险。戴尔的竞争对手一般要保持着几个月的库存,而戴尔的库存只有几天,这些因素使戴尔的年均利润率超过50%。当然,无论什么销售方式,首先必须对客户有好处。戴尔的电子商务型直销方式对客户的价值包括:一是客户的需求不管多么个性化都可以满足;二是戴尔精简的生产、销售、物流过程可以省去一些中间成本,因此戴尔电脑的价格较低;三是客户可以享受到完善的售后服务,包括物流、配送服务,以及其他售后服务。

决定戴尔直销系统成功与否的一个关键因素是要建立一个覆盖面较大、反应迅速、低成本的物流网络和系统。如果戴尔按照承诺将所有的订货都直接从工厂送货上门,将会带来一些问题:

(1)物流成本过高

如果客户分布的区域很广,订货量又少,则这种系统因库存降低减少的库存费用可能无法弥补因送货不经济导致的运输及其他相关成本上升而增加的费用,可能在某些重要的销售市场设立区域配送中心是必要的,这样可能会使库存成本上升,但交货期缩短。

(2)交货期过长

传统的销售渠道是客户面对现货;在戴尔的销售方式下,客户面对的是期货。此时,客户看重的是名牌企业,因而有可能等待,但这并不是客户期望的事情,所以像戴尔这样依赖准确的需求预测,电话订货或网上订货,然后再组织生产和配送的模式,实际上蕴藏着较大的市场、生产及物流风险,不是很容易办到。

(3)客户不能体验产品效果

客户通过戴尔公司的网站或电话订购产品，不能像传统的销售方式下可以体验电子产品的使用效果，而电子信息产品本身又具有较强的体验性，所以戴尔电脑公司的这种直销方式有一些不足之处。目前，戴尔公司已经意识到了这个问题，已开出了戴尔公司产品的体验店，让客户在购买产品之前亲身感受产品的性能。

4.电子商务化物流服务

如果将电子商务的物流需求仅仅理解为门到门运输、免费送货或保证所订的货物都送货的话，那就片面了。电子商务需要的不是普通的运输和仓储服务，它需要的是物流服务。而物流与仓储运输之间存在比较大的差别，正是因为传统的储运服务无法全方位地为电子商务服务，才使得电子商务经营者感到物流服务不到位、太落后等。电子商务经营者需要的除了传统的物流服务外，电子商务还需要增值性的物流服务。

增值性的物流服务包括以下内容。

(1)增加便利性的服务

一切能够简化手续、简化操作的服务都是增值性服务。简化是相对于客户而言的，并不是说服务的内容简化了，而是指为了获得某种服务，以前需要客户自己做的一些事情，现在由商品或服务提供商以各种方式代替客户做了，从而使客户获得这种服务变得简单。客户获得服务或商品就像用傻瓜照相机一样简单，不仅简单而且更加好用，这当然增加了商品或服务的价值。在提供电子商务的物流服务时，推行一条龙门到门服务、提供完备的操作或作业提示、省力化设计或安装、代办业务、一张面孔接待客户、24h营业、自动订货、传递信息和转账(利用EOS、EDI、EFT)、物流全过程追踪等都是对电子商务销售有用的增值性服务。

(2)加快反应速度的服务，即使流通过程变快的服务

快速反应已经成为物流发展的动力之一。传统的观点和做法将加快反应速度变成单纯对快速运输的一种要求，而现代物流的观点认为，可以通过两条途径使过程变快，一是提高运输基础设施和设备的效率，比如修建高速公路、铁路提速、制订新的交通管理办法、将汽车本身的行驶速度提高等等。这种速度的保障在需求方对速度的要求越来越高的情况下也变成了一种约束，因此必须想其他的办法来提高速度。第二种办法，也是具有重大推广价值的增值性物流服务方案，是优化电子商务的流通渠道，以此来养活物流环节、简化物流过程，提高物流系统的快速反应性能。

(3)降低成本的服务，即发掘第三利润源泉的服务

电子商务发展的前期，物流成本高居不下，有些企业可能会因为承受不了这种高成本而退出电子商务领域，或者是选择性地将电子商务的物流服务外包出

去,这是很自然的事情。发展电子商务,一开始就应该寻找能够降低物流成本的物流方案。企业可以考虑的方案有:采用第三方物流;电子商务经营者之间或电子商务经营者与普通商务经营者联合,采取物流共同化计划;同时,对于具有一定的销售量的电子商务企业,可以通过采用比较适用但投资比较少的物流技术和设施设备,或者推行物流管理技术,如条形码技术和信息技术等,提高物流的效率和效益,降低物流成本。

(4)延伸服务

将供应链集成在一起的服务,向上可以延伸到市场调查与预测、采购及订单处理;向下可以延伸到配送、物流咨询、物流方案的选择与规划、库存控制决策建议、货款回收与结算、教育与培训、物流系统设计与规范方案的制作等。

戴尔公司给我们提供了成功实施电子商务化物流的先河,如何实现电子商务化物流是目前企业所面临的问题,而现在能否提供电子商务化物流增值服务已成为衡量一个企业物流是否真正具有竞争力的标准。

(资料来源:畅想网公共知识库 http://www.amteam.org)

讨论题:

1. 戴尔公司的物流运作过程如何体现了物流信息的开发和利用?

2. 物流电子商务化给戴尔公司带来了哪些竞争优势及竞争不足?

案例 8-2 中国民航旋游电子商务系统应用案例

信天游(http://www.travelsky.com)是中国民航信息网络股份有限公司自主建设的旅游电子商务网站。它是唯一能够提供国内所有航空公司机票实时查询及预订的网站;是唯一能够提供境外航班信息实时查询的网站;是集航空订座、酒店订房、网上租车、网上旅游代办等旅游电子商务服务和丰富的旅游信息为一体的高度集成化网站。信天游网站能为广大旅行者提供由始发地到目的地的全程、全方位旅游电子商务服务,使旅行者在“一点之间”安排好全部行程。

信天游网站是依托于中国民航计算机信息中心的订座系统(ICS)、代理人分销系统(CRS)、离港系统(DCS)、货运系统(CGO)、酒店预定系统(HOTEL)等大型计算机主机系统之上的互联网展现平台,是国内唯一最全面、最准确的实时航空信息及网上机票预订系统。

航空公司订座系统中存放着中国21家航空公司的机票销售数据,它所连接的代理人分销系统通过民航商务数据网络连接着覆盖全国乃至全世界的5 000多家代理人共20 000多台终端。这两个系统年处理旅客量达6 000万人次,国内每年97%的机票都是通过该系统销售的。

航空公司订座系统和代理人分销系统与国际上的8大GDS(全球分销系统)连接着,国内旅客购买外国航空公司的机票以及国外旅客购买中国国内航空公司的机票都可通过该系统实现。代理人分销系统目前正向GDS的方向发展,为代理人提供航空和包括酒店、客房、出租车、旅游线路在内的旅游产品等的分销服务。

中国民航酒店预订系统是代理人分销系统中的一个分系统,可以通过遍布全国的机票销售代理人,分销国内外的酒店客房。

离港系统用于机场离港控制,年处理旅客量达2 700万人次。

信天游网站与上述大型系统直接连接,其销售数据和大量信息直接来源于上述大型系统。每一个订票请求通过网站与主机系统间的连接实时地体现在主机数据库中,同时,用户的订票请求也通过民航商务数据网络实时地传递到用户所选择的配送商处,配送商确认后即可为客户配送机票。

1.多品种服务

信天游网站除了机票预定之外,所开设的网上订房、网上租车、网上旅游线路预订等系统,使其航空旅游信息服务得以丰富和完善。

信天游网站的网上订房系统采用平台化的设计模式,用户在信天游网站上可以查询到不同订房中心给出的对同一酒店、同一房型的报价以及其他相应的服务,让用户从中挑选最满意的服务。既为各订房中心提供了相互竞争、优胜劣汰的平等竞争环境,也可以促进这一行业服务水平的提升。

当以自驾车为代步工具逐渐成为都市生活时尚的时候,网上租车服务为用户的商务旅行或观光旅游带来了更多的方便。为了让用户在出行之前尽可能安排好所有的旅程,信天游网站向用户提供了网上租车的服务功能。用户在租车频道内,不仅可以选择不同的租车地点,还可以挑选各类车型。

网上旅游线路预订服务则为用户观光旅游提供了一个崭新的参团渠道。用户可以通过信天游网站了解到各旅行社提供的全国各地乃至全世界的旅行线路,对各旅行社的服务和报价进行比较,并在网上填写参团申请。

2.丰富的旅游信息

旅客出行除了需要事先预订机票、客房、车辆,还需要有大量的旅游信息来辅助出行,信天游网站在这一点上也为旅客考虑到了。

网站为用户提供了国内外各个地区的介绍,涵盖了吃、住、行、游、娱、购等各方面的内容。大到地区概况、风土人情,小到紧急电话号码、使馆联系方法,为用户出行提供了很大程度的便利。同时,网站还为用户提供了各类旅游常识,包括国家各职能部门出台的政策法规、航空旅行常识、前人经验等。

在网站社区的建设上，既有经常出差、出游的旅客进行沟通交流、畅所欲言的场所，也有为广大用户提供的留言板，方便大家向信天游网站、中国民航以及中国旅游行业提出建议和意见的园地。用户还可以通过评分的方式对航空公司、机场、配送商、旅行社以及网站栏目等进行评价，既能帮助其他用户在下一次“信天游之旅”时进行参考选择，又帮助信天游网站完善自身，推动民航以及整个旅游行业的发展。

3. 配送体系

信天游网站的机票配送服务包括送票上门和机场取票，它是由连接航空公司订座系统和代理人分销系统的航空公司售票处和航空机票代理人承担的。这些代理人有着丰富的服务经验，并且都与信天游网站通过专用线路实时连接，能够在用户订妥机票的一刻，同时得到机票的配送信息。

目前，全国各地有 81 家配送商全天 24h 为 35 个城市的旅客免费提供送票上门业务。同时，23 个城市的 29 家配送商还开展了网上订票的机场取票服务。而且配送商的数量还在持续增加，预计年内将有 60 个城市实现网上订票配送服务。

4. 支付体系

信天游网站为用户提供离线支付和在线支付两种支付手段：用户选择离线支付时，可以将票款现金交给送票人员或机场取票人员；如果选择在线支付，则可以使用中国银行的长城信用卡或招商银行的“一卡通”，信天游网站已经通过了上述两家银行严格的安全认证，网站所采用的最新的安全技术手段，可以保证用户使用信用卡支付的安全、可靠、实时。

5. 销售模式

BtoC 是指信天游网站对散客的服务。每个用户都可以自由浏览感兴趣的信息，订购感兴趣的旅游服务产品。

BtoA 是指网站对代理人的服务。连接中国民航代理人分销系统的 6 000 多家航空机票代理人通过信天游网站为旅客预订机票和客房，他们不但可以使用直观的图形化界面，也可以使用自己熟悉的终端命令行界面；不但可以像散客一样预订头等舱、公务舱、经济舱三个舱位的机票，还可以预订一些专门为代理人开放的特殊舱位的机票；不仅可以从信天游网站获取政策法规和各类通知，还可以查询到每天在信天游网站预订机票和客房的详细统计信息。

BtoAtoC 即代理人的固定用户通过信天游网站预订机票和其他服务。信天游网站给这类用户赋予了特殊的权限，他们的配送商将被指定为它所指定的机票代理人，在向这一代理发送他们的订票请求时，系统会有特殊标识，各代理人将根据这一特殊标识为他们提供最及时的服务，其中包括记账、接送等一些特殊服务。

BtoB 即企业对企业的服务。集团客户在信天游网站上进行预订操作时，使用这一服务的公司，可以将其对员工订票、订房的要求设置在公司员工登录后的网页上，同时信天游网站还可以通过员工代码等标识识别预先设定的操作权限，记录操作过程，提供不同级别用户需要了解的统计信息。通过这一功能，集团客户对员工的旅行消费管理都可以在信天游网站得以实现。

6. 多种接入方式

信天游网站具有多种接入方式，不仅具有传统的基于 Internet 的接入方式，更有新兴的基于 WAP 技术的无线网络接入方式。采用 WAP 接入方式即手机订票服务，用户可以使用带有 WAP 功能的手机随时随地订购机票或查询航空旅游信息。

7. 术业专攻——信天游

国内提供航空旅游信息服务的网站不仅只有信天游，有些航空公司自己也在建设网站提供自己公司的网上订座服务，但信天游网站与其服务的侧重点不同。航空公司的网站主要提供本公司航班的网上订座功能，并且很少涉及航空业务以外的内容和功能，虽然其网站上也有完善的常规旅客服务功能、机上餐食选择、机上服务选择等航空运输的附加服务预订功能，但是中国航信的信天游网站以服务种类更加全面而见长。在它的网站上可以订购多家航空公司的机票，还可以订房、租车、订船票、订火车票，几乎涵盖了旅游方面的所有服务。如果说航空公司自己的网站是专卖店，那么中国航信所建设和管理的信天游网站就是大型的网上旅游服务商城。

国内比较知名的专业旅游服务网站，着眼点和优势主要在于丰富的旅游信息，而信天游网站依托于 GDS 系统，它的电子商务功能有强大的技术后盾和信息资源来保证，可以方便地实现其他网站难以实现的实时预订和确认功能。应该说，信天游网站提供的是真正意义上的旅游电子商务服务，而且它所提供的各类信息和服务还在不断地丰富和完善。

（资料来源：中国国家企业网 http://www.chinabbc.com.cn）

讨论题：

1. 信天游网站提供的物流信息服务具有什么特征？

2. 信天游网站主要实现了哪些物流信息管理的环节？

第九章　综合案例分析

能力目标、知识目标与学习要求

基于第三方的物流信息系统和企业内部的信息系统有着很大的不同，但是又有着一定的联系，分别分析这两种信息系统对更深刻的认识物流信息系统有着重要的意义。本章分别以两家物流公司的物流信息系统的应用作为案例，分析了物流信息系统在整个物流管理中的作用和意义。第一个重点是通过对宏盛物流公司内部物流管理信息系统应用的描述和分析，了解系统的需求和分析设计的特点、掌握系统的框架结构、系统运行的外部环境和条件。第二个重点是通过对裕康公司第三方物流信息系统应用的描述和分析，了解第三方物流信息系统的运行环境和条件，掌握系统框架结构，能够提出系统的功能需求。

第一节　宏盛物流公司物流信息系统的应用

宏盛物流有限公司是西部一家有代表性的中小型物流企业。本节简要介绍了公司的经营状况并分析了系统当前急需解决的问题，接着介绍公司组织机构及主要部门具体职能并分析了公司总体业务流程。针对其中的主要业务，较深入详细地分析其具体流程与特点，从业务流程重组的角度出发分析了现有流程的合理性。在此基础上针对公司当前的信息化状况和所面临的问题，分析和提出了公司物流信息系统的具体实施方案，如：业务流程重组、信息系统对业务的支持、组织结构的适当调整以及人员培训、信息技术的应用等，并就其中各业务系统功能模块和典型应用进行解释和说明。

一、公司简介

宏盛物流有限公司（以下简称公司）是一家地处西部地区的有一定代表性的中小型物流公司。公司可以为客户提供进出口货物国际运输代理、集装箱门到门运输、多式联运、仓储、配送、流通加工、包装、装卸搬运、物流方案的策划、物流培训和其他信息、增值服务。

(一)公司目前的状况

公司于1997年10月底成立。成立之初,第一期固定资产投资为4 790万元,第二期固定资产投资为6 630万元,投资集中在仓库、搬运设备、运输车辆及各式集装箱等。公司人员总数由期初的43人增至现今286人。业务规模由第一年的687万元(从1998年1～12月计)到2003年底的5 892余万元。公司有着多年从事物流行业的经验,能根据客户需求,为客户提供量身定制的专业物流服务。具体业务范围包括如下:

进出口货物运输代理:报关报检、订仓、租船、集装箱拆箱拼箱、签发提单等。

(1)集装箱门到门运输;

(2)多式联运:公路联运、公铁海联运、公海联运、铁海联运;

(3)仓储管理及配送;

(4)流通加工、包装、装卸;

(5)信息服务:信息反馈、报表生成、信息监控、远程数据交换EDI、网上订仓配载;

(6)集装箱管理:疫区箱管理、疫区箱消毒、冷藏箱管理、修箱、洗箱、验箱;

(7)供应链一体化物流方案的策划及实施。

公司凭借自身地处西部省会中心之一的成都市的相对区位优势,立足四川、辐射西南,成为联系沿海港口和内地的广大区域纽带,为进出口企业加工贸易产品和一般国内货物贸易提供便捷、优质、全面、高效的一体化物流服务。

(二)公司的组织机构图及主要职能部门概述

1.组织机构概况

公司是一家具有现代企业制度的股份制企业。其组织机构设置如图9-1所示。

整个公司的日常运作体系由信息技术管理、行政事务、财务和营业四大业务模块组成。

(1)信息技术管理

该业务模块由软件应用部和设备技术部门组成。软件应用部一方面负责公司上下所有电脑及其外围设备的日常运行进行修理和维护,相应软硬件配置的采购和更换,另外随着公司新上物流信息系统运行,还要负责日常系统的正常运行和培训教育相关部门员工如何正确进行操作。而设备技术部门则负责公司日常水电费用的结算以及公司有关作业设备(如集装箱、仓库设施、搬运设备工具等)修理、养护和零部件的采购和更换。

(2)行政事务管理

由行政部、人力资源部和质管部三个部门组成。其中行政部门中的文控室负责制订公司内部行政管理条例和维护日常行政秩序,而总务室主要负责公司后勤事务,如单身职工宿舍、食堂、公司对外往来文件的收发管理等。而人力资源部门负责员工

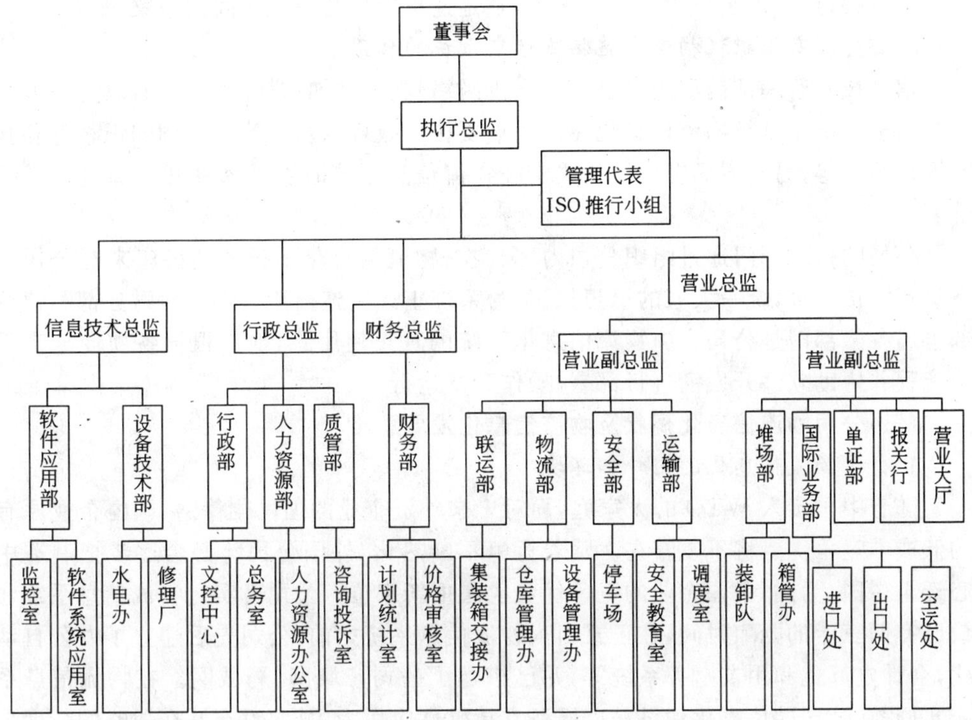

图 9-1　组织机构设置图

招聘、培训、绩效考核等。质管部门负责当客户投诉产生时与营业部有关部门一道与客户进行沟通协调。

(3)财务部

负责公司日常财会日记账,月末、季末和年末的财务报表解析,以及公司筹资、投资计划的分析和管理,还要制订与发布内部业务核算价格。

(4)营业部

下设两个营业副总监。

①联运部:根据运输计划,把货物从起运地运送到收货地;或在接到交通运输部的到货通知后,将货物完整无缺地运进来。

②物流部:主要负责接运商品、卸车、搬运、验收入库、保管养护、备货、包装、出库集中、装车和发运等工作。

③安全部:安排到站车辆的停放位置和秩序。

④运输部:负责公司司机的驾驶安全教育和业务车辆的调度安排。

⑤堆场部:主要负责集装箱的到达与发送,场内作业,堆场使用和租金台账及集装箱跟踪查询等事务。

⑥国际业务部:主要为客户进行进出口货物代理并为其制订相应的物流方案。

⑦报关行：对进出口货物进行报关，它是连接客户与海关之间的桥梁。

2. 公司现有组织机构对实施物流信息系统的作用

信息技术管理部门利用自己对计算机网络软、硬件知识体系掌握的优势，一方面对公司全体员工进行物流信息化建设的重要作用教育以及计算机基础知识教育和基本操作培训等，另一方面在公司正式实施物流信息系统时协助软件开发商进行系统部署。

公司的行政部门通过组织公司内部刊物、物流信息化知识系列讲座来对公司上下进行宣传教育，统一大家的思想认识，为系统正式实施扫清路障。而财务部和营业部下属各子部门是公司实施物流信息化系统的真正使用者，他们根据各项业务来重组流程并协助软件开发商进行部署，操作和试运行。

（三）公司物流信息化现状及物流信息化发展思路

1. 公司物流信息化的内外部环境

随着中国步入 WTO 的大家庭，面对未来外资企业的国民化待遇，国内企业原有的低成本竞争优势将不复存在。随着竞争不断热化，外国公司势必会逐步把制造中心迁至中国，为此，中国企业的竞争优势也需重新定位。公司对实行物流信息系统建设已有两三年的酝酿时间，在正式引入物流信息系统之前，公司先后建立了办公自动化，会计电算化和用友财务系统等，并已搭建了公司广域网、局域网。在物流信息系统实施前，公司的信息化建设是以服务支持软件应用为主，并没有站在战略的高度来开展信息化工作，也缺乏一个完整的信息化规划。

总之，公司之前的信息化建设可以归纳为以下几点：

(1)缺乏完整的信息化规划；

(2)各部门各自为政，信息流通不畅；

(3)管理体制和计算机网络等硬件设施归属不一致；

(4)未配备专门的网络监控管理员，存在较大的安全隐患；

(5)缺乏专业的信息化培训。

2. 公司物流信息化的实施思路

公司希望通过引入物流信息系统来达到以下目的：

(1)提高业务的运营效率来增加物流服务收入。在引入物流信息系统后，希望平均处理每笔业务所需时间为原来的 40%～50%，即工作效率要提高一倍。

(2)通过业务流程重组来使组织机构以业务流程为中心而非传统部门为中心，有利于提高企业对环境变化的反应能力来增强市场竞争力。

二、宏盛物流有限公司的业务流程分析

1. 公司主营业务

公司经过六年多的发展，目前已形成如下几个主营业务方向：

(1)进出口货物运输代理；

(2)多式联运,如公司联运、公铁海联运和铁海联运；

(3)协助客户进行仓储管理、物流成本控制等增值服务；

(4)流通加工、包装、装卸等；

(5)制造企业供应链一体化方案设计及全程物流服务的实施。

客户先向公司下单或进行业务委托,由物流部门生成货运提单和对应的运输编号,通过运输编号来对各业务提单进行管理。提单流转至联运部的业务受理处,在此通知集装箱堆场部生成放箱单,通知运输部门生成派车单或通过外协单位生成相应单据,所有这些产生费用的相关单据全部传至财务部进行成本核算,生成客户应收台账、外协单位应付台账和部门业务台账,产生支付通知单,分别送至客户与外协单位的会计部门,最后,在公司财务部进行收支结算。

公司月末、季末、年末相应的财务报表和财务分析结果送至公司领导层审阅以供决策之用。

2.集装箱堆场的业务流程分析

首先是通过查询作业管理功能模块,可以马上得到当前可用的起吊搬运设备和人员信息,马上可以进入作业操作阶段。而在系统引入前,堆场管理人员还要在堆场中进行人员和有关设备的逐一确认和工作协调,浪费工作时间;其次,通过查询区位信息,外来集装箱可确认哪些区位位置可存放,而需要外运的集装箱通过输入其运输编码可以得知相应集装箱在堆场中的区位信息,大大减少了以往人工查找和人员记录集装箱区位信息的工作量,提高了工作效率。

3.物流仓储的业务流程分析

流程改进后,对货物进行分区分类保管、库区及货区的合理布置和编号。具体是:按公司现有的仓库建筑、设备等条件,将库房、货棚和货场划分为若干个货物保管区,按区存放,各区位再进行具体的编码,并按货物在库状态分为待检区、检验合格区、检验不合格区和待出发区四种状态,一目了然,便于管理。同时将货物所在的区位和编码输入库存记录数据库,为货物入库的空闲库位查找和出库货物存放位置的查找提供了极大的便利,改变了以往要靠人凭印象费时、费力地查找,简化了工作手续,提高了流程运作效率。

4.联运业务流程分析

由于公司的联运管理流程涉及联运部、运输部、集装箱堆场部、物流部门及公司驻港站的办事处等较多部门,因此相应信息传递的及时性、准确性以及部门间的信息共享就非常重要。在公司引入物流信息系统前,这些部门信息数据的取得主要靠大量人工操作来完成,费时费力,有时因为疏忽,难免造成某一项数据在几个部门中不同,浪费时间来进行核对验证。同时信息流通不畅,公司内信息孤岛大量存在,使得部门间由于沟通缘故导致摩擦时有发生。而现在由于信息化脉络的通畅,提高了公司业务的整体团队协作，增强了公司在西部物流市场中的竞争能力。

5. 运输业务流程分析

当货物的到站通知下达至港站办事处时，通过其业务系统的接口与集装箱堆场管理系统、仓储管理系统及客户部系统的接口相连，进行货物到达信息的及时传送，使其各自预先做好准备工作，平滑随后的流程操作，提高了工作效率。这是一种采用“并行工程”思想的做法在具体工作中的应用，而在实施物流信息系统前，这三个部门的事务都是按顺序临时性处理，员工工作时间不平衡，闲时很闲，而一旦事务发生就显得慌乱，人手不够，办事效率低下。

6. 国际物流的业务流程分析

由于业务运作部门是整个业务流程中的核心部门，与之业务相关联的部门较多，如运输部、财务部、报关行、集装箱堆场部等，由于业务往来而产生了大量需要在有关部门流转的单据，在实施物流信息系统前，所有单据上的数据填写均由手工完成，并由相关部门的主管签名盖章确认后，才能流转到其他部门中，费时费力不说，还容易出错，效率低下。而现在所有这些单据流转可在公司内部的局域网中完成，尽量实现了办公无纸化操作。

7. 报关行及海关接口业务流程分析

通过公司相关物流信息系统与海关信息系统之间的直接数据连接，进行 EDI 电子数据交换，提高了信息相互间传送的速率和准确度。通过双方之间信息系统权限设定，公司或海关任一方可以通过上网进入对方的信息系统查看与之有关联的业务，可以随时了解业务情况。减少了公司同海关人员相互往来次数，节省了工作时间，提高工作效率。

8. 营运财务管理及接口业务

财务部还要制订和发布内部业务核算价格；财务部对内部业务核算表有最终审核，修改权；财务部对内部物流运作的应收、应付，业务量及内部结算等信息还具有查询、统计的权限。

三、宏盛物流有限公司各子物流信息系统

(一)公司物流信息系统总体框架

公司以良好的信息化管理将实现物流 GPS(全球定位系统)跟踪监控、实现物流单证、运费清单、报关单据的 EDI 一票通，并在供应链的基础上发展各种物流增值服务，向客户提供国内的物流信息、电子商务交易服务，货物动态查询等服务。公司物流信息系统的总体框架如图 9-2 所示。

公司物流信息系统主要功能模块介绍如下：

(1)订单及客户关系管理：包括国内外到达与发送订单管理、报价管理、订单查询统计、施封管理、客户远程登录、客户跟踪、面对客户的个性化物流方案管理、合同管理、客户投诉及投诉处理。

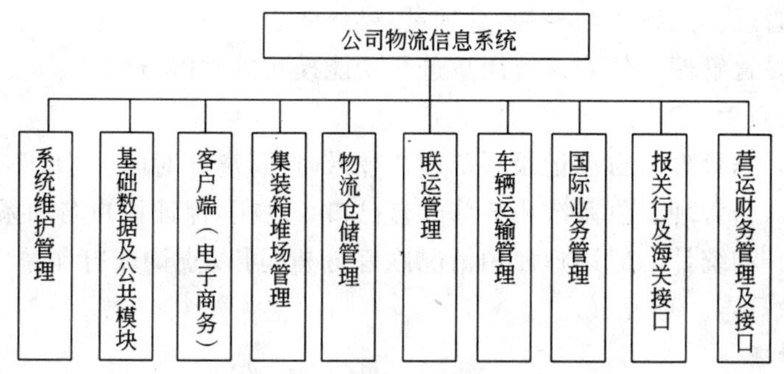

图 9-2 物流信息系统总体框架图

(2)车辆运输管理:包括车辆管理、运输作业管理等。

(3)物流仓储管理:包括仓储基础数据管理、入库和出库作业管理、查询统计等。

(4)配送管理:包括物品分拣、包装、加工、配送路径优化、配送点管理等。

(5)集装箱堆场管理:堆场基础数据管理、到达管理、发送管理、作业管理、箱检与维修、查询统计等。

(6)国际业务管理:包括进口业务管理、出口业务管理。

(7)报关及海关业务管理。

(8)电子数据交换:包括各类数据交换的标准、接口和转换平台。

(9)信息服务管理:包括综合信息的发布、社会化物流信息服务的管理等。

(二)系统维护管理系统

系统维护管理支持维护管理本系统(计算机管理信息系统),包括部门设置、用户管理、权限设置、用户日志、口令管理、数据备份和数据恢复管理,其系统功能模块构成如图 9-3 所示。

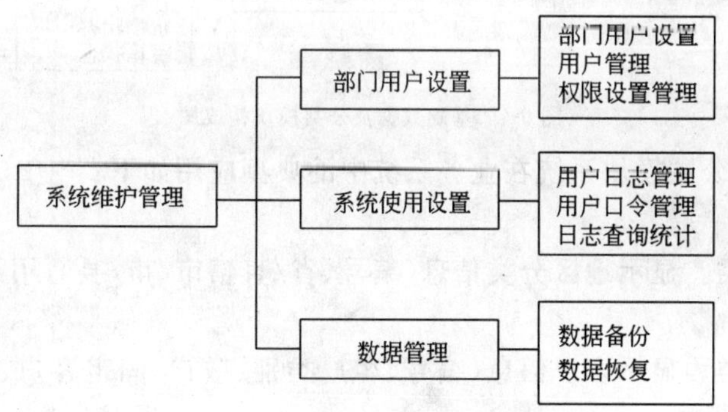

图 9-3 维护管理功能模块构成图

系统维护管理系统在业务系统中的典型应用如下:

1. 部门用户设置

(1)部门设置管理。制订部门及其负责人的编码规则,供相关部门调用。

(2)用户管理。系统用户分为:管理员;操作者。

(3)权限设置管理。针对系统用户进行功能模块的权限分配。

2. 系统使用管理

(1)用户日志管理。自动记录系统用户登录时间,离开时间。

(2)用户口令管理。供系统用户修改自己口令之用,保证用户名和系统安全性。

(3)日志查询统计。对用户使用情况跟踪分析,可以查询或打印系统日志,按需要整理或清除日志。

3. 数据管理

(1)数据备份。备份数据设备(文件),保证整个信息系统数据安全。

(2)数据恢复。系统遭受灾难性数据损坏时,最大程度恢复数据库和其中文件,减少数据丢失带来操作。

(三)基础数据及公共模块系统

基础数据及公共模块主要支持公司内部的系统管理及相关部门作为整个系统的数据基础。基础数据首先确定编码规则,系统再进行基础数据初始化后,才能正常运行。其系统功能模块构成如图 9-4 所示。

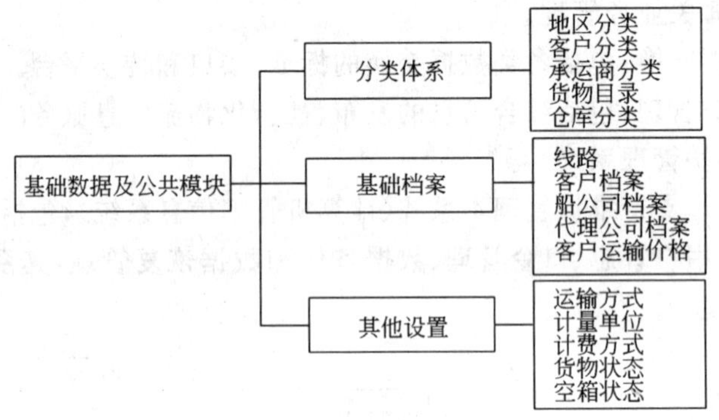

图 9-4 基础数据及公共模块构成图

基础数据及公共模块系统在业务系统中的典型应用如下:

1. 分类体系

(1)地区分类。显示地区分类信息(编号、省/直辖市、市/县),用于客户档案与运输企业信息等。

(2)客户分类。显示客户信息(编号、客户类别:散户/固定客户、备注)用于客户档案中。

(3)货物目录。制订货物编码和分类规则,供仓储、堆场管理、运输等部门使用。

(4)仓库分类。制订仓库分类信息(编号、仓库类别、备注)主要用于仓储管理档案中。

2. 基础档案

(1)线路。制订线路明细表(线路编号,起始地、目的地)主要供联运部门,车辆管理部门调用。

(2)客户档案。制订客户档案信息用于客户投诉、订单等。

(3)船公司档案。制订船公司档案用于订单和运输单等。

(4)代理公司档案。制订代理公司档案信息用于国际业务等。

(5)客户运输价格。制订合同客户物流运输价格信息,用于运输单中。

3. 其他设置

(1)运输方式。制订运输方式信息(编号、运输方式、备注),用于订单和运输单中,供联运管理部门使用。

(2)计费单位。制订物流运输计费方式,用于运输委托订单、运输单据等,供联运管理部门使用。

(3)计量方式。制订计量单位信息,用于订单和运输单中,供仓储管理部门使用。

(4)货物状态。制订货物状态表,用于入库单、库存台账,供仓储管理部门和联运管理部门使用。

(5)空箱状态。制订集装箱状态信息,供堆场管理部门使用。

(四)客户端电子商务服务系统

客户端电子商务系统主要是为了管理合同客户和零散客户,并为客户开辟新的增值服务。其系统功能模块构成如图 9-5 所示。

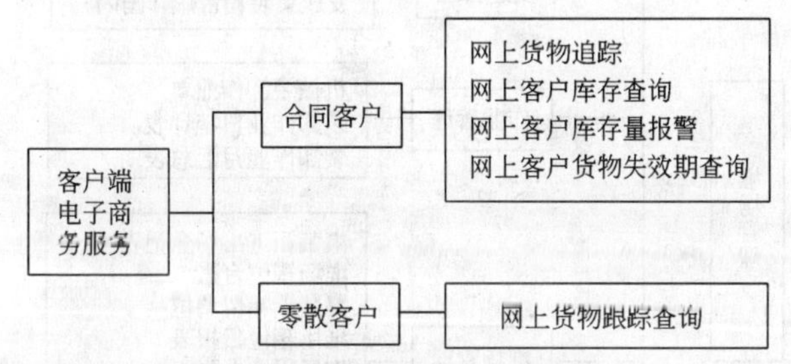

图 9-5 客户端电子商务构成图

客户端电子商务系统在业务系统中的典型应用如下:

1. 合同客户

(1)网上货物追踪。按日期、托运人、货物编号或其他条件对货物运单进行组合查询、追踪、货运车辆情况。

(2)网上客户库存查询。操作员输入客户、货物名称、仓位、批次等查询条件,程序根据进出货记录和出入库记录,生成库存台账,反映当前结存数和可发货数量。

(3)网上客户库存量报警。操作员输入客户、库存报警量上下限,程序生成库存台账,生成货物库存量报警表,用于客户端电子商务服务。

(4)网上客户货物失效期查询。输入客户、查询日期、客户货物档案中的"保质期",生成客户货物失效期查询表,用于客户端电子商务服务。

2. 零散客户

(1)网上货物跟踪查询;

(2)根据日期、托运人、货运编号或其他条件对货物运单进行组合查询,进行网上货物跟踪查询。

(五)集装箱堆场管理系统

集装箱堆场管理系统主要用于公司的堆场部管理集装箱堆场事务,包括集装箱的到达与发送,场内作业,堆场使用租金台账及集装箱跟踪查询等系统模块,其系统功能模块构成如图 9-6 所示。

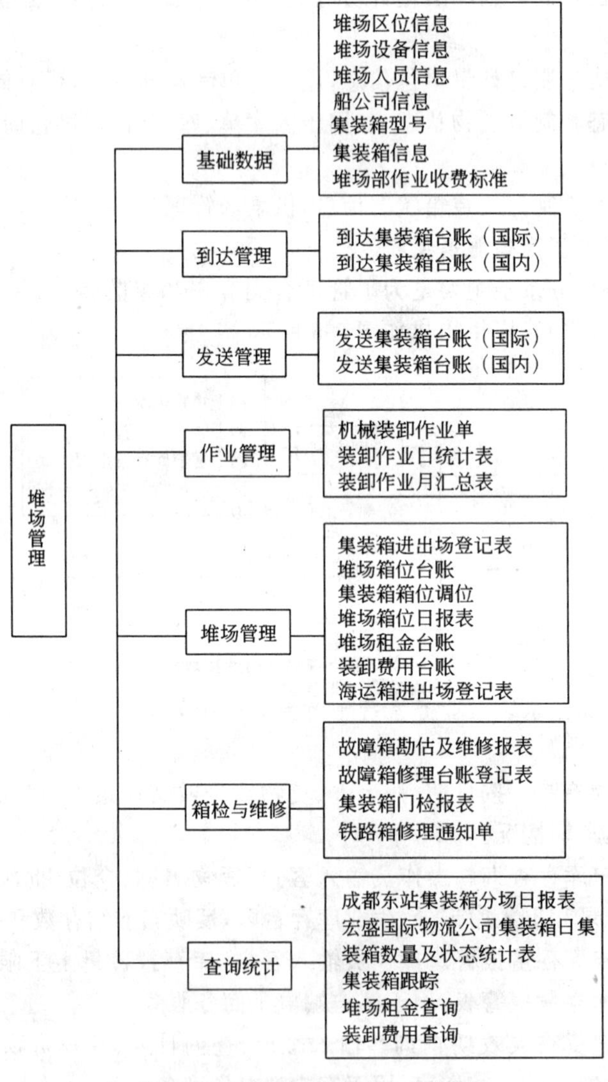

图 9-6　集装箱堆场管理模块构成图

集装箱堆场管理系统在业务系统中的典型应用如下：

1.堆场基础数据管理

(1)填写堆场区位编码和相应属性，作为集装箱放置的位置数据。

(2)填写堆场设备/人员编码及相应属性，作为作业管理的基础数据。

(3)填写船公司和集装箱规格尺寸等基本信息，作为堆场管理的基础数据。

2.到达管理

填写进入/出场记录，登记相应的运编号、入/出场时间、堆场位置，集装箱号、规格、重/空箱、施封号、集装箱所属单位、集装箱来源、委托客户。

3.发送管理

进入/出场申请部门、申请人、批准人、记录人等。记录在确认后写出到达(发送)集装箱台账(国际，国内)。

4.作业管理

对场内作业进行如实登记，详细记录每次作业的相关设备、人员、作业内容、作业量、日期、集装箱等，生成机械装卸作业单、日统计表和月汇总表，用于查询统计各设备和人员的工作明细和工作量。

5.堆场管理

(1)集装箱、海运箱进场/出场登记，记录下集装箱和相关司机信息，并将集装箱信息写入堆场箱位台账，反映当前集装箱结存数量和堆场情况。

(2)集装箱调位记录集装箱位置移动实际情况与结果，系统自动在每日凌晨，生成当日堆场箱位台账，反映每天集装箱结存数量和堆场位置占用情况。

(3)通过对集装箱在场时间统计，生成堆场租金，记入每个客户(运编号对应的业务)应收账款中，已收部分用手工录入。

(4)装卸费用台账通过对装卸作业的统计，生成费用台账，记入每个客户的应收账款中。

6.箱检与维修

(1)对故障箱进行勘估及维修时，将集装箱的故障和修理等的相关信息记录下来，供以后查询。

(2)对集装箱进行日常检查，将集装箱状态等相关信息记录下来，供以后查询。

7.查询统计

(1)按条件从集装箱到达/发送台账中提取成都东站和公司集装箱分场日报表。

(2)按条件从集装箱到达/发送台账中提取集装箱数量及状态统计表。

(3)输入集装箱号等条件，从到达/发送台账(国内/际)及堆场箱位台账中，查得集装箱的历史状态轨迹。

(4)按条件从堆场租金台账、装卸费用台账中统计一定日期范围的费用金额。

(六)物流仓储管理系统

公司的仓储管理系统主要由物流部使用,主要负责货物的进出与装卸,仓库租金的计算,库存状态可供客户端(电子商务)系统进行查询,其系统功能模块构成如图 9-7 所示。

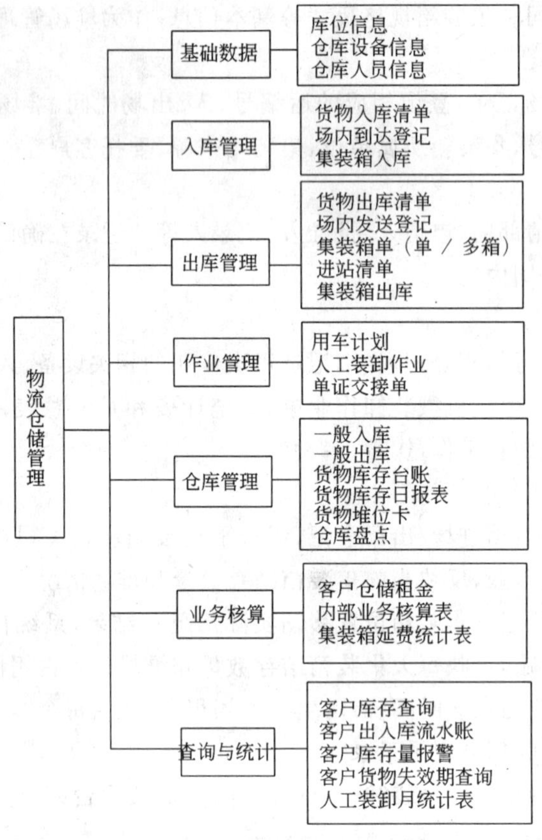

图 9-7　物流仓储管理模块构成

物流仓储管理系统在业务系统中的典型应用如下:

1. 仓库基础数据管理

(1)填写库位编码及属性,作为货物放置的位置数据。

(2)填写仓库设备/人员编码和属性,作为作业管理的基础数据。

物流仓储管理系统在业务系统中的典型应用如下:

2. 入库管理

登记到达场内的集装箱及货物属性,货物(含集装箱货物)可由客户送到,自派车辆接到,填写入库清单,进行货物检验,经审核后,入库数据写入库存台账。

3. 出库管理

(1)货物(包括单箱/多箱集装箱)出库时,填写货物出库清单,进行货物查验,对场内发出集装箱进行登记,记录相关货物信息。出库货物去处可以是客户自提、发送集装箱、派车送货到车站,经审核后,出库数据写入库存台账中。

(2)在送货到客户时,或发货至成都火车站车站时,记录集装箱发送信息。

4. 作业管理

(1)用车计划。按业务需要,发送用车指令到运输部,进行运输操作,写入内部业务核算表。

(2)人工装卸作业。详细记录每次作业相关人员、作业内容、作业工作量等。

(3)单证交接单。内外部重要单证交接时,记录单证相关信息。

5. 仓库管理

(1)一般入库/出库。除去客户正常仓储委托到货/发货入库/出库外,一般情况下只须注明为入/出库类型,确认后的数据写入库存台账。

(2)库存台账和日报。输入客户名称,货物名称,仓位、生产日期、批次代码,日期范围等,程序按进/发货记录和出入库记录,生成库存台账,反映当前结存数量和可发货数量,按客户需求生成每日库存明细。

(3)仓库盘点。输入查询条件,程序按库存台账生成库存盘点表,反映目前账面库存数量及货物现状。

(4)货物堆位卡。出入库时,按货位情况,为入库货物设置安放货位。

6. 业务核算

(1)客户仓储租金。输入每个客户的仓库租金,生成客户仓库租金台账,产生部分应收账款。

(2)内部业务核算表/集装箱延费统计表。各相关业务部门填写各自的费用项,最后由财务部门审核,并核算单票业务的企业毛利与部门毛利,生成客户应收台账,承运人应付台账和业务部门台账。

7. 查询统计

(1)客户出入库流水账。输入查询统计条件,如客户名称、货物名称、仓位、生产日期、批次代码等,程序按进发货记录和出入库记录,生成出入库流水账,反映目前结存数量和可发货数量。

(2)客户库存量报警。输入客户名称、库存量报警上下限等查询条件,生成库存台账,生成客户货物库存量报警表。

(3)客户货物失效期查询。输入客户名称、查询日期等查询条件,程序从合同客户货物档案中得到"保质期",再从库存台账中查找出已经到失效期的货物,生成客户货物失效期查询表。

(4)人工装卸月统计表。对一定日期内人工装卸作业量进行统计。

(七)联运管理系统

公司的联运管理主要由联运部负责,其主要作用是管理国内的集装箱运输,包括:集装箱的发送与到达。联运管理是对外公司的国内业务窗口,也是国内业务的订单入口,负责国内业务的整体运作与结算,其系统功能模块构成如图 9-8 所示。

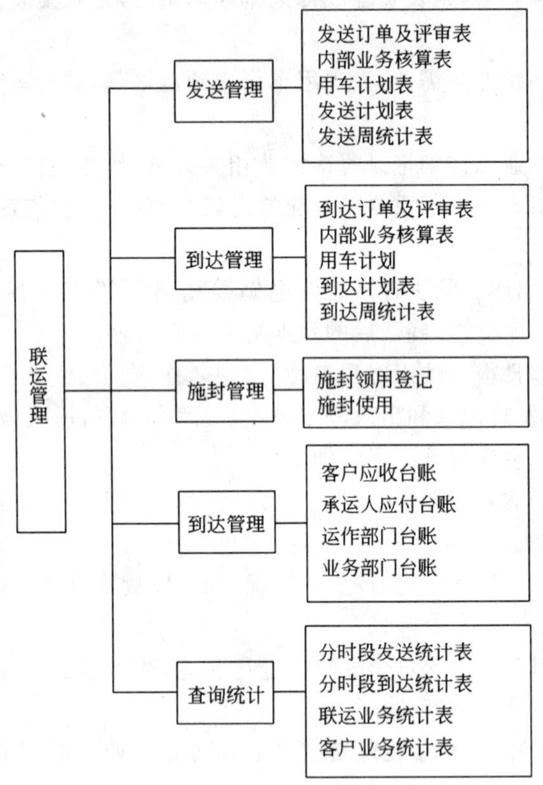

图 9-8　联运管理模块构成

联运管理系统在各业务系统中的典型应用如下:

1. 发送管理到达管理

(1)发送/到达业务订单及评审表。接收发送/到达业务订单,对订单进行评审,记录下操作结果,根据发送/到达业务订单及评审表,生成当日发送/到达计划表及周统计表。

(2)内部业务核算表。各相关部门填写各自的费用项,最后由财务部审核,生成客户应收台账,承运人应付台账,运作部门台账和业务部门台账。

(3)用车计划(发送/到达),按业务需要,发送用车指令到运输部,进行集装箱运输操作,写出内部业务核算表。

2. 施封管理

登记领取施封号及相关信息,登记成都火车站集装箱施封锁的使用记录及相关信息。

3. 联运台账

客户应收台账/承运人应付台账/运输部门台账/业务部门台账。该四类台账由内部业务核算表经财务审核后生成，各业务部或财务部可以进行期初设置，查看和调账。

4. 查询统计

(1)分时段发送/到达业务统计表。统计一段时间内的发送/到达业务量。

(2)联运业务/客户业务统计表。统计一段时间内联运业务量/某一客户的联运业务量。

(八)车辆运输管理系统

公司车辆运输管理系统主要由运输部(车队)使用，管理车辆接送货物事务。其主要管理对象是公司的各种型号的运输车辆，并为其他部门提供货物运输服务。目前主要运输集装箱(国际、国内)，也有部分散货或配送的货物。与其他部门接口的主要依据是要车单(要车计划表)，或要箱单(堆场)，驾驶员同时还承担施封号的管理任务。其系统功能模块构成如图 9-9 所示。

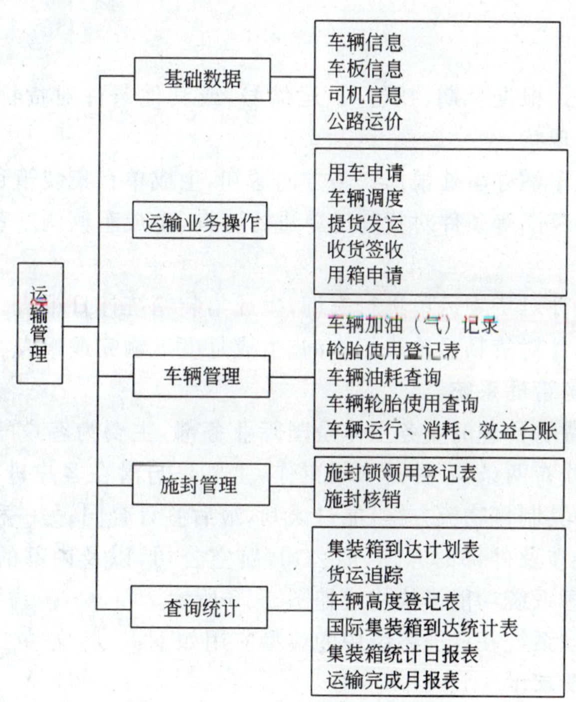

图 9-9　车辆运输管理模块构成

车辆运输管理系统在各业务系统中的典型应用如下：

1. 车队基础数据

对车辆、车板、驾驶员、公路运价等信息作为基础数据进行系统初使设置，供其他模块调用。

2.运输业务操作

相关部门因业务需要，注明相应的运编号、货主、货物明细、接送地址等，向车队发出填写用车申请单。运输部根据用车申请单，安排相应车辆执行货运工作，填写货物运单，确定运单号，运单状态，制单。驾驶员凭货物运单签字提货，运单处“在途”状态，货物运抵目的地后，收货人进行签收，该货运单的过程记录作为结算的基础数据，写入相同运编号的内部业务核算表，运单状态为：签收。

3.车辆管理

(1)记录车辆燃料，轮胎使用情况。

(2)按车辆、驾驶员对车辆油耗，轮胎使用情况进行查询。

(3)记录车辆月度运行、消耗与效益情况，具体包括：完好率，工作率，空车/重车行程总里程，货运量，货物周转率，空箱/重箱运输率，燃料/轮胎消耗等，供领导查看。

4.施封管理

查询已在联运部登记的领取封号及相关信息，登记到达集装箱的施封锁并记录相关信息。

5.查询统计

(1)货物追踪。根据日期、托运人、运编号，或其他条件对货物运单进行组合查询，追踪货运车辆现状。

(2)由成都火车站办事处根据铁路方面通知，生成单日集装箱到达计划表。

(3)根据日期范围等条件对货物运单进行查询，生成车辆调度登记表和国际集装箱到达统计表。

(4)按日期条件对货物运单进行查询，生成集装箱统计日报表。

(5)按月度条件对货物运单进行查询，生成月度运输完成报表。

(九)国际业务管理系统

公司进出口货物代理的业务主体是国际业务部，主要为客户的进出口货物进行代理。其业务主线有两条，一种是市场工作，主要是与潜在客户进行接触，进行需求调研和分析，并为其制订物流方案，能过谈判，最后签订合同；另一种是具体的业务订单和业务运作，会涉及外部的客户、船公司/航空公司，以及内部的各个业务运作部门。国际业务管理系统功能模块构成如图 9-10 所示。

国际业务管理系统在业务系统中的典型应用如下：

1.基础数据管理

制订联运收费价格，物流管理费价格，公路运输服务费价格，场站管理服务费价格，供其他模块调用。

2.订单管理

(1)在与外部协作单位进行业务联系时，使用标准的传真格式模板，在客户下订

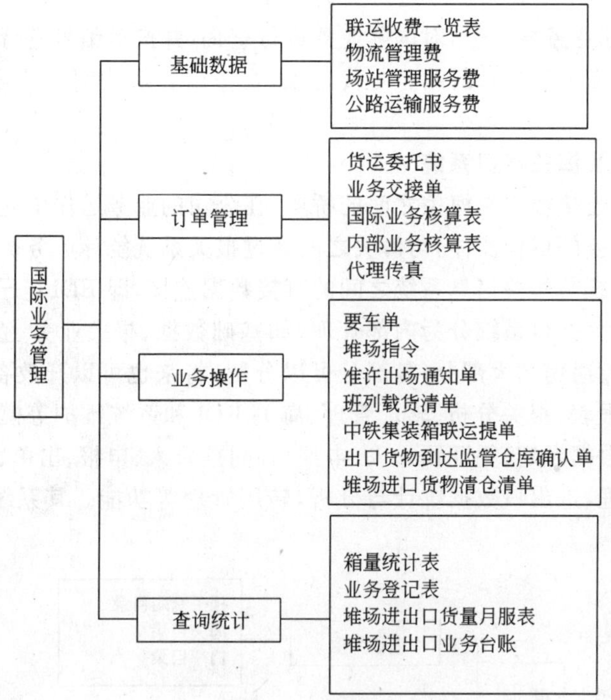

图 9-10　国际业务管理模块构成

单时，填写货运委托书，然后国际业务部业务员向操作成员下单，由此产生一个唯一的运编号，标注该票业务整个运输的路径和要求。

(2)填写国际业务核算表，并在业务过程中对国际业务核算表进行分项填写，最终交客户进行收款，整个流程所涉及各相关业务部门填写各自的费用项和明细，最后由财务部审核，并核算单票业务的企业毛利与部门毛利，生成客户应收台账，承运人应付台账，运输部门台账和业务部门台账。

3. 业务操作

(1)在客户下单后，制订国际业务核算表和内部业务核算表后，以运编号生成要车单、堆场指令工作联系单和准许出场通知单，分别交由运输部，堆场部来进行具体业务操作。

(2)在将货物交给铁路部门进行运输时，产生该列载货清单和中铁集装箱联运提单，对提单的关键信息进行收集。

(3)出口货物交给海关时，会产生出口货物到达监管仓库确认单，并对提单的关键信息进行收集。

(4)进口货物交给堆场，需要掏箱存入仓库，会产生堆场进口货物进仓清单。

4. 查询统计

(1)根据业务类型(进口、出口、国内贸易)和操作方式不同(拼箱 KGS)集装箱

(TEU),散货(T),对集装箱业务进行分类统计汇总。

(2)根据国际业务核算表,对国际业务进行查询,并按运编号进行列表,按业务类型以月报形式详细反映每日的箱型与货运量,在一定日期范围内按运编号进行业务台账列表查询。

(十)报关行及海关接口系统

报关行作为连接客户与海关之间的桥梁,在公司的业务运作中起着重要的作用。不仅是进出口业务的运作实体,与海关之间通过报关系统统计业务操作,而且还涉及公司物流信息系统与海关信息系统之间的直接数据连接,即 EDI 电子数据交换。

报关行及海关接口系统分为内部管理(如基础数据、报关业务、查询统计等三项功能模块)和海关通信两大部分,各部分可以分割,将来也可以开放备案、合同执行,合同核销、统计报表、报关分析、转厂管理、海关 EDI 和系统维护等模块,提供了海关资料查询、基础数据设定、凭证预录入、申报、合同预录入、申报、出单、打单、外汇核销管理;核销表管理,进出口数据统计与分析,转厂管理等功能。其系统功能模块构成如图 9-11 所示。

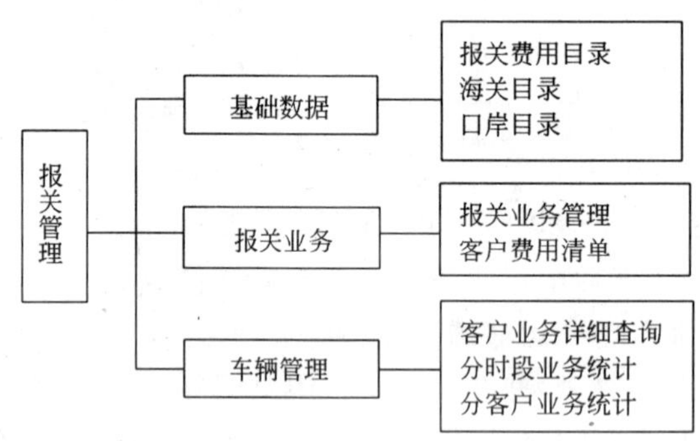

图 9-11 报关行及海关接口模块构成

报关行及海关接口系统在业务系统中的典型应用如下:

1. 基础数据

(1)报关费用目录。制订报关费用目录,输入编号,费用类别,名称等供报关行及海关接口使用。

(2)海关目录。制订海关目录,输入编号,海关名称,供公司内报关行使用。

(3)口岸目录。制订口岸目录(编号,口岸名称)供其他模块调用。

2. 报关业务

(1)报关业务管理。管理每单报关业务准备。

(2)客户费用清单。通过输入业务编号、打印。

3. 查询统计

进行费用计算,并生成客户费用清单(CUS-09)、客户名称、报关单号管理客户费用清单，生成并打印。

(1)客户业务详细查询。根据输入客户名称，业务编号\业务类型、日期、收入/支出、利润等，按时间段和客户进行报关业务量详细情况查询，并打印，供公司领导和相关部门使用。

(2)分时段业务统计。根据输入业务类型/次数，收入/支出、利润等按时间段进行报关业务量统计，并打印。

(3)分客户业务统计。根据输入客户名称、业务类型、业务次数，收入/支出、利润等按时间段和客户进行报关业务量统计，并打印。

(十一)营运财务管理及接口系统

公司财务管理目前使用的系统为用友财务软件，单机版，版本为 Us. 11a，其主要功能是进行公司账务上的报表处理，自身具有相对独立的功能。物流运作的结果通过收款、发票和内部结算反映在财务管理中。

在物流运作过程中，公司财务部通过制订财务科目表(可从用友软件中导出)，来规范公司的账本科目。公司财务部还要制订和发布内部业务核算价格，财务部对内部业务核算表有最终审核、修改权；财务部对物流运作的应收/应付账款、业务量及内部结算等信息还具有查询、统计权限。公司营运财务管理及接口系统功能模块如图 9-12 所示。

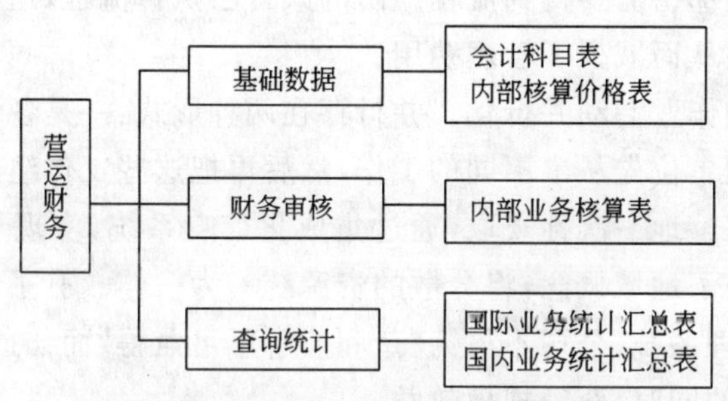

图 9-12 营运财务管理模块构成

营运财务管理系统在业务系统中的典型应用如下：

1. 基础数据

(1)会计科目表。制订会计科目信息〔科目类型、级次、科目编码、科目名称(如：应收账款等)。

(2)内部核算价格表。制订会计科目信息进行内部成本价格核算。

2. 报关业务

(1)内部业务核算表；

(2)各相关运作部门填写各自的费用项和明细，最后由财务部门审核，修改内部业务核算表，并核算单票业务的企业毛利和部门毛利；内部业务核算表经财务审核后,生成客户应收台账,承运人应付台账和部门业务台账。

3.查询统计

(1)国际业务统计汇总表。输入运编号、业务类型、业务部门、委托人、运输方式、营业额、内部费用、公司毛利、费用明细等,按时间段进行国际业务量统计,并打印。

(2)国内业务统计汇总表。输入条件同上,按时间段进行国内业务量统计,并打印,交给公司领导或相关部门。

四、物流信息系统整体实施方案分析

(一)公司物流信息系统的整体实施方案

针对公司业务上的一些问题,对内部的信息化现状进行了全面的调查和分析,挖掘造成问题的深层次原因,并以行业内的成功实践为依据,从公司业务流程重组、信息系统对业务的支持、系统集成、基础设施与安全管理、信息管理组织架构等几个方面,针对各现有问题提出了解决方案。

1.业务流程重组(BPR)

公司在实施业务重组时提出了以下四条基本原则:

(1)组织结构应该以运作程流而非任务为中心。即由一个人或一个团队来完成流程中所有步骤,让那些需要得到流程产出的人自己执行流程,这样大大消除了原工作部门之间的摩擦,从而减少了管理费用。

(2)将各部门的作业活动并行化。并行存在两种形式:一是各独立单位从事相同的工作;二是各独立单位先从事不同的工作,然后再把这些工作组合到一起。

(3)所需信息完整地一次性获取,通过集成化信息系统,实现了信息共享。由于采用了互联网,打破了地域概念,将分散的资源统一为一体。有了后台数据库与远程通信网络及标准处理系统,公司不再为“鱼和熊掌不可兼得”而伤透脑筋,公司完全可以在保持灵活服务的同时,获得规模效益。

(4)适当授权,在工作执行的地方设决策点。信息技术能够捕捉和处理信息,一线员工可以自行决策提高其工作责任感和积极性。这就为压缩管理层次和实现扁平组织提供技术支持。

2.对各业务管理系统进行需求分析

由于以前公司业务的开展是以各业务部门为主导,建设的主要是部门级的系统或有的部门就没有信息化建设基础,信息系统对业务的支持没有站在公司战略的高度,缺乏整体信息化建设的目标和规划。其实,企业信息化的建设必须要支持公司战略的发展,主要体现为对具体业务开展的支持,基于这种思想,公司采用了需求分解法,从公司的战略入手,结合公司的业务发展状况,深入分析了企业发展对信息化建设提出的需求。

3. 系统集成

公司过去的信息化工作以部门为主，缺乏整体考虑，实施信息化建设时就暴露出了许多问题：首先是系统分散、没有整合，由于标准不统一，给系统的集成带来了很大的困难，信息不能共享；其次是数据缺乏标准化，无论是自行开发，还是从市场上买来的应用软件，一般都不注意数据的标准化，或数据标准自成一体，因而形成了许多"信息孤岛"，业务规模越大，方向越多，信息孤岛就越多，数据的不一致性就越严重；最后是系统开发没有标准化，公司过去信息系统的建设过程中没有使用一致的开发平台和开发工具，不利于降低系统维护成本、技术人员培训成本等。要解决这些问题必须对系统进行集成，并建立信息化建设的统一标准。公司通过对业务流程的分析，从业务的角度提出了企业自身的信息流，明确了系统间所需要的集成关系。

为了很好地整合现有及未来的系统，实现信息的集成、共享与流转，减少人工的干预，公司提出了信息技术架构和整合方案，包括信息模型、应用系统的组成与结构、信息和数据在应用系统之间的分布与流向、信息技术标准和规范等。同时还分析参考目前市场上主流的系统集成的技术和产品。

4. 加强基础设施与安全管理

在安全管理方面，公司首先从技术上提出了完整的安全解决方案，如把公司的 Web 服务器、mail 服务器设置在防火墙之后等，同时还从管理的角度提出了具体的规范，包括通信和操作安全性管理、访问控制安全性管理、系统开发和维护的安全性管理等，这样公司就从技术和管理两方面构建了一套完整的安全管理体系。

5. 合理的信息管理组织架构

合理的信息管理组织架构是企业信息化建设的有力保障，同时也可以从一个侧面反映信息化在企业中的地位。然而公司的 IT 组织构架设置不尽合理，主要表现在以下方面：

(1)总公司以前没设专门的信息部门，负责信息化建设的人员隶属于行政管理部。企业还没有建立良好的信息化管理体系，有的业务部门职责缺乏明确合理的分工。

(2)企业还没有建立起信息化的工作规程和制度，包括信息系统建设需求的提出、论证、选形、实施等没有规范的流程，也没有明确的职责划分。

针对上面的问题，公司进行信息化组织设计，建立了集中的信息技术管理和资源共享的机制，将原来挂靠在行政管理部下的信息中心提升为信息技术部，作为独立的职能部门进行信息技术的管理，并为总公司及其下属的子公司和各地办事处提供信息技术服务，拓展了信息技术部的职能范围，统一系统规划、建设与管理，如合同管理、信息资产及文档的管理；统一整个企业网络、服务器、信息系统(数据库及应用软件)及客户端软硬件的搭建、维护、备份、升级与管理，以及网络、信息系统的安全管理等；建立分布式的信息技术组织布局，在公司和子公司的总工室下设 IT 专职人员，为本公司提供信息技术支持，但业务上受总公司信息技术部的指导。在信息管理组织架构设计方案中，公司对三层体系之间的职责做了明确的划分，总部的信息技术部负责全公司信息化的管理与决策，如进行集中、统一的信息技术管理和规划，负责全公司网络架构及网络安全等；子公司及各地办事处层次主要负责信息化的实施与维护。公司通过对信息组织架构的设计，明确了各自的职责，理顺了管理流程，使企业未来的信息化建设及物流信息系统的实施有了组织和制度的保障。

6. 信息系统的实施执行

除了上述方面外，对系统的实施及资源配置计划也是很关键的。只有明确了信息系统建设的时间表、优先级，才能更好地指导系统实施。因此公司在综合分析了公司战略、业务及系统现状后，提出了系统实施计划。在实施计划中，不仅安排了实施的时间表，还给出了系统实施的大概预算，同时提出系统实施需要注意的主要问题等，为信息化建设提供了很好的参考依据。公司在物流信息系统全部实施后的两个月内，借助信息系统的实施重组了各大业务流程，撤消了其中不必要的重复的，没有增值作用的业务流程；还把以前按顺序执行的某些流程采用并行工程(CE)的思想，对它们进行改造，使其同时执行，简化了流程执行，提高了工作效率。

(二)信息技术在公司物流信息系统中的应用

一个成功物流企业的核心竞争力必须要建立在以信息技术及现代化物流技术为基础的高效物流信息系统。它也是我国传统物流企业向现代物流企业转型的一个重要环节和切入点。在世界信息化高度发展的电子商务时代，物流与信息流的相互配合越来越重要，以 Internet 商业应用为代表的信息革命，为物流业的信息系统提供了非常丰富的技术手段和解决方案。虽然物流企业建立的信息系统各有特点，其信息来源、采集及传输信息的技术却是大同小异，它们构成了现代物流系统中基础信息系统。其重要的组成部分有物流条形码系统，射频识别技术、车辆运行管理系统、物流 EDI 系统等，它们是建设公司物流信息系统的基础。

1. 物流条形码系统的应用

条形码的功能在于用一组特定的符号、数字来表示物品的名称，产地、价格、种类等信息，从而形成计算机可读、可处理的数码信息。公司的条形码系统安装在公司仓库中的物品输送通道边，便于实现对物品的逐个扫描识别，完成物品的自动分拣，有关数据直接进入公司内部计算机网络进行处理。

2. 射频识别技术 RFID 的应用

射频识别技术是采用无线电技术进行非接触双向通信，以达到识别和数据交换的目的。射频识别卡识别距离不受视线限制，并具有读写能力、可携带大量数据、难以伪造、具有智能功能等特点。

RFID 适合于物料跟踪、运载工具和货架识别等要求非接触数据采集的场合应用，对于需频繁改变数据内容的场合也很适用。例如：公司利用射频识别技术有效解决了仓库里与货物流动有关的信息管理。它不但增加了一天内处理货物的件数，还监看着这些货物的一切信息。射频卡贴在货物所通过的公司仓库大门边上，读写器和无线都放在搬运叉车上，每个货物都贴有条码，所有条码信息都被放在仓库中心计算机里，该货物的有关信息都能在计算机里查到，当货物被装走运往别地时，由另一读写器识别并告之计算机中心它被放在哪个拖车上。这样公司可以实时地了解到了已经生产了多少货物和发送了多少货物，并可自动识别货物，确定货物位置。

3. 车辆运行管理系统的应用

把货物"运动"的信息准确地传递给顾客，离不开车辆运行管理系统。公司依靠它来解决处在运输状态中的货物的物流有关信息的采集、传递以及运输指令的下达等问题。公司目前所采用的技术是以应用 MAC 无线技术为特征的适用于城市范围内的车辆运行管理系统 MCA，它只适宜小范围内的应用。公司在利用 MCA 无线系统的基础上，结合顾客数据库和车辆运输管理系统进行车辆运行管理。

4. 物流 EDI(电子数据交换)的应用

物流条形码和车辆运输管理系统解决了物流信息的电子化采集的目的，而要实现物流企业内以及物流企业与货物业主及运输企业的物流信息传递及交换，就需要建设物流 EDI 系统。所谓物流 EDI 是指货主、承运业主以及其他相关单位之间，通过 EDI 系统进行物流数据交换，并以此为基础实施物流作业活动的方法。EDI 已成为实施电子商务的重要手段之一。

在公司中，EDI 的建设也引起领导层的高度重视。根据重点客户的要求，制订规范的数据交换格式和传输规划，建立 EDI 数据接口，实现公司与客户及合作伙伴之间的数据交换，并逐步规范化和标准化，并在所有客户中逐步推广，进而建立全面的 EDI 数据交换环境。

5. 全球卫星定位系统和地理信息系统的应用的发展规划

应用全球卫星定位系统(GPS)和地理信息系统技术(GIS)及通讯卫星的车辆运输管理系统，可实现在全国乃至国际范围内运作的物流企业的计划调度中心和运行车辆通过通讯卫星进行双向联络。物流企业可以利用此系统进行双向联络通讯、车辆调配管理、装货信息管理，对交通规则的遵守情况，车辆空载，燃料费等方面进行实时管理。从而能提高物流运输企业的效率及提高顾客服务的满足度。由于我国国土辽阔，为了适应对物流服务的越来越高的要求，利用通讯卫星、GPS 及 GIS 技术的车辆运输管理必然是一种发展趋势。对于公司，其近期战略目标是立足四川省，服务于西部，而从其长远战略目标来看是辐射全国，公司目前已经把建立 GPS 为基础的车辆跟踪及调度系统纳入近期发展规划，例如：公司已指定七辆运输卡车运用 GPS 技术来对卡车的行踪进行跟踪和相应数据的采集，逐步建成有效的基于 GPS 的车辆运行管理系统。

第二节　裕康公司第三方物流信息系统的应用

在经济全球化、企业竞争、科学技术等诸多因素的推动下，社会生产方式和企业行为等发生了深刻变化。企业物流作为“第三利润源泉”，正越来越多地被重视，并不断掀起物流信息系统开发的高潮。本节运用理论分析的方法，对目前物流理论、中国企业现状及物流信息系统相关方面进行了剖析，并对整个系统进行实际开发，在运用了基于物流流程重组的方法对信息系统进行分析后，从性能要求、结构层次、功能模块、安全方案、系统特色等几个方面进行系统设计和实施。

一、裕康集团概况

杭州裕康集团成立于1992年7月，现拥有总资产3亿元，年销售收入3亿元，利润3 000万元。集团公司主要产品为“裕康雪派”牌冷饮、冷食、乳酸菌饮料，速冻食品、奶制品等，产品销售网络遍及全国16个省市，经销商达200多家，直销网点近6 000个。企业已成为浙江省最大的冷制品生产经营企业。

目前，裕康公司拥有占地20 000m^{2}的配送中心，遍布杭州及部分浙江省地区的经营部〔配送节点〕200余个，自有车辆80多辆，已经具备了向第三方物流企业转型的条件，公司制订了发展都市配送型的第三方物流的战略，并在这个领域里取得了一定的进展。在裕康公司从企业物流向物流企业转型的过程中，信息系统成为公司进一步发展第三方物流的最大障碍，第三方物流企业对物流服务的要求更高，对物流信息系统依赖程度也越高，它需要集成化的物流服务和协同作业，同时对物流过程管理、物流决策、数据采集等信息服务的要求也越来越高。集团以前的管理信息系统已经无法适应集团新业务的拓展。

为此公司要重新搭建企业的信息平台，开发一个适合于第三方物流企业的信息系统，该系统应该能实现对第三方物流企业中人、财、物等资源的管理，为此特定下了以下系统建设目标：

(1)新开发的信息系统必须符合第三方物流企业的实际情况，兼具本企业自身特色，能够处理第三方物流企业的大多数业务，涵盖仓储、运输、流通加工等功能。

(2)新开发的信息系统是一个完整的平台化应用组织架构，可以同任何现有的企业组织结构对应连接起来。

(3)新开发的信息系统是一个综合性的企业资源计划系统，包括业务/财务/办公/客户管理等等。

(4)新开发的信息系统支持跨越多个节点的事务处理，并可以同相关企业或实体相连接。

二、物流战略分析

裕康公司物流信息系统开发的驱动力是物流战略规划，根据物流战略理论，物流首先是一种服务，企业建设物流系统的目的首先是为了实现企业的战略，物流战略确立了物流对企业战略的协助作用。所以，企业发展物流必须首先确立物流规划与管理对企业总体战略的协助作用，企业现代物流的发展必须建设两大平台和两大系统，即基础设施平台和信息平台，信息网络系统和物流配送系统。

1. 物流战略规划

裕康公司发展第三方物流已经具备了配送中心、车辆等实体资源，物流系统的渠道和设施网络等分销资源，信息化程度较高，在此基础上对未来第三方物流业务模式做了规划，包括：

(1)裕康集团内部食品公司商品的物流配送；

(2)电子商务的物流配送(自有商品配送)；

(3)供应商配送，为食品或其他快速消费产品供应商提供一系列服务；

(4)其他第三方物流商杭州市内(浙江省内)的末端接入服务；

(5)公司加盟店配送，进而发展为大超市、卖场、连锁店配货的配送中心；

(6)冷冻、冷藏专业物流。

2. 物流信息系统开发的原则

这是基于物流业务流程重组的物流信息系统开发方法的第二个环节，在进行这一环节时，主要遵循两个原则：

(1)建立符合第三方物流企业运作的组织机构：第三方物流企业与传统企业业务上的不同，导致其必须建立能够适应自己特色的组织机构。

(2)结构扁平化：现代物流，一定要搞组织再造，就是把原来那种直线职能式的金字塔结构改革为扁平化的组织结构。现代物流区别于传统物流的最大特点，一是信息化，二是网络化。扁平化组织使企业能在瞬息万变的市场经济中灵活快捷、高效运行。

所谓组织结构扁平化，就是通过减少管理层次、裁减冗余人员来建立一种紧凑的扁平形组织结构，使组织变得灵活、敏捷，提高组织效率和效能。

在改进公司组织结构的工作中，对所有的业务过程都应该按照自顶向下的原则来确定，这些业务过程应该是企业最基本的活动和最基本的决策范围，不该受到高层次或具体负责人变动的影响。

在对裕康公司进行了细致、详尽的调查后，为了使公司的业务更加符合第三方物流企业与运作，为了使处理更有效率，流程更加合理，职能划分更加明确，对现有公司组织架构、职能划分、岗位职责进行改革，将原来近似于金字塔结构改为扁平结构，将原来的 14 个部门缩减为 8 个部门。

三、系统设计与功能模块

本系统采用浏览器/服务器结构，系统分为四层：客户端，表示逻辑层、业务逻辑层，企业信息系统层(EIS层)。物理结构表示为数据库服务器、事务服务器和客户端，在客户端使用浏览器来进行业务操作。本系统实现B/S结构的关键技术是Microsoft的ActiveX技术。本系统包括的业务范围为：订单处理、传输；采购、供应商管理、供应商维护；仓储：(入库、出库、库位管理、库存控制、盘点、捡货、补货等)；配送(发货、调度、派车、拼车、审核、发货跟踪等)；统计分析、财务结算等系统支持的典型业务流程，如图9-13所示。

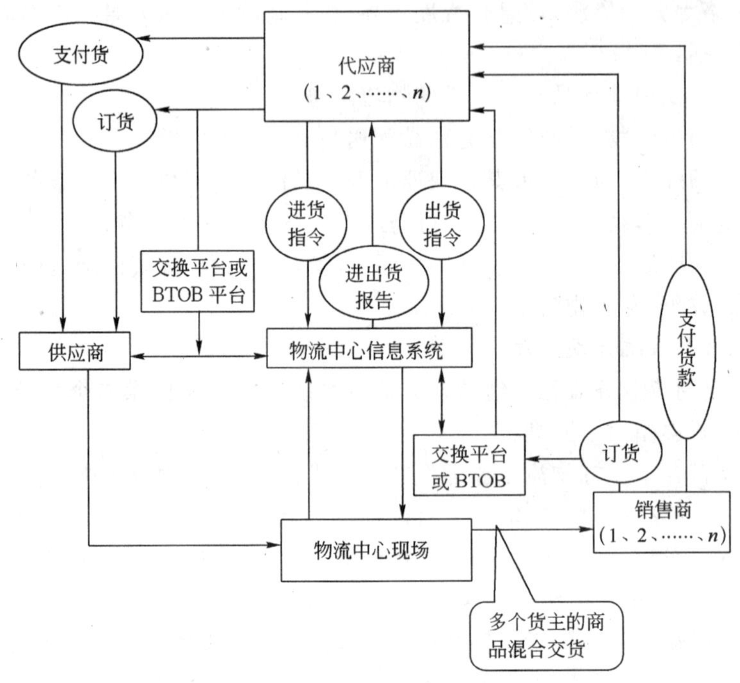

图9-13 业务流程图

(一)系统特色简述

1. 库内作业排序化，资源可重组与调度

在管理系统中，将所有的仓库工作任务排序并能穿插进行。系统维护一个简单的综合性"工作库"，其组成是所有类型的工作(包括自己定义的工作任务，如扫地，清洁等)，根据系统及管理规则将这些任务排序并不时穿插。例如，认为某个工人做两个拣选、一个上架和一个存储效率更高，而不是其他顺序的工作，这样，它就可以按照预先设定的、效率高的顺序安排任务。同时，也可优化处置对于可能引起特定空间或通道物资流动矛盾的工作任务。

2. 库内作业平稳化，作业可测、作业可调度

在配送仓，需要根据客户的指令随时对货物进行配送作业。由于客户下指令的不确定，那么就会造成仓库作业的起伏波动较大。如果按照较低作业量的水平来配置人员和设备，就会造成在大作业量时资源不够的情况，因而降低仓库的效率；如果按照较高作业量的水平来配置人员和设备，在大部分时间就会出现资源的浪费情况。

本管理系统可以对未来的作业进行预测，进程预安排。当作业量不大时，可以调度资源处理这些预安排的任务，当大作业量到来时，因为已经处理了部分任务，就可以安排合理的人员和设备去完成这些作业。

3. 资源的利用可最大化

由管理系统对仓库的所有货位进行安排、度量，通过自动计算，可以为待入仓的货物分配一个最合理的存放位置，最大限度地杜绝空置货位的出现。这样，仓库面积的使用率就大大提高了，使资源的利用率提高 60%以上。

4. 业务流程可逆，模拟计算能力

系统中的业务过程处理的信息（除档案信息外）均允许可逆，从而大大地减少了操作失误，提高了处理的灵活性。同时可以对多种选择方式进行模拟计算，已选择最优或近似最优的决策，即提供信息的演习处理功能。对于不可预知的处理结果，此功能提供了极大的帮助。

5. 强大的驳运处理功能

驳运是物流配送仓库出货过程中的一个特殊处理规则。在各种不同的配送规则的一个或几个步骤中寻求驳运的有利机会，如果系统找到一个驳运的机会，正在接收的货品正好可以用来满足正在处理的订单，系统和处理入库时类似，指示操作人员将正在接收的货品直接送到指定的出货区。（先进先出原则与驳运功能的优先级选择问题）。

6. 货物处理的分类化

在配送仓，货物除了正品外，还有其他类型的货物。系统除了正品之外，还可以支持次品（不合格品）、促销品、赠品、待处理品、退货品和样品的处理，这就是存货类型的多态性。

存货类型的定义可由用户（即货主）确定，存货类型的档次可以定义多种状态，如正品、次品（不合格品）、促销品、赠品、待处理品、退货品和样品等。

7. 商品批次批号可追溯

对于配送仓，特别像食品医药配送仓，对于物料（即食品药品）的批次批号关注是非常重要的，使每一个批次批号的货物均可追溯。

8. 货物编码客户化

对于配送仓，特别对于第三方物流配送仓，信息交换十分关键。识别货主发来的信息，或者给货主发出经过处理的物流信息，都是物流发展的关键。要求通过数据同步交换处理技术，实现上、下游客户系统的编码信息对称，即货主所发来的信息是货主系统的编码，客户发来的信息是客户系统的编码，物流配送仓均能同步识别，而配送仓发给货主或客户的信息均是货主或客户的编码。

9. 作业的并行处理

一张预入库单，多张入库验收单，解决大作业的时间占用问题。在配送仓，特别是食品医药配送仓，入库验收往往是仓库作业中的最大瓶颈，需要做特别细致的验货工作。系统采用计算机的并行处理技术，使业务流程也可以并行开展，解决作业所占用的时间问题。

(二)系统结构层次

本系统分为四层：客户端、表示逻辑层，业务逻辑层，企业信息系统层。物理结构表示为数据库服务器、事务服务器和客户端，在客户端使用浏览器来进行业务操作。

1. 客户层

可采用 Web 型客户端，如 Jsp/Servlet/Applet 等；或者桌面型客户端 JavaApplication。在这两者中的选择取决于实际业务需要，如果业务处理很密集，那么 Web 页面相比 Application 响应较慢的缺点可能会引起用户的抱怨，但是 Web 客户端的 0 维护性(只要安装客户端浏览器如 IE 浏览器等)是很值得考虑和应用的。用 Application 客户端，用户需要投入学习 swing 组件的成本，此外 Java application 要求对客户端机器有较高的配置。相比之下，我们采用了 Web 型客户端，这样在客户层只要安装浏览器就行了。应用时只要打开浏览器，根据用户不同的访问权限，进行基于网络平台的信息系统管理工作。

2. 应用服务器区域

四层 B/S 结构中的表示逻辑层和业务逻辑层位于应用服务器区域。在表示逻辑层，主要是一些用于显示的 Servlet，JSP，Javabean，它们的主要功能是负责显示以提供友好的界面给用户，是数据录入和数据显示的窗口。业务逻辑层是系统的核心部分。在这里所有的业务逻辑，如配送路线的选定、配送车辆的分配等所有问题的解决方案的具体实现都要在这里完成，具体到实际，就是配送系统模型的建立、过程优化等实施部分。在开发时，主要需要结合企业的实际、现状与发展规划，结合计算机仿真技术(如 Petri 网)、神经网络、运筹学和图论等多方面的知识，进行信息系统模型建立与算法描述，实现计算机程序化管理和控制。

3. 企业信息系统层(EIS)

EIS 层没有可适用的组件，因为 EIS 层处理的是所有企业后端资源，如公司现有基础数据库、旧有遗留系统、ERP 实施等。当信息系统开发到一定程度或需要进行数据输入输出操作时，需要公司有关部门配合，提供公司现有数据库的接口。当然也可以开发一些应用数据库(如模型决策分析数据库、车辆调度信息数据库等)。配送系统中所用到的所有信息资源都是通过应用组件访问 EIS 得到的，如销售网点的需求信息，车辆规格和数量等；并把求解的结果写回 EIS 供决策或者他用。应用组件的方式访问 EIS，保护了系统资源和信息，提高了系统的安全性，另外保证了在不改变原有系统(如其他已投入使用的系统)的基础上开发新的应用系统。

(三)系统功能模块

裕康公司的物流信息系统分为四个部分：客户服务子系统，物流作业子系统，计统结算子系统，人力资源子系统。各个子系统下分别包含若干功能模块，真正实现了管理和相关业务、财物数据的完全通透性。

1. 客户服务子系统

该子系统可以实现的功能包括：

(1)订单实现；

(2)商品管理；

(3)存货可视；

(4)客户关系管理；

(5)运况追踪。

2. 物流作业子系统

主要包括仓储管理系统和运输管理系统。其仓储管理系统可现多仓库处理、直接收货、自动入库、库位优化、效能拣货、并箱装车、多元计费等功能，具有严谨不失弹性、个性化但进出有序的优点。运输管理系统集干线运输与区域配送为一体，具有智能调度司机与车辆、优化路线与行程、自动提示维护与保养、结合追踪机制进行运输资产追踪与控制、代收代垫计费管理等先进功能。具体功能包括：

(1)系统管理；

(2)日常工作；

(3)基础资料；

(4)库存管理；

(5)入库作业；

(6)出库作业；

(7)流通加工；

(8)仓储计费；

(9)配送管理；

(10)车辆管理；

(11)成本管理。

3. 计统结算子系统

财务会计基本完成的是记账、算账的核算功能，而财务管理则要通过预算、核算、控制和分析功能的综合运用来帮助各个部门或各个客户来获取适用于自己的信息，以进行决策。人工核算的财务核算方式，难以实现数据的实时传递、汇总和查询，不能适应企业的需要。随着企业的迅速发展，企业决策层和管理层对信息的要求越来越高，运用计算机对经营状态进行现代化管理已迫在眉睫。

财务计统结算系统要能全面、及时、准确地反映企业人、财、物等信息，辅助企业领导进行经营决策。为了使公司的管理更加规范化、现代化、科学化，能够充分适应现代市场竞争快速、瞬息万变的特点，要随时随地的掌握企业内部信息和外部市场信息，做到事前有预测，事中有控制，事后有核算。

财务计统结算系统根据第三方物流企业财务核算和财务管理的高标准、高要求，进行细致规划和精心研发，功能全面，使用、操作简洁，帮助第三方物流企业完成全企业核算、预算、控制、分析的一系列工作。主要的功能包括：

(1)财务业务处理；

(2)合同和发票核算；

(3)内部核算；

(4)内部资金管理；

(5)现金流量管理；

(6)银行现金管理；

(7)工资管理；

(8)固定资产管理；

(9)账套管理；

(10)报表系统；

(11)多维信息分析报表；

(12)财务分析。

4.人力资源子系统

人力资源管理系统是在切实了解外向型企业人力资源管理的基本要求的基础上，经过详细的需求设计而成的，整套系统包括了组织结构、福利结构、员工管理、绩效考核、考勤管理、招聘管理、日常管理、综合分析等功能。通过人力资源管理系统的使用，企业人事专员既可对业务进行全面安排、协调处理，又可通过网络实现人力资源分布式网络化管理和在互联网上实现在线招聘、评估等管理。人力资源管理系统致力于减轻公司人事专员复杂的手工运算和繁琐的统计、查询和管理工作，提高工作效率。其主要的功能包括：

(1)组织结构；

(2)福利结构；

(3)员工管理；

(4)绩效考核；

(5)考勤管理；

(6)招聘管理；

(7)日常管理；

(8)综合分析；

(9)系统管理。

四、物流信息系统实施效果

系统自2003年10月投入运行以来，确实取得了一定的经济效益，提高了第三方物流作业能力；加强了和供应链上各企业的信息交流；提高了企业资金资源利用率；降低了成本；增强了客户满意度；加强了市场竞争能力，同时也增强了企业内部管理成效。

具体表现在以下几个方面。

1.符合第三方物流企业运营模式的物流、资金流、信息流重组

裕康公司通过实施物流信息系统，重组了物流、资金流、信息流，使之更加符合第三方物流企业的要求。用户可通过互联网下达订单、查询订单执行情况、跟踪物流的整个过程。交易信息通过信息系统，实现了跨供应商、企业、客户以及配送单位之间的传递和共享，实现了跨企业内部管理信息系统、跨计算机操作系统、跨数据库平台企业之间的交流。

2.实现财务与物流的良好对接

财务可以通过系统实时了解每天的物流动态。众所周知，第三方物流企业处在交易的中间环节，担负着多方的信息交流任务，每天都要处理大量繁琐的票据。系统采用之后最直接的效果就是，财务人员可以实时核对、处理每月几千甚至上万份数量巨大的发票，实现了物流业务部门与财务部门间的无缝对接，使资源得到了合理配置；同时系统实现了公司财务业务一体化应用，资源共享，避免浪费及资金占用，最终以部门和个人两条主线，加强企业成本费用控制；采用最优业务流程，提升核心竞争力，各个环节的分析结果在分析问题时均可以进行溯源分析，直接明确岗位职责；对成本费用进行精确控制，使作业的效率、计划的合理性、应变能力有了极大提高，使公司资源得以充分利用，效率极大提高。

3.优化库存

实施物流信息系统之前，配送中心与各个经营部(中间仓)各自为政，数据孤立，信息不畅，导致操作人员对库存数量难以把握，只能是约摸估算，在一定程度上影响了工作的正常开展，甚至于还曾出现这边中间仓产品积压，那边打报告申请采购等情况。实施系统之后，地理分布不同的中间仓的库存数据可以及时反应，并且各库房人员每月进行库存盘点，几千种产品账实不符的情况很少，库存准确率达到99%，同时，中间仓还可实现相互调货，以余补缺，使商品不致积压。当中间仓库存数量达到预设数值，出现积压时，系统也将自动生成警报。最具特色的是，系统还为仓储实现了一个附加功能，即各中间仓通过记录出入库频率最高的商品，为采购提供参考依据。各中间仓避免了成为一个个割据的“信息孤岛”状况。

4.往来资金准确

第三方物流企业的供应商、经销商、客户等往来较多，商品进出量较大，系统实施前往来账款不清晰，且财务人员与往来客户需频繁对账，数据不准，导致公司对资金的运作风险较大。在系统实施后，采购、发货信息准确，应收应付款清晰，且进行部门、业务员放账管理，客户信用管理，账期管理等往来款管理，如此使往来款准确，与客户对账清晰，相应的应收款下降，坏账减少，公司资金运作合理，风险降低。

5.人员岗位精简

系统覆盖公司所有业务部门，业务财务一体化，业务流程清晰，相应的岗位合理，人员精简。物流部门没有了手工台账，财务人员不需手工录入业务单据。

并随着系统的实施，相应的岗位职责发生了变化，使岗位职责清晰、标准化，提高了工作效率。在系统实施过程中，员工相应地提高了信息化应用水平，且公司培养了一批既熟悉业务又熟悉信息系统的人员，可以较好地进行信息系统的维护、设计、数据分析，满足了企业不断发展的需要。

S 本章小结

本章介绍了以宏盛为代表的第三方物流信息系统和以裕康为代表的企业内部物流信息系统。宏盛公司在对内部信息化现状全面调查和分析的基础上，挖掘造成问题的深层次原因，并以行业内的成功实践为依据，从公司业务流程重组、信息系统对业务的支持、系统集成、基础设施与安全管理、信息管理组织架构等几个方面，针对各现有问题提出了解决方案。裕康公司作为第三方物流企业，已经具备了配送中心、车辆等实体资源，物流系统的渠道和设施网络等分销资源，信息化程度较高，在此基础上规划了它的业务模式，加强了和供应链上各企业的信息交流，同时也增强了企业内部管理成效。

E 思考题

9-1　理解并分析基于第三方的物流信息系统的框架结构。

9-2　理解并分析企业内部物流信息系统的框架结构。

9-3　以本章介绍的两个物流信息系统为例，分析并总结两种不同物流信息系统之间的区别与联系。

参考文献

[1] 黄中鼎.现代物流管理[M].上海:复旦大学出版社,2006:287-294.

[2] 林自葵.物流信息系统[M].北京:清华大学出版社,北京交通大学出版社,2004:1-25;132-168;151:186.

[3] [美]爱德华·佛莱哲利(Edward Frazelle).任建标译.物流战略咨询[M].北京:中国财政经济出版社,2003:89:139;261:292.

[4] [美]道格拉斯·兰伯特(Douglas Lambert)等.张文杰等译.物流管理[M].北京:电子工业出版社,2003:47:69.

[5] [美]詹姆士·R·斯托克等.邵晓峰译.战略物流管理[M].北京:中国财政经济出版社,2003:42:43;179:258;264:265;372:455;656:675.

[6] 吴清一.物流系统工程[M].北京:中国物资出版社,2004:93:123;109:119.

[7] 金鹏.短生产周期的中小企业生产物流信息系统[J].计算机系统应用,2006(7).

[8] 王庆功.物流运输实务[M].北京:中国物资出版社,2003:23:33;59:72;79:95;96:110.

[9] [美]约翰J.科伊尔等.张剑飞等译.运输管理[M].北京:机械工业出版社,2004:270:293.

[10] 王世文.物流管理信息系统[M].北京:电子工业出版社,2006:85:111;185:234.

[11] 钱东人.新编现代物流学[M].北京:中国物资出版社,2006:271:293.

[12] 王国华.物流运营与控制[M].北京:国防工业出版社,2005:9:19;179:184.

[13] 李玉华.生产制造企业物流[J].物流技术.2004(6)70-71.

[14] 申金升.现代物流信息化及其实施[M].北京:电子工业出版社,2006:23:48;201:224.

[15] 中国物流与采购联合会.中国物流发展报告[M].北京:中国物资出版社,2005:285:290.

[16] 马费成.信息资源开发与管理[M].北京:电子工业出版社,2004:79-99、229-309.

[17] 孙红.物流信息管理[M].上海:立信会计出版社,2006:43-146.

[18] 陈畴镛.信息资源管理[M].杭州:浙江大学出版社,2004:72-110.

[19] 于宝琴,赵家俊.现代物流信息管理[M].北京:北京大学出版社,2004:12-15.

[20] 郑志军,资道根.物流信息管理实务[M].深圳:海天出版社,2005:1-6.

[21] 秦铁辉.企业信息资源管理[M].北京:北京大学出版社,2006:25-66.

[22] 高复先.信息资源规划——信息化基础工程[M].北京:清华大学出版社,2002:24-53.

[23] 杜栋，蒋亚东. 企业信息资源管理[M]. 北京：清华大学出版社. 北京交通大学出版社，2006：142-156.
[24] 万志坚. 现代物流运营基础与案例分析[M]. 北京：中国物资出版社，2006：172-201.
[25] 韩富荣. 超市 POS 管理系统的设计与实现. 太原理工大学，1999. 03.
[26] 施晓军. EDI 技术在货运信息管理中的应用研究与开发. 上海海运学院，2000. 12.
[27] 吴国新，吉逸. 中远 EDT 系统[J]. 数据通信，1995.
[28] 李明辉. EDT 的标准[J]. 中国计算机报，1994.
[29] 赵阿群，吴国新. 通用 EDT 单证翻译系统的研究与实现[J]. 数据通信，1997. 04.
[30] 翟明玉，吴国新. 基于 Internet/MIME 的 EDT 技术研究[J]. 计算机应用，1998. 02.
[31] 汪涛，房庆. EDI：国际贸易新手段. 中国经济出版社，1997.
[32] 王胜青. 第三代商用 POS 系统的设计与应用[J]. 电脑与信息技术，1996. 5.
[33] 何莉. 商用 POS 系统软件设计[J]. 计算机应用研究，1994. 4.
[34] 韦元华，舟子. 条形码技术与应用[M]. 北京：中国纺织出版社，2004. 4.
[35] 中国物品编码中心. 条码技术与应用[M]. 北京：清华大学出版社，2004. 7.
[36] 张铎，王耀球. 条码技术与电子数据交换[M]. 北京：中国铁道出版社，1998. 8.
[37] (德)Klaus Finkenzeller. 射频识别(RFID)技术[M]. 北京：电子工业出版社，2001.
[38] 梅绍祖，张铎. 电子商务与物流[M]. 北京：清华大学出版社，2000：67-74.
[39] 阎子刚. 物流信息技术[M]. 北京：高等教育出版社，2003：186-230.
[40] 鲍吉龙，江锦祥. 物流信息技术[M]. 北京：机械工业出版社，2004：220-254.
[41] 楼伯良. 物流信息系统基础[M]. 北京：人民交通出版社，2005：61-87.
[42] 詹庆明，肖映辉. 物流信息系统基础城市遥感技术[M]. 武汉：武汉测绘科技大学出版社，1999：1-4.
[43] 牛东来. 现代物流信息系统[M]. 北京：清华大学出版社，2004：168：209.
[44] 冯耕中. 物流管理信息系统及其实例[M]. 陕西：西安交通大学出版社，2003：3-6；140-160；164：173；233-243.
[45] 赵刚. 物流信息系统[M]. 四川：四川人民出版社，2002：14：19；125：132.
[46] 吕军伟. 物流配送业务管理模板与岗位操作流程[M]. 北京：中国经济出版社，2005：123：233.
[47] 徐燕. 物流信息管理[M]. 北京：对外经济贸易大学出版社，2004：105-110.
[48] 杜文等. 第三方物流[M]. 北京：机械工业出版社，2004：196-202.
[49] 郑春藩. 物流信息管理[M]. 浙江：浙江大学出版社 2004. 4.
[50] 刘南. 现代运输管理[M]. 北京：高等教育出版社，2004：268-270.
[51] 张远昌. 物流运输与配送管理[M]. 北京：中国纺织出版社，2004：173-179.
[52] 陈旭. 铁路货运营业站的业务流程再造[J]. 铁道运输与经济，2003. 12.

[53] 扈静.铁路货运系统管理信息化的研究与应用.四川大学,2004.5.

[54] 罗国雄.铁路货运组织(第二版)[M].北京:中国铁道出版社,1998.7.

[55] 崔介何,朱杰.电子商务下的物流支持系统初探[J].中国流通经济,2000.4.

[56] 张毅.企业资源计划(ERP)[M].北京:电子工业出版社,2001.5.

[57] 林自葵.物流信息管理[M].北京:清华大学出版社,2006:316-335.

[58] 杜文.物流运输与配送管理[M].北京:机械工业出版社,2006:195-236.

[59] JC仓储配送信息系统说明书.

[60] 孙红.物流信息管理[M].上海:立信会计出版社,2006:1-100.

[61] 张宗成.物流信息管理学[M].广州:中山大学出版社,2006:234-260.

[62] 张文杰.电子商务下的物流管理[M].北京:清华大学出版社、北方交通大学出版社,2003:37-66.

[63] 张海宽.电子商务概论[M].北京:高等教育出版社,2005:181-208.

[64] 杨坚争,杨维新,赵广君.电子商务案例[M].北京:清华大学出版社,2002:23-57、118-138、276-294.

[65] 孙健.海尔物流[M].广州:广东经济出版社,2003:51-261.

[66] 蔡淑琴,夏火松.物流信息与物流信息系统[M].北京:电子工业出版社,2005:1-30.

[67] [英]戴维·泰勒.全球物流与供应链管理案例[M].北京:中信出版社,2003:121-163、269-293.

[68] 郑香.第三方物流企业信息系统研究.天津工业大学,2003.5.

[69] 吴清.物流学[M].北京:中国建材工业出版社,1996.4.

[70] 邓爱民,张国方.北京:物流工程[M].机械工业出版社,2002.8.

[71] 陈柳钦.现代物流信息管理系统的构建,www.56nct.com.

[72] 秦俨.宏盛物流有限公司物流信息系统实施研究.西南交通大学,2004.6.

[73] 丁立信,张铎.物流企业管理[M].北京:清华大学出版社,2000.4.

[74] 丁立信,张铎.物流基础[M].北京:清华大学出版社,2000.4.

[75] 宋华,胡左浩.现代物流与供应链管理[M].北京:经济管理出版社,2000.4.

[76] 杜传责等.物流信息管理[M].广州:广东经济出版社,2002.10.

[77] 骆温平.第三方物流[M].上海:上海社会科学院出版社,2001.9.

[78] 鲍尔索克斯等著,林国友等译.物流管理:供应链过程一体化[M].北京:机械工业出版社,1999.6.

[79] 李东.企业信息化案例[M].北京:北京大学出版社,2002.5.

[80] http://www.pgl-world.cn.

[81] http://www.56zg.com.

[82] http://www.dell.com.cn.

[83] ttp://www.travelsky.com.

图书在版编目(CIP)数据

物流信息管理/李於洪等主编. —北京：人民交通出版社，2007.8

ISBN 978-7-114-06680-1

Ⅰ.物… Ⅱ.李… Ⅲ.物流-信息管理 Ⅳ.F253.9

中国版本图书馆 CIP 数据核字（2007）第136544号

Wuliu Xinxi Guanli

书　　名：物流信息管理

著 作 者：李於洪　郑立梅

责任编辑：陈志敏　高培

出版发行：人民交通出版社

地　　址：（100011）北京市朝阳区安定门外外馆斜街3号

网　　址：http：//www.ccpress.com.cn

销售电话：（010）85285838，85285995

总 经 销：北京中交盛世书刊有限公司

经　　销：各地新华书店

印　　刷：三河市吉祥印务有限公司

开　　本：787×960　1/16

印　　张：28.25

字　　数：505千

版　　次：2007年9月　第1版

印　　次：2008年5月　第2次印刷

书　　号：ISBN 978-7-114-06680-1

定　　价：35.00元